ÁLEX GRIJELMO

EL ESTILO DEL PERIODISTA

TAURUS

PENSAMIENTO

Grupo Santillana de Ediciones, S. A., 2001
Torrelaguna, 60. 28043 Madrid
Teléfono 91 744 90 60
Telefax 91 744 92 24
www.taurus.santillana.es

• Aguilar, Altea, Taurus, Alfaguara S. A.
Beazley 3860. 1437 Buenos Aires
• Aguilar, Altea, Taurus, Alfaguara S. A. de C. V.
Avda. Universidad, 767, Col. del Valle,
México, D.F. C. P. 03100
• Distribuidora y Editora Aguilar, Altea, Taurus, Alfaguara, S. A.
Calle 80, n.º 10-23
Teléfono: 635 12 00
Santafé de Bogotá, Colombia

Primera edición: septiembre 1997
Segunda edición: noviembre 1997
Tercera edición: diciembre 1997
Cuarta edición: enero 1998
Quinta edición: noviembre 1998
Sexta edición: octubre 2000
Séptima edición: abril 2001

Diseño de cubierta: Pep Carrió y Sonia Sánchez
Fotografía de cubierta: Carlos Arriaga
Retoque final: Amador Caballero

ISBN: 84-306-0427-8
Dep. Legal: M.11.296-2001
Printed in Spain - Impreso en España

Índice

A Teresa.

Y mi agradecimiento a quienes más me han enseñado, a menudo sin ellos saberlo: José Apezarena, Miguel Moreno, Vicente Ruiz de Mencía, José Manuel Páramo, Gloria Toranzo, Gustavo Matías, Carlos Yárnoz, José María Izquierdo, Esteban Barcia, Pedro Sorela, Javier Martín, Alfredo Relaño y Victorino Ruiz de Azúa.

Introducción

He pasado largas horas editando textos en el diario *El País,* ya fuera como jefe de Nacional, como redactor jefe de Edición, como responsable del suplemento de Madrid, como redactor jefe de la edición del domingo... como *cocinero* de páginas especiales —elecciones generales, Juegos Olímpicos—, incluso en la Escuela de Periodismo creada por el propio diario, he revisado cada día muchos periódicos... y siempre me he topado con los mismos errores de escritura, de estructura periodística, de contenido. Al cabo del tiempo, llego a la conclusión de que no ocurre que los diarios cometan muchos desatinos diferentes: en realidad, suman muy pocos. Pero siempre los mismos.

En todas las charlas o conferencias que me ha correspondido pronunciar, he animado a los futuros periodistas allí presentes a especializarse en la edición de textos (es decir, a ejercitar el control de calidad del producto), porque ahí se aprecia una de las mayores carencias de la prensa actual, que yo he sufrido luego como responsable periodístico de una cadena de publicaciones. A fuerza de proliferar los que aspiran a convertirse en informadores expertos de Economía, Deportes, Tribunales, Televisión, Cultura, Internacional, Política... están desapareciendo los especialistas en periodismo. Por eso quienes asuman la intención de formarse como expertos en lenguaje y en redacción, y también en los géneros periodísticos, tendrán enormes facilidades para encontrar trabajo. El descuido de sus compañeros y de los estudiantes actuales se lo ha puesto muy sencillo.

"La poesía", escribió Juan Cruz en *El País* del 11 de enero de 1997, "se parece al mar, como el periodismo: lo devuelve todo, pero lo bueno regresa mejorado; hay periodistas que maldicen, porque dicen mal, igual que hay poetas que no traspasan. En este último caso sucede así porque en el fondo del alma de esos poetas no reside ningún ánimo de verdad, o de pasión, sino de vanagloria".

También sucede con los periodistas. ¿Por qué muestran ahora tan poco cuidado en cuestiones fundamentales como la presentación de sus crónicas, las formas de elaborar los titulares o la estructura de un artículo? Tal vez porque en España se produjo una brutal ruptura en la tradición interna de las Redacciones, que rompió la herencia apasionada del periodismo.

Tras la muerte de Franco, se acabó la dictadura (especialmente sangrante en la prensa y la radio). Y la transición democrática renovó todos los centros de poder —empresariales, profesionales, políticos, militares— y hasta creó algunos (los periodísticos). Pero quienes trabajaban en los diarios y revistas en 1975 estaban contaminados por la feroz sociedad que excretaba la falta de libertades. La mayoría de aquellos periodistas habían crecido como adictos al poder antidemocrático y terminaron siendo viejos leones inofensivos habituados a escribir al dictado. Muy pocos de ellos pueden servirnos como maestros de hoy (y entre las excepciones quiero citar a Jesús de la Serna, entonces director de *Informaciones* y más tarde Defensor del Lector en *El País* y presidente de la Federación de Asociaciones de la Prensa). Las Redacciones se fueron poblando de jóvenes periodistas salidos de la Escuela o, más tarde, de la Facultad de Ciencias de la Información (yo fui uno de sus alumnos), y aquella generación no tardó en expresar un cierto desdén hacia los viejos profesionales: procuró evitar los consejos de quienes habían sobrevivido (por habilidad o por méritos reales) al cambio que acababa de operarse en la sociedad española. Les consideraban sospechosos de todo, incluso de escribir bien y conservar el lenguaje.

Así que se produjo una ruptura en las buenas tradiciones de la prensa. Los periodistas de la dictadura no eran por lo común gente que se jugara el bigote. Pero sí tenían en la pluma el gusto por la escritura correcta, el verbo adecuado, el adjetivo útil. Con ellos y con sus rémoras se fueron también sus enseñanzas.

Aun así, en esas hornadas de universitarios que llegaban a los periódicos viajaban muchos aspirantes a escritores; gentes que soñaron algún día ganar el Nobel de Literatura, que después rebajaron su pretensión a obtener el Nadal, más tarde quisieron sólo el premio Planeta y finalmente se conformaron con que su escritura asombrara a miles de lectores de periódicos. Ésta fue su aproximación a la profesión periodística y por eso leían muchas novelas, algunos ensayos y todo periódico que descubrieran tirado en la calle, cuyos titulares repasaban con disimulo y sin agacharse mientras retenían el paso.

Ahora, sin embargo, percibo —a través de los alumnos a los que he impartido clases en la Escuela de Periodismo El País y también por la gente que ha acudido al diario para cumplir sus prácticas de verano; y sobre todo por las tareas de selección de periodistas que acometí en mayo y junio de 2000 para los proyectos de diarios locales y regionales del Grupo Prisa— que quienes desean ser periodistas en estos últimos años anhelan viajar a países lejanos, influir en la sociedad con sus editoriales, almorzar con gente importante o descubrir corrupciones hasta en el club de socios de la bolera municipal. Y en ese loable ímpetu han descuidado su herramienta: la palabra, que ha pasado a un plano secundario. Así, no leen; por tanto, no reflexionan. Y se vuelven perezosos.

El lenguaje es el instrumento de la inteligencia. Nadie podría interpretar bien el *Concierto de Aranjuez* con una guitarra desafinada, nadie podría jugar con auténtica destreza al billar si manejase un taco defectuoso. Quien domine el lenguaje podrá acercarse mejor a sus semejantes, tendrá la oportunidad de enredarles en su mensaje, creará una realidad más apasionante incluso que la realidad misma. Pero son muy pocos ahora los periodistas que se lo proponen.

He pretendido con este libro facilitar el camino a quienes lo intenten. Y he querido huir para ello de las formulaciones meramente teóricas, que ya tienen su escenario adecuado en otras obras y en otros autores de provecho. Busco aquí sobre todo los casos prácticos, los trucos, la solución a los problemas reales que se plantea un periodista a diario. La expresión "por ejemplo" abunda en estas páginas.

Ojalá que con las experiencias expuestas en este libro el aspirante a informador, reportero, entrevistador o editorialista —o quien desee ejercitarse con soltura en cualquiera de esas especialidades, lo cual le resultará más rentable— consiga no escribir mal. O, con el mismo argumento, escribir bien. Porque —por ejemplo— aquel que revise su artículo y decida reemplazar todos los verbos *ser* y *estar* que se le hayan diseminado por las líneas y sembrar otros más expresivos habrá conseguido de repente convertir un pésimo texto en un reportaje lleno de color y matices. Aquel que domine los recursos para evitar los *ruidos* en su redacción habrá logrado no echar al lector de su página, lo habrá agarrado por la solapa para que se lea con deleite incluso el punto final.

Y quien se presente en un periódico mostrando esas características tendrá más fácil que le den un buen empleo. Conozco muchos jefes hartos de corregir acentos y de arreglar frases incomprensibles. Y de rehacer titulares.

Las nuevas tecnologías han acabado con los intermediarios entre el periodista y el comprador del diario. Antes, los artículos eran reproducidos por los linotipistas, o, años después, por los teclistas; profesionales todos ellos con grandes conocimientos gramaticales y de cultura general, al cabo de muchos días leyendo y copiando escritos. Y luego aparecían los correctores, que limpiaban de fallos las galeradas. Pero la rapidez de los tiempos actuales y la competencia por llegar pronto al quiosco han suprimido tales pasos. Cada vez más, el periodista es el primero y el último que revisa su artículo en detalle. Si lo ha terminado pronto, tal vez lo examine el editor de su sección. Si no, seguramente lo leerán con rapidez sus jefes ya en las pruebas de página; y las prisas o el ahorro de gastos no les permitirán a menudo detener el proceso de producción y cambiar las planchas de la rotativa para evitar una simple falta de ortografía o un desatino gramatical, o para añadir un dato fundamental que se le ha olvidado. Por supuesto, de rehacer una mala entradilla nunca habrá tiempo. La página seguirá su curso en la cadena hasta que llegue al lector, quien sufrirá los desastres y mirará de reojo a ese periodista que aparenta saber tanto de economía o de política mientras ignora elementales reglas de la sintaxis.

Nace este manual con un motivo, por tanto, fundamentalmente justo: que algún día los editores puedan dejar de corregir tantos textos deficientes para tener tiempo de dedicarse, por fin, a conseguir el premio Nobel.

Autores y editores. Con permiso

He reflejado en este libro multitud de ejemplos tomados de la prensa, con la obligada referencia sobre autor, fecha y periódico. Y tengo que advertir de que en la mayoría de las ocasiones los errores que se reflejan en ellos no responden a la responsabilidad del firmante; tal vez sí de los editores, o de quien cortó el texto a última hora, o de las circunstancias y el apremio en que todos ellos se vieron obligados a trabajar. (Aun así, el buen periodista es el que escribe bien y con rapidez. No tiene mérito escribir bien pero despacio, ni mal pero con velocidad). De cualquier forma, se trata objetivamente de errores, y los abordo aquí conforme al resultado que pudieron ver en el periódico cientos de miles de personas. Apenas añadiremos con esta obra algunos testigos más de tales desafueros.

Como se verá, el diario *El País* figura a la cabeza en cuanto al número de los ejemplos. Indudablemente, no sucede así porque yo crea que sus redactores ganarían cualquier campeonato de incongruencias por escrito. Al contrario: veo en ese diario al mejor periódico español, el más cuidadoso con la lengua y el de más alto nivel ético y estético. Y, como leo *El País* todos los días sin excepción y examino todas y cada una de sus secciones, por fuerza había de convertirse en la mayor fuente de verbigracias.

Lo mismo ocurre con las firmas que aparecen en la obra. Su paso por estas páginas no hace sino corroborar que sigo sus artículos con gran interés porque siempre los leí con admiración y orgullo de compañero. Por si alguno de ellos se disgustara, permítame decirle que en los ejemplos que critico en este libro aparecen también autores como Gabriel García Márquez, Mario Vargas Llosa, Juan Luis

Cebrián, Pedro J. Ramírez, Maruja Torres, Rosa Montero, Antonio Muñoz Molina, Enrique Vila-Matas, Rafael Lapesa o Soledad Puértolas, cuyas inteligencias quedan fuera de toda duda pese a los despistes que aquí se reflejan.

Muchas ediciones comentadas del *Quijote* hablan también de las equivocaciones de Cervantes y de sus editores, sin que nadie haya osado rebajar por ello el mérito de la obra. Y cualquiera que se aplicase a examinar minuciosamente el presente libro hallaría desatinos en mi propia redacción.

Por si fuera poco todo esto como disculpa, he incluido entre los ejemplos algunos errores míos, de esos que —como les habrá ocurrido a los restantes periodistas y escritores citados— le ponen a uno colorado y le hacen darse golpes contra la pared de la Redacción mientras grita: "¡Pero cómo he podido...!".

CON PERMISO II (AÑADIDO A LA SÉPTIMA EDICIÓN)

Ciertos compañeros me han reprochado que aparecieran sus nombres junto a los errores que denunciaba en las anteriores ediciones de esta obra. Acostumbrados a criticar a los demás desde las páginas de un diario, algunos periodistas no pueden entender que a su vez resulten objeto de la crítica. ¿Acaso omiten ellos el nombre del político o del futbolista que no tuvo un buen día y al que juzgan sin piedad en sus artículos?

Otros, en cambio, ni me han criticado ni han sentido el más mínimo interés por corregirse en los defectos o empobrecimientos que exponían las anteriores reimpresiones. Y han persistido en los fallos, como se puede apreciar en esta séptima edición.

En una y otra actitud no deja de percibirse cierta soberbia. (No obstante, tal vez también incurro yo en soberbia por criticarlos).

La mayoría de los periodistas, sin embargo, aceptó todo esto con gran deportividad. Y quiero destacar la maravillosa actitud de Ángeles Durán, citada en páginas posteriores como firmante de una noticia de estilo fallido. No sólo ha soportado una culpa que no le correspondía (la advertencia precedente sobre la responsabilidad de los editores y planificadores de la sección resultó premonitoria) sino que me explicó todo personalmente con una simpatía desbordante. Hechos así permiten confiar aún en nosotros los periodistas.

Por si mis enemigos sumaran aún pocos, he añadido a esta edición diversos ejemplos tomados de importantes periódicos de América que se escriben en español, principalmente de México, Perú, Argentina, Colombia, Ecuador, Bolivia, Puerto Rico y Estados Unidos (Miami), como demostración de que no sólo hablamos todos el mismo idioma sino que además cometemos los mismos desatinos.

No he renunciado tampoco en este caso a citar los nombres de los firmantes. Pero también les queda a ellos el consuelo de que, a su vez, podrán exponer a sus lectores los defectos que se hayan impreso en este libro por culpa de mi torpeza. Con eso, y no con mirar hacia otro lado, mejoraremos todos.

Géneros periodísticos

Los viejos tipógrafos disponían de largos y finos cajones donde encontraban las mayúsculas —siempre en la caja alta, de ahí la metonimia "esta palabra se escribe en caja alta"— o las minúsculas —letras "de caja baja"—, o las cursivas, o las negritas, o la letra estilo Times o estilo Cooper. Su orden no ofrecía problemas.

Pero los géneros periodísticos no disponen de cajones finos donde resulte fácil encontrarlo todo. Se trata de cajas mucho más grandes, alrededor de las cuales —y no dentro— podemos encontrarnos a veces parte de la mercancía. Por eso el reto de definir los géneros periodísticos acarrea una tarea en realidad inabarcable. Podemos, eso sí, sentar unos criterios generales para saber de qué estamos hablando; pero siempre la innovación de los periodistas y de los periódicos puede dejar en fuera de juego cualquier planteamiento. De entrada, se aprecian ya notables diferencias entre los teóricos de la comunicación al clasificar las distintas formas de concebir un texto para publicarlo en un diario o revista. Y también, incluso, falta de coincidencia en las palabras que las designan, especialmente entre España y algunos países de América.

Lo que aquí sigue tiene su origen en la experiencia concreta de un periodista en la tarea diaria, y sólo pretende aparecer como una más de las maneras de enfocar el asunto. Mi principal criterio a la hora de establecer estas divisiones guarda relación con el mayor o menor grado de subjetividad que se plasme en un texto. Es decir, divido los géneros según la mayor o menor presencia del periodista en ellos.

Los periódicos ofrecen un lenguaje que se manifiesta en muy distintos planos. En primer lugar, muestran el lenguaje por antonomasia, el de las palabras, las frases y la gramática. Pero este lenguaje va envuelto a su vez en otros símbolos y diseños que forman también un idioma. Así, el lector habituado a un periódico sabe identificar los mensajes que subyacen en un mayor o menor despliegue informativo, conoce la diferencia entre una primera página titulada a cinco columnas y una apertura a dos columnas; sabe cómo se plantean tipográficamente los artículos de opinión, incluso en algunos diarios puede notar diferentes familias de letras según las secciones que repase. A veces, estos mensajes se transmiten de manera subliminal, sin que el lector tenga una consciencia razonada de las diferencias de maqueta o de criterios fotográficos entre un reportaje y una entrevista, entre un análisis y una noticia. Sucede así también en la televisión, y en España, por ejemplo, los informativos de Canal + comenzaron a utilizar distintos colores para la rotulación de sus informaciones según la distinta materia de que se tratase, con un color para las noticias políticas, otro para las económicas, otro para las deportivas... Tal vez ni uno solo de los telespectadores se haya dado cuenta de eso y, sin embargo, todos ellos habrán asumido la sensación de que se hallaban ante un telediario ordenado y creíble.

La mera existencia de distintos géneros periodísticos forma parte de ese segundo lenguaje —no verbal— que envuelve a las palabras y transmite a los lectores datos relevantes acerca del enfoque de lo que están leyendo. Los géneros nos sirven para entendernos en las redacciones y para analizar los periódicos en las facultades. Pero también resultan útiles para el lector. Con una sola condición: que el periódico se moleste en diferenciar tipográficamente un género de otro.

Esta diferencia constituye una garantía para el público. Porque el ánimo con el que el lector se adentra en una noticia dista mucho del que puede tener al aproximarse a un análisis o un comentario.

Los géneros periodísticos, como hemos dicho, se diferencian fundamentalmente por el distinto grado de presencia del informador en su texto. Así, en la noticia apenas aparece quien la ha redactado; sólo adivinamos que tiene un autor porque en ella se da, lógicamente, una elección de la realidad, de modo que su redactor escoge aquellos elementos que le parecen interesantes (y eso entraña ya un juicio personal). Pero no conocemos su opinión sobre los hechos que narra. En el lado opuesto, el artículo, la tribuna libre o el editorial implican una presencia omnímoda de quien escribe, que muestra sus propias opiniones —o las de la empresa editora— de una manera muy subjetiva.

Cualquier periódico diferencia estos dos géneros en su mera presentación tipográfica. Se respeta así el derecho del lector a saber si lo que lee parte de una realidad objetiva (con todos los matices que se quiera, pero con el ánimo de quien escribe de no inmiscuir sus juicios en lo que cuenta) o si por el contrario corresponde al criterio personal o empresarial de quien se responsabiliza del comentario.

Un lector se pone en guardia ante un artículo de opinión: sabe que lo que allí se cuenta no parte de una verdad absoluta, ni siquiera relativa: se trata de juicios de valor que podemos tomar como tales, conscientes de que responden a la particular idiosincrasia de quien redacta. En cambio, ante la noticia se da otra actitud en el público. La noticia constituye la esencia de los hechos, reproduce datos objetivos y teóricamente incontrovertibles. Y ante ella el lector baja la guardia, se confía.

Pero entre la noticia escueta de un suceso y el artículo editorial median otros muchos géneros, todos ellos con distinto grado de implicación personal del autor. Y uno de los criterios para medir la independencia y la honradez de un periódico puede basarse en su manera de identificar estos matices, de modo que el lector pueda relativizar desde el primer momento aquello que se le ofrece.

¿Qué inclina a un redactor a elegir para su escrito la forma de la noticia, de la crónica o del reportaje? En efecto, un mismo hecho informativo nos puede llevar a alguna de esas tres posibilidades (incluso con aditamentos como la entrevista o el análisis). En la prensa de hace unos decenios, primaba la noticia. Porque muchos lectores conocían por el periódico, y sólo por el periódico, los principales acontecimientos. Hoy en día, la profusión de canales de televisión locales, regionales y nacionales, los continuos boletines horarios en las más diversas emisoras, la posibilidad de consultar la actualidad incluso mediante ordenador, teléfono portátil o teletexto, y los demás avances técnicos, van arrinconando este género. El lector, cuando compra el periódico, ya sabe por otros medios muchas de las noticias que se incluyen en él. Por eso el periodista puede ofrecerle un plus mediante la crónica —que enmarca lo ocurrido y lo interpreta con sujeción a los hechos— o el reportaje —que describe las situaciones con amplitud y sentido literario, y obtiene fuentes adicionales—. La elección del género a la hora de transmitir una información puede depender, por tanto, de que imaginemos al lector con un cierto conocimiento previo de la materia —en cuyo caso tenemos la obligación de ofrecerle algo más— o de que le estemos comunicando la información pura por vez primera. No siempre se tiene en cuenta este criterio, y muchos responsables informativos encargan reportajes, crónicas o noticias de un modo aleatorio, tal vez por intuición y no siempre acertada.

Vamos a repasar a continuación los diferentes géneros en relación con el distinto grado de presencia personal del periodista en ellos. Y los peligros que un abuso de tal presencia puede deparar.

Éstos son, a mi juicio, los géneros periodísticos y una forma de clasificarlos y denominarlos. Y de abordarlos a la hora de escribir; y de corregirlos a la hora de editar.

LA INFORMACIÓN

Es información todo aquel texto periodístico que transmite datos y hechos concretos de interés para el público al que se dirigen, ya sean nuevos o conocidos con anterioridad. La información, en sentido estricto, no incluye opiniones personales del periodista ni, mucho menos, juicios de valor. Por tanto, se hace incompatible generalmente con la presencia de la primera persona del singular o del plural.

Son informaciones:

— la noticia;
— la entrevista de declaraciones o entrevista objetiva;
— el reportaje informativo.
— la documentación;

La noticia

La esencia del periodismo, la materia prima. Noticia es todo aquel hecho novedoso que resulta de interés para los lectores a quienes se dirige el diario.

Qué es noticia. La noticia en estado puro viene dada siempre por un acontecimiento sorprendente, estremecedor, paradójico o trascendental y, sobre todo, reciente.

Una noticia, sin embargo, puede carecer de algunas de estas características y ser digna igualmente de publicación. Pero irá perdiendo fuerza cuanto más se aleje de tales premisas.

En los años noventa, por ejemplo, los periódicos españoles coincidieron en publicar como noticias unos hechos ocurridos incluso años atrás. Así, la investigación de *Diario 16* sobre las corrupciones de Luis Roldán, ex director general de la Guardia Civil; los informes reproducidos por *El Mundo* en torno a la financiación irregular del PSOE o al asesinato de los presuntos etarras Lasa y Zabala; las averiguaciones de *El País* sobre la defraudación a Hacienda del ministro del PSOE Vicente Albero, sobre la irregular venta de terrenos de Renfe por el ministro socialista García Valverde o la colaboración del diputado del PSOE José María Mohedano en los negocios de un constructor acusado de estafa que además le regaló un coche marca Jaguar. O la sentencia por abuso de poder como inspector fiscal, dictada años atrás, contra quien acababa de ser nombrado director general de Radiotelevisión Española, López Amor.

Aunque lo sucedido tuviera ya ciertas telarañas, fue presentado en todos esos casos como nuevo, por tratarse de algo desconocido hasta ese momento. Es, por tanto, noticia; pero ninguna de ellas podría competir con un hecho similar acontecido el día anterior.

Las noticias que forman una noticia. La noticia constituye la esencia de las agencias de prensa. Redacciones como las de Europa Press o Efe transmiten a los periódicos a través de los teletipos —o mediante videoterminales— la materia prima con la que se elaboran los periódicos, y que se añade a la que cada publicación recoge por sus propios medios. Por lo general, las agencias garantizan un mínimo suficiente para que un diario salga a la calle. Cada uno de ellos, por otro lado, se encargará de proporcionar a sus lectores informaciones diferenciadas y propias, incluso muchas veces a partir de las noticias de agencia.

Las informaciones de estos servicios por teletipo o videoterminal suelen formar una cadena de noticias que a veces constituyen una sola. Por ejemplo, en el caso de un atentado terrorista la agencia distribuirá probablemente un primer flas donde indicará: "Un guardia civil, asesinado en Hernani". Eso es, en efecto, una noticia; pero en los minutos sucesivos llegarán nuevos despachos: "El guardia civil asesinado en Hernani es José Manuel Alférez Costa, de 32 años". Y se añadirán otros detalles, como su situación familiar, los años que llevaba en el cuerpo de seguridad, las heridas de bala que ha sufrido en el atentado... Y tal vez unos minutos después se informe de que se ha trasladado al lugar de los hechos el delegado del Gobierno o, más tarde, de que el funeral se celebrará al día siguiente en tal o cual parroquia. Y finalmente, se narrarán las declaraciones de diversas personalidades que opinan sobre lo acontecido. Pero toda esta sucesión de pequeñas noticias forma parte en realidad de la noticia principal.

Una noticia extensa suele estar constituida, pues, por una cadena de informaciones que, incluso, se desarrollan a lo largo de todo un día. Y que pueden proceder de puntos diferentes. En una emisora de radio o de televisión se irán facilitando independientemente, como noticias separadas. En un periódico sumarán una sola información.

Por tanto, el conocimiento de un hecho concreto por el periodista no ha de bastarle para dar por concluido su trabajo. Tanto él como el editor que revise luego el texto han de ir más allá, y buscar consecuencias y repercusiones. Y, por supuesto, antecedentes. A veces, éstos pueden cobrar gran importancia en relación con el hecho noticioso.

Erosión en la pirámide invertida. La teoría de la pirámide invertida ha quedado anticuada. Tuvo su razón de ser cuando los periódicos se componían en plomo y el cálculo de líneas nunca resultaba exacto. El informador escribía a máquina y luego el linotipista convertía su texto en una sólida aleación que resistiría de madrugada los envites de la rotativa. El *chorizo* de líneas de plomo —apretujadas una detrás de otra como fichas de dominó en equilibrio horizontal— llegaría a la platina por la noche para acomodarse en ella a codazos con otras informaciones. En la pelea, alguna noticia salía perdiendo —a veces perdían todas un poco—, y el redactor de cierre las cortaba siempre por el final; el tipógrafo tiraba a un cesto las fichas de dominó sobrantes y el periodista rehacía con el linotipista, como mucho, la última frase. Por ello, no quedaba más remedio que escribir los párrafos por orden de interés descendente, de modo que lo más importante ocupara el primero y que los últimos fueran en realidad un complemento perfectamente prescindible.

Hoy en día el uso del ordenador ha resuelto este problema. Hace veinte años, primero se escribía la noticia y después se le encontraba un hueco. El diseño moderno de los periódicos ha invertido el orden: primero se busca un hueco y luego se escribe la noticia. Y cuando, en contadas ocasiones, se hace preciso reducirla por acontecimientos posteriores, siempre se puede cortar por el medio, por una frase, por una palabra de cada párrafo: para ello disponemos de un teclado, una pantalla y una rapidísima filmación nueva (o impresión nueva, para su reproducción inmediata en plancha).

Así que en ocasiones no está de más romper la línea de la pirámide invertida para introducir explicaciones o documentación que enriquezcan la noticia, aunque ello suponga romper el desarrollo cronológico de un relato, la relación de hechos o su estructura elaborada conforme al interés de cada párrafo.

No obstante, todo ello no supone que se haya de prescindir para siempre de la pirámide invertida. Esa técnica sigue constituyendo una buena manera de escribir la noticia, porque implica orden y, a la vez, obliga a situar por delante aquellos hechos o datos que atraerán el interés del lector. Las agencias de prensa continúan empleando este sistema en sus despachos puesto que, ellas sí, ignoran por dónde serán cortados en cada medio informativo, y han de facilitar la publicación y el manejo de sus textos.

Algunos consideran que el sistema de la pirámide invertida —y la consiguiente sujeción estricta a los hechos— forma parte en realidad de la mordaza que las empresas imponen a los redactores para que jamás incluyan visiones personales en las noticias. Se puede discutir largamente sobre eso. Pero, en cualquier caso, la ruptura con la pirámide no implica que el periodista tenga ya capacidad para introducir sus propias opiniones y mezclarlas con la información, siempre que se respeten los criterios que se irán exponiendo en los siguientes capítulos.

Qué, quién, cómo, dónde... ¿Debe un *lead* o entradilla contener la respuesta a las famosas preguntas "qué, quién, cómo, dónde, cuándo y por qué"? Pues no. Las respuestas pueden ir desgranadas a lo largo de la información, y según la importancia que cada una de ellas tenga en su caso.

Tradicionalmente, se ha dicho que una noticia debe contener respuesta a esas seis palabras del inglés que coinciden en su escritura con w: *what, who, how, where, when, why.* Cierto que casi todas las informaciones quedarían cojas sin esos datos. Pero hay otros imprescindibles también.

... Y según. Por ejemplo, en un texto noticioso será preciso añadir "según quién". Los periodistas obtienen sus informaciones de tres maneras: porque han presenciado los hechos (un debate parlamentario público, por ejemplo); porque alguien se los ha contado (un debate parlamentario a puerta cerrada) o porque los ha verificado con un soporte documental (la reproducción del debate en el *Diario de Sesiones).* El lector tiene derecho siempre a saber con cuál de estos procedimientos se ha obtenido la noticia.

En el primero de los casos, el mero relato del periodista sin atribución de fuentes hará suponer que ha asistido a las discusiones. En el segundo y en el tercero, en cambio, deberá expresar quién es su informante; mejor dicho: deberá indicar que lo sabe por una fuente o por varias. Y acercarse al máximo posible en la descripción de su informador: "una fuente socialista", "fuentes del Gobierno", "fuentes de los servicios jurídicos". Damos por hecho que en la mayoría de los supuestos no podrá explicitar de quién se trata —asunto tan obvio que no merece la pena detenerse en él—, pero el lector quedará mejor informado si le contamos que los acontecimientos narrados han pasado por el tamiz previo de otra persona distinta al periodista, con lo cual quedará advertido ante la posibilidad de un enfoque no necesariamente ecuánime (aunque sí seguramente honrado). Y lo mismo sucede si la información está documentada en el *Diario de Sesiones:* el lector sabrá entonces que lo narrado no responde a la más o menos afortunada reproducción a cargo del profesional del periodismo o de su contacto parlamentario en la comisión secreta, sino a una copia exacta —hecha por profesionales taquígrafos y tras verificación con las cintas magnetofónicas de la sesión— de lo que se haya debatido en el Parlamento; en la que nunca podrán figurar, por supuesto, los gestos que tal o cual intervención hayan podido ocasionar en otros diputados, el ambiente en la sala.

Los periódicos de rigor informativo —no así los llamados periódicos de opinión, a los que nos referiremos también más adelante— prohíben a sus redactores efectuar una atribución a fuentes anónimas cuando lo que se trasladan no son informaciones, sino opiniones. Quien nos facilita un dato tiene derecho a permanecer en el limbo de los nombres. Pero quien da una opinión debe avalarla; de otro modo, carecería de interés; porque las opiniones ofrecen mayor o menor consideración —ejercerán más o menos influencia— según quién las pronuncie. El diario madrileño *Abc* utiliza esa fórmula de fuentes opinativas anónimas. Resaltamos en cursiva uno de esos ejemplos:

> "Especialistas del Cuerpo Nacional de Policía desactivaron ayer un artefacto colocado en el interior de un contenedor que estaba situado frente a una entidad bancaria del barrio pamplonés de Azpilagaña. Al parecer, la mecha del explosivo había sido prendida, pero no llegó a estallar. Precisamente hoy el Tour llega a Pamplona. *En medios políticos, sociales y deportivos se insiste en calificar de cobarde la actitud del director de la organización de la prueba, Jean-Marie Leblanc,* quien, como hemos informado, ha declarado que comprende lo que pide ETA y ha cedido a las amenazas de la banda asesina". *(Abc,* 17 de julio de 1996).

... Y para qué. Igualmente, otro elemento que se puede añadir a las tradicionales preguntas es "para qué", o "con qué consecuencias" (ambos términos suelen resultar equivalentes). Pero en este caso se corre el mayor riesgo de abandonar la objetividad de planteamiento para invadir los terrenos de la opinión. Por tanto, responder a esa pregunta adecuadamente en una noticia implica escribir con cuidado y seguir narrando hechos, no opiniones (a no ser que pretendamos entrar en otro género: el análisis o el editorial, por ejemplo).

... Y cuánto. También aparecerá a menudo una pregunta que se hará necesario responder y que no figura entre las seis tradicionales: cuánto o cuántos. No sólo en las noticias económicas adquieren relevancia las cifras: también en el deporte, los sucesos, los tribunales o la política. Podemos, por ejemplo, dar noticia de un cierre de comercios en Aranjuez, en protesta por una decisión municipal. Y no podrá faltar en esa noticia el número de comerciantes con que cuenta la localidad, ni el número de vecinos que han resultado afectados por tal decisión. Este dato se presenta especialmente imprescindible cuando se da voz a representaciones sindicales, profesionales o políticas. Salvo en casos obvios (los grandes partidos, los grandes sindicatos...), el periodista debe explicar la representatividad de tal o cual asociación de jueces, o de farmacéuticos, o de leñadores. Desarrollaremos estas ideas más adelante, en el apartado de Edición.

El estilo en la entradilla de la noticia. Las agencias de noticias suelen empezar las informaciones con el relato escueto de los hechos. Por lo general, los pequeños periódicos reproducen el teletipo sin demasiada elaboración posterior. (Tal vez la introducción directa de los despachos de agencia en el sistema informático del periódico, merced a las nuevas tecnologías, acreciente ese traslado mecánico carente de aportaciones o intervención del redactor del diario). Pero no tenemos en ese estilo de pirámide invertida la única manera —aun no siendo mala— de lograr el interés de los lectores. Veamos estas dos formas de escribir la misma noticia en dos periódicos de Madrid.

Ejemplo 1:

"Una mujer de 36 años falleció en Móstoles, y sus tres hijos resultaron intoxicados debido a un escape de gas que se produjo en la vivienda familiar. El mayor de los hijos se encuentra en estado de coma.

Tumbada en el sofá junto a sus dos hijos pequeños, que fueron descubiertos también inconscientes, Rosario Rodríguez de 36 años, se quedó dormida y no volvió a despertar, como consecuencia de la gran cantidad de gas propano que inhaló". (Firmada por Olga Heras, en *El Mundo* del 6 de febrero de 1996, página 6 del suplemento Madrid. En la reproducción se han respetado los errores de puntuación y de edición).

Ejemplo 2:

"Hace apenas 12 días, el 25 de enero, un padre y dos hijos morían por una intoxicación de gas natural en su casa de San Fernando de Henares (28.900 habitantes). El calentador doméstico no quemaba bien el combustible. Miles de comunidades de vecinos revisaron los suyos a raíz de ese suceso. En el bloque de Móstoles (199.400 habitantes) donde vivía Rosario Rodríguez, de 36 años, no necesitaban hacerlo, porque los técnicos habían pasado por allí un mes antes, el 27 de diciembre. Pero aquel día, cuando llamaron a la puerta del piso 2.º A de la calle de Bécquer, no les abrió nadie. Y pasaron de largo. Ayer, de madrugada, Rosario y sus hijos se intoxicaron en ese mismo piso, también por la mala combustión del propano. La madre murió, uno de los niños entró en coma y otros dos quedaron ingresados en el hospital". *(El País,* 6 de febrero de 1996. Susana Moreno. Primera página del suplemento local).

Se trata de dos entradillas igualmente válidas. La diferencia entre ellas nace, principalmente, de que el diario *El Mundo* publica una noticia reducida en la página 6 del suplemento local; mientras que *El País* abre su cuadernillo de Madrid con ese suceso y le otorga mayor relieve tipográfico y, sobre todo, más espacio. Por tanto, la corresponsal de *El País* en Móstoles sabía que tendría margen suficiente para desarrollar una historia completa. Así que pudo permitirse el lujo de elaborar una entradilla más literaria, en la que acude a un antecedente de importancia. La corresponsal de *El Mundo,* en cambio, eligió el camino más sencillo para el caso de que alguien hubiera de cortar el texto.

Ahora bien, la entradilla de *El País* rompe con los cánones tradicionales de la prensa (aquellos que eran comunes antes de la llegada del ordenador). Empieza el relato nada menos que con una documentación. La autora —y sus jefes— dan por hecho que el lector ha conocido la noticia por la televisión y la radio (además de saberla por el titular de la propia información) y abordan un enfoque original. Así, ponen la carga intencional en el hecho de que no es el primer suceso de esas características que se produce en la región en los últimos días (de hecho, el titular reza: "Nueva intoxicación mortal en una familia por mala combustión del gas") y resaltan la fatalidad de que las víctimas no hubieran estado en casa cuando pasaron los técnicos. Tal infortunio se recoge igualmente en la información de *El Mundo,* pero sólo en los párrafos finales.

La entradilla de *El País* no sería válida si no contuviera el hecho noticioso en sí: una mujer muere intoxicada por gas y uno de sus hijos se hallaba en coma. Un comienzo con circunloquios no nos puede despistar del camino principal. Introducir documentación o descripciones en la entradilla no debe significar que con ello se arrincone la idea que figura en el titular.

Entradilla literaria. Pero atención: las entradillas informativas no tienen por qué ser siempre frías, distantes y sin la intervención literaria o descriptiva del periodista. Las agencias sí emplean ese estilo, puesto que han de difundir textos válidos para publicaciones muy diferentes (su propósito es redactar con un *mínimo común denominador* que no quede rechazado por ningún criterio profesional ni libro de estilo). Ahora bien, en un periódico, y siempre conforme a su manual de redacción —si lo tuviera—, sí caben aportaciones del autor que enriquecen lo que se cuenta. Veamos un ejemplo.

Un hogar de ancianos se viene abajo por una explosión, en Madrid, el 9 de enero de 1996. *El País* redacta la noticia, firmada por Luis Fernando Durán, con una visión muy literaria, sin dejar por ello de atenerse a los hechos y sin que haga falta adjetivo alguno:

Título:

"El techo de un hogar de pensionistas se desploma sobre 50 jubilados".

Entradilla:

"Medio centenar de jubilados jugaban ayer a las cartas o al dominó en el hogar de pensionistas de la calle de Bustamante (distrito de Arganzuela) mientras oían de fondo el sonido de *Madrid Directo,* de la televisión autonómica. No sabían que en unos instantes ellos estarían dentro de ese programa. A las 19.10, el techo se desplomó sobre sus cabezas y dejó heridos a casi todos. Cuatro de los pensionistas se hallaban anoche en estado crítico, según fuentes sanitarias".

Como se ve, el periodista utiliza una imagen sorprendente: los pensionistas ven la televisión sin imaginarse que en breve estarán dentro de ella. Y lo hace con hechos, legítimamente; no inventa nada ni califica ninguna actitud. Demuestra que también con un texto noticioso se puede ser brillante. Porque además no falta ni uno solo de los datos esenciales. La entradilla capta el interés del lector cumpliendo con los cánones: se ha valido sola y exclusivamente de información real. Y ha añadido una visión distinta a quien ya supiera la noticia por la televisión.

El acudir al lugar del suceso y verificar los más nimios detalles puede servir luego para construir un relato creíble a la vez que literario. Y no por ello se convertirá en un reportaje: la riqueza descriptiva y de estilo no es monopolio de ese género periodístico. Y bien puede demostrarlo la entradilla que publicó el diario británico *The Independent* cuando unos científicos estadounidenses detectaron el eco del Big Bang (la gran explosión cósmica que se supone dio origen al universo).

"Hace 15.000 millones de años, el universo registró una inmensa explosión. Y unos científicos de la Universidad de California en Berkeley han anunciado que ellos la acaban de oír". *(The Independent,* 25 de abril de 1992).

Entradilla de frase muy corta. La influencia de los informativos de televisión y de radio ha llevado a los periódicos un estilo de entradilla de noticia que se abre con una frase extremadamente corta. Se trata de una fórmula muy recomendable, siempre que resulte natural y de fácil comprensión. *El Día de Valladolid,* dirigido por Ricardo Arques, la emplea en casi la totalidad de sus noticias.

"Siria llora la muerte de su presidente. Y el mundo la mira con preocupación: el personaje muerto era una de las personalidades políticas más importantes en Oriente Próximo". *(El Día de Valladolid,* 11 de junio de 2000. Páginas comunes elaboradas en su redacción central de Madrid).

"El estricto control militar no da su brazo a torcer en Nueva Loja, capital de Sucumbíos. Ayer, decenas de militares y policías cumplían la tarea de rutina: revisar la cédula de identidad y los equipajes de los pasajeros y transeúntes". *(El Comercio,* de Ecuador, 30 de septiembre de 1999. Byron Rodríguez).

"A ocho días de las elecciones internas del Congreso, nada está dicho. Ayer, los roldosistas y la centroizquierda dijeron que están en conversaciones para formar un frente común y cambiar la tendencia política del Congreso". *(El Comercio,* de Ecuador, 25 de julio de 2000).

Este tipo de frase inicial recibe la ayuda del titular, que ya ha enmarcado el tema que se aborda. Por tanto, el redactor habrá de cuidarse de que la frase corta guarde alguna relación con él (sin que se le parezca demasiado), de que efectivamente constituya una continuación —no gramatical, sino de significado— de modo que el lector sepa de qué se está hablando aunque la primera oración se construya de manera un tanto enigmática.

Mala imitación. Estos estilos literario y de frase corta han conducido a alguna mala imitación. Tal desatino consiste, por ejemplo, en escribir como primera frase una oración breve, contundente y... opinativa. O simplemente mala. El estilo literario en la noticia y en la crónica ha de conseguirse con datos (si acaso, con una cierta interpretación, si se trata de una crónica, pero basada en hechos concretos); he ahí el mérito. En la crónica, como en la noticia, prima la información y, por tanto, no parece conveniente abrirla con un comentario.

Tampoco se ve recomendable utilizar esa frase inicial contundente y corta para reproducir un refrán, un dicho o un tópico. Porque así se pierde originalidad y se introduce toda la noticia en un cajón genérico de hechos, en un lugar común, cuando el objetivo del periodista ha de fijarse en la sorpresa y el enganche.

"¡A perro flaco todo son pulgas! Andaban los socialistas ufanos por la sesión del miércoles mientras los populares aguantaban mal que bien la decepción por lo ocurrido, cuando un juez de la Audiencia Nacional de 46 años, miembro independiente del Grupo Socialista, Ventura Pérez Mariño, dejó caer la bomba en el escritorio del Congreso: convocó a los periodistas, pidió la dimisión de Felipe González y anunció que votaría las proposiciones de IU y del PP para investigar los GAL (...)". *(El País,* 10 de febrero de 1995. Camilo Valdecantos).

Otro mal uso consiste en que la primera frase no se entienda por sí misma, sino que se limita a reproducir un complemento fuera de sitio. Se precisa, por tanto, de la segunda frase para completar su significado (lo cual arruina también el efecto que se pretendía conseguir):

"Con la democracia no se juega. Es el mensaje que está dando la Corte Nacional Electoral a algunos partidos que intentaron en las últimas elecciones generales de 1997 y municipales de 1999 pasar por encima de las leyes para tener más diputados o concejales". *(La Razón,* de Bolivia, 30 de agosto de 2000).

A continuación, unos buenos ejemplos:

"Real Madrid y Barcelona curaron sus heridas con goles". *(El País,* 25 de febrero de 1987. Primera frase de una noticia en la primera página).

"Un horrendo crimen alarmó ayer a la zona sur. Después del mediodía, dos desconocidos"... *(La Razón,* de Bolivia, 30 de agosto de 2000. Sin firma).

Claridad. La facilidad de comprensión forma parte de las reglas de cualquier escrito periodístico. Tanto más en una entradilla informativa. Al lector se le debe conducir con mimo, sin obligarle a sobreesfuerzos como éste:

"Ni ser oposición de la oposición, ni olvidar que el control parlamentario ha de hacerse sobre el Gobierno, no sobre los socialistas, aunque, cuando las haya, se denuncien las coincidencias entre Gobierno del PP y del PSOE. Son algunas de las ideas contenidas en el borrador de la estrategia del Grupo IU-IC y que estos días está siendo debatido por los parlamentarios de la organización de izquierdas". *(El País,* 16 de mayo de 1996. Rodolfo Serrano).

Entradilla de agenda. Veamos una entradilla simplona y sin apenas interés, una entradilla *de agenda,* que relata hechos previstos sin añadirles nada:

"El presidente del Gobierno, José María Aznar, llegó al mediodía de ayer a la urbanización Les Platgetes de Bellver, en Oropesa (Castellón), donde él y su familia pasarán, por sexto año consecutivo, las vacaciones estivales. Su esposa, Ana Botella, y los dos hijos menores, Ana y Alonso, le esperaban desde el martes". *(El País,* 4 de agosto de 1996. Ángeles Durán).

Sin embargo, el octavo párrafo —tras sucesivas frases intrascendentes sobre las personas saludadas al llegar— ofrecía algo más atractivo:

"Cámaras de vídeo ocultas graban a las personas que se acercan a la vivienda ocupada por los Aznar. No ha sido especificado el número de efectivos que controla el entorno y que completa el servicio de vigilancia permanente propio de la urbanización, compuesto por siete guardas que se turnan en la entrada. Precisamente este aspecto es el que ha desatado opiniones opuestas entre los vecinos. Algunos están encantados con la vigilancia que se ha desplegado en la urbanización, donde aseguran que los robos son frecuentes, mientras [que] otros han optado por abandonar su chalé durante el mes de agosto ante la presencia habitual de periodistas y fotógrafos y de numerosos agentes de las Fuerzas de Seguridad del Estado".

Evidentemente, estos hechos podían haber arropado la entradilla para no dejarla en un mero párrafo notarial. Probablemente, la polémica sobre las cámaras de vídeo ya se había reflejado en los medios informativos locales, y tal vez por ello la corresponsal no le otorga los honores de la frase inicial. Pero los editores de la información perdieron la oportunidad de combinar ambos hechos —sin dar necesariamente por novedoso ninguno de ellos—, de pedir que se indagase en la polémica entre vecinos y de trasladar a los lectores ajenos a Castellón un relato más interesante. Por ejemplo:

> "Las cámaras de vídeo que vigilan ocultas la urbanización Les Platgetes de Bellver, en Oropesa (Castellón), grabaron a mediodía de ayer la llegada de un ilustre veraneante: José María Aznar. Los movimientos del presidente del Gobierno, como los de todos aquellos que disfruten del verano cerca de él, quedarán registrados por los servicios de seguridad del Estado, cuyo número de integrantes no ha sido facilitado. Muchos vecinos están felices con tamaño despliegue y con ser protagonistas ejemplares de las grabaciones, porque consideran que todo ello aumentará la seguridad ciudadana. Otros, en cambio, han decidido cambiar de residencia veraniega y preservar su intimidad ante la invasión de tantos policías, fotógrafos y periodistas. Pero en algo sí coinciden los dos sectores: hay que agradecer a los servicios de vigilancia policial que la urbanización ya no esté fuera de cobertura de la telefonía móvil".

Este último dato, que figuraba párrafos más adelante, podía redondear muy bien la entradilla. Pero, con ese enfoque, habría sido necesario conversar con los vecinos para que añadieran opiniones y anécdotas sobre el despliegue que les había invadido. En caso de urgencia, esos testimonios se pueden conseguir mediante llamadas telefónicas —si bien siempre resulta más eficaz trasladarse al lugar de los hechos—, después de localizar los números en la guía con la búsqueda de los domicilios correspondientes a esa urbanización.

Como se aprecia aquí, a menudo la calidad del texto va unida al esfuerzo personal del redactor. En el ejemplo anterior —el desastre en el hogar de pensionistas—, el informador pudo escribir esa entradilla brillante porque obtuvo el plus de información que le proporcionó el hecho de haberse trasladado al lugar del suceso y hacer las preguntas necesarias (además de su impresión ocular). Lo mismo ocurre en el ejemplo sobre el veraneo de Aznar: un mayor aporte de información habría facilitado las cosas.

El mero dato de que el presidente comience tal día sus vacaciones no tiene especialísima trascendencia; figura previsto en su agenda pública. Pero sí las consecuencias de ello. A veces las consecuencias de una noticia resultan más importantes que la noticia misma; y son, por tanto, la noticia.

Veamos un ejemplo típico de aburrida entradilla notarial, de esas que se pueden hacer mediante una plantilla fija con la cual sólo hace falta añadir los datos correspondientes al suceso de ese día:

> "Tres personas fallecieron ayer y otras 16 resultaron heridas de diversa consideración en un choque en cadena de 31 vehículos ocurrido en la autovía A-92 (Almería-Sevilla), a la altura del término municipal de Huétor Tájar, en Granada. La Guardia Civil considera que la escasa visibilidad, debida a una espesa niebla y humo abundante, pudo originar el accidente". *(El País,* 25 de noviembre de 2000. Francisco J. Titos. La información encabeza una plana y ocupa media página).

Entradilla institucional. Encontramos a menudo entradillas cuyo sujeto es una institución: el Gobierno, el Ayuntamiento, el Congreso, la Unión Europea, el Ateneo, el PP, el PSOE, un comité científico... Y emplear cualquiera de estos u otros organismos como protagonistas de la información suele convertir las noticias en escritos acartonados, donde la vida deviene en burocracia.

Si escribimos, por ejemplo: "El Consejo de Ministros aprobó ayer la creación de un juez especial que controle las actividades del Cesid (servicio de espionaje), para autorizar y controlar las intervenciones telefónicas y otras misiones que puedan chocar con derechos constitucionales", habremos elaborado una entradilla oficialista, basada en el Consejo de Ministros como actor principal. He aquí una alternativa:

> "Los espías españoles estarán vigilados. Un juez especial controlará que los agentes del Cesid no vulneren la Constitución cuando ejerzan sus tareas de investigación, merced a un acuerdo que permitirá la creación de esta figura judicial y que fue adoptado ayer por el Consejo de Ministros. Las intervenciones de teléfonos ya no serán discrecionales en el servicio secreto español, según pretende el Gobierno".

La segunda entradilla está enfocada hacia las consecuencias del acuerdo; la primera, hacia la institución que lo adopta. Pero la creación de un juez especial por el Consejo de Ministros no constituye un hecho sorprendente; sí lo sería que ese magistrado específico lo hubiera creado un Ayuntamiento (lo cual resultaría jurídicamente imposible). En ese caso sí podríamos convertir a la corporación municipal en sujeto de la noticia, puesto que en el sujeto reside la sorpresa misma.

No es un resumen. Uno de los vicios que se observan en los periódicos al elaborar las entradillas informativas viene dado por la errónea creencia de que en el primer párrafo debe ofrecerse un resumen de todo lo que se escribirá más adelante. Esa técnica conduce a la pesadez, puesto que el lector en realidad tendrá que pasar dos veces por un mismo hecho o dato. Y además, se reduce el factor sorpresa que pueda mostrar cada párrafo.

La entradilla ha de escribirse lo suficientemente completa y autónoma como para que el lector conozca lo fundamental de la noticia, pero en el siguiente párrafo debemos tener descontado lo que se haya narrado ya.

Cuándo escribir el titular de la noticia. En las noticias, el título se desprenderá de la entradilla. Siempre se recomienda, no obstante, escribir primero el titular, antes de abordar el primer párrafo. De esa forma comenzaremos la información teniendo claro ya qué deseamos contar exactamente, qué consideramos lo más importante y qué hechos o datos deben figurar, por tanto, en el primer párrafo.

Muchas veces he escuchado a un redactor contarme por teléfono una noticia para que yo le reservara el espacio adecuado en las páginas. Cuando la relataba verbalmente, atinaba con el titular al transmitirme los hechos, de una manera intuitiva y natural. Y después, al escribir la noticia, su primer párrafo se volvía confuso y dubitativo. Y el título (que había escrito una vez terminado el cuerpo de la información) carecía del interés que me había trasladado en la conversación telefónica. Obligarle a reescribir el texto recordando cómo me lo había contado verbalmente se convirtió siempre en una magnífica solución. Cuando narramos un hecho a un amigo solemos empezar todos (periodistas o ajenos al periodismo) por la verdadera noticia. Y ése es el titular. (Cuando alguien, para despertar nuestra intriga, nos cuenta algo dando rodeos y extendiéndose en detalles accesorios, solemos considerar que se trata de un pesado que no merece nuestra atención).

Una vez que escribimos el titular, todo nuestro empeño debe consistir en respaldarlo. En este caso sí se puede empezar la casa por el tejado. Dibujamos el tejado y luego lo apuntalamos con una estructura que lo soporte sin problemas para que el dibujo se haga creíble. Nuestro siguiente empeño, una vez escrito el titular, ha de consistir en dar a la noticia ese enfoque. Así, en el caso anterior sobre la explosión de gas, la corresponsal de *El País* supo que, si el título de su información iba a referirse a la reiteración de las explosiones, la entradilla debería coincidir con ese criterio.

De otro modo, tal vez podría haber sucedido que redactara una entradilla convencional, que párrafos más adelante aportara los antecedentes de otras explosiones y que, a la hora de titular, escogiera esa idea relativa a la reiteración de casos similares. Tendría entonces un titular que no se correspondería con la entradilla, y ésta dejaría al lector insatisfecho y ávido de encontrar en el resto de la información los demás casos recientes en que el gas se llevó por delante una casa y a sus moradores. Tal vez para ello se salte unos cuantos párrafos.

El título como evaluación de la noticia. Una regla evidente para cualquiera que trabaje en tareas de edición en un periódico indica que cuanto más breve se logra un titular *mejor* es la noticia (evaluada en este caso no por su contenido positivo o negativo, sino por la repercusión o contundencia del hecho, aunque éste resulte deplorable).

El titular "Franco ha muerto" fue una noticia de primer orden en España, y por ello sólo precisaba de tres palabras. Pero ese mismo hecho fue transmitido a los norteamericanos con más datos. Por ejemplo, "muere el dictador español", o "fallece el general Franco tras 40 años de dictadura en España". Evidentemente, la contundencia del titular va ligada a la contundencia de la información misma. En Estados Unidos era menos noticia que en España, y por eso requirió un título más extenso. Una noticia que precise un titular complicado será poca noticia.

Adverbio inicial. Una información, aunque muchos de los profesionales de hoy en día lo hagan así, no debe empezar con un adverbio o locución adverbial —excepto el adverbio "sólo" si su cambio de lugar altera el sentido de la frase— ni con un complemento circunstancial. No porque se caiga de ese modo en algo incorrecto gramaticalmente, sino porque esto dificulta la lectura justo en el momento en que ha de producirse el enganche con el lector. Luego, en otros párrafos, sí conviene utilizar con cuidado ese recurso, para variar la estructura de las frases y no hacerlas repetitivas.

Un adverbio complementa a un verbo (o a un adjetivo, o a otro adverbio). Por tanto, adquiere un carácter secundario en la sintaxis, y siempre tendrá más eficacia que se conozca primero la expresión que luego se va a complementar, y no primero lo que complementa y después lo complementado. Mantener el orden lógico ayuda a la facilidad de comprensión de un texto. Así se precisa menos esfuerzo del lector para entender la noticia.

A veces, además, el adverbio inicial se transforma en locución adverbial, o en una oración entera. Eso retrasa la entrada del receptor en el mensaje principal, abona la impaciencia y cansa.

> "Aunque en su declaración de ayer el presidente de la Comisión, Jacques Santer, considera, diplomáticamente, que la cumbre EE UU-UE del pasado 16 de diciembre se caracterizó por un espíritu positivo, la realidad es que ambos socios encallaron a la hora de adoptar decisiones prácticas". (*El País,* 4 de enero de 1997. Xavier Vidal-Folch).

"Después de que el Senado sea notificado por la Corte Suprema de que el senador vitalicio Augusto Pinochet perdió su fuero parlamentario, la primera diligencia que se cumplirá, el caso de la caravana de la muerte, regresará al juez Juan Guzmán, quien investiga las 154 querellas contra el ex dictador". *(El País,* 2 de agosto de 2000. M. D.).

"Cuando, el 2 de mayo de 1995, el Gobierno de Fidel Castro firmó con las autoridades norteamericanas el acuerdo migratorio que puso fin a 35 años de política de asilo automático para los balseros cubanos, La Habana hizo notar enseguida a la Casa Blanca que, si aprobaba la ley Helms-Burton, Estados Unidos seguiría alentando la emigración ilegal". *(El País,* 18 de julio de 1996. Mauricio Vicent. Entradilla).

"Según el informe preliminar del foro de la Cooperación Económica Asia-Pacífico (CEAP), difundido poco antes de la cumbre que tendrá lugar hoy y mañana en Kuala Lumpur, las economías de la zona viven un periodo particularmente turbulento y duro". *(Clarín,* de Buenos Aires, 17 de noviembre de 1998).

Al leer la segunda parte de la frase ya se nos ha perdido la primera, cuyos conceptos conocimos sin saber a qué venían. Y habremos de releer la entradilla.

Las continuas aposiciones tampoco hacen ningún bien a la agilidad del relato, sobre todo si se comienza con frases que complementan a la principal:

"Con la paz de Bosnia-Herzegovina prendida con alfileres, las calles de Belgrado soliviantadas por el fraude electoral y el otrora todopoderoso presidente serbio, Slobodan Milosevic, sumido en un autismo público inexplicable, Kosovo —la provincia de mayoría albanesa situada al sur del país—, reaparece con fuerza". *(El País,* 11 de enero de 1997. Ramón Lobo).

La noticia de declaraciones. La liberalización de la información radiofónica puso de moda en España el periodismo de declaraciones. Durante el franquismo, todas las cadenas de radio estaban obligadas a conectar con la emisora estatal, Radio Nacional de España —controlada por el Gobierno—, para que nadie pudiera ofrecer una versión de los hechos que no fuera la oficial (recuérdese que desde 1939 hasta 1977 España vivió en una dictadura).

Cuando, ya en 1977, todas las emisoras pueden difundir por fin sus propios programas informativos, por lo general cuentan todavía con pocos medios y con pocos periodistas. Y además, escasamente cualificados. Por ello, recurren a colocar el micrófono a políticos y artistas cuando éstos acuden a un debate, acto o acontecimiento; y sus opiniones o declaraciones se sitúan a menudo por encima del acontecimiento mismo.

La respuesta de Fraga. Conocida es la anécdota de un periodista de Radio Nacional que, ya en la época democrática y siguiendo esa nueva ola, le pidió a Manuel Fraga —entonces líder de la derecha— que resumiera ante su magnetófono la conferencia que acababa de pronunciar en el Club Siglo XXI. Su pregunta fue ésta, textualmente: "Crisis económica, crisis de relaciones sociales, crisis de legitimidad, crisis de inseguridad, de derecho... ¿Nos podría un poco resumir todo esto?". Y Fraga le respondió: "Bueno, yo he dado una conferencia y usted es el que la tiene que resumir. Para eso está usted aquí. Yo lo único que puedo hacer es repetírsela".

La moda del periodismo de declaraciones pasó enseguida a la prensa escrita, y aún hoy continúa en ella (hay días en que los periódicos deportivos no ofrecen ninguna otra cosa que entrecomillados en los titulares).

Un periódico de calidad debe huir de este género, lo que no significa vetar las opiniones de los personajes de actualidad cuando tienen realmente un valor informativo.

"Los nuevos periodistas norteamericanos", cuenta la profesora Concha Fagoaga en su libro *Periodismo interpretativo,* "suelen denominar con el despectivo término *stenographic reporting* el resultado del trabajo de aquellos periodistas que se limitan a describir y repetir declaraciones formuladas". Esos mecanógrafos, en efecto, apenas pueden reunir más mérito profesional que el de un motorista que acudiera a la conferencia de prensa, conectara la grabadora y llevara a los estudios o a la redacción la cinta en buenas condiciones.

Para empezar, sin comillas. Un vicio muy presente en los profesionales que elaboran noticias de declaraciones consiste en comenzar el texto con las comillas. Al final de la parrafada con que haya obsequiado al redactor la personalidad en cuestión figurarán su nombre y su cargo. Pero hasta entonces el lector habrá estado *escuchando* una voz que no se sabe realmente de quién es. Y no sirve la disculpa de que ya se ha puesto en el titular (lo que además no siempre ocurre), porque eso no evita la duda de si efectivamente el entrecomillado corresponde a esa persona o a otra que se ha colado antes de llegar al meollo de la información. Además, en el título rara vez se pueden añadir los datos que definen al personaje, ni su cargo o la situación en que pronunció la frase. Porque no es lo mismo que esa declaración tuviera como marco una ponencia, una comisión, un pleno, un pasillo, una reunión de amigos o un estudio de televisión.

Cuestionemos lo que escuchamos. Cuando el informador practique el periodismo de declaraciones no debe arrinconar su posibilidad de estudiar lo que el personaje haya dicho. Veamos un ejemplo: el entonces candidato a presidente del Gobierno por el PP, José María Aznar, declaró el 25 de octubre de 1995 que Felipe González —derrotado en la votación de los Presupuestos— podría, si lo desease, convocar elecciones generales antes de las Navidades (fechas festivas que el jefe del Ejecutivo, asediado también por varios escándalos de corrupción socialista, ponía como disculpa para no disolver las Cortes en aquellos momentos, puesto que en ese supuesto el día de las votaciones, según los plazos legales, coincidiría con las vacaciones de millones de españoles, que estarían situados esos días, y durante la campaña, fuera de sus lugares de residencia). Aznar consideró el criterio de González una simple disculpa para mantenerse en el poder y declaró: "Mienten quienes dicen tal cosa. Basta leerse el artículo 68.6 de la Constitución para saber que hay un plazo de entre 30 y 60 días entre la convocatoria de elecciones y su celebración". La mayoría de los periódicos reprodujo esa declaración así, sin cuestionarla, respetando escrupulosamente, cual mecanógrafos, el texto original. En unos casos, porque los informadores se situaron al margen del debate: si alguien debía contestar, que fuese

González (aunque eso ocurriera un día después). Y en otros, porque ignoraban que Aznar se había equivocado.

Efectivamente, la Ley Electoral —que desarrolla el precepto contenido en la Constitución— establece un plazo único de 54 fechas entre la convocatoria y los comicios, y llamar a elecciones cuando el candidato del PP las reclamaba —es decir, que se decidieran en la reunión del Consejo de Ministros próxima— habría conducido inexorablemente a las Navidades. Unos se limitaron a hacer periodismo de declaraciones. Otros, en cambio, dieron al lector toda la información:

> "(...) Aznar se explayó en su error al argumentar que 'por tanto, pueden celebrarse dentro de un mes elecciones perfectamente en nuestro país, y si es un plazo demasiado restringido para la presentación de candidaturas, pueden ser de 40 días, que hay plazo, y pueden ser hasta 50 días, que nos llevarían al 17 de diciembre'. En este punto, el líder del Partido Popular pareció olvidar también que justamente el día 16 de diciembre se celebrará la última Cumbre de la Unión Europea bajo el mandato español". *(El País,* 26 de octubre de 1995. Camilo Valdecantos).

Alternancia. Cuando inevitablemente un personaje deba ser el eje de la información, el redactor ha de cuidar de que no todos los párrafos comiencen con su nombre propio o su cargo. Eso daría a la noticia un aire más monótono aún. Un truco válido consiste en alternar el principio de cada grupo de frases, de modo que si una empieza con el sujeto hablante la siguiente comience con alguna de las ideas que el personaje ha dado. Y en esa frase recordaremos su nombre o su cargo mediante un inciso o bien reduciremos éste a expresiones como "adelantó", "precisó", etcétera (intercaladas en el entrecomillado), de modo que mantengamos el hilo y quede claro siempre quién habla.

El cuerpo de la noticia. Una vez escrito el *lead* o entradilla —tras el titular, lo más importante en una información—, el redactor puede incluir en el segundo párrafo elementos de documentación o de prospectiva, que se adelanten en interés a otros asuntos noticiosos. Por ejemplo:

"El Real Madrid ha fichado al jugador montenegrino Pedrag Mijatovic, de 27 años, para la temporada próxima, por lo que deberá pagar una indemnización de 1.200 millones al Valencia CF, según han informado fuentes oficiales del club madrileño. *(Párrafo informativo).*

El alta de Mijatovic y la anterior de Suker ponen en problemas al resto de los extranjeros del equipo, pues tanto el jugador de Montenegro como el croata no cuentan como comunitarios. Así pues, Zamorano, Esnáider, Rincón y Redondo ven amenazada su plaza al rebasarse el cupo de extranjeros (cuatro), porque tampoco proceden de países de la Unión Europea. *(Párrafo de prospectiva).*

Mijatovic ha sido fichado por tres temporadas, y cobrará en torno a los 300 millones al año. El técnico del Valencia, Luis Aragonés, ha expresado su disgusto por el hecho de que este tipo de operaciones se produzcan a mitad de temporada, lo que puede quitar motivación a los jugadores cuando saben que al año siguiente estarán ya en otro club. *(Párrafo informativo).*

Con el fichaje de Mijatovic, el Madrid ha comprometido ya 2.000 millones de pesetas para el comienzo de la próxima temporada. Si a ellos se unen los de Fabio Capello, entrenador, y el holandés Seedorf, el club blanco tal vez desembolse en breve un total de 3.000 millones de pesetas". *(Párrafo de documentación).*

Como se ve, en esa información se intercala un párrafo explicativo después de la entradilla. Y el último párrafo, igualmente, intenta atisbar las consecuencias —en este caso económicas— de la noticia principal.

Poco a poco. Una de las claves para contar bien una noticia se basa en no querer decirlo todo a la vez. Hay que buscar una cadencia que no dé la sensación de barullo.

Además, si el texto ha de extenderse más allá de cuatro o cinco párrafos, conviene mantener el interés del lector espaciando adecuadamente los datos. No se trata de guardar ninguno importante para el final —así se cometería un error grave—, sino de acompasar la información para que no decaiga su interés.

Opiniones desterradas. Parece innecesario aclarar que en las noticias de un periódico de calidad (insistimos: noticias) no cabe opinión alguna del periodista (en los géneros interpretativos, sí; pero se trata de una opinión matizada y que se basa en datos, como veremos después). Si desea expresar sus juicios personales, deberá acudir a los artículos de opinión, editoriales o críticas, diferenciados tipográficamente. He aquí un caso en que el redactor de una noticia introduce opiniones puras:

> "Del Santa Clara-Master, por cierto, cabe decir que su actual co-patrocinador, Master, abandonará el equipo (y el ciclismo) la próxima temporada, lógicamente desilusionado por la desastrosa evolución de una escuadra que sólo sale a relucir a causa de las disensiones entre sus responsables, la última de las cuales ha provocado la retirada de su puesto de director de Juan Campos, ocupado de nuevo por el inoperante José Luis Núñez". (*Marca,* 24 de agosto de 1995).

La reseña. Algunos autores consideran la reseña un género periodístico distinto. A mi juicio, se trata de una noticia más, aunque corta en extensión. Nos referimos a las notas breves que se insertan en las secciones de *Gente,* o de los párrafos independientes donde se recogen novedades literarias o discográficas, o de las convocatorias de actos... Noticias al fin y al cabo. Si la reseña reúne además componentes de interpretación o de opinión, habrá de clasificarse en tales géneros. No por el tamaño se ha de juzgar la cualidad (o el mayor o menor grado de presencia de quien escribe).

La presencia del periodista en la noticia. Desde el momento en que el periodista elige una parte de la realidad desecha detalles accesorios que se supone no interesan a los lectores. Así, por ejemplo, quienes acuden a las conferencias de prensa tras el Consejo de Ministros nunca empiezan la crónica así:

> "El portavoz del Gobierno entró en la sala a las 13.32 horas y pisó la tarima primero con el pie izquierdo, luego con el derecho, dio cuatro pasos y medio hasta subir al estrado, se sentó lentamente y miró a los periodistas. Vestía un traje gris con una corbata azulada, zapatos ne-

gros y llevaba un reloj de pulsera dorado en la muñeca izquierda. Su pelo negro estaba un poco revuelto por el aire acondicionado que salía con fuerza sobre su cabeza".

Ninguno de esos detalles tiene interés informativo si se trata de contar el Consejo de Ministros. La escasez de espacio obliga a prescindir de lo superfluo, pero a la vez torna significativo todo lo que se elige, porque en ese momento se le dice al lector que no es superfluo.

Así pues, los hechos objetivos, traídos a colación en el momento oportuno, pueden adquirir una relevancia extraordinaria.

Imaginemos que, como somos el corresponsal del periódico en París, nos han encargado dar noticia de una conferencia de prensa del ultraderechista Jean-Marie Le Pen. Y que acabamos escribiendo el siguiente texto:

"Jean-Marie Le Pen, líder ultraderechista francés, anunció ayer en una conferencia de prensa que basará su próxima campaña electoral en la necesidad de que Francia recupere el orden público y dejen de producirse manifestaciones políticas que derivan a menudo en altercados callejeros. 'El orden', dijo Le Pen, 'es un valor en el que siempre hemos creído los franceses; el orden en las escuelas, el orden en las calles, el orden en las fábricas. Sin el orden de la civilización no se puede progresar, y no podemos consentir que nos falte el orden que garantiza la tranquilidad de las personas y de las empresas. El orden es el símbolo de nuestra cultura y de nuestra estabilidad. Nada como el orden para sentirnos seguros'.

Le Pen continuó su intervención refiriéndose a los problemas de la inmigración en Francia y a los puestos de trabajo que los extranjeros, dijo, arrebatan a los franceses. Y terminó con un llamamiento al electorado de derechas para que acuda a votar en masa en los próximos comicios.

A continuación, el líder ultraderechista pasó a una sala contigua donde se iba a celebrar una reunión del comité ejecutivo del partido. Le Pen entró en ella pisando primero con el pie izquierdo; y el aire acondicionado, cuya ranura estaba situada sobre la puerta, le dejó con los cabellos desordenados".

Nada hay en esta noticia que no responda a hechos objetivos, incontrovertibles. Pero la elección en la última frase de dos datos perfectamente prescindibles les dota de significado, pues en el momento en que forman parte de la noticia se convierten en significativos. De otro modo, el periodista no los habría escogido. Con ellos, el redactor da a entender —pero sin expresarlo así en ningún momento— que por mucho que Le Pen desee ordenarlo todo, siempre habrá cosas que escapen a su control. Incluso sus propios cabellos.

¿Sería legítima esta presencia del periodista en la noticia, una presencia que vemos mediante un recurso de estilo? La respuesta a esta pregunta vendrá dada por las normas de redacción que se haya impuesto a sí mismo el periódico donde escriba. Pero no quiero con esta frase soslayar mi propia pregunta y la respondo: a mi juicio, sí es legítimo en la noticia, como en el reportaje o la crónica, utilizar estas fórmulas de presencia del informador, siempre que su relato no se separe un ápice de los hechos comprobables y verificados. Y siempre que no conduzca a hipótesis descabelladas o hirientes; o sugiera a su vez nuevos hechos que, ellos sí, carecen de confirmación alguna y sólo forman hipótesis verosímiles pero no veraces. Esto último es lo que llamaríamos "yuxtaposición informativa ilegítima". Precisamente el peligro que vendría dado por una excesiva presencia del informador.

La yuxtaposición ilegítima. Esta yuxtaposición ilegítima también parte de la técnica de situar juntos dos hechos comprobados. En el ejemplo antes referido vimos que el primer hecho venía dado por la insistencia de Le Pen en mantener el orden; y el segundo, por el desbarajuste de sus escasos pelos. La sucesión de ambos proporcionaba un guiño al lector, pero el camino que lleva a la conclusión de que nada se puede controlar en lo absoluto se mostraba sutilmente, para que el lector lo recorra o no; aún queda un margen para que el lector lo considere una mera paradoja, un chiste, incluso algo carente de intención. Porque en esa sucesión de hechos relatados no existe relación alguna de causalidad. No estamos diciendo: "Como Le Pen pide orden, sus pelos van desordenados". Sería un razonamiento sin lógica. Ni estamos diciendo: "Vaya este Le Pen, que pide orden y ni siquiera controla sus cabellos". El mensaje se presenta mucho más sutil y matizado, y no se dirige contra la buena fe del lector.

Ahora bien, la yuxtaposición peligrosa en los textos noticiosos, aun partiendo de hechos comprobados, es la que establece, siquiera sea subliminalmente, una relación de causalidad entre el primer y el segundo hechos que se sitúan juntos. Veamos un hipotético ejemplo de ello.

> "Alberto Sánchez, vecino del barrio de San Blas, fue hallado muerto ayer. Algunos transeúntes encontraron su cadáver sobre el suelo de la calle de Albasanz. Momentos antes del hallazgo, se había visto en la zona a Julián Jiménez, con quien se hallaba enfrentado por unas tierras".

En este caso, sí se deduce claramente una relación de causalidad entre el primer hecho y el segundo, y el mero relato del periodista convertiría en sospechoso al pobre Julián Jiménez. Nada hay en la redacción que exprese tal hipótesis, ni existe una relación sintáctica entre las dos oraciones mediante la cual se afirme taxativamente que Jiménez mató a Sánchez. Y, sin embargo, lo estamos diciendo.

En el primer ejemplo —el desorden de Le Pen— y en el segundo —el asesino sospechoso— se ha producido una presencia del periodista en el género noticioso: y en los dos casos, mediante el relato de hechos comprobados. Pero en la noticia del supuesto corresponsal en París nos parece legítima; y en el relato del redactor de sucesos, no.

El talento y la categoría de un periodista se mide en terrenos como éste, situaciones resbaladizas donde hay que hilar con finura para lograr una presencia creativa y, sin embargo, no traicionar la confianza que el lector ha puesto al leer un género que se supone objetivo, un relato de hechos sin más.

Pero atención: no conviene huir del problema por el camino más fácil y convertir las informaciones noticiosas en partes del equipo de atestados de la policía. Las entradillas informativas no tienen por qué ser siempre frías, distantes ni carecer de la intervención literaria o descriptiva del periodista. Las agencias sí emplean ese estilo, puesto que, como hemos dicho, han de difundir textos válidos para publicaciones muy diferentes. Ahora bien, en un periódico, y siempre conforme a su libro de estilo —si lo tuviera—, sí caben aportaciones del autor que enriquecen lo que se cuenta, como en el ejemplo anterior referido al desastre en el hogar de ancianos.

Los usos ilegítimos de estos recursos se examinan más adelante, bajo el epígrafe "El estilo y la ética".

La entrevista objetiva

Llamamos "entrevista objetiva" a aquella en la que el periodista se limita a exponer su conversación con un personaje mediante el sistema de pregunta y respuesta. A diferencia de otro tipo de entrevista —que no consideramos puramente informativa—, se excluyen en ella los comentarios o las descripciones interpretativas en torno al entrevistado.

No obstante, toda entrevista objetiva ha de estar encabezada por una entradilla o presentación donde se enmarca al personaje, se cita su edad —dato siempre fundamental—, se expone su cargo, se relata su trayectoria y se cuenta el motivo por el que es entrevistado. A partir de ahí, habrán de sucederse las preguntas y las respuestas sin otra intervención del periodista que su resumen de la conversación.

Se trata, pues, de una entrevista cuyo objetivo consiste exclusivamente en trasladar información (se *informa* de cuáles son las opiniones de una persona). Por lo general, resulta adecuada para personajes sobradamente conocidos y en los que no se buscan aspectos personales; a quienes intentamos extraer ideas interesantes sobre su actividad profesional (políticos, economistas, escritores, artistas...).

Preparativos. Para el éxito de estas entrevistas ha de prepararse un cuestionario amplio mucho tiempo antes de acudir a la cita. Debemos obtener documentación en torno al personaje, revisar entrevistas anteriores, buscar contradicciones entre lo que dijo en otra época y lo que ha demostrado después. Y a continuación nos investiremos de sentido común y de intuición respecto a lo que espera saber de esa persona la opinión pública. Ahora bien, no caeremos en la tentación de preguntarle lo mismo que le hayan planteado otros entrevistadores anteriormente, por muy brillantes que fueran las respuestas que le extrajeron. El prurito profesional nos debe dotar de nuevas curiosidades. En todo caso, sí podemos pedirle ampliación o explicación —o sus disculpas— por algo que haya dicho en otra entrevista, siempre que citemos correctamente al medio y al periodista que la publicaron.

Escuchemos. Una vez metidos en la conversación, el entrevistador no debe permanecer pendiente sólo de formular la siguiente pregunta, sino que ha de escuchar con atención los argumentos de su entrevistado, para repreguntar cuantas veces le parezca necesario. Cuando tenga transcrita la charla para su publicación, no puede toparse en ningún momento con la sensación de que el entrevistado "se ha escapado vivo", como dice la jerga, porque el periodista no haya sabido ponerle en apuros o haya consentido algún argumento claramente rebatible. Y para eso habrá de mostrarse cuidadoso durante la conversación. Nada más dramático que reproducirla y no encontrar, por ejemplo, un buen titular. Si no ha dado aún con el título, el entrevistador no puede levantarse de la silla ni permitir que lo haga su interlocutor.

Hemos utilizado la palabra "rebatible". No se pretende aquí aconsejar que el redactor plantee un debate con su entrevistado. Simplemente, deberá dejar sentados, con mucha educación, los problemas que plantea determinada respuesta, la incoherencia que puede suponer respecto a planteamientos anteriores de esa persona —o a la ideología de su partido, por ejemplo—, y complementar aspectos informativos que el interlocutor oculta deliberadamente o por olvido.

Un buen entrevistador ha de saber escuchar, y hacerlo visiblemente para dar confianza al personaje y que se explaye sin nerviosismos. Las preguntas serán formuladas con palabras sencillas. Un buen truco para soltar en la entrevista frases ciertamente impertinentes se basa en hacerlo con la sonrisa en los labios, buscando la complicidad. El entrevistado se verá obligado igualmente a contestar; y luego, en la transposición de la charla al papel impreso, el diálogo adquirirá mayor contundencia e interés, porque las palabras expresadas por el periodista con amabilidad durante la charla quedan desnudas en la letra de imprenta. Y, en cualquier caso, el entrevistado habrá debido contestar a la literalidad de lo que se planteó, por muy amable que fuera el envoltorio.

Opiniones de contrabando. Clasificamos la entrevista objetiva en el concepto de informaciones, pero a veces —aunque no se debe— se deslizan opiniones. En las preguntas. Por ejemplo:

> "¿Le ha perjudicado en su carrera de matador la deplorable actuación que tuvo en la plaza de toros de Madrid?".

El entrevistador, en efecto, habrá colado una opinión —si es que reúne desvergüenza suficiente para decírselo a la cara al personaje que le atiende amablemente—, pero ese juicio de valor queda sometido al contraste del entrevistado, quien puede responder a él y anularlo. Y, en cualquier caso, formará parte de una pregunta, cuyo contenido completo se pone en cuestión ante el interlocutor y también ante el lector.

No hay que lucirse. En una entrevista, el papel principal corresponde al entrevistado. El redactor no debe convertirla en una plataforma de lucimiento personal, ni tampoco ha de enredar al personaje en polémicas inútiles donde importe más el prurito del periodista que el interés del lector. Al contrario, ofrecerá mejor resultado que se luzca la persona entrevistada, puesto que al elegirla para nuestro trabajo ya dimos por hecho que agradaría a los lectores conocer sus opiniones o sus vacilaciones.

Eso no quiere decir —insistimos— que se descarten las repreguntas o la posibilidad de llevar al personaje a determinadas contradicciones, pero siempre sin obsesionarse. No obstante, hemos de considerar que el entrevistado parte siempre en desventaja. El redactor puede preparar la entrevista con mucho tiempo y elige las cuestiones que desea tratar.

Una buena fórmula de trabajo consiste en enviar al personaje el resumen de la conversación que hayamos extraído de la cinta magnetofónica o de nuestras propias notas, antes de la fecha de publicación. Así evitaremos errores de interpretación que se vuelven muy dolorosos —para el periodista y su entrevistado— una vez que ya no tienen arreglo. Ahora bien, tampoco debemos permitir que, mediante ese mecanismo, el entrevistado altere el contenido de la conversación, siempre que el diálogo haya transcurrido con limpieza profesional.

En su primera edición (1980) el *Libro de estilo* del diario español *El País* establecía la obligación de que el periodista enviara a su entrevistado la transcripción del diálogo; y el derecho de éste a modificarlo. Los abusos de algunos personajes —entre ellos el abogado Pedrol Rius y el banquero Mariano Rubio— aconsejaron modificar ese precepto: porque ciertos entrevistados lograron alterar casi toda la reproducción de la charla, y hasta proponían la supresión completa de preguntas. Por ello, la edición corregida y ampliada de 1990 rebajó a recomendación la obligatoriedad anterior, y retiró al entrevistado el derecho de cambiar lo que realmente había dicho (salvo errores formales, por supuesto).

Licencias. Al transcribir la conversación ¿debemos respetar el orden de preguntas y respuestas que se produjo realmente durante la charla? No necesariamente, salvo que esa alteración cambie de sentido las respuestas o las preguntas o saque de contexto parte del diálogo. Si conviene mejor al orden de la entrevista, podemos resituar las preguntas descolocadas.

¿Debe ser la reproducción exactamente textual? Para empezar, no está mal ahorrar al lector las muletillas que utilice el entrevistado —"o sea", "es decir", "esto..."—, aunque ello signifique mutilar la literalidad del diálogo. Y para seguir, parece claro que habremos de resumir en un espacio concreto una conversación que tal vez haya durado horas. Por tanto, podremos emplear la licencia de concentrar lo esencial de las declaraciones.

Ahora bien, no puede ocurrir con ello que reconvirtamos el lenguaje y el estilo del personaje informativo a nuestro propio lenguaje y estilo. Si el entrevistado construye frases largas llenas de matices, no podremos nosotros reproducir una conversación de frases breves, concisas y sentenciosas.

Igualmente, el diálogo —o parte de él— habrá de reproducir fielmente los momentos de duda del personaje, si han existido, y en ese caso no debemos ahorrar las expresiones que reflejen tal desconcierto, aunque parezcan muletillas ("bueno...", "vamos a ver..."). Una cosa es la frase de recurso que se repite constantemente en una conversación y muy otra la que se utiliza para ganar tiempo y pensar una buena salida ante los aprietos en que el periodista ha puesto a su entrevistado. Pero el informador no debe abusar de esa fórmula para demostrar que ha sido muy agresivo e inteligente frente a su *adversario*. Ya hemos dicho que el papel protagonista no le corresponde al redactor.

En cualquier caso, las respuestas no pueden perder la naturalidad con que seguramente fueron pronunciadas. Nunca ha de reelaborarse el estilo del hablante de modo que se escriban frases que nadie usaría jamás al expresarse verbalmente, como ocurre con estas declaraciones del futbolista Maqueda:

> "Viendo que no se contaba conmigo, he decidido venir al Ferrol. No quería estar una temporada sin jugar y ello fue lo definitivo, no importando para nada jugar en Segunda División B". (*As*, 16 de diciembre de 1996. Fraco).

"Ello fue lo definitivo" y "no importando" se presentan claramente como parte del estilo —malo— del periodista, y no del entrevistado.

Los libros de estilo de cada periódico suelen establecer normas al respecto, y generalmente ordenan que en las entrevistas de pregunta-respuesta no se intercalen entre ellas comentarios o añadidos a cargo del redactor. Para ello dispondrá de la entradilla o la presentación, lugar en el que puede aclarar si el personaje se mostró irascible, relajado, simpático, dubitativo. Incluso si dijo tacos con frecuencia (sin que ello nos obligue luego a reproducirlos).

De usted. Las preguntas habrán de ser formuladas —al menos en su reproducción escrita— con brevedad y sencillez. Casi todos los libros de estilo disponen que el entrevistador trate de usted al personaje, lo que evita la imagen de familiaridad, complacencia o compincheo que pudiera deducirse de un tuteo.

A la hora de poner en página una entrevista, el gusto por el buen acabado nos llevará a cuidar que ningún ladillo (titulillos interiores) caiga entre una pregunta y una respuesta, y a que la primera línea de cada columna esté llena de caracteres hasta el final. (Para ello disponemos de diversos trucos en el ordenador, y podremos pedirles a nuestros compañeros más expertos que nos los enseñen). Una línea corta en ese lugar estropea la estética de la página y de la entrevista.

Tomemos notas. Muchos periodistas recurren a la grabadora para tomar íntegras las declaraciones de un entrevistado. Se trata de un medio irrenunciable, por supuesto. Pero no debemos fiar una misión tan importante a un mero artilugio. Durante la conversación —y más si atendemos a las respuestas que nos vaya ofreciendo el personaje, para repreguntarle cuanto resulte necesario— pueden ocurrir inadvertidamente algunos desastres: se acaban las pilas, se enreda la cinta, se termina una cara y no salta la tecla cuyo sonido nos avisa de que hay que darle la vuelta, se queda la pausa conectada cuando el entrevistado nos pide que apaguemos el aparato por un momento porque va a hacernos una confidencia que no desea se publique y luego se nos olvida retirar esa orden mecánica... Seguramente todos los entrevistadores del mundo pueden contar alguna anécdota parecida. Yo también.

Por eso conviene tomar notas mientras desarrollamos la entrevista. Al personaje le sorprenderá, y tal vez nos pregunte por qué hacemos algo tan raro, si ya disponemos de la grabación. Bastará con responderle que los buenos trapecistas también trabajan con red.

Pero ese truco de tomar notas tiene un efecto añadido: una vez que hayamos regresado a nuestra redacción para transcribir la entrevista, haremos bien en seguir en primer lugar los apuntes. Porque a través de ellos podremos encontrar en la grabación los mejores pasajes, los que nos van a servir para el titular o la entradilla; y siguiendo el camino trazado en las anotaciones podremos prescindir de la reproducción de cuantos párrafos anodinos haya soltado nuestro personaje. He visto a muchos compañeros transcribir entera una conversación de hora y media para luego ir cortando sobre el texto completo —en una tarea penosa— los fragmentos menos significativos. Gabriel García Márquez critica esa manera de trabajar y no suele conceder entrevistas si media una cinta magnetofónica. "Algunos periodistas se creen que la grabadora piensa", se ha excusado. Así, el trabajo de transcripción a cargo del entrevistador dura horas y dirá muy poco de su eficacia, su rapidez y su claridad de ideas. Porque la grabadora no piensa, y al final habrá que reducir lo que la máquina reproduce.

Las entrevistas, por tanto, se deben empezar a cortar mientras las estamos manteniendo. Al ir tomando notas, prescindiremos de vez en cuando de ciertos pasajes que percibimos repetidos o sin interés. Y después, al ajustar el texto al espacio asignado, ni siquiera necesitaremos volverlos a escuchar: los apuntes tomados nos llevarán de un lado a otro de la grabación sin necesidad de soportarla íntegra.

El colmo del perfeccionamiento en este sentido consiste en apuntar en la libreta —a la vez que recogemos en ella las declaraciones— el número que va marcando el metraje de la grabadora en cada lugar donde el personaje dice algo interesante. Pero esto constituye ya un refinamiento que muy pocos están dispuestos a alcanzar. Y tampoco hace falta tanto.

La conversación objetiva

Últimamente se ha recuperado entre los géneros informativos una modalidad de entrevista que ha cobrado gran fuerza. La puso en práctica el diario *El País* al conseguir que conversaran ante un magnetófono dos ganadores del Tour —Stephen Roche y Perico Delgado— o, más tarde, dos entrenadores de fútbol —Johan Cruyff y Jorge Valdano—, lo que después se extendería a otros ámbitos. Siguiendo ese ejemplo, yo mismo tuve ocasión de concertar una entrevista así entre el socialista Joaquín Leguina y quien le sucedió como presidente madrileño, Alberto Ruiz-Gallardón. La conversación entre ambos supuso una reconfortante lección de convivencia y democracia en unos momentos en que sus respectivos partidos mantenían una lucha enconada llena de descalificaciones y ataques.

En estos casos, el papel del periodista —que tiene legítimo derecho a firmar la información— queda muy reducido ante el público, pero deviene fundamental en la trastienda.

El informador debe lograr, primero, que los dos personajes acepten el juego y sus reglas, así como el lugar de la cita. Y después habrá de coordinar la conversación aportando los temas de interés y enlazando a los dos interlocutores en los momentos en que el diálogo flaquee.

En el ejemplo de Leguina y Ruiz-Gallardón no resultó complicado concertar la cita. Se desarrollaría en la sede de *El País* en Madrid, concretamente en el comedor de invitados sito en la cuarta planta del edificio; con cuatro comensales: los dos políticos, el director adjunto del periódico (José María Izquierdo) y yo mismo. Como testigo añadido, una grabadora. Y mi libreta de apuntes, por supuesto.

Durante los primeros momentos de la conversación, tanto Ruiz-Gallardón como Leguina tenían la tendencia a dirigirse a mí, probablemente por haber planteado cada tema. Descubrí que la primera obligación del periodista en una experiencia de este tipo ha de consistir en que los dos personajes se hablen directamente, sin pasar por el redactor. El periodista debe desaparecer de la escena. De ese modo, el diálogo terminará adquiriendo más viveza. ¿Cómo conseguirlo? Utilicé un truco que surtió efecto, aunque tardé en dar con él. Cuando observaba que cualquiera de los dos políticos me miraba mientras él estaba en el uso de la palabra, yo me refugiaba en mis notas o dirigía la vista hacia el otro personaje. Así que quien hablaba no tenía más remedio que mirarle también. Funcionó, y ya siempre lo he hecho así.

Hay que ser hábil. Cuando transcriba la cinta, resultará fundamental la habilidad del informador para resumir, cortar y pegar sin que la conversación pierda ritmo ni sentido, sin que las intervenciones de uno y otro parezcan saltos en el vacío sino que conecten en el texto con naturalidad.

La preparación de esta charla habrá de seguir un camino similar al de la entrevista: revisando documentación sobre los dos personajes y buscando los temas en los que, dadas su diferencias al respecto, se pueda obtener un diálogo vivo o polémico.

El reportaje informativo

La re-creación de la noticia. El reportaje es un texto informativo que incluye elementos noticiosos, declaraciones de diversos personajes, ambiente, color, y que, fundamentalmente, tiene carácter descriptivo. Se presta mucho más al estilo literario que la noticia (aunque ya hemos dicho que también en las noticias se puede hacer buena literatura). Una novela entera puede escribirse con la técnica del reportaje; incluso un reportaje puede convertirse en una novela de hechos reales (por ejemplo, *Noticia de un secuestro,* de Gabriel García Márquez).

Normalmente, el reportaje parte de una recreación de algo que fue noticia y que en su momento no pudimos o no quisimos abarcar por completo.

Pero también pueden darse reportajes intemporales sobre hechos o costumbres que, sin ser noticia, forman parte de la vida cotidiana, la política, la economía, los espectáculos... Así, por ejemplo, un reportaje sobre el funcionamiento de los taxis, sobre los hijos de políticos que han heredado la vocación de sus padres, sobre los banqueros más influyentes, sobre los cantantes con estudios musicales... No parece necesario que se entronquen con la actualidad, si abordamos cuestiones de interés para nuestros lectores.

Sin embargo, siempre será mejor que contemos con una *percha,* es decir, un acontecimiento que da pie al reportaje. Por ejemplo: un hallazgo arqueológico en nuestra ciudad en el que se han recuperado restos romanos puede darnos pie a recrear, en compañía de algún historiador o experto, cómo vivían nuestros antepasados de aquella época en el mismo lugar geográfico que ahora ocupamos nosotros, cuáles eran sus costumbres y sus utensilios, cuáles sus inquietudes y diversiones, sus ropas y sus condimentos. Eso es la percha, pero el reportaje sobre la ciudad antigua que hayan sido Madrid, o Tarragona, o Burgos, o Teruel... también podía tener sentido por sí mismo. Ahora bien: si lo relacionamos con el hallazgo concreto y los objetos encontrados, crecerá el éxito del reportaje. La actualidad siempre añade un grado.

Reportaje de urgencia. A menudo encontramos reportajes que parten de un hecho ocurrido en el día. En este caso, la linde entre noticia y reportaje se presenta bastante difusa. Así, por ejemplo, una chica que se ofrece para limpiar los parabrisas de los coches en una esquina de Madrid y que muestra los pechos desnudos para lograr más clientes (ejemplo real tomado de varios periódicos el 14 de agosto de 1996) puede merecer un *breve*—noticias que apenas constan del *lead* o entrada— o bien todo un reportaje, con foto incluida. En este segundo caso, necesitaremos hablar con ella (en el caso de la simple noticia nos bastaría tener comprobado el hecho), preguntar a los automovilistas qué impresión les ha causado semejante técnica de venta o conocer incluso la opinión de entidades feministas. Pero también esos elementos podrían formar parte de una noticia, que estaría así a medio camino entre el breve y el reportaje. En un caso como ése, la línea diferenciadora entre un género y otro nos la daría la mayor o menor riqueza descriptiva y de detalles (y, por tanto, la mayor o menor presencia del periodista en el relato).

Como ya hemos dicho más arriba, la elección de género puede estar relacionada con el grado de conocimiento de la noticia que supongamos en nuestros lectores del día siguiente (que también son oyentes y telespectadores del día de hoy). Cuanto más difundido consideremos un hecho, menos podremos ofrecerlo con el formato de noticia al estilo de las agencias. Las aportaciones propias del periódico constituyen su mejor capital para que los ciudadanos lo compren y no se den por satisfechos con lo que han visto o escuchado en los medios audiovisuales.

La vaquilla soy yo. El reportaje permite un mayor despliegue literario que no siempre cabe en la noticia de urgencia. El periodista Javier Martín, por ejemplo, escribió en *El País* en el verano de 1995 un reportaje cuyo narrador literario era una vaquilla que viajaba de pueblo en pueblo para dar cabezazos a cuantos mozos se le pusieran delante cada día de fiestas, usando —el redactor— la técnica de la personificación. Los datos del reportaje eran ciertos y comprobados. Pero el informador se permitió la libertad de redactarlos en primera persona, como si él fuera la vaquilla. El texto resultó magnífico, si bien un principiante deberá tener en cuenta que una solución así requiere de gran habilidad estilística para no caer en el ridículo.

En octubre de 1996, Agustí Fancelli acometió su reportaje para *El País* sobre las relaciones entre Extremadura y Cataluña —a raíz de un conflicto autonómico entre ambas comunidades— adoptando el papel narrador de un piloto de la fuerza aérea catalana que sobrevuela la región extremeña (y que de vez en cuando aterriza, por supuesto).

En noviembre de 1996, Luis Mauri *suplantó* a un extraterrestre accidentado con su platillo volante, entre cuyos restos se halló un informe sobre el funcionamiento del Senado que serviría como hilo conductor del reportaje. En este último caso, los antecedentes del piloto catalán y la novela por entregas *Gurb,* de Eduardo Mendoza, rebajaron el hallazgo estilístico. Pero se trata de recursos válidos para amenizar informes que, de otro modo, podrían resultar muy aburridos.

Variedades. Las variedades de reportaje son infinitas. Podremos hablar, entre los más habituales, de reportajes de interés humano (normalmente, centrados en una persona o en una colectividad), de interés social (en lo que afecte al funcionamiento de los servicios o a la cultura de una comunidad), de interés noticioso (relacionados con un hecho concreto, ya sea ocurrido en el día o en fechas anteriores, ya fuera recogido en su momento como noticia o no), o de opiniones (basado en las consideraciones que un hecho merezca a determinadas personas), o de interés didáctico (se explica cómo funciona o cuál es el origen de determinado asunto o cosa). Incluso un mismo reportaje puede corresponder a dos o tres de estos apartados simultáneamente.

La entradilla en el reportaje. El principal problema al plantearnos el reportaje consiste también, como en la noticia, en acertar con la entradilla. Pero aquí no dispondremos generalmente de un elemento noticioso que lleve la carga del interés y la actualidad. Por lo común, el reportaje parte de noticias conocidas días antes, que se desarrollan con una perspectiva diferente. Así que carecemos de un hecho noticioso como tal.

Un periodista debe competir cada mañana con el cruasán que el lector degusta en el bar o en la cocina de su casa mientras sujeta el periódico con la otra mano. Si no captamos la atención del receptor de nuestros mensajes, su mirada se irá inmediatamente al cruasán; y cuando regrese al periódico lo hará para buscar una información diferente a la que perdió la partida.

La noticia puede competir bien contra el cruasán, puesto que —si realmente hay noticia— narra un hecho sorprendente, de actualidad, interesante para la colectividad a la que se dirige el periódico. En cambio, el reportaje no dispone normalmente de esa materia prima que constituye un hecho crucial, un suceso, un acontecimiento político. Por ello, el redactor habrá de volcar su imaginación para hacerse con la mirada del lector y lograr que no abandone el artículo hasta que llegue al punto final. Ahí está el reto, sobre todo, del primer párrafo de un reportaje.

¿Cómo elegirlo?

Lo mejor es echar un vistazo, sin consultar las notas, a todos los apuntes que hemos retenido mentalmente sobre el tema en cuestión. En la amalgama de información obtenida sobresaldrán generalmente un par de anécdotas, un hecho extraño, un chiste, una situación dramática, una paradoja, la descripción de un espacio... Ya tenemos algo.

Las anécdotas aparecerán como lo más peligroso. Para comenzar un reportaje con un acaecimiento curioso, éste deberá resultar significativo en el hilo argumental que deseemos mantener. Por tanto, ha de tener cierta continuidad en el texto, o relacionarse con lo que se cuenta luego. No sirve empezar con una anécdota irrelevante que se queda ahí.

Y cuando no hallemos nada relevante en nuestras anotaciones, siempre cabe el recurso de la metáfora, de la frase escrita con brillantez para retratar la realidad. Veamos cómo resolvió Jan Martínez Ahrens su entradilla del 18 de mayo de 1996 en *El País,* cuando recibió el encargo de repasar los últimos casos de violencia urbana en Madrid, con motivo del aniversario de uno de ellos. El periodista acudió al cajón de las metáforas y empezó así el primer párrafo del reportaje:

"La violencia juvenil tiene cuatro tumbas en Madrid".

Ya esa primera frase da idea enseguida al lector de que el autor desea ofrecernos en el reportaje un trabajo de elaboración y calidad. No cuenta con un hecho reciente en el que apoyarse, sino que va a emprender un viaje por sucesos ocurridos tiempo atrás. Continúa así:

"En ellas" (las cuatro tumbas) "descansan Ricardo Rodríguez, David Martín, David González y David Afonso. Ninguno tenía al morir más de 20 años, ninguno había cometido delito alguno. Todos, sin embargo, fueron víctimas de un azote que, agazapado detrás de una insignia neonazi o una navaja de doble filo, les sorprendió de noche, en lugares concurridos y sin que nadie les prestase ayuda".

(El cuerpo del reportaje se referirá más adelante a la situación de las pesquisas judiciales en cada uno de los cuatro casos).

Gabriel García Márquez, premio Nobel de Literatura pero antes periodista, declaró en 1979: "Con el primer párrafo hay que atraer, hay que quedarse con el lector. Mi método de lectura es muy útil como método de escritura: calculo dónde se va a aburrir el lector y procuro no dejar que se aburra".

En los reportajes de perfil humano —se retrata a un personaje—, lo ideal es que quien protagoniza la historia esté presente ya desde el primer párrafo, con algún hecho que capte la atención y la proyecte sobre esa personalidad.

El arranque humano. Los reportajes sobre grandes temas adquirirán mayor interés desde el principio si tienen un arranque humano concreto. Mary Jordan, corresponsal de *The Washington Post* en Tokio, lo vio muy claro al empezar su reportaje sobre la prohibición de los trasplantes cardiacos en Japón:

"El corazón de Hirofumi Kiuchi, de 23 años, estaba fallando, y él sentía que también le fallaba su país. Su única esperanza era un trasplante de corazón, pero en Japón está prohibido. Kiuchi, al borde de la muerte, se metió en un avión rumbo a Los Ángeles el 22 de julio de 1993. Cuatro días después se le trasplantó el corazón de un joven estadounidense fallecido en un accidente de circulación. A la semana, Kiuchi decía: 'Si me hubiese quedado, estaría muerto'". *(The Washington Post,* julio de 1996. Mary Jordan).

En el siguiente párrafo, la corresponsal nos explica que "el único trasplante de corazón en Japón se realizó en 1968" y que "el cirujano fue acusado de asesinar al donante, muerto cerebralmente". "Japón", añade, "escudándose en motivos tradicionales y religiosos, rechaza todavía esos avances. La definición japonesa de muerte sigue siendo el paro cardiaco. Los legisladores se niegan a definir la muerte como el cese de actividad cerebral".

La periodista se extiende a continuación en el problema, para cerrar el reportaje con el mismo personaje que lo abrió (esto es una buena técnica, porque redondea el texto):

"Sin embargo, un creciente número de japoneses tiene carnés de donante, entre ellos Kiuchi. 'Creo que mi alma podrá vivir feliz en el otro mundo incluso si mi cuerpo tiene una cicatriz', dice".

El arranque humano tópico. La prensa norteamericana ha popularizado esos arranques humanos. En el anterior ejemplo, el caso concreto que sufría Hirofumi Kiuchi enlazaba sin corte alguno con el problema que se deseaba abordar. Esta técnica aporta un enorme interés al reportaje, pero también puede convertirlo en anodino. En efecto, el abuso de tal fórmula ha derivado en una entradilla oxidada y de estructura repetitiva que ya no sorprende a nadie, porque casi todos los días se ve un reportaje que comienza así (sobre todo en los periódicos de América escritos en español). Consiste en contar brevemente el caso de alguien para, a continuación, explicar que eso mismo les pasa a tantos centenares o miles de personas. Por tanto, no se enlazan automáticamente el caso particular y el general, sino que cada uno se explica en párrafos diferentes.

"Agarradas de las manos, corriendo y esquivando los veloces vehículos, a las 13.45 de ayer las niñas Sonia, de ocho años, y Ericka, de cinco, cruzaban la autopista que une La Paz y El Alto a la altura de la urbanización Plan Autopista.

Ellas, como las más de 200 familias de esa zona paceña, están obligadas a arriesgar su vida para descender desde sus casas hasta el centro de la ciudad. En ese punto cruzan la vía para tomar transporte público sin ayuda de los agentes de parada ni de semáforos". (*La Razón,* de Bolivia, 30 de agosto de 2000. Sin firma).

El envoltorio de los datos. Los números son fríos. Los personajes, cálidos. Por tanto, con la adecuada mezcla entre unos y otros podemos templar nuestro texto. Así ocurrió en un reportaje sobre lo que pasó durante un día entero en un vagón de metro, que comenzó así:

"El metro refleja la ciudad como un espejo subterráneo que entremezcla los personajes de cada barrio que cruza. Un solo vagón alberga somnolientos madrugadores del primer sol, ejecutivos de aspecto neoyorquino, adolescentes guerreros y trasnochadores enamorados. Unos leen el diario deportivo, otros repasan libros insólitos o se pierden en un novelón, alguno analiza los datos de la Bolsa y el resto mira al vacío, conversa o inicia un beso. Una redactora de *El País* pasó un día entero en un vagón de la línea 5, desde las seis de la mañana hasta la una y media de la madrugada: 24 viajes, 12 veces ida y vuelta, 421 kilómetros y 1.400 personas con las que intercambiar la mirada".

Tras esa presentación —que termina con una frase sugerente cuyo fin consiste en enganchar al lector para que siga leyendo—, el siguiente párrafo abunda en la misma técnica de mezclar datos y personajes para humanizar las dimensiones de lo que se cuenta (las personas y aquello que les concierne acaparan con facilidad el interés de los lectores):

"La jornada, que no el día, comienza con los *Cuentos de Eva Luna* entre las manos de un empleado de banca de 39 años llamado Pedro. El libro de Isabel Allende emprende su viaje en Aluche, abierto sobre un regazo en un vagón del metro de la línea verde, la que corta Madrid de suroeste a noreste con 26 estaciones entre Aluche y Canillejas. Es miércoles 4 de septiembre y la luna, la auténtica, parece un gajo en la oscuridad a las seis de la mañana, la hora en que 1.076 vagones comienzan a moverse por los 121 kilómetros de las tripas de Madrid. Hasta dentro de 19 horas y media, cuando regrese la madrugada". *(El País,* 8 de septiembre de 1996. Ana Alfageme).

La autora da en la entradilla todos los datos necesarios para comprender la trascendencia del reportaje, pero no por eso su narración se vuelve fría y distante.

La entradilla-sorpresa. Como veremos en el capítulo dedicado a analizar el estilo propiamente dicho, la sorpresa constituye un elemento fundamental entre las herramientas del periodista. La entradilla ha de sorprender en la noticia, en el reportaje y en cualquier otro género. A veces sorprende una frase, a veces una palabra. Y a veces, la entradilla entera:

TÍTULO: "El pisito de los Aznar".

SUBTÍTULO: "Venturas y desventuras de cuatro familias presidenciales en La Moncloa, un palacio que no se deja gobernar".

"Se alquila. Zona Moncloa, 550 metros cuadrados habitables. Muy luminoso. Amueblado, tres plantas, seguridad 24 horas. Piscina. Pista de tenis y de futbito. Vistas a la sierra. Salida directa a la M-30 y carretera de La Coruña. Condiciones especiales para presidentes de gobierno. Servicio compuesto por 18 personas". *(El País,* 12 de mayo de 1996. Francisco Peregil).

El reportaje se publica después de que el matrimonio Aznar-Botella haya declarado que La Moncloa no parece un lugar adecuado para que viva una familia. El truco de describir las condiciones del inmueble como si se tratara de un aviso por palabras resulta muy eficaz: sorprende al lector, y además refleja las idílicas características de un lugar que, si lo encontráramos descrito así entre los anuncios breves, jamás imaginaríamos real. Ni juzgaríamos inapropiado para vivir en él.

La entradilla-calendario. Frente a la imaginación y la búsqueda de sorpresas, a menudo topamos con un recurso aburrido y no muy aconsejable para empezar un reportaje; consiste en dar la fecha a la que nos remontamos. Por ejemplo:

"30 de junio de 1991. Son las nueve de la mañana. El juez Baltasar Garzón acaba de entrar en su despacho. Le espera una mala noticia...".

Se trata de una técnica más cinematográfica que literaria. Por mucho que nos esforcemos, la fecha fría con la que empezamos el reportaje apenas significará nada para el lector. Mientras no se presenta al personaje central no captamos su interés. Por eso parece aconsejable adelantar esa entrada en escena y no perdernos con rodeos:

"Al juez Baltasar Garzón le esperaba una mala noticia cuando llegó a su despacho aquel día 30 de junio, a las nueve de la mañana".

De ese modo, reducimos la frialdad y entramos en materia mucho antes. Además, frecuentemente se sitúa tras la entrada con fecha un relato que parece más un guión de cine que un texto literario. La profusión de este recurso acaba haciéndolo aburrido. Veamos algunos ejemplos:

"Es el 28 de septiembre de 1994 a las 9.35. Un joven cruza la calle Lafragua, en pleno centro de Ciudad de México. José Francisco Ruiz Massieu, secretario general del Partido Revolucionario Institucional (PRI), la formación en el poder desde 1929, arranca su vehículo. El muchacho se aproxima a la ventanilla y dispara una metralleta semiautomática. Una bala expansiva alcanza el cuello del político priísta, que muere una hora después. El asesino es detenido inmediatamente". *(El País,* 9 de febrero de 1997. Maite Rico).

"Barcelona: atardecer de verano. Estudio de arquitecto. El singularísimo estudio que los arquitectos Federico Correa y Alfonso Milà comparten desde el principio de los tiempos en una esquina de la plaza de Sant Jaume. La acción se sitúa semanas después de la celebración de un congreso de arquitectura que levantó mucho polvo de estrellas". *(El País,* edición Barcelona, 19 de agosto de 1996. Arcadi Espada).

"Era el 12 de enero de 1988. El frío se había adueñado de Vitoria, las calles estaban prácticamente vacías. En el palacio de Ajuria Enea, los dirigentes de las distintas fuerzas políticas llevaban dos días encerrados para buscar el consenso". *(Cambio 16,* 10 de febrero de 1997. Gorka Landaburu).

"Festividad de la Asunción. Un grupo de gente vestida de época (años 50) se mezcla con los curiosos que, en bermudas y camiseta, observan todos los preparativos del rodaje. Los automóviles que transitan por la rambla....". *(El Periódico de Catalunya,* 16 de agosto de 1996. J. J. Sánchez Costa).

"Viernes, 24 de abril de 1998. Son las 22.45 en Houston (Texas) y la misma hora en el transbordador espacial, aunque esto es solamente una convención, porque esta nave espacial está dando una vuelta a la Tierra cada hora". *(El País,* 10 de mayo de 1998. Javier Armentia).

El hilo argumental. Todo reportaje ha de estructurarse con una intención. Las posibilidades teóricas son inmensas: intenciones críticas, explicativas, exaltatorias, biográficas, cronológicas... Un reportaje no puede yuxtaponer una sucesión de hechos. Cada párrafo ha de estar conectado sutilmente con el anterior, de modo que llevemos al lector de la mano por el camino que nosotros hemos escogido.

Conviene que el hilo conductor se muestre ya en la entradilla. Deberá aparecer durante la narración y servir para el colofón, que cuidaremos como lo más preciado de nuestro escrito.

En reportajes muy largos —generalmente los que se publican en los suplementos— debemos decidir una estructura global del texto antes de comenzar a escribir. Una vez que se dispone del hilo conductor, se pueden concebir grupos de párrafos que funcionen a modo de pequeños capítulos, pero conectados entre sí con ciertos lazos generales. Eso permite, por ejemplo, crear pequeñas entradillas falsas al principio de cada *capítulo,* lo que deviene en un escrito ameno en el que vamos encontrando sorpresas poco a poco. Es decir, como ya hemos visto que hacía García Márquez con sus reportajes: "Calculo dónde se va a aburrir el lector y procuro no dejar que se aburra".

El periodista hará bien en emplear a lo largo del reportaje citas, anécdotas, ejemplos, descripciones, asuntos de interés humano. No hay que olvidar tampoco el truco literario de esconder algunos hechos para ponerlos sobre la mesa en el momento en que pueden alcanzar un mayor efecto. Como ya se ha dicho, siempre conviene evitar el peligro de contarlo todo de golpe.

Ahora bien, ningún párrafo debe dejar en el aire incógnitas informativas. El autor puede ir ocultando hechos al lector, mantener cierta intriga, pero sin que éste se dé cuenta. Se puede retrasar la aparición de unas descripciones determinadas, pero no sustraer datos fundamentales sin los cuales no se comprenda lo que hasta ese momento se ha escrito. Si el receptor se apercibe de que falta en una frase determinada información importante para explicar el relato, habremos fracasado; porque en ese momento su frustración puede invitarle a abandonar la lectura. Ganará de nuevo el cruasán.

Atribución de fuentes. Así como en una noticia hemos visto que el "según quién" constituye un dato fundamental, en el reportaje se puede obviar la atribución de fuentes. Se supone que éstas son múltiples, y la continua referencia a los informantes puede convertirse en una reiteración tediosa. Sin embargo, sí deberá constar la fuente en pasajes especialmente delicados, o cuando consideremos que no se ha verificado suficientemente una circunstancia y, por tanto, avisemos al lector de que la información que le trasladamos puede ser subjetiva.

Los detalles son el crédito. Un truco de interés para los reportajes consiste en incluir detalles nimios con absoluta precisión. Eso da crédito a lo que se cuenta junto a ellos. Por ejemplo, un periodista de *El País* ha logrado el privilegio de entrar en la casa de Isabel Preysler (ex esposa del cantante Julio Iglesias) y Miguel Boyer (ex ministro del PSOE), pero escribe en un periódico donde no se van a adornar los titulares con expresiones como "exclusiva mundial" o "*Lecturas* lo consiguió". Incluso aunque esas rimbombantes palabras encabezaran el artículo, el informador probablemente también debería hacerse creer. Para eso, nada mejor que los detalles:

"... Bien mirada, la casa de Marbella no es para tanto, vaya, o al menos lo que uno puede ver en la planta baja, que es donde se encuentran los enchufes que no funcionan y que está decorada en tonos de color rosa, como la entrada, donde lo primero que se ve es una cancela, un poco pequeña, eso sí, con dos imágenes a los lados, no se sabe muy bien de quiénes, pero con pinta religiosa, y al salir de la cancela al salón se ven ya los tonos rosa por todos los lados, por ejemplo en el sillón circular del centro, que es de estilo marroquí, o sea, con una planta en medio, una planta grande, y a los dos lados del salón se ven dos chimeneas en desuso, a ver, como que es verano, pero en invierno buen calor deben de dar, y junto a cada chimenea van unas mesitas, y sus sillas, y a la izquierda hay una canastilla con bebidas, que tiene chinchón dulce, licor de almendras y whisky JB, y la señora de la casa, que es una bellísima señora, ofrece algo de beber, amable con su pantalón negro con lunarcitos blancos y su simpalabras también negro, sí, un simpalabras, que es como llaman algunos a la blusa que deja ver los hombros y tiene el ajuste en los brazos, pues un simpalabras negro porque está muy elegante, y un cinturón negro con los bordes blancos, de hebilla ancha, así de elegante y maquillada ha aparecido porque dentro de un rato llegarán 16 invitados, entre ellos una prima del Rey y don Manuel de la Concha, pero van a cenar todos en dos mesas, porque no hay una sola que pueda agruparles, que tenga el aforo, porque en el porche del jardín se ven cuatro mesas, todas rodeadas de plantas con grandes tiestos; una mesa es de cristal, redonda; otra, de roble, redonda; otra, de mimbre, rectangular y cubierta por un cristal, y otra muy bajita de madera y cristal, cuadrada, todas con sus sillas de madera y mimbre, pero para cenar sólo sirven las dos primeras, una con flores amarillas y blancas y otra con flores blancas y rojas, de modo que como hay cena todo se mueve en función de eso, y el servicio trajina y los camareros colocan los cubiertos, y llega Tamara de la piscina del club Marbella Hill, a sus ocho años es toda una mujer, y cuenta que un fotógrafo le ha dicho que va a asomarse al jardín por el aire, en globo, para hacer fotos a su madre, y su madre se ríe, y llega Ana, la pequeñita, de un año, con la niñera, y su madre le dice 'hola, mi amor', y llega el señor Boyer, y saluda y se sienta frente a la tele, junto a la chimenea de la izquierda, y parece que está viendo el partido de ese día, el Real Sociedad-Twente, pero en realidad repasa un cuaderno con ecuaciones y quebrados, aunque se despista del trabajo cuando marca Atkinson para la Real Sociedad, pero no se ve bien la tele, necesitan un técnico de antenas; de todas formas, parece que la ven poco; normal, teniendo ese jardín, pasado el porche de las cuatro mesas, donde seis palmeras bailan un bolero con el viento, y abajo la piscina, rodeada de verde, separada del porche por 12 peldaños de escalera de piedra, adornada por dos pérgolas, una cubierta por helechos y otra por hoja de parra, sujeta cada una por cuatro menhires encalados y unidos, escoltados por tres cipreses a cada lado; ahora, al caer el sol, han iluminado la piscina, qué bonito todo el jardín, y de repente suenan unos pitidos en el piso de arriba, unos pitiditos, como si fuera una alarma, una alarma pequeñita, no es nada, es que han acostado a Ana y, como está en la parte superior de la casa, le han colocado un sistema de alarma por si se despierta y abajo no se enteran, y lo estaban probando, ya se ha terminado el pitidito y llega un mocetón que se parece a Julio Iglesias y dice 'hola, mamá, me voy al cine', y mamá pregunta que qué película va a ver, y él contesta que 'una de Walt Disney', y su madre le espeta que deje de hacerse el gracioso, y Tamara llega entonces y pide permiso para salir con unas amigas y, claro, con personal de servicio, y dice que volverá 'a las 11.40', a su madre le hace gracia la hora exacta y da su permiso, y se llevan de ahí a *Daysi,* la perra a la que llaman también *Esther Williams* porque no sale del agua, y a *Jenny,* una perrita pequeñita, y ya está todo listo, ya están a punto de llegar los 16 invitados, Isabel revisa las mesas, muy amable, muy delicada, y Boyer se retira, muy atento y cumplidor, para cambiarse de ropa, y todos parecen muy simpáticos, amables, y atentos y cumplidores, tan normales en una casa que, en fin, tampoco es para tanto, donde los niños piden permiso para salir y el marido ve la tele y la mujer está pendiente de la cena, donde no ocurre nada del otro mundo, salvo que viene esa gente, gente importante, pero ya terminan los nervios porque la mesa está lista, las luces del jardín se han encendido y todo funciona perfectamente".

(Este reportaje, que juega con la técnica literaria de la narración sin puntos y con reiteraciones buscadas, no llegó nunca a ser publicado, porque el periodista entró en la casa sin identificarse, haciéndose pasar por un técnico de electricidad, y *El País* consideró que su redactor había vulnerado la intimidad de la familia Boyer-Preysler. Pero eso no viene al caso. El texto sí constituye un ejemplo de cómo podía darse crédito a aquella incursión).

El gusto por el detalle se puede apreciar en la obra literaria de García Márquez. Como fue periodista antes que Nobel, sabe muy bien que el rigor del dato transmite verosimilitud. Pero también en su época de reportero se mostró igualmente minucioso con los datos, según recoge Pedro Sorela en su libro *El otro García Márquez. Los años difíciles:*

> "Cuando hace el *Balance y reconstrucción de la catástrofe de Antioquia,* García Márquez humaniza hasta convertir en personajes a los protagonistas reales de la tragedia, y lo hace mediante el dibujo de detalles que sólo ha podido captar una atención despierta:
>
> > 'Empezó a trabajarse con pesimismo: en ocho horas de heroicos esfuerzos, no se había logrado rescatar ni siquiera el par de zapatos nuevos que Jorge Alirio Caro recibió dos meses antes como regalo de cumpleaños, y que la mañana anterior había dejado junto a la cama, cuando regresó de la iglesia'.
>
> Naturalmente, tamaña precisión en el detalle —sobre todo ciertos detalles de muy difícil comprobación— no deja de levantar la sospecha sobre su autenticidad. O bien García Márquez trabajaba con una profesionalidad extraordinaria, o bien se permitía ciertas licencias de invención en los detalles, como si realizara Nuevo Periodismo, que postula la no esclavitud al reflejo exacto de la realidad, por considerar que ciertas situaciones-tipo o personajes-tipo son más exactos que ejemplos concretos".

Después, él ha defendido la veracidad de sus datos, como recoge Jan Martínez Ahrens en un reportaje sobre una de sus clases impartidas en la Escuela de Periodismo de *El País:*

> "Un vaso de veneno no mata a nadie. O por lo menos eso ocurre en la escritura de Gabriel García Márquez, donde, como él mismo

recuerda, se muere con mucho mayor detalle, por ejemplo, con un vaso de cianuro con olor a almendras amargas. Ese amor por el dato, por la cifra exacta frente a la redonda, anida en el origen mismo de la literatura: el reportaje. Una palabra mayor para el Nobel colombiano: 'El reportaje es el cuento de lo que pasó, un género literario asignado al periodismo para el que se necesita un narrador esclavizado a la realidad. Y ahí entra la ética. En el oficio de reportero se puede decir lo que se quiera con dos condiciones: que se haga de forma creíble y que el periodista sepa en su conciencia que lo que escribe es verdad. Quien cede a la tentación y miente, aunque sea sobre el color de los ojos, pierde'". (*El País,* 10 de septiembre de 1995. Jan Martínez Ahrens).

El relato cronológico. Una técnica sencilla de hilar un reportaje consiste en seguir un relato cronológico de los hechos. No hay que olvidar en este caso, no obstante, que la entradilla y los primeros párrafos quedarán exentos de tal obligación cronológica (si queremos escribirlos bien y recoger un gancho interesante). Y que probablemente en otros párrafos posteriores debamos llevar la máquina del tiempo hacia atrás o hacia adelante para comprender mejor la importancia o el significado de lo que se está contando en ese momento. Ahí nos plantearemos la necesidad de no perder el hilo cuando reanudemos el relato, para lo cual habremos de fijarnos en los tiempos verbales que usemos en cada retroceso, de modo que resulten realmente cronológicos: por ejemplo, el inciso temporal puede contener tiempos pluscuamperfectos e imperfectos, que reflejan hechos ocurridos con anterioridad a los tiempos perfectos y al presente; de ese modo guiaremos mejor al lector, sin que apenas lo note, sobre el hilo cronológico.

El reportaje-informe. Uno de los tipos de reportaje menos recomendables consiste en publicar una suerte de tesina académica con todo tipo de datos y detalles, mas ayuna de personas, anécdotas, descripciones o relato. El reportaje-informe puede tener cabida en publicaciones especializadas —revistas médicas o científicas, publicaciones económicas...—, pero no suele cautivar al lector de la prensa de información general.

El informe, no obstante, guarda relación frecuentemente con algún hecho informativo relevante. Se publica de cuando en vez en diarios de rigor, y a menudo su autor disfruta de una profunda formación sobre el tema que aborda.

¿Cómo convertir un reportaje-informe en una información amena? Buscando un ser humano: alguien que padezca la situación que se retrata, o que disfrute de ella. Recabando opiniones de personas con nombre y apellidos: expertos que puedan aportar su visión particular. Reuniendo anécdotas o curiosidades que enriquezcan el relato: hechos que nos muevan a la sonrisa, la compasión, el enfado.

El reportaje de preguntas. En los últimos años, ha adquirido notable presencia en los medios escritos un tipo de reportaje-informe más atractivo: su estructura se compone de unas preguntas expresas que se hace el periodista —imaginando las que se plantearía el lector— y de las respuestas adecuadas, en las que se incorporan datos y documentación suficiente.

Por lo general, este tipo de reportaje resulta muy útil ante cuestiones complejas que se pretenden desentrañar mediante fórmulas extremadamente didácticas.

El reportaje-perfil. Un tipo de reportaje muy atractivo de abordar como periodista, y de leer, es el que se ciñe a una persona (o personalidad). Puede guardar cierto parecido con la entrevista-perfil (que analizaremos más adelante) y difiere de ella en que no será preciso conversar con el protagonista ni centrar la información en sus declaraciones sino, por ejemplo, en las de terceras personas que opinan sobre él. No obstante, siempre conviene incluir frases del personaje en cuestión que hayan sido pronunciadas en otros medios o en otros actos públicos, incluso en círculos reducidos.

En ocasiones, el reportaje-perfil constituye un sucedáneo de la entrevista-perfil o de la entrevista objetiva. Se supone que un personaje ha cobrado de repente gran importancia (un nuevo presidente del Gobierno en Francia, un nuevo campeón mundial deportivo, el superviviente de una tragedia...) y que nuestros lectores desean conocer su trayectoria personal o pública. Lo ideal sería entrevistarle, pero no siempre se puede (y menos a las 24 horas del acontecimiento que haya protagonizado). Así que elaboraremos un perfil que, mientras no se quede en una mera documentación biográfica, tomará la forma del reportaje.

En estos casos, conviene elegir claramente una lógica para el texto que vayamos a escribir. Lo más corriente —y sencillo— consiste en establecer un relato cronológico (del que ya hemos hablado). Pero también podemos repasar, sin solución temporal, los acontecimientos más importantes en la biografía del personaje. Incluso elaborar una estructura en la que agrupemos esos hechos por afinidades entre sí: su vida familiar, sus aficiones, sus éxitos o fracasos profesionales, sus rasgos de personalidad... Y los expliquemos sucesivamente, por orden de importancia o de repercusión social.

A menudo observaremos —si realmente hemos obtenido información suficiente— que en la trayectoria de una persona, aunque abordemos distintos campos de su actividad, aparecen unas constantes que se repiten: la movilidad frecuente o la inmovilidad, el amor por el riesgo o las decisiones conservadoras, el espíritu ahorrador o la alegría inversora, la amabilidad o la antipatía, el éxito o el fracaso... las posibilidades suman centenares. Si damos con la suerte de hallar uno de esos rasgos que sobrevuelan toda una biografía, ahí tenemos un interesante hilo para construir nuestro reportaje. No hace falta que se trate de un aspecto capital de la vida, basta una anécdota que se repita para que podamos emplearla como recurso estilístico, como herramienta para unos párrafos y momentos diferentes.

En estos reportajes, el primer enganche con la persona retratada debe atraer el interés del lector, demostrarle que se halla ante alguien singular:

> "Jesús García, El Suso, tiene 40 años y lleva su cabeza de platino debajo de una gorra negra. Desde que se estrelló, hace 20 años, cuando montaba la Derbi que ganó a las cartas, la gorra no le abandona ni para ingresar en los quirófanos. Ella oculta un pequeño accidente geográfico en su cráneo, como el que deja la primera cucharada en un yogur. Los 40.000 vecinos de Orcasitas saben que desde el accidente, El Suso pasó de temible a temeroso". *(El País,* 13 de abril de 1991. Francisco Peregil. Serie "Héroes de barrio").

El párrafo del sabor. La frase que cierra un reportaje —lo mismo que en un artículo de opinión o en una crónica— adquiere el valor de las especias en cualquier condimento: es el sabor que permanece en el paladar unos segundos, el regusto que el lector se llevará junto con el del café. Jamás, por tanto, se debe cortar el último párrafo de un reportaje en el proceso de edición o ajuste (a no ser, claro está, que sea muy malo). Después de haber saboreado un buen párrafo final, al lector no le importará haber aplazado su contacto con el cruasán.

Un buen ejemplo:

> "Ha desaparecido la nieve. Los vecinos de Sotres pueden llegarse hasta aquí si quieren, y los de Tresviso a Sotres si les viene en gana. Hoy, el pueblo que fue refugio de Juanín, uno de los últimos emboscados de la posguerra, no saldrá en el telediario; ni Evangelino, el alcalde, reclamará la pala quitanieves. Pero estos 40 vecinos sin escuela ni ambulatorio seguirán viviendo aislados". *(El País,* 15 de diciembre de 1996. Pablo Ordaz).

El remate apuntala la tesis de todo el reportaje: un pueblo que vive aislado cuando nieva, y muy a su aire cuando no. La frase final lo lleva hacia arriba y sienta una conclusión informativa: nieve o no, esta gente vive aislada del mundo.

Veamos un ejemplo en que la frase final del texto —relativo a una propuesta de Bobby Fischer de sortear la situación de las piezas del ajedrez al empezar la partida— lo lleva hacia abajo:

> "El estadounidense, de 53 años, repitió las acusaciones, que casi nadie comparte, contra Kaspárov y Karpov: 'Todos sus duelos estaban amañados. El gran problema del ajedrez clásico es que los dos jugadores conocen de antemano la posición inicial; por tanto, es muy fácil que se pongan de acuerdo para realizar jugadas previamente amañadas [*sic*]. Imaginen un juego de cartas en el que los jugadores empiecen siempre con los mismos naipes en la mano. ¿Qué sentido tendría?', se preguntó Fischer tras anunciar que el maestro filipino Eugene Torre y el argentino Pablo Ricardi disputarán un encuentro de exhibición

desde el 12 de julio en Buenos Aires". *(El País,* 22 de junio de 1996. Leontxo García).

Da la impresión de que el reportaje fue cortado sin ningún mimo. El ritmo decae miserablemente donde debía brillar.

Ahora bien, el remate de un reportaje no puede entrometerse en el género de opinión. No se puede empezar un reportaje y terminar un artículo. No se puede empezar un bolero y terminar una jota. Pero el riesgo existe, y a veces se cae en él:

"(...) Pero, como era una nueva práctica, la citada compra sólo fue un puente hacia el grupo Banesto. 'Vehículos blindados', dice el informe, 'tuvo una filial, Veblinsa Servicios de Seguridad. Ambas (matriz y filial) tenían una evolución negativa. En mayo de 1993, Vehículos Blindados y otras dos sociedades del grupo Euman-Valyser vendieron las acciones de Veblinsa Servicios de Seguridad a Isolux-Wat (grupo Banesto) con un beneficio de al menos 577 millones'.

Hay un dicho célebre en Italia. Tras la caída del Banco Ambrosiano de Roberto Calvi, un adagio define los abusos de los administradores del estilo Conde: *il banco paga.* Con Conde, para su beneficio y de sus socios, Banesto la palmaba". *(El País,* 29 de diciembre de 1995. Ernesto Ekaizer).

La presencia del reportero. Hemos visto una mayor presencia del periodista en el resultado del reportaje. Su capacidad de elegir la realidad resulta menor en la noticia que en la entrevista y la conversación objetivas; y en la entrevista, menor que en el reportaje.

Ahora bien, el reportaje describe; pero no juzga. El lector, si lo hemos hecho ver de un modo tipográfico, sabrá que se halla ante un relato distinto de la noticia; una narración que incluye perspectivas personales, pero no opiniones morales. Y si el periodista traiciona ese contrato tácito estará vulnerando la confianza del lector. He aquí el principal peligro.

La presencia del periodista en el reportaje también puede producirse en la provocación misma de los hechos, igual que en la entrevista se provocan también la conversación y los temas. Por ejemplo, en 1999 *El País* publicó un reportaje informativo mediante el cual se demostró que la hormona EPO, el estimulante deportivo más prohibido, que ni siquiera se puede comprar con receta por ser de exclusivo uso hospitalario (hace falta un gran control médico, por su riesgo de espesar la sangre), se vendía sin trabas en algunas farmacias de Madrid. El periodista Diego Torres recorrió unas cuantas boticas, adquirió la EPO y después contó lo ocurrido, reproduciendo algunos de sus diálogos con los farmacéuticos.

Se produce aquí una legítima presencia personal; pero ésta existe más en la provocación de una realidad que en el enjuiciamiento posterior que se pueda trasladar al texto. Otros famosos reportajes de la sección local de *El País* en Madrid llevaron a los redactores a ejercer como mendigos en distintas situaciones para contar las reacciones de la gente; a pedir preservativos en farmacias de las que previamente se sabía que se niegan a venderlos; o a vivir unos días en un poblado chabolista, o a disfrazarse de Reyes Magos en unos grandes almacenes para reproducir luego los divertidísimos diálogos con los niños (recuerdo a uno que dijo: "Para mi mamá, pido a los Reyes Magos un anillo de brillantes; y para mi papá, un peine").

Estamos, pues, ante un género donde el periodista se muestra mucho más que en la noticia, en el que, como en la entrevista, puede actuar incluso de agitador de la realidad; en el que puede describir con su propia mirada siempre que no juzgue, descalifique o elogie. El nivel de peligrosidad, pues, se eleva claramente.

La documentación

Un periódico y un informador de calidad no pueden prescindir de los datos, los antecedentes, las similitudes, la oposición entre dos o más situaciones; de la relación entre lo que acaba de ocurrir y el resto del mundo. Eso es la documentación.

Documentación y archivo. Antes de nada, una diferenciación terminológica: en los periódicos españoles suele llamarse "archivo" al que almacena fotografías; y "documentación", al banco de datos y de documentos impresos (libros, enciclopedias, revistas, recortes de prensa, memorias de bancos e instituciones, legislación, organigramas y publicaciones en general). Sabiendo esto, el novato evitará las primeras risas de sus jefes cuando le envíen a preguntar algo en el archivo y tome el camino equivocado.

Probablemente, en breve se acabará esta diferenciación interna en todos los periódicos, porque tanto el archivo gráfico como el fondo documental se consultarán desde un mismo teclado y formarán parte de un mismo programa.

Los lugares de la documentación. A menudo incluiremos la documentación en la misma información, o crónica, o editorial que redactamos, valiéndonos para ello de nuestro archivo personal o utilizando el del medio de comunicación para el que trabajemos (también, por supuesto, se acude con frecuencia a hemerotecas y bibliotecas públicas, y a fuentes fiables de Internet). En ese caso, seguramente el párrafo documental servirá para romper la pirámide invertida y orientar al lector sobre el significado de los hechos que narramos. En otras ocasiones simplemente constituirá un elemento más de una edición cuidada (por ejemplo, la edad de un protagonista informativo o el número de habitantes de un país del que estamos hablando).

Frente a ello, la documentación puede constituir también un artículo independiente, que en el diseño de la página figurará como apéndice de la información principal. Por ejemplo, cuando se produce una catástrofe aérea y aparte explicamos los últimos casos más graves, con los datos correspondientes a cada suceso.

Y hasta un reportaje entero. En este caso, puede tener un entronque con la actualidad —ya hemos dicho que la actualidad siempre es un grado, y que eso da más interés a lo que escribimos— o caer del cielo sin ningún motivo. Podríamos publicar, por ejemplo, un texto de documentación completamente independiente (sin acompañar a información alguna) referido a los grandes éxitos históricos de la selección española de fútbol. Ahora bien, si coincidiese con el comienzo del Campeonato del Mundo o de la Eurocopa eso atraería más al lector que si se publicara sin ninguna relación con el momento actual. En este último supuesto, conviene que el texto implique una visión innovadora de los acontecimientos, una interpretación diferente, que justifique su publicación en un medio informativo que se supone debe ofrecer algo nuevo; por ejemplo si ese reportaje-documentación aportase la perspectiva de que todos los grandes éxitos del fútbol español se consiguieron frente a rivales que tenían el rojo en su indumentaria oficial (lo que, por cierto, hasta puede ser verdad; al menos en los casos de la Eurocopa ante la URSS, la goleada a Dinamarca en el Mundial de México y la victoria olímpica ante Polonia).

La documentación de un hecho muy relevante también nos puede dar la excusa para un reportaje que se publique incluso junto a esa gran noticia, pero en ese caso debemos añadir elementos como declaraciones, actualidad relacionada con los hechos que documentamos o descripciones personales. Por ejemplo, el asalto a la Embajada de Japón en Lima ocurrido en diciembre de 1996 nos puede llevar a recordar en un reportaje otros asaltos a embajadas o secuestros colectivos, pero ofreceremos un resultado más rico si buscamos los testimonios de los rehenes de aquellos casos o recreamos literariamente la situación que vivieron.

Salvo en estos supuestos de grandes documentaciones —en los que, al tratarse más bien de reportajes, se empleará la técnica inherente a ese género—, la redacción con datos antecedentes debe asemejarse al estilo de la noticia: conciso, sin interpretación y dando el protagonismo a los números. Ahora bien, conviene enmarcar éstos adecuadamente, para que el lector interprete bien su vinculación con lo ocurrido. No suele funcionar la idea de soltar uno tras otros los antecedentes de un hecho sin explicar en una entradilla propia la relación —siquiera sea casual— que tienen con el suceso principal.

Qué deseamos relacionar. A la hora de buscar o escribir una documentación debemos plantearnos primero qué datos deseamos relacionar con la noticia a la que acompañarán.

Por ejemplo: una riada ha arrasado un cámping en Biescas (Huesca) y se ha llevado por delante 87 vidas, en pleno mes de agosto de 1996. Podremos enfocar la documentación buscando más catástrofes en cámpings, como la ocurrida el año anterior en Francia con casi una veintena de víctimas, o la de Los Alfaques, con más de 70 muertos tras la explosión de un camión cargado de gas inflamable.

Eso si queremos referirnos a la fragilidad de este tipo de viviendas veraniegas. Pero también podremos documentar el suceso describiendo las grandes desgracias con un alto número de víctimas que se han producido en España cada verano: el incendio del hotel Corona de Aragón, el propio suceso de Los Alfaques, el choque de dos aviones en el aeropuerto de Los Rodeos, las inundaciones de Valdepeñas, los incendios forestales en Tenerife, en Cataluña, en Guadalajara, el accidente de autocar en el que murieron 32 jóvenes en julio de 2000 en la provincia de Soria... Eso podremos hacerlo, por ejemplo, si deseamos enfatizar el infortunio del verano.

Excusa para un artículo. También la documentación puede ser utilizada como excusa para un artículo que acompañe a la noticia o el reportaje. Vemos un ejemplo en *El Periódico de Catalunya,* donde se publica un reportaje sobre los turistas italianos y su continuado éxito entre las veraneantes playeras. Con él, un complemento alegraba la página:

"La culpa fue de Altobelli.

La culpa fue de Altobelli, espigado ariete que sentenció la final en el minuto 81 con un gol de esos que llaman de oportunismo. Los *azzurri* ganaban el Mundial y España se convertía en lugar de peregrinación para miles y miles de italianos que llegaban en manada a Barcelona y se postraban a las puertas de Sarrià, donde un día san Paolo Rossi se apareció en carne mortal a un grupo de brasileños y el bigotudo Gentile desalojó a los mercaderes argentinos a base de patadas.

Pronto el fútbol se reveló como una simple excusa que los pérfidos varones italianos utilizaban para alejarse de sus posesivas novias y practicar la gimnasia pélvica en catre ajeno. Jauría de mastines encelados, los hijos de la bota llegaban a nuestras playas en sus pequeños utilitarios y desplegaban una ofensiva como no se había visto desde la conquista de Albania. Administrando sabiamente la gomina y el palique, haciendo de la constancia su virtud más temible, los amigos del *osso bucco* lograron victorias remarcables [*sic*] y su monstruosa lascivia dejó un reguero de víctimas por todo el litorial. Fue así como el turismo italiano halló su lugar en la historia universal de la infamia". *(El Periódico de Catalunya,* 15 de agosto de 1996. Rafael Tapounet).

Vemos que se trata de un apoyo documental, pero escrito mediante la técnica del artículo. No se podría, por tanto, englobar en el apartado de información (en ninguna de sus variantes) porque incluye opiniones evidentes y desnudas. Sin embargo, sirve de ejemplo sobre cómo se puede resolver brillantemente una pieza de documentación para no convertirla en un mero enunciado de datos. Ahora bien, la cabida de textos así en un periódico dependerá de su estilo y de la imagen que desee trasladar a los lectores. En este caso, el ejemplo se ha extraído de un diario de técnica popular (lo que no impide que sus textos informativos sean creíbles y rigurosos).

INTERPRETACIÓN MÁS INFORMACIÓN

El periodismo actual ofrece también la posibilidad de usar géneros donde se mezclan la información y la interpretación. Éstos son:

— la crónica;
— la entrevista-perfil;
— el reportaje interpretativo.

(En algunos países de América que hablan español la terminología cambia: se llama reportaje a la crónica, y viceversa).

La crónica

La crónica toma elementos de la noticia, del reportaje y del análisis. Se distingue de los dos últimos en que prima el elemento noticioso, y en muchos periódicos suele titularse efectivamente como una noticia (salvo las crónicas taurinas y deportivas, en que se emplean por lo general tipografías diferentes). Y se distingue de la noticia porque incluye una visión personal del autor.

Probablemente se trata del género más difícil de dominar. De hecho, en un periódico de prestigio una crónica no la hace cualquiera. Suelen estar reservadas a especialistas en la materia que se aborda, a corresponsales en el extranjero (conocedores a su vez de los temas que les ocupan a diario), a los enviados especiales a un acontecimiento (que disponen de una preparación adecuada) o a comentaristas taurinos, deportivos, sociales o artísticos. Y normalmente sus textos disfrutan de una extensión regular, sin la capacidad de reducción a lo mínimo que puede experimentar una noticia.

Los periódicos no son libros que se publican de una sola vez y que apenas se modifican en ediciones posteriores. Un periódico es un ser vivo que relaciona cada día transcurrido con los anteriores a él y adivina los siguientes; en ese ser vivo, los lectores habituales reconocen firmas y se familiarizan con determinados cronistas. Y ven en ellos a personas expertas cuyas explicaciones les parecen fiables.

El riesgo de la crónica. ¿Por qué se hace especialmente difícil dominar el género de la crónica? Porque incluye elementos noticiosos pero también de análisis. Y en esta segunda vertiente se corre el riesgo de que el periodista no tenga la formación o experiencia suficientes en la materia, o se le vaya la mano y cargue las tintas en sus juicios personales. En la crónica hay que interpretar siempre con fundamento, sin juicios aventurados y además de una manera muy vinculada a la información.

El periodista precisará de gran habilidad para introducir los elementos interpretativos: habrá de evitar que las opiniones ligadas a ellos queden desnudas y se conviertan en frases editorializantes que se han colado de rondón en un género que no les corresponde. Ese fallo se produjo, por ejemplo, en esta crónica sobre los cambios operados en el Ministerio de Asuntos Exteriores. El autor se refiere a Inocencio Arias, nuevo portavoz de la Oficina de Información Diplomática (OID). La crónica muestra un buen tono interpretativo, con párrafos como éste, en el que emplea documentación ligada a los hechos que aborda:

> "El cenit de su carrera lo alcanzó con Fernández Ordóñez, que en 1987 le nombró subsecretario y en 1991 secretario de Estado de Cooperación Internacional, cargo del que le destituyó Javier Solana en septiembre de 1993. Sus tensas relaciones con Solana, que no consintió en darle ninguno de los puestos a los que aspiraba, le incitaron a

pedir una excedencia para poder aceptar la oferta del presidente del Real Madrid, Ramón Mendoza, de ser director del club. En 1995 regresó a la Escuela Diplomática".

Pero en el siguiente párrafo se cuela sin llamar la frase editorializante, que expresamos aquí en cursiva:

> "Con el desembarco de Matutes, Arias se movilizó para obtener un cargo. Se ofreció para la OID. Sustituirá a Jesús Atienza, *que durante tres años ha sido un portavoz eficaz.* Hoy será también destituido Miguel Ángel Moratinos, artífice de la política mediterránea en España". *(El País,* 24 de mayo de 1996. Ignacio Cembrero).

El periodista había atinado en el género interpretativo con expresiones como "Solana no consintió en darle ninguno de los puestos a los que aspiraba", tensas relaciones que "le incitaron a pedir una excedencia", tras lo cual "se movilizó" para conseguir el cargo. Ahora bien, la frase "ha sido un portavoz eficaz" entraña un crudo juicio de valor que entra en la crónica por la puerta falsa. Si se quería elogiar al antecesor de Arias, podía haberse explicado, por ejemplo: "... Arias se ofreció para la OID. Y se ha puesto difícil la tarea, porque su trabajo habrá de compararse con el de su antecesor, Jesús Atienza, a quien se ha reconocido siempre eficacia y profesionalidad".

Como vemos, no se trata tanto de qué se dice sino de cómo se dice (lo cual, a su vez, influye en el qué se dice). En la primera fórmula, la publicada en *El País,* el periodista desliza una opinión personal —"ha sido un portavoz eficaz"— a la vez que una sentencia (el verbo "ser" suele figurar en ellas). En la segunda fórmula, la propuesta aquí —"se le ha reconocido siempre eficacia"—, el autor se distanciaría del elogio atribuyéndolo a terceras personas, lo que encaja más con el estilo interpretativo-informativo y no rechina en el oído del lector exigente que espera una diferenciación nítida entre informaciones y opiniones. Porque la opinión del primer ejemplo se convierte en información en el segundo caso. Eso hace más relativos los juicios, los aleja de la sentencia subjetiva.

La frase aparte. La interpretación, por tanto, debe formar parte de la frase informativa, y no constituir una frase aparte. Veamos un ejemplo más, publicado en *El País.* La primera frase deja claro que estamos ante una crónica, un estilo interpretativo. La segunda, en cambio, es una frase aparte —no informativa— que comenta el hecho relatado en la frase anterior, aporta una opinión del autor y nos acerca más al estilo de un editorial:

> "El magistrado de la Audiencia Nacional Baltasar Garzón se lanzó ayer a una dura crítica contra el estilo de gobierno de los últimos años. *Una crítica que bien habría podido ser la de un dirigente de un Partido Radical*".

Tras una vuelta al estilo de la crónica en ese mismo escrito, más adelante encontramos estas frases:

> "Sin rodeos, aseguró que 'se están poniendo bastantes obstáculos a que la aplicación de la ley se haga sosegadamente', y añadió que 'en España se ha puesto a prueba la justicia y los cimientos están sufriendo cargas de profundidad'. *Se diría que al magistrado le vino al pelo la afirmación* que, según dijo, había leído en la obra del sociólogo Pérez Díaz: 'La política es un asunto demasiado serio para dejarlo en manos de los políticos profesionales'". *(El País,* 21 de julio de 1996. Juan González Ibáñez).

Garzón "se lanzó a una dura crítica" y habló "sin rodeos", frases ambas que constituyen interpretaciones del informador. Ahora bien, el hecho de que la crítica "bien habría podido ser la de un dirigente de un Partido Radical" y la circunstancia de que la frase de Pérez Díaz "le vino al pelo" forman ya parte del género artículo, en el que el periodista expresa sus opiniones personales. Se trata de frases que no van ligadas a los hechos, sino que se salen de éstos para interpretarlos. Estamos ante "la frase aparte". Vemos en ellas un análisis, no una crónica.

A veces la extralimitación incluye palabras tan subjetivas como "bueno" o "malo". Como ocurre en esta crónica sobre una visita de Aznar a Cataluña:

"'¿Sabéis qué hacen dos calvos, uno de Madrid y otro de Barcelona? Pues el madrileño se compra una peluca y el catalán le vende un peine. ¡Ja, ja, ja!'. Así empezó José María Aznar su cena de anteayer con empresarios del Círculo de Economía en un restaurante barcelonés (...). Fue una cena fría. La poca fortuna del primer plato —chiste malo de catalanes comerciantes— tuvo continuación en el segundo y los postres: distanciamiento entre el comensal y sus anfitriones, que ya habían salido fríos del aperitivo ligero en que se convirtió la esperada intervención de Aznar (...). El balance fue inocuo. Aznar reiteró de forma estéril la urgencia de unos comicios generales". *(El País,* 19 de enero de 1995. W. Oppenheimer / J. M. Cortés).

Los firmantes califican de "malo" el chiste y llaman "aperitivo ligero" al discurso de Aznar ante el Círculo de Empresarios, califican de "inocuo" (significa "que no hace daño") el resultado de la reunión y ven estériles las palabras del líder del PP. Se trata, pues, de juicios de valor mezclados en la noticia y no de interpretaciones informativas; y además, en "frase aparte". Por otro lado, ¿cómo podían saber los periodistas que el discurso de Aznar fue estéril? (La reproducción textual del chiste, por ejemplo, no precisaba calificarlo después. Ya sabrá el lector decidir si le parece bueno o malo. Y tal vez a alguien pueda parecerle bueno). Unas palabras tan opinativas como "bueno", "bien" o "mal" no debieran figurar nunca en un texto informativo ni en una crónica. Pero se dan casos como éste:

"Aznar sostuvo, con mal estilo, que Rodríguez no tenía legitimidad para hablar en nombre de los gallegos". *(El País,* 13 de junio de 1997. Javier Casqueiro).

Examinemos un caso más sutil, en el que resaltamos asimismo, mediante cursiva, la frase de comentario o editorializante:

"Sólo el alcalde calentó el debate. José María Álvarez del Manzano comenzó el pleno extraordinario de Medio Ambiente con declaraciones explosivas en el patio de Cristales: 'Estos plenos tienen la finalidad de llamar la atención, ver quién propone más puntos, pero no sirven para nada'. *Sin embargo, no le faltaba razón.* Las siete horas largas de sesión no dieron para un debate sobre política medioambiental. La oposición llevaba un total de 124 propuestas. De ellas, el gobierno del Partido Popular aceptó nueve y siete parcialmente, y se comprometió a estudiar otras 40". *(El País,* 21 de junio de 1996. Lara Otero).

Para que no pareciera un editorial la interpretación de que se había cumplido la predicción del alcalde, una fórmula adecuada podía haber sido ésta:

"... Luego, ante la indignación de los portavoces de la oposición, se desdijo. Pero las siete horas de debate en el pleno coincidirían con su predicción, porque tan larga duración no dio para discutir sobre política medioambiental, sino que sólo permitió pasar rápidamente por cada una de las 124 propuestas que presentaron IU y PSOE".

De ese modo, la interpretación se liga a los hechos, sin que sea necesario abrir una frase aparte que responde sólo a una opinión del autor, desnuda de información que la acompañe.

El siguiente ejemplo, en cambio, encaja en el género de la crónica como un calcetín:

"La gran crisis europea provocada por las *vacas locas* británicas ha tocado a su fin. John Major se rindió ayer con armas y bagajes ante la unanimidad de sus 14 socios en el Consejo Europeo de Florencia. Su ministro de Exteriores, Malcolm Rifkind, anunció, al filo de las dos de la tarde, que el Reino Unido 'cesa a partir de este momento en su política de no cooperación', es decir, de boicoteo a las decisiones de la Unión Europea. Una declaración de la presidencia italiana, obvia y sin valor jurídico, sobre las exportaciones a terceros países fue la balsámica esponja de vinagre que alivió a Major los dolores de su crucifixión y le permitirá presentar en público como 'un muy buen acuerdo' lo que en privado le entristece". *(El País,* 22 de junio de 1996. Ignacio Cembrero y Xavier Vidal-Folch).

Y otro ejemplo, de los mismos autores:

"Nadie recuerda algo así en los anales de la Comisión Europea. Tras meses de insistir sobre la necesidad de un Pacto de Confianza para el Empleo, el presidente Jacques Santer abandonó ayer el núcleo de su proyecto, al menos hasta nueva ocasión. De los 2,4 billones de pesetas del presupuesto comunitario que pretendía reasignar para crear empleos sólo salvó 194.000 millones de pesetas para financiar las grandes redes de transporte. Cuando el presidente de la Comisión ya había plegado velas, los líderes, algunos con ironía, aplaudieron su filosofía". *(El País,* 22 de junio de 1996. Ignacio Cembrero y Xavier Vidal-Folch).

Como se puede apreciar, en estos últimos ejemplos las frases interpretativas son a la vez las que trasladan la información, principalmente porque ésta se halla en los verbos. Y no se abre frase aparte para interpretar o analizar lo que se acaba de decir.

Se haría muy difícil comprender esa información si no fuera acompañada por los guiños y las interpretaciones de los autores. Pero, insisto, el estilo encaja perfectamente en el género crónica porque los hechos y su interpretación van unidos, formando parte indisoluble de la misma frase.

Los juicios de valor... no valen. Los "juicios de hecho" pueden ser demostrados, o al menos admitir una fundamentación científica. Podemos hacer un "juicio de hecho" si contamos que un turista se detuvo a admirar "la inmensa mole" de las pirámides de Egipto. Se trata de una evaluación, puesto que estamos calificando de determinada forma el famoso monumento de la Antigüedad, pero realmente podríamos sostener con argumentos indiscutibles esa apreciación. Caso muy distinto de los "juicios de valor": aquellos que constituyen las impresiones que los hechos producen en la sensibilidad de las personas. "Sobre estos juicios", ha escrito con acierto el profesor Manuel Casado Velarde, "sería vano pretender un consenso universal, pues estarían en función de la formación de las personas, de sus gustos, de las modas culturales, etcétera. Esta concepción priva, por tanto, a los 'juicios de valor' de su enraizamiento objetivo en la realidad".

La crónica debe huir, por tanto, de los juicios de valor, más propios de los artículos de opinión. El cronista ha de situarse en un plano de igualdad respecto a lo que ocurre, para procurar explicarlo, y no en un plano superior que le permite juzgar. Por tanto, tenderá a narrar la situación de modo que el lector conforme su propio juicio, y no debe transmitir el juicio mascado y sin otra opción.

Éstos son dos párrafos de la crónica titulada "el afán del PP por dar imagen de eficacia provoca precipitaciones en la primera semana de Gobierno" (ya hemos explicado antes que los títulos largos mal casan con una noticia de calidad, como ocurre en este caso). Ponemos en cursiva los conceptos propios de un editorial, e impropios de la crónica donde se insertaron:

> "Aznar, tras un *intachable* discurso de investidura en el que asumió *con madurez* la herencia recibida —es decir, como un legado de valores y cargas—, *se dejó llevar* el pasado domingo tal vez por la alegría del juramento de su cargo, y algunas de sus improvisaciones *restaron solidez* a su comparecencia pública. El comentario de que La Moncloa 'no es el lugar recomendable para vivir una familia' *empañó la seriedad* del acto de presentación de un nuevo Gobierno de España.
>
> En esa misma conferencia de prensa, Aznar aportó como pista, a iniciativa propia, que el portavoz del Gabinete 'será más bien ministra que ministro'. Los hechos todavía no lo han mostrado. Más bien han apuntado *la endeblez de un planteamiento poco madurado:* Los populares han eliminado sus dudas, *comprensibles,* sobre quién es la persona adecuada para representar al Gobierno, y de ocupar esa parcela de poder, por la vía de negar la necesidad de ese papel. *Pero la necesidad sigue ahí".* *(El País,* 12 de mayo de 1996. Juan Ibáñez).

¿Qué elementos de estos párrafos tienen las características concretas de la crónica? Apenas ninguno, porque no hay información nueva (sólo documentación). Y, sin embargo, se ha titulado y presentado tipográficamente como noticia, con los honores de una apertura informativa de la sección de Nacional. Evidentemente, se trata de un análisis, incluso puede corresponder al estilo de editorial interpretativo (el autor se sitúa por encima de la situación y sentencia lo bueno y lo malo). Pero no se parece en nada a una noticia, elemento que debe formar parte de la crónica. O bien el autor escribió un análisis y los responsables de la sección lo convirtieron en *noticia* sin su conocimiento, o bien estamos ante un intento fallido de crónica política que salió por la culata del género editorial.

Ocurre en muchos casos, tal vez porque quien escribe (o quien coloca el texto y la tipografía en la página) no diferencia bien este código de géneros, tan imprescindible para que el lector conozca el grado de presencia del autor.

Diario 16 titulaba así el 26 de junio de 1997 una pieza que se presentaba como información:

> "Almunia ejerce de estadista".

Con este subtítulo:

> "El líder del PSOE evita el enfrentamiento frívolo con Aznar y practica la responsabilidad política al defender los intereses de España en la UE, en su intervención en el Congreso".

El primer párrafo recoge esta frase, entre otras:

> "El nuevo líder del PSOE puso a este país, España, por encima de sus apetencias políticas y construyó un discurso sereno, responsable y pensando en los intereses generales de este país". *(Diario 16,* 26 de junio de 1997. Julián Lacalle).

Un texto así apenas se diferencia del que se emplearía en un editorial.

El lector quiere conocer sobre todo los hechos, pero también su significado; y las opiniones personales del redactor seguramente no le añaden más que eso: una opinión, que podría haber sido expresada de manera diametralmente opuesta por otro periodista que hubiera acudido al acontecimiento, incluso tratándose de informadores del mismo medio de comunicación (lo cual resta a tal opinión valor informativo). Esos dos redactores diferentes probablemente estarán de acuerdo en las consecuencias prácticas que puede acarrear un determinado acuerdo político, pero uno y otro diferirán con más facilidad sobre los verdaderos intereses que hayan podido originarlo, o sobre si el acuerdo es, llanamente, bueno o malo. Veamos:

El País publicó esta crónica relativa a una reunión del Consejo de Izquierda Unida:

"Julio Anguita echó ayer un órdago a Nueva Izquierda (NI) y lo ganó. Aceptó prácticamente todas sus sugerencias, incluida la de hacer un llamamiento expreso al PSOE a la unidad, y sumó a su informe el documento de NI que había rechazado el Consejo. Les pidió, por primera vez, que votasen con él, pero NI interpretó que Anguita rechazaba lo fundamental de sus propuestas y votó en contra. Las minorías mantendrán la posibilidad de defender sus tesis ante cualquier órgano de dirección. NI logró frenar la operación de aumentar el Consejo Político por cooptación, lo que rompería el actual equilibrio".

Hasta aquí, todo perfecto (excepto que no se precisa en qué reunión ha ocurrido la noticia): la interpretación va acompañando a la información, siendo parte de ella, sin incluir sentencias o juicios de valor. Pero en el último párrafo de la extensa crónica nos encontramos:

"Hubo una cierta tensión cuando la mesa del Consejo, presidida por Pedro Granado —no estuvo muy fina la mesa—, rechazó una cuestión de orden de Juan Berga para que no se aceptara votar el ingreso en el Consejo de Inés Sabanés por cooptación. Las protestas de la sala hicieron que los miembros de la mesa debatieran brevemente y terminaran aceptando dejar en suspenso esta operación y se debatiera previamente en Presidencia federal". *(El País,* 23 de junio de 1996. Rodolfo Serrano).

La frase aparte "no estuvo muy fina la mesa" retrata claramente un juicio de valor, una sentencia del periodista, una opinión desnuda emboscada en una información, un momento en el que el cronista se sitúa por encima de los actuantes y decide que debieron comportarse de otra forma. Y además no respalda tal aseveración con datos que ratifiquen tal torpeza de los miembros de la mesa presidencial. Tampoco concede a éstos la oportunidad de defenderse.

¿Significa todo ello que el informador o el cronista no pueden desgranar su talento personal y su visión propia en este tipo de textos? Ya hemos mostrado que no se trata de eso (véase, por ejemplo, el apartado sobre entradillas de la noticia). Pero una cosa es calificar y otra descalificar (o elogiar, que tanto da para la censura como para el encomio). El cronista debe presentar los hechos con humildad, sin omnisciencia, de modo que el lector aún tenga la oportunidad de elogiarlos o censurarlos por sí mismo. La mezcla de frases objetivas y subjetivas (juicios de valor) deja indefenso a quien nos lee, porque no tiene la obligación de discernir entre unas y otras, ni de analizar los textos y separar el grano y la paja como si se tratara de un profesional. El género elegido ejerce como soporte del mensaje (formando parte de él). Por eso un periodismo riguroso diferencia siempre informaciones y opiniones.

Expresividad. Por si alguien interpretara que eso reduce las posibilidades expresivas del cronista, se reproduce a continuación un claro ejemplo de crónica *de autor*, firmada por Luis Hidalgo en *El País* del 23 de junio de 1996 y no exenta de ironía:

> "Debían ser al menos 8.000. Pero sólo fueron 89. Ni siquiera aquellos que, según dijo la organización, habían comprado sus entradas con antelación acudieron al Sot de Migdia. El I Festival Pop Rock de Barcelona, 34 horas de música *non-stop,* tuvo que suspenderse cuando sólo habían actuado 3 de los 29 grupos que figuraban en el programa.
>
> A las 0.30 horas del sábado, el Sot del Migdia ofrecía un aspecto desolador. Nacho Campillo había acabado de actuar ante una cantidad de público que hubiese cabido con holgura en un vagón del metro, y al bajar del escenario su representante le cogió por la cintura haciéndole un gesto de ánimo. El público esperaba la siguiente actuación, Manolo Tena, pero los dos escenarios del festival estaban vacíos y sin luces. Una hora y media después, la encargada de prensa del festival hacía pública la suspensión del mismo por falta de público. Acababa así un festival que había de durar hasta la mañana de hoy, domingo, un *non-stop* que frenó 100 metros más allá de la línea de salida.
>
> Al festival sólo le faltaron dos cosas: notarios del *Guinness* y lluvia. Las caras de los músicos eran un poema. A las 2.15 horas llegaba la sección de ritmo de Marc Parrot a la puerta del Sot. Su actuación estaba prevista a las 4.45 horas. Cuando Marc, aún sin superar el impac-

to de la suspensión, les dijo que el concierto estaba cancelado, Joan Anton Mas y Sergi Riera expresaron el desencanto de la criatura a quienes los Reyes han traído carbón: '¿Será una broma, no?', preguntaron incrédulos. Con todo, fueron afortunados, pues al menos no hubieron de tocar ante 89 personas. Ése fue un trago del que la suspensión salvó a 26 grupos. A todos menos a Konvoy, Los Rebeldes y Nacho Campillo.

Los empleados no se lo explicaban: '¿No es éste el verano de los festivales?', se preguntaban con ingenuidad. En el enorme Sot del Migdia, un aparatoso despliegue de ocio no había atraído a más de 89 ociosos. La organización emitió ayer tarde un comunicado en el que se limitaba a informar de la suspensión de la fiesta por falta de público".

La crónica se lee con auténtica delicia, porque el informador refleja e interpreta lo ocurrido sin caer en juicios fáciles. Y logra la brillantez en su exposición mediante comparaciones e ironías certeras.

Dónde reside la interpretación. ¿En qué elementos sintácticos o morfológicos reside la interpretación? En todos puede residir, si bien normalmente anida en los verbos, los adjetivos y los adverbios. Pero atención: también en estos elementos, como hemos visto, puede introducirse el juicio de valor (la opinión). Veamos algunos ejemplos de interpretación aportada en esas partes del sintagma.

EN EL VERBO: "El ministro se extendió en los problemas de la pesca y aventuró que en septiembre habrá acuerdo con Canadá".

Tanto "se extendió" como "aventuró" forman parte de la frase informativa, puesto que constituyen la acción que se retrata, y a la vez trasladan interpretaciones del periodista (por tanto, forman un ejemplo perfecto de cómo ha de escribirse la crónica). En un texto puramente noticioso, de agencia, la frase podía ser: "El ministro habló una hora sobre los problemas de la pesca y prometió que en septiembre habrá acuerdo con Canadá".

La interpretación en el verbo se hace muy aconsejable en las noticias de declaraciones. A menudo nos encontramos en ellas expresiones como "aseguró", "dijo", "aseveró", "prosiguió", "añadió", "agregó"... verbos que indican solamente que alguien estaba en el uso de la palabra. Pero podremos sustituirlos por conceptos más ricos, siempre que se adapten a la realidad de los hechos: "espetó" (cuando algo causa sorpresa o se ha dicho de manera tajante), "resaltó" (cuando ha puesto énfasis en esa frase), "anticipó" (cuando el personaje ofrece una primicia), "lamentó" (cuando el protagonista se conduele por lo que dice), "bromeó", "ironizó", "precisó", "matizó", "enfatizó"... Toda esta colección de verbos da mayor riqueza a lo que se cuenta, interpretan la actitud del declarante y hacen más amena la información. (Ampliamos estos ejemplos en el apartado de vocabulario).

EN EL ADVERBIO: "El ministro habló despacio sobre los problemas de la pesca y, sorprendentemente, prometió para septiembre un acuerdo con Canadá".

Los adverbios son los adjetivos de los verbos y, por tanto, esconden siempre una cierta visión —o calificación— personal. Por eso hay que tener cuidado, cuando se escriban crónicas, con todos aquellos adverbios que impliquen un juicio de valor, un análisis de intenciones o, sobre todo, una descalificación. Por ejemplo: "El ministro habló machaconamente sobre la pesca e, increíblemente, prometió para septiembre un acuerdo con Canadá". (Esto ya no sería una crónica, sino un artículo o un editorial).

LOS ADJETIVOS: "El ministro hizo un largo discurso sobre la pesca, y prometió para septiembre el deseado acuerdo con Canadá".

Sirven también aquí las consideraciones sobre los adverbios y los juicios de valor. Insistimos en que una crónica no debe incluir sentencias, sino descripciones de los hechos. Y los adjetivos expresados en este ejemplo sí encajarían en el género. El adjetivo no representa un elemento desechable porque sí. Muchos adjetivos pueden dar riqueza a una descripción: "el nuevo ministro es un hombre enjuto", "Induráin usó una bicicleta ultramoderna", "la ministra vive en una casa desvencijada", "el entrenador acometió una actuación desesperada"... El problema se plantea cuando en el adjetivo incluimos un juicio moral: "el nuevo ministro es un hombre tacaño", "Induráin usó una bicicleta desastrosa", "la ministra tiene una casa innecesaria", "el entrenador acometió una actuación equivocada"... Estos adjetivos no corresponden ya a una crónica, sino a un artículo de opinión o a un editorial.

¿Cómo se rebaja la opinión? A veces nos encontraremos una crónica en la que se han deslizado opiniones y que nosotros debemos editar. Nos toparemos con ideas interesantes que nos gustaría mantener, pero se han expresado de tal forma que nosotros, editores exigentes de un periódico serio, no podemos tolerar. ¿Cómo rebajarlas? Hay dos trucos infalibles.

El primero consiste en atribuir a otros lo que el torpe cronista haya expresado como opinión propia. Es decir, emplear frases de este tipo: "según los observadores", o "según algunos asistentes", "según algunas fuentes"; o añadir un "se considera" o un "que pasa por ser" o un "considerado" junto al vocablo opinativo que pretendamos rebajar. Por ejemplo: "La mesa no estuvo muy fina, según algunos asistentes", fórmula que nos habría servido en el caso anterior. Para ello sólo necesitamos saber que, efectivamente, la opinión expresada por el cronista tenía algún partidario más (lo que no resultaría difícil en el caso que nos ocupaba, visto el desarrollo de los hechos y las protestas que la mesa suscitó). En último término, las expresiones "según los observadores" o "según algunos asistentes" siempre pueden aplicarse al observador que escribe la crónica, quien, evidentemente, figura también entre los asistentes al debate. No se trata de fórmulas aconsejables, sino de trucos para salir del paso. Un mal menor.

El segundo truco se basa en expresar las opiniones bajo el tamiz de la duda. Sirven para ello adverbios como "quizás", "tal vez", "posiblemente", "probablemente". Esta fórmula rebaja la contundencia de la opinión y pone en duda lo que uno mismo dice: "Tal vez la mesa no estuvo muy fina".

Veamos el ejemplo de crónica editorializante que reproducíamos líneas atrás. Ponemos ahora en cursiva los retoques que introduciría un editor atento:

"Aznar, tras un discurso de investidura *considerado 'intachable'*, en el que asumió *seguramente* con madurez la herencia recibida —es decir, como un legado de valores y cargas—, *tal vez* se dejó llevar el pasado domingo por la alegría del juramento de su cargo, y algunas de sus improvisaciones restaron solidez, *según los observadores*, a su comparecencia pública. El comentario de que La Moncloa 'no es el lugar recomendable para vivir una familia' *quizás* empañó la seriedad del acto de presentación de un nuevo Gobierno de España".

Y así sucesivamente.

No siempre daremos con las fórmulas atinadas, porque la casuística se resiste a las pócimas mágicas de uso universal. En otros casos el editor no tendrá más remedio que suprimir los conceptos editorializantes, siempre que su periódico se incluya entre los medios informativos que tienen a gala separar información y opinión (insistimos, un principio básico de honradez profesional).

Las crónicas deportivas, cinematográficas o taurinas. Dentro del género de las crónicas nos encontramos un tipo especial: las taurinas y las deportivas. Y se les pueden añadir las cinematográficas (especialmente cuando se trata de informar sobre festivales de cine). Y no nos referimos a la crítica (que abordaremos después), sino a los comentarios informativos sobre acontecimientos de actualidad.

En primer lugar, hagamos la salvedad de que todo lo que se ha explicado hasta aquí sobre las crónicas puede aplicarse a una crónica deportiva o taurina sin que por ello sufran merma alguna. Ahora bien, es cierto que en la realidad los cronistas taurinos y deportivos se permiten unas libertades que ni siquiera de lejos se plantean sus compañeros de la información política, la vida social, el Ayuntamiento... Con frecuencia descalifican contundentemente o elogian sin reparo, emitiendo opiniones propias a veces muy discutibles.

Fútbol en el Parlamento. Veamos, por ejemplo, una magnífica crónica deportiva y cómo sería ese mismo lenguaje llevado, hipotéticamente, a una crónica parlamentaria.

Crónica del partido República Checa-España, de selecciones sub-21:

"Fue un partido de esos que forjan el carácter. Una de esas batallas más perfiladas para el pico y la pala que para el fútbol filarmónico. Y ante un equipo tan huesudo como el checo, España se tiznó de barro para sacar adelante la partida. El rival quiso convertir el duelo en una cacería y los de Clemente respondieron patada a patada. Los checos se inclinaron también por empinar el partido hacia su vertiente más arisca: el choque, los codos al vuelo, los malos modos, el fútbol trabado... Todas las recetas que etiquetan a los equipos mecanicistas, aquellos conjuntos en los que predomina el músculo. Y España, lejos de arrugarse, de estremecerse por los atributos del enemigo, aceptó el cuerpo a cuerpo con entereza. Tuvo que rumiar gramo a gramo cada suspiro, pero salió ilesa y tuvo tiempo de dictar una hermosa lección final. Y, sobre todo, salió acreditada.

Sobre la pradera del estadio Strahov, el equipo español tuvo un nombre propio: Santi. Colosal. Clemente le dio el control de mandos, le ubicó por delante de la defensa en detrimento de un librepensador como De la Peña y el atlético se elevó por encima de todos. Se trata de un futbolista de aspecto frágil sobre el campo y una timidez enfermiza fuera del escenario. Sobre la hierba es un tipo explosivo. A su paso nada es estridente, pero en Praga dejó una huella gigantesca (...). Su aplomo mantuvo a España en los peores momentos, cuando se imponía el trabajo sucio. (...) Raúl hizo de Raúl. Lleva el gol grapado en las entrañas. Y con lámparas a su alrededor es el mejor Aladino del fútbol español. Primero le alumbró Morientes y más tarde De la Peña. Éste es un equipo con fútbol y carácter. Dos señas que Clemente ha sido capaz de imbricar con un resultado fulminante: al contrario que antes, la España de hoy tiene un sillón permanentemente reservado entre la élite. Desde el oro de Barcelona jamás ha faltado a una cita. En Atlanta también tiene sitio: ahí estará la generación de la luz del fútbol español". *(El País,* 28 de marzo de 1996. José Sámano).

Veamos la misma crónica referida, hipotéticamente, a un pleno del Parlamento:

"Fue un debate de esos que forjan el carácter de los políticos. Uno de esos enfrentamientos dialécticos más perfilados para el pico y la pala que para la oratoria filarmónica. Y ante un grupo parlamentario tan huesudo como el socialista. El PP se tiznó de barro para sacar adelante la discusión. Sus opositores quisieron convertir el duelo en una cacería, y los de Aznar respondieron frase a frase. Los socialistas se inclinaron también por empinar el debate hacia su vertiente más arisca: el enfrentamiento directo, las descalificaciones, las frases confusas... Todas las recetas que etiquetan a los diputados empollones, aquellos en los que predomina la memoria. Y el PP, lejos de arrugarse, de estremecerse por los atributos del enemigo, aceptó el cuerpo a cuerpo con entereza. Tuvo que rumiar gramo a gramo cada suspiro, pero salió ileso y aún tuvo tiempo de dictar una hermosa lección final. Y, sobre todo, salió acreditado.

Sobre el hemiciclo del Congreso, el grupo del PP tuvo un nombre propio: Álvarez Cascos. Colosal. Aznar le dio el control de mandos, le ubicó por delante de los demás ministros, en detrimento de un librepensador como Ruiz-Gallardón, y el popular se elevó por encima de todos. Se trata de un político de aspecto frágil en las Cortes y una timidez enfermiza en su vida personal. Pero en el hemiciclo es un tipo explosivo. A su paso nada es estridente, pero ayer dejó una huella gigantesca (...). Su aplomo mantuvo al PP en los peores momentos, cuando se imponía el trabajo sucio. (...). Mayor Oreja hizo de Mayor Oreja. Lleva el éxito grapado a las entrañas. Y con lámparas a su alrededor es el mejor Aladino del Parlamento español. Primero le asesoró Vidal Quadras, y más tarde Ruiz-Gallardón. Éste es un grupo parlamentario con sabiduría y carácter. Dos señas que Aznar ha sido capaz de imbricar con un resultado fulminante: al contrario que antes, el PP de hoy tiene una cuota de electorado estable. Desde su victoria en 1996 jamás ha perdido un punto porcentual. En las próximas elecciones también mantendrá su espacio: ahí estará la generación de la luz de la política española".

Si un día nos encontráramos con una crónica parlamentaria de este jaez, en primer lugar nos preguntaríamos sobre qué ha tratado el debate. Porque, efectivamente, los cronistas deportivos —no tanto los taurinos— acostumbran a comentar los partidos sin narrar realmente lo que ha sucedido en ellos, sin describir siquiera algunas jugadas relevantes. Cierto que en el encabezamiento de la crónica suele figurar —como así ocurrió en el caso reflejado— una ficha que informa sobre los datos principales del acontecimiento: el resultado, las alineaciones, los autores de los goles, el árbitro, el estadio, el número de espectadores y las incidencias ocurridas durante el partido. Pero ¿es suficiente? Con frecuencia, los cronistas deportivos dan por hecho que el lector ya ha presenciado el partido por televisión (o en el estadio, si se trata de un periódico local), y en eso cometen un error. Incluso aunque el lector estuviera en el partido, necesitaría la anotación de los principales hechos para ver su relación con el enfoque de la crónica. Así, por ejemplo, en el citado caso se nos habla de la brillantez de Raúl, pero no se explica en qué jugadas concretas se mostró especialmente brillante. Vemos en la ficha que marcó dos goles, pero ¿eso fue todo? ¿Logró más genialidades? ¿Las genialidades llegaron en otras jugadas, pero no en los goles? Y ¿por qué resultó tan genial Iván de la Peña, que ni siquiera marcó un gol?

Intriga sobre lo que opina el crítico. En el caso de las crónicas futbolísticas, los especialistas de cualquier periódico importante español suman algunas decenas: normalmente, un corresponsal en cada ciudad con equipo de Primera División. En los periódicos pequeños de hecho ocurre así también, puesto que —salvo en los partidos del equipo local— las crónicas proceden de los corresponsales de agencia. No obstante, todos ellos buscan disponer de un cronista más relevante —el que escribe en los partidos importantes o en los encuentros del equipo de casa— que se transforme en el referente de los aficionados. Así, el espectador del partido del domingo leerá la crónica no por saber cuáles fueron el resultado, la alineación o los autores de los goles —él ya lo vio—, sino para averiguar qué habrá opinado el cronista Fulano sobre aquella jugada clave o aquella decisión del entrenador.

Los grandes diarios cultivan esa figura también en deportes como el atletismo, el tenis, el baloncesto, el ciclismo... Y esos cronistas especializados suelen adquirir una gran influencia en sus respectivos sectores.

Esto ocurre aún más en el caso de los especialistas taurinos. Normalmente, el cronista de toros en un periódico se desplaza de una feria a otra (se encarga de las corridas de importancia; y en caso de duda, su presencia determinará si la corrida era o no importante a priori); y encarna la opinión del periódico sobre lo que ocurre en ese mundillo. Desde su torre de centinela dictará opiniones y sentencias, pero eso requerirá por su parte unos grandes conocimientos de la tauromaquia y de su lenguaje, y un gran prestigio en el ámbito sobre el cual habla. Algo que no siempre ocurre entre los cronistas-corresponsales futbolísticos, a menudo simples aficionados —excluimos aquí a los cronistas principales— que componen la crónica con tópicos y frases escasamente técnicas, ni siquiera divulgativas.

La riqueza de una crónica taurina. Las crónicas taurinas de Joaquín Vidal, cronista de *El País,* son esperadas con avidez por los aficionados, incluso por quienes no acudieron a la plaza, incluso por quienes odian los toros. Cualquier texto suyo —hasta el de una corrida normal y corriente, como el que reflejaremos a continuación, escogido al azar— merece el atento análisis de los estudiantes de periodismo. El que mostramos aquí reúne sapiencia, gracia, riqueza de vocabulario, corrección sintáctica y semántica, y, para que no falte nada, una magnífica estocada en el último párrafo. Veamos:

> "¡Olés de júbilo! ¡Olés espontáneos, emocionados y encendidos para el buen toreo! Y ese toreo bueno lo interpretaba don Pepín. Un *¡óle!* para él y que Dios le bendiga por haber traído a la plaza de las Ventas, en realidad al mismísimo ruedo ibérico, aquel arte de torear que parecía perdido y olvidado.
>
> Toreo al natural. El toreo según fue concebido, luego perfeccionado, elevado a la categoría de arte por los maestros en tauromaquia. No ese ejercicio que consiste en ponerse cursi, pegar un pase, salir corriendo y contonearse marchoso como si aquello hubiera sido la toma de Constantinopla. Sí presentar adelante la muleta, traerse al toro embebido en los vuelos del engaño... Dicen que el toreo al natural adquiere su máxima categoría cuando el artista remata el pase detrás de la cadera. Bueno, de acuerdo, aunque ésa es una especie de verdad de Perogrullo. Durante los tiempos aquellos en que el toreo verdadero lo intentaba todo el mundo, nadie decía lo de rematar detrás de la cadera,

pues se daba por supuesto, tanto como que el torero había de permanecer de pie, el toro también.

Acompañar el viaje con el giro armónico de la cintura es una de las prescripciones esenciales del toreo bueno. Acompañarlo con la suerte cargada, templanza en el muletazo, rematarlo allá donde se ha de iniciar el pase siguiente; y ligarlo. Así toreó don Pepín, Pepín Jiménez en la comunidad excelsa de los toreros auténticos, profesor durante el curso escolar, maestro en tauromaquia.

Este toreo al natural lo recreó Pepín Jiménez en tres tandas, ciñó luego una en redondo y cerró la faena igual que la había iniciado, con unos ayudados, la trincherilla, el pase de la firma, de gran hondura y belleza. Finalmente, pegó un sartenazo y sólo por eso no mereció la oreja que pidió a gritos parte del público y concedió el presidente con demasiada ligereza.

El cuarto toro desarrolló sentido y a ése también le hizo Pepín Jiménez el toreo al natural. El hombre venía dispuesto a todo, al parecer. Y se jugó el tipo con una honestidad profesional y una torería de las que no se llevan. Avisado el toro, se revolvía con peligro, pese a lo cual Pepín Jiménez le embarcó en los naturales ejecutándolos con todas las de la ley, y al rematar el tercero salió achuchado y derribado. Volvió entonces a la cara del toro con enorme decisión y lo pasó por redondos, pero el sentido del animal iba en aumento, la cogida se veía venir y hubo de abreviar.

Dentro del saldo ganadero que saltó a la arena no hubo ningún ejemplar apto para el lucimiento. Se dice pronto, con cuatro ganaderías a examen. Los toreros, en cambio, se fajaron con sus lotes respectivos derrochando pundonor. Carlos Neila, en tarde solemne de alternativa, aún pudo sacar algunos derechazos, naturales y ayudados de buen corte, y otro tanto consiguió Juan Carlos García mediante tesoneras porfías para sacar partido de unos toros reservones de escasa embestida.

Quizá el toro menos malo fue el que toreó Pepín Jiménez por naturales, y lo arrastraron hasta el desolladero sin una oreja. Mal hecho. El bajonazo infamante que cobró don Pepín tras la estupenda faena de *óle* con *óle* no era merecedor de oreja sino de bronca y severas penitencias. Es como si Murillo, después de pintar la Inmaculada, va y la planta un bigote. Pues eso". *(El País,* agosto de 1996. Joaquín Vidal).

Se aprecia muy bien en esta crónica cómo Joaquín Vidal centra todo lo ocurrido en uno solo de los tres toreros —la ficha inicial antes del texto ya reproduce todos los datos necesarios— pero no olvida dar un somero repaso informativo a cuanto ocurrió en el festejo. Y, sobre todo, se aprecia su habilidad para enlazar en el último párrafo con el personaje principal de la crónica, al que había abandonado momentáneamente para extenderse en detalles ajenos a él pero propios de la corrida. Esa ilación le permite lograr un remate final brillantísimo en el que se remeda el lenguaje popular (incluido el laísmo).

Pero esta crónica, como habíamos observado en el ejemplo anterior sobre la selección sub-21, también se distancia, y mucho, de las que se suelen elaborar en la información política o económica. La idea de que el deporte y los toros no tienen tanta trascendencia como el Parlamento o la Bolsa nos explica la razón de esta diferencia. Un torero debe asumir la dura crítica de un diario sin sentirse moralmente descalificado; pero no estamos acostumbrados a que eso mismo ocurra con el director general de una empresa; un futbolista puede disfrutar del elogio desmesurado sin que nadie piense que ha sobornado al periodista o que éste es un hincha de ese equipo, mientras que si tal cosa ocurriese con un político el cronista debería defenderse inmediatamente de quienes le acusaran de estar comprado o haberse afiliado el día anterior a ese partido para hacer carrera en las Cortes. Tal vez la diferencia estriba en que vemos a deportistas y toreros ejerciendo una actividad ajena a ellos mismos, a su persona moral. En cambio, el político desarrolla unos actos de los que él mismo forma parte, y por eso la crítica a sus decisiones o su ideología se entiende mucho más personal y, a la vez, más comprometida ideológicamente para quien la emite.

Las crónicas taurinas y deportivas, pese a su estilo especial, no deben olvidar que también dependen de la noticia, que forman parte del contexto informativo. Así, por ejemplo, la grave cornada a un torero deberá abrir la crónica, a modo de *lead*, por muy interesantes y artísticas que hayan resultado otras faenas.

"Cogida muy grave de Pepe Luis Martín.

Pepe Luis Martín entró a quites, se le venció el toro y recibió en el muslo una cornada tremenda. La cogida no fue aparatosa pero dio sensación de mucha gravedad. La forma con que el asta desgarró e hizo trizas varios palmos de taleguilla tras la rápida voltereta añadió caracteres dramáticos al percance. El toro aún tiraría otro derrote, seco y certero, al muslo".

Aquí, el cronista abandona el tono humorístico de su crónica anterior y toma el relato grave de un accidente. Más de la mitad de la información-interpretación se refiere a este suceso. Después, aborda las restantes faenas; y redondea la crónica volviendo al lugar inicial:

"En el primer toro de Javier Vázquez entró Pepe Luis Martín al quite y marcaba la media verónica cuando un derrote le caló el muslo. La taleguilla hecha trizas, un jirón de tela quedó en la arena: y era el platillo, el centro geométrico del redondel, donde se dejan ver los toreros buenos". *(El País,* 19 de agosto de 1996. Joaquín Vidal).

Agilidad. El cronista debe disfrutar de la agilidad mental necesaria para modificar el tono y el sentido de su texto cuando se produzca una incidencia inesperada que cambie la esencia de lo que va a transmitir.

El 18 de agosto de 1996, el motociclista catalán Àlex Crivillé disputaba una reñidísima carrera sobre su máquina de 500 cc frente al australiano Mick Doohan. Todos los cronistas tomaron notas sobre aquel fantástico espectáculo, una competición entre los dos mejores especialistas del mundo que se iban alternando en la cabeza de carrera con espeluznantes adelantamientos. Al entrar en la última vuelta, Doohan iba el primero, y para entonces todos los cronistas españoles habían pergeñado —en su libreta o en su mente— el relato de la espectacular remontada del piloto catalán, que partió de la séptima posición tras una mala salida y había recuperado lugares durante las 10 primeras vueltas hasta situarse junto al australiano. Pero en la curva que daba paso a la meta, Crivillé obsequió a los telespectadores de todo el mundo con un acelerón espectacular, lleno de riesgo. Adelantó en la misma raya de llegada al entonces bicampeón del mundo, por una distancia imperceptible para el ojo humano: dos milésimas. Nadie supo quién había ganado hasta que respondieron los ordenadores y las células fotoeléctricas. En ese momento, todos los cronistas tiraron sus notas a la papelera y se dispusieron a empezar de nuevo un trabajo que momentos antes ya estaban dando por terminado. Acababan de asistir a una de las más sorprendentes llegadas en la historia del motociclismo. Se les abría entonces una serie de hechos más interesantes que los anotados minutos antes: cómo se enteró cada piloto de quién había ganado, cómo dieron la vuelta de frenada saludando tímidamente sin conocer el dato crucial, cómo los demás competidores, que no tuvieron a la vista al dúo de cabeza tras la última curva, felicitaban a Doohan sin imaginar que era el derrotado, cómo resuelve el ordenador este tipo de situaciones, qué otras llegadas se han producido así en la historia del motociclismo... La crónica del día siguiente daría la dimensión de qué periodistas habían sabido renunciar sin tapujos a las brillantes frases y relatos concebidos durante la carrera. (Es normal dejar ultimada la crónica de un acontecimiento antes incluso de que haya terminado éste, para ganar rapidez en el envío del texto al periódico y que se pueda cerrar cuanto antes esa página).

Porque, insistimos, aunque la crónica deportiva o taurina tenga semejanzas formales con un artículo de opinión, uno de los factores que la distinguen también de él —y la asemejan a las demás crónicas— parte de que han de trasladar una noticia. La noticia. Y eso se olvida a menudo.

Veamos una crónica de ciclismo que comienza así:

> "Los carteles anunciadores de la XIX edición de la Clásica a los Puertos" [lo correcto es Vuelta a los Puertos] "eran, como de costumbre, bonitos y completos. Pero les faltaba un detalle. Anunciaban la carrera, por supuesto. Y su recorrido de toda la vida. Y su historial. Pero no anunciaban su desarrollo. Y no era complicado hacerlo, más que nada porque estaba cantado, 65 inscritos había, eso es cierto, pero sólo dos posibles ganadores. Y se vio desde el primer momento, desde que Jiménez, un *banesto,* y Marcos Serrano, un *kelme,* dinamitaron la prue-

ba. No eran ellos los protagonistas. Eran sus jefes. Induráin y Escartín, el uno y el otro. De eso se trataba. Y de eso se trató". *(El País,* 19 de agosto de 1996. Óscar Sanz).

Pues bien, al periodista le ocurre lo mismo que al cartel anunciador del que habla: tampoco anuncia quién sería el ganador de la prueba. Cierto que el titular dice "Escartín le saca un cuerpo a Induráin" y que el subtítulo cuenta que "los dos mejores de la carrera se disputaron al *sprint* la Clásica a los Puertos". Pero eso no es motivo para omitir la noticia en la entradilla; para empezar, porque Escartín también le pudo haber sacado un cuerpo a Induráin en la pelea por el séptimo puesto, por ejemplo, o por ser el mejor español de la prueba. Además, querremos saber enseguida cuántos corredores más disputaron ese *sprint,* qué distancia obtuvieron sobre sus perseguidores, cuántos kilómetros estuvieron destacados... El nombre propio del ganador, Escartín, no aparece hasta el tercer párrafo; y el de Induráin, en el quinto. Esta información no supone un caso aislado. Retrata uno de los vicios más extendidos entre los cronistas: olvidarse de la noticia.

Festivales de cine. Un tipo de crónica muy especial suele traer de cabeza a los editores de los periódicos cuando han de revisar el texto: la que envía el especialista de cine desde un festival internacional (Cannes, Valladolid, Berlín, San Sebastián...). En esos casos, ejerce como informador o cronista alguien habituado a escribir críticas llenas de juicios técnicos y personales, cuando en esta oportunidad se trata de dar un repaso a varias películas proyectadas durante la jornada, a la respuesta del público y, por supuesto, al contenido de las cintas estrenadas.

Pero ocurre a menudo que el crítico se refugia en tablas, acude al género que conoce y prescinde de lo demás. Ni siquiera se molesta en explicar de qué trata la película (y, por supuesto, eso no significa que haya de contar el final).

Almodóvar y tres cronistas. Normalmente, distintos cronistas que asistan a un pleno parlamentario, la conferencia de prensa del presidente de Estados Unidos o la jornada de Bolsa terminarán titulando igual —en la mayoría de los casos— porque la noticia es una. En cambio, en las crónicas de festivales cinematográficos puede darse la circunstancia de que cada enviado especial ofrezca su propia opinión incluso desde el titular. Así ocurrió, por ejemplo, con la presentación de *La flor de mi secreto,* de Pedro Almodóvar, en el festival de San Sebastián de septiembre de 1995:

El diario *El Mundo* tituló:

"Dramático, sincero, intenso y magnífico.

Almodóvar presentó en el Festival de San Sebastián su último filme, *La flor de mi secreto*".

(Como se ve, una rendición incondicional).

El diario *El País* encabezó así la crónica:

"Almodóvar recupera lo mejor de sí mismo.

Marisa Paredes sostiene con una gran actuación el delicado entramado de *La flor de mi secreto*".

(Un elogio comedido y relativizado, puesto que sólo se compara con la propia filmografía de Almodóvar y la película se sostiene gracias a una gran actriz).

Y *Diario 16:*

"Pedro Almodóvar presenta una película fallida y cargada de citas inoperantes.

Tres mil personas asistieron ayer a la proyección de *La flor de mi secreto*".

(Descalificación total).

Los tres periódicos utilizan sus respectivas tipografías reservadas a las informaciones y, sin embargo, redactan títulos claramente opinativos.

Comparemos las entradillas (por no extendernos demasiado con los textos, donde continúa la tónica de su primer párrafo) escritas por cada uno de los enviados especiales.

— El diario *El Mundo* abre la página con una presentación situada por encima del titular, y dice:

> "Pedro Almodóvar y los protagonistas de su última película, *La flor de mi secreto,* han puesto patas arriba el Festival. Los más esperados en el Teatro Victoria Eugenia han cubierto con mucho las expectativas que habían despertado entre los asistentes al certamen. Una multitudinaria rueda de prensa en la que la 'maliciosa' lengua del director manchego fue protagonista, el clamor con el que fueron recibidos los integrantes de la 'troupe' Almodóvar (aunque a él no le gusta que les llamen así), que dejó pequeñas las manifestaciones de los *fans* de Keanu Reeves y Mel Gibson, y la proyección del largometraje ante miles de personas en el Velódromo de Anoeta, resumen una jornada de delirio coronada por la buena acogida que la crítica ha deparado a la nueva obra del autor de *Mujeres al borde de un ataque de nervios* y *Tacones lejanos*".

Tras esa introducción informativa y de estilo crónica, probablemente añadida en la redacción porque los editores tal vez vieron el problema que se les venía encima, el cronista Carlos Boyero escribe:

> "Debería ser obligatorio acercarse en estado virginal a las películas, desconocer la identidad del autor que las ha parido, no poseer datos ni referencias que influyan en tu goce, en tu disgusto, en tu predisposición o en tus prejuicios. Esa añorada inocencia es absolutamente imposible con el cine de Pedro Almodóvar, alguien que desde su bautizo cinematográfico (o desde mucho antes, yo ya había oído hablar de su rompedor talento cuando sólo había rodado cortos domésticos que no había visto nadie, el Warhol manchego descubrió las inmensas ventajas de la autopromoción inteligente antes de descubrir el cine o de que el cine le descubriera a él) se ha propuesto con incontestable éxito transformar cada película que dirige en 'algo más que una película', en un acontecimiento, en el desfile anual de lo que va a ser la pró-

xima temporada, en un mareante torrente de información, en la hostia en celuloide en verso".

Este primer párrafo, como vemos, no incluye la idea del titular (tampoco la presentación que le precedía) y —además de aburrir con frases e incisos larguísimos, que se estudiarán más adelante en este libro— apenas da información alguna sobre el festival o el contenido de la película; incluso se utiliza la primera persona del singular (en otros párrafos siguientes ocurre igual), lo que aleja aún más toda posibilidad de roce entre el género crónica y lo que estamos leyendo.

Más adelante encontraremos los juicios de valor del cronista-crítico:

"... Me toca joderme y esperar a otra ocasión si quiero aburrirme o hacer risas malévolas con una película de Almodóvar. *La flor de mi secreto* es un drama sincero y sentido, cercano al escalofrío en algún momento, magnífico, despojado de todo lo que no me gusta en su cine, un impecable, implacable, profundo y humano retrato de la soledad, la indefensión, la locura, el derrumbe (...)".

—Ángel Fernández-Santos escribe en *El País,* también como apertura de la sección cultural:

"Una bella ecuación proporciona a *La flor de mi secreto* la armonía que irradia: una mujer extremadamente frágil da un paradójico vigor a la frágil ficción donde se mueve. Lo que vemos en patalla y lo que adivinamos detrás de la cámara confluye de manera tangible y crea en el espectador la sensación de que asiste a algo que está representado e ideado sobre una estrechísima franja de credibilidad. Cualquier intromisión de la cámara fuera de esa mínima zona de equilibrio derrumbaría la construcción sobre sí misma, pero nada de eso ocurre. Un diálogo sin palabras entre la actriz Marisa Paredes y el director Pedro Almodóvar llena la pantalla de esa silenciosa elocuencia que en el cine surge sólo cuando hay cercanía entre lo que se busca y lo que se encuentra. Ayer todo en este festival volvió a girar alrededor de Almodóvar y el tinglado que le acompaña".

El cronista-crítico de *El País* también acude a la primera persona durante el resto del texto ("Almodóvar vuelve la espalda a sus dos temerarias, y a mi juicio fallidas, incursiones precedentes en la retórica visual"), y tampoco respeta el principio de que el título debe responder a la entradilla (o viceversa), sino que la idea del encabezamiento aparece justamente en el último párrafo. La única concesión al género informativo o de crónica figura al final de la entradilla. El resto es una crítica pura y dura.

— Carlos F. Heredero escribe por su parte en *Diario 16:*

"Se cumplió la liturgia con todo el ritual. Almodóvar y sus actores fueron recibidos con los mismos gritos adolescentes que saludaban a Keanu Reeves, sus incondicionales de siempre volvieron a reír todos y cada uno de los guiños que, como etiqueta de la casa, el realizador manchego vuelve a diseminar por el metraje de su nueva película y la ceremonia culminó con la exhibición masiva de *La flor de mi secreto* en el velódromo de Anoeta delante de tres mil personas".

Es ésta la entradilla que más se asemeja a una crónica, si bien tampoco la idea del título figura en ella. Los siguientes párrafos hacen ya breves referencias al ambiente y enseguida el autor entra en sus palabras críticas. Pero el título nos lo encontramos en el penúltimo párrafo:

"Paradigma de la posmodernidad, *La flor de mi secreto* es un bello objeto vacío cuya carcasa externa se nutre de referencias culturales tomadas en préstamo y mal encajadas en un discurso que apenas parece tener mucho que decir".

¿Cómo se podía haber resuelto esto?

No se presenta tarea fácil. Porque primero habremos de plantearnos si consideramos más importante el imponente espectáculo de promoción que acompaña a esta película —proyección en un recinto deportivo, ante 3.000 personas, el despliegue de Almodóvar y todos sus actores, el delirio del público...— o la opinión que va a emitir nuestro crítico (que en este caso significa tanto como la opinión y la visión del propio periódico sobre un gran acontecimiento cultural).

Si consideramos más relevante el hecho en sí, la solución aparece sencilla: se abre la página con una información y, por debajo, se incluye la crítica. Con ello, separamos información y opinión, objetivo que perseguimos.

Pero si creemos de mayor interés la crítica de nuestro especialista, el arreglo se ve más complicado, porque deberíamos abrir la página con ese comentario. En tal supuesto, la solución adoptada por *El Mundo* parece mejor: una entradilla informativa —en este caso, una presentación, puesto que va situada sobre el titular— que aporta los principales datos del acontecimiento, y, después, la crítica de su enviado especial. Pero ésta aparece titulada como si se tratara de una información. ¿Se puede abrir una sección con una crítica, y con la tipografía correspondiente a un género no informativo? La mayoría de los jefes de redacción respondería que no, porque siempre se ha interpretado que debe primar la información y que una sección, sea cual fuere, ha de abrirse con una noticia. Pero ¿no habría que revisar ese criterio, al menos en casos como éste?

La entrevista-perfil

Hemos hablado antes de la entrevista objetiva, la que reproduce más o menos textualmente una conversación entre el periodista y un personaje. En ella no caben opiniones ni interpretaciones, sino sólo la reproducción del diálogo con fidelidad al contenido de la conversación. Pero sí hay otra manera de escribir entrevistas en las que quepan la interpretación y la descripción.

Mayor libertad formal. La entrevista-perfil consiste en una información-interpretación en la que trasladamos las ideas de un personaje informativo tamizadas por la propia visión del periodista. En este caso no se emplea ya el esquema pregunta-respuesta, sino que las declaraciones del entrevistado se reproducen entre comillas (o con guiones de diálogo intercalados en el texto) y se alternan con descripciones sobre el personaje o la explicación de su trascendencia pública. Por tanto, la entrevista-perfil permite una mayor libertad formal. Su lenguaje y técnica se puede asimilar a las descritas para las crónicas (pero no las taurinas o deportivas, ni siquiera aunque el personaje sea un torero o un futbolista).

Por lo general, en la entrevista objetiva (pregunta-respuesta) nos interesa el personaje en cuanto que experto en una materia, y esperamos de él opiniones sobre su actividad profesional, social, política o artística. Si adoptamos el género de la entrevista-perfil será probablemente porque nos ha interesado más el personaje en sí, su trayectoria personal, su mundo interior.

En el resultado, la entrevista-perfil puede asemejarse a un simple perfil (reportaje centrado exclusivamente sobre una persona, del que hemos hablado más arriba), pero se distingue de él en que en este caso lo principal de la información son las declaraciones del entrevistado.

Sin notas. En determinadas circunstancias, el periodista hará bien en no tomar notas en presencia del entrevistado. Cuando nos planteamos una entrevista objetiva (pregunta-respuesta) no anotar o grabar cada palabra nos dejaría después en una situación más complicada —además de innecesaria— porque en ella se trata principalmente de reproducir fielmente las opiniones del personaje informativo, que constituyen la esencia del texto; y él acepta ese juego. En la entrevista-perfil no tendremos la necesidad siquiera de reproducir textualmente las frases completas, sino que podremos incluso utilizar el estilo indirecto (por ejemplo: el ministro opina que las cosas no van bien), sin entrecomillados. A veces, una conversación mientras se pasea o durante un almuerzo pueden facilitarnos un ambiente de intimidad y confidencias que el bolígrafo y la libreta pondrían en peligro. Posteriormente, eso sí, el periodista deberá ejercitar bien la memoria, echar mano de un papel en cuanto se haya despedido de su interlocutor y, finalmente, trasladar al entrevistado el resumen que se disponga a publicar, para evitar los malos entendidos de los que ya hemos hablado en el capítulo de la entrevista objetiva.

La decisión de no tomar notas ayuda, además, a recrear literariamente después el ambiente en el que se desarrolló la entrevista.

Empleé esa técnica en una charla con el escritor Miguel Delibes *(El País,* 2 de agosto de 1990, página 10): paseamos un día entero por los alrededores de Sedano, el pueblo burgalés donde veranea cada año; subimos al monte; almorzamos en el jardín de su casa, con su familia, a la sombra de un endrino; nos acompañaron sus perros y sus árboles. El resultado en el periódico constituyó una de mis mayores satisfacciones profesionales, tal vez porque no permitimos que pensara la grabadora.

Otra vez las comillas. En la entrevista-perfil, al periodista le sobrevendrá frecuentemente la tentación de comenzar su texto con una frase entrecomillada. Ya hemos visto que en otros géneros no resulta aconsejable y, a mi juicio, tampoco en éste. Sin embargo, no nos hallamos ante una ciencia, y puede haber excepciones que no resulten mal.

Veamos ésta:

> "'He conocido una morenita que me gusta. Es bonita, y yo le atraigo. No es drogadicta, no. Me ha dicho que le atraigo, pero que despacio. Me falta un año y medio para los 18. Y me ha dicho que me espera'. La ilusión con esa morenita es prácticamente lo único que tiene ahora este chaval de 16 años, gitano, con el pelo corto y mechones en la nuca, muy delgado, heroinómano desde los ocho, seropositivo desde hace unos diez y enfermo ya de sida, con una esperanza de vida que no va mucho más allá del año. Se ha quedado sordo de un oído y está perdiendo la vista de un ojo.
>
> 'Yo lo único que quiero es encontrar un trabajo y vivir en un piso y salir con esta chica, ir al cine y a una hamburguesería'". *(El País,* 17 de agosto de 1996. Rafael Ruiz).

(Personalmente, creo que la cuarta frase del entrecomillado —"y me ha dicho que le atraigo, pero que despacio"— cobraría mayor fuerza periodística si la conociéramos después de saber que el muchacho tiene una esperanza de vida "que no va mucho más allá del año").

El reportaje interpretativo

Igual que la noticia tiene su género interpretativo en la crónica, el reportaje también puede experimentar esa transformación. No es lo más usual, puesto que el motivo de un reportaje suele radicar en algún acontecimiento cercano y único, mientras que la crónica —cuyo nombre está relacionado con *cronos*, "tiempo" en griego— suele buscar antecedentes y consecuencias, yendo de adelante hacia atrás y viceversa, aunque se refiera a un hecho ocurrido en el día.

El reportaje interpretativo encuentra su mejor acomodo en las publicaciones semanales, quincenales o mensuales (lo que no quiere decir que se excluya de los diarios, principalmente si disponen de suplementos con esa periodicidad). En ellas parece más lógico que el reportero afronte su trabajo teniendo en cuenta un mayor periodo de tiempo, un "cronos" que, además, le permite escribir con distinta presión de cierre de la que rodea al reportero de un diario. Asimismo, el reportero de un semanario tiene la ventaja de apreciar las consecuencias que tuvo dos días más tarde lo que ocurrió hace exactamente tres, y de incluirlo todo ello en un mismo trabajo. Es decir, puede interpretar lo acontecido un día según la evolución inmediatamente posterior. El reportero de un diario también podría utilizar esa ventaja, pero después de haberse pronunciado ya el día en cuestión.

Para el reportaje interpretativo pueden valer las técnicas de las que hemos hablado en los respectivos capítulos sobre el reportaje y sobre la crónica. En resumen, harán falta un hilo conductor y mucho cuidado a la hora de calificar los hechos y las personas.

Vemos a renglón seguido un ejemplo:

"¿Qué ha sido del temible Ejército Rojo, orgullo de la URSS y punta de lanza de una política imperial que sometió bajo su yugo a gran parte de Europa? Las Fuerzas Armadas rusas, nacidas el 7 de mayo de 1992, han recogido su legado, pero antes de tener siquiera tiempo de reorganizarse ya se ven inmersas en la crisis. Una crisis de identidad, moral, política y económica.

El desencanto reina en todos los cuarteles de Rusia. Nada más recuperarse de su enfermedad, Yeltsin, veterano de Chechenia, ha vuelto a ahogarse en vodka. De vez en cuando, arenga a los reclutas para olvidar que tiene los bolsillos vacíos. La paga de estos soldados, que ya se venía retrasando desde 1994, sufrió un parón absoluto tras la segunda vuelta de las elecciones presidenciales, en julio del año pasado. Como resultado, unos 30.000 oficiales, entre los que se encuentran los mejores especialistas, han presentado la dimisión en pocos meses. Para poder seguir manteniendo a sus familias, gran parte de los suboficiales se dedica a descargar vagones en las estaciones, acarrear piedras en las canteras o se convierten en improvisados guardaespaldas. Sin embargo, cuando te destinan a la otra punta del país, a una zona desolada y lúgubre, te encuentras en un callejón sin salida. 'No me ha quedado más remedio que vivir a costa de mis padres, que al menos reciben una pensión', confiesa avergonzado un teniente coronel de aviación. Algunos de sus colegas no han dudado en recurrir a las reservas de armamento.

Los desertores se lanzan al robo y al atraco a mano armada. Además, una ola de suicidios, señal del desamparo reinante, inunda las filas del Ejército: más de mil suboficiales se quitaron la vida en 1996, es decir, un 26 por ciento más que el año anterior, sin olvidar el número de soldados desconocidos que corrieron la misma suerte. Este fenómeno afecta incluso a los sectores de mayor relieve. A principios de noviembre, Vladímir Nerchai, director del Instituto de Investigación sobre Armas Nucleares de Snekinsk, se pegaba un tiro al no poder soportar por más tiempo la angustia de los 3.000 investigadores y técnicos que no disponían de fondos desde el verano. Para completar esta imagen de desolación, varios reclutas han muerto de hambre desde 1993 en Extremo Oriente. En otros lugares, algunos reclutas se mantienen con vida a base de devorar sus raciones de supervivencia. Esta situación acabó con la vida de una tercera parte de los soldados en 1995.

Atractivo y de complexión atlética, el capitán Andrei N., que ronda los 30 años, manda desde hace seis un regimiento cuya misión es proteger uno de los almacenes de municiones más grandes de Rusia occidental. Tiene que alimentar a 300 hombres, pero hace meses que no ve un rublo de Moscú. 'Si los militares se rebelan, el gobierno lo lamentará, pero ya será demasiado tarde'. Mientras tanto, la guarnición hace lo que puede para sobrevivir. 'Ayudamos a los campesinos en la recogida de la cosecha y ellos nos venden las coles a mitad de precio'. La mayoría de los oficiales y soldados no poseen más que el uniforme que llevan puesto, un atuendo demasiado ligero para la crudeza invernal. Los cuarteles, por otra parte, son de los años 60, pero ya tienen las huellas de la degradación: paredes renegridas, juntas que se tambalean, iluminación insuficiente, sanitarios desfasados... 'Y ni siquiera tengo con qué pagar el combustible necesario para la calefacción', continúa diciendo Andrei. '¿Pero qué pretenden en Moscú? ¿Es que quieren que hagamos saltar el arsenal por los aires? Si es necesario, haremos temblar los cimientos del Kremlin'.

El desastre de la campaña chechena ha empañado el prestigio del uniforme, además de dejar una profunda huella en la identidad del ejército. 'La gente nos acusa de haber matado a miles de civiles, pero ¿por qué no acusan en cambio a los que han desatado esta absurda guerra civil?', afirma indignado Guennadi, comandante de una división de tanques". (...). (*Cambio 16,* 10 de febrero de 1997. Silvaina Pasquier / Alla Chevenilka).

¿Qué diferencias se dan entre este reportaje interpretativo y una crónica? Sobre todo, el campo temporal. No se trata de algo ocurrido en el día, sino de una serie de hechos acaecidos en distintos momentos, y con un nexo entre ellos, que sirven al autor para establecer una interpretación que los abarca. Igualmente, se añaden opiniones de algunos de los actores principales implicados en lo que se narra, mientras que una crónica puede prescindir de ellos.

La interpretación

Hemos examinado hasta aquí la información pura y la información mezclada con interpretación pero con predominio de aquélla. Ahora estudiamos el género donde el enfoque sustancial parte de elementos opinativos, y en el que la información —si existe— queda en segundo plano.

El análisis

El análisis se puede definir como el negativo fotográfico de la crónica.

— Si en la crónica se mezclan información e interpretación pero con predominio de la información, en el análisis sucede al revés: predomina la interpretación, y la información queda en segundo plano.

— Si en la crónica la información es en realidad la noticia, en el análisis la información son los antecedentes o documentación.

— Si en la crónica la interpretación debe formar parte de la sintaxis informativa, como hemos visto anteriormente, en el análisis cabe perfectamente que la información forme parte de la frase interpretativa.

Y el editorial se diferencia del análisis en que éste ha de excluir también —como la crónica— lo que hemos denominado "frase aparte" y los juicios de valor. Otra diferencia respecto al editorial consiste en que el análisis construye principalmente hipótesis, mientras que el editorial establece sobre todo tesis.

Información que socorre. La documentación —los antecedentes— viene a constituir también parte esencial del texto de análisis. Incluso la documentación —o la información— debe acudir inmediatamente en socorro de cualquiera de las interpretaciones que hayamos escrito, y más si se trata de la que reflejemos en el primer párrafo. Cuando escribimos un análisis, cualquier visión subjetiva debe razonarse de inmediato. Se trata de decirle al lector: sobre este tema, yo entreveo tales significados, y las razones son éstas.

Al contrario que un editorial, el análisis no tiene por qué establecer una interpretación unívoca de los hechos. Incluso el lector agradecerá que se planteen alternativas a la hipótesis principal, para que él tenga la oportunidad de identificarse con alguna de ellas por sí solo.

Si ya hemos dicho que una crónica no se le encomienda a cualquier periodista, en el análisis la selección se presenta aún más dura. Para escribir un análisis se precisa competencia en la materia, experiencia en el tema del que se habla; en definitiva, antecedentes que tiene archivados en su memoria el propio periodista. También se puede acudir a los antecedentes de documentación, pero en ese caso el texto perderá viveza y se notará acartonado. El análisis debe nacer de la propia reflexión del autor, y ésta ha de sobrevenir antes de la iniciativa de escribir. No se puede adoptar la decisión de publicar un análisis sin saber qué es lo que vamos a decir: "Y aquí publicamos un análisis, busca documentación y lo escribes". Eso sería una chapuza.

Ello no obsta, por supuesto, para que la reflexión que nos mueva a abordar un análisis se quede desnuda de datos y otros antecedentes. Los servicios de documentación de los periódicos y de las instituciones públicas y privadas también deben servirnos en este género.

Antes de empezar a escribir conviene —igual que en el reportaje— escoger un hilo conductor, una hipótesis que desarrollaremos y documentaremos a lo largo del texto.

El riesgo de editorializar. Así como el cronista puede caer, sin proponérselo, en el género contiguo que es el análisis, al analista le puede tentar, igualmente sin querer, el estilo cercano del editorial (el paso siguiente en los grados de opinión). Dice el profesor de Columbia John Hohenberg (citado por Concha Fagoaga en su obra *Periodismo Interpretativo)* que mientras el redactor de mensajes interpretativos "evita recomendar lo que debería ser hecho acerca de algo", el editorialista insta a la acción, a los modos de actuar del receptor.

Por tanto, el analista explica lo que alguien ha hecho y razona el porqué; el editorialista dice qué debería hacerse o haberse hecho y —según qué periódicos— ni siquiera tiene la obligación de razonarlo. El analista debe mostrarse desapasionado; el editorialista puede apasionarse tanto como el estilo de su periódico lo permita.

Una publicación de calidad y honradez debe distinguir tipográficamente cuándo presenta a sus lectores una crónica, una información o un análisis. En el caso del análisis, se suele emplear esa misma palabra, "análisis", escrita sobre el título. La prensa anglosajona utiliza el epígrafe *news analysis.* Las crónicas, como ya hemos dicho, suelen tener el mismo significante visual que las noticias.

Repasemos un análisis publicado en *El Mundo* y encabezado con el titular en cursiva siguiendo el ejemplo que en su día marcó en España *El País* para todos sus textos opinativos:

> "La debilidad de la peseta y la subida de las rentabilidades en el mercado secundario de deuda pública han acabado con las perspectivas de una nueva bajada en los tipos de interés a corto plazo. Los analistas dan por hecho que el Banco de España, en la subasta de certificados de depósito de la próxima semana, mantendrá en el 6% el precio oficial del dinero.
>
> Es previsible, además, que se produzca un cierto repunte en la rentabilidad de las letras del Tesoro a un año. El mercado de deuda da ya por hecho que en la próxima subasta este activo fijará su rendimiento en el 5,7%, frente al 5,3% actual. Así, se interrumpe el proceso de relajación monetaria, aunque por poco tiempo. Los tipos seguirán bajando a lo largo de 1997". *(El Mundo,* 1 de marzo de 1997. C. Llorente / G. Casadevall).

LA OPINIÓN

Los textos de opinión suelen reflejar el auténtico talante de un periódico. Del estilo de artículos y editoriales podremos deducir cómo afrontan la realidad y las transformaciones sociales los dueños y responsables de esa publicación. Por supuesto, también nos servirán para ese propósito las noticias, las crónicas, los análisis... y la valoración con que se coloca cada texto en las páginas, incluso la titulación y el tamaño de los titulares. Pero con mayor claridad nos mostrarán los artículos de opinión la verdadera ideología del diario.

Para empezar, encontraremos periódicos de opinión unidireccional y otros con opiniones encontradas. Los primeros presentan una cierta coordinación —al menos en el resultado— entre los escritores y articulistas que habitualmente publican sus columnas en él, de modo que rara vez se producen discrepancias fundamentales con la línea editorial. Y nos referimos aquí a los columnistas habituales, no a las colaboraciones eventuales de políticos, historiadores, economistas... que se manifiestan ocasionalmente sobre algún aspecto concreto en lo que solemos llamar "tribunas de opinión".

Otros periódicos, por el contrario, pueden evidenciar notables discrepancias en sus articulistas respecto a la línea editorial.

El editorial

Personalmente, nunca he considerado muy útiles para los alumnos las clases y tratados sobre los editoriales de periódicos y revistas. Por una razón puramente práctica: desde que los estudiantes de Periodismo acaben la carrera hasta que tengan la oportunidad de escribir un editorial habrán pasado tantos años que seguramente para entonces se les habrá olvidado lo que aprendieron; y además, si el director de un periódico les dio la oportunidad de escribir un editorial habrá sido porque, habiendo olvidado lo que aprendieron, lo pueden aplicar perfectamente por mera intuición, profesionalidad y experiencia.

Por otro lado, raro es el editorial que elabora una sola persona. En la mayoría de los periódicos —salvo los muy pequeños—, el editorialista forma parte de un equipo. Si no hay tal, los borradores de editorial se suelen encomendar a algún especialista en la materia —ya sea un redactor o una persona ajena a la plantilla—, y después su texto es revisado por los responsables del periódico. En último término, los editoriales son corregidos y modificados por el propio director, o quien le sustituya.

Pero estas páginas que abordan los géneros periodísticos quedarían cojas, evidentemente, si no se adentraran en uno de los más importantes, el editorial. Lo hacemos aquí, más que con intención didáctica, con el propósito de mover a la reflexión sobre las distintas maneras en que se nos presentan los editoriales.

La extensión. La primera consideración al analizar un editorial vendrá influida por la extensión que se le asigne. Porque en la prensa se dan dos tipos de editoriales con arreglo a su tamaño: los de "fondo", de más extensión; y los "sueltos" o "glosas" (tomo las dos denominaciones que les dan la profesora Luisa Santamaría y el autor y periodista Bartolomé Mostaza): pequeños editoriales con no más de tres o cuatro párrafos cortos. La citada autora los define así: "Reflexión breve sobre algún asunto de actualidad que apunta un tema sin agotarlo, con una extensión que abarca de cien a trescientas palabras, y que algunos periódicos utilizan como medio a través del cual expresar su ideología".

La circunstancia previa de brevedad nos condicionará el estilo. Si se trata de escribir un editorial largo, podremos acudir a la documentación necesaria para respaldar nuestros argumentos, entrar en consideraciones previas y explicitar razonamientos más articulados. Si el espacio es breve, apenas habrá tiempo sino de dejar sentada nuestra postura, sin más explicaciones y con mayor contundencia.

Corto y contundente. Este tipo de editoriales se halla presente con mayor frecuencia en los periódicos "de opinión"; es decir, aquellos diarios que, más que explicar lo que ocurre, desean cambiarlo; aquellos diarios que se proponen más influir en los gobernantes que en interpretar la realidad para los lectores de modo que sean éstos quienes adopten sus propias decisiones. Y para ello, muchos diarios de opinión suministran en píldoras su ideología, de modo que resulte fácilmente accesible para el lector que no quiera seguir las largas reflexiones de un artículo de fondo.

He aquí un ejemplo de "suelto" editorial publicado en *El Mundo* el 16 de noviembre de 1995:

> "El sinvergüenza de Javier Pradera, en perfecta sintonía con las últimas descalificaciones de González a *El Mundo,* vuelve a intentar implicar a nuestro periódico en la teoría de la conspiración. Si de lo que se trata es de establecer qué personajes del periodismo mantuvieron estrechas relaciones con Mario Conde, puede empezar por preguntarle a su jefe Jesús Polanco quién fue el anfitrión de una de las últimas fiestas de cumpleaños de su mujer, quién le facilitó en óptimas condiciones la adquisición a Banesto de la sede de la SER y en beneficio de quién su propio periódico silenció constantemente las dificultades de Banesto antes de la intervención. Pero Pradera no busca esclarecer nada sino confundirlo todo. Propiciar una atmósfera de desorientación y de caos en la que se diluyan las tremendas responsabilidades del

felipismo en relación con los GAL, y demás asuntos de corrupción, aunque el precio de ello sea tirar por elevación e implicar a la más alta institución del Estado. Y lo peor de todo es que la estrategia de Pradera y de su grupo no es desinteresada. A diferencia de lo que ocurre con *El Mundo,* que puede acertar o equivocarse en función de una visión tan subjetiva como honesta de cada problema, Pradera y los suyos tratan de apuntalar el felipismo como contrapartida a los multimillonarios favores recibidos y como procedimiento para exprimir al agonizante régimen. ¿Por qué no aceptan una discusión franca y abierta sobre los miles de millones en créditos FAD a las empresas de Polanco? ¿Por qué eluden rendir cuentas del antenicidio de la primera cadena privada de radio, engullida por la SER a través de un rosario de irregularidades consentidas por la Administración? ¿Por qué no explican la descarada parcialidad de Telefónica con Canal + en el cable? No deja de ser sintomático que en el mismo ejemplar en el que Pradera arremetía contra *El Mundo* se publicara un editorial en el que se afirmaba que el comportamiento de Aznar es la principal causa de la crispación existente. Y raro es el día en que *El País* no dedica alguna invectiva o ataque personal a IU y su líder Anguita. Si al término de este periodo alguien debe sentarse en el banquillo imaginario de la responsabilidad moral, es precisamente Javier Pradera, acompañado de sus compinches".

Se puede apreciar en el texto que el editorialista prescinde de razonar o argumentar sus tajantes afirmaciones. Y que para ello está seguro de la complicidad del lector, al que ni siquiera considera necesario explicar, hasta las últimas líneas, contra qué periódico está dirigiendo su crítica. Igualmente, evita reproducir ningún argumento de los que se supone se han dirigido previamente contra *El Mundo* y que forman la base informativa para tan contundente respuesta.

Otro ejemplo del mismo periódico, el 7 de septiembre de 1996:

"La alusión a la supuesta influencia del Rey en la decisión gubernamental de no desclasificar los papeles del CESID, contenida en la carta abierta que Julio Anguita dirigió ayer a José María Aznar, ha suscitado toda una avalancha de reproches. Contra él se han levantado voces procedentes del Gobierno, del PSOE y hasta del PDNI, integrado en la propia IU. Mientras el vicepresidente primero del Gobierno, Francisco Álvarez Cascos, reprobaba a Anguita por haber hecho 'una afirmación temeraria', el diputado del PSOE Luis Yáñez le censuraba por hacer referencias 'imprudentes', que 'rompen las reglas del juego establecidas en la vida política española'. Lo cierto es que el coordinador de IU se ha limitado a poner negro sobre blanco lo que ha sido comidilla fija de todos los cenáculos políticos y argumento habitual de las llamadas de los oyentes a las emisoras de radio desde el 2 de agosto. Al margen de que tenga más o menos razón —o ninguna— en lo que dice, la afirmación de Anguita tiene la virtud de romper con esa 'regla del juego' hipócrita que invoca Yáñez. Si hay críticas, reproches o dudas en relación con tal o cual actuación del Monarca, la normalidad política exige que se traten abiertamente. Los rumores son un cáncer para la vida política. Y para la propia institución monárquica".

Tomamos el siguiente ejemplo de la sección *Las caras de la noticia* del diario *Abc* del 21 de septiembre de 1995:

"Los electores madrileños no han votado al PP para que haga una política prosocialista, sino precisamente para todo lo contrario. Rosa Posada, la pobrecilla, padece complejo de inferioridad ante los socialistas y sigue deslumbrada ante ellos, como lo estuvo en los primeros 80. Así es que, rendida de admiración, ha nombrado a diez socialistas, diez, para que lleven la política sanitaria de la Comunidad de Madrid. Esa actitud acomplejada condujo a UCD en sólo tres años de 168 diputados a 12, engrosando no sólo al socialismo, sino, sobre todo, a un partido a la derecha de UCD que era Alianza Popular. El entusiasmo prosocialista de Rosa Posada (en la imagen), de generalizarse en el equipo de la Comunidad, conduciría a la creación de un partido regional por la derecha del PP madrileño, para hacer frente con firmeza al socialismo desacreditado ante la opinión por su ineficacia, sus escándalos y su corrupción galopante. Los electores madrileños no han votado lo que Rosa Posada les impone".

(El editorialista no considera necesario explicitar los cargos para los que se ha nombrado a los "10 socialistas", ni sus nombres, ni si su condición de socialistas responde sólo a las ideas o también a la militancia. Finalmente, establece una hipótesis aventurada —la creación de un partido más a la derecha— sin posibilidad de ofrecer algo más que breves argumentos).

El editorial largo. El editorial largo puede escribirse de una manera tan contundente como el corto —dependerá del tipo de periódico en el que trabajemos—, pero al menos en este caso cabrá la opción de razonar con mejores y más extensos argumentos.

¿Cómo estructurar un editorial? Si nos corresponde alguna vez escribir un artículo editorial, habremos de pensar muy bien qué estructura nos planteamos. Porque ésta deberá acomodarse a nuestro propósito (interpretativo, demostrativo, sentencioso...).

Una técnica muy socorrida —y efectiva— en los editoriales largos se asemeja a la estructura de las sentencias judiciales. El artículo empezará con una exposición de los hechos que vayamos a juzgar (lo cual ayuda al lector a tener la información necesaria sobre el tema del que se trata). A continuación, interpretaremos cómo encajan esos hechos en lo que nosotros pensamos acerca de la sociedad, la política, el arte... Y, finalmente, obtendremos la sentencia tras relacionar el primer apartado y el segundo. Es decir: resultandos, considerandos y fallo.

Otra estructura posible parte de una aseveración de principio (el fallo) que después deberemos apuntalar con argumentos demostrativos, para rematar y redondear con una nueva sentencia al terminar, coincidente con la inicial.

En cambio, no parece aconsejable un comienzo con los principios generales: podremos elegir para la entrada el *fallo* o los *resultandos,* pero si escogemos la doctrina general (los *considerandos)* habremos creado un circunloquio que puede aburrir pronto al lector entre obviedades que no se sabe bien a qué vienen.

Y una tercera posibilidad viable consiste en reproducir en el editorial la técnica del análisis que hemos estudiado anteriormente. Esta elección suele corresponder a periódicos principalmente informativos —no a los "periódicos de opinión"— que buscan sobre todo explicar lo que ocurre, tanto en sus posturas sobre temas de política nacional como en las relativas al resto del mundo. No obstante, ambos tipos de publicaciones —las informativas y las de opinión— aplican esa técnica a los temas de la información internacional, puesto que parten de la base de que se les hará difícil influir sobre los ciudadanos o dirigentes de otros países, en los que no se difunden sus páginas. Y optan por explicar lo acontecido y exponer levemente sus opiniones al respecto sin adoctrinar sobre lo que se debería hacer. A no ser, claro está, que los hechos ocurridos en otra nación constituyan un acontecimiento de gran contundencia (un golpe de Estado antidemocrático, la instauración de la pena de muerte...), ante el cual no parezca aconsejable un argumento tímido, o puedan parangonarse o relacionarse con la política nacional interna de ese momento.

Stephen Rosenfeld, editorialista de *The Washington Post,* ha explicado: "No existen reglas estrictas en la redacción editorial, nadie me ha dicho nunca cómo debo hacerlo, pero he elaborado mi propia metodología, lo cual es muy característico de este género. Básicamente, uno debe formular el problema y luego proponer una respuesta, lo que no siempre resulta sencillo. Rara vez las noticias, que son el punto de partida, se dan de tal forma que le señalan a uno cuáles son los temas sobresalientes. Por el contrario, suelen ser incompletas, azarosas, pomposas y sólo muestran un destello de aquello que a uno le importa destacar. No me refiero a esos editoriales directos, donde uno dice sí o no, bueno o malo; no escribimos muchos de esa clase, ya que nos resulta menos interesante decir la última palabra sobre un tema que reflexionar sobre él".

A veces, las dos maneras básicas de abordar un editorial —argumentando lo que se dice o estableciendo a lo largo del texto sentencias indubitadas— se pueden dar en un mismo periódico y en un mismo día. Así ocurrió, por ejemplo, en el diario *El País* del 6 de septiembre de 1996, con los editoriales titulados *Caso abierto* y *Desembarco digital.* El primero contenía un análisis erudito de un problema jurídico y el segundo un furibundo ataque por los planes del Gobierno sobre la televisión digital.

El estilo del editorial. Hemos asemejado el estilo del editorial con la sentencia de un juez, y podemos parangonarlo también con la clase de un profesor que explica la historia. Así que, por fuerza, el lenguaje que empleemos en él habrá de ser "digno, incluso mayestático", como escribe la profesora Santamaría. Quien añade: "Al ser la conciencia del periódico acerca de un problema particular, si el periódico quiere mantener su prestigio y autoridad moral ante el público debe presentar el editorial con esas notas exteriores y formales de dignidad y seriedad lingüística. En algunos momentos, algunos periódicos no lo hacen, sobre todo cuando quieren captarse a un público juvenil, informal".

(Mal asunto ése, añadimos nosotros. Utilizar para los jóvenes un lenguaje "rebajado" es una impostura que raramente engaña a nadie, y ofrece una imagen que los propios jóvenes detestan. Es como cuando un adulto le habla a un niño comiéndose letras, imitando el lenguaje del propio niño, creyendo que así el pobre infante le entenderá mejor; y ocurre lo contrario, porque el niño está acostumbrado a oír esas palabras con todas las letras y no identifica aquellas que pronunciamos ahora dirigidas a él; porque el niño cree que él las pronuncia igual que nosotros).

"Desde otro punto de vista estilístico", continúa Santamaría, "en el desarrollo de estos textos debe quedar eliminada la utilización del yo personal del escrito. El que razona y opina en el editorial no es un periodista determinado, sino el periódico en bloque como institución social de innegable personalidad política. Esta circunstancia explica el tono mayestático que suelen tener los editoriales y que en ocasiones es necesario acentuar. Sin embargo, no puede abusarse de este tono circunspecto porque podría convertir el tono solemne y serio en algo simplemente engolado y ridículo".

Y sobre el lenguaje del editorial, Rosenfeld dice: "Desde el punto de vista estrictamente técnico, los editoriales sólo configuran una determinada manera de escribir. En ese sentido, deben aplicarse las reglas comunes de la buena redacción. Deben existir una introducción, un cuerpo y un final; el lenguaje debe ser claro, fresco y vigoroso. No debe olvidarse que un lenguaje correcto no puede corregir una mala estructura, aunque ayuda bastante. (...). El tono no puede caer en el sermoneo". *(La página editorial. The Washington Post.* Ediciones Gernika).

El párrafo final. Como hemos visto en el reportaje y el análisis, el último párrafo constituye, también aquí, una pieza fundamental. Lo normal es que en él figure la conclusión de cuanto se ha explicado en el editorial. O también la pregunta que se plantea al lector para que él reflexione sobre su propia opinión. A veces, el párrafo final abrirá la puerta para dos hipótesis. Eso ocurrirá más frecuentemente en los editoriales de estilo interpretativo y de análisis. Pero habrá de tener cuidado el editorialista para que tal posibilidad no suma al lector en la confusión.

La cautela. Los hechos importantes nos incitarán a menudo a insertar un editorial que los evalúe. Pero los buenos editorialistas saben que la opinión a botepronto se ha de expresar siempre con cautela. No es raro que al día siguiente nuevas informaciones dejen inservible —incluso ridículo— lo que hemos dicho. Por ello, muchos periódicos de calidad aguardan un tiempo antes de pronunciarse sobre materias que se hallan todavía en evolución rápida. Pierden la inmediatez y renuncian a saciar la avidez de sus lectores, pero ganan en sensatez, prudencia y sabiduría.

La crítica

La crítica es aquel artículo de opinión que analiza, disecciona, desmenuza y elogia o censura —parcial o totalmente— una obra artística o cultural. Se trata de un texto opinativo, claramente opinativo, pero que ha de incluir asimismo información. Información es, en primer lugar y en sentido amplio, que un periódico cuente al lector lo que piensa un erudito sobre determinada obra humana. Si acudimos a una exposición impresionista, luego nos gustará saber cómo se ven esos cuadros con la mirada de un experto. Y además nos complacerá hallar en esa crítica la información y los datos necesarios para enmarcar y explicar la obra, al margen del juicio que al crítico le merezca.

Por lo general, los periódicos publican críticas sobre obras pictóricas, escultóricas, arquitectónicas, literarias, cinematográficas, teatrales, musicales, coreográficas, gastronómicas... y, últimamente, sobre programas de televisión y radio.

En el nombre de quién. "El crítico", escribe la profesora Luisa Santamaría, "ha de hablar en nombre de la moral, de la justicia, del bien común, de la estética". (...) "El crítico no ha de ser el criticastro, del que dice el Diccionario de la Academia que es 'el que sin apoyo ni fundamento ni doctrina, censura y satiriza las obras de ingenio". Por tanto, el crítico —como el cronista, como el analista, como el editorialista— deberá basarse, en lo posible, en datos y argumentos sólidos. "El crítico debe fundamentar y probar lo que afirma. No creerse un oráculo. No sentará dogmas, pero tampoco alarde de mente académica, sino espíritu abierto a todos los vientos ideales, aunque sus convicciones personales sean firmísimas".

El enciclopedismo. Y atención: los críticos pueden caer con frecuencia en el vicio del enciclopedismo. Para asombrar a los ingenuos lectores, atiborrarán su texto de referencias históricas, datos que no vienen al caso, citas de autoridad y erudición fuera de sitio. Y si encima carecen de la sensibilidad necesaria cuando se habla de obras artísticas, el fracaso estará servido. Circunstancias ambas que coinciden a menudo, puesto que los críticos sin sentido artístico suelen encubrir tal carencia mediante el apabullamiento y la sabihondez.

Como ocurre con la crónica taurina o deportiva, el crítico de un periódico en cualquier materia constituye igualmente un punto de referencia importantísimo para los lectores. Pero en este caso su poder se agranda: influye realmente en que miles de personas decidan ver una película, escuchar un concierto o comprar un libro.

Razonar. La crítica, en lo que se refiere a estilo y formalismos, se asemeja mucho al género análisis, pero también al género artículo de opinión. En ella sí caben los juicios de valor, y la frase aparte dedicada a expresarlo. No obstante, un crítico respetuoso con sus lectores —y con la obra criticada y con su autor— debe razonar sus opiniones.

En definitiva, el crítico debe tener claro que escribe para el público, no para otros críticos ni para el mundillo donde él se desenvuelve.

Informar. Los críticos de espectáculos olvidan un día sí y otro también que, además del contenido de la obra artística, interesa al lector conocer las reacciones del público. Incluso aunque sean diametralmente opuestas a sus opiniones. Así, un crítico de danza que censure una coreografía no debe dejar de precisar que el público que llenaba la sala aplaudió a rabiar. Ni un erudito musical narrará que el sonido fue perfecto según lo escuchó él en su asiento, cuando se produjeron protestas desde las localidades más lejanas.

Y distanciarse. Por otro lado, el crítico debe ser una persona distante del mundo sobre el que opina. No conviene que el crítico de música pop forme parte de un grupo de ese estilo —ni de cualquier otro—; ni que un crítico de libros tenga un contrato con una editorial, ni que un crítico de danza asesore a una compañía. Todo ello puede condicionarles sus opiniones, ya sea por los compromisos adquiridos o por el exceso de celo de que no se piense que tienen adquirido algún compromiso. Y tal vez eso les haga mostrarse más duros de lo que serían normalmente con el autor, la empresa o la compañía a la que están vinculados.

El hecho es que a menudo los críticos especializados no pertenecen a la plantilla del periódico —a la empresa no le merece la pena pagar un sueldo a quien escribe solamente de jazz, y una sola vez a la semana—, y por ello suelen ganarse la vida en los ambientes que les son afines, ejerciendo el trabajo que conocen. He ahí un peligro para el periódico y para los textos que ellos escriban.

El artículo

Llegamos al género de la mayor libertad posible: el artículo de opinión, del que forman parte la columna, la tribuna libre y el comentario.

La columna breve suele abordar cuestiones triviales, o al menos cuestiones tratadas con trivialidad.

La tribuna libre guarda mayor parecido con el editorial. Se trata de un espacio que el periódico cede a opiniones ajenas al diario y sus colaboradores habituales (artículos de fondo de economistas, políticos, escritores...).

Y el comentario anda a medio camino entre el análisis y el editorial, y suele estar referido a cuestiones de política nacional o internacional. A menudo lo encontraremos en las páginas correspondientes a esas secciones, y no en las específicas de opinión.

Últimamente se ha ido abriendo paso en los periódicos el artículo que no ofrece directamente opiniones o visiones personales de la realidad, sino que narra hechos a modo de parábola. En la mayoría de los casos, es una ficción, pero también se recurre a veces a recrear sucesos verdaderos. En este relato madrileño que reproducimos como un impresionante ejemplo, el autor no introduce opiniones: todo él constituye una opinión, pero expresada mediante la ausencia de ella.

> "Hay tan sólo 174 metros entre la mesa camilla de Emilia Fernández-Bustamante y la salida del túnel de Lagasca a El Retiro, pero ella sabe, por los bocinazos que le alcanzan en el tercer piso, que será tan arduo llegar allí como remontar la Gran Vía. Hace años, cuando vivía Eugenio, bajaban los dos hasta el Lión para merendar, sin ni siquiera reparar en el esfuerzo, o se llegaban hasta la Gran Peña: hoy sería imposible. 174 metros, 250 pasos, más los que haya hasta un banco tranquilo y soleado. Aunque esos también cuentan, cuentan menos.
>
> Ha sido además una noche muy larga —ha visto cumplirse todas y cada una de las horas en el reloj de la mesilla— y precisamente porque lo ha sido necesita llegar. Necesita una dosis de sol como otros la necesitan de Gerovital o televisión. Emilia también, pero sobre todo, tras una noche de frío y de insomnio como a la que ha conseguido sobrevivir, sabe que sólo el sol le permitirá afrontar otra, inevitablemente igual: más frío, recuerdos que se van entristeciendo a medida que aumenta el dolor en los huesos, soledad y miedo hasta el punto —¡tan tarde en invierno!— en que el sueño o el alba se apiaden. O...
>
> Lo del gusto por el alba no es nuevo en Emilia, le viene de siempre. El alba, lo tiene comprobado en 82 años de experiencia, borra la noche y con ella el miedo, y carga el cuerpo para el día. Lo que pasa es que se toma su tiempo para llegar, el alba, al tercer piso. Es un fenómeno curioso, que ya viene durando unos treinta años: todos los días ama-

nece un poco menos, como si estuviesen apagando el sol poco a poco, o como si su tercer piso se fuese hundiendo milímetro a milímetro en la tierra y al sol le costase.

Emilia deja sus restos de desayuno en la mesa camilla, deja la cama sin hacer y prescinde de pasarse un cepillo por el pelo y otro por el abrigo. Detesta dejar de hacerlo, pero toda la energía le es necesaria. Apaga la televisión, que permanece encendida desde anoche, como todas las noches —desde hace unos cuantos años, Emilia nota el silencio en su casa— y llega al vestíbulo, donde respira hondo tres veces. Mira el entorno conocido, tentador, mira los retratos de la pared como pidiendo consejo, le llegan más bocinazos de la calle, respira otra vez y abre la puerta. Se santigua. Emprende el viaje.

Baja los treinta y dos escalones de uno en uno, reuniendo un pie con el otro, pues reserva su límite de aguante a la claustrofobia —otra novedad de los últimos veinte años— para cuando tenga que subir en el ascensor. Tarda once minutos. Aunque ha descansado en el primer piso le tiemblan las piernas. No se detiene porque no quiere que Ulpiano la mire con esa intolerable mezcla de piedad e ironía, como preguntándose si hoy conseguirá regresar. O Francisca, Francisca que se permite regañarla como si fuese una niña. Cuando vivía Eugenio no se habrían atrevido, piensa. Ni aunque no hubiera vivido: *Antes* no se habrían atrevido.

Pero ni Ulpiano ni Francisca —se niega a llamarla Paca— se encuentran en el portal, ni tampoco en su guarida semi en penumbra, donde suena la radio. Han salido a disfrutar del atasco, que les distrae: alguien ha dejado una camioneta en doble fila en el cruce de Villanueva con Lagasca e impide el paso de un camión de cemento, que pita con angustia de ambulancia. Otros también.

Emilia comprende, pero lo que sobre todo comprende es lo que significan los brillos sobre los coches, los pitidos, el aire: Hace sol. Por primera vez en cinco días hace un sol de febrero y le entra urgencia por llegar. No se detiene. Tuerce a la izquierda, y aunque el sol se regodea en la otra acera, Emilia no cruza, y en cambio mira a lo lejos, como un marino, para prever los obstáculos. Casi no hay obstáculos hasta la esquina de Conde de Aranda. Allí, veinte metros antes del pantano de jóvenes intercambiables que hacen recreo frente a la Academia de COU, allí hay tres coches con los guardabarros pegados; de esos que se juntan dándose pequeños empujoncitos. Emilia mira la acera donde el sol se recrea. Remonta Conde de Aranda en busca de un paso —no quiere regresar hacia Ulpiano y ver su sonrisa de conejo— pero los coches pegados se van convirtiendo en cuatro, siete... en el décimo se le acaban las fuerzas. Se para. Mira hacia el cielo". *(El País,* 13 de febrero de 1993. Pedro Sorela).

La personalidad. Para escribir un artículo, los consejos prácticos se reducen respecto a los otros géneros periodísticos. Prima aquí la personalidad de cada autor, su estilo propio, su entendimiento y dominio del lenguaje.

Sostiene Ernesto Sábato:

"El estilo es el hombre, el individuo, el único: su manera de ver y sentir el universo, su manera de 'pensar' la realidad, o sea, esa manera de mezclar sus pensamientos con sus emociones y sentimientos, con su tipo de sensibilidad, con sus prejuicios y manías, con sus tics".

Y George F. Will, columnista en *The Washington Post:*

"Considerando tanto la forma como el contenido, creo que un columnista goza de mucha libertad y está obligado a utilizarla. Ése es su trabajo. Su pensamiento —que inevitablemente significa, hasta cierto punto, su personalidad— debe expresarse en lo que haga. Esto quiere decir que un columnista no puede funcionar si no confía en sus propios juicios. No puede estar constantemente cavilando qué querrán leer sus lectores la semana siguiente. Si la columna tiene éxito, querrán leerlo a él. Y esto porque, en cierto sentido, hasta el columnista más bajo es como un artista. Lo que hizo de Van Gogh un genio fue su particular forma de ver los girasoles. Lo que distingue a un valioso columnista es su particular forma de ver el paisaje social. Es habilidoso ver aquello que todos ven, pero no en la misma forma en que todos lo ven".

"En este sentido", prosigue George F. Will, "el estilo y el contenido de una columna están relacionados. La voluminosa e intensa correspondencia que recibo de los lectores me ha persuadido de que ellos (los míos, de cualquier manera) son exigentes a la vez que permisivos. Quieren que mi columna sea imparcial y graciosa. No piden que trate algún tema en especial. Creo que lo que les brinda más placer como lectores es lo que me da más placer como escritor: un trabajo ejecutado con precisión y con un toque de estilo personal. Escribo artículos para que mis lectores los encuentren graciosos; y en considerar qué encuentro yo gracioso, soy la mayor autoridad mundial".

El ensayo

Otra modalidad de artículo viene dada por el género mediante el cual se investiga en las ideas y se razona sobre determinados aspectos de la filosofía o las ciencias sociales. Se trata de artículos de fondo en el estricto significado de la expresión. Los periódicos publican a veces pequeños ensayos de prestigiosos autores que versan sobre el amor, la amistad, el humanismo, la religión, las relaciones internacionales, la poesía... Normalmente se acude en ellos a citas de autoridad y a entronques con la historia del conocimiento. No deben estar conectados necesariamente con la actualidad.

La edición

En la jerga periodística hemos asumido la palabra "edición" —por influencia del idioma inglés—, no como sinónimo de las decisiones empresariales y profesionales que conducen a la publicación de un libro o de un periódico, sino con el significado relativo a la preparación de textos, mediante un control de calidad, para su inclusión en un medio informativo. En este sentido, la Academia (Diccionario de 1992) define tal actividad periodística así: Edición: "Texto de una obra preparado con criterios filológicos". Y en la entrada "editor", señala entre sus acepciones: "Persona que cuida de la preparación de un texto ajeno siguiendo criterios filológicos".

En efecto, una parte destacada en el trabajo de un editor en el periódico viene dada por su atención a las cuestiones gramaticales, lexicográficas y sintácticas de los textos ajenos. Pero la Academia olvidó otra misión principal: el cuidado de que se cumplan unas normas profesionales y éticas. Por eso considero que la expresión "control de calidad" para definir la edición puede arrojar más luz sobre este cometido. Se trata de vigilar que el producto se elabore con mimo y buenos resultados. Con calidad.

El editor es el primer lector de un texto. Las dudas que él plantee y resuelva se las ahorrará al comprador del periódico. Nunca deberá olvidar ese papel, porque —si se trata de un buen profesional— normalmente él habrá acumulado más información y antecedentes que un despreocupado lector anónimo; y, por tanto, se hará menos preguntas que quien no tiene por qué conocer los intríngulis de un asunto. Pero ahí deberá salir a flote su profesionalidad y su intuición, para ponerse en los zapatos de cualquiera de los miles de ciudadanos que acudirán al día siguiente al quiosco.

De quién es el error. El trabajo ideal de un editor consistiría en no tocar jamás un texto. Darlos por buenos en su integridad significaría que el redactor, corresponsal, enviado especial, cronista o reportero ha logrado la perfección. Lo que rara vez ocurre. Y cuando los textos de un informador pasen por la sección de editores sin apenas enmienda, ese periodista tendrá objetivamente el camino abierto para una buena promoción profesional. La preocupación por la buena técnica periodística suele ir unida a la buena dotación del armario mental.

(Los modernos sistemas editoriales mediante ordenador permiten a los responsables del periódico analizar las distintas versiones que ha tenido un artículo desde que se escribió hasta que se dio el visto bueno para su publicación. Pueden así valorar el trabajo del redactor y del editor que lo supervisó).

Por tanto, cuanto refiramos a continuación a los editores debe valer también para los redactores o informadores. Viene al caso uno de los preceptos del *Libro de estilo* del diario *El País,* que establece: "Todo redactor tiene la obligación de releer y corregir sus propios originales cuando los escribe en la Redacción o los transmite por télex, con videoterminal o con un instrumento similar. La primera responsabilidad de las erratas y equivocaciones es de quien las introduce en el texto; y sólo en segundo lugar, del editor encargado de revisarlo".

De las normas gramaticales, y lingüísticas en general, que ha de aplicar un editor nos ocuparemos a lo largo de otros capítulos. Hablaremos en éste de los criterios profesionales que debe tomar en consideración.

La firma. No todas las noticias que se publican en un periódico o revista deben ir firmadas. Que las encabece o remate el nombre de un periodista dependerá normalmente del grado de participación personal que haya tenido en su elaboración. Por ejemplo, no se deben firmar las simples reproducciones de comunicados, conferencias de prensa, estadísticas oficiales, convocatorias de actos o refundiciones de teletipos (en este caso, por supuesto, se habrá de citar a la agencia o agencias que los hayan facilitado). Pero sí se pueden firmar las noticias de cierta exclusividad o elaboración propia. De cualquier forma, todo ello dependerá del libro de estilo de cada periódico y, sobre todo, del prestigio que cada profesional quiera dar a su propio nombre. No lo valorará mucho quien firme todas las informaciones de trámite o de escasa entidad que se encargue de redactar. Y al final obtendrá mayor renombre quien suscriba sólo informaciones de probada exclusividad.

Ahora bien, esta posibilidad de firmar o no hacerlo se reduce sólo al campo de las noticias. En cambio, la firma resultará prácticamente obligatoria en el caso de los reportajes, las crónicas, los análisis y los artículos de opinión (salvo los editoriales). Esta obligatoriedad se relativiza en los reportajes (a veces corresponden a varios autores que aportan información; y un editor los redacta; pero incluso en esos casos se pueden firmar a pie de página).

¿Por qué *hay que* firmar a veces? Porque en los citados casos se trata de visiones personales de los acontecimientos o de la sociedad, y el lector tiene derecho a conocer quién se las traslada, por sentir mayor o menor afinidad con esos periodistas habituales del periódico (ya hemos dicho que la crónica o el análisis, por ejemplo, casan con cierta continuidad del autor en el tema que aborda). Igualmente, la firma —que constituye el aval de todo texto periodístico— evita las incoherencias de los propios autores, que ven más difícil así mostrar un criterio un día y a la semana siguiente el contrario, lo que acrecienta su responsabilidad. Sin firmas, los abusos resultarían más fáciles.

En determinadas ocasiones, la firma sirve para resaltar la independencia del periódico o la cercanía respecto a los acontecimientos que se transmiten. Por ejemplo, el hecho de que nuestro enviado especial haya conseguido entrar en una ciudad sitiada por la guerra constituirá por sí mismo un dato informativo que resaltamos con la firma datada en ese lugar. Y un elemento de independencia, porque nuestro periódico no estará a lo que cuenten las agencias de noticias u otras fuentes, sino que habrá obtenido la información por sus propios medios.

El *Libro de estilo* de *El País* dedica un capítulo entero a regular el uso de la firma.

La firma del editor. Los libros de estilo no suelen prever la posibilidad de que un editor reelabore por completo uno o varios textos informativos aportados por otros periodistas y que, por tanto, firme en calidad de responsable final de su redacción concreta (sin que se olvide de citar, al pie de la página, los nombres de sus compañeros). La prensa moderna tiende a dar mayor importancia al papel del editor (el controlador de la calidad), y a pesar de ello ese interesante trabajo suele quedar en el anonimato. La revista *El Globo,* publicada en los años ochenta por Prisa, la editora de *El País,* sí dio ese protagonismo al editor. Él era quien rubricaba los reportajes. Y tras su firma, se especificaba en letra de menor tamaño: "con informaciones de...", expresión tras la cual figuraban uno o varios nombres de quienes hubieran obtenido los datos. Lamentablemente, aquella revista fracasó, tuvo una corta vida y no pudo servir de escaparate duradero e influyente para ese criterio. Cierto que *El País* ha empleado esporádicamente ese sistema de rúbrica, pero ni lo ha convertido en frecuente ni lo ha introducido en su código profesional.

La firma del editorial. Los editoriales, por el contrario, no suelen firmarse. Se entiende que lo allí expresado corresponde al pensamiento de la empresa periodística, del equipo editorial, del director... En muchos casos, no obstante —sobre todo en la prensa norteamericana—, es el propio editor (propietario) quien los suscribe, o el director. En España, esta práctica fue empleada durante muchos años por Juan Tomás de Salas en la revista *Cambio 16.* De Salas era su propietario, además de periodista.

J. Gutiérrez Palacio, en su obra *Periodismo de opinión,* escribe:

"Sin duda el comentario firmado es más libre y la autoridad que tiene es la que le dé la firma; sin duda también depende el efecto del grado de identificación y representatividad social que exista a los ojos del lector entre el director y su diario. En todo caso, el tono y el lenguaje no suelen ser los mismos en el editorial del periódico que en el editorial o comentario editorial firmado por el director".

Y en otro capítulo:

"Se ha discutido y se sigue discutiendo si el editorial ganaría rango e interés subrayándolo con la firma del editorialista. A favor de su carácter personal se argumenta con que de ese modo el editorialista, por la cuenta que le tiene a su prestigio, se esmeraría más en su juicio y, por otra parte, el editorial firmado no daría tanto lugar a que los intereses de la comunidad fueran suplantados por los empresariales que el periódico representa, además de que el editorialista, al despersonalizarse para escribir su comentario anónimo, pierde categoría humana y se rebaja a papel de máquina accionada desde la sombra.

Hay su aspecto de verdad en esta tesis, que, indudablemente, señala las dos graves fallas del editorialismo: la desganada rutina con que, a veces, el periodista se irresponsabiliza de lo que escribe, cargándoselo al periódico, y el servilismo abusivo que el periódico —empresa al fin y al cabo— puede exigir de sus comentaristas, negándoles iniciativas y reduciéndoles a meros altavoces de lo que al periódico le conviene".

Por el contrario:

"El anonimato editorial hace que la función orientadora del periódico no cambie de un día para otro, sino que se continúe (...) y esa continuidad es la que el lector busca y aprecia. (...). La sección editorial existe para dar a los lectores criterio y dirección".

En cualquier caso, la firma del editorial no supondrá ningún problema para el editor (el controlador de la calidad), pues la decisión al respecto habrán de tomarla los dueños del periódico o su director; y se toma de una vez por todas. Sí, en cambio, podrá actuar sobre la firma del resto de los textos, eliminándola o añadiéndola según los criterios y el libro de estilo de cada publicación.

Unidad en sí mismo. El primer objetivo de un editor —y, por supuesto, del redactor que escribe— consiste en que el texto se explique en sí mismo. Es decir, que el lector no se quede con preguntas sin contestar cuando termine su lectura completa, ni siquiera cuando termine cada párrafo. Para ello, el texto deberá contener al menos los datos esenciales que expliquen los antecedentes de los hechos que se narran o sobre los que se opina. No se puede pretender que el receptor de los mensajes tenga un archivo en su casa —o en el autobús, o en la calle, o dondequiera que lea el periódico— al que acuda para resolver las dudas que le plantee el artículo del que se trate. Ni tampoco que el receptor haya comprado el periódico cada uno de los días del año, ni que, en el caso de que así fuera, haya leído por entero todas y cada una de las secciones que lo integran.

¿Forma parte esto de la tarea del editor? Sí, pero también del informador. Sin embargo, ocurre que éste muchas veces ha de transmitir su crónica o su noticia en condiciones difíciles, en un lugar donde no dispone de ayudas, en ocasiones incluso en medio de un conflicto bélico o de un acontecimiento inesperado, desde un lugar lejano, desde un escenario deportivo o desde los pasillos de un edificio donde nadie —y mucho menos sus compañeros competidores de otros medios— debe oír lo que cuenta al teléfono. Por eso siempre hay que tener una cierta indulgencia para con el informador, y por eso existen los editores, que deben terminar bien el trabajo.

Veamos un ejemplo en que se deja al lector con dudas:

> "El anuncio del acuerdo entre Juan Tomás de Salas y Domínguez se hizo público el día en que *Diario 16* no estuvo en los quioscos de Madrid debido a una huelga de sus trabajadores de talleres". *(El País,* 24 de agosto de 1996. S. Carcar).

Pues bien: ¿Y en qué fecha ocurrió eso? No se explica en ningún momento, salvo que el lector recuerde con exactitud "el día en que *Diario 16* no estuvo en los quioscos".

Amor al dato. Es posible que un cronista futbolístico transmita desde el estadio sus comentarios sobre el partido de esa jornada, y que deba contar el éxito de un jugador que ha marcado cuatro goles. En la sala de prensa donde elabore su crónica no dispondrá más que de su ordenador portátil y un teléfono. No podrá averiguar, pues, cuándo fue la última vez que un futbolista de Primera División ha marcado cuatro goles en un solo encuentro, ni qué número de tantos había conseguido hasta ahora el afortunado jugador en cuestión. Ahí empieza el trabajo del editor, que pedirá en su servicio de documentación todo lo referente al goleador y hallará seguramente detalles que le vengan a la crónica como anillo al dedo. Un buen editor sabrá intercalarlos para que no chirríen, y un buen cronista sabrá agradecérselo después, ya en la Redacción, con un insulso pero caliente café de la máquina del pasillo.

Así, por ejemplo, el corresponsal de *El País* en México, Fernando Orgambides, puede escribir el martes 2 de julio de 1996, en el comienzo de su crónica:

> "El populista Leonel Fernández, un joven profesor universitario que vivió de niño en Estados Unidos...".

Y el editor le habrá de corregir:

> "El populista Leonel Fernández, de 42 años, profesor universitario que vivió en Estados Unidos hasta los 11 años...".

En efecto, donde estemos tentados de escribir "un hombre joven", escribiremos "un hombre de 30 años", por ejemplo; donde tuviéramos previsto hablar de "un hombre alto" deberemos decir "un hombre de 1,90 de estatura"; donde nos dispusiéramos a expresar "dueño de una gran extensión de terreno" deberemos precisar "dueño de 600 hectáreas"... Y así sucesivamente. Conceptos como joven, grande, alto, bajo, estrecho... forman parte generalmente de lo subjetivo, y no obtienen la misma consideración para el hablante que para el oyente. Así, una persona de 42 años será joven o mayor según la edad de quien lo analice. (No obstante, hay que evitar algunas consideraciones impropias. El 4 de septiembre de 1996 escribe desde Roma Peru Egurbide en *El País:* "Caio, un joven de 39 años...."). Igualmente, un buen periodista —y un buen editor— huirá siempre, por ejemplo, de expresiones como "varios", "algunos", "un grupo"... que deben ser sustituidas por datos concretos o, al menos, aproximados.

Lo imprescindible. De entre todos los datos que puede reunir una información —interminable casuística—, algunos se presentan a menudo imprescindibles:

— El número de habitantes de una localidad poco conocida donde se haya producido una noticia. Sabremos así a cuántas personas ha podido afectar la contaminación de un río, el cierre de la única farmacia del pueblo o la dimisión del alcalde. Y eso nos servirá para la correcta evaluación del hecho: no es lo mismo un cierre de comercios en una localidad de 500 habitantes que en una de 50.000. Ni un asesinato en una pequeña población conmocionada por el suceso que en una gran ciudad cuyos vecinos apenas se conocen.

— El número de personas que componen un grupo. A veces leemos que tal o cual asociación reclama cual o tal derecho, y el periódico no se molesta en explicarnos si realmente representa al sector del que se trata o sólo constituye un grupúsculo sin influencia pero dotado de un fax que funciona con rapidez. A menudo "un grupo de vecinos" corta el tráfico para demandar mayor seguridad ciudadana, por ejemplo, y nos quedamos sin saber si se trata de un grupo de 50 o de un grupo de 500. A veces unas jornadas científicas llegan a conclusiones sorprendentes, que reflejaremos con profusión, pero se nos olvidará precisar cuántos expertos participaron, cuántos estuvieron de acuerdo con el texto final y a qué países representaban.

(El 26 de agosto de 1996, el diario *Abc* abre en primera página con este titular: "Magistrados del Supremo se inclinan por citar a González como testigo, aunque con la advertencia de su posible inculpación". La noticia no aclara en ningún momento cuántos magistrados piensan así, ni siquiera cuántos magistrados componen la Sala Segunda, encargada de examinar el caso de Felipe González y sus supuestas relaciones con los Grupos Antiterroristas de Liberación. Por tanto, no se ofrece ningún indicio sobre si la postura corresponde a una minoría o a casi todos los magistrados).

(El 2 de septiembre de 1996, por ejemplo, la agencia Europa Press distribuye un teletipo datado en Madrid y con este titular: "Los comerciantes del barrio madrileño de San Blas iniciarán movilizaciones por la construcción del nuevo centro de Continente". La entradilla atribuye la información a "Lorenzo Paredes, presidente de la Asociación de Comerciantes de San Blas". Pero en ninguno de los siete párrafos de la noticia se indica cuántos comerciantes tienen abierto su negocio en el barrio madrileño de San Blas ni cuántos de ellos pertenecen a la citada asociación. Por tanto, nos quedamos sin saber si las movilizaciones anunciadas tienen visos o no de alcanzar gran repercusión. No habría resultado difícil preguntar al propio presidente de la asociación con cuántos afiliados cuenta, para incluir el dato en la noticia. Eso sí, atribuyéndoselo a él; porque por nuestros propios medios resultaría complicado verificarlo. Y si el presidente de la entidad ciudadana ofreciera datos falsos, se sometería sin duda, tras ser publicada la noticia, al juicio de los otros comerciantes o al de asociaciones distintas a la suya).

(El 12 de noviembre de 2000, el diario puertorriqueño *El Nuevo Día* publica esta entradilla: "Un grupo de guayanillenses se arremolinó ayer frente a la Casa Alcaldía de este municipio para vigilar la entrada y salida de empleados que alegadamente fueron vistos sacando documentos del lugar". El texto, firmado por Sandra Caquías Cruz, no indica en ningún momento si ese grupo estaba formado por 10 o por 700 personas).

—Al informar sobre cualquier acontecimiento político en un país, en una región o en un Ayuntamiento, constituirá un dato de gran utilidad la filiación política de sus dirigentes, sus consejeros o sus concejales. No es lo mismo una actitud vecinal de protesta contra el Gobierno central si los ciudadanos viven en un municipio que vota mayoritariamente al PP que si se hallan en una zona de mayoría socialista. El lector debe disponer de información suficiente sobre el marco donde suceden las noticias.

(El 6 de septiembre de 1996, *El País* informaba, en la entradilla de su principal información de Economía, de que "dos jueces de Liechtenstein" habían ordenado bloquear los 2.000 millones del *caso Carburos* controlados por Mario Conde y Jacques Hachuel. Ernesto Ekaizer, el firmante de la noticia —una exclusiva, por cierto—, no explica en ningún momento qué cosa es Liechtenstein, ni dónde se halla, ni qué sistema de gobierno tiene, y por eso en las primeras ediciones del diario —Europa y Canarias— no figura dato alguno sobre tal país. Ni siquiera se dice que es un país, en un defecto muy extendido entre los periodistas: creer que todos los lectores tienen el mismo acervo cultural y de actualidad que ellos mismos. Los compañeros de Ekaizer, sin embargo, percibieron ese problema de edición al leer las pruebas de página y lo corrigieron para las tiradas sucesivas y por eso el texto apareció escrito de esta forma en las rotativas de Galicia, Cataluña, Comunidad Valenciana y Madrid: "Dos jueces del Tribunal del principado centroeuropeo de Liechtenstein han ordenado...").

— El protagonista de una información ha de ser descrito con la mayor precisión posible. La edad supone un dato de primer orden. De la edad el lector podrá deducir qué acontecimientos internacionales o nacionales ha vivido, a qué generación pertenece, qué mentalidad o formación puede tener.

(Un ejemplo: el diario *El Mundo* publica tres entrevistas el domingo día 4 de agosto de 1996 y en ninguna de ellas se dice la edad del entrevistado. Se trataba de los políticos Xosé Manuel Beiras y José Bono y del futbolista Fernando Redondo. Es éste un error muy frecuente en el citado diario, a veces con fallos clamorosos. El 24 de febrero de 1996 era puesta en libertad provisional una mujer acusada de haber participado en el secuestro y muerte de la estudiante Anabel Segura. Eduardo Inda entrevistaba a su hijo. Empezaba así: "Hace ya cinco meses que, forzado por las circunstancias, Antonio Muñoz García se convirtió en el cabeza de familia. Ayer, en su casa de Pantoja, llegado de su trabajo en el matadero de Numancia de la Sagra, rebosaba felicidad por el reencuentro con su madre". Evidentemente, el encarcelamiento de la madre no se vive igual con 18 años que con 35. Un dato fundamental del entrevistado que nadie se ocupó de poner).

— Qué significan determinadas palabras. El lector que va en el autobús, está en la playa, pasea al perro o simplemente no quiere levantarse del sillón mientras hojea el periódico tendrá lejos el diccionario y las enciclopedias. Por eso habremos de explicar las palabras que intuyamos no muy conocidas.

("El cantante y productor de música *rai* Rachid Baba Ahmed, de 40 años, fue asesinado a tiros el miércoles en pleno centro de Orán, al este de Argelia, por un comando integrista. Éste es el segundo cantante de música *rai* asesinado en el país en poco menos de seis meses", cuenta Ferran Sales en *El País* del 17 de febrero de 1995. Pero no se explica en la noticia qué significa *rai,* en qué consiste esa música y si tiene relación con el asesinato).

— Los cargos o significado de las personas que se citen deben quedar claros. Esto atañe más a los textos noticiosos que a los de opinión, pero aun así se habrá de vigilar que las hipotéticas preguntas del lector van a ser respondidas.

(A veces se obvia dar explicaciones sobre personajes muy conocidos: Bush, Clinton, Aznar, Arafat, pero ¿dónde se establece el tope? Algunos periódicos de difusión nacional se ahorran el cargo de Jordi Pujol, presidente de Cataluña, pero no el del presidente de Aragón, dando así un mensaje subliminal sobre la diferente importancia de uno y otro, lo que tal vez no resulte muy del agrado de los aragoneses. El *Libro de estilo* de *El País* establece que todos los personajes citados en el periódico deben ir acompañados en la primera cita de su cargo o profesión, pero este precepto se incumple con frecuencia).

— El número de participantes en una concentración o acontecimiento público se ha convertido en pieza fundamental del relato informativo. Ya se trate de un recital de cantautores o de una manifestación contra el terrorismo. Tradicionalmente, los periodistas calcularon estas cifras a ojo. Y eso se sigue haciendo. Lo más sencillo —cuando el acto público no se celebra en un lugar cuyo aforo se conoce— es acudir al callejero de la ciudad para, utilizando la escala correspondiente, medir el espacio que ocupaban los manifestantes en el momento de terminar la marcha. A continuación, se calculan tres o cuatro manifestantes por metro cuadrado —según la densidad de la concentración humana— y se multiplican por la superficie total. He ahí un buen método para saber cuántas personas han acudido. Y mejor aún resultará si le explicamos al lector cómo lo hemos calculado.

(Durante el franquismo, las concentraciones de apoyo al dictador que se celebraban en la plaza de Oriente reunían a "un millón de españoles". Con la salida de *El País*, los ciudadanos pudieron saber, merced a un curioso reportaje de ese diario, que en tal plaza no caben más de 300.000 personas, incluidas las zonas ajardinadas, los arbustos y los árboles. Congregar a un millón de apoyadores devenía físicamente imposible. En el penúltimo mitin de Felipe González en la campaña electoral de 1996, el Palau Sant Jordi de Barcelona se llenó a rebosar. La organización aseguró que asistían al acto unas 45.000 personas, para equiparar así la cifra con los presentes en un mitin de Aznar en el estadio de Mestalla, en Valencia. Sin embargo, el aforo del polideportivo barcelonés se queda en 17.000. La cifra de los organizadores supuso una falsedad que casi nadie evitó. *El País* sí reflejó esa contradicción entre la realidad y los datos del PSOE).

(El diario *El Mundo* publica el 27 de diciembre de 1996: "Un grupo de encapuchados arrojó en la madrugada del miércoles tres *cócteles molotov* contra el vehículo particular del senador del PNV Joseba Zubia, que se encontraba aparcado en las proximidades de su domicilio". En ningún momento de la información se precisa el número de los encapuchados. Más adelante, la expresión "un grupo" se convierte en "varios").

"Un millón de personas". A veces ni siquiera se da la posibilidad de cotejar el dato de un diario con los del resto de la prensa: el consenso en materias delicadas falsea también la realidad, como ocurrió con la manifestación contra el terrorismo celebrada el 19 de febrero de 1996 en Madrid tras el asesinato del jurista Francisco Tomás y Valiente. Todos los periódicos de Madrid titularon que "un millón de personas" —cifra mágica, por lo que se ve— habían participado en la marcha de protesta. Y no era verdad. El recorrido total de la manifestación constaba de 95.000 metros cuadrados, repartidos de la siguiente manera: 7.500 en Sol, 40.000 en Alcalá, 30.000 en Cibeles, 5.000 en Recoletos y 12.500 en el paseo del Prado y Colón. En la Puerta del Sol se reunieron unas 37.000 personas, dado que se hallaban muy apretadas (cinco por metro cuadrado). En Alcalá, a razón de cuatro por metro cuadrado, pudo haber unos 160.000 manifestantes; en Cibeles, unos 120.000 (tres por metro cuadrado); en Recoletos, unos 15.000; y en el paseo del Prado y Colón, unos 50.000. En total, la suma da unos 382.000 manifestantes. Si se considerase que hubo más personas por metro cuadrado, el máximo cálculo razonable podría llegar a 450.000 personas. Pero, al tratarse de una manifestación contra el terrorismo, nadie —ni siquiera el diario *El País,* que lo tiene obligado por su *Libro de estilo*— quiso publicar ese cálculo, y todos dieron por buena la cifra facilitada por los organizadores. De lo cual discrepo: odiamos el terrorismo, pero también la mentira; amamos la democracia, pero debemos amar más la verdad. En ocasiones —muy escasas— puede justificarse la omisión de una noticia (por ejemplo, informar sobre la detención de un terrorista cuando la difusión del hecho puede facilitar la huida de sus compañeros, a los que se prevé detener a continuación). Pero nunca se puede justificar la publicación de una falsedad.

El más alto, el más grande, el primero... Los periodistas se deslumbran fácilmente cuando un constructor les dice que su nuevo puente es el más largo de Europa. O cuando un ingeniero presume de haber diseñado la torre de comunicaciones más alta de España. Muchas veces el dato es cierto, pero en la mayoría de las ocasiones no ocurre así. Los autores de tales afirmaciones —que los informadores asumen a menudo sin mayor comprobación— suelen hablar de oído y poseídos de sí mismos, además de orgullosos por su obra. Así, puede ocurrir que el periodista se encuentre pronto con una rectificación de alguien más informado que él, por nimia que parezca la materia.

He aquí una carta al director publicada en *El País,* sección local, el 10 de junio de 1996:

"He leído en *El País Madrid* del pasado 23 de mayo *Un casón metido en casa.* 'Para guarecerlos, sus muros protagonizan la primera experiencia en España de rehabilitación con un andamiaje deslizante de metal que ciñe su perímetro por completo'. Pues bien, a título exclusivamente aclaratorio, le informo de que el año 1980 Otep Internacional, SA, proyectó y dirigió la construcción de la reparación de la cubierta del Paraninfo de la Universidad de San Bernardo en Madrid, hoy sede provisional de la Asamblea de Madrid, utilizando un andamiaje deslizante de metal que ceñía por completo la cubierta del Paraninfo, protegiéndola de agua, nieve o viento durante la reparación, y además soportando durante las obras toda la estructura de madera de la bóveda, sobre la que se encontraban frescos de gran valor. Pedro Juan Blanco. Madrid".

¿Cómo evitar estos ridículos? Una buena fórmula consiste en preguntar a quienquiera que clasifique su nueva obra como la más alta, la más grande, la primera, la más rápida, la mejor...: "¿Y cuál era hasta ahora el mejor precedente? ¿Cuál era hasta ahora el puente más largo, la torre más alta...?". En ese momento apreciaremos las dudas de nuestro interlocutor, o del redactor que ha escrito la información que estamos editando. Igual que no puede publicarse la noticia de un récord del mundo en atletismo sin contar quién lo poseía hasta que ha sido batido y por cuánto se ha conseguido el nuevo, en el resto de las actividades de la vida también precisaremos de una referencia que dé idea del logro que presentamos. Porque, efectivamente, no tiene el mismo valor un puente que supere por dos centímetros al más grande del mundo hasta entonces que si lo rebasa por un kilómetro de diferencia.

Didactismo. Cuando se aborden cuestiones técnicas, un editor nunca debe consentir que su lector se aparte del texto porque no ha entendido algo. Habrá de mostrarse didáctico desde las primeras líneas, de modo que el receptor del mensaje se quede tranquilo en la página. He aquí un ejemplo magnífico, en la sección de Sociedad del diario *El País:*

"Una locomotora que se dirige hacia un obstáculo tardará más o menos en estrellarse dependiendo de la velocidad a que se mueva. Si se consiguiera que fuera muy despacio, la catástrofe tardaría mucho en llegar. Esta imagen sirve a los virólogos para explicar por qué el 92% de los infectados con el virus del sida que mantienen bajo nivel del virus en sangre no desarrolla el sida en cinco años. Y además, cualquier método de mantener baja la carga viral (la velocidad de la locomotora) puede convertir el sida en una condición crónica que no dé nunca lugar a la enfermedad". *(El País,* 24 de mayo de 1996. Malén Ruiz de Elvira).

El ejemplo anterior muestra un claro incumplimiento de la pirámide invertida, de las tradicionales preguntas de las W, de la entradilla clásica en periodismo. La informadora prefiere dejar sentado primero un ejemplo que ayuda a entender lo que se explicará a continuación. Y lo hace con éxito.

Veamos otro caso, publicado en *El País* y obra de un editor:

"Un antiguo trabalenguas jurídico señalaba que la causa de la causa es causa del mal causado. En el sumario de la colza, el mal causado se conoce: 650 personas muertas (386 censadas oficialmente) y unas 25.000 intoxicadas en diverso grado. Igualmente, la causa del mal parece clara: el consumo de aceite de colza desnaturalizado. Pero la causa de la causa permanece oculta: nadie ha descubierto qué agentes químicos concretos son los que produjeron el síndrome tóxico. Y desconocido el causante, se desconoce el culpable. La defensa de los principales procesados partirá de esta sutileza legal para intentar que el sumario más voluminoso de la historia judicial española no acarree también las penas más elevadas". *(El País,* 22 de febrero de 1987. Varios autores).

El reportaje que sirve para presentar el inminente juicio sobre la masiva intoxicación por aceite de colza desnaturalizado contiene todos los datos importantes y deja claro con ingenio el problema jurídico que habrá de abordar la vista oral. Una vez leída la entradilla, el lector deseará continuar hasta el final.

El libro *Una gran potencia mundial, The Wall Street Journal,* obra de Edward E. Scharff, narra las dificultades que vivió ese gran periódico para que sus redactores aceptaran escribir de manera que los lectores pudieran aprender:

"La mayoría de los periodistas conservaban la idea de que la única justificación de un reportaje del *Journal* era medir el impacto de algún cambio en la Bolsa. Conseguir que tocaran temas más interesantes fue un proceso laborioso. Kerby explica que intentó que cada hombre resumiera oralmente su reportaje antes de escribirlo. Quería conseguir un nivel parecido al de una buena conversación de sobremesa, en lugar del tradicional reportaje informativo. Pero cuando el periodista se sentaba ante la máquina de escribir, el mensaje parecía olvidado y el autor volvía al antiguo y arcano estilo del periódico.

Emergió gradualmente un pequeño cuadro de hombres más jóvenes que entendían lo que Kilgore deseaba. Formaban el núcleo del grupo de revisores, y se preocuparon tanto por pulir la prosa del *Journal* que el periódico pronto adquirió un brillo que no podían igualar periódicos metropolitanos de mayor envergadura. El equipo de revisión hacía las frases más cortas y más precisas. Kerby dice que declaró la guerra a las 'palabras perezosas' y puso un anuncio diciendo que en el periódico no se utilizaría ya 'prácticamente ningún prácticamente'. Los directores simplificaron o eliminaron la jerga financiera. Crearon un fichero de traducciones para legos de ciertos términos inevitables como 'tipo preferencial' o 'venta en descubierto', que ya no volvieron a aparecer en el periódico si no iban acompañados por una explicación breve y sencilla.

'(...) A partir de ahora', dijo Kilgore, 'el *Wall Street Journal* seguirá fanáticamente la norma de la simplicidad. ¿Significa esto que tenemos que ponernos al nivel de nuestros lectores?', se dice que preguntó incrédulamente un periodista. 'No', respondió Kilgore, 'basta con escribir simplemente para que la gente pueda entendernos'. Un artículo del *Journal* tenía que satisfacer a sus cultos lectores, pero también debía ser lo suficientemente claro para no desanimar a los neófitos. 'No escriban historias de bancos para banqueros', ordenó. 'Escríbanlas para los clientes de los bancos. Hay muchísimos más'".

El lector no debe preguntarse ¿y qué más? Examinaremos a continuación algunos ejemplos de informaciones en las que suelen faltar determinados datos. Nunca un lector debe preguntarse ¿y qué más?

Los breves. El editor —como el redactor— habrá de estar muy atento a las columnas de noticias breves, muy habituales en los periódicos, para que incluyan todos los datos importantes sin una redacción farragosa. Veamos dos ejemplos consecutivos (en la misma página, uno seguido del otro) publicados el 19 de agosto de 1996 en la sección de deportes de *El País:*

> "El Atlético Celaya de Michel y Butragueño, actual subcampeón de la Liga mexicana, empató (1-1) con el Veracruz en la segunda jornada del Campeonato de Invierno 1996-97. El gol del Veracruz lo transformó Fascioli (m. 29). El Celaya empató de penalti (Zambrano, m. 35). Butragueño lo falló en primera instancia, pero el árbitro mandó repetirlo y cedió el lanzamiento a su compañero".

Hasta ahí la noticia. Pero falta un dato fundamental: ¿dónde se jugó el partido? ¿En casa del Celaya o del Veracruz? Un dato tan importante que puede hacer de ese empate un éxito o un fracaso.

El siguiente breve adolece de la misma impericia:

> "El jugador danés Michael Laudrup debutó ayer como jugador del equipo japonés Vissel Kobe y consiguió dos goles ante el Brandel Sendai. De esta manera, el que fuera jugador del Real Madrid y del Barcelona arranca con buen pie en su aventura por la Liga japonesa".

La segunda frase ("de esta manera, el que fuera jugador...") constituye una obviedad de las que tanto suelen gustar a los periodistas deportivos. Si Laudrup ha marcado dos goles en su primer partido, parece evidente que ha empezado con buen pie. Se podría haber aprovechado ese espacio para contar que el equipo del futbolista danés jugaba en la Segunda División; y también, por supuesto, dónde se disputó el partido.

La información de servicio. Los redactores se introducen tanto en el mundillo donde buscan las noticias que a veces se olvidan de que además existen los lectores. El 21 de julio de 1996, Paz Escorihuela ofrece en el suplemento Negocios de *El País* un interesante reportaje con este antetítulo: "En dos meses, Caja Madrid recibió 300 ideas de sus empleados, algunas de las cuales eran muy buenas"; y este título: "Enseñar a los jefes tiene premio". El texto se extiende en explicar cómo funciona el buzón interno de sugerencias, el catálogo de criterios para premiar las buenas ideas, relata las opiniones de diversos directivos, de algunos trabajadores... Una página entera para ese reportaje. ¡Y no se ofrece ni un solo ejemplo de ideas de los empleados puestas en práctica, ni cuánto se ahorró con ellas!

En esa actitud del periodista y del editor se esconde la ausencia de la imagen del lector en el momento en que se está escribiendo. Hay que pensar en alguien cercano a nosotros —y ajeno a nuestros mundillos— que tomemos como *ciudadano medio* para imaginar qué le gustaría saber respecto al tema que estamos abordando.

Porque una de las facetas más atractivas del periodismo viene dada por la información de servicio. Lo comprendimos muy bien en la sección local de *El País,* hace unos años, cuando publicamos un reportaje sobre una exposición de ikebana y tanto la redactora como el editor olvidaron especificar el lugar donde se celebraba. Ese día recibimos decenas de llamadas de lectores interesados en visitarla; nos preguntaban que adónde debían ir. A partir de entonces, decidimos situar al final de cada información de la sección *El País Madrid,* a modo de pie de página, todos los datos útiles para el eventual usuario de una exposición, un servicio público o un espectáculo: lugares, precios, aforos, entradas vendidas, transportes para llegar... Estoy seguro de que los lectores lo agradecen; y los redactores también, porque así están obligados a pensar, siquiera por un momento, en quien compra el periódico.

El 23 de marzo de 1996, la sección de Cultura publicaba la noticia, firmada por Fietta Jarque, de que el cantante Joan Manuel Serrat ha grabado el disco *Banda sonora d'un temps d'un país,* con 34 canciones emblemáticas de los cantautores catalanes que formaron el movimiento de la Nova Cançó. Una página entera dedicada al acontecimiento recoge las opiniones del propio Serrat, la historia de la Nova Cançó, las discrepancias entre sus integrantes, la relación del disco con la situación política de ese momento, un sinfín de detalles accesorios... y falta la enumeración de las 34 canciones —o como mínimo las más importantes— y de los autores que las compusieron, que es lo que más le puede interesar a un hipotético comprador del disco.

El 11 de mayo de 1996, *El País* publica este título: "España tiene sólo 25 de las 3.000 tiendas de *comercio justo* de Europa". Vistos los ejemplos anteriores y el contexto en el que hablamos de ellos, a nuestro lector no le cabrá duda de que si traemos aquí este nuevo caso se debe a que, evidentemente, la extensa información olvidó detallar cuáles son esas 25 tiendas que intentan potenciar la solidaridad promocionando productos comprados directamente a grupos del Tercer Mundo que reciben un salario digno por su elaboración. Lo primero que deseará saber quien lea esa información y esté inspirado por buenos sentimientos es dónde se encuentran tales comercios, para acudir inmediatamente a ellos.

La información de servicio está adquiriendo en los últimos años una gran importancia en el sector deportivo. El lector de las páginas de deportes suele seguir las retransmisiones. Por eso el cronista que acuda al Tour de Francia deberá contar muy bien la etapa del día, dando las claves que él ha conocido mediante su trabajo de búsqueda de información y que el espectador no ha podido averiguar con su sola observación de lo que aparecía por la pequeña pantalla; pero no debe olvidarse de que al día siguiente se disputa una etapa contrarreloj y que ha de informar sobre la hora exacta en que tomará la salida cada una de las figuras, para que los telespectadores puedan hacerse sus planes al respecto y situarse ante el televisor a la hora adecuada.

Las fuentes que faltan. El trabajo de edición debe examinar, como cuestión prioritaria, si en el texto se reflejan todas las fuentes con capacidad para hablar de un determinado tema (y con interés para el lector, por supuesto). Así, el diario *El País* publicó el 19 de julio de 1996 la siguiente información:

> "El SUP denuncia que Interior drogó con un sedante a los 103 inmigrantes expulsados de Melilla".

La noticia utiliza como fuentes —citadas en el texto— al sindicato de policías SUP, a la Unión Federal de Policía, al Ministerio del Interior (la parte contraria, la parte que ha de defenderse), y al prospecto del producto farmacéutico empleado ("el Haloperidol debe administrarse con precaución, según recomienda el laboratorio fabricante, en personas con alteraciones cardiovasculares o con antecedentes de alergia al medicamento"). Los dos sindicatos policiales y el Ministerio del Interior discrepan sobre los efectos del citado producto. Falta, por tanto, una tercera opinión, una opinión neutral y científica. El periodista podía haber consultado a algún médico experto. Es verdad que incluso entre médicos podrían producirse discrepancias. En este caso, conviene acudir a un doctor representativo, como el presidente del colegio de médicos o el jefe del servicio correspondiente en un gran hospital; es decir, una personalidad reconocida. Ni el periodista lo hizo ni el editor se lo ordenó. Por eso faltaba una fuente fundamental para comprender cabalmente la noticia.

Los apoyos. Cada vez más, los periódicos se van a llenar de apoyos (despieces, piezas complementarias) que recogen principalmente datos, documentación, cronologías, tablas estadísticas, perfiles biográficos... El papel de los editores se convertirá en fundamental para este modelo de publicación que busca enmarcar las noticias y ofrecer precisión en sus datos. A menudo, a ellos les corresponderá hacerse con esa información complementaria y plasmarla en la página. Y de ese trabajo dependerá la imagen del periódico como diario claro y riguroso.

La gramática y la sintaxis

He comprobado con exhaustividad que muchos periodistas, incluso los recién llegados, desprecian la gramática; y que son exactamente los mismos que la desconocen. Por su parte, quienes saben las reglas del lenguaje coinciden fielmente con los que más brillantemente escriben. Y no me refiero a esos conocimientos teóricos, filológicos, lexicográficos... que muchos consideran aburridos. Hablo del genio del idioma, del armazón interno que tiene nuestra lengua y que nos atrapa con la suavidad y la fuerza de un panda gigante.

Concuerda, no concuerda

La base fundamental de una buena sintaxis radica en la concordancia. Se da por sabido que un sujeto en plural ha de estar acompañado por un verbo en plural. Se enseña en el colegio. Parece mentira, pues, que los periódicos nos muestren cada día la incompetencia al respecto de quienes tienen por herramienta el lenguaje.

El sujeto y el verbo. La concordancia del sujeto con el verbo no ofrece en principio dificultades. Sin embargo, en la prensa se aprecian con claridad ciertas dudas de los informadores.

> "La soledad e incomunicación que conlleva la vida en las grandes ciudades hacen que las agencias de viajes se hayan convertido en un suculento negocio". *(El Mundo,* 8 de septiembre de 1996. Paloma Bravo. Suplemento Su Dinero).

El sujeto está expresado aparentemente en plural —"soledad e incomunicación"—, pero se trata sólo de una apariencia; porque el artículo se ha escrito en singular —"la"—, para dar idea de que "soledad e incomunicación" forman una misma cosa. No parece extraño que la periodista dude, y que, pese a su idea de que "soledad e incomunicación" forman un solo paquete, luego se pase a otro bando con el verbo. En estos casos, el verbo ha de escribirse también en singular, concordando con el único artículo.

(Además, se produce un segundo problema de concordancia en esa frase: el verbo "hayan" debió emplearse de otra manera, porque no concuerda en tiempo con el primero: no puede algo "hacer" en presente que ocurra algo en pasado. Debió escribirse: "hacen que las agencias se conviertan en un negocio"; o bien: "hicieron que las agencias se convirtieran en un negocio").

Otra duda de concordancia entre sujeto y verbo se produce con expresiones como "una parte de", "un tipo de", "la mayoría de"... En definitiva, cuando el sujeto lo forma un fragmento singular de una realidad plural.

> "Gran parte de los alumnos no estudian" / "Gran parte de los alumnos no estudia".

O bien un problema que se presenta con frecuencia ante los periodistas de información económica, y a todo informador que ha de manejar porcentajes:

> "El 75% de los empresarios cree / creen que subirá el precio del dinero".

Parece más lógico emplear el verbo en singular, tanto en casos de porcentajes como en las referidas expresiones, pero se puede tolerar también el uso del plural; incluso se recomienda en casos que podrían resultar un tanto chuscos:

> "El 15% de las mujeres del barrio está embarazado".

Habría resultado mejor "el 15% de las mujeres del barrio están embarazadas". Ahora bien, a veces se ven casos de concordancia incomprensible:

"Sólo un 2% de la población de Valladolid que tienen entre 20 y 29 años carecen de estudios". *(El Día de Valladolid,* 7 de agosto de 2000).

Se podía haber resuelto así: "Sólo un 2% de los vallisoletanos de entre 20 y 29 años carece de estudios".

El sujeto posterior. Los principales errores de concordancia entre sujeto y verbo se dan cuando el sujeto en plural se expresa después, cuando el verbo le precede. Muy a menudo aparece escrito entonces el verbo en singular.

"No existe la inteligencia ni la bondad ni la justicia". *(El País,* 20 de agosto de 1995. Manuel Vicent).

Imaginemos que la frase se ordena al revés: "Ni la inteligencia ni la bondad ni la justicia existe". Queda claro que hay un problema de concordancia. Se debió escribir: "... no existen la inteligencia ni la bondad ni la justicia". Para expresar el verbo en singular habría sido necesaria una puntuación diferente: "No existe la inteligencia. Ni la bondad, ni la justicia" (de este modo, el verbo "existe" sólo tiene un sujeto; y los dos sujetos siguientes forman parte ya de otra frase, cuyo verbo está sobreentendido; pero en este segundo caso estamos en realidad ante dos verbos y dos oraciones).

Otros dos ejemplos de los muchos que se pueden encontrar:

"En cualquier caso, Aznar tendrá que explicar cómo se combina el principio de solidaridad y la garantía de unas prestaciones sociales básicamente iguales para todos". *(El País,* 4 de mayo de 1996. Editorial).

"La pista está instalada en el recinto de La Moncloa, y suele utilizarla el presidente del Gobierno y su esposa para practicar su deporte favorito". (Revista *El Siglo,* 13 de enero de 1997. J. J. Fernández / N. Díaz).

"... Durante un acto al que asistió el premio Nobel Gabriel García Márquez y el propio Silvio Rodríguez". (*El País,* 28 de mayo de 1998. Mauricio Vicent).

El verbo debió escribirse en plural en los tres casos.

A veces los elementos que van situados por detrás de su orden lógico conducen a fallos de concordancia similares, no sólo en la conjugación de los verbos:

"Venir a decir tras los procesamientos de gran parte de la antigua cúpula del Ministerio del Interior poco menos que no pasa nada es volver a la política de negar evidencias que tan cara le está costando a Felipe González y al Partido Socialista". (Editorial de *El País,* 24 de agosto de 1995).

La concordancia redactada así —"tan cara le está costando a Felipe González y al Partido Socialista"— chirría con evidencia si le damos la vuelta: "A Felipe González y al Partido Socialista le está costando cara". Obviamente, el pronombre debió ser "les", pero las alteraciones del orden acarrean estos riesgos si no se pone cuidado. (Véase el apartado de los pronombres).

La frase enredada. Las frases largas y enredadas suelen conducir también a errores de concordancia, puesto que hay en ellas tantas palabras —y posibilidades de relación entre unas y otras— que resulta difícil discernir cuál casa con cuál.

El periodista debe ir transmitiendo el fondo a la vez que la forma, no puede esperar a que el lector comprenda el significado al final de la frase, porque ya se habrá ido creando significados parciales. Durante el desarrollo de una noticia tiene que ir percibiendo qué se le cuenta. Veamos este ejemplo:

"Junto a él, en la sala de rezos situada en la parte superior de la mezquita, dormían otros marroquíes. Slamti se levantó sin hacer ruido y bajó hacia la cava que utilizaban como cocina y dormitorio (...)".

Con ese grupo de frases, hemos entendido que aquellos marroquíes utilizaban la cava como cocina y dormitorio. Pero resulta que la frase continúa, y que eso nos obliga a replantearnos lo que habíamos entendido. La frase completa se escribió así:

"Junto a él, en la sala de rezos situada en la parte superior de la mezquita, dormían otros marroquíes. Slamti se levantó sin hacer ruido y bajó hacia la cava que utilizaban como cocina y dormitorio el imam y Aziz".

Este texto real fue corregido por los editores antes de su publicación. Y lo dejaron de este modo, para su mejor comprensión:

"Junto a él, en la sala de rezos situada en la parte superior de la mezquita, dormían otros marroquíes. Slamti se levantó sin hacer ruido y bajó hacia la cava que el imam y Aziz utilizaban como cocina y dormitorio". *(El País,* 4 de marzo de 1996. Jan Martínez Ahrens).

Pero a veces también la colocación exacta de las palabras influye en el mal entendimiento de frases más sencillas, como en este titular leído en un teletipo del 24 de enero de 1996, que se refería a una exposición de serpientes organizada en una sede municipal:

"Primera muestra de seres venenosos del Ayuntamiento".

O en ésta, que se corrigió a tiempo antes de ser publicada:

"Miguel, vendedor ambulante de zapatos de 41 años...".

El descuido o el despiste nos han dejado más ejemplos de palabras fuera de sitio y de consiguientes fallos de concordancia:

"Los entrenadores tienen muy claro los titulares". (Juan Mora, *El País,* 4 de mayo de 1996).

Es probable que el editor suprimiera, para cortar la información, algunas palabras que adivinamos detrás, y que la frase original fuera "los entrenadores tienen muy claro quiénes serán los titulares". Pero, puestos a suprimir, la concordancia idónea habría sido "los entrenadores tienen muy claros los titulares".

Las frases se enredan cuando los complementos quedan desplazados de su lugar natural. Eso dificulta normalmente la lectura. A veces podemos alterar intencionadamente ese orden para resaltar algún elemento, pero nunca debemos llegar a un resultado como el de este pie de foto publicado en *El País* el miércoles 20 de noviembre de 1996.

> "Las princesas Carolina y Estefanía asistieron ayer al desfile celebrado en Mónaco por la fiesta nacional del principado con Charlotte, la hija de Carolina".

Evidentemente, "con Charlotte" queda muy lejos del verbo al que complementa.

Otro caso que resulta chistoso:

> "La sorpresiva decisión de Domínguez, al que este periódico intentó ayer localizar sin éxito...". (*El País,* 24 de agosto de 1996. S. Carcar).

Se evitaría el malentendido escribiendo la frase así: "La sorpresiva decisión de Domínguez, a quien este periódico intentó, sin éxito, localizar ayer...".

El sujeto colectivo. A veces el sujeto es gramaticalmente singular y semánticamente plural. La palabra "ejército", por ejemplo, opera como singular en la oración, y concuerda con un verbo en singular aunque un ejército conste de millares de personas. Esta norma elemental de los nombres colectivos se olvida con frecuencia, especialmente cuando se trata de grupos musicales: "Mecano actúan esta noche".

> "Se trata del grupo de Azuqueca de Henares Los Notas, que aseguran hacer música cafre-punk". (*El País,* 28 de diciembre de 1996. Fernando Íñiguez).

"Un alud de órdenes de venta de valores que componen el índice Ibex 35 provocaron por sorpresa el desplome de la Bolsa". *(El País,* 8 de enero de 1997).

"Un desfile de camiones gigantes continuaron sus trabajos". *(El Comercio,* de Lima, 1 de mayo de 1998).

"Un grupo de peatones llegan hasta las afueras del Hotel Capri en el barrio de Vedado en La Habana, Cuba, después de la explosión". *(El Universal,* de Cartagena de Indias, Colombia, 13 de julio de 1997. Pie de foto).

"Un alud de órdenes provocaron" y "un desfile continuaron" forman frases con las que se cae en errores de concordancia.

El sujeto junto con. El sujeto es sólo la palabra en nominativo, la que protagoniza gramaticalmente la acción (por su función en la frase) y marca las concordancias sintácticas, al margen de que otras palabras adquieran igual significado. Si el sujeto está acompañado por otra persona o cosa, ésta adquiere el papel de complemento, no el principal. A no ser que cumpla asimismo la función sintáctica de sujeto. Veamos:

"Según el informativo, él, junto a otros extraditables, están implicados en el asesinato del líder liberal Luis Carlos Galán" (Pilar Lozano, *El País,* 7 de julio de 1996).

El sujeto es "él", y el verbo debió escribirse en singular. Como en tantas ocasiones, alterar el orden de los términos nos puede facilitar el trabajo: "Según el informativo, él está implicado, junto con otros extraditables, en el asesinato del líder liberal Luis Carlos Galán". Aquí no cabría un verbo en plural.

"El líder de Banesto, junto a su compañero Marino Alonso, vencedor el pasado domingo en Llodio, son dos de los hombres más en forma del pelotón nacional". (Jacinto Vidarte, *Marca,* 24 de agosto de 1995).

Lo mismo que en el caso anterior: "El líder de Banesto es uno de los hombres más en forma del pelotón nacional, junto a su compañero Marino Alonso, vencedor el pasado domingo en Llodio". Comprobamos así que el verbo estuvo mal concordado.

"Aquella felicidad de la derrota junto a este quebranto de la victoria crearon un tiempo neutro que sirvió para descargar toda la electricidad acumulada de la anterior legislatura". *(El País,* 2 de marzo de 1977. Manuel Vicent).

Demos también la vuelta a la frase: "Aquella felicidad de la derrota creó, junto a este quebranto de la victoria, un tiempo neutro...". O bien: "Aquella felicidad de la derrota y este quebranto de la victoria crearon...".

"Hace dos años, con el editor Antoni Munné, nos dedicamos a recorrer todas las tiendas de Barcelona". *(El Correo de Andalucía, Odiel, El Día de Valladolid.* Enrique Vila-Matas, 19 de noviembre de 2000). (El autor se refiere sólo a él y al editor Antoni Munné, según se desprende del contexto).

Dos casos parecidos a los anteriores, en una construcción errónea que se repite con frecuencia:

"Rodrigo Rato, igual que Juan Costa, suelen despachar el asunto diciendo que una cosa es el dato y la evidencia que ellos manejan y otra muy distinta el debate político que suscitan". *(Tribuna,* 10 de febrero de 1997. Fernando Ónega).

"Junto a él viajaban su esposa, que ayer seguía ingresada en el Hospital General de Castellón en estado grave, al igual que su hijo". *(El País,* 24 de diciembre de 2000).

El antecedente. Para dominar el juego de las concordancias es imprescindible identificar bien qué palabra ejerce como antecedente y qué obligaciones implica el hecho de que el antecedente sea precisamente esa palabra. Llamamos antecedente al vocablo con el que ha de concordar otra expresión posterior supeditada a él. Pero ojo, a veces el antecedente figura después porque en castellano a menudo el orden de la frase no altera su significado (aunque no siempre, como hemos visto), y eso se convierte también en una fuente de errores. Veamos un caso:

> "¿Cuál cree que es el mejor actor secundario del mundo?". (Entrevista de Feliciano Fidalgo a Álex de la Iglesia, en *El País* del 11 de febrero de 1996).

El pronombre interrogativo "cuál" (en realidad, un pronombre relativo que forma parte de una oración interrogativa) no concuerda con "el mejor actor" —que viene después en la frase— porque éste es una persona, y entonces le corresponde el pronombre "quién". "Cuál" habría sido la palabra adecuada si hubiera tenido por antecedente un objeto o un animal.

El desconocimiento del significado exacto del pronombre relativo "quien" da lugar a muchas equivocaciones. Porque debe usarse sólo cuando el antecedente sea una persona. No es correcto decir "ha sido el Gobierno quien ha decidido subir los precios", sino "ha sido el Gobierno el que ha decidido...".

> "Por otra parte, el Ministerio de Fomento aclaró ayer que es la Comisión del Mercado de las Telecomunicaciones quien tiene que determinar si los descodificadores de Canal Satélite cumplen los requisitos". *(El Mundo,* 7 de febrero de 1997. F. J. L.).

Al no tratarse de una persona, debió escribirse el pronombre relativo "la que". Claro, hay casos peores:

> "Así las cosas, y con la postura que ha decidido tomar el Real Madrid, tendrán que ser los máximos organismos oficiales quién tengan al final la última palabra". *(Marca,* 7 de julio de 1996. Gemma Herrero).

No sólo se comete error en el relativo escogido, sino también en la acentuación y en el número singular.

Si hubiera, habría. Veamos las diferencias: si hubiera, hubiera; si hubiera, hubiese; si hubiera, habría. O con palabras de por medio: si hubiera venido, hubiera hablado con él; si hubiera venido, hubiese hablado con él; si hubiera venido, habría hablado con él. ¿Qué fórmula es mejor? La Academia da por buenas las tres. La estilística nos debe recomendar solamente la última.

La primera fórmula (hubiera-hubiera) provoca por fuerza una reiteración, pues nos obliga a escribir dos palabras iguales en un corto margen:

> "Otra cosa hubiera sido que Marcelino García hubiera afrontado la etapa de hoy con el jersey de líder...". *(El País,* 26 de mayo de 1996. Eduardo Rodrigálvarez).

Por eso los que acuden a esta concordancia suelen variar el segundo verbo auxiliar subjuntivo:

> "Que Cristo hubiese resucitado para volver a predicar y a hacer parábolas hubiera sido imperdonable". *(El País,* 19 de julio de 1996. Eduardo Haro Tecglen).

Pero este segundo binomio no tiene tampoco la eficacia de la fórmula hubiera-habría. Si dedicamos la misma forma para la primera parte de la oración que para la segunda (incluso combinando hubiera o hubiese), no estamos distinguiendo morfológicamente entre una y otra. Y perderemos eficacia y claridad.

Porque el primer *hubiera* y el segundo cumplen misiones sintácticas distintas, y han de estar preparados con su formulación correcta para cada una de ellas. El primer verbo nos expone la posibilidad de un hecho que pudo haberse producido, y el segundo da paso a explicar las consecuencias que se pudieron haber derivado de él y que —atención— no se derivaron. Porque podríamos haber terminado la frase así: si hubiera venido, estaría en esta comarca (es decir, no sé con seguridad si está en esta comarca o no y, por tanto, tampoco sé si ha venido).

Esa lógica en las terminaciones *era-ía* (y no *era-ese)* se aprecia con claridad en el tiempo simple: si estuviera, estaría. En el castellano actual no cabe "si estuviera, estuviese". O dicho con más palabras en el ejemplo: "si estuviera aquí, estuviese hablando con él"; habrá de escribirse: "si estuviera aquí, estaría hablando con él". Por tanto, y analógicamente, *si hubiera, habría.* Si hubiera estado aquí, habría hablado con él.

Veamos más ejemplos:

"Aunque fuera en el infierno, siempre es mejor que la nada". *(El País,* 19 de julio de 1996. Eduardo Haro Tecglen).

(Las posibilidades correctas eran dos: "Aunque fuera en el infierno, siempre sería mejor que la nada"; y "aunque sea en el infierno, siempre es mejor que la nada").

"Esta petición aumentaría si, como solicita en su escrito, se incorporan al sumario los documentos sobre la trama". (Editorial de *El País,* 22 de mayo de 1996).

(Las fórmulas correctas eran: "Esta petición aumentaría si se incorporasen al sumario", o "esta petición aumentará si se incorporan al sumario").

"El Estado pujaría por *La condesa de Chinchón* si sale al mercado". (Titular de la sección de Cultura de *El País* el 13 de abril de 1996).

(Lo correcto habría sido "el Estado pujaría por *La condesa de Chinchón* si saliese al mercado", o bien "el Estado pujará por *La condesa de Chinchón* si sale al mercado"). Más ejemplos:

"Harían bien el PP y el PSOE si en los días que quedan de campaña se dedican [se dedicasen] a exponer más claramente sus propuestas". *(El País,* 27 de febrero de 1996. Editorial).

"Tyson, que ya pasó tres años en la cárcel por un delito de violación, podría volver a prisión si se demuestra [si se demostrase] su culpabilidad". *(El Mundo,* 18 de abril de 1996. Efe).

"Lo sustancial es que el juez opina que algunas de las diligencias previstas podrían abocar a éste el fracaso si el ex jefe de Intxaurrondo permanece [permaneciese] en libertad". *(El País,* 8 de agosto de 1996. Editorial).

"Otros magistrados estiman que el proceso se cerraría en falso si las acusaciones del ex socialista vasco quedan [quedasen] en el aire". *(Abc,* 26 de agosto de 1996, primera página de tipografía).

"Este cuadro, que a muchos nos parecerá [parecería] familiar si no fuera por la violencia y el encono político desbordados, fue sustancialmente empeorado por la dictadura militar". *(El Nacional,* de Caracas, 1 de febrero de 1998).

"Si el Guagua Pichincha llega [llegase] a erupcionar, los cultivos de las zonas aledañas se verían afectados". *(Hoy,* de Quito, 5 de octubre de 1999).

"Preguntado si Clinton detendría los bombardeos en Vieques si no logra [lograse] convencer a este Congreso de que devuelva las tierras...". *(El Nuevo Día,* de Puerto Rico, 12 de noviembre de 2000. Leonor Mulero).

"Para que esta previsión se cumpla, convendría que se den [se dieran] desde el Ejecutivo algunas orientaciones". *(Presencia,* de Bolivia, 18 de julio de 2000).

En cambio, cuando se traducen estas concordancias de teletipos escritos en francés (cuyos periodistas tal vez concuerdan con mayor tino), el error se produce menos:

"Una gran mayoría de los españoles, el 62,9%, estaría a favor del diálogo entre el Gobierno y ETA si la organización armada separatista vasca anunciase una tregua indefinida, según un sondeo publicado este sábado por el diario *La Vanguardia*". *(El Nacional,* de Caracas, 1 de febrero de 1998. Agencia France Presse).

La psicología del hablante. Estas formulaciones verbales tienen mucho que ver con la psicología del hablante (o del escritor). Podemos decir: "Si vinieras, te invitaría a comer". Y también "si vienes, te invitaré a comer". Incluso "si vienes, te invito a comer". Las tres frases significan en esencia lo mismo, pero hay diferencias psicológicas entre ellas. La primera —"si vinieras, te invitaría a comer"— retrata nuestra desconfianza respecto a la posibilidad de que la persona en cuestión venga. La segunda —"si vienes, te invitaré a comer"— expresa que ciertamente creemos en la posibilidad de que venga. Y la tercera —"si vienes, te invito a comer"— refleja nuestra mayor confianza aún en esa posibilidad, que acercamos al momento presente certificando así su inminencia.

Por eso si mezclamos los elementos ("si vinieras, te invito") perdemos expresividad, puesto que arruinamos la diferenciación psicológica. Si decimos "si vinieras, te invitaré a comer", ¿qué estamos pensando realmente, que se cumplirán los hechos que enunciamos o que será más bien difícil que ocurra así? Para verlo más claro aún, invirtamos los términos: "Si vienes, te invitaría". ¿Qué hemos querido decir en este caso? Habremos perdido una parte de la riqueza del lenguaje y de nuestra capacidad de comunicación.

Ralph Penny, en su libro *Gramática histórica del español,* divide en tres grupos las oraciones condicionales.

Posibilidad abierta: 1. En tiempo pasado: "Si hizo eso, fue imprudente". El hablante deja abierta la pregunta de si la condición planteada se cumplió o no. Ahora ponemos entre paréntesis, en la frase del ejemplo, lo que el hablante da a entender que está pensando: "Si hizo eso (y yo no lo sé), fue imprudente". 2. Y en tiempo no pasado: "si puede (y no lo sé), lo hará"; "si puede (y no lo sé), lo hace". Las oraciones condicionales abiertas pueden emplearse con cualquier forma verbal del pasado en indicativo, como el pretérito (si hizo eso, fue imprudente), el imperfecto (si podía, lo hacía), el perfecto (si ha podido, lo ha hecho)... Cuando la primera cláusula se expresa en presente (si puede...), la segunda cuenta con la posibilidad de tomar tanto la forma del presente (... lo hace) como la del futuro (... lo hará).

POSIBILIDAD IMPROBABLE: "Si pudiese, lo haría". El hablante apunta que es probable que no se cumpla la condición planteada. Con el mismo ejemplo, y poniendo entre paréntesis lo pensado que subyace en la expresión: "Si pudiese (pero no creo que pueda) lo haría".

POSIBILIDAD IMPOSIBLE (valga la paradoja): "Si hubiese podido, lo habría hecho". El hablante quiere significar que no hubo manera de que se cumpliese la condición, ni tampoco su consecuencia. "Si hubiese podido (pero no pudo), lo habría hecho (pero no lo hizo)". Tiene importancia esta segunda parte ("pero no lo hizo") porque el potencial "habría" se usa con harta frecuencia en los periódicos para significar una "posibilidad posible" —uso que sí admite el idioma francés, donde se evidencia otra lógica a este respecto—, cuando en español el uso de "habría" sólo implica imposibilidad. Pero de eso hablaremos más extensamente en otro apartado (el dedicado a los verbos).

Las condicionales abiertas se expresan siempre en modo indicativo; mientras que las condicionales improbables y las imposibles precisan del subjuntivo tanto en la apódosis (la cláusula principal, "si hubiera") como en la prótasis (la cláusula subordinada, "habría").

A veces querremos expresar en primer lugar la cláusula subordinada (también por un factor psicológico, según la importancia que demos a cada una de las dos cláusulas), pero eso no debe hacer que perdamos el sentido de la concordancia. Por ejemplo: "Habría saludado a Juan si él hubiera venido". La cláusula subordinada pasa a encabezar la frase, pero sigue siendo la subordinada. Para no equivocarnos, intentemos siempre reducir la frase a tiempo simple. Si tenemos la idea (confusa sintácticamente) "hubiera saludado a Juan si él hubiera venido" y deseamos averiguar con certeza cuál de los dos verbos debemos sustituir por "habría", convirtamos la idea al tiempo simple: "saludaría a Juan si él viniera". Está claro así cuál de los dos *hubiera* debe terminar en *ía*.

> Hubiera saludado a Juan si él hubiera venido.
> Saludaría a Juan si él viniera.

Por tanto:
Habría saludado a Juan si él hubiera venido.

El latín tardío no diferenciaba entre condicionales improbables e imposibles, ni entre los que apuntaban al pasado o al futuro. Tampoco en todo el periodo medieval existió esa diferencia, como recuerda Ralph Penny. Se trata, pues, de una evolución magnífica en el idioma castellano, y debemos cuidarla para que no se pierda entre las confusiones actuales.

Como se ve, las condicionales requieren una especial consideración debido a que la relación entre las dos cláusulas que las componen es mucho más estrecha que la existente entre la principal y la subordinada en otros tipos de oraciones complejas. Y ahí desempeña un importante papel la correcta concordancia. Y hay que fijarse en ella cada vez que se acuda a esta fórmula.

> "Si el coste laboral de la maternidad recae exclusivamente sobre las trabajadoras se habría puesto en marcha uno de los mecanismos más eficaces que se pueda imaginar para disuadirlas: bien de trabajar, bien de tener hijos". *(El País,* 1 de diciembre de 2000. Editorial).

En vez de esa mala concordancia (la correlación temporal carece de sentido), y como se puede deducir de todo lo antedicho, el editorialista debió haber escrito:

> "Si el coste laboral de la maternidad recayese exclusivamente sobre las trabajadoras se pondría en marcha uno de los mecanismos más eficaces"...

O bien:

> "Si el coste laboral de la maternidad hubiera recaído exclusivamente sobre las trabajadoras se habría puesto en marcha uno de los mecanismos más eficaces"...

O mejor aún:

"Si el coste laboral de la maternidad recae exclusivamente sobre las trabajadoras se pondrá en marcha uno de los mecanismos más eficaces"...

Que no concuerde. Los sustantivos pueden ejercer el papel del adjetivo, pero en ese caso no adaptan su plural al del nombre que acompañan. Por tanto, se puede caer en la ultracorrección al dotarles de esa variación.

Así, decimos "los hombres rana", "los puestos clave", "aviones espía" o "coches bomba". No se debe variar a plural el sustantivo de este modo: "los hombres ranas", "aviones espías", etcétera. Por tanto, es incorrecto este título de un diario colombiano (tantas veces reproducido también en España):

"Puntos claves". (*El Espectador,* de Bogotá, 17 de noviembre de 1998. Actualidad Económica).

Los verbos

Los verbos forman el motor de nuestros textos. Con el verbo sujetaremos al lector mejor que con cualquier otra parte de la frase, porque el verbo transmite la película que intentamos contar. El verbo es la acción; y lo demás, el decorado.

Activa mejor que pasiva. El lenguaje periodístico debe deslizarse suavemente por la mente del lector. Las palabras y las construcciones han de adoptar, por tanto, formas naturales, fluyendo por el cauce sin atascos. Y la forma natural de la construcción sintáctica en castellano viene dada por la oración en activa. Además, esa fórmula nos sirve para acercar más la acción, para otorgarle así sujeto y protagonista.

La influencia del inglés y el francés, idiomas donde la pasiva adquiere mayor presencia que en español, está conduciendo a muchos periodistas a olvidar el verdadero genio de su idioma. Y también a los traductores poco duchos en su oficio: no se pueden trasladar literalmente al castellano las continuas construcciones pasivas de un texto inglés o francés, porque al final resultará un texto muy poco español, pese a que lo leamos en palabras castellanas. Y los periodistas ejercen como traductores de urgencia muy frecuentemente, cuando han de utilizar teletipos de France Presse, Reuters, Associated Press y otras agencias extranjeras.

Como en estos casos:

"El hijo mayor y heredero político de Sadam Husein, Uday, de 32 años, *fue ayer herido* de bala al ser tiroteado en Bagdad el automóvil que conducía. La noticia *fue difundida* anoche por la televisión iraquí. Uday Husein *fue ingresado* en el hospital Ibn Sina, en Bagdad, donde, según fuentes oficiales, estaba fuera de peligro. El temible Uday, número dos del régimen iraquí, *es conocido* por sus caprichosos asesinatos, por su afición a los coches de lujo y una impunidad total al abrigo de su padre". *(El País,* 13 de diciembre de 1996. Agencias. Internacional).

"Los expertos discuten, los análisis científicos se multiplican, los políticos mantienen su polémica, pero, cinco días después del vertido de millones de toneladas de lodos tóxicos en los ríos del sur de Andalucía, nada o casi nada ha sido hecho en el terreno para paliar la catástrofe ecológica". *(El Comercio,* de Lima, 1 de mayo de 1998).

No van con el genio. La voz pasiva no suena natural en español si no tiene una justificación concreta. La mayoría de las oraciones con las cuales deseamos transmitir un enunciado completo —en ellas nos interesa el enunciado entero, y no sólo una de las partes— han de escribirse mediante la voz activa. Si decimos "los equipos de fútbol fichan jugadores jóvenes", estaremos construyendo una oración natural. Si la volvemos por pasiva —"jugadores jóvenes de fútbol son fichados por los equipos"— habremos roto con el genio de nuestra lengua. No suena natural.

Así le ocurrió al escritor y académico Francisco Ayala —muchos años ausente de España y con residencia en Estados Unidos—, que alumbró, en un artículo de respuesta a un comentario de Eduardo Haro Tecglen, una frase antinatural.

"Ese libro, *El niño republicano,* que usted ha publicado fue leído por mí con un sentimiento de honda ternura". *(El País,* 23 de diciembre de 1996).

El lingüista Samuel Gili Gaya escribía así sobre este problema:

"Entre las oraciones *la agencia X ha transmitido nuevas informaciones* y *nuevas informaciones han sido transmitidas por la agencia X,* o *por la agencia X han sido transmitidas nuevas informaciones,* preferimos decididamente la primera, y, sin embargo, las tres son posibles y correctas".

"No se trata aquí de corrección gramatical, sino de preferencia expresiva ligada a nuestra psicología lingüística. Rufino José Cuervo supo decirlo con acierto en sus *Apuntaciones críticas,* 340. '(...) Aunque este modo de expresarse es en sí correcto, su abuso es una de las cosas que más desfiguran nuestra lengua, y que más dan a un escrito aire de forastero, quitándole todo sabor castizo'. Ténganse en cuenta estas observaciones al traducir textos del inglés o del francés, ya que estas lenguas hacen de la construcción pasiva un uso mucho más extenso e indiferenciado que el español. No podemos dar una regla fija, sino únicamente el consejo de que el traductor se pregunte a sí mismo: ¿lo diría yo así, si tuviera que redactar este párrafo por cuenta propia y sin dejarme influir por el texto extranjero que tengo delante? El consejo es aplicable en general al arte de traducir, y da buenos resultados, a condición de que las circunstancias no hayan embotado desde la infancia el sentido de la lengua propia".

Sí para resaltar. Ahora bien, en el caso de que deseemos resaltar alguno de los aspectos de la oración, sí podemos —y debemos— utilizar la pasiva (siempre que ello deje clara nuestra intención). Si decimos "aquí los niños estudian la Historia", enunciamos un hecho sin mayor intención que llamar la atención a nuestro interlocutor sobre el orgullo que nos produce un hecho que podemos considerar normal. Ahora bien, si decimos "aquí la Historia es estudiada por los niños", cambiaremos profundamente el significado. Porque esa oración excluye a otras personas que puedan estudiar la Historia (investigadores, profesores, expertos...). En español, no siempre una oración activa puede transformarse automáticamente en pasiva sin alterar la intención aparente de quien se expresa.

A veces, como en el ejemplo anterior, puede cambiar sustancialmente el significado; en otros casos, simplemente daremos más importancia psicológica a alguno de los elementos de la oración. Por ejemplo: "Rosa Montero escribió *Amado amo*" / "*Amado amo* fue escrito por Rosa Montero". En la primera oración, damos más importancia a la autora. En la segunda, a su obra.

Como en este texto:

> "Una hermosa y dura historia de amor en los tiempos del sida, la obra *Algo en común,* de Harvey Fierstein, ha sido la elegida por la actriz María Barranco para lanzarse de lleno al teatro". *(El País,* 4 de septiembre de 1996. Rosana Torres).

Evidentemente, la autora pudo construir la frase en activa, pero prefirió resaltar la "hermosa y dura historia de amor" antes que el nombre de la actriz. El criterio periodístico se impuso a la lógica gramatical del español, y en este caso no cabe censura porque el recurso tiene su razón de ser. Siempre que no se produzca el abuso que desnaturalice el genio del idioma.

La gran utilidad. La voz pasiva le resultará de gran utilidad al periodista cuando desconozca quién o qué es el sujeto de su información. Es decir, lo que en gramática se llama *segunda de pasiva.* Si el redactor sabe que unos obreros han derribado una tapia, podrá escribir "los obreros derribaron ayer la tapia", o, en *primera de pasiva,* "la tapia fue derribada ayer por los obreros". Ahora bien, si ignora qué personas echaron abajo aquel muro, la *segunda de pasiva* le auxiliará convenientemente: "la tapia fue derribada ayer". En ese caso —no sabemos quién la derribó—, la voz activa o la primera de pasiva conducirían a emplear palabras que dan idea de falta de rigor periodístico o de poca información: "Alguien derribó la tapia ayer", "la tapia fue derribada ayer por alguien". El redactor, pues, puede disimular mejor sus carencias con la *segunda de pasiva.*

En otros supuestos, la supresión del sujeto agente en la voz pasiva (el autor de la acción) vendrá dada por que éste resulte muy obvio: "La autovía fue construida en 1992". Evidentemente, el lector entenderá que todas las autovías son construidas por el Estado, y concretamente por el Ministerio de Obras Públicas (en según qué años llamado también Ministerio de Fomento), que otorga la concesión a una empresa. Sólo tendría sentido incluir el sujeto agente en una frase así si quisiéramos resaltar qué empresa recibió el encargo (y si, por supuesto, conocemos su nombre): "La autovía fue construida en 1992 por FOCSA".

Otro auxilio. La pasiva refleja (construida con "se") también acudirá en auxilio de los redactores a menudo. En realidad, esta construcción tiene parte de responsabilidad en el hecho de que el castellano deseche la voz pasiva genuina como uso general. Se llama "refleja" por el uso del "reflexivo" *se* (y se llaman "reflexivos" porque el *se* refleja la acción hacia quien la protagoniza, como ocurre en las oraciones pronominales: el niño se peina).

Como recomienda Gonzalo Martín Vivaldi, la pasiva refleja resulta muy útil para sustituir a la pasiva genuina en el caso de que el sujeto de la frase sea nombre de cosa. Así, en vez de escribir: "Ha sido comprado el papel necesario", diremos mejor "se compró el papel necesario". También en este caso omitimos el sujeto, ora porque no interesa, ora porque lo desconocemos. Y convertimos la frase en una suerte de oración impersonal.

No obstante, la pasiva refleja admite también la presencia de un sujeto agente (se llaman "primera de pasiva refleja"): "Se compró el papel necesario por el gerente", "se estudiaron las lecciones por los alumnos". Pero no se debe utilizar en un texto periodístico, porque esta fórmula no ofrece claridad. En los ejemplos anteriores no sabremos si el gerente compró el papel o si el papel se compró por causa del gerente (porque a él le gustaría que se comprase); ni si los alumnos estudiaron las lecciones o si bien las lecciones fueron estudiadas por otras personas en provecho de los alumnos, o en lugar de ellos.

¿Cómo esquivar la pasiva? Gonzalo Martín Vivaldi concreta otras fórmulas destinadas a evitar la voz pasiva, y nos parecen de gran utilidad para los editores de textos:

— Si la forma pasiva es un infinitivo, éste puede sustituirse por un nombre abstracto: Deseaba ser amada por aquel hombre / deseaba el amor de aquel hombre. Rechazó ser perdonado por ti / rechazó tu perdón.

— Se puede reemplazar el participio pasivo por un sustantivo, pero se mantiene el verbo "ser" en el mismo o en otro tiempo: Este edificio ha sido construido por esta compañía / este edificio es obra de esta compañía. El distinguido visitante fue obsequiado por el alcalde / el distinguido visitante fue objeto de las atenciones del alcalde. (Nosotros recomendaríamos, por las razones expresadas en el capítulo sobre pobreza de expresión, otro tipo de construcción para estos casos: "El distinguido visitante recibió el obsequio del alcalde"; "el edificio lo construyó esta compañía". Tratamos con ello de evitar el uso excesivo del verbo "ser").

— La oración pasiva se puede cambiar a activa manteniendo el mismo sujeto, pero modificando, si es necesario, el verbo y alguna otra palabra: Los enfermos fueron atendidos rápidamente / los enfermos tuvieron una atención rápida. El conferenciante fue aplaudido por la concurrencia / el conferenciante recibió el aplauso de la concurrencia.

Las dudas. Con las pasivas reflejas se producen a veces dudas de concordancia. La profesora Matilde Albert Robatto, catedrática de la Universidad de Puerto Rico, lo explica así:

"Dentro de este grupo de oraciones denominadas 'segundas de pasiva refleja', vamos a detenernos en el caso específico de las oraciones con sujeto en plural, como: *se alquilan habitaciones; se han dado facilidades de pago; se pintan neveras.* Frecuentemente observamos el siguiente cambio: *se alquila habitaciones; se ha dado facilidades de pago; se pinta neveras.* En el primer caso estamos ante oraciones 'segundas de pasiva refleja', en las que el verbo concierta en plural con los sujetos *habitaciones, facilidades, neveras.* En el segundo caso el verbo va en singular, el pronombre "se" hace de sujeto y los sustantivos *habitaciones, facilidades, neveras,* de complementos directos; estas oraciones deben clasificarse como impersonales y activas. La primera forma, esto es, la 'pasiva refleja', es la preferida por la Academia, el uso culto y literario, aunque la oración 'impersonal' también se emplea a menudo".

Nosotros preferimos igualmente la concordancia "se necesitan informes" frente a "se necesita informes". Esta segunda opción es vulgar, y un periodista no debe emplearla.

Pero las dudas aparecen con mayor frecuencia aún cuando la pasiva refleja ofrece más elementos: "Se podrá construir los coches con ordenador"; o bien "se podrán construir los coches con ordenador". En el primer caso, cargamos la fuerza del verbo principal sobre "construir": *se podrá construir.* Pero la frase no terminaba ahí. Para ver mejor el efecto, adoptemos una vez más la técnica de ordenar de otra manera la oración:

> "El escritor recibió del alcalde cagüeño un trabajo artesanal donde se plasma dos de los lugares representativos de la ciudad". (*La Semana,* de Caguas, Puerto Rico, 23 de noviembre de 2000).

Evidentemente, notamos mejor la discordancia si escribimos:

> "Dos de los lugares representativos de la ciudad se plasma en un trabajo artesanal que el escritor recibió del alcalde".

Pasivas imposibles. Los periódicos han creado una variedad de oraciones pasivas que no está prevista en el castellano, y que bautizaremos como "pasivas imposibles". Nacen de ese gusto anglófilo de utilizar la voz pasiva donde el español pide una oración activa, y de ello resultan a veces frases tan chuscas como éstas: "el balón logró ser introducido en la portería", "el director general no consiguió ser localizado por este periódico".

En estas frases, los elementos sintácticos aparecen dislocados, y no corresponden a la semántica que se esconde tras las oraciones. Veamos por qué.

Para que una oración activa pueda volverse a pasiva necesita un sujeto, un verbo transitivo y un complemento directo: "Juan come tostadas". En la pasiva, el complemento directo pasa a ser sujeto, el verbo toma la forma compuesta y el sujeto se convierte en complemento (o sujeto agente): "Las tostadas son comidas por Juan". Si decimos "Felipe va a casa", no podemos volver la oración por pasiva, puesto que no existe complemento directo (no podríamos decir "la casa es ida por Felipe").

La oración "los delanteros no lograron introducir el balón en la portería" sólo puede trasladarse a pasiva de este modo: "introducir el balón en la portería no fue logrado por los delanteros". Pero "el balón no logró ser introducido en la portería por los delanteros" no tiene sentido, porque el balón no intenta nada.

"El director general no consiguió ser localizado por este periódico" atiende a los mismos razonamientos. Se supone que fue el periódico el que intentó localizar al director general, puesto que para el director general habría resultado muy sencillo ser localizado por el periódico: le habría bastado con telefonear a la centralita tras buscar el número en la guía, en el servicio de información telefónica o en la primera página del propio diario. Si aun así el director general no hubiera conseguido ser localizado, habría que dudar de la profesionalidad de la telefonista de la publicación.

En frases como "el balón no logró ser introducido en la portería" llegamos a un resultado similar, porque le atribuimos al balón un verbo que jamás puede corresponderle salvo que nos encontremos en un juego de personificaciones (atribuir a objetos cualidades de las personas, por ejemplo en un cuento infantil). Si la idea original partía de "no introdujeron el balón en la portería", la construcción pasiva debería recalar en la pasiva refleja: "no se logró introducir el balón en la portería". Porque desecharíamos, por estilo y por no responder al genio del castellano (como ya hemos analizado), la otra fórmula gramaticalmente correcta: "Introducir el balón en la portería no fue logrado".

Otras incorrecciones similares:

"Esta edificación *fue mandada construir* por Carlos III". *(El País,* 23 de marzo de 1996. Vicente G. Olaya).

(En todo caso, la oración pasiva habría podido escribirse así: "Construir esta edificación fue mandado por Carlos III").

"Los bomberos tardaron una hora en ser informados de qué gas formó la nube". *(El País,* 15 de enero de 1997. Titular sección Madrid).

"Una persona con infarto tarda una media de dos horas en ser atendida". *(El País,* 25 de noviembre de 1997).

"... Como el tapón de Puente de Vallecas hasta el puente de Ventas, cinco kilómetros que tardan aproximadamente media hora en recorrerse". *(El País,* 7 de noviembre de 1999. L. F. D. / F. J. B. Sección Madrid).

"Abraham Olano ha recibido una oferta tentadora del equipo Kelme *por un montante económico que no ha querido ser desvelado* por los directivos del grupo deportivo verdiblanco". *(As,* 11 de agosto de 1996. Juan A. Gutiérrez).

Los bomberos y los pacientes no tardan ellos, sino que tarda quien no les avisa con tiempo suficiente o no los atiende pronto. Y con la frase sobre el fichaje de Abraham Olano se atribuye al montante económico la facultad de querer o no querer algo, como si se tratara de un ser animado.

En ediciones anteriores de esta obra cometí el error de condenar por igual otras frases parecidas, que se forman con verbos de función auxiliar (tener o poder), como las siguientes:

"La sanidad pública ha generado desde 1992 un déficit de 500.000 millones de pesetas que ha tenido que cubrirse con cotizaciones sociales". *(El Mundo,* 11 de noviembre de 1996. Carlos Sánchez).

"La ley, por otra parte, no podrá ser aplicada al ex líder socialista Bettino Craxi". *(El País,* 11 de enero de 1997. Peru Egurbide).

"Los documentos no podrán ser desclasificados antes del 4 de abril". *(El Mundo,* 22 de marzo de 1997. Titular).

Aun estando admitidos estos usos por los gramáticos, sí me parecen, sin embargo, mejorables desde el punto de vista del estilo.

De cualquier forma, en todos esos casos se pudo arreglar el problema con la pasiva refleja: el déficit se ha debido cubrir, la ley no se podrá aplicar, no se pudo localizar a alguien, se tardó en informar a los bomberos.

La pasiva refleja (entre otras posibilidades) resulta de gran utilidad para casos así:

> "Según testigos, fueron entre seis y ocho los delincuentes que llegaron en dos vehículos con lunas polarizadas, un Toyota azul y un Daewoo negro cuyas placas no pudieron ser recordadas". *(El Comercio,* 1 de mayo de 1998. Primera página).

Se podía haber escrito:

> "Según testigos, fueron entre seis y ocho los delincuentes que llegaron en dos vehículos con lunas polarizadas, un Toyota azul y un Daewoo negro cuyas placas *no se pudieron recordar".*

Y mejor:

> "... Cuyas placas *nadie pudo recordar".*

Esto nunca. Una vez leídos los apartados sobre la pasiva y sus concordancias, por fuerza nos resultará extraña una frase así, por su significado ambivalente:

> "Finidi está destrozado anímicamente. Su hermano murió el sábado en Nigeria al ser disparado por un policía". *(Marca,* 12 de septiembre de 1995. Título y antetítulo de una información).

Un absurdo similar se produce cuando hablamos de personas que "han sido trasplantadas de corazón". Lo que se trasplanta es el corazón, no la persona. Y lo que se disparan son las balas. Eso sí, se disparan a alguien, pero en este caso se trata de un complemento indirecto.

El tiempo cronológico. El periodista debe tener cuidado, sobre todo en textos largos, de que los tiempos verbales que utiliza guarden relación con el tiempo real al que se refieren. Así, un hecho remoto puede ser referido con pretéritos indefinidos (sucedió), pero si luego informamos sobre acontecimientos posteriores a aquéllos deberemos referirlos en pretérito perfecto (ha sucedido), para pasar posteriormente al presente (sucede). Si regresamos al acontecimiento remoto, de nuevo acudiremos al pretérito indefinido (sucedió).

No puede ocurrirnos esto:

> "Habían pasado casi ocho horas desde que había comenzado la competición". *(El País,* 21 de julio de 1996. Juan José Fernández).

En efecto, el primer "habían" se refiere a un tiempo más cercano al segundo "habían". No se puede utilizar el mismo tiempo para dos momentos tan diferentes. Habría resultado mejor esto: "Habían pasado casi ocho horas desde que comenzó la competición".

Los verbos también marcan unas obligaciones en la frase según el tiempo en que se empleen, y normalmente van ligadas a la sucesión de acontecimientos que se narra.

> "El concejal de Sanidad, Simón Viñals, aseguró que el hecho de que el gas evacuado a la atmósfera no fuera cloro en estado puro, sino mezclado con otra sustancia, evitó que las consecuencias hubieran sido más graves". *(El Mundo,* 14 de enero de 1997. Sin firma).

En esta frase, "hubieran sido" se sitúa cronológicamente anterior a "evitó", cuando en realidad refleja una acción posterior, por lo que se comete un error gramatical (y a la vez un error sintáctico). El periodista debió escribir "evitó que las consecuencias fueran más graves". Como ya tenía un "fuera" en la misma frase, pudo corregir: "evitó que las consecuencias resultasen más graves".

Presente mejor que pasado. El periodista debe acercar lo que cuenta hacia el tiempo en el que vive el lector. Por tanto, el presente debe servirle como tiempo verbal de mayor utilidad. El presente, en el idioma español, parece creado expresamente para los periodistas.

Porque se puede usar también para acciones pasadas ("en junio de 1977, Adolfo Suárez convoca elecciones democráticas y abre la verdadera transición") y para las futuras ("la semana próxima llega a Madrid el secretario de las Naciones Unidas"; "mañana vas y lo haces"), en lo que se llama "presente de anticipación".

Quiero contar aquí una anécdota que viví hace unos años. Cayó en mis manos entonces un trabajo universitario sobre el distinto uso que *El País* hacía del presente o del futuro en sus titulares. El autor sostenía que el uso del presente significaba un mayor crédito del periódico hacia el hecho que estaba transmitiendo, mientras que el futuro contribuía a aumentar las incógnitas que connotan necesariamente ese tiempo verbal. Así, por ejemplo, si *El País* titulaba "el primer ministro japonés viajará a Madrid la semana próxima", el periódico le estaba concediendo menores posibilidades a la ejecución real del viaje que si escribía "el primer ministro japonés viaja a Madrid la semana próxima". Dio la casualidad de que yo mismo —en aquel tiempo jefe de edición del diario— había escrito el titular que servía como ejemplo en ese trabajo académico. Y recordaba perfectamente cómo —igual que tantas otras veces— utilicé en una primera versión el tiempo "viajará". ¿Por qué lo convertí en presente? Por una sencilla razón: me sobraban dos letras para encajar el titular en el espacio asignado, y acudí al plurivalor del presente como a un salvavidas. "Viaja" ocupa menos que "viajará", y asunto concluido.

El plurivalor del presente. Como se ve, de la necesidad sale la virtud. Porque, periodísticamente, "viaja" ganará siempre a "viajará": cuanto más se acerque la acción al presente, mejor. Y eso vale también para el resto de los tiempos: por ejemplo, siempre adquirirá mayor eficacia nuestro relato con el pretérito perfecto (ha hecho) que con el pretérito indefinido (hizo). Esto no significa que releguemos los pluscuamperfectos o el pretérito anterior, que vendrán a menudo en nuestra ayuda para ordenar la relación temporal de los hechos que narramos. Sólo quiere decir que, cuando se pueda elegir sin menoscabo de la lógica y la cronología, ha de optarse por el tiempo más cercano al momento que vive el lector.

Así, por ejemplo, nos encontramos frecuentemente con frases de este tipo: "José María Aznar dijo ayer que pensaba proponer esa ley inmediatamente". El verbo "pensaba" está expresado en pretérito imperfecto, porque el periodista lo relaciona con el momento en que se produce la declaración. Pero habría resultado más periodístico escribir: "José María Aznar dijo ayer que piensa proponer esa ley inmediatamente". En efecto, no estamos informando de una idea pasajera del presidente del Gobierno, o referida a un tiempo anterior respecto al momento en que se produce la acción, sino de una intención duradera que no tiene por qué desvanecerse en cuestión de minutos. Y para eso nos sirve perfectamente el plurivalor del presente.

El presente histórico ("Colón descubre América en 1492") también debe figurar en nuestra paleta de colores. Se le llama asimismo "presente de ilusión", puesto que, en efecto, crea la sensación de que se narran hechos actuales.

No constituye un hecho excepcional el que diarios y revistas acudan a contar acontecimientos sucedidos años atrás, o a recrear la historia (incluso se editan publicaciones especializadas). Suele ocurrir con motivo de aniversarios de gran repercusión (el desembarco de Normandía, recientemente; el 60.º aniversario del comienzo de la guerra española, en 1996) o tras hechos nuevos que ponen de actualidad otros viejos (los hallazgos arqueológicos y los reportajes que recrean la época correspondiente). Por ejemplo, al cumplirse los 25 años de la muerte de Franco (1975-2000), numerosos periódicos elaboraron distintos capítulos y seriales sobre los difíciles años de salida desde la dictadura para llegar a la democracia actual. Pues bien, entre los numerosos narradores que colaboraron en ellos se podía apreciar con nitidez quiénes dominaban el lenguaje para utilizar adecuadamente los verbos y quiénes navegaban por la sintaxis con apuros y sin rigor alguno. En algunas piezas, el uso del presente con valor de pasado se revelaba fundamental.

Repasemos los primeros párrafos del trabajo elaborado en 1996 por Victoria Prego para la colección publicada en *El País* sobre la Transición democrática (el resto del trabajo sigue la misma técnica que se observa en esta selección). Apreciaremos cómo el uso del presente histórico acerca los hechos y evita la reiteración de tiempos verbales que suenan mucho más definidos y monótonos (una sucesión de pretéritos iguales aburre; pero no sucede lo mismo con una cadena de presentes de indicativo; también la reiteración de futuros —más inusual— resultaría menos pesada). Veamos cómo combina los verbos la autora:

"Fueron los dos meses más críticos de todo el proceso de transición hacia la democracia. En esos dos meses, de mediados de diciembre de 1976 a mediados de febrero del año siguiente, se **producen** todos los hechos indeseables que cualquier ciudadano con cierta esperanza en el futuro de su país hubiera podido temer. Y se **producen,** además, cuando la mayor parte de los españoles habían empezado a creer que lo más difícil del trayecto se había salvado ya.

El día 11 de diciembre de 1976 un comando compuesto por seis hombres pertenecientes a los Grupos de Resistencia Antifascista Primero de Octubre (GRAPO) **secuestra** en Madrid, en su despacho de la calle de Montalbán, 14 (cerca del parque del Retiro) a Antonio de Oriol y Urquijo, miembro del Consejo del Reino y presidente del Consejo de Estado, perteneciente a una de las familias más influyentes del país en términos económicos y representante acreditado del sector más radical del franquismo, lo que entonces se llamaba el *búnker.*

El golpe **es** muy certero porque se **produce** además en vísperas del referéndum al que han sido convocados los ciudadanos para pronunciarse sobre la Ley de Reforma Política, recién aprobada en las Cortes, que **supone** la apertura de un proceso cuyo objetivo final es la convocatoria de unas elecciones libres con la participación de los partidos políticos que aún no han sido legalizados, pero que habrán de serlo en un inmediato futuro para que puedan concurrir a los comicios prometidos.

Cualquier paso en falso, cualquier error del Gobierno, cualquier agitación en la calle más allá de lo considerado digerible, podía ser argumento suficiente para que los franquistas radicales, que conservaban prácticamente todos los resortes de poder en las manos y estaban situados en los altos niveles de mando de las Fuerzas Armadas, considerasen que el país caminaba a la deriva y que era necesario acudir de nuevo a enderezar su rumbo para salvar su destino.

Éste era el talante de la derecha franquista en los meses anteriores al referéndum. Y lo fue de modo superlativo una vez que, con la Ley para la Reforma Política aprobada por las Cortes, asistieron estupefactos a cosas tales como la celebración a primeros de diciembre de un congreso, con todo despliegue de publicidad, del Partido Socialista Obrero Español (PSOE), que estaba en la ilegalidad pero tenía protección policial; lo nunca visto. O la celebración, unos días más tarde, de una rueda de prensa clandestina de Santiago Carrillo, el odiado líder comunista, en pleno centro de Madrid.

La irritación de los miembros del búnker **es** ya muy considerable cuando les llega la noticia del secuestro de Oriol, uno de los suyos. **Es** comprensible la desolación del presidente del Gobierno, Adolfo Suárez, y la de los ministros, que **están** intentando llevar a cabo una reforma política sin el respaldo de unos votos y sin el apoyo del régimen franquista del que ellos mismos procedían. Ese Gobierno de Adolfo Suárez estaba en aquellos momentos actuando con el cielo y la tierra por todo cobijo, aunque, eso sí, con el apoyo del Rey. Poco más, muy poco más.

Por eso, en la noche del miércoles 14 de diciembre, cuando **faltan** tan sólo unas horas para que se abran las urnas del referéndum, el presidente Suárez **acude** a la televisión y **dedica** una parte muy importante de su discurso, inicialmente destinado a pedir el voto afirmativo a su propuesta de reforma, a hablar del secuestro de Oriol y a explicar que lo sucedido no es el resultado de la debilidad del Gobierno, sino el fruto de una acción terrorista que otros países padecen en la misma o mayor medida. Suárez se **entretiene** también en recordar que ya en 1973, cuando Franco vivía y la autoridad y el poder, al decir de los franquistas, eran algo serio en este país, el régimen tuvo que encajar nada menos que el asesinato del presidente del Gobierno, almirante Carrero Blanco. De todos modos, un Adolfo Suárez sumamente preocupado **se esfuerza** por tranquilizar a los sectores más inquietos de la derecha española".

Como contraste, podemos leer el texto de Jorge Martínez Reverte incluido en la misma colección de *El País*, en el que se suceden machaconamente los verbos conjugados en pretérito imperfecto:

"La derrota de los aperturistas de Pío Cabanillas, destituido por Arias el 29 de octubre de 1974, se convirtió en una muestra más de que el régimen **carecía** de capacidad de recuperación. Dividido el franquismo entre actitudes tan diversas como las de los *peligrosos liberales* dimisionarios y el inmovilismo de José Antonio Girón y compañía, que en alguna ocasión llegaron a clamar por una vuelta al espíritu de la guerra civil, no se **podía** adivinar ninguna salida airosa para los reformistas del régimen desde dentro.

La idea de que la muerte del dictador **podía** estar próxima **daba** a los franquistas el acicate para cambiar a unas posiciones que les permitieran protegerse de lo que se **venía** encima (Portugal **era** el último anuncio). Pero también les **daba** a los opositores el ánimo necesario para prolongar una lucha que ya **cumplía** décadas. La flebitis de Franco del mes de julio de 1974 había producido efectos políticos más decisivos que la huelga general intentada por la oposición en diversas ocasiones.

Con la distancia de los años es fácil concluir ahora que la oposición no había conseguido muchos avances hasta entonces. Sólo Comisiones Obreras y sus aliados (como la USO) **podían** presumir de haber ganado terreno al franquismo. El sindicato vertical **era** incapaz de controlar por aquel entonces al conjunto del movimiento obrero. Los locales del sindicato **eran** copados cada vez de forma más abrumadora por cargos electos según las normas del Movimiento, cuyas pretensiones y cuyos discursos públicos no **dejaban** lugar a dudas: **eran** los enemigos del verticalismo, los enemigos del franquismo. Sólo un férreo sistema (cargos que **ocupaban** muchas veces los mejores pistoleros de Falange, como lo había sido Girón en sus años mozos o lo seguiría siendo García Carrés), **evitaba** que incluso los altos cargos quedaran controlados por los sindicatos clandestinos *entristas*, que habían penetrado la estructura oficial verticalista.

Los obreros, la universidad y la vida cultural. Como en las obras románticas, la oposición se **encarnaba** en airados estudiantes y curtidos y valerosos obreros. El régimen **tenía** perdida la batalla de la cultura (hasta los actores llegaron a ponerse en huelga, que fue salarial y, a la vez, política). Pero nada se **sabía** del resto de los estamentos. Las organizaciones patronales **hacían** una constante demostración de pasividad en relación con la evolución de los acontecimientos, salvo contadas excepciones, como en Cataluña, donde personas significadas, como Eduardo Tarragona y Juan Antonio Samaranch, se **negaban** a entrar en el juego de las asociaciones, inventadas desde el interior del régimen como sucedáneo de los partidos políticos. Los empresarios en general se **limitaban** a declarar que el cambio de la modernización **pasaba** por Europa. Una posición que a muchos seguidores de Girón les **parecía** ofensiva y a la sociedad española no le **impresionaba** lo más mínimo.

En ese ambiente, la creación y el desarrollo de la Junta Democrática **iba** demostrando que la iniciativa del entonces secretario general del PCE, Santiago Carrillo, había sido un golpe maestro. Por todo el país se **creaban** juntas que además de albergar a los tradicionales opositores, **daban** cobijo moral a personas que jamás se habían opuesto al franquismo.

El ambiente general **era** perfecto para el crecimiento de las juntas, *apoyadas* por la torpeza y el inmovilismo del régimen.

(...) Mientras llegaba ese momento, el año 1975 **transcurría** sin que la policía franquista fuera capaz de contener la oleada democratizadora que se **movía** en la calle. Las charlas culturales se **convertían,** inevitablemente, en mítines políticos allá donde se celebraran. Las revistas, los semanarios, se **nutrían** en general de artículos opositores que ya no **podían** ser secuestrados de manera tan generalizada como antes. Las juntas, que habían tenido el acierto de aglutinar lo que **parecía** imposible de aglutinar un año antes, **capitalizaban** todos los movimientos de oposición. La represión, sin embargo, se **endurecía** de manera brutal en otros terrenos. En Euskadi, tras el atentado de la calle del Correo de Madrid, ETA **conseguía,** de momento, que fructificara su estrategia de acción / represión.

(...) Los objetivos de Herrero **eran** limitados: quería que se constituyeran un máximo de tres asociaciones políticas. La frontera **estaba** en el marxismo y su ambición mayor **era** conseguir que la Unión del Pueblo Español, en la que **militaban** buena parte de los que serían dirigentes de la futura UCD, como el propio Adolfo Suárez y Rodolfo Martín Villa, aglutinara al centro derecha español para garantizar la estabilidad del país una vez muerto Franco. El mayor problema que **tenía** esa derecha que se **estaba** inventando Herrero consistía en que no **tenía** izquierda a la que enfrentarse: los de la UPE se **veían** a sí mismos como los centristas que se **colocaban** entre las bandas de falangistas que **seguían** reuniéndose en el monte y no **cerraban** la guerra civil, y una derecha que debería estar representada por Fraga, Areilza y Silva Muñoz. Los centristas de la UPE **eran,** en su mayor parte, funcionarios del régimen, aunque habían tenido el buen ojo de fichar a personajes de la vida civil, como Manuel Orantes, Rocío Jurado, Ángel Nieto o el futbolista Gárate, que **simpatizaban** con esta asociación, al igual que Federico Mayor, Emilio Romero, Jesús Fueyo o José Solís".

Vaya en descargo del autor que la combinación de verbos de distintas conjugaciones le evita una reiteración incluso cacofónica, puesto que se alternan los pretéritos imperfectos terminados en "aba" y los terminados en "ía", además de los correspondientes al verbo ser: "era". Si hubiera reiterado el pretérito indefinido —dio, terminó, aprobó—, el texto habría resultado evidentemente aún menos literario. En cualquier caso, adquiere mejor ritmo y más riqueza expresiva el trabajo anterior, el de Victoria Prego, en gran medida gracias a la técnica del presente histórico.

El presente con "ayer". No obstante, el utilísimo plurivalor del presente chirría si al verbo lo acompañamos de adverbios que precisan nítidamente el tiempo en que se produjo la acción. Este error se reproduce en innumerables pies de foto de este tipo:

"Una mujer observa a través de un telescopio, anoche, el cielo de la capital". *(El Mundo,* 24 de agosto de 1996. Sección Madrid).

"Redondo y Alkorta bromean ayer ante Raúl, con Buyo al fondo". *(El Mundo,* 25 de febrero de 1996. Sección Deportes).

"Los escritores que colaboran en *Cuentos de cine* posan ayer en el Círculo de Bellas Artes". *(El País,* 29 de septiembre de 1996. Sección Cultura).

Ojo con el presente mentiroso. Los periodistas deben usar el presente con cuidado cuando, a lo largo de la madrugada —o el espacio que media entre el cierre del diario y la venta en los quioscos—, puede convertirse en un verbo falso.

"... El atentado causó heridas gravísimas al inspector jefe de la policía Enrique Nieto, que permanece en coma profundo en un hospital donostiarra". (*El País,* 20 de agosto de 1995. Aurora Intxausti).

Algunas fórmulas válidas para la radio o la televisión, o para los diarios en Internet, no funcionan en el lenguaje de la prensa de papel. Porque el policía se halla en coma cuando la información se redacta, o se transmite, o se edita con el periódico, pero esa situación puede variar hasta que el comprador lee el diario. Tal vez en ese momento el protagonista de la información, que se hallaba grave, ya ha fallecido, o ha mejorado y no se encuentra en coma, y el lector incluso lo sabe por la radio o la televisión. Por eso hemos de escribir:

"... El inspector jefe de la policía Enrique Nieto, que permanecía anoche en coma profundo en el hospital...".

En cierta ocasión, un conocido personaje del mundo de la cultura agonizaba en un centro médico. El compañero que se hallaba al cierre en la sección correspondiente hizo un titular donde decía: "sigue grave". Esa misma madrugada murió, y la noticia ocupó lugares destacados en todos los noticieros matinales. Pero el periódico se libró del ridículo de llevar a los quioscos el titular "sigue grave" porque un editor rectificó antes: "seguía grave anoche".

Encontramos ejemplos de ese error a menudo, aunque no siempre en casos tan notorios:

"Ayer, al no serle permitido el acceso al estadio, el productor desplazado por TVE a La Coruña reclamó la presencia de un notario, que levantó acta de lo ocurrido. Los tres camiones de Televisión Española desplazados a la ciudad gallega permanecen en los alrededores del estadio de Riazor". (*El País,* 24 de agosto de 1996. Víctor López).

"Hasta el momento, hay 45 personas detenidas, pero otras 70 están pendientes de que concluyan los interrogatorios". (*El País,* 11 de mayo de 1996. José Manuel Calvo).

¿"Hasta el momento" qué momento es?: ¿el momento en que el corresponsal envía su crónica, el momento en que se edita, el momento en que el lector compra el periódico?

Dijo que vendría. El pospretérito existe. Los periodistas suelen plantearse dudas cuando alguno de sus interlocutores o un personaje en el uso de la palabra hablan de algo que ocurrirá después. Se trata de la correcta combinación del pretérito (dijo), el pospretérito (vendría) y el futuro (vendrá). Cuando el periodista se sienta ante su ordenador o dicta al teléfono, el momento en que la persona en cuestión se expresó forma parte ya del tiempo pasado. Por tanto, deberá emplear tiempos como "dijo", "declaró", etcétera. Pero lo que el personaje refirió a un momento posterior al instante en el que estaba hablando podrá ya formar parte del pasado respecto al momento en el que el periodista escribe, o bien continuar en el ámbito del futuro.

Muchos periodistas sólo manejan una fórmula para esos casos: dijo que vendría. Pero con ello pierden la distinción —y la precisión— de referir el "vendría" a un momento anterior o posterior al instante en que el periodista escribe. Para el caso de que el personaje hablante prometiera venir antes de que el informador se sentase a redactar, usaremos "vendría" como verbo más adecuado. Pero si la llegada del declarante se promete para un momento posterior a la redacción de la noticia, el verbo adecuado es "vendrá", y no por ello se produce un problema de concordancia o mala sintaxis. Para verlo más claro, completemos el ejemplo:

— El personaje habla el día 1 del mes. El periodista utiliza el dato como antecedente en una crónica que escribe el día 5 y se publica el día 6. El personaje prometió venir el día 4. La frase adecuada sería "dijo que vendría anteayer" (por supuesto, "anteayer" para el lector).

— El personaje habla el día 1 del mes. El periodista utiliza el dato como antecedente en una crónica que escribe el día 5 y se publica el día 6. El personaje prometió venir el día 7. La frase adecuada sería "dijo que vendrá mañana" ("mañana" para el lector). Y no "dijo que vendría mañana".

La denominación "pospretérito", propugnada por el lingüista Andrés Bello, parece muy acertada para el caso que comentamos, porque distingue la función temporal psicológica de "vendría" respecto de la otra que cumple esa forma verbal, el condicional simple.

Por eso, aunque realmente no suene muy bien, no resulta incorrecto este titular: "Herreros dejó que la historia siga su curso" *(El País,* 23 de septiembre de 1996. Deportes). Evidentemente, se podría haber escrito "siguiera", y no constituiría ningún error (tal vez sonaría mejor), pero la historia sigue su curso en el momento en que leemos la noticia. Imaginemos esta otra frase: "Herreros dejó que la ilusión llegue hasta aquí". Si hubiéramos elegido "llegase" nos estaríamos refiriendo a un momento pasado.

> "Eduardo Serra era partidario de mantener a Perote en prisión hasta que se celebre el juicio". *(El País,* 20 de marzo de 1997, primera página).

Con esos verbos, el periódico nos está diciendo que el juicio aún no se ha celebrado. Si se hubiera empleado "celebrase", el juicio habría terminado ya.

El "cantaras" sin "cantases". A menudo leemos fórmulas como ésta: "Induráin, que ya ganara el Campeonato del Mundo contrarreloj del año pasado, se presenta de nuevo como favorito". He aquí el uso afectado del subjuntivo pretérito "amaras" o "cantaras". Se trata de usos que impiden la alternancia con "cantase" o "amase" (pese a lo cual no falta quien lo usa en esta segunda forma, cometiendo dos errores con una sola palabra: "Como ya ocurriese con Butragueño, la presencia de Michel en tierras aztecas resultó todo un espectáculo". *Marca,* 7 de julio de 1996. José María Pérez).

No resulta difícil toparse con ejemplos:

> "... Demasiado acostumbrados, quizás, a que la Universidad a la que diera nombre (Menéndez Pelayo) se haya convertido en el llamado 'Parlamento del verano', sus académicos han orientado el rumbo de sus saberes hacia disciplinas más académicas". *(El Mundo,* 4 de agosto de 1996, Javier Memba).

"Francisco González adoptó ayer las primeras decisiones desde que, el pasado viernes, fuera designado presidente de Argentaria". *(El País,* 24 de mayo de 1996. J. R.).

"Está a punto de instalarse en el lugar para el que fuera concebido". *(El Mundo,* 8 de septiembre de 1996. Juan J. Luna).

"La que fuera la gran competidora de las industrias francesas e inglesas del sector fue destruida por las tropas del duque de Wellington en 1812 para evitar su competencia". *(El País,* 23 de marzo de 1996. Vicente G. Olaya).

El error consiste en utilizar el imperfecto de subjuntivo con valor de pretérito indefinido o de pluscuamperfecto de indicativo. Según César Hernández Alonso (ponencia sobre lenguaje periodístico presentada en julio de 1996 en un congreso celebrado en la Universidad de Valladolid), "este uso es frecuentísimo en el mundo hispanohablante del otro lado del Atlántico, y aquí ha resucitado con vigor. Se trata de una construcción arcaizante, eufónica e interpretada como culta, de la que se abusa considerablemente. En el fondo, es consecuencia de una imprecisión en el uso de los tiempos del verbo, que presta una referencia de un hecho pasado con matiz dubitativo o indirectamente conocido; y aparece mayoritariamente en la información y comentarios deportivos: 'Cuando se van a cumplir casi nueve meses desde que la Junta asumiera las competencias económicas...' *(El Norte de Castilla,* 29 de abril de 1996). 'Por lo que fueron dados de alta a las pocas horas de que se produjera el accidente' *(El Norte de Castilla,* 2 de mayo de 1996). Juan José Lucas, presidente de Castilla y León, se expresaba así en un reciente discurso: 'Como dijera don Miguel de Unamuno la primera vez que la visitase...' (la ciudad de León)". Vemos en este último ejemplo esos *dos errores en uno* de los que hablábamos en el párrafo anterior.

Según Emilio Alarcos, estos usos "son restos de los primitivos valores de 'cantaras' mantenidos por arcaísmo afectado en la lengua de algunos escritores, o reflejo de los empleos dialectales propios de las zonas leonesas y galaicas. No pertenecen, pues, a la norma moderna del español. Estos casos de 'cantaras' con sentido diferente a 'cantases' son reemplazables en la lengua normal por otras formas verbales más apropiadas: habías cantado o cantó". "A veces", continúa Alarcos, "la igualación normal de 'cantaras' y 'cantases' induce a usar esta última forma en lugar de la primera con su sentido arcaizante: *Cantaron aquel son que tantas veces tocase el Ciego,* en lugar de *había tocado".*

El verbo para la madrugada. De vez en cuando el periodista debe referirse a acciones que para él forman parte del futuro pero que en el tiempo del lector constituirán ya un tiempo pasado. Así ocurre, por ejemplo, con hechos ocurridos en un continente con amplia diferencia horaria respecto al nuestro. El redactor de deportes de un diario de Barcelona puede escribir por la noche una información previa a la final de un torneo de tenis en Estados Unidos que se va a disputar apenas cierre la edición del periódico. Pero el lector comprará su ejemplar cuando la final ya haya terminado. ¿En qué tiempo debemos escribir? No podemos decir "Arantxa jugará la final con molestias en un tobillo" porque eso resultaría de todo punto anacrónico para el lector, que quizás haya escuchado incluso el resultado del partido en los boletines matinales de radio. Y tampoco tendremos ocasión de escribir "Arantxa ha jugado la final con molestias en un tobillo" (poniéndonos así en el tiempo del lector), porque en el momento de redactar la noticia no sabemos con certeza si jugará la final, si no se suspenderá por la lluvia, si las molestias le impedirán presentarse en la pista, si sufrirá un accidente en el camino del hotel a la cancha... Jamás podemos dar por celebrado un acontecimiento si no tenemos la seguridad de que ya ha terminado.

No preocuparse. Para este problema disponemos del futuro para la madrugada, el futuro compuesto: "Arantxa habrá jugado la final con molestias en un tobillo". Esa fórmula de futuro viene connotada por la inseguridad —así ocurre también en "habrán asistido unas mil personas", donde reflejamos poco compromiso con el dato—, pero también por la previsibilidad —"para cuando tú vengas yo ya me habré ido"—, y nunca por la certeza. Y describe perfectamente la diferencia entre el tiempo en que hablamos y el tiempo en que seremos escuchados. Es el futuro para las madrugadas.

Muchos periodistas desconocían este recurso del lenguaje, a tenor de sus dudas con motivo de los Juegos Olímpicos de Sydney.

El gerundio. El gerundio funciona en la oración como un adverbio: modifica al verbo. Comprender esto servirá para no caer en muchos errores. Porque a menudo el periodista cree que el gerundio modifica a otros elementos de la oración, y crea entonces frases chuscas o absurdas. Por ejemplo:

"El ministro llegó con retraso, sentándose en la presidencia".

En efecto, "sentándose" modifica a "llegó", y con esa frase estamos diciendo que el ministro "llegó sentándose", lo que no parece muy posible.

El gerundio modifica al verbo pero con idea de simultaneidad (o, al menos, escasa diferencia temporal entre dos acciones). Podremos decir que "el ministro llegó corriendo", o "el ministro llegó hablando", o "el ministro llegó sonriendo", pero nunca que "llegó sentándose". Primero llegó y luego se sentó. Así que se precisa atención para no incurrir en este error:

"Mucho más bronstoniana, Pilar Rahola ha comparado a Pujol con Moisés y a los catalanes con el pueblo elegido, acusándole a continuación de dejarlo plantado frente a las murallas de Jericó". *(El País,* 24 de febrero de 1996. Maruja Torres).

El gerundio se puede combinar como complemento, pero en ese caso irá acompañado de otros términos adyacentes: "Podrás progresar leyendo mucha literatura", "haciendo eso, terminarás mal". La idea de simultaneidad, no obstante, sigue presente.

Con excesiva frecuencia, los periodistas aplican los gerundios con valores de adjetivo: "Pasó el coche con la bocina sonando". En cambio, podemos escribir: "Pasó el coche haciendo sonar la bocina". Porque en este segundo caso el gerundio complementa al verbo principal. En el anterior, complementa al nombre "bocina", lo que no se adecua a la sintaxis correcta. He aquí un ejemplo de los muchos que se publican con este defecto sintáctico:

"Las declaraciones de Capello a la prensa quejándose de los jugadores que no han llegado han causado los primeros malentendidos". (*El País,* 25 de agosto de 1996, Mabel Galaz).

Vemos que "quejándose" complementa a "las declaraciones", que no cumple el papel de predicado verbal sino nominal.

"El cuponazo se creó en 1987 con un certero lanzamiento publicitario: una cola infinita de personas aguardando ante un quiosco de la ONCE y que se derrumbaron como fichas de un dominó". (*El País Semanal,* 5 de mayo de 1996. Diccionario de Nuevos Términos. Álex Grijelmo).

("Personas aguardando" debió sustituirse por "personas que aguardaban").

Otros casos:

"Un documento de Nueva Izquierda proponiendo encuentros y debates con otras fuerzas políticas ha sido interpretado como una provocación". (*El País,* 13 de diciembre de 1996. Rodolfo Serrano).

"Una serie de documentos conteniendo valiosísima información sobre las obras de arte"... (*El País,* 28 de marzo de 1997. Lola Galán).

"Hay que reconocer, sin embargo, que la opción del PNV formando bloque con Herri Batasuna fue una carga de profundidad...". (*El Mundo,* 12 de enero de 1997. Pedro J. Ramírez).

"... Prohibió incluso la pegada de carteles anunciando la actuación del cantante en un pueblo cercano". (*El País,* 24 de agosto de 1995. Miguel García-Posada).

"Unas declaraciones de Isabel Tocino señalando que ya no hace falta que vayan más voluntarios a Biescas causaron una ola de reprobación". (*El País,* 10 de agosto de 1996. Javier Torrontegui).

A fuerza de su utilización tradicional, la Academia da por bueno el uso del gerundio con función adjetiva en los casos de "hirviendo" (agua hirviendo, por ejemplo) y "ardiendo" (cogió un palo ardiendo). Ambos gerundios se han estabilizado en función adjetiva.

En otras ocasiones, el periodista pretende dar al gerundio el papel de engarce entre dos oraciones, misión para la que no está capacitado y en la que usurpa la función de cualquier otro tiempo verbal:

> "En agosto de 1994, regresó a Francia y entregó a Arizcuren toda la información recabada, siendo probable que entre ella estuviera la fotografía publicada ayer en *Egin*". *(El País,* 20 de agosto de 1995. Sección nacional. Sin firma).

Habrá que tener sumo cuidado también con no usar el gerundio como relativo: "Escucharon al profesor pronunciando la conferencia" (que pronunciaba la conferencia). Porque en esos casos puede entenderse que quienes escuchaban, a la vez estaban pronunciando la conferencia. Lo vemos más claro aquí: "Vieron a los futbolistas corriendo". ¿Quiénes corrían: los que vieron o los jugadores? Es decir, esa misma frase puede significar que alguien vio muy deprisa a aquellos futbolistas, o que los jugadores estaban entrenándose mientras los veían.

Para casos de duda, la solución mejor consiste en suprimir el gerundio y cambiarlo por otra fórmula. Si no tenemos seguridad en el gerundio, dejémoslo y acudamos a otra construcción.

El gerundio admite la compañía de la preposición "en", con la que forma una construcción arcaica pero no por ello inefectiva. "En comiendo me iré". Que no significaría lo mismo que "comiendo me iré". En compañía de la preposición, el gerundio toma el valor de una acción terminada: habiendo comido. El periodista puede utilizar esa fórmula en reportajes de ambiente rural o referidos a otras épocas. Pero chirriaría en un texto noticioso.

El infinitivo audiovisual. En el periodismo audiovisual se ha introducido la manía de usar el infinitivo a la manera de los indios en las películas del Oeste: "Por último, pedir a los conductores que tengan precaución en el regreso de este fin de semana".

Ese empleo, además de incorrecto, no añade nada a la expresión adecuada a la que sustituye: "Por último, pedimos a los conductores...".

Pese a su extendido uso en los telediarios, apenas ha entrado por ahora en el lenguaje escrito. Pero los jóvenes periodistas han de estar prevenidos.

Habría, sería. El condicional francés. Uno de los peores fallos de lenguaje que puede cometer un periodista viene dado por el mal uso del condicional, para hacerlo pasar por una posibilidad o probabilidad informativa. Porque se dan ahí muchos errores a la vez en una sola palabra. Por ejemplo:

> "Es más: la directora general habría detectado que tras ciertas filtraciones que la consideraban dimisionaria estaba alguna larga mano con residencia en un despacho monclovita. Ello habría provocado en la joven directora general un fugaz deseo de retirar la dimisión". *(Tribuna,* 10 de febrero de 1997. Fernando Ónega).

> "Se trataría de monedas pertenecientes a la época de Poncio Pilato, que, al parecer, habrían pasado inadvertidas hasta ahora por los sucesivos investigadores". *(El País,* 17 de abril de 1998. Lola Galán).

> "De ser ciertas estas imputaciones, reforzarían la hipótesis según la cual los GAL habrían sido una laxa organización criminal". *(El País,* 12 de mayo de 1996, Javier Pradera).

> "Los arqueólogos de Túcume manejan la hipótesis de que la momia hallada hace más de una semana en la pirámide La Muralla habría sido una adolescente de unos quince años". *(El Comercio,* de Lima, 1 de mayo de 1998).

(Doblemente innecesarios estos tres últimos "habrían", puesto que ya se está hablando de hipótesis y de "al parecer").

"Los inciertos resultados electorales del 17 de noviembre y las numerosas acusaciones de fraude que habrían propiciado Milosevic y los comunistas son la cobertura de una indignación creciente". *(Abc,* 9 de diciembre de 1996. Editorial).

"José María Aznar negó ayer en Roma que su política respecto a Cuba esté dictada por EE UU o responda a la devolución de un favor al exilio cubano por la ayuda financiera que éste le habría prestado en su última campaña". *(El País,* 17 de noviembre de 1996, José Miguel Larraya).

"López Arriortúa se habría llevado documentos estratégicamente relevantes sobre avances tecnológicos e industriales de General Motors". *(El País,* 16 de diciembre de 1996. Editorial).

"Pero Amedo fue más lejos. Puso al juez sobre la pista de unos empresarios que habrían donado ese dinero". *(El País,* 23 de marzo de 1996, Francisco Mercado).

Lo que se está diciendo con esas frases difiere mucho de lo que se quiso decir. Porque realmente se asegura que Amedo habla de unos empresarios que se plantearon donar un dinero pero finalmente no lo hicieron: "Habrían donado ese dinero... si hubiesen podido". Es decir, implica la seguridad de que no ocurrió así. Y lo que se quiere decir consiste en que tal vez unos empresarios donaron dinero. Por tanto, una probabilidad. En otro de los ejemplos se cae en el absurdo, porque plantea que Aznar agradece un favor que en realidad no se le hizo. "Ayuda que le habrían prestado".

Otros casos:

"Según una opinión que comparten muchos ecologistas, la naturaleza acaba pasando factura de toda modificación del entorno, y esa canalización habría agravado ahora los efectos de la riada". *(El País,* 18 de agosto de 1996. Editorial).

"Para Egibar, detrás de esa designación habría sectores 'de la derecha y el Opus' presionando para colocar un obispo afín a su ideario". *(El País,* 24 de agosto de 1995. Aitor Guenaga).

"Hallan el poema épico más antiguo del mundo. Habría inspirado la leyenda de Noé". *(El Comercio,* de Lima, 17 de noviembre de 1998. Título y antetítulo de primera página).

"La justicia federal ya comenzó a investigar si algún funcionario público u organismo oficial es el autor del rastreo de llamados y la intervención ilegal que se habrían hecho sobre los teléfonos del fiscal Carlos Stornelli". *(Clarín,* de Buenos Aires, 17 de noviembre de 1998. Gerardo Young).

A veces estos errores emergen con toda la contradicción de sus palabras vecinas, como cuando se dice: "Según fuentes seguras, el ministro habría llegado a presentar su dimisión". Primero se dan garantías sobre las fuentes y luego se desconfía de ellas. En otras ocasiones, alguien asegura algo... pero no tanto:

"La denuncia de Stornelli se apoyó en un artículo del diario *La Nación,* donde se aseguró que algunos funcionarios públicos habrían tenido acceso a un estudio del sistema Excalibur —un procesador de datos de alto poder— que habrían puesto a trabajar para que analice [analizase] los llamados salientes y entrantes de la casa de Stornelli". *(Clarín,* de Buenos Aires, 17 de noviembre de 1998. Gerardo Young).

Para hacernos mejor idea de estos errores, tomemos esta frase: "Me habría gustado ir". No queremos decir en ella que es probable que nos gustara ir, sino que no fuimos.

El error se repite muchas veces también en el tiempo simple: "El Ministerio de Agricultura estaría estudiando, según fuentes seguras, una nueva política ganadera".

"... Este segundo grupo también estaría guiado por los temibles interahamwes" *(El País,* 25 de noviembre de 1996, Ramón Lobo).

"Identificado el autor del mayor fraude de la historia de la paleontología" (título). "Martin A. Hinton, que fue conservador del departamento de zoología del Museo de Historia Natural de Londres entre los años 1912 y 1945, sería el autor de la célebre broma del hombre de Piltdown, unos restos óseos que fueron considerados el eslabón perdido de la evolución de la humanidad". (*El País,* 24 de mayo de 1996. Traducido de un teletipo de France Presse).

"Determinados sectores estarían presionando para la designación del obispo de Palencia". (*El País,* 24 de agosto de 1995. Aitor Guenaga).

Pero no nos hallamos sólo ante un error sintáctico. También ante un error informativo. A menudo, el uso de este verbo —y de otras expresiones que pueden sustituirlo, como "al parecer", "tal vez", "probablemente", "posiblemente"...— no hace sino demostrar ante el lector que el periodista no está seguro de lo que dice, que traslada un rumor y no una información comprobada. Lo cual resta crédito al redactor y al periódico.

El *Libro de estilo* de *El País* siempre ha condenado este uso perverso. Uno de sus apartados reza:

"La fórmula auxiliar 'habría' o el potencial en general (simple o compuesto) no deben emplearse para expresar inseguridad o rumor. Dos ejemplos incorrectos: 'Fuentes de la Moncloa señalan que el ministro estaría preparando la ley' (así, sin verbo en subjuntivo que apoye esa oración); 'según estas fuentes, habrían muerto 10 personas'. En perfecto castellano, esto equivale a decir que no murieron, pues con arreglo a la gramática el potencial en pasado refleja una acción que pudo ocurrir y finalmente no se realizó".

Sin embargo, algunos de sus redactores, como hemos visto, siguen refugiándose en esa fórmula para encubrir sus inseguridades. Que, no obstante, quedan al descubierto.

¿Cómo resolver estos problemas? Muy sencillo: si algo nos parece a nosotros de una determinada manera, traslademos la información que nos hace interpretarlo así, y no la interpretación misma. Si un subsecretario nos cuenta que tiene indicios de que el ministro prepara una nueva política, no demos un paso más allá: "El ministerio estaría preparando...". Quedémonos en lo que sabemos: "Fuentes de Agricultura sospechan que el ministro está preparando...". Así trasladaremos información veraz y no suposiciones que además implican incorrección gramatical. Nunca hay que ir más allá de lo que se sabe con certeza.

Confusión total. Poco a poco, el mal uso de los verbos lleva hacia una gran confusión a los jóvenes periodistas, hasta el punto de mezclar el significado de "sería" con el de "habría sido". Cada uno de ellos tiene su misión en el idioma. Vemos un ejemplo en este titular de un suplemento *Tentaciones*, de *El País:*

> "Especial 20.º aniversario de *El País:* ¿Cómo sería el *Tentaciones* de 1976?".

Leído así, parece que se refiere a un año futuro. Por eso debió escribirse: "¿Cómo habría sido el *Tentaciones* de 1976?". Lamentablemente, los usos erróneos de estas dos formulaciones verbales —habría y sería— nos llevan a desatinos como ése, porque los periodistas ya no saben qué significa cada tiempo.

Buena prueba de las dudas a que se ven abocados por enredarse con este tiempo inadecuadamente la ofrece el hecho de que a menudo no se puede mantener en un desarrollo largo. Y por ello se escribe un "habría" al principio, tal vez alguno más a continuación y finalmente se vuelve a la querencia natural del castellano, porque su genio interno no puede soportar tamaña adulteración:

> "Según la prensa holandesa, el jugador habría coincidido con Cheryl hace unas semanas cuando disfrutaba de unas vacaciones en Surinam, encuentro que habría sido observado por una amiga de la chica, quien avisó por teléfono al novio de Cheryl. Éste, Benito Revales, que trabajaba como guardia de seguridad en el aeropuerto de Shiphol, en Amsterdam, mantuvo una fuerte discusión al regreso de la joven". *(El Mundo,* 3 de agosto de 1996. Amadeu Altafaj).

Al principio, el periodista intenta dar como inseguros determinados hechos. Pero enseguida utiliza verbos que cambian el tono de la información. El futbolista al que se refiere (Clarence Seedorf) "habría" coincidido con una mujer y "habría" sido observado por otra persona, y ésta "avisó" enseguida de lo ocurrido, por lo cual lo que se cuenta pasa de probable a cierto sin miramiento alguno. Si al menos se hubiera escrito que la amiga cotilla "dio esa versión", o "contó los supuestos hechos"...

La confusión que acaba generando el mal uso de los potenciales la vemos en el siguiente ejemplo, donde un periodista huye del "habría" seguramente por no dar a entender una duda. Cuando debió emplearlo sin complejos:

> "... Puede observarse que sólo un 61,5% de quienes afirman haber votado a esta formación en marzo de 1996 lo harían [lo habrían hecho] de nuevo a esta formación si se hubiesen celebrado elecciones en el mes de octubre pasado. Un 1,4% cambiaría su voto al PP y un 8,9% asegura que lo cambiarían a favor del PSOE". *(El País,* 6 de enero de 1997. Javier Casqueiro).

El grupo "lo harían de nuevo si se hubiesen celebrado elecciones en octubre pasado" carece de concordancia. La lógica dictaba "lo habrían hecho de nuevo si se hubiesen celebrado elecciones en octubre pasado". Porque "lo harían" nos remite a una eventualidad futura, no a una posibilidad incumplida en el pasado. Y lo mismo en las últimas oraciones, donde se debió escribir: "Un 1,4% habría cambiado su voto al PP y un 8,9% asegura que lo habría cambiado a favor del PSOE".

El periodista termina como víctima, pues, del propio *dialecto* que ha ido imponiendo la profesión en su conjunto (afortunadamente, aún se puede arreglar). Pretende huir de un verbo que le suena a "no confirmado" porque dispone de datos fehacientes (además de una información exclusiva sobre una interesante encuesta del CIS). Pero cae en un error gramatical.

Dos infinitivos juntos. Un fallo estilístico que se comete a menudo viene dado por la colocación de dos infinitivos juntos. Porque el lenguaje tiende a la economía, y toda reiteración —de significado o fonética— redunda en ruido a no ser que se busque algún efecto especial (y se consiga). En el caso de los dos infinitivos seguidos, la mayoría de las veces se puede eliminar el primero. Efectivamente, nos encontraremos ante casos en que resulte imposible tal supresión —sobre todo si uno de los dos verbos toma la forma reflexiva—, pero en esos supuestos siempre se podrá optar por una redacción diferente que evite esta redundancia de forma.

"Y en España hemos visto, no hace mucho, el espectáculo bochornoso de unos pobres africanos ilegales a los que la policía narcotizó para poder expulsar sin que hicieran mucho lío". (*El País,* 25 de agosto de 1996, Mario Vargas Llosa).

Pasemos por alto la incorrecta expresión "africanos ilegales" (¿acaso no reunían los requisitos establecidos para ser africanos?) y centrémonos en los dos infinitivos. Sin duda, se podía haber suprimido el primero redactando la frase de este modo: "... el espectáculo bochornoso de unos pobres africanos ilegales a quienes la policía narcotizó para expulsarlos sin que hicieran mucho lío". Vemos que el verbo "poder" queda implícito en el sentido de la frase. Un caso más:

"La fianza para poder iniciar la fiesta taurina se mide en función del aforo de las plazas donde se celebre el festejo". (*El País,* 23 de marzo de 1996. José Manuel Romero).

También pueden leerse a veces ¡tres! infinitivos seguidos:

"En su afán de querer hacer aparecer al presidente Fujimori como un campeón de la democracia...". (*El Comercio,* de Lima, 1 de mayo de 1998. Francisco Igartua).

(Se añaden otros ejemplos en el apartado de redundancias).

Debiera o debería. La posibilidad que ofrece el verbo "deber" de conjugarlo con "debiera" y también con "debería" plantea muchas dudas a los periodistas. Y han de saber que las dos fórmulas encajan perfectamente en el idioma actual, aunque "debiera" tenga una vitola arcaizante. Y que valen también en los verbos "querer" ("quisiera" y "querría") y poder ("pudiera" y "podría").

El error temido que inclina a tal duda consiste en que si se amplía esa doble posibilidad a otros verbos incurriremos en un uso incorrecto y afectado: "Si encontrase la llave, se lo abriera".

No obstante, el uso del subjuntivo pretérito se ha fosilizado en algunas frases muy concretas y que se pueden usar sin miedo: "Otro gallo nos cantara", "dijérase que la calle había desaparecido".

El impersonal catalán. Una formulación dialectal de las oraciones formadas con verbo impersonal las hace conjugarse en plural, cuando el verbo impersonal es por definición singular: "Habían muchas personas en la manifestación".

> "Pasamos por la calle de la Cera, y va señalando: 'Ahí habían unos billares cojonudos. Mira, aquí nació Manolo Vázquez Montalbán'". (*El País Semanal,* 27 de abril de 1996. Conversación de Maruja Torres con Joan Manuel Serrat).

> "Francesco Pulido afirmó: 'El césped estará en mejores condiciones en septiembre. Estoy seguro de que si hubieran calvas no se levantaría'". (*Marca,* 24 de agosto de 1995. Luis F. Rojo).

Esta variedad se da frecuentemente en Cataluña, Comunidad Valenciana, Baleares, Canarias y muchos países hispanoamericanos, entre otros lugares.

La norma culta aconseja escribir "había muchas personas en la manifestación", "aquí había unos billares cojonudos"; pero se hace preciso entender que en el lenguaje hablado del entorno personal resultará muy difícil corregir esa tendencia en quienes la tengan adquirida desde la infancia. Sin embargo, sí ha de cuidarse a la hora de escribir (el lenguaje escrito se construye con reflexión), a no ser que se pretenda reproducir el modo de hablar de nuestro entrevistado (para lo cual cada libro de estilo o cada periódico tienen su criterio: unos corrigen los defectos de habla para no aburrir a los lectores y otros prefieren reproducir las declaraciones textuales).

El impersonal, por definición, no tiene sujeto. Por tanto, debe extremarse también el cuidado cuando se emplea la expresión "se trata de", porque sólo podrá estar acompañada de complementos:

> "... En la calle de García Salazar de Bilbao había un paquete sospechoso que podría tratarse de una bomba". (*El País,* 23 de febrero de 1996, Aitor Guenaga).

El relativo "que" actúa equivocadamente ahí como sujeto: el paquete sospechoso podría tratarse de una bomba. En este caso, se arreglaría la frase incorrecta si escribiéramos: "... había un paquete sospechoso y podría tratarse de una bomba".

Una ese que sobra. Si en el apartado anterior sobraba una ene —habían, había—, en éste se escribe una ese de más. Hablamos de la segunda persona del pretérito indefinido de indicativo: "Amaste", "cantaste", "reíste", "hiciste", porque a menudo escuchamos "amastes", "cantastes", "reístes", "hicistes".

> "Valdano, sancionado por decir al árbitro: 'Te cagastes'". (Titular de *El País,* 26 de agosto de 1995. Deportes).

Añadir esta ese final constituye un vulgarismo en el que muchas personas caen al hablar, pero que nunca se debe reproducir en el periódico salvo que se quiera dar énfasis al error ajeno (como tal vez sucediera en el ejemplo anterior; y si no fue así, el periodista incurrió en doble responsabilidad, porque quizás lo puso en boca de Valdano sin que éste lo pronunciara).

Intransitivos, transitivos. Los verbos transitivos tienen complemento directo. Los intransitivos carecen de él. Algunos transitivos, no obstante, pueden conjugarse con o sin complemento directo. Los intransitivos, sin embargo, no pueden elegir.

> "Cruyff reivindica a su grupo y Arsenio reprocha al suyo". *(El País,* 11 de febrero de 1996. Titular de la sección Deportes).

Cualquiera con un conocimiento básico del idioma se preguntará: ¿Reprocha... qué? En efecto, el verbo reprochar precisa complemento directo, y en ese titular se cometió un error sintáctico de bulto al no haberlo explicitado. Su lugar debieron ocuparlo el verbo "criticar" o el verbo "censurar". Porque reprochar se inserta en la oración acompañado sólo de complemento indirecto ("al suyo"). Esto sí habría resultado correcto: "Cruyff reivindica a su grupo y Arsenio critica al suyo".

El principal error —por su reiteración— se suele cometer con el verbo "cesar", que siempre ejerce como intransitivo si se escribe correctamente. Para entenderlo cabalmente, comparémoslo con el verbo "entrar": yo puedo entrar en una habitación, pero no ser entrado en ella; o el verbo "nacer": uno puede nacer, pero no nacer a otro. Igualmente, un ministro puede cesar en su cargo, pero no cesar a un subsecretario. En todos estos casos, deberán emplearse, por ejemplo, los verbos "meter" o "introducir"; "parir", "alumbrar" o "dar a luz"...; y "destituir", "relevar", "despedir"...

> "Zabalza, cesado en Osasuna tras caer en Albacete". *(El País,* 3 de marzo de 1997, titular de Deportes).

> "El Gobierno aprueba un plan de medidas genéricas dirigidas a aflorar nuevas bolsas de fraude fiscal". *(El País,* 6 de julio de 1996, titular de la sección Economía).

En el primer ejemplo se pudo arreglar sin añadir más letras (se trata de un titular muy ajustado), de este modo: "Zabalza cesa en Osasuna tras caer en Albacete". En el segundo caso, "aflorar" se convierte por error en transitivo. Precisamente su significado implica que algo sale a la superficie por sí mismo ("afloran las razones de aquel desastre"). Debió escribirse así (también sin añadir letras, al sustituir "dirigidas a" por "para"): "El Gobierno aprueba un plan de medidas genéricas para que afloren nuevas bolsas de fraude fiscal".

No hay más fórmula de evitar estos errores que leer mucho y tener el oído dispuesto para analizar el idioma. Reproducir aquí la lista de verbos transitivos e intransitivos carecería de utilidad, por su gran extensión. En cualquier caso, el Diccionario de la Real Academia precisa siempre si se trata de un verbo intransitivo o no. En caso de duda, acudamos a él.

Verbos pronominales. Algunos verbos precisan una conjugación reflexiva o pronominal (es decir, con un pronombre), o al menos con un complemento directo. Así ocurre, por ejemplo, con el verbo "entrenar". No podemos escribir "entreno esta mañana". Para empezar, porque nos abriría una duda: ¿me entreno yo o entreno a otros? Así, escribiremos correctamente "me entreno esta mañana" o "esta mañana entreno al equipo". Porque manejamos un verbo cuya acción ha de recaer necesariamente sobre alguien. Lo mismo ocurre con el verbo "incautarse" —que se conjuga igual que "apropiarse"—, como se ve un poco más adelante. Pero atención, "aferrar" sí ofrece las dos posibilidades, y este ejemplo es correcto:

> "'Mejor nos quedamos en el autobús', dice un turista nórdico aferrando a sus hijos". *(El País,* 1 de diciembre de 1996. Juan Carlos Gumucio).

Ojo a los irregulares. No parece habitual, pero un error de este tipo destroza la mejor información:

> "Nada de esto hubiera ocurrido si los obispos españoles no andaran soliviantados". *(El Mundo,* 27 de octubre de 1996. José Manuel Vidal / Flora Sáez).

El verbo "andar" se presenta como el irregular más conocido, y por eso chocan mucho los errores cometidos al escribir "andaran" en lugar de "anduvieran", o "andé" en lugar de "anduve". Otros verbos, en cambio, pueden pasar más inadvertidos:

> "Distinto era que le placiese al público". *(El País,* 2 de junio de 1996. Joaquín Vidal).

El verbo "placer" —además de un transitivo inapelable— se conjuga como irregular, y en esa frase correspondía escribir con mejor estilo "le pluguiese". Igual que se dice "bebió cuanto le plugo" y no "bebió cuanto le plació". Puede haber quien piense, no obstante, que se trata de fórmulas un tanto amaneradas.

Con el verbo "predecir" y sus tiempos también se producen dudas a veces:

> "Una nueva red de medidores predecirá la contaminación de los días siguientes". *(El País,* 28 de diciembre de 1996. Título de la sección Madrid).

Debió escribirse "predirá", "preverá", "anticipará"...

"Que se abuela". Los verbos defectivos —a diferencia de los irregulares— no se conjugan en todos los tiempos, sino sólo en algunos. He aquí uno de los defectivos más empleados en la prensa (lamentablemente): agredir. Sólo se conjugan los tiempos con "i": agredió, agredía, agredieran... Aunque muy extendido —y tolerado—, el uso de la tercera persona del presente de indicativo no se corresponde con el buen gusto estilístico:

> "Un perro agrede a unos escolares". (Agencia Stonepress, 27 de octubre de 1995).

"Abolir" es otro de los verbos defectivos que causan complicaciones a los periodistas, y sigue la misma regla que "agredir".

Cuéntase que en las Cortes republicanas se suscitó un debate sobre la pena de muerte. Y que unos diputados comenzaron a gritar: "¡Que se abola, que se abola!". A lo que otros respondían: "¡Que se abuela, que se abuela!". Y entonces Manuel Azaña, un buen conocedor del idioma, saltó con voz clara: "¡Que se abolezca!". Tal solución partía de una analogía con el verbo "aborrecer", similar en ese caso a "abolir". Pero tampoco acertó Azaña. Sí lo habría hecho el diputado que hubiese exclamado: "¡Que sea abolida!". Pero nadie conjugó el verbo así.

Las gramáticas y los diccionarios de dudas suelen incluir la lista completa de verbos irregulares y defectivos. El periodista hará bien en tener esos libros a mano.

El verbo con preposición

Queísmo y dequeísmo. El "de que" no siempre chirría. Muchos periodistas dudan ante las preposiciones que rigen determinados verbos. El principal problema nace en lo que se llama ultracorrección —tanto como decir bacalado en lugar de bacalao—, al huir de las palabras "de que" —incorrectas en muchos casos, como incorrectos resultarían los participios terminados en "ao"— y no aplicarlas en los casos en que sí se deben emplear (lo dicho: bacalado).

Así, no podemos escribir "comprendo *de que* esto es así"; pero también constituye un error la expresión "estoy seguro que" (hay que decir "estoy seguro de que"), o "me enteré que venías" ("me enteré de que venías"), o "informó que mañana se reunirán" (fórmula correcta: "informó de que mañana se reunirán"). Por evitar el supuesto error del dequeísmo se incurre en la equivocación cierta del queísmo.

> "Estoy seguro que estas consideraciones de Eco representan una respuesta explícita". *(El País,* 22 de septiembre de 1995, Juan Arias, defensor del lector).

> "Pero estoy seguro que si los clientes se enteran del nuevo local se van". *(Extra,* de La Paz, Bolivia, 27 de agosto de 2000. E. L.).

> "Se enteró que a él lo que verdaderamente le gusta no es ella". *(El Mundo,* 1 de diciembre de 1996. Jaime Peñafiel).

> "La chica, Ángela, se enteró que él, Mark, llevaba pocos días en España". *(El País,* 18 de julio de 1996, Ana Alfageme).

> "Esa visita fue para asegurarse que los directores entreguen los informes". *(El Nuevo Día,* de Puerto Rico, 12 de noviembre de 2000. Sandra Caquías).

Las fórmulas correctas eran "estoy seguro de que", "se enteró de que" y "asegurarse de que".

> "Nadie dentro de la familia olímpica duda que conseguirá un nuevo mandato". *(El Mundo,* 4 de agosto de 1996. Pedro J. Ramírez).

El director de *El Mundo* debió escribir "duda de que".

> "De lo que no existe duda es que tanto a las sectas como a las religiones oficiales el ciudadano puede y debe juzgarlas por sus frutos". *(El País,* 7 de julio de 1996. Juan Arias).

Debió escribirse "de lo que no existe duda es de que". En los siguientes casos también falta la preposición:

> "Me da la impresión que en su cerebro, tan bien amueblado, se ha introducido el virus del adiós". *(Diario 16,* 18 de julio de 1996. Osvaldo Menéndez).

> "Aranda informó por escrito a Bueren que Gordillo dejaba el 'caso Lasa Zabala'". *(El Mundo,* 6 de agosto de 1996. Titular de España).

Un truco. La proliferación del dequeísmo incorrecto, pues, ha ocasionado una huida irracional de toda fórmula *de que* sin reparar en nada más. Pero unos verbos llevan obligatoriamente la compañía de esas dos partículas, mientras que a otros les repugna. ¿Cómo averiguar cuándo corresponde una fórmula *de que?* Muy sencillo: Hagámosle la pregunta al verbo. Si tenemos la tentación de escribir "estoy seguro que" y nos asalta la duda al respecto, preguntémonos: ¿qué estoy seguro? ¿de qué estoy seguro? El sonido de la pregunta nos dará la respuesta adecuada. Evidentemente, desecharemos enseguida la pregunta ¿qué estoy seguro?

Con la preposición "de" se cometen otros errores también:

— El verbo "incautar" necesita la preposición "de": "La policía se incautó de un alijo". Por tanto, se debe emplear como "apropiarse": reflexivo y con preposición. O como "apoderarse". A menudo se olvida la preposición en cualquiera de estos verbos.

"Los atracadores se apoderaron las sacas y obligaron a los carteros a que se dirigieran a los lavabos". *(El Mundo,* 21 de octubre de 1996. Gabriel Cruz).

La preposición cambia el significado. En algunas ocasiones, la preposición que sigue al verbo puede cambiar el significado de éste ("María trata de impedirlo", "Juan trata poco a Luis"). Así ocurre con dos de los más usados en la prensa: "deber" y "advertir", donde la presencia o ausencia de preposición modifica oraciones aparentemente iguales.

"Juan debió hacer esto" no significa lo mismo que "Juan debió de hacer esto". En el primer caso se refleja obligación. En el segundo, probabilidad. Se trata de una diferencia que se va desvaneciendo en el lenguaje oral (tal vez nunca estuvo lo suficientemente arraigada). Algo lamentable, puesto que en ese caso se pierde riqueza expresiva.

Advertir que, advertir de que. "Juan advierte que se acerca Luis" no significa lo mismo que "Juan advierte de que se acerca Luis". En el primer ejemplo transmitimos que Juan se apercibe de que Luis se acerca. Mientras que en el segundo caso Juan nos avisa de la aproximación de Luis como si de ella se pudiese derivar alguna consecuencia.

"El Gobierno advierte que el consumo de éxtasis puede acabar con 'la generación del siglo XXI". *(El Mundo,* 6 de agosto de 1996, titular en Sociedad).

Evidentemente, nos encontramos ante un aviso, y no sólo una percepción del Gobierno. Al editor le faltó la preposición "de" tras el verbo "advierte".

"Pujol insiste en que no hay acuerdo, mientras el PP advierte que no se puede negociar eternamente". *(El País,* 22 de abril de 1996. Titular de España).

"Aznar advierte que no va a aceptar comportamientos incorrectos del Cesid". *(El Mundo,* 5 de abril de 1998. Principal título de la primera página).

"Aznar advierte que 'todos los de ETA y HB acabarán en la cárcel'". *(El Mundo,* 10 de mayo de 1998. Principal título de la primera página).

"Estados Unidos advierte que el ataque a Irak será significativo". *(El Nacional,* de Venezuela, 1 de febrero de 1998).

"La oposición advierte que puede paralizar toda Serbia". *(La Vanguardia,* 6 de enero de 1997. Titular de Internacional).

"Sociedad de Minería advierte que se paralizará la inversión". *(El Comercio,* de Perú, 14 de julio de 2000).

Lo más correcto habría sido escribir en todos estos casos "... advierte de que".

En síntesis, el uso más adecuado es el siguiente:

Advertir de que:

1.— Cuando equivale a avisar: avisar de algo, avisar de que pasa algo. Advertir de algo, advertir de que pasa algo.

Advertir que:

1.— Cuando equivale a notar: notar algo, notar que pasa algo. Advertir algo, advertir que pasa algo.

2.— Cuando constituye una admonición, y equivale a ordenar: te ordeno que no hagas nada. Te advierto que no hagas nada.

Si tenemos la frase "el entrenador advirtió a sus jugadores que deben bombear balones sobre el área", tal vez dudemos sobre la fórmula que debemos emplear.

Para resolver tal duda podemos emplear estos trucos:

1. Poner la oración en pasiva: "Los jugadores son advertidos por el entrenador de que deben bombear balones sobre el área". (Nunca escribiríamos "los jugadores son advertidos que deben bombear balones"). El complemento directo de la oración anterior pasa a ser sujeto, lo que no podría ocurrir en la fórmula equivocada: "El entrenador advirtió que deben bombear balones", "que deben bombear balones fue advertido por el entrenador". Porque en este último caso significaría "notar". Por tanto, la frase "el entrenador advirtió de que deben bombear balones" no se podría pasar a la voz pasiva, al carecer de complemento directo; papel que no cumple "bombear balones" (se trata de un complemento circunstancial: el entrenador [les] advirtió acerca de que deben bombear balones; les advirtió sobre ello).

2. Hacer la pregunta al verbo, como hemos indicado más arriba: ¿De qué les advirtió? O bien: ¿Qué advirtió? (en este último caso equivaldría a notar).

3. Cuando se trata de una admonición, y se emplea, por tanto, "advertir que", el segundo verbo se expresa en subjuntivo: "Te advierto que no me grites". "Te advierto que firmes el pacto". "Le advirtió que no le gritara". "Le advirtió que firmara el pacto". "Les advirtió que bombearan balones".

Por tanto, sería equivalente a "notar":
"Advirtió que venía en tren".

Sería equivalente a "avisar":
"Advirtió de que venía en tren".

Y sería una admonición, equivalente a ordenar:
"Le advirtió que viniera en tren".

Desde 1998, los periódicos españoles suelen cometer menos este error, y escriben correctamente:

> "El Instituto Nacional del Cáncer de EE UU advierte de que la cura del mal aún está lejos". (*El Mundo,* 6 de mayo de 1998. Titular de Sociedad).

"También le advirtió Chaves en su día de que no eran las primarias un concurso de belleza". *(El País,* 10 de mayo de 1998. Fernando G. Delgado).

"El PSOE advierte de que el Congreso examina hoy a Aznar y no a Borrell". *(El País,* 12 de mayo de 1998).

No obstante, se pueden hallar casos anteriores a esas fechas:

"Chirac y Major advierten de que puede reabrirse la crisis de las vacas locas". *(El País,* 23 de junio de 1996. Sección Internacional).

"Bruselas advierte al Gobierno de que deberá indemnizar a Canal Satélite por la ley digital". *(El Periódico de Catalunya,* 11 de junio de 1997. Primera página).

"IC advierte de que las urnas castigarán la política de IU". *(El Periódico de Catalunya,* 5 de julio de 1997).

Aunque poco frecuentes, en la prensa se pueden leer casos de equivalencia con "ordenar" (la admonición; pero en este caso se deduce que, a diferencia de lo que ocurre con "ordenar", el uso de "advertir" implica una amenaza: se sugiere que habrá alguna consecuencia en caso de incumplimiento):

"Acebes advierte al Consejo del Poder Judicial que no se inmiscuya en el indulto a Liaño". *(Diario 16,* 14 de diciembre de 2000).

Podemos considerar tolerable la supresión del "de que" cuando la frase incluye un complemento acusativo, puesto que en ese caso la confusión entre "avisar" y "notar"queda más lejana:

"Chirac y Major advierten a sus homólogos europeos que puede reabrirse la crisis de las vacas locas".

Habrá quien defienda que la actual tendencia del lenguaje marcará definitivamente la pérdida de la expresión "advierte de que".

Si así acaba ocurriendo, habremos perdido también riqueza expresiva y precisión. Porque la diferencia entre "advertir que" y "advertir de que" añade información.

En cualquier caso, y aunque este aspecto ha promovido no pocas polémicas, podemos establecer que el uso de "advertir de que" nunca es incorrecto si equivale a "avisar".

Cada preposición, con su verbo. El uso de preposiciones tras determinados verbos dista de funcionar aleatoriamente. Muchos tienen marcada claramente la preposición que ha de acompañarlos.

> "Todo ello servirá para conocer al segundo la gente que va subida al vehículo". *(El País,* 14 de abril de 1996. Sección Madrid).

No habría nada que reprochar a "subió al vehículo"; pero el participio no da idea de dirección o itinerario, sino de hecho terminado: subido en el vehículo.

A veces un mismo verbo puede ir acompañado por distintos tipos de preposiciones, en cuyos casos varía de significado. Así, por ejemplo, sucede con el verbo relacionar: relacionar con, relacionar a. Pero no se pueden intercambiar entre sí:

> "El nombre del ente televisivo se está relacionando a diversas entidades futbolísticas". *(Marca,* 24 de agosto de 1995. Antetítulo).

Evidentemente, se trata aquí de "relacionar con", y no de "relacionar a". El nombre de esa televisión, concretamente Antena 3, era relacionado *con* algunos equipos. Parece claro que el autor se dejó llevar por el verbo "vincular" y dio a "relacionar" sus mismas propiedades sintácticas.

(Sucede en muchas ocasiones que se otorga a un verbo la preposición que corresponde a otro de igual significado. Pero igual contenido semántico no implica igual funcionamiento sintáctico).

Tampoco significa lo mismo "discrepar de" que "discrepar con". El siguiente error corresponde a un gran escritor:

> "Sigo leyendo lo que escribe y confirmando, libro tras libro, aunque discrepo con sus juicios, esa alta opinión". *(El País,* 2 de junio de 1996. Mario Vargas Llosa).

Vargas Llosa quiere decir que discrepa de esos juicios. Si discrepara con ellos, estaría de acuerdo con el autor al que se refiere, frente a un tercero en desacuerdo. No vale lo mismo "yo discrepo de ti" que "yo discrepo contigo".

> "Fran se ha involucrado más con la nueva idea de juego". *(El País,* 24 de agosto de 1995. José Miguélez).

La partícula *in* de involucrarse pide la preposición "en". Si, utilizando el mismo truco explicado más arriba, le preguntamos al verbo, veremos cómo salir del apuro: ¿con qué se involucra? ¿en qué se involucra? En el primer caso, estaríamos diciendo que Fran se involucra *en* algo *con* algún objeto. En el segundo, estaríamos diciendo lo que queremos decir.

> "El nuevo Madrid se presentará oficialmente el martes en el estadio Bernabéu con un espectáculo de luz y sonido en el que tendrán las puertas abiertas todos los aficionados". *(El País,* 18 de julio de 1996. Mabel Galaz).

Los aficionados no tendrían las puertas abiertas "en el espectáculo", sino "al espectáculo" o "para el espectáculo". Si tienen las puertas abiertas "en el espectáculo" será para salir, no para entrar.

El mismo truco. Como hemos visto anteriormente, en estos casos se pueden resolver también las dudas haciéndole la pregunta al verbo: ¿A quién se relaciona el ente futbolístico? ¿Con quién se relaciona el ente futbolístico?

Si dudamos, por ejemplo, sobre la preposición que rige el verbo "entrar" en el sentido en que deseemos utilizarlo, preguntémosle a nuestra frase: ¿A qué tienen que entrar? ¿En qué tienen que entrar? Y eso nos dará la pista para escribirlo bien.

Dos verbos con distinta preposición. Puede ocurrir que deseemos escribir juntos dos verbos que rigen preposiciones distintas. Y tendremos un problema. Como éste:

"El escritor se refiere y analiza aquellos años".

Eso no funciona sintácticamente. En estos casos, acudamos a los pronombres:

"El escritor se refiere a aquellos años y los analiza".

"Trabajé muchos años y aprendí mucho de Emilio Romero". (*El País,* 20 de diciembre de 1996. Declaraciones de Juan Luis Cebrián en la sección de Cultura, al hablar de sus maestros).

Así transcrita la oración (cuyo autor quiere expresar que trabajó muchos años con Emilio Romero, no que ya ha trabajado muchos años él), "trabajé" se queda sin su preposición correspondiente (con), y la frase cojea.

En casos así, insistimos, nos puede sacar de apuros la fórmula de acudir a los pronombres:

"Trabajé muchos años con Emilio Romero, y aprendí mucho de él".

Pueden situarse dos preposiciones juntas. Ya analizaremos en el capítulo relativo a cada preposición, al referirnos específicamente a la partícula "a", que en principio nada impide que dos preposiciones se coloquen seguidas si ello nos añade valor expresivo: "Voy a por el dinero", "lo recogí de entre los escombros", "saltó por entre las flores".

Y mucho menos temor debe infundirnos que se junten dos preposiciones cuando una de ellas viene obligada por el verbo que se ha utilizado. No se deben evitar, aunque se haya extendido el error de que eso resulta de mal estilo.

"Hay que leer *Tentaciones* no sólo para enterarse por dónde van los jóvenes, sino por dónde van los tiros". (*El País,* 11 de enero de 1997. Vicente Verdú).

No se interponía ningún impedimento para escribir: "Hay que leer *Tentaciones* no sólo para enterarse de por dónde van los jóvenes, sino de por dónde van los tiros".

Pero, en cualquier caso, se pudo evitar el problema con un simple cambio de verbo: "Hay que leer *Tentaciones* no sólo para saber por dónde van los jóvenes, sino por dónde van los tiros".

Un galicismo. El lenguaje de oficina —o de delegación de Hacienda— que se va inmiscuyendo en los medios informativos está consagrando una fórmula de origen francés que adquiere muy poca utilidad en castellano: casi siempre se puede suprimir directamente sin que por ello la frase sufra merma alguna. Se trata del uso de la preposición "a" más infinitivo.

"Es preferible anticipar el trabajo y planificar las tareas a cumplir". *(El País,* 4 de junio de 1996. Miguel Ángel Aguilar).

"La lección de la huelga general del 14 de diciembre debería servir al Gobierno para elegir el camino a seguir". *(El Mundo,* 1 de diciembre de 1996. Casimiro García-Abadillo).

"Hasta los socialistas podrían aceptar que el precio a pagar por la derrota electoral ha sido bajo". *(El País,* 17 de abril de 1996. Javier Pradera).

"Un repaso de los mitos nacionales a explotar no da con un equivalente a Induráin". *(El País,* 3 de enero de 1997. Manuel Vázquez Montalbán).

"La Conferencia del Clima de Ginebra fija los objetivos a tomar el próximo año". *(El País,* 19 de julio de 1996, titular de Sociedad).

"... El pluralismo y la tolerancia son valores a defender por encima de todo". *(El País,* 21 de junio de 1996. Editorial).

"El estamento presidido por Carlos Ferrer Salat acordó diferentes baremos para valorar las primas a pagar en caso de que subiera al pódium alguno de los 300 deportistas que acudieron". *(El Mundo,* 6 de agosto de 1996. Tomás Roncero).

En estos casos, y en casi todos, se puede suprimir sin problemas el grupo "a + infinitivo"; sólo en el último ejemplo se presentan imprescindibles algunos retoques en la frase. Todos esos ejemplos habrían mejorado si se hubieran escrito de este modo:

"Es preferible anticipar el trabajo y planificar las tareas".

"Hasta los socialistas podrían aceptar que el precio por la derrota electoral ha sido bajo".

"La Conferencia del Clima de Ginebra fija los objetivos del próximo año".

"... El pluralismo y la tolerancia son valores por encima de todo".

"El estamento presidido por Carlos Ferrer Salat acordó diferentes baremos para valorar las primas que se pagarían en caso de que subiera al pódium alguno de los 300 deportistas que acudieron".

Las preposiciones y sus problemas

No se puede dominar el idioma si no se ha adquirido habilidad en el uso de las preposiciones, que cumplen el papel —junto con las conjunciones— de relacionar entre sí los elementos fundamentales de la lengua. Sin ánimo exhaustivo en las definiciones, repasamos a continuación los problemas que las preposiciones pueden plantear al periodista.

A. Generalmente expresa una idea de dirección o de movimiento, real o figurado (voy a Burgos, amo a mi hijo).

También sirve como índice del complemento directo de persona. Pero este uso se puede extender a objetos directos no personales cuando ello implica el valor de la personificación. En tales misiones de servicio al complemento directo puede alterar el sentido de lo que se dice: "Quiero mi perro" / "quiero a mi perro". En este caso, su presencia depende muchas veces de lo que el hablante desea expresar: "Dividió la clase" (hizo dos partes) / "dividió a la clase" (hizo que tuvieran distintas opiniones).

"Holyfield tumbó a una leyenda". (Titular del diario *Sport* el 2 de enero de 1997).

La preposición "a" nos indica que el púgil Holyfield tumbó a una persona, no que desmontó una leyenda por resultar ésta, por ejemplo, claramente falsa.

Se incurre en galicismo —como hemos visto en otro apartado— al usar la preposición "a" delante de un infinitivo y detrás de un sustantivo: "asunto a considerar", "problema a resolver". (En estos casos, generalmente puede suprimirse la expresión, pues el sentido de la frase la hace innecesaria). Y también delante de un sustantivo que complementa a otro: "avión a reacción", "cocina a gas", "suplemento a color". En estos supuestos pueden usarse la preposición "de" ("avión de reacción") o "en" ("suplemento en color"), entre otras.

En referencias a velocidad, se ha de emplear la preposición "por": "100 kilómetros por hora", y no "cien kilómetros a la hora" (galicismo):

"El nuevo apeadero de Getafe sólo consigue 90 pasajeros a la hora". (*El País,* 9 de septiembre de 1996. Subtítulo).

La combinación "a por", aunque censurada por algunos puristas, puede emplearse sin problemas. El catedrático y académico Manuel Seco le concede una "ventaja expresiva". No es lo mismo —explica— "fui por ella", construcción ambigua en cuanto puede significar tanto "fui a causa de ella" como "fui a buscarla", que "fui a por ella", en cuyo caso sólo equivale a "fui a buscarla". Tanto Seco como María Moliner subrayan que en español se dan otros supuestos de dos o más preposiciones seguidas: "por de pronto", "en contra de lo dicho", "por entre las flores", "desde por la mañana"...

Se *puede* suprimir la preposición "a" cuando el complemento directo necesite distinguirse de otro que lleve esa misma partícula: "El Gobierno expulsa 10 magrebíes a Marruecos", y no "el Gobierno expulsa a 10 magrebíes a Marruecos". Y se *debe* suprimir en un supuesto similar, pero más complicado: cuando formalmente no se aprecie con claridad cuál de los complementos es el directo: "Llevó a los hijos a la abuela" (así escrito, no se sabe con certeza si los hijos van a casa de la abuela o sucede al revés). Mejor: "Llevó los hijos a la abuela", o "llevó la abuela a los hijos". De todas formas, aún quedará mejor si buscamos otra salida y reescribimos: "Llevó a los hijos a casa de la abuela".

ANTE. Significa "delante de". Se abusa de esta preposición en las secciones de deportes cuando se emplea en lugar de "contra". Por ejemplo: "El partido del Deportivo ante el Betis será decisivo".

BAJO. Implica una situación inferior, bien física o bien metafórica. Su uso no ofrece mayores problemas, salvo la imprecisión de escribir "bajo mi punto de vista" en lugar de "desde mi punto de vista".

CABE. Significa "junto a" ("cabe la puerta"). Su distinción fonética respecto al verbo "caber" viene dada —como ocurre con las preposiciones en general— por formar un mismo grupo con el sustantivo al que acompañe. Si en la frase del ejemplo hubiéramos empleado el presente de indicativo "cabe", la fuerza tónica de la frase recaería en la primera sílaba ("ca..."), mientras que en el caso de la preposición se traslada a la penúltima ("puer..."): cabelapuérta (preposición), cábelapuerta (verbo). Esta preposición permanece ya solamente en el uso rural, pero también podemos encontrarla en Ortega y Gasset: "Cabe las tonitruantes glorias de otras ciudades ilustres, presenta Nuremberga esta gloriecilla sentimental" *(Obras completas, I,* Madrid, 1953). O en la poesía de Tino Barriuso: "Cabe la puente de Aranda, yo quería ser el Duero...". Puede emplearse con provecho en reportajes de ambiente agrario:

> "... Una mañanita invernal cabe los toros de Guisando...". *(El País,* 3 de abril de 1998. Andrés Campos).

CON. Indica idea de compañía ("voy con mi amigo"), de instrumento ("lo apreté con el destornillador") o de modo ("lo apreté con fuerza"). Cuando nos hallemos ante una repetición de esta partícula ("lo apreté con el destornillador con fuerza"), podemos sustituir el sentido de "con" como instrumento por "mediante" o "por medio de": "Lo apreté con fuerza mediante el destornillador". En el caso de significado modal, podemos acudir al adverbio: "fuertemente".

Contra. Expresa oposición ("está contra él"), a veces figurada ("está contra la pared"). Se incurre en galicismo si va precedida de "por" ("por contra, él no está de acuerdo"). En su lugar debe escribirse "en cambio" o "por el contrario". Y es un vulgarismo su uso como adverbio con el significado de "cuanto": "Contra más me lleves al fútbol, menos me gustará".

De. Indica idea de posesión y pertenencia ("la bicicleta de Induráin"), de origen ("el ciclista de Navarra") o de materia ("el corredor de acero"). A menudo la economía periodística sustituye esta preposición —y también sus compañeras "a", "de" y "desde"— por un guión entre dos palabras: "el viaje Barcelona-Madrid se hace cada vez más corto". Se trata de un recurso válido para los titulares, pero no conviene abusar de él en los textos, y menos en los artículos a los que se quiere dotar de estilo personal.

La preposición "de" no debe omitirse nunca en estos tres casos:

— En las denominaciones de las vías públicas. Debemos escribir "calle de Granados", y no "calle Granados", "calle de Alcalá" y no "calle Alcalá". (Este error no se suele cometer con plazas o paseos: "plaza de Cataluña", "paseo de Camoens"). Lógicamente, la preposición sobrará si el nombre de la calle o la plaza lo forma un adjetivo: "calle Mayor", "calle Ancha", "plaza Mayor".

— Cuando el verbo exija esta preposición: "Estaba seguro de que vendría".

— Delante de la cifra con los años de una persona, tanto si figura entre comas como si se usan paréntesis: "El pintor Toni Peyrí, de 68 años, expone esta semana en Nueva York". No debe escribirse "el pintor Toni Peyrí (68 años) expone esta semana en Nueva York".

En el lenguaje de algunos comentaristas de baloncesto sustituye indebidamente a "por": "El Barcelona gana de ocho". A veces también se encuentra en otros ámbitos de la prensa:

"El asteroide tiene un diámetro que supera de poco los 200 metros". *(El País,* 31 de enero de 1997. AFP. Sección de Sociedad).

Desde. Indica el principio del tiempo o de una distancia ("desde ayer", "desde Barcelona hasta Madrid"). A menudo la economía periodística sustituye esta preposición —y también sus compañeras "a", "de" y "hasta"— por un guión entre dos palabras: "el viaje Barcelona-Madrid se hace cada vez más corto". Se trata de un recurso válido para los titulares, pero no conviene abusar de él en los textos, y menos en los artículos a los que se quiere dotar de estilo personal.

Entre los políticos se ha puesto de moda el uso de "desde" en el lugar que corresponde a "con". Por ejemplo: "Esto se lo digo desde la honradez", "lo miro desde la experiencia de diez años de gobierno", "le hablo desde la sinceridad". Se trata de esa jerga que abre una gran distancia entre el dialecto de los políticos y los periodistas y el idioma que emplean las personas a quienes se dirigen.

En. Expresa una idea general de reposo en el tiempo y en el espacio ("estamos en Madrid", "vivimos en el siglo XX", "me recibió en calzoncillos"). Ha de utilizarse esta preposición y no el adverbio "dentro" cuando el verbo al que acompañe forme una redundancia: no se debe escribir "este problema se enmarca dentro del presupuesto", sino "en el presupuesto" (porque nunca se podría "enmarcar fuera"). Igualmente, debe emplearse esta preposición cuando nos refiramos a desplazamientos en determinados vehículos y desechar la fórmula "a bordo de", válida únicamente para naves y aeronaves. Constituye un error de bulto escribir "huyó a bordo de un coche", "a bordo de una moto", "a bordo de una bicicleta"... Dígase "en un coche", "en una moto", "en una bicicleta".

Los periódicos suelen caer en el anglicismo de suprimir el concepto de tiempo "dentro de" y colocar en su sitio la preposición "en", con lo que se modifica el significado que ésta tiene en una oración así. Deberíamos escribir "el primer ministro británico vendrá dentro de 10 días" (pasados 10 días), pero muchos redactan "el primer ministro británico vendrá en 10 días". Esta segunda fórmula no está concebida en castellano para el momento final de un plazo, sino para el plazo completo: "Lo terminaré en dos semanas". Que no significaría lo mismo que "lo terminaré dentro de dos semanas" (pasadas dos semanas). En este segundo supuesto, podríamos concentrar nuestro trabajo en los últimos días de esas dos semanas, incluso en los últimos momentos, incluso un día después de cumplirse las dos semanas; mientras que "lo terminaré en dos semanas" implica "a lo largo de dos semanas". Utilizar ese anglicismo constituye, pues, un empobrecimiento del español: se reducen dos fórmulas distintas, con sus respectivos significados, a una sola en la cual el significado resultaría ambiguo.

Entre. Expresa situación en medio de personas o cosas: "Estoy entre la espada y la pared". Se comete vulgarismo al usarla en lugar del adverbio "cuanto": "Entre más me lleves al fútbol, menos me gustará".

Hacia. Implica dirección ("voy hacia mi casa"), pero sin incluir el destino concreto. No se debe usar como equivalente exacto de la preposición "a": "voy a mi casa". Y también aproximación en general: "Estaré ahí hacia las dos de la tarde". Se incurre en galicismo al usarla en lugar de "frente a": "Manuel tiene hacia este problema una cierta animadversión".

Hasta. Indica el término de un espacio o de un tiempo ("dormiré hasta que llegues", "iré hasta tu casa"). A menudo la economía periodística sustituye esta preposición —y también sus compañeras "de", "a" y "desde"— por un guión entre dos palabras: "el viaje Barcelona-Madrid se hace cada vez más corto". Se trata de un recurso válido para los titulares, pero no conviene abusar de él en los textos, y menos en los artículos a los que se quiere dotar de estilo personal.

También se emplea erróneamente esta preposición, acompañada de una conjunción y una negación, al darle el valor de "mientras": "La incineradora no podrá funcionar normalmente hasta que no se resuelva el problema de la emisión de gases tóxicos". La oración carece de sentido, pero se emplea a menudo. Debe escribirse "mientras no se resuelva", o bien "hasta que se resuelva" (en este último caso sin la negación).

Para. Indica destino o fin de una acción ("he venido para estudiar", "cantaré para ti", "voy para allá"). Se incurre en barbarismo cuando se sustituye por "de cara a": "Hacemos esto de cara a la galería" ("hacemos esto para la galería"). También se puede usar como referencia de un sentir u opinión personal: "Para mí tengo que no obré bien". "Para el colegio de abogados, es ilegal la propuesta presentada".

También puede cumplir una función adversativa: "Recibes mucho para lo que te mereces".

Por. Tiene un uso muy variado. Expresa una vaga idea de tiempo y lugar ("pasaba por aquí", "por aquel entonces yo era muy joven"), y también de causa o autoría: "He venido por tu petición", "está hecho por ti".

Hay que tener muy claro, cuando va acompañada por "que", cómo ha de escribirse correctamente el conjunto, puesto que mantiene su valor de preposición. Veamos todas las posibilidades de juego entre "por" y "que" o "qué", para fijarnos claramente en la última (donde se aprecia su valor de preposición que, preferentemente, ha de ir separada de la otra partícula).

— Cuando se trata de una pregunta explícita, se escribe separado y con el "qué" acentuado: "¿Por qué me pegas?".

— Cuando se trata de una pregunta encubierta, se escribe separado y con el "qué" acentuado: "No sé por qué me pegas".

— Cuando se trata de una causa, se escribe junto, y con el "que" sin acento: "Lo digo porque me da la gana".

— Cuando se trata de un sustantivo, se escribe junto y con el "qué" acentuado: "El porqué de su actitud lo desconozco".

— Cuando se trata de una preposición seguida de un adverbio "que", se escribe separado y sin el "que" acentuado: "Estoy preocupada por que el vino se estropee". La Academia tolera también "porque", pero de ese modo se desvirtúa la presencia de la preposición y se convierte el grupo en adverbio causal sin que en realidad cumpla esa misión.

Para escribir con toda corrección las frases de ese tipo, el verbo nos dará generalmente la pista clave de modo que averigüemos con facilidad si hemos de escribir los dos términos juntos o separados. Si el verbo se expresa en subjuntivo ("estoy preocupado por que el vino se estropee") deben ir separados. Si el verbo va en presente o pasado de indicativo ("estoy preocupado porque el vino se estropea"), deben escribirse juntos (puesto que en este caso se trata de una conjunción causal y no una preposición). Si el verbo se expresa en futuro, caben las dos posibilidades: "Quienes le conocen se inclinan por que será el presidente". "Quienes le conocen se inclinan porque será el presidente". Pero el significado puede ser distinto, como se aprecia en el ejemplo anterior.

"Cualquier intento de detener esta deriva hacia la extravagancia en que nos encontramos pasa porque ciertas figuras estelares de la judicatura no se tomen tan en serio a sí mismos". *(El País,* 4 de diciembre de 1996. Editorial).

Debió escribirse "por que", puesto que se liga con un subjuntivo.

Otro caso:

"De todas formas, lucharé porque desaparezca la violencia fascista". *(El País,* 22 de septiembre de 1996. Carmen Arnanz. Sección Madrid).

Veamos más claramente el valor de "por" como preposición que debió escribirse sola: "Lucharé por la desaparición de la violencia fascista". Las palabras "la desaparición" sustituyen a "que desaparezca", pero nos sigue quedando la preposición "por" de la frase anterior, que no ha sido reemplazada en la segunda frase. Por tanto, tiene su propio valor diferente —y separado— de la conjunción "que".

Aunque resulte inhabitual, a veces se encuentran ejemplos acertados:

"... Acusó a González de estar más preocupado por que Perote estuviera callado y contento que por la seguridad del Estado". *(El País,* 3 de agosto de 1996. Sin firma. Nacional).

"Los activistas estaban preocupados por que algún vecino descubriera que un extremo largo del cable se introducía en un coche aparcado". *(El País,* 1 de junio de 1996. Ignacio Cembrero / Jesús Duva).

Según. He aquí la única preposición que tiene vida propia. "—¿Quieres venir a mi casa? —Según". Por lo general, expresa relación de conformidad de unas cosas con otras ("hazlo según creas conveniente"). Nunca ha de comenzarse una noticia con esta preposición: "Según informó ayer el presidente de la Comunidad de Madrid, el empleo ha subido este año sensiblemente". Eso aleja siempre la oración principal, donde se supone debe residir la noticia.

Sin. Expresa privación ("es un hombre sin dinero"). Su uso no suele ofrecer mayor dificultad, salvo cuando se sigue el gusto anglosajón de definir algo por *lo que no es* frente al genio del español, que prefiere definir las cosas por lo que son. Por ejemplo, la expresión "los sin techo". En español, se prefiere "los indigentes", "los vagabundos", "los mendigos", "los pordioseros"... según el caso. Pero muchos periodistas se han contagiado de esa tendencia del inglés.

So. Equivale a "bajo" ("so la montaña corre el río"). En la actualidad apenas se emplea, salvo en locuciones formadas con sustantivos como "pena" o "pretexto" ("no debes ir, so pena de perder el tiempo"). Acertar con su uso da la medida del dominio del idioma que tenga un autor, como en este caso:

> "Doy también por supuesto que en el bochornoso ajuste de cuentas al que ahora estamos asistiendo so capa de proceso nada tiene que ver el Gobierno". *(El País,* 13 de junio de 1998. Miguel Herrero de Miñón).

No es una preposición el "so" que antecede a un insulto o expresión despectiva: "So cabrón". En este caso, se trata de un apócope de "seó", y éste a su vez de "seor", síncopa finalmente de "señor".

Sobre. Significa "encima de" ("sobre la casa se veía la chimenea") y también "acerca de", para indicar el asunto de que se trata ("sobre el sueldo, le planteó peticiones imposibles").

Los redactores —especialmente los comentaristas deportivos— abusan de esta preposición sin medida alguna, hasta el punto de que apenas acuden a otras. Dicen "falta de Iván Campo sobre Diego Tristán", cuando la zancadilla se produjo a ras de suelo; o "Rivaldo dispara sobre puerta", cuando el tiro ha rozado la base del poste; o "Morientes se interna sobre el área", cuando resultaría imposible internarse debajo.

"El penalti de Prieto sobre Alfonso era evitable". *(El País,* 23 de diciembre de 1996. El Quirófano. Quique Setién).

Igualmente, algunos locutores pedantes —con una expresión que tiene cada vez más éxito en la prensa— suelen dar la hora diciendo "veinte minutos sobre las doce de la noche", en una construcción sajona pero nunca española. Lo mismo ocurre con la preposición "para": "veinte minutos para la una de la madrugada". Esas fórmulas van entrando también en el lenguaje escrito, lamentablemente.

TRAS. Expresa el orden con que unas cosas siguen a otras ("sigo tras la pista del fugitivo"). Periodísticamente, resulta más eficaz que "detrás de" o "después de". En una fórmula muy socorrida de titular, puede suprimirse con gran ventaja para el efecto evocador que se busca: "Tras las huellas de Van Gogh" / "Las huellas de Van Gogh".

Los que se comen las preposiciones. Se extiende entre los periodistas una nefasta moda que consiste en suprimir preposiciones necesarias. Así, repiten continuamente expresiones como "la Administración Bush" o "el Gobierno Pujol".

"De las otras políticas a las que el Gobierno Aznar parece comprometido desde ayer...". *(El País,* 4 de mayo de 1996. Juan Luis Cebrián).

"La revelación del Gobierno Aznar es, sin duda, el titular de Interior y veterano político vasco Jaime Mayor Oreja". *(La Vanguardia,* 7 de enero de 1997. Juan Tapia).

"Después del golpe de la unión entre Canal +, Antena 3 y TV-3, el gabinete Aznar recibe otra dura patada en el cerebro". *(El País,* 3 de enero de 1997. Manuel Vázquez Montalbán).

"Sin embargo, durante los dos últimos años la Administración Clinton ha hecho caso omiso de las señales de peligro". *(El Mundo,* 8 de septiembre de 1996. Kenneth R. Timmerman. No figura traductor).

"El proyecto Robson necesita un margen de tiempo para ser juzgado". *(As,* 6 de agosto de 1996. Jorge Esteve).

"Alarcón califica de colonialista y racista al Gobierno Aznar". *(El Mundo,* 29 de noviembre de 1996. Titular de la sección España).

El error procede del genitivo sajón, que se traslada mecánicamente al español: "Reagan's Administration" se ha traducido como "la Administración Reagan", sin reparar en la ese líquida que marca el genitivo y, por tanto, que reclama la preposición "de".

En el periodismo deportivo, esta costumbre de comerse preposiciones y artículos adquiere ya proporciones de glotonería.

"Saca Molina pierna derecha", "Cañizares bajo palos", "corre Roberto Carlos banda izquierda"...

Algunos periódicos escriben en cursiva —reconociendo el contrabando— una fórmula similar a la de "Gobierno Aznar" o "proyecto Robson": el *caso Rumasa,* el *caso Gal,* el *caso Filesa...* Con el uso de la letra bastardilla al menos queda evidente que se trata de una fórmula ajena a nuestro idioma, al haberse suprimido la preposición "de".

¡Que se repita la preposición! No sólo no pasa nada por utilizar las preposiciones, sino que incluso no pasa nada por repetirlas en algunos casos en que resulta necesario. Por ejemplo, en la frase anterior: "*En* algunos casos *en* que resulta necesario". Las preposiciones han de acompañar al pronombre relativo para darle la misión que desempeña en la frase.

"Si en algo coinciden los dos Emilios es que a ambos les beneficia la prosperidad de Polanco". *(El Mundo,* 19 de enero de 1997. Pedro J. Ramírez).

Error sintáctico del director de *El Mundo.* "Los dos Emilios" coinciden "en algo" y "en que". Debió escribir: "Si en algo coinciden los dos Emilios es en que a ambos les beneficia...".

> "El deporte español comenzó los Juegos Olímpicos de Atlanta con el nivel que lo hizo en Barcelona: con medalla". *(El País,* 21 de julio. Juan José Fernández).

La preposición "con" tenía que repetirse obligatoriamente junto al relativo "que": "Con el nivel con que lo hizo en Barcelona".

Por ejemplo, se comete galicismo al suprimir la reiteración de "por" en la expresión "es por esto que".

> "Es por ello que la conversión de una mina de sal de Cardona en un moderno vertedero será una noticia positiva". *(La Vanguardia,* 29 de enero de 1997. Juan Tapia).

> "Por ello es que decidió lanzar a través del ciberespacio una página de Internet". (...) "Es por ello que los hijos del país del norte no entienden cómo pueden existir dos". *(El Comercio,* de Lima, 5 de mayo de 1998).

En correcta sintaxis castellana, debe reiterarse la preposición "por": "es por esto por lo que...". En el ejemplo anterior, debió escribirse "es por ello por lo que la conversión de una mina...". Ahora bien, en todos estos casos se puede evitar la reiteración con una fórmula más directa y económica: "Por esto", "por ello", "por eso": "Por ello, la conversión de una mina de sal...". "Por ello decidió lanzar...".

El día en que, el día que. Los adjetivos relativos también deben ir acompañados por las preposiciones que describen su papel sintáctico en la frase. Francisco Umbral tituló una novela suya *El día que llegué al café Gijón,* lo que armó un revuelo entre académicos y lingüistas. Efectivamente, faltaba una preposición. Si se hubiera titulado la obra *El día en que llegué al café Gijón,* la preposición habría marcado claramente que a la palabra "día" le correspondía el papel de complemento circunstancial. Al no figurar la preposición, cumple el papel sintáctico de complemento directo, lo que deriva en una brutal incorrección, puesto que el verbo "llegar" opera como intransitivo. No se puede decir que el día fue llegado por mí al café Gijón, interpretación que resultaría consecuencia lógica de lo que se ha dicho sintácticamente en la frase.

No obstante, algunos académicos, como Manuel Seco, toleran esta fórmula. Yo considero que un periodista debe desecharla si quiere mostrar buen estilo. De hecho, la preposición que acompaña a un relativo nunca pierde su presencia en otros casos similares (con otro tipo de complementos o verbos): "El amigo al que llevé un regalo" (no escribiríamos "el amigo que llevé un regalo"), "el martillo con el que arreglé la mesa" (ni "el martillo que arreglé la mesa"). Por tanto, "el día en que llegué al café Gijón".

Esa fórmula de Umbral se reproduce a menudo en la prensa:

> "El día que Felipe González se sentó en su despacho...". (*El País,* 12 de mayo de 1996. Francisco Peregil. Suplemento Domingo).

> "El día que el abogado Paolo Gallone contó a un juez suizo los enredos del ex presidente de Banesto". (*El País,* 11 de febrero de 1996. Ernesto Ekaizer. Subtítulo del suplemento Domingo).

> "El día que Mónica dijo no". (*El País,* 7 de febrero de 1997. Titular de Comunicación).

> "El día que subió el dólar". (*El País,* 8 de septiembre de 1997. Sección Madrid).

> "El día que Estados Unidos se resbaló". (*El Espectador,* de Bogotá, 24 de noviembre de 1997. Titular de Opinión).

En cambio, sí se puede utilizar "el día que" si le damos valor de complemento directo o de sujeto (en cuyo caso no necesita preposición): "El día que elijas será el mejor", que se diferenciaría de "el día en que elijas será el mejor". En "el día que elijas", nos referimos a que se ha de escoger una fecha, a que el día será elegido para algo. En "el día en que elijas", decimos que en una fecha determinada ha de decidirse la elección sobre algo (cumple el papel de complemento circunstancial, y el complemento directo no queda explícito en este segundo caso, mientras que en el primero lo forman las palabras "el día que elijas"). El periodista debe conocer estos matices, como los conocían quienes emplearon con buen estilo esta fórmula:

"El día en que Pantani rescató el Tour". *(El País,* 28 de julio de 1998. Titular de Deportes).

Los intrusos entre las preposiciones. En lugar de "para", muchos escriben "de cara a" o "cara a". En lugar de "desde" o "a partir de", leemos "en base a". Y eso les ocurre incluso a los más prestigiosos periodistas, que incurren así en anglicismo:

"... El proyecto político que su partido alberga cara a las elecciones...". *(El País,* 4 de mayo de 1996. Juan Luis Cebrián).

"...Y citó a los directores de los medios de comunicación locales para hablar sobre la política informativa de cara a la crisis". *(El País,* 21 de diciembre de 1996. Juan Jesús Aznárez).

"Parecía destinado a quedar en posición muy poco competitiva de cara al mercado de la televisión de pago". *(El Mundo,* 27 de diciembre de 1996. Editorial).

A consecuencia, como consecuencia. El Diccionario admite las fórmulas "a consecuencia" y "como consecuencia". Pero refleja mejor estilo el uso de la preposición "como". Porque un resultado se produce "a causa" de algo o "como consecuencia" de ello, pero no "a consecuencia". La preposición "a" denota el origen; y "como", la derivación. Por tanto, se recomiendan "a causa" y "como consecuencia", pero no "a consecuencia".

Los problemas de los adverbios

Los adverbios tienen como misión modificar al verbo o a los adjetivos, o a otros adverbios. No tendremos fácil establecer una lista completa de los adverbios, porque no se trata de palabras con misiones estables. Y a menudo un grupo de palabras de distinta índole se presenta como locución adverbial (tal vez, de veras, de frente, a pies juntillas...). Una clasificación tradicional los divide —según su significado— en adverbios de tiempo (ahora, antes, después, tarde, luego, ayer, pronto, aún, todavía...), de lugar (aquí, cerca, lejos, afuera, fuera, dentro, donde...), de modo (así, bien, mal, despacio, deprisa...; y todos los adjetivos que se pueden convertir en adverbios mediante la adición de "mente": lentamente, analíticamente, buenamente...), de cantidad (tanto, mucho, poco, demasiado, casi, sólo, bastante...), de afirmación o de negación (sí, también, asimismo, no, tampoco, jamás...) y de duda (acaso, quizá, quizás...). Pero también se clasifican los adverbios a tenor de su función en la frase cuyo sentido marcan: interrogativos (cómo quieres, cuánto sabes, dónde puedes), relativos (como quieres, cuanto sabes, donde puedes) o demostrativos (aquí, así, entonces, tal, tanto, ahora).

Examinamos a continuación algunos problemas que suelen encontrar los periodistas con su uso.

Un adjetivo disfrazado de adverbio. Cada vez se emplea más la expresión "trabajar duro", ejemplo claro de adjetivo que ocupa el lugar que corresponde a un adverbio. Porque "duro" no modifica a un sustantivo (misión exacta del adjetivo), sino a un verbo (misión exacta de un adverbio). Estamos, pues, ante una adverbialización del adjetivo. Se trata de una práctica que afecta a la estructura del idioma y, por tanto, hemos de permanecer alerta porque ese tipo de modificaciones atañen a lo más profundo de nuestra lengua. Por eso, deberemos corregir expresiones como "llegaron rápido" o "les ganaremos fácil", para sustituirlas por "llegaron deprisa" o "les ganaremos con facilidad".

> "Las plazas para los más pobres, los que ganan de 62.400 a 124.799 pesetas al mes, se han cubierto rápido". *(El País,* 7 de julio de 1996. Begoña Aguirre).

> "Sencillas maneras de navegar más rápido por la red". *(Ciberpaís,* 28 de mayo de 1998).

"Yo imagino el choque con un Madrid rompiendo fácil la defensa adelantada de la Real". (*As,* 15 de marzo de 1997. Paco González).

En el lenguaje de oficina se suele emplear como adverbio el adjetivo "adjunto": "Adjunto le remito el presente expediente". Tarde o temprano aparecerá en los periódicos (si no lo ha hecho ya).

En época electoral, otros sustantivo-adjetivos se disfrazan de adverbio. Y tienen una característica común: terminan en "ista". Así, los partidos recomiendan: "Vota socialista", "vota comunista", "vota nacionalista". En pura lógica, debiera decirse "vota socialistamente", "vota comunistamente"... Pero quedaríamos mejor sin ese horror verbal con otras opciones: "Vota a los socialistas"; "vota, comunista" (como vocativo o apelativo).

"La obsesión racial sigue existiendo, pero el factor esencial es ahora la adhesión política; ser vasco es votar nacionalista. Los demás somos traidores y renegados". (*El País,* 11 de enero de 1997. Juan Olabarría Agra. Artículo).

Un adverbio disfrazado de adjetivo. Hasta 1984, se decía siempre "el día siguiente". Pero en mayo de aquel año se estrenó en España la película de Nicholas Meyer *The day after,* que cuenta lo que ocurre tras una catástrofe nuclear. Esa expresión en inglés se tradujo, con escaso conocimiento tanto de ese idioma como del castellano, con el título *El día después,* que se paseó por las carteleras españolas durante muchos meses. Con el tiempo, un programa de Canal + extendió el uso al ámbito deportivo, al tomar prestado ese título para un magnífico espacio sobre fútbol. Así, vemos a menudo su empleo en cuestiones futbolísticas, como en este perfil sobre Fabio Capello en su calidad de entrenador del Real Madrid.

"(Los jugadores) deben estar en casa antes de las doce de la noche, sólo pueden sobrepasar esta hora los días después del partido". (*El País,* 25 de agosto de 1996. Mabel Galaz. Suplemento Domingo).

El español disfruta por lo general de mayor riqueza que el inglés corriente, y siempre que se traduce algo mecánicamente se empobrece el castellano. Ya hemos explicado que el adverbio —en este caso "después"— puede modificar al verbo, al adjetivo o a otro adverbio. Pero en la expresión "el día después" el adverbio está ocupando el lugar de un adjetivo, puesto que modifica a un sustantivo ("día").

Incomprensiblemente, la Academia ha dado entrada a esta triste fórmula en la vigésima primera edición de su Diccionario oficial. Comete un error, a mi juicio, puesto que no se trata de una evolución del idioma marcada por el pueblo (por abajo) sino por el poder de quienes utilizan los medios de comunicación de masas (desde arriba).

Sí se puede emplear con corrección la fórmula "un día después", "dos días después", porque en ese caso la frase precisa un verbo al que realmente modifica el adverbio (formando grupo con "un día"), al menos implícitamente. "Te llamé un día después de tu fracaso". "Ocurrió dos días después del partido".

Pero, con valor de adjetivo, escribamos siempre "te llamé el día siguiente a tu fracaso" y "ocurrió en los dos días siguientes al partido". Nunca "ocurrió los dos días después del partido" (en cuyo caso estaremos diciendo que algo ocurrió dos días, y en ambos casos después de un partido que se jugó cada uno de esos días).

Y lo mismo sucede con el adverbio "antes", si bien en este caso la Academia lo incluyó en el Diccionario con ese sentido —a mi parecer, poco acertado también— en ediciones anteriores.

> "Sacchi se había hecho cargo del Milan el día antes en sustitución del uruguayo Tavárez". *(El País,* 6 de diciembre de 1996. Agencias).

El uso de "el día anterior" habría dotado a esa frase de mejor estilo.

Otro ejemplo de adverbio que se disfraza de adjetivo lo tenemos en "inclusive". Como adverbio, no tiene variación alguna de género ni número. No podemos escribir "las corridas de toros se celebrarán del 13 al 19, ambos inclusives".

Un adverbio disfrazado de verbo. Algunos periodistas caen en una fórmula errónea que suele pasar inadvertida: convertir un adverbio en verbo principal de una oración al que sigue una subordinada: "Naturalmente que eso no está bien". En este ejemplo, "que eso no está bien" forma una aparente oración completiva, sin que tenga un verbo del que depender. Para escribir con corrección, deberíamos redactar: "Naturalmente, eso no está bien", o "eso no está bien, naturalmente", o "es natural que eso no esté bien".

El adverbio que parte un verbo. Un error extendido, vía galicismo y anglicismo, consiste en situar el adverbio —o la locución adverbial— entre las dos partes del tiempo compuesto de un verbo: "El alcalde ha terminantemente prohibido el aparcamiento en doble fila". Esa construcción se puede usar legítimamente en francés, pero no responde al genio del idioma español. Nosotros debemos escribir: "El alcalde ha prohibido terminantemente". He aquí otros ejemplos:

"Sonó el teléfono. Era una reportera informándome de que el Congreso Mundial Judío *había, finalmente, conseguido* de las autoridades norteamericanas unos documentos". *(El País,* 29 de septiembre de 1996. Frederick Forsyth. No figura el traductor).

"Un vecino de Irún, no contento con merodear con los genitales al viento entre un rebaño, *había posteriormente violado* a una cabra". *(El País,* 15 de noviembre de 1995. Maruja Torres).

"Y fue la respuesta de Matías la que ha provocado una nueva respuesta, precisamente de la lectora que *había por primera vez planteado* el tema en 1986". *(El País,* 1 de septiembre de 1996. Juan Arias).

"(...) Aunque, al democratizarse masivamente, la calidad media de la lectura efectiva *se haya por ello atrofiado"*. *(El País,* 9 de agosto de 2000. Enrique Gil Calvo).

"Por puro espíritu de lealtad y consecuencia, *habremos también de darnos* masivamente de baja en Canal +, que tiene una fuerte participación de capital francés". *(El Mundo,* 28 de mayo de 1997. Javier Ortiz).

(Javier Ortiz se expresaba así irónicamente. Y para demostrar que no defiende en realidad el boicoteo a los productos franceses, lo escribió con una construcción galicada).

Sólo y solo. De manera desesperante —y exasperante— los periodistas se empeñan en desconocer la diferencia entre el adverbio "sólo" y el adjetivo "solo". Podemos escribir las frases "estoy yo sólo" o "estoy yo solo". Si no existiera la diferencia que viene dada por ese acento, no distinguiríamos el significado de cada una de ellas. En el primer caso —"estoy yo sólo"— hemos escrito un adverbio, puesto que lleva el acento, y queremos expresar que "únicamente" estoy yo. En el segundo —"estoy yo solo"—, hemos escrito un adjetivo, y expresamos un sentimiento de soledad, de ausencia de compañía. Puede parecer que, al final, significan lo mismo. Pero esas dos palabras casi parecidas muestran un diferente valor informativo. Porque se aprecia la diferencia entre "Fidel Castro habló sólo dos horas" y "Fidel Castro habló dos horas solo" (o "habló solo dos horas", por componer el ejemplo simétricamente).

El truco para no equivocarse consiste en lo siguiente: "sólo" se debe escribir con acento cuando se puede sustituir por "únicamente" o "solamente" (ojo: hemos dicho "únicamente", no "único"). Y, por el contrario, se escribe sin acento, "solo", cuando transmite una idea de soledad o ausencia de compañía.

Aplíquese a los siguientes ejemplos el truco anterior y vea el lector si se ha de acentuar o no la problemática palabreja.

> "En cualquier país democrático un sólo escándalo como el de los fondos reservados (...) habría desembocado en el apartamiento de su máximo responsable de la vida política". *(El Mundo,* 19 de enero de 1997. Pedro J. Ramírez).

> "Endeudada con dos bancos, denunciada por sus 42 trabajadores encerrados por el impago de salarios, y sin un sólo aprendiz...". *(El País,* 5 de septiembre de 1996. Anunciata Bremón).

> "Un sólo contacto oficial ha mantenido Ernesto Samper durante su visita privada". *(El País,* 3 de agosto de 1996. Crónica telefónica dictada por Luis Matías López).

"De un sólo puñetazo convirtió uno de los cristales blindados en un *puzzle*". *(El País,* 3 de agosto de 1996. Paz Álvarez).

(En efecto: sobran esos acentos: ningún "sólo" de los transcritos se puede sustituir por "únicamente". Cuando delante de "solo" vaya el artículo "un", jamás llevará acento; si el artículo se escribe detrás, puede llevarlo: "un solo campeón"; "sólo un campeón").

La Academia permite que no se acentúe el adverbio "sólo" si no hay lugar a confusión con el adjetivo (cosa que no se sabe quién decide, si el autor o el lector). Se trata de un precepto muy criticado a su vez, y los libros de estilo suelen prescindir de él y acudir al criterio tradicional.

Aun y aún. También estas dos palabras similares aparecen con frecuencia confundidas. No debemos renunciar a las diferencias entre ellas, porque prescindir de la marca que las distingue dificulta la lectura. Para saberlas identificar valen estos trucos:

AÚN. Va acentuada cuando se puede sustituir por "todavía". "Aún estamos aquí" (todavía estamos aquí).

AUN. Va sin acento cuando se puede sustituir por "incluso", "inclusive", "hasta" o, con sentido de negación, "siquiera". "Aun estando cerca parecemos lejanos" (incluso estando cerca parecemos lejanos, hasta estando cerca parecemos lejanos). "Ni aun estando cerca parecemos cercanos" (ni siquiera estando cerca parecemos cercanos).

Además, la entonación global de la frase nos da la pista adecuada sobre el acento concreto de esa palabra. Cuando recibe la tilde, impone su fuerza en toda la oración. Pronunciemos en voz alta: "aún lesionado, juega al fútbol" / "aun lesionado, juega al fútbol". En el primer caso, el acento de la primera parte de la oración recae en "aún". En el segundo, recae en "lesionado".

"Huí de Marbella, no diré que de madrugada, pero casi, aún a costa de perderme un par de acontecimientos". *(El País,* 25 de agosto de 1995. Maruja Torres. Última página).

Debió escribirse "aun a costa" porque se podía haber sustituido por "incluso", pero no por "todavía". Igual que en estos dos casos:

"El Barcelona está muy lejos todavía de ofrecer una imagen que invite al optimismo. Aún así, el proyecto Robson necesita un margen de tiempo para ser juzgado". (*As*, 6 de agosto de 1996. Jorge Esteve).

"El Madrid B venció por 4-0, pero aún así los dos equipos descendieron de categoría". (*As*, 11 de enero de 1997. Documentación).

Dónde, adónde, a donde, adonde. Los periodistas suelen dudar ante estas cuatro posibilidades, cada una de las cuales tiene una misión diferente.

DÓNDE. Se escribe así cuando recae en esa palabra la fuerza interrogativa, tanto si se acompaña de los signos ortográficos correspondientes como si no, *y siempre que implique un lugar estático:* "¿Dónde estás?". "No sé dónde estás".

ADÓNDE. Se escribe así cuando recae en esa palabra la fuerza interrogativa, tanto si se acompaña de los signos ortográficos correspondientes como si no, *y siempre que implique una dirección:* "¿Adónde vas?". "No sé adónde vas".

A DONDE. Se escribe así en las frases que implican dirección *si el antecedente no está expreso.* "Iré a donde tú me digas". Esta fórmula no tiene por qué alterarse si toda la frase se construye como interrogativa: "¿Iré a donde tú me digas? Tal vez".

ADONDE. Se escribe así en las frases que implican dirección *si el antecedente está expreso.* "El Museo Tàpies está en Barcelona, ciudad adonde iremos la semana próxima".

He aquí una clave para diferenciar entre *dónde* y *adónde.* Si nos preguntaran "¿dónde vas?", podríamos responder "en barco", o "en primera clase". Si nos preguntaran "¿adónde vas?", podríamos contestar "a Mallorca".

Y he aquí una clave para distinguir el significado de "a donde" y "adonde". Si leemos "fui a Barcelona, a donde me dijiste" eso significa: fui a Barcelona, concretamente al lugar de Barcelona que me dijiste. Si leemos "fui a Barcelona, adonde me dijiste", eso significa: fui a Barcelona, es decir, a la ciudad que me dijiste. En el primer caso, las palabras separadas "a donde" nos indican que no hay antecedente y, por tanto, Barcelona no puede ser el lugar que nos dijeron, se ha de entender de otro modo. En el segundo caso, la palabra "adonde" nos señala que sí tenemos antecedente en la frase, y sólo "Barcelona" puede cumplir el papel de tal.

A continuación se reproducen algunos ejemplos tomados de la prensa.

> "Ávila, ¿dónde vas triste de ti?" *(El Mundo de Valladolid,* 20 de mayo de 1996. Titular).

Precisamente la conocida canción *¿Dónde vas Alfonso XII, dónde vas triste de ti?* incurre en este mismo error. En el caso de Ávila, la respuesta lógica se podría dar así: "Voy en el furgón de cola de Castilla y León". En el caso del romance, "voy a caballo", por ejemplo.

> "Allí congeniaron de tal modo que quedaron para verse en Barcelona, donde ella debía venir para la apertura de Fashion Café". *(La Vanguardia,* 3 de enero de 1997. Josep Sandoval).

Se trata de un adverbio de dirección. Por tanto, "adonde".

> "Raúl: 'A mí me da exactamente igual donde me ponga Capello'". *(Marca,* 4 de agosto de 1996. Titular).

A "donde" le falta el acento, porque tiene una carga de interrogación implícita: en qué lugar (y ese "qué" se acentúa también).

> "Michel: 'Iría donde estuviera Butragueño'". *(El País,* 8 de julio de 1996. Titular. Deportes).

En realidad, Michel no iría en el mismo avión que Butragueño, sino "a donde" acudiera su amigo.

> "Esta noche, llévame dónde tú quieras". *(Suplemento TV,* programación del 25 de abril de 1996. Titular).

Dos errores: sobra el acento y falta una "a": "llévame a donde tú quieras".

"Fue lo que ocurrió en Colmenar, a donde Dolores Aguirre envió una corrida de toros de las de antes". *(El País,* 31 de agosto de 1995. Joaquín Vidal).

Como el antecedente está expreso (Colmenar), debió escribirse "adonde".

"¿Dónde puede mandar Castro sus notas, cintas, memorias inéditas y correspondencia?". *(El País,* 4 de diciembre de 1996. Jorge G. Castañeda).

Al ser interrogativo e implicar dirección, el escritor mexicano debió utilizar "adónde".

"Sabe dónde quiere ir. Sabe llegar". *(El Mundo,* 26 de mayo de 1996. Pilar Urbano).

La veterana periodista debió escribir "adónde", según se deduce del contexto.

"No importa a dónde vaya: siempre hay alguien que, a las ocho de la mañana, decide empezar a demoler un muro, junto a mi oreja izquierda, para ampliar el cuarto de estar". *(El País Semanal,* agosto de 1996. Maruja Torres).

(Al tratarse de una forma con fuerza interrogativa, debió escribir "adónde", todo junto).

A veces el periodista lo tiene tan poco claro que incluye dos fórmulas distintas para una misma función:

"Juan responde: 'Que lo digan ellos. Yo no tengo por qué apoyarme en nadie para justificar dónde voy y adónde no'". *(El Mundo,* 1 de diciembre de 1996. Jaime Peñafiel).

En las dos frases debió escribirse "adónde".

Adentro, afuera. En los casos de fuera / afuera y dentro / adentro, hemos de observar también si se transmite o no una idea de dirección. De este modo: "Voy afuera", "estoy fuera", "vamos adentro", "estamos dentro".

Las formas "adentro" y "afuera" no prescinden de la "a" si van precedidas de preposiciones como "hacia", "para" o "por".

En donde. Se incurre en redundancia al escribir "en donde" en aquellas frases en que se pueda suprimir una de las dos palabras sin que ello varíe un ápice el significado.

"Joan Manuel Serrat viene a recogerme al hotel. Lo tiene todo previsto, especialmente el lugar en donde tomaremos el vermú". *(El País Semanal,* 21 de abril de 1996. Maruja Torres).

"El lugar en donde fueron arrolladas está cerca del instituto de Alfafar". *(El País,* 17 de abril de 1996. Francesc Martínez).

Véase el apartado de redundancias.

Ojo al lugar exacto del adverbio. Los adverbios pueden cambiar el significado de la frase según el lugar que ocupen en ella. Por ejemplo:

"Sólo el ministro dimitió".
"El ministro sólo dimitió".
"También el ministro acudió a ese acto (además de otras personas)".
"El ministro también acudió a ese acto (además de a otros lugares)".

Las frases periodísticas sólo pueden significar una cosa, y no dos, salvo que juguemos precisamente con el doble sentido de manera intencionada. Veamos un ejemplo en el que la colocación del adverbio puede despistar al lector:

"Quiso darle por escrito sus puntualizaciones, que pueden así resumirse:". *(El País,* 29 de septiembre de 1996. Juan Arias).

Tal como está redactado, se deduce que gracias a que le facilitaron las puntualizaciones se pueden resumir. Es decir: "Quiso darle por escrito sus puntualizaciones, que pueden, gracias a eso, resumirse:". Pero de las líneas posteriores deducimos que el articulista quiso decir "pueden resumirse así:". De manera que debió ordenar la frase de otra manera: "Quiso darle por escrito sus puntualizaciones, que pueden resumirse así:".

Comoquiera, entretanto. Suelen producirse dudas con estos adverbios, que se pueden escribir con una o con dos palabras. En cuanto a "comoquiera", da efectivamente lo mismo. En el caso de "entretanto", el periodista eliminará malas lecturas si elige las dos palabras para las frases en que efectivamente cada una cumple una misión semántica ("entre tanto problema no tuve tiempo de llamarte") y reserva la palabra compuesta para su función adverbial ("entretanto, ve haciendo las gestiones necesarias").

Los problemas de las conjunciones

Las conjunciones sirven de engarce entre distintas oraciones y establecen la relación de dependencia entre la principal y las subordinadas, así como la relación de igualdad entre oraciones coordinadas. Las coordinadas pueden escribirse por separado o suprimirse sin que eso afecte a la otra oración: "Aznar tomó posesión y se reunió con sus ministros". Las subordinadas precisan de la existencia de una oración principal: "Aznar tomó posesión, pero no se reunió con los ministros".

No obstante, las conjunciones sirven también para unir palabras de una misma oración, no sólo oraciones entre sí: "Ayer vinieron Marta y Juan". "Estoy solo pero contento".

A veces se confunde el papel de las conjunciones y el de los adverbios. Por ejemplo, el adverbio "sin embargo" puede ocupar posiciones de conjunción:

"Jaime no se hallaba en la casa, sin embargo la luz estaba encendida".
"Jaime no se hallaba en la casa, pero la luz estaba encendida".

La manera de distinguirlos consiste en cambiar de sitio el adverbio (movimiento que no podremos hacer con la conjunción):

"Jaime no se hallaba en la casa, la luz estaba encendida sin embargo".
"Jaime no se hallaba en la casa, la luz estaba encendida pero".

(Este uso incorrecto se oye con frecuencia en Perú y Bolivia).

"Aunque" no vale lo mismo que "pero". Los periodistas confunden a menudo "aunque" y "pero". Porque su similitud de funciones en la frase, desde el punto de vista sintáctico, lleva a creer que tal parecido se da también en el terreno semántico.

Desde el punto de vista sintáctico, esta frase entra en lo perfectamente correcto: "Era de noche y sin embargo llovía". Pero no desde el punto de vista semántico, puesto que el hecho de que haya oscurecido no dificulta la presencia de lluvia. Otro caso diferente vendría dado por la frase "era de noche y sin embargo se veía la lluvia". Aquí sí se produce una oposición que justifica el empleo de "sin embargo".

Pues bien, algo parecido sucede con el uso de "aunque" cuando sustituye incorrectamente a "pero". Cierto que a menudo sí pueden resultar equivalentes, mas el redactor deberá tener cuidado: no siempre.

Porque "aunque" implica, desde el punto de vista semántico, una dificultad mayor para que se cumpla el verbo principal que la incorporada al significado de "pero", conjunción que traslada una dificultad menor. En realidad, "pero" puede significar una mera y frágil oposición de conceptos. Sin embargo, "aunque" expresa un grado de dificultad que ha de ser superado por la oración principal: "Aunque me lo ordenes, no lo haré". "No lo haré aunque me lo ordenes".

En diversas obras de gramática se aprecia una cierta indefinición sobre el papel de "aunque". La escrita por el académico Emilio Alarcos diferencia su papel meramente sintáctico respecto a "pero" y habla de su diferente significado, sin más precisiones. Y le atribuye incluso un valor como adverbio, igual que a "sin embargo". Otros autores parecen conceder a "aunque" valor adversativo además del concesivo, puesto que en su clasificación incluyen esta conjunción en ambos apartados.

El *Diccionario de la Real Academia* (edición de 1992) señala:

— Conjunciones adversativas: "Las que, como *pero,* denotan oposición o diferencia entre la frase que precede y la que sigue".

— Conjunciones concesivas: "Las que, como *aunque, si bien, pese a,* preceden a una oración subordinada que expresa una objeción o dificultad para lo que se dice en la oración principal, sin que ese obstáculo impida su realización.

A nuestro juicio, el lenguaje gana en precisión y rigor si cada una de estas dos conjunciones cumple una misión diferente, como ha venido ocurriendo hasta ahora.

Veamos estos ejemplos:

> "Soy guapo, pero pobre".

La conjunción "pero" expresa, como adversativa, una mera oposición o diferencia de conceptos: uno positivo (soy guapo) y otro negativo (pero soy pobre).

> "Soy guapo, aunque pobre".

La conjunción "aunque", como tiene valor de concesiva, denota que la primera parte de la oración se cumple pese a la dificultad que entraña la segunda, lo cual no resulta cierto en este ejemplo desde el punto de vista del significado, puesto que el hecho de ser pobre no dificulta ser guapo.

Lo veremos más claro en estos ejemplos:

> "Dieter Vogel, de 54 años, presidente del poderoso consorcio alemán Thyssen, fue detenido ayer en Düsseldorf, aunque quedó en libertad bajo fianza". *(El País,* 10 de agosto de 1996).

El hecho de quedar en libertad bajo fianza no dificulta el de haber sido detenido. Al contrario, se precisa haber sido detenido para quedar luego en libertad bajo fianza. El "aunque" sustituyó al "pero". También pudieron haberse empleado "si bien" y "no obstante". Porque en ese caso la oposición no se establece desde la segunda oración hacia la primera, sino al contrario: "Fue detenido. No obstante, quedó en libertad bajo fianza". Porque chirría la oposición en sentido contrario: "Aunque quedó en libertad bajo fianza, fue detenido". Construido así, parecería que la detención se produjo tras quedar en libertad bajo fianza.

> "Larry Spriggs fue alcanzado en el estómago, aunque su estado de salud no reviste excesiva gravedad". *(El Mundo,* 5 de abril de 1996. Deportes).

Debió emplearse "pero". O también "sin embargo", "no obstante", "si bien"... Lo que se sitúa detrás del "aunque" ha de ser previo a la oración principal (desde el punto de vista del significado), para que así pueda dificultarla. O, al menos, simultáneo. Pero el que su estado de salud no revista gravedad no dificulta que fuera alcanzado en el estómago, al llegar el disparo en una acción anterior. Sí habría tenido sentido de este modo: "Larry Spriggs fue alcanzado en el estómago, aunque el criminal le apuntó a la cabeza".

> "Mediaset, la sociedad que agrupa a las televisiones italianas de Silvio Berlusconi, deberá prescindir de una de sus tres cadenas actuales, aunque podrá evitar cerrarla si la desvía al cable, que aún no existe, o al satélite en el plazo de un año". *(El País,* 18 de julio de 1996. Peru Egurbide. Comunicación).

Se debió escribir "pero", por las mismas razones que en el caso anterior. La segunda oración no expresa ninguna dificultad que ponga o haya puesto en peligro lo que dice la primera: que deberá prescindir de una de sus tres cadenas actuales (es decir, tal como funcionan actualmente). Sí habrían tenido sentido estas oraciones: "Mediaset, la sociedad que agrupa a las televisiones italianas de Silvio Berlusconi, deberá prescindir de una de sus tres cadenas actuales, aunque el Gobierno prometió respetarlas todas".

"El coche en el que viajaban los muchachos iba a 100 kilómetros por hora, según algunos testigos, aunque la Policía Local aún no ha concluido su informe". *(El País,* 7 de julio de 1996. Joaquín Ferrandis. Nacional).

El hecho de que la policía no haya concluido su informe no dificulta de manera alguna que condujeran a esa velocidad.

Otros ejemplos de los abundantes casos en que se usa indebidamente "aunque" en el lugar que le corresponde a "pero":

"Jordi Cruyff igualó, aunque los tantos de Vizcaíno y Biagini, en el segundo tiempo, sentenciaron el encuentro". *(El País,* 21 de abril de 1996. Primera página).

"Después de 19 jornadas con el primer equipo del Real Madrid, Sandro volvió a jugar con el filial, aunque fue sustituido tras el descanso". *(Marca,* 21 de abril de 1996).

"Este principio de acuerdo deberá ser ratificado en los próximos días por el consejo de administración del Tenerife, aunque su presidente, Javier Pérez, ya ha manifestado que, a título personal, está a favor de suscribir el convenio". *(El País,* 15 de mayo de 1996. C. Fernández-Trujillo. Deportes).

(El "aunque", lejos de trasladar una contraposición, introduce una frase que *ayuda* a la principal, puesto que el hecho de que el presidente esté a favor del convenio no dificulta que éste se firme, antes al contrario).

"Otras quince personas fueron trasladadas a los hospitales Ramón y Cajal y La Paz, aunque todas ellas estaban fuera de peligro al cierre de esta edición". *(El Mundo,* 14 de enero de 1997. Sin firma).

(Título): "Un niño se ahoga en la piscina de un hotel de Salou".
(Subítulo): "La instalación carecía de socorrista, aunque la normativa no lo impone". *(El Periódico de Catalunya,* 21 de agosto de 2000).

En este último ejemplo habría tenido lógica escribir "la instalación carecía de socorrista, aunque la normativa lo impone". Pero no se aprecia oposición alguna en la frase "la instalación carecía de socorrista, aunque la normativa *no* lo impone". Con un "pero" se habría arreglado, para mostrar con él la oposición de conceptos (más ligera) entre la aparente negligencia de que no hubiera socorrista y la realidad de que las normas no lo exijan.

El "que" polivalente. La conjunción "que" sirve para muchos enlaces, pero no funciona bien con todos los posibles. Por tanto, hacemos mal en utilizarla en frases como ésta:

> "Fue en ese momento que los agentes hicieron uso de sus armas de reglamento, realizando dos disparos al aire". *(El Nuevo Día,* de Santa Cruz de la Sierra, Bolivia, 20 de agosto de 2000).

Se habría escrito bien de este modo:

> "Fue en ese momento cuando los agentes hicieron uso de sus armas".

Entre periodistas catalanes resultan habituales algunas fórmulas de ese tipo, sobre todo en frases interrogativas: "¿Qué vienes, de Madrid?". Ese "qué" sustituye indebidamente a "de dónde".

Dificultades de los pronombres

Los pronombres tienen como misión sustituir a un nombre. Por tanto, nos pueden auxiliar para evitar redundancias. Normalmente, quien redacta un texto busca sinónimos —a veces no muy precisos— con la intención de huir de las repeticiones y suele olvidar la existencia de los pronombres.

He aquí algunos de los problemas que plantean.

Los problemas sintácticos. La correcta sintaxis ayuda a comprender mejor el sentido de las oraciones. Un fallo del periodista en este terreno enturbia su mensaje, obliga al lector a pasar dos veces por una misma frase y, con seguridad, le acaba echando a otra página.

En febrero de 1996, varias televisiones españolas emitieron un anuncio institucional promovido por los presos de la cárcel de Carabanchel (Madrid) en relación con el secuestro del empresario José María Aldaya por la organización terrorista ETA. Su texto decía:

> "La diferencia entre un preso y un secuestrado son los derechos. Los presos los queremos libres".

El pronombre "los" podía encontrar como antecedente únicamente a "derechos", puesto que ninguna de las otras palabras de la frase concuerda con su masculino plural. Sin embargo, parecía referirse al secuestrado. ¿O tal vez no? Nunca lo sabremos si la frase se ha construido mal. Los pronombres han de tener un antecedente muy claro y cercano. De otro modo, estableceremos un ruido entre nuestro mensaje y el lector.

El pronombre relativo "que" suele plantear más problemas.

> "... La testigo protegida con el número 2.346 (la novia del guardia civil Carlos Marrero Sanabria, que se quitó la vida en 1988 y que recibió también confidencias sobre las torturas de Lasa y Zabala)". *(El País,* 28 de mayo de 1996. Sin firma).

Tal como se escribió, el lector puede creer que el pronombre relativo "que" tiene como antecedente bien al guardia civil o bien a su novia. Por tanto, no sabrá quién de los dos se suicidó.

En estos casos, el truco adecuado consiste en buscar una palabra de referencia que evite la confusión: "... la novia del guardia civil Carlos Marrero Sanabria, agente que se quitó la vida en 1988".

No acabemos con "cuyo". Imaginemos esto: "En un lugar de La Mancha del que no me quiero acordar del nombre...". Horroroso, ¿no? Cervantes escogió el adjetivo "cuyo" para dar lustre a su primera frase del *Quijote.* Pero hoy en día este relativo va cayendo lamentablemente en desuso.

Se trata, sin embargo, de un vocablo que muestra en quien lo usa una buena coordinación mental y un armario sintáctico eficazmente construido por atentas lecturas y cuidado en la expresión.

Examinemos algunos ejemplos tomados de los medios informativos (en el lenguaje oral aún se presenta peor panorama):

> "Su interés por la política se despertó en la Universidad de Rabat, donde, en 1986, se matriculó en la Facultad de Ingeniería"; "la policía libera a dos ancianas de una residencia clandestina donde el dueño las maltrataba"; "un incendio del que se desconocen las causas"; "Rodríguez Colorado cree que se le pagó un talón, destinado a terceras personas, de las que no puede decir el nombre".

Todas estas frases adquirirían mayor elegancia —y concisión— escritas con el adjetivo relativo "cuyo": "su interés por la política se despertó en la Universidad de Rabat, en cuya facultad de Ingeniería se matriculó en 1986" (se emplea una palabra menos que en la frase anterior); "la policía libera a dos ancianas de una residencia clandestina cuyo dueño las maltrataba" (se ahorra una palabra también); "un incendio cuyas causas se desconocen" (dos palabras menos); "Rodríguez Colorado cree que se le pagó un talón, destinado a terceras personas cuyo nombre no puede decir" (se suprimen tres palabras y se evita una coma).

Otros ejemplos:

> "Según el ministro, en estas futuras carreteras, de las que se están concluyendo los estudios de información, se puede establecer el cobro de peaje". (*El País,* 25 de septiembre de 1996. Agencia Efe. Sección Madrid).

Debió escribirse así: "Según el ministro, en estas futuras carreteras, cuyos estudios de información se están concluyendo, se puede establecer el cobro de peaje".

> "Más allá de esta circunstancia, obras sobre las que ha existido alguna controversia sobre su autoría parecen decididamente atribuidas

a quienes después han sido identificados con ellas". (Revista *El Siglo,* 13 de enero de 1997. Manuel Espín).

Debió escribirse mejor: "Más allá de esta circunstancia, obras sobre cuya autoría ha existido alguna controversia parecen decididamente atribuidas a quienes después han sido identificados con ellas".

"Una operación que le ha supuesto seis años de condena por la Audiencia Nacional y que el lunes próximo se dilucidará su recurso de casación". *(El País,* 23 de febrero de 1998. Inmaculada G. Mardones).

Debió escribirse: "...y cuyo recurso de casación se dilucidará el lunes".

"La carretera Central se convertirá en el escenario de la fiesta automovilística más antigua del país y en la que sus organizadores, la gente del Automóvil Club Peruano (ACP), ponen todo su empeño y esfuerzo". *(El Comercio,* de Lima, 1 de mayo de 1998. Sección Deportes).

Debió escribirse: "... la fiesta automovilística más antigua del país, cuyos organizadores (...) ponen en ella todo su empeño y esfuerzo".

¿Habrá que *traducir* algún día la primera frase del *Quijote* para que las futuras generaciones la entiendan, una vez que se haya perdido para siempre el adjetivo de cuyo nombre no querremos acordarnos?

Es un error decir "delante suyo". Otro problema planteado por los pronombres se origina al considerar distintos adverbios como sustantivos a los que se puede aplicar el adjetivo posesivo, lo que provoca la desaparición del pronombre personal. "Se lo dejé delante suyo", por ejemplo, fórmula que sustituye incorrectamente a "se lo dejé delante de él". En efecto, "suyo" se camufla en el primer caso como adjetivo posesivo (como si el "delante" fuera propiedad de alguien). También leemos a menudo "está detrás mío", "sucedió delante nuestro"... en lugar de "está detrás de mí" o "sucedió delante de nosotros".

"... Un ángel detrás suyo". *(El País,* titular de la sección de Cultura. 14 de octubre de 1996).

"... Ladeó la cabeza hacia el ordenanza plantado detrás suyo con las manos en la espalda". *(El País,* 24 de diciembre de 2000. Francisco Peregil).

Una buena forma de averiguar si se puede utilizar un pronombre así consiste en cambiarlo de sitio: es correcto decir "el libro suyo" porque también resulta válido "su libro". Pero no se puede escribir "delante suyo" porque no es correcto "su delante". Por ejemplo: "Ocurrió en su delante", "ocurrió en su detrás". Sí se puede decir "al lado suyo" porque igualmente usamos "a su lado". Asimismo, los adjetivos posesivos varían de género: "el libro suyo", "la casa suya", conforme al género del sustantivo. Pero los adverbios carecen de género y, por tanto, resulta tan incorrecto escribir "delante suyo" como "delante suya". Desde el punto de vista técnico, esto se explica de la siguiente forma: "suyo", "mío", "tuyo"... son en estos casos adjetivos posesivos; y los adjetivos se usan siempre bien si acompañan a un nombre, pero no sucede lo mismo con los adverbios.

La ayuda del pronombre. Los pronombres pueden resultarnos muy útiles en los casos de verbos o palabras encadenadas a una preposición que, por la estructura de la frase, se nos queda fuera de sitio (ya lo hemos comentado en un apartado anterior).

"Se jugó en el campo contiguo al que se suele entrenar la selección, con dos tiempos de 35 minutos". *(Diario 16,* 18 de julio de 1996. Sin firma).

La fórmula "se jugó en" pugna con "contiguo a", y al final queda una frase desastrosa, porque el relativo "que" pierde la preposición que debe acompañarle. Pidámosle auxilio al pronombre:

"Se jugó en el campo contiguo a aquel en el que se suele entrenar la selección".

De ese modo, expresamos las dos preposiciones —"en" y "a"— requeridas por la construcción que nos habíamos planteado. Y los dos verbos se quedan contentos.

> "Isabel Preysler advierte a las mujeres que les asusta envejecer que la vida a los 50 años es maravillosa". *(El País,* 24 de noviembre de 2000. Inés García-Albi).

También en este último caso se observa escasa destreza en el uso de los pronombres y de los complementos (el adjetivo relativo "que" es incorrecto porque se necesita la preposición "a" para introducir el acusativo o complemento directo, que concuerda con "a las mujeres"). La frase correcta habría sido:

> "Isabel Preysler advierte a las mujeres a quienes les asusta envejecer (de) que la vida a los 50 años es maravillosa".

Leísmo, laísmo, loísmo. Se llama así al mal uso de los pronombres átonos "le", "la" y "lo". Contra lo que pueda parecer en algunos casos, estas partículas no cumplen una concordancia necesaria de género y número con el nombre al que sustituyen, sino que concuerdan antes según su función en la frase. Las unidades "le" y "les" —igual que "se"— viven indiferentes a las distinciones de género. "La" y "lo" sí pueden verse influidas por ellas.

LAÍSMO. Se llama así a la utilización incorrecta de "la" o "las" por "le" o "les". Se comete frecuentemente en algunas regiones, especialmente en el norte de Castilla y en el País Vasco. Un hablante —o escribiente— incurre en laísmo cuando utiliza "la" o "las" como pronombre representativo de un complemento indirecto femenino. Ejemplo incorrecto: "La entregué el regalo" (a ella "la" fue entregado el regalo). Se usa "la" adecuadamente cuando este pronombre representa a un complemento directo femenino. Ejemplo correcto: "La entregué a la policía" (ella fue entregada a la policía).

> "Miguel Ángel Martín admitió la versión de Obradovic, pero la restó transcendencia". (*El País,* 17 de agosto de 1996. José Miguélez. Deportes).

Debió escribirse "le restó", pues se trata de un complemento indirecto. El directo es "transcendencia". El error se vería muy claro en la pasiva: A ella "la" fue restada.

> "Ana Belén también es recordada estos días en el pequeño municipio segoviano de Pedrezuela, de 790 habitantes, donde se la quiere dedicar una calle y rendirla un homenaje". (*El País,* 15 de agosto de 1996. Aurelio Martín. Sección Gente).

Debió escribirse "se le quiere dedicar" y "rendirle un homenaje". (Un homenaje "la" será rendido).

LEÍSMO. Para indicar el complemento indirecto se deben emplear siempre "le" o "les", ya se trate de masculinos o femeninos. Estos dos pronombres se pueden usar también como complemento directo si sustituyen a un masculino de persona. Se cae en leísmo, por tanto, cuando se usa indebidamente "le" o "les" como complemento directo en los casos en que sustituye como pronombre a un femenino, a un neutro o a un masculino de animal o cosa en la función de complemento directo.

Ejemplos de uso correcto de "le" o "les" como complemento indirecto: "le facilité las cosas" (a él o a ella); "no quise sacarles las entradas" (a ellos o a ellas); "le conté lo sucedido" (a él o a ella).

Ejemplos de uso correcto de "le" o "les" como complemento directo (masculino de persona): "encontré a mi marido y le besé" (también puede decirse "lo besé"); "le llevé en mi coche" (también puede decirse "lo llevé", pero en este caso nuestro interlocutor puede dudar de si nos referimos a una persona o a un animal o un objeto, puesto que el "lo" también valdría para estos últimos).

Ejemplos de uso correcto de "le" como complemento indirecto femenino: "Le dije a Luisa que viniera" (en el País Vasco y en el norte de Castilla se comete el laísmo "la dije a Luisa", porque ese "la" ejerce como complemento indirecto —el complemento directo es "que viniera"— y, por tanto, ha de escribirse "le").

Ejemplos de uso incorrecto de "le" (leísmo) como complemento directo representativo de animal o cosa: "A mi perro le llamé con un silbato" (en este caso, debe decirse "lo llamé"). "Cogí el televisor y le dejé sobre la mesa" (por tratarse de un objeto, ha de escribirse "lo dejé").

El "le" como complemento directo masculino se usa generalmente en la mitad norte de la Península. En el sur de España y en Hispanoamérica se emplea "lo" para esa misión. En la mitad norte se diría: "Subí a Juan a mi coche y le llevé a Barcelona". En Andalucía, "subí a Juan a mi coche y lo llevé a Barcelona". Ambas posibilidades son correctas.

"Tal vez ahora ese Estado que sólo existe en la fantasía de los cartógrafos encuentre la manera de unir los añicos en que le dejó la lucha implacable entre clanes". *(El País,* 3 de agosto de 1997. Alfonso Armada).

En el ejemplo anterior, la palabra "Estado" no tiene valor de persona, sino de objeto. Por tanto, debió escribirse "en que lo dejó".

"Y así, los chimpancés del Zoo secundaron inmediatamente a su Espartaco en el desesperado intento de ser libres. Acuérdense de ese frustrado afán de emancipación la próxima vez que les vean encerrados y les encuentren cómicos en su gesticulación y sus volteretas". *(El País Semanal,* 21 de abril de 1996. Rosa Montero).

La periodista debió escribir "los encuentren", porque se trata de un pronombre que sustituye a un nombre de animal en función de complemento directo (ellos son encontrados cómicos).

LOÍSMO. Este vicio de lenguaje se produce al utilizar "lo" en lugar de "le" como pronombre representativo del complemento indirecto masculino. Ejemplo: "lo llevé un paquete" (a él). Debe escribirse "le llevé un paquete", puesto que el pronombre representa al complemento indirecto. Se usa "lo" correctamente cuando representa al complemento directo masculino: "A Manolo lo llené de regalos". El loísmo se presenta con menos frecuencia que el laísmo y el leísmo, pero no falta algún ejemplo.

"Salió Raúl y se hizo el fútbol. Mijailovich soñará de por vida con lo que lo hizo". *(El País,* 30 de diciembre de 1996. Óscar Sanz).

El periodista debió escribir "soñará de por vida con lo que le hizo".

A Paco le duele la cabeza. Los periodistas a veces se encuentran con la extraña situación de que en una frase han de escribir dos veces el mismo complemento directo. No ya dos complementos diferentes en la misma oración ("quiero a Sara y a Miriam"), sino un mismo concepto repetido.

"Juan, a quien le condecoraron ayer, vino a verme".

"Jaime le arrebató dos puestos a Alberto".

"El jugador que le propinó un puñetazo al defensor azulgrana fue expulsado".

El "le" funciona en realidad en estos casos como opcional (puede escribirse, puede suprimirse), aunque la inercia del idioma lo prefiere ahí muchas veces. Pero en un texto periodístico, o en un titular, puede borrarse.

En esos tres casos, la reiteración del mismo complemento no fuerza demasiado el idioma, pero de vez en cuando nos encontraremos casos en que esa doble presencia resulta incómoda:

"Y llegó el primer ministro, un político al que le sobran cualidades para imponerse en una situación así".

Esa oración puede abreviarse —sobre todo si estamos pergeñando un titular— de este modo: "... un político al que sobran cualidades para imponerse"; o mejor aún —por cuestión de ritmo y mejor sonoridad— así: "un político a quien sobran cualidades para imponerse".

Esta aparente reiteración puede plantearse como opcional o como inútil. Pero también se dan casos en que no debemos suprimirla. El genio del castellano la pide, por ejemplo, cuando el complemento repetido representa una de las partes del cuerpo humano, o un objeto íntimamente ligado al sustantivo. "A Paco le duele la cabeza", por ejemplo. No podemos decir "a Paco duele la cabeza" o "duele la cabeza a Paco" (aunque con esa frase no se pierda ni una sola partícula del significado).

Cuando el complemento se pone delante de su lugar natural, también se produce el doblado del pronombre átono (o enclítico): "A Juan no le llamaron". Si el periodista desea reducir las palabras (por ejemplo, para que cuadre un titular en el espacio asignado), puede alterar el orden y salir del apuro: "No llamaron a Juan" (se ahorra dos matrices y un espacio).

El "le" inmovilizado. Periodistas del sur peninsular español muestran una clara tendencia a escribir "le" en singular cuando precisa plural. También incurren en este raro estilo algunos escritores. La pétrea situación del pronombre inalterado se aprecia en frases así:

> "Demoré más de lo necesario y conveniente el darle a mis tíos señales de vida". (Francisco Ayala, *La cabeza del cordero,* Madrid, Cátedra, 1978, página 151).

> "Mientras le afeitaba el pescuezo a los gallos". (García Márquez, *Cien años de soledad,* Buenos Aires, 1968, página 162).

> "Le revolvía el hígado a las esposas de los presidentes". (García Márquez, *Cien años de soledad,* Buenos Aires, 1968, página 274).

> "Eso le pasa a todos". (Camilo José Cela, *San Camilo,* Madrid, Barcelona, 1969, página 148).

(Estos ejemplos anteriores y algunos más figuran en la *Gramática* de Emilio Alarcos. Los siguientes están tomados de los periódicos).

> "Pino, con Farfán y Chepe González, le dio dura réplica a los hombres de Javier Mínguez". *(Marca,* 25 de agosto de 1995. Subtítulo de la sección Ciclismo).

"'Que vaya contra nuestros enemigos y no contra nuestros amigos', le dijo a sus dos asesores". *(El País,* 6 de enero de 1997. Javier Valenzuela).

"Condorcanqui fue obligado a contemplar lo que le hacían a su mujer y a sus hijos". *(El País,* 12 de enero de 1997. Javier Martín. Suplemento Domingo).

"Ese momento vital ha de ser siempre respetable, por ajeno que le resulte a los otros". *(El Mundo,* 23 de febrero de 1996. Martín Prieto).

"Mis compañeros le dan volumen a sus grabadoras". *(El Comercio,* de Lima, 1 de mayo de 1998. Miguel Humberto Aguirre).

"El entrenador le comunicó su decisión a los jugadores". *(El Comercio,* de Lima, 1 de mayo de 1998. Sección Deportes).

En todos esos casos, el "le" inmovilizado repugna al buen oído literario y debió escribirse en plural. De lo contrario, carece de concordancia.

Los problemas de la sintaxis

La mezcla de estilos indirecto y directo. A través de la prensa deportiva se coló en el lenguaje periodístico un vicio que pretende economizar palabras y, sin apenas conseguirlo —aún peor, a veces aumenta su número—, redunda en un mal uso de la sintaxis. Se trata de la mezcla de estilo directo y estilo indirecto en la reproducción de frases pronunciadas por un personaje de la información que transmitimos.

Ejemplo de estilo directo: Juan me dijo: "no iré".

Ejemplo de estilo indirecto: Juan me dijo que no vendría.

Ejemplo de mezcla incorrecta de ambos: Juan me dijo que "no iré".

En estos casos, el periodista que escribe debe pronunciar la frase en voz alta, o imaginarse que la utiliza en un noticiero radiofónico. El hecho de que se escriban comillas no indica que a partir de ese signo comience una oración que no ha de estar relacionada sintácticamente con la anterior.

A continuación, señalamos algunos ejemplos de errores flagrantes que entresacamos de la prensa, apenas un ramillete de un jardín interminable:

> "Entre risas, me dice que le gusta ver *Doctor Zhivago* 'cuando estoy sola; porque, si no, mis hijos acaparan el vídeo'". *(El Mundo,* 26 de mayo de 1996. Pilar Urbano entrevista a Ana Botella).

> "La segunda parte del partido de vuelta de la Supercopa ante el Atlético le quedará gravado (*sic*) en la memoria a Julen Lopetegi, ya que, según dijo, 'nunca había sufrido tanto agobio como el miércoles. La verdad es que fue un partido muy duro y difícil', aseguró el guardameta del FC Barcelona. Precisamente por ello, por tratarse de un partido tan complicado, el vasco explicó que 'me siento muy satisfecho de mi actuación. Me encontré bien y al final conseguimos la Supercopa', dijo. Asimismo, aseguró que 'para mí es una enorme inyección de moral. Las cosas han cambiado mucho, ahora estoy teniendo oportunidades y además estoy cumpliendo. Ojalá el futuro siga siendo tan bueno'. Acabó diciendo que 'tengo que seguir trabajando'". (Diario *Sport,* de Barcelona, el 30 de agosto de 1996).

> "Popov afirma que 'no puedo sostenerme en pie ni cinco minutos'". (Titular de *El Mundo,* 31 de agosto de 1996).

> "La madre de los sixtillizos * aseguró que se siente 'como una madre más, pero Dios ha querido que en mi caso, en vez de un niño, vivan seis'". *(El País,* 21 de diciembre de 1996. Primera página).

> "Con tristeza, secándose el sudor porque hasta hace un momento estaba trabajando, Pablo cuenta que 'este pueblo está dividido en dos grupos, y aunque nosotros tenemos más cultura, que incluso un her-

* Sixtillizos. Parece más correcto "sextillizos", pero ninguna de las dos palabras aparece en el Diccionario de la Real Academia.

mano mío es licenciado en Filosofía, ellos están más unidos, y por eso ganaron las elecciones los que ellos querían'". *(El País,* 1 de noviembre de 1983. Álex Grijelmo).

"Él, que el 20 de mayo de 1995 dijo a este periódico que 'pertenezco a una familia respetada', debería saber que el respeto se pierde igual que se gana". *(El País,* 31 de agosto de 1995. Maruja Torres).

"Jorge señaló que está deseando que llegue el juicio porque 'soy inocente'". *(El País,* 11 de diciembre de 1996. Efe).

"Cada año publica alrededor de 40 títulos, 'pero no me interesa editar más títulos porque el problema es que hay demasiados libros'". *(El Universal,* de México, 5 de abril de 1997. Portada de las páginas culturales).

"Rivera asegura ser producto de la enseñanza pública, y 'por ella soy quien soy hoy en día'". *(Primera Hora,* de Puerto Rico, 11 de noviembre de 2000).

La redacción correcta en los ocho casos venía dada por una relación sintáctica diferente. Veamos:

"Entre risas, me dice que le gusta ver *Doctor Zhivago* cuando está sola; porque si no sus hijos 'acaparan el vídeo'".

"La segunda parte del partido de vuelta de la Supercopa ante el Atlético le quedará gravado (*sic*) en la memoria a Julen Lopetegi, ya que, según dijo, él nunca había sufrido tanto agobio como el miércoles. 'La verdad es que fue un partido muy duro y difícil', aseguró el guardameta del FC Barcelona. Precisamente por ello, por tratarse de un partido tan complicado, el vasco explicó: 'Me siento muy satisfecho de mi actuación. Me encontré bien y al final conseguimos la Supercopa'. Asimismo, aseguró: 'Para mí es una enorme inyección de moral. Las cosas han cambiado mucho, ahora estoy teniendo oportunidades y además estoy cumpliendo. Ojalá el futuro siga siendo tan bueno'. Acabó diciendo que aún tiene que 'seguir trabajando'".

"Popov afirma que no puede sostenerse en pie 'ni cinco minutos'".

"La madre de los sixtillizos aseguró que se siente 'como una madre más'. 'Pero Dios ha querido que en mi caso, en vez de un niño, vivan seis', añadió".

"Con tristeza, secándose el sudor porque hasta hace un momento estaba trabajando, Pablo cuenta que el pueblo está dividido en dos grupos: 'Y aunque nosotros tenemos más cultura, que incluso un hermano mío es licenciado en Filosofía, ellos están más unidos, y por eso ganaron las elecciones los que ellos querían'".

"Él, que el 20 de mayo de 1995 dijo a este periódico que pertenecía a 'una familia respetada', debería saber que el respeto se pierde igual que se gana".

"Jorge señaló que está deseando que llegue el juicio. 'Porque soy inocente', dijo".

"Cada año publica alrededor de 40 títulos, pero no le interesa editar más títulos 'porque el problema es que hay demasiados libros'".

"Rivera asegura ser producto de la enseñanza pública: 'Por ella soy quien soy hoy en día'".

Aún queda peor, no obstante, cuando al estilo indirecto se le ponen comillas que no pueden corresponder a la frase pronunciada:

"A Aranda no 'le parece lo más adecuado' que declaren los diputados de la Comisión de Secretos Oficiales". (*El País,* 18 de agosto de 1996. Primera página).

El fiscal Aranda, por muy elevado que parezca su rango, nunca habla en tercera persona como si fuera el Papa. De modo que se da como textual una frase jamás pronunciada.

Pero aún puede resultar peor:

"Fuentes municipales de Arganda afirmaron 'no tener noticia de la concesión'". *(El País,* 11 de septiembre de 1996. Sección Madrid).

Es decir, que las fuentes municipales de Arganda hablan como los indios de las películas.

Cuidado con los incisos. Las aposiciones que se insertan en declaraciones textuales —incisos como "añadió", "prosiguió", "precisó", etcétera— deben colocarse con cuidado en la oración, de modo que no interrumpan las palabras más fuertemente ligadas entre sí. Por ejemplo, constituiría un error de estilo haber hecho el inciso así en el último ejemplo:

"La madre de los sixtillizos aseguró que se siente 'como una madre más'. 'Pero Dios ha querido', añadió, 'que en mi caso, en vez de un niño, vivan seis'".

La aposición, ahí situada, añade un corte más a la frase, puesto que el inciso se une a "en mi caso" y a "en vez de un niño", con lo cual retarda aún más la aparición del verbo principal.

A continuación, reproducimos un caso de aposición excesiva (la frase incluida en el siguiente paréntesis) que rompe la lógica de las oraciones:

"'¡Pero si es un trozo de pared!', exclamó un niño, nada más ver el paño de muralla cristiana que hay encerrado en el número 30 de la calle de la Cava Baja. 'Sí, pero un trozo con 800 años (fue levantada en el siglo XII bajo el reinado de Alfonso VI) de historia te contempla', le respondió emulando a Napoleón el guía". *(El País,* 15 de mayo de 1996. Paz Álvarez).

La ausencia de sujeto. El español, a diferencia de otros idiomas emparentados con él, presenta una fuerte necesidad de sujeto, que no siempre se puede elidir.

"'Madrid es enorme, y hay cosas que es necesario hacer', argumenta el concejal de Obras, Enrique Villoria. Dice que se ha coordinado con el responsable de las intervenciones que realiza la Comunidad de Madrid". *(El País,* 16 de septiembre de 1996. Lara Otero).

La segunda parte del párrafo debió ir encabezada por un sujeto ("el edil", por ejemplo). A no ser que la coordinemos con la anterior mediante una conjunción: "... Y dice que se ha coordinado..." (valga la redundancia). A veces, el ánimo de los editores al ajustar un texto y reducir palabras (como seguramente ocurrió en este caso, puesto que nadie escribe naturalmente así) olvida esa particularidad del castellano. Igual que en este segundo ejemplo:

"Según Ignasi Farreres, consejero de Trabajo en el gobierno catalán y dirigente de Unió, en el comité de enlace hubo 'un intercambio de información y de opiniones'. Reconoció que los dos partidos no podían decidir nada en un asunto 'que afecta a sociedades mercantiles'". *(El País,* 14 de enero de 1997. R. S./ C. P.).

Una fórmula rápida y correcta de arreglar frases así consiste en añadir una conjunción "y" o un adverbio "también" delante de la segunda oración. De ese modo, le transferimos elidido el sujeto de la primera.

El sujeto impostor. Un error estilístico de construcción consiste en dotar de sujeto a una oración impersonal, por el procedimiento de ordenar mal los elementos:

"Bill Clinton parece que lo tiene fácil". *(El Mundo,* 27 de octubre de 1996. Carlos Fresneda).

Se trata de una construcción tal vez influida por el inglés. En correcto castellano debió escribirse: "Parece (impersonal) que Bill Clinton lo tiene fácil". Tal como se suele ordenar este tipo de frases en la prensa ("el Consejo de Ministros se prevé que aprobará mañana..."), se da papel de sujeto a lo que en realidad funciona dentro del complemento directo.

Como aquí:

"El ex director de la Guardia Civil parece que situó la existencia de esta presunta trama negra coincidiendo con el mandato de Corcuera". *(El País,* 4 de mayo de 1996. Jesús Duva y José Yoldi).

"El ex director de la Guardia Civil" no puede quedar situado como sujeto puesto que se trata de una oración impersonal y, por tanto, carece de él. Para arreglarlo contamos con varias posibilidades: "Parece que el ex director de la Guardia Civil situó la existencia..." o "según parece, el ex director general de la Guardia Civil situó...", o "el ex director de la Guardia Civil, parece, situó la existencia...". Esta última casa menos con el estilo periodístico, puesto que da como resultado una frase poco natural.

El orden de las palabras. En efecto, no siempre se puede desatender el orden de las palabras. A menudo pueden cambiar mucho el significado, sobre todo si no se tiene cuidado con los genitivos y las voces a las que acompañan:

"He de confesar que el magnífico programa sobre la transición de Victoria Prego me tiene conmovida". *(El País,* 3 de octubre de 1995. Rosa Montero).

Se forma el grupo "sobre la transición de Victoria Prego". Esto se produce de manera preocupantemente habitual en los titulares (véase el apartado correspondiente). En lenguaje, el orden de los factores altera muchísimas veces el producto.

La puntuación

No suelen los gramáticos prestar mucha atención a las comas, puntos, rayas, guiones, paréntesis... Y las críticas que han dirigido a los periodistas rara vez versan sobre la puntuación; bien es cierto que entonces los ríos de tinta que han empleado se convertirían en mares oceánas.

Un criterio muy extendido entre los profesionales parte de que el uso de los signos de puntuación depende del gusto de cada autor. Y no. Muy al contrario: los signos de puntuación están íntimamente ligados a la gramática y a la sintaxis. La lengua debe dejar pocos resquicios para el libre albedrío personal, puesto que la comunicación eficaz depende de que los signos que sirven al autor para expresarse coincidan con la descodificación que de ellos hace el receptor del mensaje. Otra cuestión vendrá dada por el gusto en el ritmo, la metáfora, las palabras... Pero las claves de la ortografía no pueden alterarse según le convenga a cada cual, como nadie puede alterar su número de teléfono sin reflejarlo luego en la guía telefónica (a no ser, claro, que persiga eso: la incomunicación).

¿Reside el estilo también en la puntuación? Tal vez, pero sólo como consecuencia del estilo en la sintaxis o en el ritmo. Escribía Azorín:

"Cada autor tiene su librito, es decir, su estilo. Y cada autor puntúa a su modo. No es sólo la cuestión de escribir, sino que es menester ver cómo vamos poniendo los puntos y las comas... No puntúa igual Anatole France que Carlos Péguy... La puntuación es cosa esencial. ¿Se preocupan de ella los escritores, todos los escritores? No lo sabemos, pero lo que sí puede afirmarse es que todo autor preocupado de su estilo será un autor preocupado también de su puntuación".

Para empezar, ha de decirse que, frente a lo que muchos creen, los signos de puntuación no están ligados necesariamente a la entonación de la frase o a sus pausas (al menos en el español de hoy; en los clásicos se puede comprobar cómo ha evolucionado —cómo ha mejorado— la norma lingüística desde ellos hasta aquí). Puede ocurrir que un hablante separe verbalmente el sujeto y el verbo, pero eso no significa que en ese lugar deba escribirse una coma. La pausa respiratoria puede ir por un lado y la sintáctica por otro.

No obstante, esto jamás se puede establecer como una norma inflexible. En determinadas ocasiones, por la rapidez y claridad de la frase, la coma sintáctica desaparece para dejar paso a la transcripción fonológica. Pero se trata de una excepción muy concreta que luego abordaremos.

Los signos ortográficos están ligados, pues, a la sintaxis (situación lógica del signo en la frase), la fonología (la entonación como significante) y a la semántica (el significado de lo que escribimos).

La coma

Las normas. Las reglas que se expresan a continuación están tomadas de la *Gramática de la lengua española* editada por la Real Academia (si bien se añaden algunos comentarios entre paréntesis). Con esas seis normas bien aprendidas, el periodista cometerá ínfimos errores en el uso de este signo.

1. *Dos o más partes de una oración, cuando se escriban seguidas y sean de la misma clase, se separarán con una coma.* Ejemplo: "Juan, Pedro, Antonio". Pero no cuando medien estas tres conjunciones: y, ni, o. "Juan, Pedro y Antonio"; "ni el joven ni el viejo"; "bueno, malo o mediano".

(Eso no significa que esté prohibido el uso de coma cada vez que preceda a una "y". La norma habla de palabras que "sean de la misma clase". Por ejemplo, a veces se precisa la coma para separar oraciones unidas por una conjunción copulativa, de modo que se facilite la lectura: "Juan viajó la pasada noche a Barcelona, y a Madrid no irá hasta mañana". Si no escribiéramos esa coma, el lector podría entender como un conjunto sintáctico el grupo "Juan viajó la pasada noche a Barcelona y a Madrid". De ese modo le obligaríamos a releer la frase —lo que supone un fracaso para el periodista— cuando se diera cuenta de que el grupo "no irá hasta mañana" se queda fuera del sentido que él ha tomado).

"López suplirá ante el Steaua la baja de Santi y Caminero regresará a Europa después de tres años". *(El País,* 20 de noviembre de 1996. Titular de Deportes).

Una coma delante de "y Caminero" habría facilitado la lectura.

"Capello echa de menos a Meca y Seedorf recomienda a un holandés para el filial". *(As,* 19 de septiembre de 1996. Titular).

Ocurre lo mismo que en el caso anterior, para no leer "echa de menos a Meca y Seedorf".

"Una serie del segundo va a Teruel y Biescas arranca otros 14 millones". *(La Vanguardia,* 6 de enero de 1997. Titular sobre la lotería).

Ahí se forma, de igual modo, el grupo "va a Teruel y Biescas". ¿Dónde debió colocarse una coma aquí?:

"Aparecieron las zancadas felinas de Lardín y Dani y Raúl fue creciendo en el partido. *(El País,* 28 de marzo de 1996. Crónica dictada por José Sámano).

Evidentemente, tras "Dani" tenía que aparecer el signo, pues la siguiente "y" no une palabras de la misma especie ("Raúl" no forma parte de la enumeración, sino que opera como sujeto de la oración siguiente).

2. *En una cláusula con varios miembros independientes entre sí, éstos se separan con una coma, vayan precedidos o no de una conjunción.* Ejemplos: "Todos mataban, todos se compadecían, ninguno sabía detenerse"; "al apuntar el alba cantan las aves, y el campo se alegra, y el ambiente cobra movimiento y frescura".

(Tal precepto coincide con el comentario al apartado anterior. En este último caso, el grupo tomado erróneamente, si no se hubiera puntuado con la coma, habría sido "al apuntar el alba, cantan las aves y el campo").

3. *Las oraciones que suspendan momentáneamente el relato principal se encierran entre comas.* Ejemplos: "La verdad, escribe un político, se ha de sustentar con razones y autoridades"; "los vientos del Sur, que en aquellas abrasadas regiones son muy frecuentes, ponen en grave peligro a los viajeros".

(El periodista deberá tener cuidado con este uso de la coma en frases largas donde incluya otras aposiciones. En esos casos, y teniendo en cuenta la mayor o menor profundidad del inciso, puede —a veces debe— acudir a las rayas o los paréntesis).

4. *El nombre en vocativo va seguido de una coma, si está al principio; precedido de una coma, si está al final; y entre comas, si se encuentra en medio de la oración.* Ejemplos: "Juan, óyeme"; "óyeme, Juan"; "repito, Juan, que oigas lo que te digo".

5. *Cuando se invierte el orden regular de las oraciones de la cláusula, adelantando lo que había de ir después, debe ponerse una coma al final de la parte que se anticipa.* Ejemplo: "Cuando el cuadrillero tal oyó, túvole por hombre falto de seso". Sin embargo, la coma no es necesaria en las transposiciones cortas y muy perceptibles. Ejemplo: "Donde las dan las toman".

(La agilidad del lenguaje periodístico puede implicar que no se cuente con esa coma en muchas ocasiones. Lo cual no debe censurarse, siempre que el significado quede claro: "Antes de dos meses te diré lo que hice").

6. *La elipsis del verbo se indicará con una coma.* Ejemplo: "Usar de venganza con el superior es locura; con el igual, peligro; con el inferior, vileza".

(Pero atención: no se puede extender esta norma a las ideas meramente enunciativas en las que no se pretende trasladar acción o verbo. Podemos usar la elipsis —y la coma correspondiente— en un titular así: "Roberto Heras, ganador de la etapa", porque elidimos el verbo "ser". Pero no tendría sentido en un titular meramente enunciativo, por ejemplo para un perfil personal donde se reflejen los triunfos a lo largo de su carrera: "El ganador Roberto Heras". Si añadiéramos una coma, cambiaríamos el sentido del titular).

(En cierta ocasión, un corrector del diario *El País* cayó en ese error de ultracorrección. El periódico ofreció en exclusiva el primer capítulo de la última novela que había escrito entonces el ya premio Nobel Gabriel García Márquez: *El general en su laberinto*. Pero el corrector interpretó que el título encerraba la elipsis de un verbo —el general *está* en su laberinto— y le añadió la correspondiente coma: "El general, en su laberinto". Y hay que tener sumo cuidado con eso: no significaría lo mismo "el fútbol antes de la guerra" —en cuyo caso nos referiremos a una situación histórica— que "el fútbol, antes de la guerra" —como si primero hubiera que jugar un partido y después repartir bombazos—. Igual que en tantos otros casos, conviene tener oído y seguir la lógica de la frase).

(Atención, pues, a ese oído para este ejemplo. Transcripción de unas declaraciones del futbolista Iván Zamorano:

> "No tengo inconveniente en jugar de delantero centro o de defensa central si el equipo lo necesita. Y el que lo valore bien, y el que no, pues nada". *(El País,* 23 de marzo de 1996. José Miguélez).

La frase debió puntuarse así:

> "Y el que lo valore, bien; y el que no, pues nada".)

Las confusiones a cuenta de la coma

Jamás entre sujeto y verbo. La coma jamás debe interrumpir la circulación entre el sujeto y el verbo, a no ser que se introduzca entre ellos una aposición. Este error se extendió mucho en los años sesenta y setenta, sobre todo en pequeños periódicos, para ir desapareciendo paulatinamente. Pero aún quedan reminiscencias. No se puede titular, por tanto, "Aznar, viaja a Guatemala". Porque en ese caso, por ejemplo, lo escrito no traslada una información, sino que le da una orden al político del PP (con la coma, el presente de indicativo se convierte en imperativo). No siempre ocurrirá que cambie el significado. En otros casos simplemente se cometerá un error que despistará al lector y tal vez le obligue a leer dos veces por creer que se le ofrece una aposición (que luego no se cierra).

Sí puede escribirse la coma en el caso de que al sujeto le siga un inciso, como hemos dicho: "Aznar, y no Piqué, viajará a Guatemala".

Y cabe una excepción a la prohibición general de interponer una coma entre sujeto y verbo: que el sujeto conste de una frase completa (normalmente, de relativo): "El que quiera venir conmigo a casa esta noche, que venga". A veces incluso la coma facilita la correcta comprensión: "El que no sabe, pregunta" (que diferencia esta frase de "el que no sabe pregunta").

La coma reparte juego. Dentro de su papel de guardia urbano, la coma distribuye las dependencias en la oración. Como aquí:

> "El ministro que no reparaba en elogios el año pasado, cayó en desgracia".

> "El ministro que no reparaba en elogios, el año pasado cayó en desgracia".

> "El ministro, que no reparaba en elogios, el año pasado cayó en desgracia".

Si atendemos a ese valor sintáctico de la coma, no caeremos en confusiones como ésta:

> "Desde hace unos años vive en un pueblo al lado del Miño dedicado a la enseñanza y a la escritura". *(El País,* 29 de noviembre de 1996. Amelia Castilla).

La presencia de una coma habría servido para ordenar por un lado la expresión "un pueblo al lado del Miño" y por otro "dedicado a la enseñanza y a la escritura". Porque sin ella podemos tomar como un mismo grupo concordante "un pueblo dedicado a la enseñanza y a la escritura". Debió escribirse así: "Desde hace unos años vive en un pueblo al lado del Miño, dedicado a la enseñanza y a la escritura".

En el siguiente ejemplo, tal como se escribió, la ausencia de coma cobija bajo el mismo verbo dos oraciones que debían tener un paraguas diferente cada una:

> "Hace tiempo le vi a lo lejos en las bodas del pintor Úrculo y supongo que no me vio ni yo me levanté de mi mesa para saludarle". *(El Mundo,* 15 de septiembre de 1996. Martín Prieto).

Se está diciendo "supongo que no me vio" pero también "supongo que no me levanté". Evidentemente, el articulista puede suponer que la persona a quien se refiere no le vio, pero no debiera dudar de si él —quien habla— se levantó o no. Por tanto, debió colocar una coma en el lugar adecuado, para que ésta ordenara el tráfico sintáctico: "Hace tiempo le vi a lo lejos en las bodas del pintor Úrculo y supongo que no me vio, ni yo me levanté de mi mesa para saludarle".

> "Olano sigue siendo una espléndida promesa, pero todos los expertos se pronuncian por que será uno entre los grandes, no el más grande y el hijo de Induráin no estaría a punto hasta una posible quinta legislatura del Partido Popular". (*El País,* 3 de enero de 1997. Manuel Vázquez Montalbán).

Sin la coma en su papel de guardia de la circulación, el grupo que se forma es "será un grande entre los grandes, no el más grande y el hijo de Induráin", lo que obliga a releer el texto para encontrar sentido a la frase, que debió escribirse así: "... Pero todos los expertos se pronuncian por que será uno entre los grandes, no el más grande, y el hijo de Induráin no estaría a punto hasta una posible quinta legislatura del Partido Popular". También pudo resolverse la pausa mediante un punto y coma delante de "y el hijo de Induráin".

> "La gente abandonó sus casas al tiempo que la policía, con altavoces, le conminaba a hacerlo". (*El País,* 14 de enero de 1997. Sin firma).

La falta de una coma forma el grupo "la gente abandonó sus casas al tiempo que la policía"; y ello obliga a leer de nuevo la frase para entenderla correctamente.

La ultrapuntuación. Cualquier coma debe tener un porqué. Una coma que no cumple misión alguna no debe continuar en el papel. Y no resultará fácil que cumpla una misión si no forma parte de las seis reglas expresadas anteriormente (aunque en los siguientes apartados se examinan unas pequeñas excepciones).

Así, por ejemplo, carecería de lógica escribir:

"Pedro es, mayor que Juan".

"Juan es menor que Pedro pero, más maduro".

"Hacía mucho tiempo, que los medios de comunicación extranjeros no se hacían eco tan apasionadamente de un suceso ocurrido en España". *(El País,* 4 de enero de 1997. Entradilla de un resumen de prensa).

"Las canchas se vacían y las audiencias televisivas se han retraído. Pero, los valores de este deporte siguen ahí". *(As,* 11 de enero de 1997. Alfredo Relaño).

"Pero, lo cierto es que a menudo su actitud ha sido ambigua". *(El País,* 27 de julio de 1997. Mario Vargas Llosa).

"Pero, no hay nada más riesgoso que profetizar en política". *(El País,* 27 de julio de 1997. Mario Vargas Llosa).

Hemos visto con frecuencia una coma indebida detrás de un "pero". Tal vez en muchos casos proceda de que el autor ha cambiado un inicial "sin embargo" por esa palabra y se le ha olvidado luego retirar el signo ortográfico.

Tampoco se puede caer en el error de agrupar entre comas determinados complementos de la oración, como si se tratara de aposiciones. Si intentamos así resaltar una idea, darle mayor volumen de voz en la entonación de la frase, sólo conseguiremos producir ruido y entorpecer la lectura ágil del texto periodístico. Por ejemplo:

"El ministro llegó, en coche, hasta el Palacio de Justicia".

¿Qué necesidad tienen esas comas? Si queremos resaltar que llegó en coche, hagámoslo por otros medios:

"El ministro llegó hasta el Palacio de Justicia. Y lo hizo en coche".

También se cae en ultracorrección cuando se coloca una coma tras el adverbio inicial de una oración (siempre que el sentido permita prescindir de ella): "Quizás, éste no era el mejor momento para venir". "Probablemente, iremos mañana". Porque estas fórmulas no equivalen a la presencia de un complemento circunstancial formado por varias palabras (y del que hemos hablado más arriba).

La coma después de "luego". Eso sí, convendrá hacer una excepción con el adverbio "luego": "He ido sin comer. Luego volveré hambriento". "He ido sin comer. Luego, volveré hambriento". En el primer caso, "luego" funciona como conjunción consecutiva (igual que lo haría "por tanto"). En el segundo, estamos ante un adverbio temporal (equivalente a "después") que tiene capacidad para ocupar otro lugar en la oración: "Volveré hambriento luego". La coma, como vemos, resulta fundamental para distinguirlos. En estos casos se suele prescindir de ella, pero nunca está de más.

La coma después de "mientras". Igual que sucede con "luego", el adverbio "mientras" puede tomar valor de conjunción según se ponga o no una coma: vemos la diferencia entre "mientras tú vienes" y "mientras, tú vienes". La falta de cuidado en ese detalle conduce muchas veces a que el lector no entienda nada, como en estos casos:

"Mientras Jordi Mollà, Nancho Novo y Carlos Fuentes resultan mucho mejor que Juan Diego Botto, que funciona con un registro menos convincente que el resto de sus compañeros del amplio, atractivo y bien conjuntado grupo". *(El País,* 11 de noviembre de 1996. Augusto M. Torres).

"Mientras la sueca Liv Ullmann se limita a retratar al famoso operador Sven Nykvist durante su trabajo; el francés Régis Wargnier, a fotografiar al presidente François Mitterrand, y el alemán Wim Wenders, a sacar a los actores Bruno Ganz y Otto Sander sobre el tejado de la Gran Biblioteca de Berlín". *(El País,* 1 de mayo de 1996. Augusto M. Torres).

"El cubano Jorge Perugorría está más gordo que nunca y resulta poco convincente lejos de sus habituales camiones. Mientras Antonio Valero aparece perdido en su imposible papel de maléfico marido". *(El País,* 12 de mayo de 1996. Augusto M. Torres).

La coma también significa. He aquí algunos casos más en que la coma sí cumple una función diferenciadora. En infinidad de ocasiones, una sola coma puede cambiar el sentido de una frase. Incluso puede volver del revés su significado. Ya lo hemos observado en el caso anterior (un presente de indicativo pasa a imperativo, al convertirse el sujeto en vocativo). Pero toparemos con muchos más:

A: Pedro, ¿está Juan aquí?
B: No está aquí.
A: ¿No está aquí, Alberto?
C: No, está aquí.

Vemos con claridad que C dice lo contrario que B, y que entre tan diferentes asertos sólo media una coma.

La coma y el como. Uno de los errores de puntuación en los que más caen los periodistas procede del uso de la coma delante del adverbio modal "como". Porque, como en los supuestos anteriores, también puede alterar el mensaje.

"He venido, como me dijiste".

"He venido como me dijiste".

He aquí un caso que, si lo comprendemos bien, nos despejará las dudas en muchos otros. Porque se aprecia nítidamente cómo este signo de puntuación se constituye en paraguas que acoge bajo su protección unas partes u otras de la frase; según la situemos, según la utilicemos o la suprimamos.

En "he venido, como me dijiste" la coma tiene una misión específica: da cobijo a "he venido" y lo aleja de "como me dijiste", de manera que la fuerza de la frase, la carga semántica principal, recae sobre "he venido". Y separa el grupo "como me dijiste", con lo cual nos da el indicio de que se trata de una oración diferente: he venido, y he cumplido así lo que me dijiste.

En "he venido como me dijiste", la ilación de todas las palabras impide atisbar la existencia de dos grupos. Se trata de uno solo, y el "como" no cumple una función de conjunción (formaría parte entonces del segundo grupo, de la oración subordinada), sino de adverbio de modo (del que dependen a su vez las restantes palabras: me dijiste): lo hago de la manera en que me dijiste.

> "... Se dirigió anoche a la nación para anunciar que no encargará a los socialistas que formen Gobierno, como estaba previsto que sucediera hoy". *(El País,* 11 de enero de 1997. Agencias. Sección Internacional).

Con esa coma ahí, lo previsto era que no se encargara a los socialistas que formasen Gobierno. Pero el periodista quiso decir lo contrario. En un caso así, se aclaran las dudas escribiendo "en contra de lo que estaba previsto".

Otro caso:

> "Una micosis faríngea me impide ir al *show* de Raphael, como le había prometido". *(El Mundo,* 29 de diciembre de 1997. Francisco Umbral).

En ese supuesto, Umbral le prometió no ir. (La posibilidad de que realmente quisiese escribir eso no tiene lógica: si hubiera prometido no acudir a su espectáculo, la enfermedad resultaría irrelevante).

El fallo de puntuación a este respecto se produce con harta frecuencia en las fes de errores de los periódicos: "Abraham Olano tiene 26 años y no 27, como informamos ayer". En ese caso, no hacía falta la fe de errores, porque se informó bien (a tenor de lo que nos transmite la coma).

> "The English Theatre Workshop no ha suspendido las funciones para niños que ofrece dentro de la programación de las campañas es-

colares, como se informaba en estas páginas". *(El País,* 19 de marzo de 1997. Suplemento Madrid).

La coma y su circunstancia. Ya hemos visto que el complemento circunstancial puede terminar en una coma cuando se coloca delante de su lugar natural, cuando se sitúa antes del verbo ("el primer viernes de la semana próxima, te daré los caramelos"). Pues lo mismo debe suceder cuando, teniendo su lugar natural delante del verbo para comprender mejor su significado, lo colocamos detrás:

"Rodríguez Zapatero ha pedido que se le ayude desde la oposición".

Así escrito, estamos diciendo que Rodríguez Zapatero desea que le ayuden desde la oposición. Pero en realidad buscábamos expresar otro significado. Y entonces debiéramos haber preferido esta fórmula: "Desde la oposición, Rodríguez Zapatero ha pedido que se le ayude".

Ahora bien, si extraemos el complemento circunstancial de su lugar lógico y lo queremos dejar detrás del verbo, precisaremos la coma:

"Rodríguez Zapatero ha pedido que se le ayude, desde la oposición".

Veamos este otro ejemplo:

"Aznar pidió orden durante su discurso".

"Durante su discurso, Aznar pidió orden".

"Aznar pidió orden, durante su discurso".

(Los ejemplos segundo y tercero son equivalentes: Aznar pronuncia un discurso y en él, genéricamente, pide orden. En el primero, en cambio, decimos que Aznar debió de escuchar algunas risitas y reclamó respeto hacia su intervención).

Pero no se trata del único caso posible:

"Ahora podremos analizar las piezas y las técnicas que usaban aquellos artesanos del siglo XVI con métodos del siglo XX". *(El País,* 23 de marzo de 1996. Vicente G. Olaya).

En efecto, el orden adecuado debió establecerse así: "Ahora podremos analizar con métodos del siglo XX las piezas y las técnicas que usaban aquellos artesanos del siglo XVI". Si no lo hacemos de ese modo, se precisa una coma delante del último complemento, el que sale de su lugar natural. Porque, de otra forma, se entendería "las técnicas que usaban aquellos artesanos con métodos del siglo XX"; es decir, que conocían el túnel del tiempo.

"Un grupo de encapuchados repartió ayer octavillas con instrucciones para fabricar artefactos incendiarios durante una manifestación de HB celebrada en Bilbao". *(El Mundo,* 8 de septiembre de 1996. Andoni Biurrarena).

(Por tanto, las instrucciones hablaban de cómo preparar el artefacto rápidamente durante la manifestación, según se entiende; y no tranquilamente en casa de cada cual para usarlos luego cuando lo creyeran oportuno).

"El PP da por hecho su triunfo electoral en un congreso eufórico". *(El País,* 20 de enero de 1996. Titular de primera página).

(¿Cómo no iba a ganar el PP en su propio congreso, si era el único partido que asistía?).

"Un premio Nobel relata su travesía por la locura en el congreso de psiquiatría". *(El País,* 27 de agosto de 1996. Titular de Sociedad).

(Debió de estar muy mal organizado el congreso, para que el hombre se volviera loco durante su celebración).

La coma y el adverbio entrometido. Hemos hablado del paraguas que forma la coma. Según la situemos, unas palabras se mojan y otras no; unas se apiñan en torno a una idea y otras quedan a su aire. La barrera entre unas y otras la construye este modesto signo. Así ocurre con los adverbios que se cuelan como aposiciones en el medio de una oración.

"Miguel no es claramente un hombre seguro".

"Miguel no es, claramente, un hombre seguro".

En el primer ejemplo, Miguel tal vez sea un hombre seguro, pero no lo vemos muy claro. En el segundo ejemplo, no hay duda alguna de que Miguel tiembla cuando ha de tomar una decisión.

La coma, insistimos, trabaja como guardia de la circulación y envía a cada palabra con aquellas que deben complementarla adecuadamente; o impide que se influyan las que han de entenderse separadas.

El nombre y el cargo. Igualmente, la coma toma un valor fundamental en el caso de las aposiciones equivalentes; es decir, aquellas que, desde el punto de vista del significado, definen al sujeto o lo completan:

"El presidente del Gobierno, José María Aznar, declaró ayer...".

En este caso la aposición (José María Aznar,) equivale a todo el grupo "el presidente del Gobierno". Y fijémonos en que de esa equivalencia forma parte también el artículo "el". Por tanto, estamos hablando de un presidente del Gobierno al que adjudicamos un artículo determinado; y eso implica que tanto el emisor del mensaje como el receptor saben de qué presidente del Gobierno se trata: igual que cuando se dice "dame el lapicero" en lugar de "dame un lapicero". En este caso, sabemos que se trata del actual presidente, y que el Gobierno del que hablamos es el español. Y sólo una persona reúne todos esos requisitos: José María Aznar (al menos en el momento de publicarse esta edición). Ejemplo correcto, pues.

Si hemos entendido eso, veremos con claridad cómo el siguiente ejemplo no casa con la lógica de nuestro lenguaje:

"El jugador del Real Madrid, Luis Figo, viajó ayer a Portugal".

De nuevo se trata de una aposición equivalente: "el jugador del Real Madrid" equivale a "Luis Figo". Pero nótese que, en efecto, estamos hablando de "el jugador", no de "un jugador". Y ahí se rompe la lógica de la frase tal como estaba expresada. Porque previamente no teníamos establecido de manera tácita que "el jugador del Real Madrid" ha de ser necesariamente Luis Figo (al contrario de lo que pasaba en el caso de José María Aznar, donde no cabía más opción). Porque Figo es "un jugador del Real Madrid" (al menos en el momento de escribirse estas líneas). Así pues, se debió eliminar la aposición (y, por tanto, se debieron suprimir las comas):

"El jugador del Real Madrid Luis Figo viajó ayer a Portugal".

Sí habría servido en cambio la aposición si hubiéramos utilizado el artículo indeterminado:

"Un jugador del Real Madrid, Luis Figo, viajó ayer a Portugal".

Porque Luis Figo es, al menos en 2001, un jugador del Real Madrid. No el jugador. Porque hay más jugadores, y, por tanto, no podemos establecer el acuerdo tácito de que nos referimos precisamente a él.

Ahora bien, si le definimos de manera que no quepa duda de que hablamos exclusivamente de él, sí podemos utilizar las comas y la aposición:

"El jugador del Real Madrid que luce el 10 en su camiseta, Luis Figo, viajó ayer a Portugal".

Ejemplos de incorrección:

"Esta frase del director de cine, Alejandro Amenábar, el *goya* más joven del cine español, fue prácticamente coreada por el mundo de la cultura". *(El País,* 31 de enero de 1997. Sin firma. Sección Comunicación).

"El sociólogo alemán, Niklas Luhmann, murió en días pasados a los 70 años". (*El Tiempo,* de Bogotá, 17 de noviembre de 1998. Noticia de la agencia Efe).

De cómo lo que figura entre comas equivale a la totalidad del sujeto nos da buena referencia este ejemplo:

"Los jugadores del Barcelona que venían de Brasil llegaron tarde al partido contra el Valencia".

En ese caso, sólo llegaron tarde los brasileños del Barça.

Pero pongamos las comas y creemos una aposición:

"Los jugadores del Barcelona, que venían de Brasil, llegaron tarde al partido contra el Valencia".

En este segundo caso estamos diciendo que todos los jugadores del Barça se presentaron con retraso en el estadio.

"Vera calificó de 'desagradable' la diligencia a la que accedió 'por respeto al juez'". (*El País,* 28 de mayo de 1996. J. D.).

Tal como se escribió, Rafael Vera sólo accedió a una diligencia por respeto al juez. Sin la coma, "calificó" extiende su paraguas hasta el final de la frase. Al contrario que con ese signo ortográfico: "Vera calificó de 'desagradable' la diligencia, a la que accedió 'por respeto al juez'". En este segundo caso, la coma rompe la influencia de "calificó" y dota de paraguas propio a las siguientes palabras, que se relacionan con "diligencia" y no con "calificó".

Los periodistas también dejan ver a menudo sus dudas cuando se trata de ex altos cargos o personas que ocuparon en otro tiempo determinada función.

"El ex ministro de la Presidencia, Alfredo Pérez Rubalcaba, pronunció unas palabras de recuerdo para su amigo Esteban Barcia".

Puntuación errónea ésa. Porque con las dos comas estamos diciendo que Pérez Rubalcaba es "el ex ministro", no "un ex ministro"; y antes que él otros muchos desempeñaron el cargo.

El mejor truco, no obstante, para deshacer estos entuertos consiste en colocar primero el nombre propio y después el cargo, suprimiendo el artículo:

> "Alfredo Pérez Rubalcaba, ex ministro de la Presidencia, pronunció unas palabras de recuerdo para su amigo Esteban Barcia".

Cuantas menos, mejor. El buen periodista deberá procurar un uso restringido de las comas. Entiéndase: habrá de emplear todas las estrictamente necesarias. Ni una más.

En unos pocos casos, se puede elegir entre usar una coma o prescindir de ella (he aquí las excepciones de las que hablamos al principio de este apartado):

> "Yo soy de Burgos; y tú, de Barcelona".

> "Yo soy de Burgos, y tú de Barcelona".

En efecto, la falta del verbo "eres" en la segunda oración obligaría a colocar la coma. Pero cuando se trata de elisiones tan leves podemos prescindir de ese signo. En casos así, cuanta menos puntuación mejor.

Porque aquí prima el sentido fonológico, siempre y cuando la frase muestre una claridad indiscutible. Veamos otro ejemplo. Un diario madrileño titulaba así un suceso, con pésima puntuación:

> "Un francoargelino muere tiroteado en Marbella y un dominicano, en Madrid". (*La Razón,* 6 de agosto de 2000).

El editor podía haber elegido entre estas dos posibilidades correctas:

> "Un francoargelino muere tiroteado en Marbella; y un dominicano, en Madrid".

"Un francoargelino muere tiroteado en Marbella, y un dominicano en Madrid".

Yo elegiría la segunda, porque siempre hay que optar por la posibilidad que menos interrumpa la lectura de corrido (cuando se trate de dos posibilidades correctas). Así lo decidió también el periodista ecuatoriano que empezaba de este modo su información:

"Para unos un éxito, para otros un fracaso". *(El Comercio,* de Quito, 30 de septiembre de 1999. Sin firma).

Esa frase resulta más eficaz que esta otra posibilidad correcta:

"Para unos, un éxito; para otros, un fracaso".

José Mejía, ex tipógrafo madrileño que ha elaborado un interesante trabajo práctico sobre el uso de este signo de puntuación, habla de "el tabú de ciertas comas". Y, en efecto, la fidelidad a la puntuación sintáctica se opone a veces a la realidad semántica de la puntuación fónica. "Hay comas intocables desde el punto de vista de la sintaxis", escribe Mejía, "pero inútiles prácticamente, cuando no opuestas al significado".

Sus ejemplos se reproducen a continuación:

Casi, casi. Pese al ejemplo del Diccionario de la Academia: "Casi, casi me caigo", la realidad es que no hacemos la pausa de esa coma; al contrario, con la repetición sin pausa queremos intensificar el significado del adverbio. "Casi casi me caigo" expresa un apuro mayor que "casi me caigo".

Así, así. Es necesaria la coma cuando se repite la afirmación: "Así, así se hace"; pero a las preguntas "¿qué tal estás?, ¿cómo se encuentra usted?", se responde "así así", sin pausa, formando un grupo metódico que significa "ni bien ni mal, más o menos", respuesta de sentido indefinido que sólo puede expresarse suprimiendo la coma y la pausa.

Sí, señor; no, señor. Esas comas están ante un vocativo en este ejemplo: "Mañana estará usted aquí sin falta", le dijo. Y él respondió:

"Sí, señor", pero en determinadas situaciones "señor" se siente como un refuerzo del adverbio (incluso porque puede no ir dirigido a nadie): "Sí señor, ése era el camino adecuado". Cuando se quiere expresar inequívocamente una afirmación, o una negación, rotunda, en la que "señor" no se piensa como vocativo, la supresión de la coma es una necesidad semántica.

¿VERDAD, USTED? Nuevamente un supuesto vocativo. En efecto, la coma nos lo presenta como tal, igual que si escribiéramos "¿verdad, padre?". Sin embargo, se trata de una expresión coloquial, que podemos dirigir incluso a alguien a quien tratemos de tú. Lo demuestra que el vocativo (el verdadero vocativo) puede acompañarle: "Iremos al fútbol, ¿verdad usted, padre?". Tan coloquialmente pronunciamos la expresión, que nadie emplea la unión fonética de la "d" final de "verdad" y la "u" inicial de "usted": ¿ver-da-dus-ted?

ES DECIR. ¿Debe colocarse una coma después de este nexo? La duda viene dada precisamente por el hecho de considerarlo un nexo invariable o más bien una oración que introduce a otra. "La diferencia entre una y otra locución", escribe Mejía, "es más prosódica que semántica, por cuanto 'es decir' se pronuncia en un grupo melódico delimitado por la pausa de la coma; si esta pausa no se hace, se convierte en una especie de perífrasis verbal; y las palabras que la siguen, en su complemento; lo cual es una degeneración fonosintáctica del castellano". Las mismas dudas se pueden plantear con "o sea" y con "esto es". Mejía, finalmente, se declara partidario de que esta expresión figure entre comas.

GÉNOVA, 13. En puridad, el nombre de una calle y el número de un portal situado en ella deben ir separados por una coma; pero el sentido fonético nos hace prescindir de ella. En "Génova, 13" (la sede central del Partido Popular, en Madrid) hemos suprimido la palabra "número". Pero no podemos comparar esa elisión con la de un verbo ("el Gobierno, asediado"). El citado José Mejía y el autor del presente libro estamos de acuerdo en que puede suprimirse. Conozco muchos periodistas que eluden referirse así a la sede del PP —o a otros edificios conocidos— sólo por no escribir esa molesta coma.

Los incisos aparentes. Algunas expresiones vienen a nuestra mente a menudo como incisos en la frase: "Pedro se perdió, al parecer, la casa más grande". "Alberto cantó, al menos, fiel a su costumbre". "Teresa diseñará, al parecer, su proyecto adecuado".

Se trata efectivamente de incisos porque si los suprimimos la oración no pierde sentido. Pero la ausencia de comas puede alterar su significado:

> "Pedro se perdió al parecer la casa más grande". "Alberto cantó al menos fiel a su costumbre". "Teresa diseñará al parecer su proyecto adecuado".

He aquí un caso real, de los muchos que se pueden hallar en la prensa diaria:

> "Uno de los heridos es Javier Rodríguez Esteban, al parecer canario de nacimiento". *(El Mundo,* 4 de agosto de 1996. Gabriel Cruz).

Pues sí que le costó caro el parecer canario de nacimiento.

El punto y coma

El punto y coma cumple una función intermedia entre la coma y el punto. Se trata probablemente del signo más personal, del menos reglado. Aun así, también tiene su propia lógica y responde a unas ciertas normas.

Debe emplearse punto y coma en los siguientes casos:

1. Para distinguir entre sí las partes de un periodo en las que hay ya alguna coma. Ejemplo:

> "Y nadie deseaba ver a un Induráin mal medido de sí mismo, sabedor de que no podía luchar por la victoria, barrido, impotente, del ciclismo". *(El País,* 3 de enero de 1997. Miguel Ángel Bastenier).

Para evitar esa mala lectura debió emplearse el punto y coma: "Y nadie deseaba ver a un Induráin mal medido de sí mismo, sabedor de que no podía luchar por la victoria; barrido, impotente, del ciclismo". Sin el punto y coma, se da el mismo valor sintáctico a "sabedor", "barrido" e "impotente", como si se tratara de una enumeración donde tres adjetivos se suceden en plano de igualdad. Pero "barrido" tiene un valor verbal *(que ha sido)* que se pierde sin el punto y coma.

> "Intenté buscar trabajo, pero sin papeles, sin familia ni amigos es muy difícil sobrevivir".

La frase anterior —un ejemplo real, corregida en su día por los editores de *El País*— nos cuenta en principio que alguien intentó buscar trabajo pero sin papeles ni familia. El punto y coma lo arregló: "Intenté buscar trabajo; pero sin papeles, sin familia ni amigos es muy difícil sobrevivir".

2. Entre oraciones coordinadas adversativas. Ejemplo: "La reunión del Gobierno terminó enseguida; sin embargo, se aprobaron muchos proyectos de ley".

(En este caso se puede emplear también un punto. Pero no una coma. Si se utilizara coma, el "sin embargo" quedaría entre dos aguas: el lector no sabría a cuál de las dos oraciones corresponde, porque con esa fórmula se puede entender: "La reunión del Gobierno terminó enseguida, sin embargo". Igualmente, el punto y coma nos facilitaría esta segunda interpretación de esas palabras: "La reunión del Gobierno terminó en seguida, sin embargo; se aprobaron muchos proyectos de ley").

3. Cuando a una oración sigue otra precedida de conjunción, que no tiene perfecto enlace con la anterior. Ejemplo: "Pero nada bastó para desalojar al enemigo, hasta que se abrevió el asalto por el camino que abrió la artillería; y se observó que uno solo, de tantos como fueron deshechos en este adoratorio, se rindió a la merced de los españoles".

4. Cuando después de varios incisos separados por comas la frase final se refiera a ellos o los abarque y comprenda todos. Ejemplo: "El incesante tráfico de coches, la notable afluencia de gentes, el

ruido y griterío en las calles; todo hace creer que se da hoy la primera corrida de toros".

5. En las relaciones de nombres, cuando a éstos les siguen el cargo u ocupación de la persona. Ejemplo: "Asistieron a la entrega de trofeos el presidente del Barcelona, Joan Gaspart; el entrenador del primer equipo, Llorenç Serra Ferrer; el capitán, Pep Guardiola, y un representante de las peñas".

(En el último nombre, el punto y coma deja paso a una simple coma. La conjunción "y" lo permite. No obstante, puede quedar a gusto del autor colocar también el punto y coma en ese caso, si con ello gana en claridad. Ejemplo: "Los titulares a cinco columnas no deben tener más de una línea; a cuatro, dos; a tres, dos; a dos, tres; y a una, cuatro o cinco").

Los dos puntos

Este signo ortográfico puede constituir una interesante contribución al estilo del periodista. Uno de los más prestigiosos columnistas españoles, Eduardo Haro Tecglen, lo usa a menudo. Los dos puntos suponen un evidente ahorro de espacio y de palabras, porque pueden sustituir con ventaja a expresiones como "el siguiente", "es decir", "esto es", "o sea", "por tanto", "igual que"...

El signo de dos puntos denota, a diferencia del punto, que no ha terminado con ello la enumeración del pensamiento completo. Y se usa en los siguientes casos:

1. Ante una enumeración explicativa. Ejemplo: "Condecoraron a dos militares: un general y un comandante".

2. Ante una cita textual. Ejemplo: "El presidente del banco declaró: 'Ojalá pudiera yo bajar el precio del dinero'".

3. Ante una oración que demuestra lo establecido en la precedente. Ejemplo: "Hoy ya no tenemos las mismas ilusiones que ayer: hoy, 25 de julio de 1997, Bruguera ha caído eliminado".

Otros signos ortográficos

No abordamos en este libro los demás signos ortográficos. A nuestro juicio, apenas ofrecen dificultades para alguien que haya superado el bachillerato. Los libros de estilo sí suelen entrar en detalles en cuanto concierne al uso de las comillas ("", ''), los guiones (-), las rayas (—), los paréntesis —( )—, las barras (/), los apóstrofos ('), las interrogaciones (¿?), las exclamaciones (¡!), los puntos suspensivos (...), los asteriscos (*), la diéresis (¨) —especialmente en las palabras alemanas— y los corchetes —[ ]—.

Únicamente haremos la salvedad de que las rayas han de usarse siempre que formemos una aposición dentro de otra, para facilitar la lectura:

> "El Charro permaneció en el monte, atrapado, como los otros 500 que quedan dispersos en los departamentos de Jinotega, Matagalpa, Chontales y Boaco, en una tela de araña tejida a base de rencores y desconfianza". *(El País,* Maite Rico).

Se lee mejor así:

"El Charro permaneció en el monte, atrapado —como los otros 500 que quedan dispersos en los departamentos de Jinotega, Matagalpa, Chontales y Boaco— en una tela de araña tejida a base de rencores y desconfianza".

Como se puede apreciar, se trata de una aposición dentro de otra.

Y una última salvedad: los puntos suspensivos interrumpen el discurso, pero no sustituyen a ningún otro signo de puntuación. Por tanto, deben colocarse la coma, los dos puntos o las comillas que se habrían escrito en caso de no haberse empleado ese triple signo. Obviamente, esto no afecta al caso del punto y seguido o el punto final (es decir, no se deben escribir cuatro puntos).

Los dos siguientes ejemplos son correctos:

"Antes de que llegaran tu madre, tu hermana, tus primos..., antes de que pudiera esperarlo, sobrevino la catástrofe".

"La catástrofe sobrevino antes de que pudiera esperarlo, antes de que llegaran tu madre, tu hermana, tus primos...".

El acento

Ahorraré al lector —y al editor— las normas sobre la acentuación en castellano (que se pueden encontrar en la *Ortografía* editada por la Real Academia Española). Pero examinaremos los errores más habituales que cometen los periodistas con los acentos.

"Concluido" no se acentúa. Como tampoco "incluido", "construido", "destruido"...; como tampoco ningún otro diptongo "ui" que se encuentre en una palabra llana ("jesuita") o que, formando parte de una aguda o esdrújula, no soporte la carga prosódica. A esos efectos, "ui" se considera una sola sílaba, que no hay que destruir mediante el acento. Lógicamente, sí se acentúa el diptongo "ui" cuando va al final de una palabra aguda, o cuando recae sobre él la carga de la esdrújula: "huí", "argüírselo".

"Dio" no se acentúa. Igualmente, el diptongo "io" se considera una sola sílaba cuando forma parte de un verbo cuyo infinitivo no incluye la letra "i". Por tanto, palabras como "dio" o "vio"(como "fui") tienen un solo golpe de voz; forman parte de los verbos "dar" o "ver", y por eso no se acentúan (como tampoco las demás palabras de una sola sílaba —fe, ve, he, va, no—, salvo que el acento sirva para diferenciarlas de otras de igual grafía pero distinto significado: dé, té, qué, sé, tú...). En efecto, si tienen una sola sílaba no se puede plantear nadie la duda de dónde se acentúan.

Los verbos cuyo infinitivo incluye la letra "i" sí se pueden acentuar cuando se forma la unión "io" en una forma monosilábica: "lió", "rió"... Esto se debe a que en el español de España sí se aprecian diferencias entre "dio" o "fui" —que, efectivamente, constan de un solo golpe de voz— y "rio" o "lio", palabras donde se produce una mayor separación fonética o fonológica entre las dos vocales. No obstante, el acento en la "o" no serviría, en efecto, para diferenciarlas de otras con cuyas letras coinciden (lío, río...), puesto que en estos casos la "i" acentuada deshace la confusión. Como en el español de América no se da esa diferencia de pronunciación entre "dio" y "lió", también es correcto escribir "lio" o "rio" cuando se trata del pretérito indefinido.

Por el mismo motivo (la diferente pronunciación en España y América), la Academia decidió en su última ortografía dar por igualmente válidas las escrituras "guión" y "guion", como "guió" y "guio" (éstas se diferencian suficientemente de "guío" gracias al acento necesario en la "i" para este caso).

Las vocales fuertes y débiles. En gramática, se llama vocales débiles a la "i" y la "u". Y fuertes, a las restantes: "a", "e", "o". (El propio sonido de cada una da idea de por qué esa distinción). Las vocales débiles y las fuertes se enfrentan a menudo dentro de las palabras, y siempre ganan las fuertes si el duelo se produce a cuerpo limpio. Pero siempre vencerán las débiles si en el combate disponen de espada: el acento. Así, en la palabra "atraigo" la vocal fuerte "a" gana a la débil "i" la batalla por la carga prosódica. Pero si la "i" acudiera a un diptongo armada con la espada, ganaría la partida: "atraída", por ejemplo. Por tanto, toda carga fonética que caiga sobre una vocal débil debe corresponder a un acento ortográfico, porque sin espada esa letra perdería la pronunciación a la que tiene derecho.

Las vocales fuertes no necesitan espada para combatir con las débiles. Eso sería un abuso: no debemos escribir "exceptuádo". Ni "Sáiz". La "a" ya habría ganado la partida sin necesidad del acento. La espada la merecen sólo las débiles contra las fuertes ("exceptúa").

Esa norma no rige, claro, si la vocal fuerte enfrentada a la débil ha de asumir la espada no por su papel en el diptongo, sino en la palabra en general y por las normas a las que ésta ha de atenerse: de otro modo, "averiguó" resultaría igual que "averiguo".

Ejemplos de otras palabras que acentúan su vocal fuerte en el diptongo por la entonación del vocablo en su conjunto: "huésped" (porque es llana y no termina en vocal, ni en ene ni en ese), "parabién" (porque es aguda y termina en vocal, ene o ese), "murciélago" (porque es esdrújula).

Algunas palabras admiten igual posibilidad de dar la victoria a la débil o a la fuerte en el diptongo (puesto que la Academia admite las dos acentuaciones). En ese caso, el escritor podrá ejercer como emperador romano y levantar o bajar el dedo pulgar según le convenga: por ejemplo, en "reúma" y "reuma"; en "cardiaco" y "cardíaco"; en "austriaco" y "austríaco"...

Cuando una vocal fuerte es atacada por dos débiles sí que necesita la espada para defenderse en su situación de minoría: "apreciáis", "despreciéis".

Dos vocales fuertes no forman diptongo: se trata de dos sílabas diferentes. En esas palabras, regirá la norma general de acentuación: "véase", "Sáez", "soez"...

"Prohíbe" se acentúa. Igual que "vahído", "búho", "rehúsa", "ahíto"... La hache intercalada no influye en la norma sobre acentuación de diptongos.

Induráin lleva acento, si él quiere. Los nombres vascos que terminan en "ain" deben llevar tilde (acento ortográfico) si los examinamos con arreglo a las normas del castellano. Así ocurre con Induráin, Beguiristáin, Andoáin... Pero si aplicamos las normas del euskera o vascuence, tales palabras no deben mostrar el acento ni por asomo: en ese idioma nada lleva acento ortográfico. Todo dependerá de cómo el personaje o el municipio de que se trate hayan decidido llamarse. En el caso del ex ciclista Induráin, él lo escribe con acento. Pero el ex futbolista y ahora entrenador Txiki Begiristain no lo usa (y, por tanto, tampoco se ha de escribir la "u" detrás de la "g", siguiendo también las normas del euskera). Se comete una incorrección en los dos idiomas si el acento se pone en la "i": Beguiristaín, Andoaín, Noaín...

Apenas sí. Casi siempre veremos escrito "apenas si", sin el acento en la afirmación. Hemos observado esto en obras de muy distintos autores y traductores, y también en los periódicos. Sin embargo, creemos que esa palabra debe acentuarse, puesto que se trata de un adverbio afirmativo y no de una conjunción condicional.

> "El novio Rajoy apenas si ha tenido tiempo para pedir la vez". *(El Mundo,* 29 de diciembre de 1996. Consuelo Álvarez de Toledo).

> "Se concede la razón a los Colón, pero apenas si se otorga recompensa económica". *(El País,* 21 de julio de 1996. Francisco Peregil).

"Apenas si" se puede oponer a "apenas no" ("apenas no ha tenido tiempo"), y el valor condicional no se aprecia por ninguna parte. Por tanto, debería acentuarse. No vemos razón para no hacerlo, salvo la errónea analogía con "si acaso". De cualquier forma, el periodista que dude lo tiene fácil: suprima el "si" y asunto concluido: "Apenas ha tenido tiempo".

Juzgole, despreciole, sentole. Hasta el año 2000, los verbos que llevan tilde en su terminación no la perdían por el hecho de añadírseles un pronombre átono (también llamado enclítico), aunque vulnerasen así las normas de las palabras llanas. Esta norma fue modificada en la *Nueva Ortografía,* y ahora tales palabras se escriben siguiendo el criterio general de acentuación.

Tanto en la norma anterior como en la actual, se acentúan siempre las palabras que, mediante el mismo sistema, pasan a convertirse en esdrújulas, respetando así la norma de que todas las esdrújulas llevan tilde: "termináselos", "amárales".

Decimotercero, decimocuarto, vigesimoprimero. Los ordinales compuestos siguen la acentuación del segundo de ellos. Por tanto, no se debe escribir "vigésimoprimero", ni mucho menos "vigésimoséptimo". Ninguna palabra puede llevar dos acentos*.

* No obstante, también se pueden escribir en dos palabras: "trigésima segunda", "vigésimo tercero". Pero atención a los significados: "el décimo primero" no es igual que "el undécimo".

Si las palabras compuestas llevan un guión, se trata en realidad de dos palabras, no de una sola (desde el punto de vista gramatical —que no sintáctico—, el guión no une: separa). Por tanto, cada una conservará su acento: "árabe-israelí", "histórico-crítico".

Los interrogativos y los que no lo son. Los adverbios o pronombres interrogativos o exclamativos llevan acento. No hay que confundirlos con las conjunciones, adjetivos o adverbios de escritura similar, sobre todo cuando éstos figuran en una frase interrogativa.

Los relativos "que", "cual", "quien", y los adverbios "cuanto", "cuan", "cuando", "como" y "donde" llevan tilde en las oraciones interrogativas y exclamativas. Habrá que tener mucho cuidado para no confundirlos.

Y considérese siempre que las preposiciones y las conjunciones no cambian su acento nunca. He aquí algunos ejemplos correctos de expresiones donde a menudo se ven equivocaciones.

¿Qué me dices? (pronombre interrogativo). "¿Que me dices lo que debo hacer? Pues lo hago" (conjunción).

"¿Cómo vienes a verme? (adverbio interrogativo). "¿Como vienes a verme ya crees que has cumplido?" (conjunción).

"¿Cómo él hizo eso?" (adverbio interrogativo). "¿Hizo eso como él?" "¿Como él hizo eso?" (adverbio de modo).

"¿Quién te viene a ver?" (pronombre interrogativo). "¿Quien te viene a ver es tu amigo? Pues no lo parece" (pronombre, pero no interrogativo).

En todos estos casos, prestemos atención al tono general de la frase, digámosla en voz alta y descubriremos con facilidad si debemos o no colocar el acento.

Así no caeremos en errores como éste, donde la presencia de un pronombre relativo "quien" en una frase interrogativa lleva a la autora a colocarle un acento, cuando no le corresponde:

> "¿De verdad es noticia que Paesa fue quién movió de un lado para otro los dineros de Roldán, para tratar de escamotearlo a la justicia?". *(Cambio 16,* 13 de enero de 1997. Pilar Cernuda).

Lo mismo sucedió en el siguiente caso (y por dos veces), pero con el adverbio "cuando" que se acentúa como si fuera interrogativo (y no lo es, pese a figurar entre interrogaciones):

> "¿Qué siente uno cuándo deja de militar, cuándo rompe el carné?" (Suplemento dominical *La Mirada,* 5 de agosto de 2000. Sol Alonso entrevista al actor Juan Diego).

O en este otro, donde también al editor le faltó oído:

> "Viendo como me ha ido a mí, no le diría a mi madre que viniese". *(El País,* 3 de agosto de 2000. Titular de la sección España).

Debió acentuarse "cómo", según se aprecia con claridad al leer la frase en voz alta.

"Este último" no se acentúa. Se pueden acentuar los pronombres demostrativos para distinguirlos de los adjetivos de igual índole. La Academia permite suprimir la tilde en los pronombres demostrativos siempre que no se produzca riesgo de confusión con sus colegas los adjetivos. Por lo general, los libros de estilo no se muestran tan magnánimos y obligan a acentuar los pronombres demostrativos (norma que estuvo vigente en el castellano hasta el siglo XX), en la idea de que casi nunca queda tan claro de qué se trata.

En cualquier caso, lo que no se puede acentuar es el adjetivo demostrativo. Y en ese error caen con frecuencia los periodistas —especialmente los de las páginas deportivas— cuando escriben "éste último": "El equipo médico examinó ayer a Luis Enrique y Alfonso. Éste último arrastra molestias desde febrero".

Si suprimimos "último" sí debemos acentuar "éste", porque pasa de adjetivo a pronombre. Pero nunca si "este" acompaña a un sustantivo, en cuyo caso cumple el papel de adjetivo y no de pronombre.

Debió escribirse así: "El equipo médico examinó ayer a Luis Enrique y Alfonso. Este último arrastra molestias desde febrero". O bien así: "El equipo médico examinó ayer a Luis Enrique y Alfonso. Éste arrastra molestias desde febrero".

Véase. Esta palabra esdrújula (por tanto, se acentúa) sirve para remitirnos a otro apartado. Las dudas sobre "solo" y "sólo" y "aún" o "aun" se pueden resolver en el apartado de los adverbios. Véase, pues.

EL ESTILO

No resulta fácil definir el estilo. En realidad, toda persona que escriba mostrará necesariamente un estilo, bueno o malo. Igual que tendrá una letra y una firma peculiares. Por ello, podemos establecer en primer lugar una división entre estilos correctos e incorrectos; y, después, literarios o no literarios.

El estilo simplemente correcto —y hablamos ya de una manera de escribir, no de cuestiones gramaticales o sintácticas— puede apreciarse en las noticias bien escritas y sin excesivas pretensiones, donde el periodista no traslada sus aspectos personales y donde maneja un lenguaje objetivo, externo a él: son así, en general, las noticias de agencia y todas las que se les parezcan. El estilo incorrecto se relaciona más con los errores gramaticales y de sintaxis, o con el empleo de unas fórmulas, giros o frases que no convienen al tipo de escrito que manejamos. Por ejemplo, si empezáramos una noticia diciendo: "Queridos lectores: ayer ocurrió...".

Hemos analizado en un capítulo anterior que incluso en el lenguaje puramente informativo y correcto se puede buscar el estilo personal, ya desde la misma entradilla. Examinemos a continuación distintos puntos de vista —y posibilidades— sobre lo que conforma el estilo, en unas apreciaciones que sirven sobre todo para los artículos o comentarios pero también para cualquier otro género informativo. Las siguientes divisiones no se excluyen entre sí; al contrario, a menudo resultan compatibles y conviene mezclarlas en un escrito.

EL BUEN ESTILO

El estilo es la claridad. El estilo periodístico ha de esculpirse con claridad, sin ambigüedades. Dice Íñigo Domínguez (citado por el profesor José Javier Muñoz en su libro *Redacción periodística):* "Una frase periodística tiene que estar construida de tal forma que no sólo se entienda bien, sino que no se pueda entender de otra manera". Este precepto aparecerá con frecuencia en el recuerdo del redactor cuidadoso, puesto que a menudo se encontrará —sobre todo al escribir titulares— con que la concisión acarrea el plurisignificado. Resolver ese problema con éxito dará la medida de su talento.

> "Isabel II de Inglaterra se dirige hoy a su pueblo tras oír las primeras críticas". *(Abc,* 5 de septiembre de 1997. Principal titular de la primera página de tipografía).

Vemos aquí una frase que puede significar dos cosas: 1. Isabel II habla a su pueblo para explicarse mejor después de no haber expresado mucho dolor por la muerte de Diana de Gales. 2. Isabel II se marcha a su pueblo para emprender un retiro espiritual y no seguir soportando a quienes la critican.

> "La familia real pide respeto a la prensa". *(El País,* 8 de septiembre de 1997. Titular de Internacional).

También hay dos opciones para entender este título: 1. La familia real pide que la prensa les respete. 2. La familia real pide que se respete a la prensa. Aunque esto realmente parezca más improbable, entra en el significado posible de esas palabras.

> "El Real Madrid B mantiene su mala racha ante el Mérida". *(El País,* 9 de diciembre de 1996. Titular de Deportes).

¿Hablamos de que el Real Madrid B tenía una mala racha y este domingo la ha mantenido ante el Mérida, o de que la mala racha del Madrid B ante el Mérida se ha mantenido esta temporada? No habría resultado difícil arreglarlo: "El Real Madrid B mantiene ante el Mérida su mala racha" (que era lo que se pretendía decir).

A veces, ese doble significado casual da lugar a conjuntos un tanto chuscos, inopinadamente humorísticos y en ocasiones con doble sentido chabacano en el español de España:

"Canal + transmite la corrida de Victorino". *(El País,* 11 de junio de 1994).

"El hijo de un tenor siciliano descubre en Almagro el órgano de su padre". *(El País,* subtítulo de última página en un reportaje sobre Mario Anselmi firmado por Rosana Torres).

"'Hablemos de sexo'. Travestismo y transexualismo es el tema de esta semana. Intervienen diversos transexuales, Paloma San Basilio, César Manrique, Juan Luis Cebrián, Jesús Gil y José María Rodero". *(El País,* programación de TVE-1. En el recorte de la página, que obra en mi poder, no figura la fecha; pero corresponde a los años ochenta).

"Dos mujeres mueren al chocar el coche en el que viajaban con otro". *(El País,* 6 de noviembre de 2000. Titular del cuadernillo de Madrid).

"Un canario acusado de violar a sus dos hijastros niega los hechos". *(El País,* 1 de octubre de 1996. Titular en la sección Sociedad).

"No hay esperanzas para Federico Fellini, que ha perdido el cerebro". *(El País,* 20 de octubre de 1993. Titular de Cultura).

"Una publicación del periódico *Opinión* de Cochabamba puso en alerta a los parlamentarios del problema". *(La Razón,* de Bolivia, 30 de agosto de 2000. Sin firma).

"El fondo es más grave que el descuido de tres gendarmes a cargo del detenido". *(El Comercio,* de Lima, 1 de mayo de 1998. Eduardo Dargent B.).

"Una sobrecarga muscular en el recto que le causaba dolor impidió a Butragueño disfrutar plenamente de la algarabía general". *(El País,* 9 de marzo de 1992).

"Estas actitudes montaraces amilanan a hombretones alemanes, holandeses, españoles, suecos, australianos, israelíes, canadienses y franceses, casi todos los cuales abandonan el tugurio con el rabo entre las piernas". *(El País,* 7 de septiembre de 1994. Ricardo Cantalapiedra).

"Pueden hacerse millonarios o perderlo todo en unos segundos y volver a casa con el rabo entre las piernas". *(El País,* 26 de octubre de 2000. Ramón de España).

"Cuando Garzón tragó el anzuelo, ni dos ministerios, ni uno. Volvió al juzgado con el rabo entre las piernas". *(Abc,* 9 de diciembre de 2000. Jaime Campmany).

"Induráin nunca ha sido un tiquismiquis con marquitis de bicicletas ni se ha preocupado por saber el valor real de lo que llevaba entre las piernas". *(El País,* 11 de enero de 1997. Carlos Arribas. Última página).

Este último periodista quería referirse a la bicicleta de Induráin, pero la frase no le quedó muy precisa que digamos. En los tres casos anteriores a ése se quiso decir "con el rabo entre las patas", imagen que nos conduce a imaginar un perro derrotado y que no significa lo mismo que "con el rabo entre las piernas", de evidentes resonancias chuscas y sin referencia alguna a la humillación resignada. Ésta y las anteriores fueron concebidas con un solo significado, pero tenían dos. Insistimos en que la frase periodística debe quedar construida de tal forma que no sólo se entienda bien, sino que no se pueda entender de otra manera por culpa de un descuido. Y si le damos deliberadamente un doble sentido —como se verá con mayor detenimiento en el apartado de los titulares— deberemos conseguir que ambos significados tengan razón de ser.

Ordenación lógica. "La claridad", según explica el letrado Luis María Cazorla en su libro *La oratoria parlamentaria,* "exige la lógica y la ordenación expositiva, que no se dan a menudo". Él se refiere a los discursos de diputados y senadores, pero también se puede aplicar su sentencia a los periodistas. El buen estilo del informador se aprecia en la estructura de que dota a sus artículos, noticias o reportajes. El soporte de su edificio no puede ofrecer grietas y deberá apoyarse sobre todo en la coherencia, por un lado, y en la progresión de las ideas, por otro: no se pueden dar saltos argumentales en el vacío.

Un periodista debe siempre tener clara esta máxima: "Jamás escribas nada que tú no entiendas".

El estilo es la sorpresa. El dominio del estilo correcto —frente al incorrecto— nos permitirá entrar en el estilo literario. Y eso nos lleva a la segunda diferenciación. ¿Qué es el estilo literario? A mi juicio, el estilo literario se basa principalmente en la sorpresa. El lector ha de toparse con pequeños sobresaltos en el texto, que le harán disfrutar y alejarse del tedio.

Por ejemplo, cada vez que el articulista intuya que va a redactar lo que el lector espera, deberá cambiar de fórmula, al menos en la segunda parte de la frase. Y sorprenderle. Si estamos tentados de escribir que en aquel acto social "había tanta gente que no cabía ni un alfiler" —frase que el lector cree que terminará así una vez que ha visto cómo se empieza—, podremos sorprenderle desde varias perspectivas: por ejemplo, desde el vocabulario, escribiendo que "no cabía un bigudí" (un alfiler de pelo, usado normalmente para sujetar el moño); o desde la sintaxis y la construcción: "había tanta gente que los alfileres se quedaron fuera". Expresadas de esta manera, esas frases pueden aligerar la exposición y servir de leve divertimiento al lector.

Veamos algunos ejemplos de estilo basados en la sorpresa, en engañar al lector haciéndole creer que encontrará una palabra y dándole otra a cambio. Otra mejor, por supuesto.

Francisco Umbral: "El otro día, en casa de la marquesa de los miércoles, salió el tema de la doble moral". Evidentemente, esperábamos el nombre concreto de una marquesa, y el autor nos sorprende brillantemente con una metáfora que enriquece el relato y nos cuenta que el articulista frecuenta las casas de las marquesas. Al menos una vez a la semana.

Maruja Torres: "Y allí me hallaba, contemplando las excrecencias que los limpiadores de yates arrojan a la mar y que flotan en la superficie junto a los muelles —biodegradables, caviar y cosas así, polucionando pero con lustre—, cuando la aparición de Inés me dejó sin aliento". El lector esperaba que las excrecencias fueran de otro tipo, y se lleva una sorpresa cuando le cuentan que se trataba de caviar, de la polución de los ricos. La periodista busca claramente ese truco.

> "Al poder le crecen los hermanos. Desde que el pasado 8 de agosto Fernando Álvarez de Miranda, defensor del pueblo, propusiera al Congreso el nombramiento de Manuel Aznar como su adjunto segundo, la sombra de otro hermanísimo ha estado planeando sobre el Gobierno". *(El Mundo,* 15 de septiembre de 1996. Suplemento La Crónica. Flora Sáez).

La frase "le crecen los enanos" deja paso aquí a la sorpresa "le crecen los hermanos". La sonoridad similar agranda el contraste semántico.

La sorpresa no sólo debe ser formal. También de contenido. El escritor Juan José Millás domina muy bien ese aspecto:

> "Imaginemos a un sujeto idéntico a nosotros que todas las mañanas, para desayunar, se comiera sus manos. No obstante, éstas crecerían de nuevo a lo largo de la jornada, de manera que al día siguiente podría volver a devorárselas. Supongamos que este circuito cerrado, tan útil desde muchos puntos de vista, se rompe cuando alguien inventa la escritura. Conocida esta posibilidad, en la que los dedos son tan necesarios, el ser humano ha de decidir entre crecer intelectualmente o pasar hambre (...)". *(El País,* 28 de febrero de 1997. Juan José Millás, columna de última página).

En la sorpresa de contenido, el articulista podrá desarrollar determinada trama —pequeña, por fuerza— y dar de repente un volantazo para salir por donde nadie lo espera. Eso transmitirá cierto aire de genialidad, con tal de que la conclusión no resulte descabellada. (Y si resulta descabellada, al menos que resulte graciosa).

Otra fórmula de terminar en sorpresa consiste en situar juntas palabras extrañas entre sí. Por ejemplo, asociar un nombre concreto y otro abstracto: "Tienes que operarte del carácter" (una frase muy de moda). "Voy a casa a cambiarme de traje y de marido". "He salido deprisa de mi casa y se me ha olvidado ponerme la sonrisa". (Se trata de una técnica similar a la greguería, que veremos más adelante).

El estilo es el humor. El humor representa una variedad de la sorpresa. Y forma parte esencial del estilo. Se puede manifestar incluso en textos informativos, pero eso requiere de cierta elegancia para que el periodista no quede como un graciosillo. Esta primera frase de un reportaje se puede aportar como un ejemplo positivo:

> "Ya la sola mención del nombre da dolor de cabeza: migraña". *(El Nuevo Herald,* de Miami, 2 de junio de 1998. Suplemento Familia. Miñuca Valverde).

Pero el articulista no deberá tanto hacer chistes como seguir un relato de sentido lúdico. Para ello, un recurso muy utilizado consiste en reducir al absurdo las tesis que se refutan; y otros trucos parten de la contraposición —la paradoja— de ideas o hechos, o de la reiteración —uno de los recursos del chiste es la repetición de una expresión, una idea o una frase—, o de la personificación y la reificación (hacer que los objetos adopten un papel humano y viceversa).

He aquí un ejemplo de humor por reducción al absurdo (o exageración), publicado en *El País* el 4 de septiembre de 1996 con la firma de Maruja Torres. La periodista comenta las últimas propuestas del Gobierno sobre la posibilidad de cobrar 100 pesetas a los enfermos por cada consulta en los ambulatorios:

> "A *éstos* —una de las cosas que me gustan de mi país es que, en cualquier época, bajo cualquier régimen, basta con largar este pronombre para que todos sepamos, sin más explicaciones, que estamos hablando del Gobierno— les ha pasado lo que a unos amigos míos, que eran

como *hippies* y que, a principios de los 70, intentaron montar una comuna, pero lo que les salió fue una pensión, y, además, con un desaseo espantoso. Pues bien, *éstos* se han creído que han diseñado un plan económico genial para reducir el déficit, cuando lo único que han hecho ha sido entronizar la Multa como sistema de recaudación inmediata. Es decir, que el pensamiento central, recientemente sancionado por lo eclesiástico en Santo Domingo de Silos, es de un simple que atormenta: el que la hace, la paga.

Que quieres agua, la pagas. Que quieres autopista, la pagas. Que quieres que te miren el orzuelo en el ambulatorio, lo pagas. Que te abres la crisma y tienes que ir a urgencias, no se te ocurra olvidarte el monedero: porque lo pagas.

Lo que ocurre es que su carencia de imaginación intrínseca —pareja sólo a su desconfianza en este pueblo que no merece conocer secretos y que, seguro, quiere fastidiar lo de Maastricht— les obliga a limitarse a lo más vistoso: servicios públicos, sanidad, etcétera. Pero supongan que Rasputín Barea o Pigmalión Pujol se despiertan un día pasados de próstata, y les proponen a *éstos* que empiecen a cobrar al que dice tacos —pobre de mí—, por pintarse las uñas o por no hacerlo, o por mirar con mala intención. De hecho, podríamos llegar hasta a pagar por vivir, por respirar, por pensar. E incluso pagar un extra para que nos dejen pagar impuestos.

Así es, inadvertidamente, como un país se desliza del Estado del relativo bienestar al Estado de qué bien estaría si no estuvieran *éstos*".

En síntesis, cuando se lleva al absurdo una situación pretendemos argumentar: si hasta aquí es posible esto, ¿qué no evitará que se llegue hasta allá? O bien: esto ahora nos parece absurdo, pero antes no habría dado la misma impresión lo que ahora ya ocurre sin que nos espantemos. El artículo anterior constituye una buena muestra de esa técnica ("podríamos llegar hasta a pagar por vivir, por respirar, por pensar. E incluso pagar un extra para que nos dejen pagar impuestos").

El efecto humorístico no se puede escribir de cualquier manera. La palabra clave nunca puede figurar al principio de una frase, ni siquiera en medio, sino al final. Detrás del efecto humorístico no debe leerse más que el punto. Sólo cabe una excepción: que lo escrito detrás del momento humorístico constituya a su vez un momento humorístico mejor o que haga más grotesco aún el primero.

El 18 de febrero de 1993, *El País Madrid*, la sección local del periódico, publicó uno de los reportajes más divertidos de los últimos años. Su autor, José Antonio Hernández, reproducía una hoja que circulaba entre funcionarios de los juzgados con algunos *lapsus* cometidos por los conductores al redactar los partes de accidentes de tráfico que luego llegan a los tribunales para dirimir el conflicto posterior entre las personas implicadas. Además, el propio autor del reportaje telefoneó a compañías de seguros para añadir ejemplos. Pero su trabajo no sólo consistió en la recopilación. También debía escribir de forma que resultase hilarante, concentrando el humor al final de cada párrafo. Veamos aquí algunos de ellos:

"'El tío estaba por toda la calle y tuve que hacer algunas maniobras bruscas antes de atropellarle'. Descifrar las declaraciones de algunos automovilistas involucrados en un accidente de tráfico obliga muchas veces a los jueces a efectuar verdaderos ejercicios de interpretación. (...). 'Estaba convencido de que el vejete', explicaba un conductor, 'no llegaría nunca al otro lado de la calzada cuando le atropellé'. Algunos automovilistas, guiados por un irrefrenable ánimo de autoexculpación, como el anterior y el siguiente, pierden por completo la objetividad a la hora de describir el siniestro. 'El peatón no sabía en qué dirección correr, así que le pasé por encima'. En el siguiente caso, el declarante deja entrever que el peatón no le dio otra opción que arrollarle: 'El peatón chocó contra mi coche y se metió debajo'.

Otros conductores revelan que atropellaron al peatón para evitar un mal mayor: 'Para evitar chocar con el parachoques del coche de delante', narra el presunto infractor, 'atropellé al peatón'.

Algunos no encuentran una explicación racional al suceso y se amparan ante el juez en fenómenos paranormales. Como el siguiente: 'Un coche invisible que salió de la nada me dio un golpe y desapareció'. 'Llevaba', dice otro en su declaración, '40 años conduciendo cuando me dormí al volante'.

(...) Los hay también que les cuesta comprender qué pasó exactamente. Cuenta uno: 'Volviendo al hogar me metí en la casa que no es y choqué contra el árbol que no tengo'.

En un caso, el automovilista inmiscuye a la madre de su esposa, que le acompañaba en el viaje, en el accidente: 'Saqué el coche del arcén, miré a mi suegra y me fui de cabeza al terraplén'.

(...) Según otro afectado, fue también un poste de teléfonos la causa de su siniestro: 'El poste se estaba acercando y, cuando maniobré para salirme de su camino, choqué de frente'.

No faltan tampoco los relatos en que los automovilistas dicen haber sido víctimas del otro vehículo. 'Choqué contra un camión estacionado que venía en dirección contraria'. (...).

'Le dije al policía que no estaba herido, pero cuando me quité el sombrero', evoca un afectado, 'descubrí que tenía fractura de cráneo'.

Otro conductor da por sentada la involuntariedad que precedió al siniestro: 'Mi coche estaba correctamente aparcado cuando, retrocediendo, le dio al otro coche'.

Más casos: 'Creí que el cristal de la ventanilla estaba bajado, pero me di cuenta de que estaba subido cuando saqué la cabeza a través de ella'.

Hay también declarantes que recuerdan el aspecto del, según ellos, responsable del suceso: 'La causa indirecta del accidente fue un tipo bajito en un coche pequeño, con una boca muy grande'. Otro describe con precisión el sufrimiento de la víctima: 'Vi una cara triste moviéndose lentamente cuando el señor mayor rebotó en el techo de mi coche'.

Uno de los relatos sobre accidentes que más carcajadas ha despertado entre abogados y empleados de algunas compañías de seguros de Madrid es el siguiente:

Sucedió que un automovilista detuvo el coche en el arcén, y, apremiado por sus necesidades fisiológicas, se ocultó en unos arbustos muy próximos a la vía. Mientras tanto, un camión de gran tonelaje que viajaba en la misma dirección embistió por detrás a su turismo.

Días después, este hombre se dirigió por escrito a su compañía de seguros y, más o menos, describió así los pormenores del siniestro, según recuerda el abogado de una importante aseguradora madrileña: 'Circulando normalmente por la carretera con mi automóvil me entraron ganas de hacer del cuerpo, por lo que paré el vehículo en el arcén y me fui a hacerlo a unos matorrales cercanos, y cuando estaba con los pantalones bajados', explicaba, 'vino el contrario y me dio por detrás con el basculante' (del camión)".

El redactor disponía, sin duda, de un magnífico material informativo. Pero además lo dispuso de tal forma que los efectos humorísticos aparecieran en todo su esplendor: los comentarios del periodista se ofrecen siempre a principio de párrafo, si acaso como aposición explicativa en medio de una frase. El efecto humorístico se reserva siempre para el final de cada grupo de líneas. Y sólo se añade un comentario al remate humorístico precisamente en la última frase de la información —el paréntesis "(del camión)"—, y eso para añadirle aún más intención hilarante.

Veamos en estos ejemplos siguientes cómo se habría disminuido el efecto humorístico si no se hubiera tenido en cuenta esa técnica:

"'Estaba convencido de que el vejete no llegaría nunca al otro lado de la calzada cuando le atropellé', explicaba un conductor. 'El peatón no sabía en qué dirección correr, así que le pasé por encima', añadía otro guiado por un irrefrenable ánimo de autoexculpación. (...)

Y otro accidentado explicaba: 'Volviendo al hogar, me metí en la casa que no es y choqué contra el árbol que no tengo'. Y es que los hay también que les cuesta explicar qué pasó exactamente.

(...) Días después, este hombre se dirigió por escrito a su compañía de seguros y, más o menos, describió así los pormenores del siniestro, según recuerda el abogado de una importante aseguradora madrileña: 'Circulando normalmente por la carretera con mi automóvil me entraron ganas de hacer del cuerpo, por lo que paré el vehículo en el arcén y me fui a hacerlo a unos matorrales cercanos, y cuando estaba con los pantalones bajados', explicaba, 'vino el contrario y me dio por detrás con el basculante'. En realidad, lo que ocurrió es que un camión de gran tonelaje que circulaba en la misma dirección embistió por detrás a su coche".

Con una redacción así habríamos arruinado los efectos humorísticos. Porque, conviene insistir, el humor debe ir ligado al remate de frases y párrafos para resultar más eficaz.

En el siguiente ejemplo pudo mejorarse la redacción, tal vez por un deficiente tratamiento en edición y ajuste del texto enviado por la corresponsal, que versaba sobre la revolución registrada en Managua con el cambio de nombres de calles, que pasan ahora a ser numeradas como en Nueva York:

> "Con el país en quiebra, el verdadero problema radica, como siempre, en los fondos para pagar las señales, los postes, la pintura y los planos. Las autoridades de Managua confían en que alguna empresa, organización o fundación les echen una mano. De momento, ya se han empezado a numerar las calles. 'Ahora vamos a tener una Quinta Avenida en esta mugre', bromea un capitalino". *(El País,* diciembre de 1996. Maite Rico).

El añadido final "bromea un capitalino" quita fuerza a la broma misma. Evidentemente, el efecto de humor habría resultado más directo con esta redacción de la última frase: "De momento, ya se han empezado a numerar las calles. Y eso ha motivado algunas bromas, como la de un vecino de la ciudad que decía jocoso: 'Ahora vamos a tener en esta mugre una Quinta Avenida'".

Para dominar esta técnica, basta con escuchar atentamente cómo se cuentan los chistes en una reunión de amigos.

El estilo es la ironía. Ironía y humor forman familia, pero la ironía tiene sus propias características. Consiste esta figura retórica en dar a entender lo contrario de lo que se dice, pero de modo que se dice mucho más de lo que se dice, muchísimo más que si se dijera exactamente lo que se quiere decir. La ironía lleva implícita la burla, y pone al autor en un lugar de superioridad respecto a la realidad que aborda. La frase siguiente puede servir como ejemplo de ironía:

> "Le dijeron que su trabajo era impagable. Y él lo tomó ingenuamente por un elogio".

La ironía juega con el doble sentido de las palabras y las frases, de modo que se percibe una idea en un primer segundo tras la lectura, pero en una fracción más se aprecia el sentido verdadero que quiso dar el autor a su texto. De ese modo, acudimos también al factor sorpresa (humor, ironía y sorpresa no tienen por qué ir separados).

La gran ventaja de la ironía en cualquier debate o polémica parte de que se trata de un arma fina, que permite al articulista esconderse, si llega el caso, en la literalidad de lo expresado (estamos hablando de artículos opinativos, donde eso puede ser legítimo si no se cae en la vileza, no de textos noticiosos). Así pues, y como recoge el letrado Luis María Cazorla en su libro *La oratoria parlamentaria,* la ironía permite decir cosas, "sobreentendiéndolas, dejándolas caer de manera indirecta", que de otro modo "violentarían la cortesía". "Merced a su empleo", añade, "el alcance de lo que se dice se anuda a la imaginación del que escucha y ésta en algunos no conoce límites". Cazorla sostiene también que la ironía sirve de cauce para evitar el insulto "y al propio tiempo conseguir alguno de sus efectos".

El columnista Eduardo Haro Tecglen escribía irónicamente desde *El País* sobre su amigo Francisco Umbral, que publica sus artículos en *El Mundo:*

> "(...). Paco, Paco Umbral, no te pongas estupendo, como nuestro Valle-Inclán dice de los 'cráneos privilegiados'. Canté en 'Babelia' las glorias de tu escritura: fui uno de los primeros en proclamarla en este país de rácanos. Te amo, te admiro, me sé tu escritura de toda la vida. Pero no te *tiro los tejos,* ni te cortejo, como dices. No tengo un solo tejo de esta casa. Recomendación: por mi amor, no te vengas si te cortejan otros. Aquí no se te cultivaría la personalidad como en *El Mundo.* Ya oíste a Cebrián que éste es un periódico antipático por dentro: lo es. En cuanto a dinero... Mal asunto, mal asunto. Tú tranquilo en tu gloria: te la has ganado. Y la que te espera". *(El País,* 8 de enero de 1997. Eduardo Haro Tecglen).

El estilo es el vocabulario. El vocabulario del que disponga un articulista formará parte de su estilo, y si cuenta con un léxico amplio disfrutará de mayores posibilidades para el humor y la sorpresa. Por ejemplo, si queremos expresar que un político entró en una candidatura inesperadamente podremos decir que llegó como por arte de magia, pero si buscamos la sorpresa nuestro vocabulario podrá aportarnos que apareció "como por arte de birlibirloque", expresión que añade riqueza expresiva, sonoridad y, sobre todo, sorpresa. Eso se manifiesta en frases más rituales, donde no buscamos un efecto especial; pero que ayudan a componer una música más agradable. Por ejemplo, si en una pieza informativa o de comentario decimos que "el juicio quedó visto para sentencia" habremos acudido a un lugar común. Si escribimos "el juicio quedó concluso" contaremos con el factor sorpresa y habremos obsequiado al lector con nuestra precisión léxica (y, por otra parte, también técnica, pues de esa forma se denomina asimismo en técnica jurídica, por cierto, a los juicios vistos para sentencia). Si queremos disponer de un buen estilo no queda más remedio que practicar el placer de la lectura de modo que las palabras vayan almacenándose mansamente en nuestra memoria. No hay duda de que saldrán al teclado cuando más las necesitemos.

> "El domingo de carnaval de 1908, Juan Meliá y Constancio Bernaldo de Quirós llegaron a Manzanares el Real ataviados de tal guisa que, de no ser por la festividad del día, hubieran dado con sus huesos en la prevención". *(El País,* 6 de septiembre de 1996. Andrés Campos).

Prescindiendo del término "hubieran" —se prefiere "habrían", como explica otro capítulo de este libro—, el final de la frase resulta brillante porque estamos esperando la fórmula hecha "con sus huesos en la cárcel". Y nos encontramos con "en la prevención", de modo que el autor recupera un término antiguo muy preciso (se llamaba prevención a los cuartelillos adonde se conducía preventivamente a los detenidos por alguna falta, a la espera de que un juez decidiese sobre el hecho). Con una sola palabra, se logra el efecto de la sorpresa mediante el vocabulario, a la vez que se contribuye a crear el ambiente de época que precisa el artículo. La frase reúne a la vez sentido del humor y de la sorpresa.

Ahora bien, esto no debe llevarnos a utilizar un vocabulario incomprensible para la gran mayoría de nuestros lectores. Cuando empleemos una palabra poco común, el contexto debe explicar su significado. Si decimos que los asistentes a una fiesta salieron "más contentos que un azumbre", muchos se quedarán sin saber qué significa tal palabra. Si escribimos que "salieron contentos como un azumbre hondo y colmado de vino", habremos aclarado las eventuales dudas; y nuestros lectores dispondrán a su vez de una palabra más en su acervo. Lo principal, antes que lucirse, es hacerse entender.

El estilo es la paradoja. La paradoja —una forma de humor— constituye uno de los más valiosos instrumentos del periodista. Lo veremos también en el capítulo dedicado a la titulación. La paradoja mueve generalmente a la sonrisa, pero puede suponer asimismo una llamada a la conciencia. La paradoja nos presenta un razonamiento que juega con ideas ilógicas que resultan lógicas, o viceversa.

Gabriel García Márquez la utilizó muy bien en sus artículos de prensa, por ejemplo en aquel titulado "Hay que inventar inventores":

> "El problema es que todo inventor, antes de inventar algo, debe inventarse a sí mismo como inventor. Es la única manera de empezar, como empezó Edison cuando, cansado de ser un simple telegrafista, decidió inventarse a sí mismo como inventor e inventó un aparato automático para repetir mensajes telegráficos. Inventando el inventor, lo demás viene como consecuencia lógica".

Y también en sus declaraciones, en las que a menudo juega con elementos paradójicos: "Lo malo es que en periodismo un solo dato falso desvirtúa sin remedio a los datos verídicos. En la ficción, en cambio, un solo dato real bien usado puede volver verídicas las criaturas más fantásticas. La norma tiene injusticias de ambos lados: en periodismo hay que apegarse a la verdad, aunque nadie la crea, y en cambio en literatura se puede inventar todo, siempre que el autor sea capaz de hacerlo creer como si fuera cierto".

He aquí otro buen uso de la paradoja para obtener estilo:

> "La sanidad pública tiene problemas de salud. El exceso de gasto y el fraude parecen haberla herido gravemente y algunos expertos sostienen que, si no se toman medidas urgentes, la enferma podría pasar a mejor vida". (*El Mundo,* 8 de septiembre de 1996. Suplemento *Su dinero.* María Irazusta).

La frase "la sanidad pública tiene problemas de salud" nos regala una brillante paradoja.

El estilo es el ritmo. Si yo tuviera que seleccionar para el periódico un grupo de articulistas novatos preguntaría en primer lugar por sus aficiones musicales, o si son capaces de tocar algún instrumento. Porque el estilo es también el ritmo; y la melodía. ¿Cómo se puede definir un buen ritmo? Difícilmente, como complicado resultaría definir cómo se escribe buena música para piano.

Alguien que desee dominar el ritmo de la escritura deberá leer poesía, tanto la tradicional sujeta a una métrica estricta como la moderna de verso libre. Porque ambas siguen las normas no escritas de la música. Y una vez que se educa el oído molestan las disonancias. Igualmente, conviene que el aspirante a articulista pruebe a escribir versos (aprovechando preferiblemente los momentos de melancolía amorosa, para extraerles la parte buena del desengaño). Ese ejercicio le resultará de mucha utilidad, si logra adquirir el sentido del ritmo, cuando se proponga provocar en el lector determinados sentimientos, tanto de ternura como de indignación. Y cuando esa percepción forme parte de nuestro archivo verbal, ocurrirá que en un determinado escrito sabremos que la última palabra —o cualquier otra— debe sonar con determinada acentuación. Y nos diremos: "Aquí necesito una palabra aguda —acento en la última sílaba—, pero aún no sé cuál". La riqueza de vocabulario nos proporcionará entonces la voz adecuada para componer el ritmo que deseamos. En otras ocasiones, necesitaremos añadir dos palabras, o más, para completar el ritmo que nos pide el texto, aunque en ese momento ya hayamos redondeado la idea que deseábamos expresar. Pues habrá que buscar esas palabras sin que después, precisamente por estar rematada la frase, resulten huecas o innecesarias.

En el verso —lo cual se puede trasladar a la prosa en líneas generales—, el ritmo viene dado por el acento, la pausa y la rima. Y habremos de considerar el acento no sólo analizado en cada palabra sino en el conjunto de la frase. Toda oración muestra un acento predominante que se superpone en la melodía a los acentos de las demás palabras que lo acompañan en la oración. Por ejemplo, analicemos la frase anterior: "Toda oración muestra un acento predominante que se superpone en la melodía a los acentos de las demás palabras que lo acompañan en la oración". Comprobaremos que algunas palabras predominan sobre las otras: oración, predominante, acentos, demás, frase. Si compusiéramos una música tomando ese ejemplo como letra deberíamos cargar el ritmo de cada compás en los vocablos señalados. El efecto se muestra más evidente en las frases interrogativas: "¿Qué me dices que debo hacer?". La fuerza del ritmo nace arriba (qué) en el principio de la frase, y luego desciende. Pero ocurriría de otro modo si el pronombre interrogativo cambiase de sitio: "¿Que me dices qué debo hacer? (Pues lo hago)". Los pronombres interrogativos, por tanto, nos dan las referencias más fáciles del ritmo; y con ellas aprenderemos a colocar bien los acentos en estos casos. Leamos en voz alta estas dos frases: "Él fue quien lo dijo". "No sé quién lo dijo". El valor rítmico del primer "quien" difiere del segundo, y altera el valor rítmico de toda la frase, que en el resto de los elementos se representaría musicalmente igual. Representado gráficamente, resultaría así:

Él fue quien lo dijo: - - _ _ _ _.

No sé quién lo dijo: _ - - _ _ _.

Para dominar el ritmo, debemos conocer, pues, la música de las oraciones, saber dónde está la carga de cada compás.

En muchas ocasiones, las palabras que hacen valer su propio acento en el conjunto de la frase buscan ese efecto para diferenciarse precisamente de vocablos de igual grafía y distinta acentuación. De ese modo aclaran el significado completo de la oración:

> "Son éstos temas sobre los que muchos estudiosos y decisores se han parado a reflexionar". *(El País,* 25 de noviembre de 1996. Andrés Ortega).

Apreciamos que el valor rítmico del pronombre "éstos" ejerce una presión musical distinta de la que le correspondería en función de adjetivo: "Son estos temas los que han hecho reflexionar a muchos estudiosos y decisores".

A mi juicio, sólo contamos con una excepción a esta regla: el adverbio "más" cuando equivale al signo +; es decir, cuando implica una suma y no un adverbio de cantidad puro:

"La recaudación por impuestos directos e indirectos más las cotizaciones sociales aumenta más que la economía". (*El País,* 1 de octubre de 1996, subtítulo en Economía).

Se observa que el primer "más" tiene una carga tónica menor que el segundo. Según mi criterio personal —distinto del de la Academia—, la norma debería ordenar que ese primer "más" no llevara acento ortográfico: porque respondería mejor a la sonoridad de la frase y a su sentido real si la escribiéramos así: "la recaudación por impuestos directos e indirectos mas las cotizaciones sociales aumenta más que la economía". La posibilidad de confusión con el adverbio "mas" (equivalente a "pero") no parece muy verosímil.

Las preposiciones —excepto "según"—, los artículos, algunos relativos y los adjetivos demostrativos son significantes átonos y forman con la palabra a la que acompañan una sola entidad fónica.

Otros vocablos se imponen a sus compañeros por regla general, pero no resultaría fácil establecer una clasificación exhaustiva. Porque, además, unas palabras que en una frase resaltarían por su acento intrínseco pasan a ser secundarias en otro tipo de composición (en el idioma español no se puede dar un grupo fónico de más de ocho sílabas):

"Pero yo ya no soy yo".

En este verso de Federico García Lorca vemos cinco palabras de realce intensivo (todas, excepto "pero") que en cualquier oración podrían imponerse a las demás. Mas en este caso algunas salen derrotadas: aunque todas tienen gran fuerza, la entonación nos dice que ganan la batalla los dos vocablos "yo".

(Si absorbemos bien esta *música,* insistimos, habremos dado un gran paso para reconocer qué palabras deben ir acentuadas y cuáles no cuando se representan con igual grafía. Por ejemplo: "No soy yo quién para opinar". "No soy yo quien opina de eso". La preponderancia fónica en la frase, como ocurre en el primer ejemplo —o la sumisión a las demás palabras, como sucede en el segundo— nos dan la clave para acentuar o no cada uno de esos "quien").

Largas o cortas, melancolía o pasión. El ritmo se construye también con la combinación de frases largas y cortas, y mediante su juego con las pausas: la cadencia de los elementos, incluso de la puntuación. La sintaxis, la abundancia de subordinadas, el alargamiento de las frases o su recorte deben relacionarse con el estado de ánimo que se intenta transmitir. Las oraciones largas en las que se encadenan elementos subordinados a la principal muestran un sentimiento de tristeza o melancolía. Las frases cortas y contundentes reflejan dinamismo y pasión.

El sustantivo y el verbo van cargados de acción y rapidez. Los adjetivos, partículas, reiteraciones, subordinadas y perífrasis connotan sentimentalismo, abatimiento, pesadumbre. De la mayor presencia de unos y otros se deducirá un estilo.

La sensación de agilidad se obtiene mediante periodos cortos en la frase, puntos y aparte frecuentes, palabras breves, acentos en la penúltima o la última sílaba. Por el contrario, el tempo lento, que generalmente refleja sentimientos más complejos, viene dado por la presencia de frases subordinadas, la acumulación de hechos circunstanciales, las perífrasis, el uso de palabras largas o compuestas (algunas de ellas esdrújulas) y la presencia de gerundios.

Dentro del primer apartado —ritmo ágil—, el autor deberá escoger lo que se llama "ritmo binario". Es decir, se establece con la sucesión de, como mucho, dos grupos sintácticos semejantes (a menudo iguales). Por ejemplo: "El ministro es un hombre de sonrisa estrecha y manga ancha".

Dentro del segundo apartado —ritmo pausado—, un autor puede escoger, por ejemplo, las enumeraciones de tres, de dos, de cuatro complementos, y combinarlas musicalmente. (La fórmula rítmica más empleada en el castellano consiste en la sucesión de tres elementos similares; cuatro parecen tediosos; y dos, insuficientes. Pero de la mezcla entre ellos puede salir el estilo):

"Veía perfectamente las cosas y las personas, pero no era capaz de reconocerlas por muy familiares que le resultaran, a menos que tuvieran alguna característica —un lunar, una nariz muy alargada, una banda roja— que las simplificara hasta el estereotipo". *(El Mundo,* 8 de septiembre de 1996. Pedro J. Ramírez).

Se ve la enumeración de tres entre las rayas, y de dos en la primera frase.

La reiteración de tres le resultará muy útil al periodista cuando quiera dar idea precisamente de reiteración, de multitud de casos como el que denuncia o al que se refiere. Porque el genio del castellano pide este ritmo ternario, forma parte de su esencia. La mera aportación de tres casos, de tres ejemplos, le servirá al comentarista para generalizar su juicio y presentarlo casi como universal.

"La fiesta más brava está de moda. Cada año se celebran más festejos, se editan más libros de toros, se da más espacio a la corrida en los medios de comunicación". (William Lyon, en *El País,* mayo de 1996).

He aquí un *ritmo de tres,* que viene dado por las frases yuxtapuestas de estructura similar. Vemos que el autor ha elegido una frase muy corta para comenzar el párrafo y que la combina con un periodo más largo a continuación, mediante tres frases sucesivas sin punto, la tercera de las cuales cambia a su vez de longitud respecto a las anteriores, constituyendo así una pequeña sorpresa. Pero el autor usa igualmente el valor rítmico de los acentos para romper el riesgo de monotonía que implicaba la fórmula repetitiva que emplea al comienzo. Tras haber utilizado el verbo "se celebran" empieza la siguiente oración con "se editan". Ambos tienen intrínseca la misma música. Pero en el tercer elemento rítmico de su composición varía para sorprender, para huir de la reiteración: "se da". Indudablemente, leemos con mayor agrado subliminal esa elección que si hubiera escrito: "Cada año se celebran más festejos, se editan más libros de toros, se dedica más espacio a la corrida en los medios de comunicación".

También se puede buscar la unión de dos recursos estilísticos si dotamos del factor sorpresa al último elemento. Por ejemplo, así:

"Se llamaba Marcos Vega y ofrecía en nombre del Gobierno español una recompensa de 50.000 dólares (unos siete millones y medio de pesetas) por aceptar un cargamento de 50 hombres negros sin documentación. La cantidad, que puede parecer insignificante en España, no lo es tanto en este país del África tropical, donde la deuda exterior es tres veces superior al Producto Interior Bruto, no hay asfalto ni luz eléctrica en las calles, los funcionarios no cobran desde hace tres meses y Ladislao, un niño negro de 12 años, agoniza sin remedio en el hospital nacional Simón Mendes por culpa de la malaria". *(El País,* Pablo Ordaz. Suplemento Domingo).

El autor ha encadenado dos situaciones macroeconómicas o generales del país sobre el que habla y una cuarta, la que define el estilo, con un descenso brutal sobre la realidad concreta de un muchacho agonizante. El efecto adquiere una riqueza significativa extraordinaria.

El ritmo de cuatro o más elementos suele resultar cacofónico y requiere de mucha habilidad para salir airoso del envite. En el caso anterior así ocurrió. Veamos el siguiente:

"No son motivos musicales, religiosos o policiacos los que me inspiran. Son estéticos". (Eduardo Haro Tecglen).

Este articulista elige también un ritmo de tres para componer el inicio de su frase. Podría haber escogido dos elementos, o cuatro, o cinco. Toma tres por una cuestión meramente de ritmo, que altera con una frase corta al final formando estilo.

Y más adelante:

"Ahora habría que dinamitarlo, volarlo, fundir toda esa manzana donde está el cuartel de Zaragoza".

Nuevamente tres elementos, y el último alarga la cadencia. En realidad, con la primera frase habría bastado para expresar su opinión; se añaden palabras —"volarlo, fundir toda esa manzana..."— por el ritmo que necesita en ese momento el artículo para apuntalar la tesis.

Cuando nos decidamos por una cadencia de cuatro, consideraremos la opción de que el último elemento cambie de estructura para no generar cansancio:

> "Aún están por crear los programas de ordenador con nuestros datos para lograr que se acerquen los distantes, que conecten los dispersos, que se unan los afines, que los cariñosos se besen".

Habría resultado peor sin el cambio del lugar del verbo en el cuarto elemento:

> "Aún están por crear los programas de ordenador con nuestros datos para lograr que se acerquen los distantes, que conecten los dispersos, que se unan los afines, que se besen los cariñosos".

En un mismo escrito, lógicamente, se pueden combinar el ritmo sencillo, el binario y el ternario. El uso en mayor medida de éste y aquél dependerá de la voluntad del autor, del sentimiento que desee infundir el articulista en quien lea sus palabras.

Ahora bien, quien redacta debe tener en cuenta la gradación de las palabras que incluye en su enumeración binaria o terciaria (mucho más si crea ritmos de cuatro o más elementos). Porque ello forma parte asimismo de la expresividad. Puede describir un paisaje de este modo: "El cielo estaba triste, gris, a punto de llorar". Pero si cambia los términos —"el cielo estaba a punto de llorar, triste, gris"— habrá perdido expresividad, puesto que el primer elemento anula los otros dos (que ya están dichos en el primero). Se puede ir de menos a más, pero no al revés. No por una cuestión gramatical, sino por un problema de estilo.

El ritmo intrínseco del castellano se basa en los versos octosílabos (ya hemos dicho que no existe unidad rítmica en español de más de ocho sílabas sin que una de ellas se imponga a las otras). Cuando alguien intenta componer un verso atendiendo al genio natural que le brota de su interior fácilmente escribirá líneas de ocho golpes de voz. He ahí el éxito del romance, el principal soporte de la épica y la lírica. Esta tendencia del castellano se aprecia muy bien en los ritmos del folclor, y el octosílabo se ha convertido con los siglos en la medida más extendida en las tradiciones populares. Lo mismo una jota aragonesa que una isa canaria que un villancico andaluz tendrán su base en el octosílabo. ("Dicen que no dice nada / La Virgen del Pilar dice / dicen que no dice nada / dice que por más que diga / que se nos llevan el agua". "En el tranvía del Teide / yo no me quiero montar / porque el sexto mandamiento / manda no fornicular". "Dime niño de quién eres / todo vestido de blanco / Soy de la Virgen María / y del Espíritu Santo").

En la prosa, también los grupos fónicos de ocho sílabas nos producen cierto placer, debido a que congenian con el ritmo natural de nuestro idioma. Leamos en voz alta uno de los ejemplos anteriores: "Ahora habría que dinamitarlo, volarlo, fundir toda esa manzana donde está el cuartel de Zaragoza". Apliquemos el oído: uno de los elementos de esa frase se nos ha adaptado al ritmo natural como un calcetín: "fundir toda esa manzana", un octosílabo entre dos decasílabos. Efectivamente: ocho sílabas entre dos de diez, con un leve corte de tres ("volarlo"). Y aún podríamos redondear mejor rítmicamente: "Fundir toda esa manzana / del cuartel de Zaragoza". Seguiríamos leyendo prosa, pero con el ritmo oculto del romance.

Hablamos, pues, de un recurso que, bien empleado, nos puede rendir muy buenos frutos. Pero no convendrá abusar de él, sobre todo porque una afectación de este tipo puede devenir cursi y pedante. Saquémoslo de la chistera sólo cuando realmente deseemos trasladar una emoción.

El ritmo paralelo. El ritmo también puede extraerse de los paralelismos en las distintas partes de la frase.

> "África se nos está muriendo ante los ojos perplejos de los que la aman y los ojos ciegos de los que la condenan". *(El País,* 18 de noviembre de 1996, José María Mendiluce).

(Aún sonaría mejor si se hubiese escrito "de quienes la condenan").

El autor ha condicionado el ritmo de la segunda parte de la frase a la estructura de la primera. Le queda así un ritmo paralelo que produce música.

Cuando intentemos ese juego rítmico, deberemos cuidar que el paralelismo significativo concuerde con el expresivo, con el formal, con el silábico. Veamos este ejemplo:

"Alberto Ruiz-Gallardón no vende motos en sus visitas a los pueblos, sino vías férreas".

El texto entregado así por un redactor de local de *El País* fue modificado por los editores para mejorar su ritmo como hemos dicho:

"Alberto Ruiz-Gallardón no vende motos en sus visitas a los pueblos, sino trenes".

Y tal vez habría mejorado el ritmo si además de ese paralelismo verbal le añadimos el sintáctico:

"Alberto Ruiz-Gallardón no vende motos en sus visitas a los pueblos. Vende trenes".

RITMO SIN PUNTOS. La técnica puede permitir a veces experimentos divertidos, como el de escribir un artículo entero sin un solo punto. Pero eso no implica que el texto carezca de pausas equivalentes ni de un ritmo interno. Ya hemos visto un ejemplo en el apartado de reportajes (aunque referido a la pulcritud de los datos, más que al estilo literario) y vamos a repasar aquí otro, en el que, en ausencia de una puntuación convencional, el autor pretende edificar su razonamiento sobre el ritmo de las frases y las interpelaciones.

"La muletilla resalta la cojerilla, amigo, hablo de tu '¿sabes?', así que no me estés preguntando cada vez que terminas una frase si sé lo que me dices, porque es una pesadez estar contestando que sé lo que me dices cada vez que terminas una frase, o sea, así lo que barrunto es que no estás seguro de si te explicas o no te explicas, vamos, que no te das mucha maña, dudas de ti mismo y tal vez también de mí mismo, seguramente incapaz tú de exponer con puntería lo que piensas o quién sabe si ignorante yo de tu extenso diccionario, pero más bien lo primero, porque utilizas palabras del común, así que si no sabes si sé es porque no te habrás explicado bien, que ya me preocupa, o porque no sabes si te has explicado bien, que es peor y también me preocupa, o que necesitas que alguien esté asintiendo constantemente después de escucharte, que más bien me malicio esto, ¿sabes?, como si necesitaras el refrendo continuo, el caso es que cualquiera de las posibilidades que se me vienen, ¿sabes?, es realmente nefasta, y además se contagia, y ya voy yo diciendo ¿sabes? y los demás asintiendo, como zopenquillos, porque al final todo el mundo baja y sube la cabeza, nadie te espeta que no cuando le preguntas '¿sabes?', todos van y dicen que sí, porque la gente hace ver que te sigue, ¿sabes?, y eso es en realidad lo que necesitamos, el apoyo moral, que alguien nos baile el agua, lo que al final mentira es, porque ni nos bailan ni nada, simplemente dicen que sí a todo, y se hace una pesadez mayormente por rutinario, y te dicen, por ejemplo, 'y entonces como el Pisuerga pasa por Valladolid, ¿sabes?', y eso, vamos, es ya el colmo, ¿cómo no voy a saber yo que el Pisuerga pasa por Valladolid?, es que ofende tanta preguntita, oye, porque además me suena a inglés, *you know?*, mira que importamos barbaridades, en el sentido suyo de la palabra misma, ¿sabes?, que aún tendría razón de ser que te preguntaran *you know?* después de hablarte en inglés, a mí, por ejemplo, por asegurarse, pero vamos, que siendo de Cuenca, ea, no tiene basamento ninguno. Digo yo". *(El País,* 3 de marzo de 1989).

Leamos a continuación un artículo de estilo indiscutiblemente periodístico, con frases muy cortas y ritmo muy vivaz.

"Están ya pegados los carteles, pero no pegan nada: Norma Duval, en el Centro Cultural de la Villa de Madrid. En los periódicos viene el aviso: *Pasión por Norma,* con el Gran Ballet de Norma, el humorista Goyito y el grupo Brillantina. No pega nada, de verdad, en el Centro Cultural Etc. Etc.

Tengo una gran pasión por Norma. Me gusta entera, de los pies a la cabeza. A diferencia de los críticos de televisión, vi su programa de Nochevieja completo, hasta las cinco de la mañana. Estuvo entretenidísimo. Y lo vi por Norma (y por Greta, de Greta y los Garbo, todo hay que decirlo).

Lo mío por Norma es pasión —aunque no cultivo la pasión por norma, ni mucho menos—, porque me doy cuenta de que Norma ni habla bien, ni canta bien, ni baila bien. Pero qué importa. Lo suyo no son las partes (aunque también), lo suyo es el total. Es única, y me sumo a la lista de sus admiradores y defensores, y además por las mismas razones.

Pero esas razones, que son agradables sinrazones, no deben ser las razones de un centro cultural, aunque perfectamente podrían ser las razones de un centro escultural, hasta el punto de que yo dejaría al papagayo en paz y pondría a Norma Duval —sin Goyito, lo siento— en el Reina Sofía como pieza de la colección permanente. El griego lo entendería.

En el Centro Cultural Etc. Etc. actúa ahora mismo la compañía Ultramarinos de Lucas, de títeres para niños, con un espectáculo extraordinario que se llama *Cosas del mar.* Una auténtica delicia. Y un acierto del Centro Cultural Etc. Etc.

El lugar adecuado para la gran Norma es la sala de fiestas Cleofás. De esto me di cuenta el domingo cuando fui a ver los títeres. Todo ha sido un problema de puntería y de cálculo. Cleofás está a 50 metros del Centro Cultural Etc. Etc. y allí tenía que haber caído, de pie y con esas piernas, ese auténtico meteorito, esa roca de otra galaxia que es Norma. Porque Norma es una fiesta. El día en que la sala Cleofás programe, con dos cojones —y muy poca cabeza— *Hamlet* y *Esperando a Godot,* el Centro Cultural Etc. Etc. podrá programar sin recato, con sus dos etcéteras, a Norma Duval. Cada cosa en su sitio, precisamente". *(El Mundo,* 14 de enero de 1997. Manuel Hidalgo).

El estilo en el adjetivo. Los adjetivos suponen una feraz fuente de controversia entre los periodistas. Para empezar, no acaban de encontrar acomodo cierto en los géneros informativos. Y, aunque se desenvuelven mejor en los opinativos, aparecen a menudo en ellos sin riqueza de expresión, formando tópicos y reiteraciones.

El adjetivo que se usa en una noticia o en una crónica debe aportar información, y nunca un juicio de valor, como ya hemos visto. El informador debe buscar adjetivos sobrios y sencillos. En el caso del articulista, su primer deber consiste en huir del exceso de adjetivación. Se trata de un error de principiante, en el que suelen caer también veteranos periodistas sin talento. Los adjetivos son la ropa de los sustantivos, a los que no podemos vestir con más abrigos de los que necesitan.

Por otro lado, el periodista debe huir de los adjetivos más usados (que a veces entran en el capítulo de los tópicos y los lugares comunes) y crear su propio arsenal de atribuciones. Para ello necesitará gran precisión semántica y riqueza de vocabulario. Y personalidad.

Algunos adjetivos convierten en vulgar la frase: "este excelente trabajador", "un edificio grandísimo", "un director muy importante", "un hombre delgado". Por eso conviene bucear un poco en las palabras, para hallar mayor riqueza descriptiva: "este trabajador impecable", "un edificio descomunal", "un director primordial", "un hombre enjuto".

El estilo es la metáfora. Nadie podrá obtener el grado de articulista si no se licencia en el dominio de la metáfora. Los tropos nos dan la verdadera originalidad y creación del autor. El periodista debe acudir a la metáfora cada vez que tenga la sensación de que ha escrito una frase vulgar, para sustituirla por una imagen literaria (siempre que, claro, no todas sus frases le parezcan vulgares, puesto que en ese caso la reiteración de metáforas se haría insufrible).

Las metáforas no deben desviar la atención sobre lo que se está diciendo en realidad. Pueden establecer una línea de significante paralela a lo significado, pero nunca tan lejana que perdamos la perspectiva de lo que se quiere significar.

Escribe el profesor Antonio Pérez-Ramos *(El País,* 22 de junio de 1996): "... Trabada la urdimbre de las palabras —esa indecisa cometa—, el escritor ha de calcular con tiento exquisito el grosor del hilo que puede remontarla y, a la vez, unirla al suelo. Si el hilo es apelmazado y tosco, la cometa corre el riesgo de no elevarse nunca o, si consigue hacerlo, de perder su gracia alígera al mostrar siempre su baldón terrestre y craso. O al contrario: puede suceder que, por ser tan tenue y vago, el hilo se quiebre y la cometa se extravíe por alguna región autista del cielo, para desmedrar allí como un balbuceo inconsistente y fútil".

Pues bien, con las metáforas puede ocurrir lo mismo que contaba Pérez-Ramos utilizando a su vez una imagen: no puede romperse el hilo que las una a lo que estamos contando. La metáfora parte de una idea real para asemejarla a una idea imaginaria, incluso para identificarlas. Pero la idea imaginaria ha de conectarnos necesariamente con la idea real.

Los distintos tipos de metáforas nos servirán según cada caso, conforme las necesidades de comunicación que nos planteemos.

LA FIGURA. Se trata de un término genérico, pero podemos encuadrarlo en "una cosa que representa a otra". Así, algunos de los tipos de metáforas que clasificamos a continuación pueden considerarse igualmente figuras. Por ejemplo, constituye una figura o imagen este pie de foto:

> "La oscuridad tiñe la nieve que rodea Sotres, visto desde la carretera a Tresviso en la noche del pasado martes". *(El País,* 15 de diciembre de 1996. Suplemento Domingo).

La expresión "la oscuridad tiñe" representa que, al estar tomada la foto de noche, ha quedado oculta la nieve que rodea el pueblo y por eso apenas sólo se ven las tenues luces de sus farolas. Es decir, una cosa representa otra. El uso de figuras es estilístico en sí mismo.

LA COMPARACIÓN. He aquí la metáfora más sencilla. Viene dada por palabras como "igual que", "así como", "como" y otros adverbios que implican semejanza o relación de inferioridad o superioridad ("es más alto que un pino"). Veamos las siguientes frases:

> "Éste es el caso de Gabriel Cañellas, el que fue presidente del gobierno balear y grano en las posaderas del PP: recuerden que se resistió a ser descabalgado del poder como percebe que resiste a la ola". (Rosa Montero).

Tenemos en primer lugar una figura ("grano en las posaderas del PP") y después una comparación ("como percebe que resiste a la ola"). Personalmente, creo más interesante la primera. La comparación da lugar a la metáfora, pero ésta gana en efectividad si se suprimen las expresiones "como", "así como", "igual que"... De este modo: "... El que fue presidente del gobierno balear y grano en las posaderas del PP, el percebe que resistió las olas, recuerden, para que no le despegaran del poder...".

Una comparación debe entrañar gran brillantez para merecer su presencia en un buen texto. Como ésta, por ejemplo (donde se acude a la comparación con "como" mediante una figura divertida, que reproducimos en cursiva):

> "Aunque Loyola de Palacio se exprese de forma cortante y altanera *como las marquesas hablan a las criadas,* ha logrado que este año llueva intensamente sobre los cebollinos que, al parecer, somos la mayoría de los españoles". *(El País,* 2 de marzo de 1997. Manuel Vicent).

La metonimia. Aquí no usamos la riqueza expresiva de la representación de un objeto por otro, ni la comparación entre ambos, sino la que nos viene dada por la materia del objeto representado: "Blandió el acero" (esgrimió la espada), "golpeó el cuero" (le dio al balón), "rodó por el alquitrán" (cayó al suelo). La esencia de un objeto o una idea relacionada con él representa al objeto mismo en su totalidad.

Muchas metonimias han formado ya frases hechas, lugares comunes en determinados ámbitos informativos ("bajó el balón al pasto", "defender la camiseta", "la moto se le fue a la agricultura", "el diestro no tocó pelo", "se vendió todo el papel", "es un hombre que siente sus colores"). Conviene huir de ellas y buscar nuestras propias imágenes.

La sinécdoque. En este caso, tomamos la parte por el todo ("un rebaño de cien cabezas"). Se trata de un recurso muy habitual en en lenguaje de las noticias: "Washington critica la política cubana". Pero también puede funcionar como elemento estilístico.

La personificación (o prosopopeya). Atribuir a los objetos las cualidades de las personas. "La roca estuvo dudando si desplomarse o no, y al final se vino abajo sobre el tejado". "Es un pueblo que se ha encaramado a la montaña". "No se cansa de llover".

La reificación (palabra que no figura en el Diccionario pero muy atinada para describir esta figura). El efecto contrario al anterior: referirse a las personas como si se tratara de objetos. "Ha sabido amueblarse muy bien la cabeza". "María ha echado raíces aquí y le basta la savia de esta tierra para crecer".

La greguería. Puede resultar muy divertido inventar greguerías. Por ejemplo, ésta: "Ana Belén tiene una boca grande, que sólo pronuncia letras mayúsculas". O ésta: "Ayer hizo tanto frío que casi hasta se congelan los impuestos". Se trata de metáforas de cierto humor —a menudo surrealista (superrealista)— que siguen el estilo creado hacia 1912 por Ramón Gómez de la Serna. He aquí una atinada greguería de un magnífico escritor y periodista también:

"Anson es el hombre/periódico que está presente en cada una de las páginas de *Abc,* en espíritu. Periodismo de autor se llama eso. Anson es la grapa humana del *Abc*". *(El Mundo,* 8 de septiembre de 1996. Francisco Umbral).

El escritor y periodista Gómez de la Serna hizo famosas greguerías como éstas:

"El hielo se derrite porque llora de frío".

"El picador es un Don Quijote que ha engordado".

"La Luna pone en el bosque luz de cabaret".

"Cuando el soldado dobló la espada inventó la hoz y nació la era agrícola".

"La O es la Y después de comer".

"Cuando, asomados a la ventanilla, echa a andar el tren, robamos adioses que no eran para nosotros".

"En otoño debían caer todas las hojas de los libros".

"Las últimas estrellas que se apagan son los faroles de los serenos; el alba las sopla".

"El arco iris es la cinta que se pone la naturaleza después de haberse lavado la cabeza".

"El arco iris es la bufanda del cielo".

"Al cerrar la puerta, cogemos los dedos al silencio".

"Daba besos de segunda boca".

"La pistola es el grifo de la muerte".

"Si vais a la felicidad, llevad sombrilla".

"La felicidad consiste en ser un desgraciado que se siente feliz".

Pero otros antes que él ya las habían empleado:

"Los ríos son caminos que andan" (Pascal). "La miel es el trabajo público de las abejas" (Eurípides). "Cuando graniza en la Tierra es que tiemblan las vides de la Luna" (Luciano).

El estilo es el sonido. Para lograr arte con una guitarra, primero hay que conocer su técnica. Y cuanto mejor la dominemos, más herramientas tendremos para el arte. La técnica literaria debe formar parte del ropero intelectual de un periodista.

La aliteración constituye la materia fónica del estilo. Parte de los efectos sonoros de las palabras, que se producen en la mente aunque no las pronunciemos en voz alta.

Este efecto estilístico consiste en repetir un determinado fonema en un espacio breve del texto para asemejar el sonido de las palabras a lo que se desea representar. Su uso se hace muy presente en la poesía tradicional ("el ala aleve del leve abanico", para percibir mejor el movimiento; o aquellos versos de Garcilaso: "En el silencio sólo se escuchaba un susurro de abejas que sonaba", para imitar el sonido lejano de las abejas; o los de Góngora: "No me mires, mi niña, que estoy mirando cómo todos nos miran que nos miramos", para resaltar el mimo meloso que sale de sus labios). Pero también podemos usarlo en la prosa, y por qué no en un artículo de prensa, como en este ejemplo tomado de la última página de *El País,* donde llevaba por título "Tienda y sexo".

"(...) Las tiendas del sexo podrían ofrecerles luego, y cada día, toda la técnica a su servicio: alquiler de camas de agua que borren el resto del mundo; bañeras circulares cuyos contornos encierren la felicidad; burbujas ascendentes para ayudar el impulso de la sangre. Y auriculares que refinen la percepción del bisbiseo junto al oído, que adornen el susurro de los labios, que permitan musitar los jadeos y conviertan los latidos en un murmullo".

El efecto de la aliteración se halla en la última frase (veamos de paso el ritmo utilizado: de tres en el primer grupo de oraciones y de cuatro en el último, pero éste constituye a la vez el cuarto elemento del primero. Los tres primeros golpes rítmicos muestran igual estructura, con dos pronombres relativos y una conjunción como enlaces interiores). La aliteración, decíamos, utiliza aquí el valor onomatopéyico de las palabras, con la intención de transmitir la suavidad de los sonidos que invitan a la ternura: "bisbiseo", "susurro", "musitar", "murmullo".

Otro ejemplo:

"Los hermanos de Eugenia López no esperaron a que ella naciera para irse a Cuba a hacer fortuna, así que cuando Eugenia nació, de esto hace ya 79 años y algunos meses, se encontró la casa casi sola". *(El País,* 15 de diciembre de 1996. Pablo Ordaz. Suplemento Domingo).

"Se encontró la casa casi sola" forma una aliteración donde predomina la ese de silencio.

También se utilizó ese recurso en este titular de reportaje:

> "La invasión casi silenciosa" *(El País,* 23 de febrero de 1997).

La aliteración puede servir igualmente para el efecto contrario: frente a la suavidad de las emes y las eses, la fuerza y el roce de las erres.

En una columna titulada "La basura", que se publicó en *El País Madrid* el 6 de agosto de 1995, el autor acude a un efecto sonoro para denunciar el ruido que produce la recogida nocturna de basuras:

> "(...) Y así, cuando el sueño parece llegar por fin, se presentan los ruidos del mecanismo triturador de residuos, las voces estruendosas, el rugir del motor de arranque, la rabia de la máquina".

("Triturador", "residuos", "estruendosas", "rugir", "arranque", "rabia". Todo eso concentrado en dos líneas produce efectivamente el efecto de ruido ensordecedor).

Parece evidente que los sonidos oclusivos indican ruido, mientras que las letras fricativas evocan silencio. Y tanto la erre simple como la ese forman sonidos dulces, cristalinos.

Entre las vocales, la "a" y la "o" son claras ("salta el agua hecha suspiros").

La "u" ofrece una particular sonoridad dulce, sobre todo si es prolongada o reiterada ("ululaba un último viento cuando acudiste tú").

La "i" sugiere minoración, disminución (y así sucede en muchos idiomas en los que forma parte del propio concepto "pequeño": *petit* en francés, *petit* en catalán, *piccolo* en italiano, *little* en inglés, *piquinu* en bable...; y en muchas palabras castellanas que unen esa connotación sonora a su significado —a menudo con la presencia de la letra eme también—: minimizar, infantil, disminuir, miseria, minucia, aminorar, diminutivo, insignificante, ridículo, intimidad, microbio, micra, centímetro, milímetro, milésima, ínfimo...).

A su vez, la "a" y la "o" forman parte de las palabras que connotan aparatosidad o gran tamaño (grandilocuencia, megalómano, ampuloso, aparatoso, macroempresa, magnitud, área, hectárea, kilómetro, hectómetro, descomunal...).

La técnica de la connotación sonora nos resultará de gran utilidad para las descripciones. He aquí ejemplos de vocablos que, merced a su sonoridad, se relacionan con nuestros cinco sentidos:

— Palabras connotadas de sonido concreto: susurro, rumor, murmullo, ronquido, carraspeo, gemido, bullicio, griterío, alboroto, algarabía, chapoteo, palmeteo, repiqueteo, aplauso, gorgojeo, rugido, gruñido, mugido, bramido, zumbido, aullido, relincho, repiqueteo, triquitraque, traqueteo, martilleo, jaleo, estampido, tintineo, retintín, tableteo, rebuzno, maullido, aullido, arrullo, castañetear, estallido, tiro, cañonazo, bomba, trueno, estruendo, tromba, estrepitoso, atronador, retumbante, estridente, vibrante, irrumpe, penetra, aplasta, pisotea, apabulla, acarrear, carreta, carro, chirrido, farfullar, rezongar, bisbisear, interrumpir, cuchichear, balbucear, tartamudear...

— Palabras connotadas de tacto: suave, terso, sedoso, textura, manoseado, mimoso, mimo (todas ellas connotan suavidad); áspero, rugoso, relieve, roto, rasposo, pringoso, pegajoso (todas ellas denotan dureza o rechazo).

— Palabras connotadas de gusto: apetitoso, sabroso, empalagoso, delicioso, suculento, exquisito, goloso, agrio, glotón...

— Palabras connotadas de olfato: nauseabundo, náusea, hedor, tufo, tufillo, vaho, fétido, efluvio, corrupto, oloroso, tóxico, perfume, aroma, fragancia, esencia, bálsamo...

— Palabras connotadas de vista (o de luz): cegador, brillante, lumbre, luminoso, chillón, vibrante, fulgor, fogata, flameado, resplandor, envolvente, brumoso...

Un ejemplo de palabras connotadas por el sonido que ayudan a la descripción del cronista:

> "La sesión de control de ayer fue en sus primeros 40 minutos un alborotado guirigay con cruce de gritos e insultos". (*El País,* 27 de febrero de 1997. Camilo Valdecantos).

El conjunto fónico "alborotado-guirigay-cruce de gritos" nos evoca muy bien el ambiente del debate.

No se agotan en todos estos ejemplos y propuestas las posibilidades de dar con voces connotadas que adquieran un relieve en nuestro relato. El hallazgo del vocablo adecuado definirá un buen estilo. Sigamos:

El estilo es el ambiente. Las palabras connotadas —y ahora entramos en otro tipo de ellas— merecen, pues, ocupar el joyero de nuestro vocabulario. Un periodista puede describir, por ejemplo, un ambiente marginal de drogadicción o delincuencia. En ese caso, su léxico deberá adaptarse a lo que retrata, sin producir disonancias. Y para ello deberá utilizar palabras connotadas: expresiones que llevan a su lomo las pistas que pueden servir al lector para reconstruir todo un mundo real.

Así, vemos este ambiente creado en un reportaje sobre un pueblo aislado por la nieve, en el que se acude al lenguaje rural:

> "Hay que pastorear las ovejas, recoger las cabras que se cuelgan de los picos en una especie de libertad vigilada; seguir ordeñando las vacas muy de mañana, aunque para llegar a los establos, orilla de las viviendas, haya que calzarse los badajones". *(El País,* 15 de diciembre de 1996. Pablo Ordaz).

Las palabras elegidas forman parte del ambiente que se retrata. Con giros tomados del castellano viejo. Veamos cómo habría molestado al oído y a la descripción alguna expresión urbana introducida en ese texto:

> "Hay que pastorear las ovejas, recoger las cabras que se cuelgan de los picos en una especie de libertad vigilada; seguir ordeñando las vacas muy de mañana, aunque para llegar a los establos, ubicados junto a las viviendas, haya que calzarse los badajones".

La palabra "ubicados" habría destrozado el ambiente que se pretendía reflejar.

Las palabras connotadas evocan ambientes, épocas, lugares, olores, colores, sonidos... Y su encadenamiento adecuado en un texto sirve para montar todo un decorado.

En un reportaje podemos escribir, de un modo enunciativo y correcto, esta frase: "Los turistas despiertan la atención de los vecinos del pueblo que están en el bar jugando a las cartas". Nada que oponer, pero poco se aprecia ahí que congenie con un estilo literario trabajado. La percepción del lector cambiará si sustituimos esas expresiones por palabras connotadas: "Cualquier forastero levanta las miradas de los lugareños que manosean el naipe en la taberna".

El uso de estas expresiones tiene un grandísimo maestro en el escritor y periodista Miguel Delibes, quien se sirve de ellas para recrear generalmente el mundo rural, pero también cualquier otro escenario donde habiten sus personajes.

El estilo es el orden. El lugar que ocupan las palabras en la frase adquiere gran relevancia a la hora de construir nuestro estilo. En otros capítulos insistimos en que el lenguaje periodístico ha de tender a la claridad, pero eso no impide que, precisamente para buscar un efecto de sorpresa en un texto de llana construcción, o para resaltar algún elemento, acudamos a la técnica del hipérbaton: la alteración del orden natural que debería corresponder a las distintas partes de la oración. Pero hemos de comprender que hablamos de una alteración que busca un efecto expresivo, no de un simple desorden en las frases. Por ejemplo:

> "Por esta razón he querido que vinieses. Porque debías ver a tus hijos harapientos he querido llamarte. Porque tu cara de vergüenza quería ver".

El intento del hipérbaton se justifica en la búsqueda de que la carga de las frases caiga más sobre unas partes de la oración que sobre otras. Pero esta herramienta no vendrá a juego en todos los géneros periodísticos. Difícilmente se podrá encajar en una noticia. Para los artículos de opinión, en cambio, puede resultarnos muy útil.

El estilo es el remate. Igual que en otros géneros periodísticos, el final del artículo jamás puede ser casual. Habremos de abordarlo como el momento más importante de nuestro trabajo. Si se trata de una "tribuna", estableceremos ahí la conclusión; si escribimos un comentario o una columna, tendremos el lugar para un último y definitivo guiño, una broma definitiva o una sentencia trivial.

Ejemplo de magnífico artículo con pésimo remate, sólo porque le sobra la palabra final (recomendamos la lectura de la columna entera, para así comprender mejor lo que intentamos demostrar):

Rosa Montero, en *El País* del 9 de junio de 1996:

"Hay palabras que pesan como el plomo, porque revelan, como en una radiografía moral, el talante y la actitud de quien las profiere. Éste es el caso de Gabriel Cañellas, el que fue presidente del gobierno balear y grano en las posaderas del PP. Recuerden que se resistió a ser descabalgado del poder como percebe que se resiste a la ola. Es un político proceloso, en fin, que no hace más que poner en evidencia a su partido.

La última barbaridad la soltó, como saben, hace unos días. Después, y en vista del escándalo, se ha excusado, pero con palabras endebles que no borran el efecto de lo dicho. Fue en una tertulia de radio, cuando salió el tema de esa mujer mallorquina asesinada de ocho puñaladas. 'Mira si son malas de matar las mujeres', apostilló con chunga el insigne político. Y luego redondeó la floritura: 'Se resistía'.

Era una broma necia, me dirán ustedes; no es que Cañellas esté por la labor de acuchillar señoras. Pues claro, es evidente. Pero hay otra clase de asesinatos sin sangre, otro tipo de puñaladas contra la mujer de las que sí ha de ser partidario un hombre capaz de hacer esas bromas tan bestias. Los chistes, ya lo dijo Freud, son ventanas al subconsciente. El subconsciente de Cañellas no parece mostrar mucha compasión por el débil y por la víctima. Imaginen por un momento que alguien hubiera dicho una zafiedad semejante tras el asesinato, por ejemplo, de Tomás y Valiente [catedrático y jurista asesinado por ETA días antes de la publicación del artículo]. Impensable, ¿no?

¿Y por qué en el caso de la mallorquina no nos choca tanto el comentario? Seguimos viviendo en el sexismo y la mujer es una víctima de segunda categoría, objeto, más que sujeto, de la vida. Esta patología machista es la que Cañellas parece llevar hasta el extremo: las mujeres para él deben de ser lo mismo que una cosa, y puede bromear sobre su dolor porque es incapaz de identificarse con ellas. Lamentable".

Aunque todas estas cuestiones forman parte, evidentemente, del terreno de lo opinable, yo creo que la periodista perdió la oportunidad en este caso de construir un certero final: sólo bastaba suprimir la última palabra. La escritora ya traía al lector cogido por la solapa hasta ese último momento, y había redondeado una frase sensacional para acabar: "las mujeres para él deben de ser lo mismo que una cosa, y puede bromear sobre su dolor porque es incapaz de identificarse con ellas". Habría sido un adecuado remate, porque la frase reunía la fuerza y contundencia suficientes. La adición de "lamentable" rebaja ese golpe final y no parece necesaria porque a esas alturas del artículo nadie dudaba ya de que la actitud de Cañellas realmente había que lamentarla. Además, da la sensación de que la autora no confiara en lo que había expuesto en las líneas anteriores y necesitara resumirlo de ese modo.

Viene todo esto a explicar que la última frase debe concluir en el lugar adecuado, ni antes ni después. Y que si ya tenemos un buen remate, no hay por qué añadirle otro. Y si añadimos otro, quitemos el anterior.

En resumen. Como colofón a las cuestiones de estilo, valga esta frase de José Ortega y Gasset: "O se hace literatura, o se hace precisión, o se calla uno".

EL MAL ESTILO

Hemos visto hasta aquí cómo se ha de escribir gramaticalmente bien, y cómo no escribir gramaticalmente mal. Hemos visto también en qué radica el estilo. A continuación, examinaremos cómo se puede, aun cumpliendo todas las normas gramaticales y sintácticas, escribir mal. Por cuestión de estilo. De mal estilo. Y deberemos evitar esos despistes que pueden arruinar la mejor de las composiciones estilísticas.

En efecto, nos encontraremos frecuentemente con que una frase cumple todas las normas gramaticales y, sin embargo, debe escribirse de otra forma.

La pobreza de expresión

El periodista debe mostrar un lenguaje común, pero no vulgar. Y tampoco pobre. En el Diccionario figuran anotadas muchas palabras que funcionan como cajón de sastre, en las que caben muchos significados. El lenguaje del informador debe tender hacia la precisión, y resultará, por tanto, más eficaz si elige palabras con significados muy concretos, ceñidos a la idea que se desea trasladar.

Vulgaridad. Sobre todo en el lenguaje deportivo, los periodistas acuden insistentes a expresiones de la calle que dicen muy poco de su vocabulario personal.

> "Sus primeros pasos intermedios fueron exageradamente buenos: en 6,5 kilómetros le metía 16 segundos a Induráin y 7 segundos a Olano". *(As,* agosto de 1996. E. Ojeda, desde Atlanta).

El informador no puede permitir que le contagien las palabras que usan sus amigos, o su entorno ("le metía 16 segundos" forma parte de un lenguaje vulgar o de jerga que el redactor no puede asumir). En ese caso, debió escribir, por ejemplo, "le aventajaba en 16 segundos".

Busquemos el verbo adecuado. Como ya hemos expresado más arriba, los verbos deben ceñirse con precisión a lo que deseamos trasladar. No caigamos en verbos que desempeñan la función de chicos para todo.

> "Todos asumieron que la clasificación está complicada, pero también todos afirmaron que se va a lograr". *(El Mundo,* 16 de julio de 1996. Carlos E. Carbajosa).

"Afirmar" sirve para muchas ideas y, por tanto, abarca mucho y aprieta poco. Se debió acudir al verbo "pronosticaron", de mayor precisión y riqueza.

Siempre que se nos presenten verbos como "afirmar", "asegurar", "decir"..., busquemos otros más precisos según cada caso; relacionemos el verbo con el que expresamos una verbalización y el contenido de ésta: *precisar, matizar, explicar, sentenciar, narrar, describir, expresar, susurrar, articular, pronunciar, declarar, describir, informar, alegar, formular, observar, reseñar, opinar, revelar, transmitir, argumentar, definir, sugerir, repetir, arengar, asentir, responder, disentir, murmurar, detallar, enunciar, citar, pormenorizar, exponer, atestiguar, especificar, corroborar, glosar, insistir, proclamar, espetar, argumentar, argüir, apostillar, rebatir, negar, mantener, criticar, exclamar, protestar, cotillear, farfullar, rezongar, bisbisear, proferir, interrumpir, cuchichear, balbucear, balbucir, tartamudear, objetar, augurar, pronosticar, presagiar...*

Ya basta de "realizar". Por ejemplo, el periodista debe huir también de verbos como "realizar", "efectuar" —para ese viaje hasta queda mejor el verbo "hacer"—, y todas aquellas palabras comodín que se usan en el lenguaje hablado: rollo, cosa, historia, mogollón...

> "La cita de Maastricht —España realiza el examen en 1997— va a requerir un amplio esfuerzo explicativo". *(El País,* 1 de septiembre de 1996. Editorial).

> "La consulta, a realizarse en todo el país, determinará si se apoyan o rechazan las conclusiones de la Asamblea Nacional de Educación, que se realizó recientemente en Caracas". *(El Nacional,* de Caracas, 1 de febrero de 1998. Yelitza Linares).

Esos verbos "realizar" se pudieron sustituir por expresiones más ricas y precisas: "España acude al examen en 1997", "España se somete al examen en 1997", incluso "España se examina en 1997". "La consulta, que se convocará en todo el país..."; "... la Asamblea Nacional de Educación, que se reunió recientemente en Caracas".

> "Supongamos que llega un periodista italiano para realizar un reportaje sobre la situación del País Vasco". *(El País,* 1 de septiembre de 1996. Patxo Unzueta).

Se pudo haber escrito con más precisión: "elaborar", "redactar un reportaje", "grabar un reportaje", "escribir un reportaje"...

"... Asesinado en un atentado realizado en 1982". *(El País,* 1 de septiembre de 1996. Patxo Unzueta, dentro del mismo reportaje citado en el ejemplo anterior).

"Realizado" se debió sustituir por "cometido", sin duda; o "perpetrado". El uso de "realizar" cuando se trata de delitos parece —muchas veces sin la intención del autor de emplearlo así— un eufemismo al que se acude para no molestar a los criminales. (Desde luego, en el citado ejemplo estoy seguro de que el autor no buscaba eso ni por asomo).

Abuso y uso de "haber". Tanto el verbo "haber" como los verbos "ser" y "estar" aparecen con mucha frecuencia en cualquier texto donde se use el español. Ya surgen inevitables como verbos auxiliares ("había ido", "hubo terminado"), y por eso precisamente no debemos espolvorearlos más por nuestros artículos. Por un motivo de redundancia, pero también por una cuestión de riqueza. Si escribimos "dentro de la cartera había varias tarjetas de crédito" habremos utilizado poca riqueza expresiva y, sin embargo, muchas palabras. Obraría en favor de un mejor estilo la idea expresada así: "La cartera contenía varias tarjetas de crédito".

Otros casos:

"El responsable de guardia que había ayer en Barajas aseguró que todos los aviones partieron a su hora". *(El País,* 29 de septiembre de 1996. Paz Álvarez).

Ese verbo, "había", serviría lo mismo para el responsable de guardia que para la torre de control, que para los aviones estacionados y que para los autobuses de transporte. Porque, efectivamente, había un responsable de guardia, había una torre de control, había aviones estacionados y había autobuses de transporte.

Pero nosotros debemos afinar en nuestra redacción, y cada una de esas presencias tiene su verbo adecuado: "el responsable de guardia que trabajaba ayer en Barajas", "la torre de control que funcionaba ayer en Barajas", "los aviones estacionados que aguardaban ayer en Barajas", "los autobuses de transporte que circulaban ayer por Barajas". Todos estos verbos se pueden sustituir por "había", pero eso empobrece el vocabulario del periodista y empeora su estilo.

> "Enfrente hay una glorieta versallesca con su paisaje umbrío y su fuente rococó a base de dos angelotes de mármol. A la derecha, dentro de un improvisado cercado, hay un cobertizo de madera, estilo último mohicano, un pesebre en forma de caballete y dos montones de paja". *(El Mundo,* 12 de mayo de 1996. Pedro J. Ramírez describe La Moncloa).

Pobre descripción la que se basa en el verbo "haber". Evidentemente, la recreación de lugares depende mucho de la interpretación del autor, por eso no se pueden aportar aquí verbos equivalentes con carácter universal. Vayan dos verbos alternativos, como simples sugerencias:

> "Enfrente, una glorieta versallesca muestra orgullosa su paisaje umbrío y su fuente rococó a base de dos angelotes de mármol. A la derecha, dentro de un improvisado cercado, conviven un cobertizo de madera, estilo último mohicano, un pesebre en forma de caballete y dos montones de paja".

Abuso de "ser" y "estar". El periodista principiante —o el descuidado— empleará continuamente verbos como "ser", "estar" y "haber", los más habituales en español y a la vez los de menor contenido. El primer cuidado para no escribir mal consiste en sustituir la mayor parte de ellos. Así el relato ganará en descripción, originalidad y riqueza semántica.

Para muchos de los abusos en el verbo "ser" podemos emplear los mismos argumentos ya vistos en el caso de "haber":

"El año pasado las ventas de libros electrónicos fueron de 80 millones de pesetas". *(El Mundo,* 16 de junio de 1996. Leandro Pérez Miguel).

Habríamos dado más riqueza a la frase con verbos como "ascendieron a 80 millones" (o "descendieron a 80 millones", según el caso), "supusieron 80 millones", "se cifraron en 80 millones", "alcanzaron los 80 millones", "se quedaron en 80 millones", "proporcionaron 80 millones"...

"Pero el problema está en el desmesurado y repetitivo número de expositores". *(El Mundo,* 16 de junio de 1996. Leandro Pérez Miguel).

"Radica", "se basa en", "arranca del", "viene dado por", "lo provoca el"...

"El encuentro fue en el despacho de don Ramón Menéndez Pidal (...). Los anales de Cuyo que fueron llegando a España fueron aquí la gran sorpresa". *(El País,* 4 de enero de 1997. Rafael Lapesa).

Otra redacción posible: "El encuentro se produjo en el despacho de don Ramón Menéndez Pidal (...). Los anales de Cuyo que llegaron sucesivamente a España dieron aquí la gran sorpresa".

Para evitar el *abuso* de los verbos "ser" y "estar" —no nos parece mal su *uso,* evidentemente; se trata de dos verbos que existen en el castellano— se puede acudir a estos trucos si buscamos una edición rápida:

— Reconvertir la oración copulativa en una transitiva o intransitiva activa: "No todas las opiniones son respetables" / No todas las opiniones merecen respeto. "Decir que una opinión es discutible...". / Calificar de discutible una opinión... "Ésa es la esencia de una opinión" / En eso radica la esencia de una opinión. "El problema está estancado" / El problema se ha estancado.

— Incluir el concepto del predicado nominal en el mismo verbo, cuando proceda: "Él sería la persona responsable de hacerlo" / Él se responsabilizaría de hacerlo; o bien *él se haría responsable de eso* (si se quiere evitar una palabra tan larga como "responsabilizaría"). "Él sería el encargado" / Él se encargaría. "La distancia se haría más pequeña" / La distancia disminuiría. "Era propiedad de Fulano" / Pertenecía a Fulano.

— Sustituir directamente el verbo "ser" por alguno de los siguientes, según cada caso: parece, constituye, resulta, supone, se trata de... (de esta forma, se consigue un efecto adicional: nuestras frases no parecerán tan sentenciosas e indubitables).

— Sustituir directamente el verbo "estar" o "haber" por alguno de los siguientes, según cada caso: figurar, registrar, hallarse, encontrarse...

— Cuando tengamos un verbo "ser" o "estar" expresado ya en una frase, podemos omitirlo en la siguiente, mediante elisión: "La esposa de Pedro es una mujer trabajadora. Su hija, una zángana".

El abuso y la redundancia con los verbos "ser", "estar" y "haber" aparece con frecuencia en los textos de consagrados periodistas y escritores. Veamos algunos casos.

> "El problema de Aznar y algunos de sus colaboradores **es** que todavía creen que están jugando al tenis mientras que sus adversarios practican la lucha libre en la que todo vale. No **es** que **sean** ingenuos, no **es** que **sean** idiotas, quizá **es** que como en la democracia el respeto por las reglas del juego **es** lo que les diferencia de las dictaduras, y lo que parece debilidad **es** en realidad su fortaleza". *(El Mundo,* 27 de diciembre de 1996. Consuelo Álvarez de Toledo).

(Se ha reproducido de forma completamente textual, incluidos los errores sintácticos).

Una mayor riqueza de vocabulario habría mejorado el estilo:

> "El problema de Aznar y algunos de sus colaboradores **radica en** que todavía creen que están jugando al tenis mientras que sus adversarios practican la lucha libre en la que todo vale. No **se trata** de que **pequen de ingenuidad, ni de idiotez,** quizá **ocurre** que, como **la diferencia** entre la democracia y las dictaduras **se basa** en el respeto por las reglas del juego, lo que parece debilidad **esconde** en realidad su fortaleza".

(En este ejemplo anterior se ha eliminado la incongruencia sintáctica originada por la falta de un verbo).

Leamos este reportaje dictado entre urgencias y que un editor debía haber mejorado:

"En Lausana, ciudad del país de Vaud, en el cual acuñar falsa moneda *era,* hacia 1300, un crimen de lesa majestad que se castigaba con la pena de muerte. En esta ciudad, en la que, por aquella época, el suplicio más frecuente **era** la 'caldereta del condenado' (después de la sentencia, la persona **era** cocida hasta morir dentro de un gran caldero), en esta ciudad, pues, **fue** revelado el pasado martes 6 de febrero de 1995 un secreto importante. (...) De 1,90 de estatura y más de cien kilos de peso, Galletti **es** un hombre que había jurado fidelidad total al entorno de Mario Conde. (...). El juez García Castellón y el fiscal Florentino Orti ya **estaban** reunidos en la sala número 3. (...). 'Hemos interrumpido media hora para fumar un cigarro en paz. Nada de fotos', gritó. Esta vez no hablaba en francés. **Era** su lengua materna. Hablaba italiano. Su rostro **estaba** desencajado, la corbata desabrochada. No **era** el Galletti que había entrado a las dos y cuarto de la tarde. Lo que había pasado **era** sencillo. Había mentido bajo la fórmula de callar. (...) Lo primero que debía hacer, le dijo el entonces banquero, **era** invertir 2.595 millones de pesetas en una sociedad española llamada Asebur Inversiones. **Era** su sociedad patrimonial y familiar. Conde, pues, estaba lavando un dinero que poseía en el exterior a través de Kaneko, que **sería** la encargada de ingresarlo oficialmente en España. La sociedad suiza adquiría así el 19,9% de Asebur, cuyo "administrador real" **era** Gómez de Liaño, según ha declarado Conde. (...). Gallone fue más allá de Kaneko. También dijo el martes 6 que Asni Investments y Jamuna **eran** propiedad de quienes le habían encargado crearla: Gómez de Liaño y Sitges. Estos dos nombres no **están** en la querella criminal. (...) Lo primero que le llamó la atención fue que un día supo que Kaneko **era** el propietario al 100% de Asebur, cuando sólo había autorizado la compra de un 19,9% en 1991. Conde había hecho el resto. Gallone, pues, se dio cuenta que le habían enredado y que **era,** formalmente, el propietario de una sociedad española al cien por cien. Exigió respuestas (...).

Que Mariano Gómez de Liaño **era** el administrador y socio de Conde **era** un hecho que surgía por todos los poros del sumario del caso Banesto. Que **había sido** socio de la sociedad Asni Investments en el *pe-*

lotazo de la reventa del palacete de Fernando el Santo al grupo Banesto ya **era** conocido. Y que, básicamente, Gómez de Liaño se ocupa de las sociedades patrimoniales de Conde y de mantener la relación con el presunto grupo de Conde —Euman-Valyser—, también estaba documentado. Todos los indicios condujeron a los peritos a la conclusión de que **había** una banda organizada en Banesto para sacar dinero y colocarlo a buen recaudo en Suiza. Así **fue** con la operación Carburos Metálicos, por la cual 1.344 millones de pesetas quedaron aparcados en Zúrich". (Ernesto Ekáizer, en *El País,* 11 de febrero de 1996).

Ofrecemos a continuación alternativas que pudo haber manejado el editor en algunos de los reiterados verbos (no se trata, insistimos, de prohibirlos, sino de evitar el abuso).

"En Lausana, ciudad del país de Vaud, en el cual acuñar falsa moneda **constituía,** hacia 1300, un crimen de lesa majestad que se castigaba con la pena de muerte. En esta ciudad, en la que, por aquella época, **se practicaba con frecuencia** el suplicio de la 'caldereta del condenado' (después de la sentencia, se cocía a la persona, hasta morir, dentro de un gran caldero), en esta ciudad, pues, **se reveló** el pasado martes 6 de febrero de 1995 un secreto importante. (...) De 1,90 de estatura y más de cien kilos de peso, Galletti *(***es** *un hombre que* se puede suprimir) había jurado fidelidad total al entorno de Mario Conde. (...). El juez García Castellón y el fiscal Florentino Orti ya **permanecían** reunidos en la sala número 3. (...). 'Hemos interrumpido media hora para fumar un cigarro en paz. Nada de fotos', gritó. Esta vez no hablaba en francés. **Usaba** su lengua materna. Hablaba italiano. Su rostro **aparecía** desencajado, la corbata desabrochada. No era el Galletti que había entrado a las dos y cuarto de la tarde. **Había pasado algo** sencillo. Había mentido bajo la fórmula de callar. (...) Lo primero que debía hacer, le dijo el entonces banquero, *era* invertir 2.595 millones de pesetas en una sociedad española llamada Asebur Inversiones. **Se trataba de** su sociedad patrimonial y familiar. Conde, pues, estaba lavando un dinero que poseía en el exterior a través de Kaneko, que **se encargaría** de ingresarlo oficialmente en España. La sociedad suiza adquiría así el 19,9% de Asebur, **donde ejercía** como 'administrador real' Gómez de Liaño, según ha declarado Conde. (...). Gallone fue más allá de Kaneko. También dijo el martes 6 que Asni Investments y Jamuna **pertenecían** a quienes le habían encargado crearla: Gómez de Liaño y Sitges. Estos dos nombres no **figuran** en la querella criminal. (...) Lo primero que le llamó la atención fue que un día supo que Kaneko **controlaba** el 100% de Asebur, cuando sólo había autorizado la compra de un 19,9% en 1991. Conde había hecho el resto. Gallone, pues, se dio cuenta de que le habían enredado y que ***era,*** formalmente, el propietario de una sociedad española al cien por cien. Exigió respuestas. A cambio, recibió amenazas.

Que Mariano Gómez de Liaño **se desempeñaba como** el administrador y socio de Conde **constituía** un hecho que surgía por todos los poros del sumario del caso Banesto. Que **actuó como** socio de la sociedad Asni Investments en el *pelotazo* de la reventa del palacete de Fernando el Santo al grupo Banesto ya **se conocía.** Y que, básicamente, Gómez de Liaño se ocupa de las sociedades patrimoniales de Conde y de mantener la relación con el presunto grupo de Conde —Euman-Valyser—, también estaba documentado. Todos los indicios condujeron a los peritos a la conclusión de que *(había* se suprime) una banda organizada en Banesto **sacaba** dinero y lo colocaba a buen recaudo en Suiza. Así ocurrió con la operación Carburos Metálicos por la cual 1.344 millones de pesetas quedaron aparcados en Zúrich".

Hemos practicado aquí una edición meramente correctora, para dejar algo mejor escrito el reportaje. Pero también cabe plantearse la sustitución de cada verbo *ser, estar* o *haber* por otros de mayor riqueza semántica. Ahora bien, eso ya corresponde directamente al autor. Con la edición que hemos practicado, el texto no sufre modificación alguna de contenido. Si el autor nos autorizara, podríamos emplear verbos más interpretativos. Por ejemplo:

En lugar de "estos dos nombres **no están** en la querella" —que hemos arreglado con **"no figuran** en la querella"— podríamos escribir: **"se han librado** de la querella". En lugar de "... que Mariano Gómez de Liaño **era** el administrador y socio de Conde **era** un hecho que surgía por todos los poros del sumario", podríamos escribir: "... que Mariano Gómez de Liaño **ejercía** como administrador y socio de Conde **lo secretaban** todos los poros del sumario". En vez de "lo primero que le llamó la atención **fue** que un día supo que Kaneko **era** el propietario al 100% de Asebur", escribiríamos: "en primer lugar, le extrañó que Kaneko **se hubiera apropiado** del 100% de Asebur".

Y así sucesivamente, siempre que el contexto lo permita.

He aquí algunos otros casos de auxiliares que se podían sustituir por verbos más expresivos.

1. "Ya no **hay** religiosas indias en el convento de clausura de las Jerónimas del Goloso, en Madrid. Las seis que **había** —dos de ellas hermanas carnales y todas primas entre sí— se marcharon hace cuatro años". (Flora Sáez, *El Mundo,* 23 de junio de 1996. Entradilla de un reportaje).

2. "Ya no **quedan** religiosas indias en el convento de clausura de las Jerónimas del Goloso, en Madrid. Las seis que **aún permanecían allí** —dos de ellas hermanas carnales y todas primas entre sí— se marcharon hace cuatro años".

1. "... Pero el problema mayor **está** en el desmesurado y repetitivo número de expositores". (Santos Sanz de Villanueva, *El Mundo,* 16 de junio de 1996. Artículo).

2. "... Pero el problema mayor **radica** en el desmesurado y repetitivo número de expositores".

1. "...Y cuando **hay** continuidad, no cambio palpable, tampoco **hay** por qué conceder cien días para enjuiciar lo viejo... y malo conocido". (Víctor de la Serna, *El Mundo,* 24 de mayo de 1996. Artículo).

2. "...Y cuando **se produce una** continuidad, no un cambio palpable, tampoco **hace falta** conceder cien días para enjuiciar lo viejo... y malo conocido".

1. "Les voy a narrar una pelea callejera. **Es probable** que hayan presenciado alguna similar. **El escenario es** una esquina de la gran ciudad. La estación, el verano. **Los protagonistas son** una pareja de simpáticos turistas". (Llàtzer Moix, *La Vanguardia Magazine,* verano de 1995. Artículo).

2. "Les voy a narrar una pelea callejera. **Probablemente,** ustedes han presenciado alguna similar. **La escena ocurre** en una esquina de la gran ciudad. La estación, el verano. Los protagonistas, **[son** lo elidimos] una pareja de simpáticos turistas". (O también: "la protagoniza una pareja de simpáticos turistas").

1. "La historia de la burguesía catalana puede llegar a **ser** apasionante y de película. Es una lástima que los guionistas de cine no hayan tenido en cuenta algunas de sus grandes figuras o el entorno de su actuación. Recuerdo tan sólo la versión cinematográfica de *Mariona Rebull,* la novela de Ignasi Agustí, y la muy reciente de *La febre d'or,* muy digna. **Es** un filón no explotado por el cine catalán, que no debería limitarse a la burguesía del siglo XIX, sino que podría internarse decididamente en el actual. En el pasado **era** muy fácil identificar la burguesía. **Era** una clase social bien definida (...)". (Francesc Cabana, *La Vanguardia Magazine,* verano de 1995. Tribuna de opinión).

2. "La historia de la burguesía catalana puede **devenir** apasionante y de película. **(Es una** lo elidimos). Lástima que los guionistas de cine no hayan tenido en cuenta algunas de sus grandes figuras o el entorno de su actuación. Recuerdo tan sólo la versión cinematográfica de *Mariona Rebull,* la novela de Ignasi Agustí, y la muy reciente de *La febre d'or,* muy digna. **He ahí** un filón no explotado por el cine catalán, que no debería limitarse a la burguesía del siglo XIX, sino que podría internarse decididamente en el actual. En el pasado **resultaba** muy fácil identificar la burguesía. **Se trataba de** una clase social bien definida (...)".

1. "Pero Sadam siempre se ha negado a aceptar este acuerdo, que sin duda **es humillante para él** y que tal vez **sea insuficiente,** pero que *es* un principio de salvación para su pueblo". (Rosa Montero, *El País Semanal,* verano de 1995. Artículo).

2. "Pero Sadam siempre se ha negado a aceptar este acuerdo, que sin duda **le humilla** y que tal vez **no baste,** pero que **supone** un principio de salvación para su pueblo". (A la riqueza expresiva añadimos así economía de lenguaje).

1. "En la entrada del aeropuerto sólo **había** unos diez autocares. **Estaban vacíos.** Todos sus ocupantes **estaban** sentados en las aceras, esperando que alguien les diera explicaciones". (Juan Fornieles, *El Mundo,* 21 de julio de 1996. Entradilla de reportaje).

2. "En la entrada del aeropuerto sólo **aguardaban** unos diez autocares. **Dentro de ellos, nadie.** Todos sus ocupantes **esperaban** sentados en las aceras a que alguien les diera explicaciones". (Con esta corrección, suprimimos la reiteración de "estaban". Igualmente, hemos reducido el número de palabras, porque "esperaban" nos sirve para dos frases. Y no por ello empeora el ritmo del reportaje).

1. "... La selección de balonmano se juega una plaza en Atlanta y otra en el Mundial de 1997. **El estreno es** contra Suecia, actual campeona continental". (Leontxo García, *El País,* 24 de mayo de 1996. Reportaje).

2. "... La selección de balonmano se juega una plaza en Atlanta y otra en el Mundial de 1997. **Y se estrena** contra Suecia, actual campeona continental".

1. "El comisario Pedro Díaz-Pintado Moraleda, de 52 años, **será** con toda probabilidad el nuevo *hombre fuerte* de la policía como subdirector general operativo". (Jesús Duva, *El País,* 21 de junio de 1996. Entradilla de noticia).

2. "El comisario Pedro Díaz-Pintado Moraleda, de 52 años, **se convertirá** con toda probabilidad en el nuevo *hombre fuerte* de la policía como subdirector general operativo". (De la expresión "con toda probabilidad" hablaremos en el capítulo sobre el lenguaje de aproximación).

A veces, reputados escritores caen en el vicio de repetir los verbos "ser" o "haber". También le ha ocurrido a Gabriel García Márquez, en *Noticia de un secuestro,* tal vez en su intento subconsciente de asemejarse al lenguaje periodístico:

“No lejos de allí —dentro de la misma ciudad— las condiciones de Francisco Santos en su cuarto de cautivo **eran** tan abominables como las de Maruja y Beatriz, pero no tan severas. Una explicación **es** que hubiera contra ellas, además del utilitarismo político del secuestro, un propósito de venganza. **Es** casi seguro, además, que los guardianes de Maruja y Pacho **eran** dos equipos distintos. Aunque sólo *fuera* por motivos de seguridad, actuaban por separado y sin ninguna comunicación entre ellos. Pero aun en eso **había** diferencias incomprensibles. Los de Pacho **eran** más familiares, autónomos y complacientes, y menos cuidadosos de su identidad. La peor condición de Pacho **era** que dormía encadenado a los barrotes de la cama con una cadena metálica forrada de cinta aislante para evitar ulceraciones. La peor de Maruja y Beatriz **era** que ni siquiera tenían una cama donde ser amarradas”. (Gabriel García Márquez, *Noticia de un secuestro,* Barcelona, Mondadori, 1996, página 62).

“Marina **era** sumisa a las leyes de sus carceleros, pero no **era** imparcial”. (Gabriel García Márquez, *Noticia de un secuestro,* página 72).

“A finales de octubre, Diana Turbay observó que Azucena estaba preocupada y triste. Había pasado el día sin hablar y en ánimo de no compartir nada. No **era** raro: su fuerza de abstracción no **era** nada común, sobre todo cuando leía, y más aún si el libro **era** la Biblia. Pero su mutismo de entonces coincidía con un humor asustadizo y una palidez inusual. Puesta en confesión, le reveló a Diana que desde hacía dos semanas tenía el temor de estar encinta. Sus cuentas **eran** claras”. (Gabriel García Márquez, *Noticia de un secuestro,* página 76).

A veces la abundancia se convierte en redundancia:

“La idea común **es** que un funcionario **es** un oficinista gandul, de habilidad indefinida, al que **es** preciso meter en cintura”. *(El País,* 29 de septiembre de 1996. Antonio Muñoz Molina).

Se leería mejor así:

"La idea común representa al funcionario como un oficinista gandul, de habilidad indefinida, a quien es preciso meter en cintura" (o "a quien se hace preciso meter en cintura" si deseamos evitar también ese tercer verbo "ser").

Los tópicos. Nada destroza más el estilo que la frase hecha, el lugar común, el tópico, la idea esperada y consabida. He aquí una galería de tópicos que jamás debemos reproducir:

> Gentil señorita / cálidos aplausos / libro eminentemente práctico / estadio lleno hasta la bandera / cerrada ovación / el respetable público / interesante conferencia / importante avance / no ceja en el empeño / depurar responsabilidades / esclarecer los hechos / denodados esfuerzos / la encantadora novia / a lo largo y ancho del planeta / todo preparado para que comience el partido / buscar algo desesperadamente / las banderas ondeaban al viento / las espadas en todo lo alto / el bullicio de la ciudad / el mal tiempo reinante / la serpiente multicolor / el juicio quedó visto para sentencia / una fuerte suma de dinero / en un céntrico hotel / un equipo de lujo / cierra toda una etapa / disfrutó como un loco / una carrera meteórica / el polémico cantante / vive una segunda juventud / el proceso entra en la recta final / la pertinaz sequía / rivales asequibles / tremenda nevada / el delantero le roba la cartera / unos pases precisos y preciosos / partido difícil y complicado / espectáculo dantesco / pavoroso incendio.

Los tópicos en la prensa deportiva rayan en lo burdo. Todos los tópicos siguientes han salido de una sola página del diario *Marca* publicada el 5 de abril de 1996.

> "Fue un partido no apto para cardiacos".
>
> "Las espadas estaban en todo lo alto".
>
> "Cualquiera de los dos contendientes podía llevarse el gato al agua".
>
> "Apostó por la presión, y después dio sus frutos".

"Los dos técnicos son conscientes de que se juegan algo más que los tres puntos".

"La oportuna aparición de Juanjo puso el partido patas arriba con dos letales zarpazos ya sin solución de continuidad".

"Hasta el domingo, nada estará decidido".

Y en el diario *As* comenzaron así la información sobre la retirada de Induráin en la Vuelta a España de 1996:

"Era la crónica de una muerte anunciada".

A veces el tópico no se queda en dos o tres palabras que siempre van juntas y que muestran un extraño atractivo para los periodistas poco exigentes. A veces el tópico abarca frases enteras, como en esta información sobre la pretemporada del Real Madrid:

"Sus hombres esperan la primera arenga con impaciencia. Están deseosos de iniciar la batalla, aunque saben que muchos se quedarán en el camino. No hay sitio para todos y sólo los elegidos podrán llevar la bandera del madridismo.

Son muchos y muy poderosos los enemigos que pondrán en peligro la hegemonía que quiere imponer el nuevo César blanco. Todos se arman hasta los dientes y las espadas ya están en todo lo alto.

Llega el momento de partir en busca de la gloria, de reencontrarse con los triunfos y de olvidar el amargor de la derrota". *(Marca,* 23 de julio de 1996. M. G. E.).

La reiteración. El pleonasmo. Diferenciamos aquí entre reiteración y redundancia: la reiteración forma parte de la redundancia, pero se ciñe a la mera repetición de palabras o sonidos. La redundancia abarca también el pleonasmo y otros defectos que vienen por el lado del significado. El mal pleonasmo consiste en el uso de palabras innecesarias que no añaden expresividad y que alargan el texto dañando el buen estilo y entorpeciendo la lectura sencilla. El buen pleonasmo logra, en cambio, resultar expresivo (más adelante veremos algún ejemplo).

LA DURA REITERACIÓN. El descuido, la prisa, el despiste... la reiteración de una palabra que tiene fuerza en la frase informativa (no se trata de una simple partícula) y que, por tanto, queda en la consciencia del lector.

> "Gómez de Liaño, titular del juzgado número 1 de la Audiencia Nacional, tomó declaración ayer a este testigo sobre la agresión. Aunque no han trascendido detalles sobre su declaración, en medios de la investigación se parte de la hipótesis de que la paliza ha sido una respuesta a su reciente declaración ante el magistrado". *(El País,* 11 de noviembre de 1996. Francisco Mercado).

El periodista da a entender que no conoce un sinónimo de "declaración", que usa tres veces en el mismo párrafo.

> "Supongo que todas las doctrinas políticas tienen que tener su parte de astuta falsedad". *(El País Semanal,* agosto de 1995. Fernando Savater).

La frase, con la que se abre el artículo y que, por tanto, debió cuidarse con esmero, habría mejorado si se hubiera acudido al verbo "haber": "... Las doctrinas políticas han de tener su parte de astuta falsedad". También, "deben tener su parte".

> "Con la misma convicción, la que da no tener nada que perder por tener el zurrón libre de cargas, Francisco Álvarez Cascos planta cara al polanquismo. Lo nunca visto en estas tierras, un gobierno capaz de gobernar sin tener miedo (...)". *(El Mundo,* 7 de febrero de 1997. Consuelo Álvarez de Toledo).

En cuatro líneas se usa tres veces el verbo tener.

> "Orlando Rodrigues se vació para dejar a Induráin a tiro de piedra de los escapados, entre los que iba un José Ramón Uriarte que intentaba irse solo". *(Marca,* 3 de mayo de 1996. Josu Garai).

La reiteración del verbo "ir" vulgariza el relato.

"Todas las fuerzas y cuerpos de seguridad se encuentran en estado de alerta en Barcelona por la sospecha de que se encuentra en la capital catalana el dirigente etarra José Luis Urrusolo". *(El País,* 4 de diciembre de 1996. Sin firma).

"Transcurridos casi seis años de la Tormenta del Desierto, un presidente norteamericano ha vuelto a dar la orden de disparar y los misiles han vuelto a surcar los cielos de Mesopotamia". *(El Mundo,* 8 de septiembre de 1996. Alfonso Rojo).

La reiteración de partículas. Las preposiciones, las conjunciones, los adverbios cortos, los pronombres, los artículos..., todas esas pequeñas partes de la oración que cumplen un papel secundario junto a sustantivos, verbos y adjetivos, también pueden ocasionar la reiteración y estropear una buena frase.

No forman estropicios tan graves como los examinados en el apartado anterior, precisamente por ese carácter secundario, tanto fonético como semántico. Pero causan un ruido subterráneo, subliminal, que entorpece la buena música que intentemos crear en nuestro artículo. Por ejemplo, resulta cacofónica la colocación sucesiva de monosílabos sin otras palabras que los separen ("no le gusta que sea él el que se ve mal").

Para huir de estos casos, ofrecemos aquí algunas salidas.

"Tengo un amigo que dice que en la Moncloa hay un fantasma". *(El Mundo,* 29 de noviembre de 1996. Consuelo Álvarez de Toledo).

No suena bien ese "que dice que". En un caso así podemos acudir a la expresión "según el cual": "Tengo un amigo según el cual...". Y también reconducir la segunda frase para evitar que se forme una oración completiva donde el "que" se hace imprescindible: "Tengo un amigo que dice creer en la existencia de un fantasma en la Moncloa"; pero en este caso la nueva frase resulta muy poco directa, escasamente periodística. Finalmente, la mejor solución consiste siempre en buscar una frase sencilla: "Un amigo mío dice que en la Moncloa hay un fantasma".

Otros ejemplos:

"La España real es incomparablemente mejor que la que reflejan los medios de comunicación". (*Abc,* 15 de mayo de 1997. Julián Marías).

Una manera de arreglarlo consistía en escribir "la España real es incomparablemente mejor que la reflejada en los medios de comunicación".

"No toleró que nada de lo que rodeaba a Raúl escapara a su control". (*El Mundo,* 29 de noviembre de 1996. Carlos E. Carbajosa).

Ruidosa coincidencia también de dos "que", cuando el segundo se podía haber sustituido sin ningún problema: "No toleró que nada de cuanto rodeaba a Raúl escapara a su control".

"El Supremo cita a toda la Mesa Nacional de HB y advierte que el que no se presente será detenido". (*El País,* 11 de enero de 1997. Principal titular de la sección España).

(En otro capítulo hablamos de la diferencia entre "advertir algo" y "advertir de algo"). La reiteración "que el que" tenía fácil arreglo: "... advierte de que quien no se presente...".

"La última vez que su hermano Luis estuvo en España fue el pasado septiembre, para celebrar el 50° aniversario de su ordenación como sacerdote y recaudar fondos para una colonia de viviendas en Perú para personas sin hogar". (*El País,* 20 de diciembre de 1996. G. H.).

La preposición "para" tiene buenos equivalentes naturales en "a fin de" y "con objeto de". Pero también en los participios "destinado" y "encaminado", incluso "tendente a". Todas estas fórmulas deben acudir a nuestra mente, incluso con las prisas del cierre, cuando se nos presente este problema. En el citado ejemplo se pudo resolver así: "La última vez que su hermano Luis estuvo en España fue el pasado septiembre, a fin de celebrar el 50º aniversario de su ordenación como sacerdote y recaudar fondos destinados a una colonia de viviendas en Perú para personas sin hogar".

> "Musulmán y miembro del Partido de Acción Democrática, mayoritario entre los bosnios, visita Barcelona para conseguir ayuda para la reconstrucción de su devastado país". *(El País,* 22 de septiembre de 1996. Sebastián Serrano).

Igual que en el caso anterior: "Visita Barcelona para conseguir ayuda destinada a la reconstrucción de su devastado país".

> "... En concepto de responsabilidad civil para asegurar las indemnizaciones para las familias de las víctimas". *(El País,* 28 de mayo de 1996. José Yoldi).

De nuevo la palabra "destinadas" nos sacaría del atolladero. Pero también sirve la preposición "a": "... indemnizaciones a las familias".

> "Luis Enrique ficha por el Barça por dos temporadas". *(El País,* 28 de mayo de 1996. Titular de Deportes).

Tratándose de un titular, hemos de tener cuidado en las alteraciones, puesto que debe seguir ocupando el mismo espacio en las columnas asignadas. A botepronto, se podía haber sustituido la segunda preposición: "... ficha para dos temporadas". Pero la mejor solución viene dada por la inversión de sujeto y predicado: "El Barça ficha a Luis Enrique por dos temporadas".

> "La muerte, que siempre ha andado con él, le ha deparado una extraña suerte en la que la crueldad y la locura asoman a partes iguales".

Esta última frase corresponde a un magnífico reportaje entregado por Jan Martínez Ahrens para su sección, *El País Madrid.* En el trabajo de edición se introdujo un retoque que mejoraba la música de esas palabras. En lugar de "en la que la", se escribió "donde": "La muerte, que siempre ha andado con él, le ha deparado una extraña suerte donde la crueldad y la locura asoman a partes iguales".

La reiteración fonética. Hemos de huir de rimas no buscadas. Las rimas internas afean la prosa. Cuando sobrevienen por despiste, nos queda una frase chusca. Y parece que no hayamos encontrado ninguna fórmula alternativa para salir de ella.

> "El gordo de Navidad volvió ayer a la ciudad de Valencia después de 11 años de ausencia". (*El País,* 23 de diciembre de 1996. Sin firma).

Busquemos otra solución: "El gordo de Navidad volvió ayer a la ciudad de Valencia después de 11 años ausente". O aún mejor, para buscar un lenguaje más atractivo: "El gordo de Navidad volvió ayer a la ciudad de Valencia después de 11 años sin darse una vuelta por allí".

Las reiteraciones fonéticas de peor sensación se producen al repetirse sílabas a final de palabra:

> "Alberto Fujimori, evidenciando mortificación, refirió que ha expresado esta preocupación a los miembros de la Comisión de la OEA". (*El Comercio,* de Lima, 17 de noviembre de 1998. Primera página).

> "El suizo Joseph Blatter ha alertado sobre los peligros de politización y superexplotación que amenazan al mundo del fútbol en la inauguración de la exposición". (*El Periódico de Catalunya,* 6 de enero de 1998).

> "A pesar de la molesta tendencia de la audiencia de empezar a aplaudir cada vez que Mijaíl Baryshnikov salía al escenario"... (*El Nuevo Herald,* de Miami, 3 de junio de 1998).

A veces la reiteración fonética se presenta con menor distancia entre las palabras, lo que aumenta su mal efecto.

> "EE UU alzará un muro en la frontera con México para parar la inmigración". (*El País,* 23 de marzo de 1996. Titular de Internacional).

(La más sencilla solución nos la da el verbo "detener"; pero se trata de un titular y esa palabra habría rebasado en la tercera línea las dos columnas asignadas. Por tanto, acudamos a fórmulas como "contra la inmigración"; o "alzará en la frontera con México un muro que pare la inmigración").

> "Se dejó el pelo corto, muy corto, al estilo militar. Pero para Luis Enrique la mili quedó atrás". *(Marca,* 24 de agosto de 1995. Última página).

> "No ocurrió hace mucho. Pero para los veteranos parece que fue ayer". *(El País,* 21 de abril de 1996. Juan Mora).

("Pero para" forma en estos dos casos una redundancia fonética similar a la anterior. "Pero" se puede sustituir por "sin embargo", "no obstante", "mas" —si bien esta conjunción da un aire afectado a la frase periodística— o precisamente "si bien", en este último caso prescindiendo del punto y colocando una coma en su lugar).

> "La boda civil del vicepresidente primero, celebrada con asistencia del presidente Aznar, numerosos ministros y una selecta selección de personalidades del PP...". *(El País,* 23 de octubre de 1996. Javier Pradera).

Tal vez la reiteración "selecta selección" se escribiera con intención de hacer un juego de palabras. Pero al lector le cabrá la duda de si el autor incurrió en reiteración involuntaria. Si se emplean estos juegos, ha de quedar muy claro que no se trata de un despiste. Porque la reiteración de raíces semánticas (sememas o semantemas) también constituye un defecto de estilo. (En cualquier caso, lo "selecto" siempre parte de una selección, natural o artificial. Se habrían evitado dudas escribiendo "una selecta lista de personalidades").

> "El Real no supo transmitir emoción frente al frontón del Logroñés". *(As,* 1 de noviembre de 1996. Subtítulo de una crónica).

"Frente al frontón" nos da de bruces también con una reiteración fonética que pudo evitarse: "ante el frontón".

> "Suker. Su técnica individual no tiene parangón en el Madrid. En esto está a la par con Mijatovic". *(As,* 6 de agosto de 1996).

Pasemos por alto el hecho de que Suker no tenga parangón en el Real Madrid y seguidamente se le parangone con un compañero... del Madrid. El grupo "esto está" representa un mal estilo de redacción y recuerda al cerdito tartamudo que despedía los dibujos animados. Bastaba con escribir "eso está".

> "Así repartidos, a partir de muchísimas opiniones, vemos también el perfil de los secuestrados". *(El País,* 15 de mayo de 1996. Rosa Mora).

También se produce reiteración entre "repartidos" y "a partir". Se pudo haber escogido otra palabra: "distribuidos".

> "El toro más bravo, de nombre Mosquitero, lo fue tanto que el torero que lo toreó, Mariano Jiménez, no pudo matarlo". *(El País,* 17 de abril de 1996. Carlota Lafuente).

Tal vez se pudo escribir "el torero a quien correspondió" o "el torero que lo lidió".

> "Al protagonista de *Alguien voló sobre el nido del cuco* le gusta degustar las delicias terrenales y apurar la noche". *(El Mundo,* 1 de septiembre de 1996. Carolina Márquez).

"Degustar" tenía un buen sustituto en "saborear".

> "Al concurso concurrieron otras tres ofertas". *(El País,* 23 de mayo de 1996. Sin firma. Sección Madrid).

Una reiteración que a la vez incurre en redundancia. Evidentemente, a los concursos se concurre. El autor debió pensar en que "al concurso acudieron otras tres ofertas".

"Le Carré habla sobre su nueva novela". *(El País,* 31 de enero de 1997. Titular de Cultura).

Etimológicamente, "novela" y "nueva" coinciden en la raíz, y por eso se produce también una reiteración fonética (no tanto semántica). Este dúo de palabras se presenta a menudo en los periódicos, y tiene fácil sustitución con la fórmula "su última novela".

Reiteración formal. En un texto no se pueden repetir las mismas fórmulas verbales, o iguales terminaciones de palabras. Conviene variar los tiempos para no aburrir al lector.

"Se cierran, por lo general, como auténticas operaciones de ingeniería financiera pactadas mediante acuerdos privados que no pasan por el juzgado. Se trata, entre otras cosas, de escapar a los ojos de Hacienda". *(El Mundo,* 8 de septiembre de 1996. Flora Sáez).

Igual forma verbal —"se"— en el comienzo de cada una de las dos oraciones.

"El tornado es un barco al que no estaban acostumbrados los regatistas españoles, pero no han necesitado demasiado tiempo para ponerse al día. A León le costó al principio, pero después, a base de aprender de los demás y regatear mucho fuera de España, ha tenido una progresión brillantísima". *(El País,* 30 de julio de 1996. Juan José Fernández).

Se reitera la estructura de oraciones *principal-adversativa introducida por "pero"*. En muchos casos, como en éste, se puede suprimir directamente la segunda conjunción: "A León le costó al principio. Después, a base de aprender de los demás y regatear mucho fuera de España, ha tenido una progresión brillantísima".

La reiteración de infinitivos. Ya la hemos examinado al hablar del uso de los verbos. Añadamos aquí algunos ejemplos más.

"Así ve Steve Bell las dificultades para conseguir poner en marcha el proceso de paz en el Ulster". *(El Mundo,* 6 de junio de 1996. Pie de un dibujo).

"El *secuestro* de un autobús por remeros británicos y polacos para poder llegar a su prueba queda como un hito en el acontecer olímpico". *(El País,* 5 de agosto de 1996. Editorial).

"Se estaban instalando grandes focos en los márgenes del río para poder rescatar a los heridos". *(El País,* 8 de agosto de 1996. Manuel Gracia / Mikel Muez).

"... Encargado durante años de intentar impedir las matanzas de ETA". *(El País,* 23 de mayo de 1996. Patxo Unzueta).

"Ello obligará a los telespectadores a trasnochar para poder ver los acontecimientos en directo". *(El País,* 11 de julio de 1996. M. G. de U.).

"'En los próximos meses, vamos a intentar crear un programa en favor de la democracia en Cuba', declaró la citada fuente". *(El País,* 18 de julio de 1996. Antonio Caño).

"El 'premier' israelí y Arafat se reúnen en secreto para intentar avanzar en la negociación". *(La Vanguardia,* 6 de enero de 1997).

"González reclama a Aznar que se esfuerce para conseguir formar gobierno". *(El País,* 16 de marzo de 1996. Titular de la sección España).

"Tuve que cumplir 11 o 12 años antes de poder contemplar con mis propios ojos la arribada de tan esperada dama". *(El País,* 12 de enero de 1997. Juan Luis Cebrián).

"Era una inmejorable oportunidad para poder observar de cerca a algunas de las mejores del tenis femenino mundial". *(El País,* 26 de mayo de 1996. Miguel Ángel López).

"El juez Gómez de Liaño, pese a no poder tomar en consideración los papeles robados por Perote...". *(El País,* 3 de agosto de 1996. Editorial).

Como ya hemos explicado en el capítulo de verbos, en la gran mayoría de los casos se puede suprimir uno de los dos infinitivos (generalmente el primero), puesto que está incluido en el significado global de la frase. En el resto, cabe alterar uno de los tiempos verbales: "... Pese a que no puede tomar en consideración...".

La buena reiteración. Ojo, no debemos rechazar sin más todas las reiteraciones. Las podemos construir buenas y eficaces. Si escribimos "aquella tarde nevaba, nevaba, nevaba" no queremos decir que nevaba tres veces, sino que trasladaremos la sensación de una nevada duradera. Se han criticado aquí las reiteraciones inútiles desde el punto de vista de la expresividad y que además generan ruido estilístico. Pero no la buena reiteración.

Leamos un magnífico ejemplo en el que el periodista usa con eficacia ese recurso:

> "Los bulevares del centro estaban abarrotados desde dos horas antes. Cientos de miles de manifestantes desfilaron durante horas entre las estaciones del Norte y del Sur de Bruselas. Fue una conmovedora marea blanca. Gente con globos blancos, con gorras blancas, con sombreros blancos, con faldas blancas, con flores blancas, con medias blancas, con sábanas blancas a modo de capa, con sudaderas, con chándales, con chalecos, con brazaletes, con pañuelos al cuello o en la cabeza, con gabardinas blancas". *(El País,* 21 de octubre de 1996. Walter Oppenheimer).

Además, el periodista catalán consigue retirar la palabra sometida a reiteración en el momento justo, para no convertirla en tediosa, y la saca otra vez de su chistera en el último momento, como remate acertado. El efecto conseguido da idea de la marea blanca que supuso la manifestación belga.

La reiteración estética en la forma sintáctica o expresiva se denomina "anáfora". El periodista puede acudir a ella, pero deberá mostrarse hábil debido a sus riesgos de parecer una pura y simple reiteración. Por ejemplo, ésta sería una "anáfora" (véanse la reiteración de "aunque" y el efecto positivo que se consigue): "Nuestros teléfonos móviles las cogen todas. Aunque estén fuera de la zona de cobertura. Aunque estén desconectados. Aunque usted no pueda o no quiera contestar". (Publicidad de teléfonos móviles, portátiles o celulares TSI).

La redundancia. El lenguaje tiende a la economía. Lo que se puede decir con una sola palabra no debe reflejarse con dos. Esto forma parte del genio del lenguaje español, pero aún más de la esencia del periodismo. El informador debe usar vocablos certeros, rigurosos con el contenido que desea transmitir, y tenderá siempre a la brevedad y la precisión en sus expresiones, incluso en los artículos más largos, para disponer de espacio suficiente dedicado a otras palabras necesarias.

A veces los periodistas se muestran angustiados ante un texto donde les sobran tres líneas, y ya no saben qué cortar. Sin embargo, una somera mirada por sus palabras nos descubrirá con frecuencia unos cuantos vocablos que sobran. He hecho ese ejercicio a menudo y he retado a algunos compañeros a cortarles un texto y que luego localizaran las palabras suprimidas. Por lo general, no han sabido encontrarlas. Les sobraban las redundancias.

En la vida cotidiana, nuestros interlocutores nos gastarán bromas si utilizamos expresiones redundantes.

—Me subo arriba.
—Ah, pensé que te subías abajo.

Porque hemos de tender a la simplificación de nuestras expresiones. De otro modo, caemos en la retórica barata y quitamos a las palabras el verdadero sentido que siempre tuvieron. Con este error podemos ir causando que pierdan su significado. Así, si escribimos "el teatro estaba absolutamente repleto" daremos a entender que podía haber estado "repleto" pero no absolutamente, como si en la palabra "repleto" cupieran diversos grados (cuando no caben: esa palabra ha quedado "repleta" de significado).

También el ingenio popular se ríe de estas expresiones, como en aquel chiste:

—Mi amor, creo que estoy un poquito embarazada.

Sin embargo, ejemplos así los encontramos cada vez con mayor facilidad en nuestros mejores periódicos.

Analizamos a continuación los casos más frecuentes de redundancias.

La redundancia en la preposición. No debemos escribir "la carrera sale desde Burgos", sino "sale de Burgos"; ni "se enfrenta contra su enemigo", sino "se enfrenta a su enemigo". Las preposiciones pueden jugarnos una redundancia si no estamos atentos, porque con frecuencia su contenido ya está incorporado al verbo.

He aquí algunos ejemplos reales, de los muchos que se pueden recoger:

"Esta remodelación se enmarca, según fuentes de Onda Cero, dentro de una reestructuración de los órganos de la ONCE". *(El País,* 13 de diciembre de 1996. Rosario García Gómez).

Si no se puede "subir abajo", tampoco conseguiremos "enmarcar fuera".

"El fichaje del popular cocinero se enmarca dentro de la filosofía de la cadena". *(El País,* 21 de diciembre de 1996. P. Á. y R. G. G.).

(Sorprendente que la filosofía pueda bajar también a los fogones —debió emplearse "criterios"—, pero tratamos aquí sobre redundancias: y la evitaríamos con "se enmarca en").

"Sólo han pasado 45 minutos cuando la avioneta enfila hacia la pista". *(El País Madrid,* 5 de agosto de 1996. Sin firma).

Si se enfila bien, no hay más remedio que enfilar "hacia". Ejemplo correcto: "La avioneta enfila la pista".

"Ha logrado un nuevo récord". (Onda Madrid, 24 de enero de 1996. 10.15 horas).

Los récords, para serlo, necesitan siempre la condición de nuevos.

El pleonasmo. Adverbialmente. Los adverbios terminados en "mente" aparecen cada vez más en los periódicos. Tal vez ocurre así por influencia de la televisión y la radio, cuyos locutores acuden a esas palabras largas para tener tiempo de pensar en lo que dirán a continuación. Por eso les oímos a menudo expresiones como "verdaderamente", "realmente", "absolutamente"..., y notaremos que a veces se toman unos segundos de margen a renglón seguido de haberlas pronunciado: no saben con precisión qué van a decir.

Sin embargo, en el lenguaje escrito esos trucos no sirven de nada. Y este tipo de adverbios nos puede estropear una buena frase. Como en los siguientes casos:

> "Los datos de la encuesta del CIS publicados esta semana no han hecho sino confirmar que la mayoría de los españoles no valora positivamente la acción del Gobierno". *(El Mundo,* 1 de diciembre de 1996. Casimiro García-Abadillo).

> "Desde la COPE se valora positivamente el asentamiento de *La Linterna,* que conduce Luis Herrero". *(El País,* 13 de diciembre de 1996. Rosario García Gómez).

> "El secretario de Estado para el Deporte valoró 'muy positivamente' la actuación del equipo olímpico". *(As,* 5 de agosto de 1996. Ángel Cruz).

"Valorar" tiene siempre sentido meliorativo: "Valoro tu trabajo", "valoro mucho ese detalle que has tenido". Por tanto, "valorar positivamente" implica una redundancia. No se puede "valorar negativamente" (aunque también se use). Podemos hallar miles de ejemplos.

"Este responsable añadió que también el vertedero de Las Cárcavas, cuando esté completamente repleto de escombros, será cubierto de tierra limpia". *(El País Madrid,* 8 de marzo de 1996. Sin firma).

"Muchas personas quisieron acompañar a Juan Cruz en este acto, seguido por numeroso público a través de un circuito cerrado de televisión, por falta material de sitio en el salón donde se realizó, completamente abarrotado". *(El País,* 11 de diciembre de 1996. Sin firma).

Ese "realizó" ya denota poco esmero. Pero terminamos de ver la desgana del autor con la expresión "completamente abarrotado", como si el salón pudiera estar abarrotado sólo hasta cierto punto.

"Otilia, de 85 años, estaba ayer totalmente abatida". *(El País,* 9 de noviembre de 1996. M. Calvo / F. Forjas).

Tampoco se puede estar abatido parcialmente.

"El ministerio difunde un informe explicando a los cirujanos los pasos a seguir ante la alarma por los potencialmente peligrosos implantes". *(El Correo de Andalucía, Odiel Información* de Huelva y *El Día de Valladolid,* 3 de agosto de 2000. Páginas comunes elaboradas en la redacción central de Madrid).

Los peligros son siempre potenciales.

"Absolutamente todos los diarios de la capital uruguaya coinciden en señalar que el arquero de Peñarol, Claudio Flores, fue el responsable directo de la clasificación de su equipo". *(El Comercio,* de Lima, 1 de mayo de 1998. Alfredo Bushby).

"... Pues no hacer absolutamente nada lleva a la rigidez y debilitamiento de sus músculos". *(El Nuevo Herald,* de Miami, 7 de junio de 1998. Página de Salud. Miñuca Villaverde).

Las fórmulas "absolutamente todos" y "absolutamente nada" constituyen las redundancias más habituales con adverbios.

> "Esa añorada inocencia es absolutamente imposible". *(El Mundo,* 19 de septiembre de 1995. Carlos Boyero).

Ya lo dijo El Gallo: "Lo que no puede ser, no puede ser; y además es imposible" (absolutamente).

EL PLEONASMO. LA UNANIMIDAD ES DE TODOS. O de todos, o de ninguno. Por eso cometemos redundancia al resaltar que algo se ha aprobado por unanimidad de todos. Si usamos tal expresión, daremos a entender que pueden producirse unanimidades relativas.

Veamos dos ejemplos, de los muchos disponibles:

> "Antena 3 ofrecerá el partido Sporting-Sevilla a pesar de que no goza del consentimiento unánime de todas las autonómicas". *(El País,* 21 de octubre de 1996. Primera página).

> "La unanimidad es total. A esto también se le puede llamar pensamiento único". *(El Mundo,* 17 de mayo de 1998. Manuel Hidalgo).

> "El Pleno del Parlamento cántabro ha acordado por unanimidad de todos los grupos políticos nombrar hijo adoptivo al empresario Jesús de Polanco". *(Abc,* 29 de agosto de 1996. Las caras de la noticia).

EL PLEONASMO. PALABRAS CONTENIDAS EN LA ANTERIOR. El idioma español dispone de palabras más grandes que otras: no por el número de sílabas, sino porque su significado abarca un campo mayor. Tenemos, por ejemplo, la palabra "suerte". Y tenemos también la palabra "sorteo". Esta segunda contiene más significado, porque lleva dentro el concepto "suerte" y el concepto de "acto en el que se decide algo al azar". "Sorteo", pues, lleva en su barriga el concepto "suerte". Por tanto, caeremos en redundancia si decimos que "el sorteo repartió suerte". Igual que la palabra "autopsia" lleva consigo el concepto "cadáver".

Esto que se aprecia a primera vista no resultó tan fácil para algunos informadores:

"El doctor García Urra indicó que ahora informarán de la muerte de Miguel Ángel Blanco al juzgado y al médico forense, quien será el que determine cuándo debe practicarse la autopsia al cadáver". (Agencia Efe, 13 de julio de 1997).

"Se encontraba en su domicilio cuando le sobrevino el infarto. La familia autorizó ayer a los médicos del hospital a que se haga la autopsia al cadáver". (*El Mundo,* 28 de septiembre de 1996. Pilar Navío).

"Mientras, expertos del Hospital Provincial de Burgos realizaron ayer la autopsia al cadáver". (*El Día de Valladolid,* 17 de diciembre de 2000. Sin firma).

No existe autopsia alguna que no se le practique a un cadáver, pero este fallo se repite mucho.

"El otro sector, el más mayoritario, considera necesario que el entrenador continúe hasta final de la temporada". (*El País,* 28 de marzo de 1996. Mabel Galaz).

El mayoritario siempre sumará el que más.

"No podía ser que el mundo de la comunicación estuviera cada vez más monopolizado por un solo grupo". (*El Mundo,* 27 de diciembre de 1996. Editorial).

Una clara muestra de cómo estirando el sentido de las palabras acabamos con lo que realmente significan. El diario *El Mundo* ha acusado sin desmayo de "monopolio" informativo al grupo Prisa, lanzando el tono peyorativo de esa palabra contra las empresas que, simplemente, son líderes en sus respectivos sectores. "Monopolio" significaría, si fuera atinado su uso, que no existen el grupo Zeta (*El Periódico de Catalunya, Interviú, Tiempo, Sport,* Ediciones B...), ni la cadena COPE, ni Radio Nacional de España, ni la FORTA, ni el grupo Correo (Tele 5, *Diario Vasco, El Norte de Castilla, El Correo Español, El Suplemento Semanal,* Colpisa...), ni el grupo Godó (*La Vanguardia,*

El Mundo Deportivo...)... Pero como "monopolio" no significa eso en realidad, el editorialista debe acudir ahora a una expresión absurda para no renunciar a esa palabra y, a la vez, darle una cierta progresión a la idea de que ese grupo pueda crecer. Por eso incurre en el error y la redundancia de que algo puede ser "cada vez más monopolizado por un solo grupo").

> "El fútbol y *Médico de familia* monopolizaron la temporada 96-97". *(Abc,* 8 de julio de 1997. Titular en Radio y Televisión).

Aquellos barros traen estos lodos, y los redactores acaban confundiendo las palabras. Quien escribió el titular anterior entendió que monopolio es igual a liderazgo, tal vez a fuerza de ver cómo se aplicaba tal palabra al grupo Prisa. Afortunadamente, ni Prisa es un monopolio ni en televisión se pudo ver sólo fútbol y *Médico de familia.*

> "Un falso espejismo". *(El Periódico de Catalunya,* 6 de enero de 1998. Ladillo en una crónica de fútbol).

El espejismo se caracteriza por su falsedad. Rizando el rizo, un falso espejismo sería una imagen real. Pero el cronista se refiere a la buena impresión que ofreció el Barcelona ante el Salamanca al principio del partido (0-3), antes de perderlo (4-3).

> "La tragicómica imagen de un repartidor de butano en las pistas es muy difícil que vuelva a repetirse". *(El País,* 22 de septiembre de 1996. Manel Torres).

Una de las redundancias más habituales: "volver a repetir", cuando se quiere decir sólo "repetir". "Repetir" lleva incorporado el concepto "de nuevo": hacer de nuevo.

> "Nace un nuevo club en San Fernando". *(As,* 14 de septiembre de 1996. Titular).

Todo lo que nace es nuevo, salvo que se diga lo contrario.

"Una empresa crea un nuevo sistema para medir al segundo el interés de la audiencia". *(El País,* 16 de agosto de 1996. Titular de la sección Televisión / Radio).

"... El consumo ha dejado paso a la creación de nuevas tasas". *(El País,* 8 de septiembre de 1996. Editorial).

Otra vez el concepto "nuevo" sobra porque ya está implícito en el verbo.

"La 2 estrena una nueva serie documental para los fines de semana". *(El País,* 17 de agosto de 1996. Sin firma).

"Este año, parte del recorrido de los encierros de San Fermín estrena un pavimento nuevo". *(El País,* 7 de julio de 1996. Luis Fernando Durán).

"El maratón del próximo domingo estrena un nuevo sistema de control de los 6.000 atletas participantes". *(El País,* 21 de abril de 1996. Luis Fernando Durán).

El verbo que faltaba para completar la trilogía de redundancias con "nuevo": nacer, crear y estrenar.

"Goering se sintió bastante molesto porque quedó el tercero, y pidió que se repitieran de nuevo los ejercicios". *(El País,* 21 de julio de 1996. Francisco Peregil).

"Alfonso y Quique volverán a viajar de nuevo con el equipo". *(As,* 16 de agosto de 1996. Titular y entradilla. Sin firma).

"De nuevo" se convierte en redundancia cuando acompaña a "volver a", "repetir", "reelegir"... y todos los verbos que impliquen reiteración de algo. A no ser que, claro está, queramos decir que algo ocurrió tres veces. Pero ni siquiera eso sirve en los ejemplos citados aquí.

"... Procedimiento que permite legalmente modificar las últimas normas que penden sobre un expediente, algo así como volver a reescribirlo". *(El País,* 22 de julio de 1996. Antonio Jiménez).

"Reescribir", merced a su partícula "re", también tiene en su barriga el concepto "volver a".

"Las víctimas del terrorismo son las principales protagonistas del proceso electoral en Israel". *(El País,* 23 de mayo de 1996. Subtítulo en Internacional).

"La disputa por el poder tiene como principales protagonistas a los partidos Liberación Nacional y a la Unidad Social Cristiana". *(El Nacional,* de Caracas, 1 de febrero de 1998. Información sobre las elecciones en Costa Rica).

El sustantivo "protagonista" *(protós agonistés,* primer actor) y el verbo "protagonizar" suelen emplearse equivocadamente en español. Puesto que el papel protagonista sólo puede ejercerlo una persona, no una multitud, constituye una incongruencia escribir "centenares de vecinos protagonizaron ayer una manifestación...". Y además se da con mucha frecuencia el pleonasmo "principales protagonistas".

"... Una historia que protagonizan Verónica Forqué, Candela Peña y Adriana Ozores". *(El País,* 18 de julio de 1996. Rocío García).

Insistimos: el protagonista *(protós-agonistés)* es el *primer actor* (o la primera actriz). Tres son demasiadas para protagonizar. Vemos aquí la influencia de *starring* del inglés, que tiene diferente etimología *(star,* estrella).

"Y seguirá siendo un hombre capaz de soportar multas económicas para que sus corredores puedan calzar zapatillas blancas...". *(El País,* 12 de enero de 1997. Luis Gómez).

Las multas siempre serán económicas (bueno, según el sentido que se dé a esta segunda palabra: no suele resultar muy económico que a uno le vayan poniendo multas).

"Un *charter* especial transportó a nuestra capital a casi doscientos bonaerenses". *(El Mundo,* 30 de septiembre de 1996. Carlos García-Calvo).

Probablemente el autor desconocía lo que significa chárter. Los chárter, alquilados expresamente para un viaje determinado, son siempre vuelos especiales, al contrario que los vuelos regulares.

"Aunque no suele ser frecuente, ni deseable, la publicación de la réplica de los autores...". *(El País,* 26 de octubre de 1996. Entradilla en el suplemento "Babelia").

"Fuera de España, como suele ser costumbre, se le señala como un director que ha cosechado seis Tours de Francia". *(El País,* 12 de enero de 1997. Luis Gómez).

La redundancia "suele ser frecuente" nos abofetea con asiduidad. Se alterna en el error con "suele ser habitual" y "suele ser costumbre".

"Gordillo fue el fiscal escogido por el inspector de policía para denunciar su sospecha de que los cadáveres localizados podrían ser los de Lasa y Zabala". *(El País,* 11 de noviembre de 1996. Francisco Mercado).

La palabra "sospecha" ya implica potencialidad. Por tanto, sobra el añadido "podrían": "... Para denunciar su sospecha de que los cadáveres localizados correspondían a Lasa y Zabala".

"... Lo que hace temer a los equipos de salvamento que el número de víctimas mortales de la catástrofe de Biescas pueda aumentar considerablemente". *(El País,* 10 de agosto de 1996. J. Torrontegui / M. Gracia).

"Los maristas temen que los autores pueden haber sido los rebeldes tutsis". *(El País,* 9 de noviembre de 1996. M. Calvo / F. Forjas).

"Mario Ávalos tiene el temor de que los clubes grandes puedan tentar y contratar a los mejores jugadores de los clubes chicos". *(La Razón,* de Bolivia, 30 de agosto de 2000).

"Temer" y "temor" implican ya potencialidad, y "puedan" no añade sino redundancia. Debió escribirse así: "Tiene el temor de que los clubes grandes tienten y contraten"...; o "los maristas temen que los autores de los asesinatos hayan sido los rebeldes tutsis", etcétera.

"Cada uno de los gestos y actuaciones de González y su Gobierno pueden predecirse de antemano". *(El País,* 22 de agosto de 1995. Antonio Elorza).

"Amigos de David Martín declaran que fue asesinado sin provocación previa". *(Abc,* 8 de noviembre de 1995. Titular de la sección Madrid).

"Otra mujer declaraba que nadie les había alertado previamente sobre lo que se les iba a venir encima". *(El País,* 8 de agosto de 1996. Manuel Gracia).

"Predecir", "provocar" y "alertar" reúnen conceptos que implican una acción previa a otra. Añadir ese significado mediante otra palabra no tiene ningún sentido.

"Diez semanas después de que José Luis Rodríguez Zapatero y su equipo, la mayoría de sus miembros sin experiencia previa de mando, se hicieran con todo el poder en el PSOE"... *(El País,* 15 de octubre de 2000. Anabel Díez).

Como la provocación citada unas líneas más arriba, la experiencia sólo puede ser previa.

"El PP de Cataluña ha puesto un especial énfasis en analizar la situación de esta provincia". *(La Vanguardia,* 3 de enero de 1997. Carmen del Riego).

Si el énfasis no es especial, no vale para nada.

"Secretário pasó un día difícil y complicado". *(As,* 11 de enero de 1997. Titular).

Qué mala suerte parece tener este futbolista luso: además de complicado, su día le salió difícil. Pero en realidad no hubo para tanto: difícil y complicado vienen a ser lo mismo, por mucho que se repita este tópico en la información deportiva.

"El club maño ofrecerá la renovación por una temporada más al defensa catalán Miquel Soler". *(As,* 20 de marzo de 1977).

La palabra "más" sobra. Si se trata de renovar por una temporada, no puede ser una temporada de menos.

"El frío y las lluvias pueden agravar aún más a El Salvador". *(El Mundo,* 21 de enero de 2001. Titular de Sociedad).

Como vemos en los dos últimos ejemplos, ha de aplicarse cierto cuidado cada vez que se utiliza un verbo que implique repetición, aumento o progresividad, y no situar a continuación el adverbio "más", porque en ese caso se cae en pleonasmo. "Agravar" no necesitaba de "aún más". El terremoto de El Salvador causó una situación de catástrofe, y las lluvias podían agravarla. Con eso basta.

"La novedad fue el asesinato por consenso de todo un pueblo, ejecutado con la complicidad de las autoridades policiales y comunales encargadas de garantizar los derechos de la víctima". *(El País,* 17 de abril de 1998. Juan Jesús Aznárez).

El consenso, cuando se trata de un grupo, ha de ser el de todos. No puede darse el consenso de sólo una parte, igual que ocurre con la unanimidad. O es de todos, o no hay.

Ojo con los porcentajes. Cuando expresamos una cifra mediante un "tanto por ciento", la estamos relacionando con un total.

Si decimos que "el 5% de los niños estaba sin escolarizar", "5" será el número representativo de la fracción, y % (o "por ciento"), lo representativo del total. Por tanto, caemos en redundancia al escribir "el 5% de todos los niños estaba sin escolarizar". En efecto, el concepto "todos" estaba incluido ya en "por ciento".

"Los Reyes Católicos prometieron a Colón el monopolio de los viajes venideros y la décima parte de todos los beneficios económicos". (*El País,* 21 de julio de 1996. Francisco Peregil).

"La quinta parte de todos los niños de la Unión Europea vive en hogares con condiciones muy bajas de vida". (Servimedia, 22 de junio de 1998).

"José María García y los dos Herrero venían aportando a la Cope el 90% de toda su publicidad". (*El Mundo,* 10 de mayo de 1998).

"El 112 ya recibe el 30% de todas las llamadas de urgencia de la región". (*El País,* 1 de febrero de 1998. Titular de la sección Madrid).

"Se observa un incremento de este tipo meningocócico, que ha pasado a representar un 58,9% de todas las meningitis". (*El País,* 23 de marzo de 1997. Lucía Argos).

"Lograron colocar en el mercado más de 20.000 carros, lo que representaría casi el 20% del mercado total de vehículos". (*El Espectador,* de Bogotá, 17 de noviembre de 1998. Jaime Mejía).

El pronombre redundante. En el apartado sobre los pronombres hemos visto ya que a veces se dobla el complemento de una oración. En ocasiones lo pide el genio de nuestro idioma; pero en otras caemos en una lamentable redundancia.

"Un senegalés, junto a una mujer que muestra la factura del gas que, según ella, le han dejado de pagar otros africanos a los que les alquiló una vivienda". (*El País,* 25 de agosto de 1996. Pie de foto en primera página).

"A los que les" constituye una redundancia porque se escribe dos veces el complemento indirecto. Habría quedado mejor así: "... le han dejado de pagar otros africanos a los que alquiló una vivienda". (Véase el apartado sobre los problemas de los pronombres).

En donde. Tratamos aparte la redundancia "en donde", que hemos visto en algunos de nuestros mejores autores de literatura. Tan extendida se halla esta fórmula, que no nos atrevemos a censurarla de raíz. Únicamente diremos que el periodista se ahorrará una palabra —en los titulares eso supone un tesoro— si suprime la preposición, que ninguna falta hace.

> "Fueron trasladados al palacio de La Cumbre, en donde los presuntos etarras fueron torturados". *(El País,* 28 de mayo de 1996. José Yoldi).

> "Trasladaron a Lasa y Zabala hasta la Foya de Coves, en Busot (Alicante), en donde los desnudaron". *(El País,* 28 de mayo de 1996. José Yoldi).

> "... Uno de los pocos lugares en donde uno puede aislarse del jetario y degustar manjares mientras contempla una mar lisa". *(El País,* 24 de agosto de 1995. Maruja Torres).

> "Monsieur Pemán descansará en la cripta de la catedral gaditana, en donde ya se encuentra Manuel de Falla". *(El País,* 30 de agosto de 1995. Maruja Torres).

El adjetivo posesivo redundante. Más frecuente en el lenguaje de la televisión y la radio, pero poco a poco va pasando a la prensa: "Fernando Hierro sufre una lesión en su pierna izquierda".

"Su" se convierte en redundancia porque un futbolista no puede tener una lesión en la pierna de otro. Debe decirse "Fernando Hierro sufre una lesión en la pierna izquierda".

> "Giovanni se lesionó durante el entrenamiento de ayer y sufre una rotura fibrilar en su pierna derecha". *(As,* 31 de diciembre de 1996. Titular).

> "El lateral italiano sufrió un fuerte golpe en su pie derecho en el partido ante el Racing". *(Diario 16,* 13 de marzo de 1997. Sin firma).

Redundancia de frase. Se puede incurrir en redundancia por el uso de una palabra innecesaria, pero aún representa un fallo periodístico mayor escribir una frase entera que ya se ha explicitado.

> "Los tres han seguido la misma defensa desde que estalló el escándalo: negar su participación en los hechos y dosificar con cuentagotas sus declaraciones han sido su denominador común desde principios de este año". *(El Mundo,* 15 de septiembre de 1996. Romualdo Izquierdo).

"Han seguido la misma defensa" y "han sido su denominador común" dicen lo mismo. La segunda parte de la frase sobraba.

Otros ejemplos. Por aparecer más comúnmente, reflejamos algunas otras redundancias habituales: aterido de frío / falso pretexto / prever con antelación / utopía inalcanzable / asomarse al exterior / cita previa / amigo personal.

La buena redundancia. Como sucede con las reiteraciones, también puede ocurrir que la redundancia constituya un efecto literario. Para ello necesitamos que realmente dote a la frase de una mayor fuerza expresiva. Es decir, que no sobre. Lo apreciamos en el pleonasmo "lo vi con mis propios ojos", donde resaltamos la singularidad de nuestro testimonio.

En general, la palabra "propio" o "propia" suele figurar en este tipo de redundancias válidas, normalmente acompañadas de un adjetivo posesivo: "Me lo dijo mi propio padre", "derribó su propia casa". O "mismo" y "misma": "Lo recogió con sus mismas manos".

He aquí un caso de redundancia eficaz —un pleonasmo también— publicado en *El País* en noviembre de 1996 (se trata de un subtítulo relativo a las investigaciones en relación con un accidente minero):

"Siete hipótesis probables para 14 muertes definitivas".

Efectivamente, las muertes tienen la mala costumbre de ser definitivas, pero en este caso el periodista quiere oponer el juego de significados "probables-definitivas"; y componer un conjunto rítmico de antítesis a la vez que resaltar la relatividad de la investigación oficial frente a la contundencia del suceso. De otro modo, habría quedado coja la frase:

"Siete hipótesis probables para 14 muertes".

(Puede oponerse igualmente que las hipótesis implican probabilidad; no siempre ocurre así: pueden inventarse hipótesis improbables).

El lenguaje de aproximación. El periodista debe utilizar las palabras con precisión. No vale la disculpa de que "ya se entiende". Porque a menudo no se entiende. Y a veces se entiende un chiste no buscado. Y ya hemos explicado que cada frase sólo puede tener un significado, para que el mensaje llegue con nitidez.

Además, el redactor ejerce gran influencia sobre el lenguaje de los demás y, por tanto, ha de trabajar con responsabilidad en el uso de su herramienta. Conviene que huya, por ejemplo, de todos estos charcos:

"Gran parte de los altos cargos del Ministerio de Economía estaban decantados en el sentido de aceptar la sugerencia de CiU". *(El Mundo,* 21 de julio de 1996. Pedro J. Ramírez).

"Decantar" se suele tomar como "inclinar", cuando significa "verter".

"Incendio provocado en un tren de Oviedo". *(La Vanguardia,* 3 de enero de 1997. Título).

Todos los incendios son provocados: por una cerilla, por un rayo, por una colilla, por un cristal en el suelo... En realidad, se quiso decir que el incendio fue intencionado.

> "Esa nueva irrupción guerrillera desatada el jueves ha provocado 14 muertos". *(El País,* 1 de septiembre de 1996. Fernando Orgambides).

El verbo "provocar" implica un acción inicial y una acción posterior. Se puede provocar un accidente, pero no se provoca una herida, sino que se causa. En el caso traído aquí, o bien los guerrilleros causaron 14 muertos o bien provocaron 14 muertes (en el concepto "muerte" se incluye una acción).

> "Unos minutos más tarde se escuchó el balazo con el que le mató". *(El Mundo,* 29 de noviembre de 1996. Sin firma).

> "... Desde la sede del Ayuntamiento de Albillos se escuchan algunos disparos de cazadores que han acudido a las cercanías del pueblo para bajar algunas piezas". *(El País,* 1 de noviembre de 1983. Álex Grijelmo).

"Escuchar" depende de un acto volitivo. "Oír", en cambio, puede ser un acto involuntario. Y los disparos no se escuchan: se oyen.

> "El comisario Pedro Díaz-Pintado, de 52 años, será, con toda probabilidad, el nuevo *hombre fuerte* de la policía". *(El País,* 31 de junio de 1996. Jesús Duva).

Pues si tiene todas las probabilidades, se podía haber dado como seguro.

> "Lo cierto es que los diputados populares, a partir de los primeros ronroneos socialistas en la intervención de Aznar, decidieron aplaudirlo todo. Todo lo suyo, por supuesto". *(El País,* 23 de mayo de 1996. Camilo Valdecantos).

"Villalonga ya se temía lo peor. Había oído un preocupante ronroneo". *(El Mundo,* 29 de diciembre de 1996. Miguel Ángel Mellado).

El ronroneo nunca puede preocupar a nadie, ni suponer desaprobación: el gato ronronea tiernamente para mostrar su contento. Lo que oyó seguramente el presidente de Telefónica y lo que impulsó a la contraofensiva de los diputados del PP fue un runrún.

"Las tabaqueras pagarán 30 billones de pesetas a 8 Estados de EE UU". *(El País,* 12 de noviembre de 1998. Titular de la sección Sociedad).

Las tabaqueras son las cajas donde se guardan los puros y sería raro que cupiese en ellas tanto dinero. Las tabacaleras, en cambio, tienen muchos más recursos.

"El cardenal Narcís Jubany estaba seriamente enfermo desde hacía unos meses". *(El País,* 27 de diciembre de 1996. Sin firma).

No se puede estar enfermo en serio o en broma. El autor tal vez quiso escribir "gravemente enfermo".

"Asensio y Polanco firmaron un acuerdo que implica la creación de dos sociedades. En una de ellas, la que detentará los derechos de televisión...". *(El Mundo,* 26 de diciembre de 1996).

"Detentar" implica tener algo ilegítimamente, por la fuerza. Grave acusación la que se deslizó, esta vez seguramente por despiste.

"A punta de pistola, agentes de la Seguridad ciudadana esposaron a cuatro cubanos". *(Diario 16,* 22 de diciembre de 1996. Pavel Gómez).

"... Sus tres miembros se dejaron ver el martes a punta de pistola en una caravana". *(El País,* 24 de agosto de 1995. Pedro Gorospe).

"Dos encapuchados roban un coche a punta de pistola en Guipúzcoa". *(El País,* 9 de mayo de 1998. Pedro Gorospe).

Las pistolas no tienen punta, las navajas sí.

"El Teléfono del Menor detecta un aumento de extorsiones escolares". *(El País,* 26 de septiembre de 1996. Titular de Sociedad).

"Rajoy ordena parar el fuerte aumento detectado en la plantilla de funcionarios de máximo nivel". *(El País,* 16 de diciembre de 1996. Titular de la sección España).

"Detectar" equivale a observar algo con métodos químicos o físicos. Y no parece que el aumento de altos funcionarios se aprecie sólo en un laboratorio.

"España entrará militarmente en la OTAN sin celebrar otro referéndum". *(El Mundo,* 4 de junio de 1996. Principal titular de la primera página).

Ya pueden temblar los de la OTAN, que España entrará militarmente. La aproximación resulta chusca (sobre todo la aproximación de España). Si se trataba de ahorrar algo, se podía haber dejado en el cajón la palabra "celebrar": "España entrará en la estructura militar de la OTAN sin otro referéndum".

"El Sevilla, que vio sesgada su racha de victorias...". *(El País,* 18 de noviembre de 1996. Juan Méndez).

A veces la vecindad fonética causa estas aproximaciones. Debió escribirse "segada".

Un caso similar:

"Hay notorio ausentismo de estudiantes en colegios de Ica". *(El Comercio,* de Lima, 4 de mayo de 1998. Titular de Nacional).

Habría resultado más elelegante escribir "absentismo". La palabra "ausentismo" no figura en el Diccionario de la Real Academia.

"Si los reproductores del engendro televisivo *Hoy en casa* buscaban exotismo de categoría, deberían haberse declinado por Carmen Posadas antes que por Isabel Preysler". *(El Mundo,* 30 de mayo de 1998. Martín Prieto).

La declinación ya no se lleva, lamentablemente, a la vista del arrinconamiento que sufre el latín hoy en día.

"El Juventus, más líder en Italia". *(El País,* 24 de marzo de 1997).

Se puede ser líder con más ventaja, pero no más líder. ¿Cómo se es "más el primero" que el día anterior?

"La manera más rápida de llegar hasta la plaza de toros es por la carretera de Extremadura". *(El País,* 4 de septiembre de 1996. Susana Moreno).

La carretera no es una manera de llegar, sino un camino: "El camino más rápido para llegar hasta la plaza...".

"Ana Belén con su elegancia eclipsó al auditorio". *(Diari de Tarragona,* 18 de agosto de 1996. N. Bea).

Aproximadamente, quiere decir que el auditorio (en este caso una plaza de toros) se quedó atónito con la elegancia de Ana Belén. Tal vez Ana Belén eclipsó a sus compañeros de escenario (Miguel Ríos, Serrat, Víctor Manuel), al inundarles con su brillo y apagar el de estas otras tres estrellas, pero no se ve razón para que eclipse al público.

"Aunque se pusieron delante los keniatas, lo hicieron con un ritmo lentísimo". *(Marca,* 4 de agosto de 1996. Pedro Molero).

Hubo hace unos años un presidente de Kenia que se llamó Jomo Keniata. Y era, efectivamente, el presidente Keniata, pero también el presidente keniano. El apellido de aquel hombre ha sustituido, merced a la mera cultura audiovisual de algunos, al gentilicio adecuado.

"Pero a medida que progresa la investigación judicial y se hace plausible la configuración de los GAL...". *(El País,* 23 de mayo de 1996).

"Posible": que puede ocurrir. "Plausible": digno de aplauso. Nuevamente la vecindad fonética da paso al lenguaje equívoco.

"Bush recurre el fallo judicial para evitar el recuento de votos y mantener sus opciones". *(El País,* 9 de diciembre de 2000. Titular de Internacional).

"Opción" equivale a "elección", no a posibilidad. Si Bush tenía opciones de convertirse en presidente, lo más lógico es que eligiera hacerlo. Igual que un delantero que tiene una "opción de gol". Es muy bruto si elige no meterlo.

"La cesión de terreno en la medular por el oscurantismo de Pantic...". *(El País,* 21 de abril de 1996. Ramón Besa).

"Oscurantismo" y "oscuridad" tienen buena vecindad. Pero "oscurantismo" significa "contrario al progreso" o, más comúnmente, afín a prácticas paranormales. Pantic seguramente dista mucho de eso.

"... Ha suscitado en los aledaños periodísticos del Gobierno un acúmulo de reacciones que van desde la callada elegancia a la histeria más ridícula". (Revista *El Siglo,* 13 de enero de 1997. Editorial).

Entre "cúmulo" y "acumulación", el periodista se inventó "acúmulo", una suerte de híbrido anómalo de dos palabras normales.

"González alarga hasta octubre su decisión de seguir como candidato". *(El País,* 24 de agosto de 1996. Principal título de la primera página).

Una decisión no se puede alargar. La decisión cabe en un momento. No es estirable. Lo que González podía hacer consistía en "retrasarla".

"Han caído en todo este tiempo miles de granadas en la ciudad, algunas con balance más trágico aún". *(El País,* 31 de agosto de 1995. Editorial).

El balance se construye equilibrado, con ingresos y gastos. Aquí no hablamos de un balance (nacidos y muertos), sino de un saldo. Pero tampoco esta palabra debe usarse, por su connotación peyorativa. Debió emplearse "resultado".

"Campaña comercial agresiva de TUI para viajar a Mallorca". *(El Mundo,* 11 de enero de 1997. Titular de Economía).

Por lo que se deduce, esa empresa amordaza a los transeúntes y les obliga a subir al avión. "Agresivo" no se debe confundir, por influencia del inglés, con "audaz", "dinámico", "con empuje", "emprendedor"...

"Hace algunos años, un vicepresidente del Gobierno que vivía por entonces en olor de multitudes...". *(El País,* 1 de junio de 1996. Francisco Rubio Llorente).

"El tranquilo profesor que acaba de tomar el poder en Belgrado, en olor de multitudes esperanzadas, cuenta en estos momentos con un apoyo desmesurado". *(El País,* 15 de octubre de 2000. Mario Vargas Llosa).

Un error muy frecuente. Estos prestigiosos catedrático de derecho constitucional y escritor mezclan "loor de multitud" con "olor de santidad". El olor de multitud (generalmente desagradable) nunca puede presagiar nada bueno. La reiteradísima presencia de esta equivocación no la convierte en elemento de buen estilo.

"El *San Pedro de Alcántara* partió con mal fario. El buque era viejo y hacía aguas". *(El País,* 12 de enero de 1997. Javier Martín. Suplemento Domingo).

"La doctrina [de] Rato hace aguas". *(El País,* 24 de noviembre de 2000. Titular de una tribuna de opinión que firma Antón Costas Comesaña).

"Hacer agua" significa que tal elemento entra en una embarcación. Y "hacer aguas" significa que el elemento sale, pero del cuerpo de alguien.

"Rivales asequibles para empezar este primer asalto continental". *(Marca,* 26 de agosto de 1995. Titular en la página 3).

"Zamorano: 'Es un grupo asequible'". *(Marca,* 26 de agosto de 1995. Titular en la página 6).

"El rival más asequible del grupo". *(Marca,* 26 de agosto de 1995. Titular en la página 7).

"Fran: 'Es un contrincante asequible para nosotros'". *(Marca,* 26 de agosto de 1995. Titular página 9).

"Solans: 'Creo que es un rival asequible'". *(Marca,* 26 de agosto de 1995. Titular en la página 13).

"Los azulgrana se muestran muy contentos por el rival, al que consideran muy asequible". *(Marca,* 26 de agosto de 1995. Subtítulo, página 15).

"Serra Ferrer: 'Aunque asequible, no creo que sea ninguna perita en dulce'". *(Marca,* 26 de agosto de 1995. Titular en la página 17).

"Han visto con muy buenos ojos el emparejamiento con un rival como el Botev Plovdiv, asequible para los pupilos de Toni". *(Marca,* 26 de agosto de 1995, página 18).

"Los búlgaros, un rival asequible". *(Marca,* 26 de agosto de 1995. Titular página 19).

Estos ejemplos precedentes corresponden a un solo día de un solo periódico. A primera vista, resulta ya sospechoso que jamás se diga que un rival es "inasequible". Pero más sospechoso aún puede parecer que a todos los rivales de la primera ronda europea de 1995 se les presente como equipos a los que se puede comprar. Que eso significa "asequible". Porque no cabe aquí la acepción de que estos equipos "pueden conseguirse", puesto que ya los han conseguido.

A veces, la aproximación no sólo juega malas pasadas con las palabras; también con las frases:

> "La ausencia de Cascos se ha echado a notar durante los días de su boda". *(El Mundo,* 1 de diciembre de 1996. Casimiro García-Abadillo).

El periodista pudo escribir "se ha echado en falta" o, al estilo catalán, "se ha echado a faltar". Pero "se ha echado a notar" nos sorprende por su originalidad.

> "... Ni siquiera ganan etapas, su especialidad última. Hasta un pequeño escalador colombiano les baila el agua". *(El País,* 13 de julio de 1996. Carlos Arribas).

Tal vez el redactor huyó del tópico "les roba la cartera". Pero "bailar el agua" significa adular.

Sonidos disléxicos. Algunas palabras tienen mala suerte, porque a menudo aparecen mal vestidas: axfisiar (en vez de asfixiar), cocretas (en lugar de croquetas), espúreo (lo correcto es espurio), deshaucio (desahucio), exahustivo (exhaustivo)... Pero la más pateada llega cuando hablamos del tiempo: "metereología" en vez de "meteorología".

> "... Con la certeza de que el verano, además de una estación sujeta a la convencional organización del calendario y la metereología...". *(El Mundo,* 16 de junio de 1996. Manuel Hidalgo).

"Los desastres metereológicos y los accidentes reales alcanzan su máxima audiencia en la televisión de EE UU". *(El País,* 7 de enero de 1997. Subtítulo de la sección Televisión y Radio).

Los estiramientos

Nunca insistiremos lo suficiente en que el estilo periodístico debe tender a la concisión mediante el uso de palabras precisas. Todo vocablo superfluo ha de quedar eliminado cuando revisemos nuestro propio texto (también cuando editemos uno ajeno).

Pasamos a continuación por algunas formas de estiramiento de frases nada recomendables en un periodista.

La perífrasis. El informador debe huir de aquellos giros en que se usan varias palabras para decir algo que cabe en una sola. Por ejemplo:

Puso de manifiesto (manifestó). Hizo entrega de (entregó). Dio comienzo (comenzó). Dio término (terminó). Ha procedido a inaugurar (ha inaugurado). Hizo su entrada (entró). Por razón de (por). Es por esto que, es por esto por lo que (por esto). Soy de la opinión de que (opino). Dio aviso (avisó). Dio curso (cursó). Se dio a la fuga (se fugó, huyó). Introdujo modificaciones (modificó), hacer mención (mencionar)...

"Ahora, además de hacer entrega de esta documentación, Perraudin interroga en Madrid a los principales miembros de la trama". *(El País,* 8 de enero de 1997. José María Irujo).

"... Pero el programa puso de manifiesto también la falta de confianza en la aptitud del príncipe Carlos". *(El Mundo,* 11 de enero de 1997. Cristina Frade).

"El Gobierno aprobará la creación de un juez especial para controlar las actividades del Cesid". *(El País,* 6 de agosto de 1996).

Los verbos de estos tres ejemplos se podían resumir en "entregar", "evidenció" y "creará".

Ya que. Esta conjunción se puede sustituir siempre por un punto y seguido. No se trata de que con su uso cometamos una incorrección. Simplemente, lograremos un estilo más ágil si prescindimos de ella. Tal vez exista algún caso en que resulte imprescindible. Pero habrá que buscarlo con microscopio.

"Y no podemos olvidarnos del MX Onda de Maximino Pérez, ya que fueron sus hombres los que desencadenaron la guerra y los que menos suerte tuvieron, ya que José Manuel García rompió la cadena a poco más de un kilómetro para la llegada". (*Marca,* 3 de mayo de 1996. Josu Garai).

Se aprecia en esos ejemplos que la conjunción "ya que" no tiene nada de periodística. Alarga innecesariamente las frases, y siempre se puede sustituir con ventaja por un punto y seguido o por dos puntos. Por ejemplo, así:

"Y no podemos olvidarnos del MX Onda de Maximino Pérez. Fueron sus hombres los que desencadenaron la guerra y los que menos suerte tuvieron: José Manuel García rompió la cadena a poco más de un kilómetro para la llegada".

Lenguaje de oficina. El lenguaje de oficina —y el lenguaje de la Administración, por supuesto— ha consagrado expresiones como "el mismo", "a la mayor brevedad", "dicho asunto", "el anteriormente citado"... que no tienen nada que ver con el estilo eficaz del periodista y sólo sirven para estirar las frases.

El mismo, la misma. Cada vez que nos encontremos con "el mismo" o "la misma", pensemos inmediatamente en el adjetivo posesivo "su", en un pronombre o en la supresión íntegra de la expresión (si ello no altera el significado de la frase). Y resolveremos el entuerto. Se reproducen a continuación algunos ejemplos, con una posible solución para cada uno.

1. "Tiene ya prácticamente decidido volver a presentarse a la reelección el año próximo y nadie dentro de la familia olímpica duda que

conseguirá un nuevo mandato de cuatro años. Eso supondrá que, al término del mismo, este catalán tenaz e imperturbable se habrá convertido en el Papa de la Iglesia Olímpica más duradero". *(El Mundo,* julio de 1996. Pedro J. Ramírez).

2. " (...) Eso supondrá que, a su término, este catalán tenaz e imperturbable se habrá convertido...".

1. "Dicen que una de las grandezas del deporte es que en el mismo siempre tendrán cabida las grandes sorpresas". *(Sport,* 2 de enero de 1997. Subtítulo).

2. "Dicen que una de las grandezas del deporte es que en él siempre tendrán cabida las grandes sorpresas".

1. "La televisión, antes que cooperar al crecimiento de ese analfabetismo, es un eficaz contrapeso contra el mismo y debería ser mucho más usada con estos fines". *(El País,* 12 de enero de 1997. Juan Luis Cebrián).

2. "La televisión, antes que cooperar al crecimiento de ese analfabetismo, es un eficaz contrapeso frente a él, y debería ser mucho más usada con estos fines". (Por otro lado, "cooperar al" se debió sustituir por "cooperar en" o "cooperar con". El autor tomó las obligaciones sintácticas de "ayudar", verbo que sí rige la preposición "a").

1. "... Hizo público un comunicado en el que asegura que seguirá adelante con el proyecto original de plataforma digital. Telefónica, al mismo tiempo, recuerda a los socios que pertenecen a la misma que deben cumplir sus compromisos". *(El Mundo,* 29 de diciembre de 1996. Sin firma).

2. "... Hizo público un comunicado donde asegura que seguirá adelante con el proyecto original de plataforma digital. Telefónica, al mismo tiempo, recuerda a los demás socios que deben cumplir sus compromisos".

1. "El magistrado del Supremo Eduardo Móner no es partidario de acumular todas las causas por atentados de los GAL en el Tribunal Supremo, y, previsiblemente, decidirá en contra de la misma en los próximos días". *(El País,* 4 de junio de 1996. Julio M. Lázaro). En este caso, "la misma" ni siquiera tiene un antecedente claro.

2. "El magistrado del Supremo Eduardo Móner no es partidario de acumular todas las causas por atentados de los GAL en el Tribunal Supremo, y, previsiblemente, decidirá en contra en los próximos días".

1. "... Llegó en la madrugada a recoger su vehículo, lo encendió y lo puso en marcha sin percatarse de que Álvarez Pérez se encontraba acostado debajo del mismo". *(El Nuevo Día,* de Puerto Rico, 12 de noviembre de 2000).

2. "... Llegó en la madrugada a recoger su vehículo, lo encendió y lo puso en marcha sin percatarse de que Álvarez Pérez se encontraba acostado debajo".

Fernando Lázaro Carreter, director de la Real Academia, bromeaba en una conferencia sobre este uso de "el mismo" y "la misma":

"Entre escribir que 'se paró un autobús y bajaron seis personas de él' o decir 'se paró un autobús y bajaron seis personas', esto último parece preferible. Sin embargo, lo probable es que la prensa diga: 'se paró un autobús y bajaron seis personas del mismo'. Imaginemos ese machaqueo en la lengua oral. Un matrimonio llega a casa, pero el marido no encuentra la llave. Entablará con su mujer el siguiente diálogo:

—Juraría que me había echado la llave al bolsillo de la chaqueta, pero no llevo la misma en el mismo.

—¿No la habrás metido en el pantalón, y estará en los bolsillos del mismo?

—No, no llevo las mismas en el mismo. Al salir de casa habré dejado la misma en algún mueble de la misma, mientras sacaba el abrigo y me ponía el mismo.

A esto que no osaríamos hacer hablando con nuestros vecinos, ni escribiéndonos con ellos, tenemos que habituarnos si deseamos ser conspicuos lectores de diarios".

A la mayor brevedad. La expresión "a la mayor brevedad" no tiene coherencia sintáctica —debe escribirse "con la mayor brevedad"—, pero tampoco lógica periodística. Obtendremos mayor concisión y efectividad si escribimos simplemente "cuanto antes".

> "Rosselló le cursó una misiva solicitándole una reunión a la mayor brevedad". *(Nueva Hora,* de Puerto Rico, 11 de noviembre de 2000).

Dicha palabra. Por otro lado, la fórmula *"dicho" + sustantivo* tampoco responde al lenguaje del periodista. Casi siempre se puede sustituir por un artículo determinado (el, los, las, la). O por otra palabra sinónima. El empleo de "dicho" no hace sino mostrar que al redactor no le acudió a la cabeza ninguna otra expresión similar.

> "Un alud de órdenes de venta de valores que componen el índice Ibex 35 provocaron [*sic*] por sorpresa el desplome de la Bolsa y la mayor caída anual de dicho índice". *(El País,* 8 de enero de 1997. S. Carcar / M. Á. Noceda).

La fórmula "dicho índice" no evita la redundancia, sino que la refuerza. Puesto que no vamos a suprimir la palabra "índice" en la segunda ocasión, podemos repetirla simplemente: "el índice". Con el artículo determinado ya sabemos que nos referimos a "ese índice citado anteriormente".

Pero también pudimos haber evitado el primer uso de "índice", para no repetirlo luego. De este modo:

> "Un alud de órdenes de venta de valores que componen el Ibex 35 provocó por sorpresa el desplome de la Bolsa y la mayor caída anual de ese índice".

Igualmente, el redactor tuvo la oportunidad de usar una palabra equivalente:

"Un alud de órdenes de venta de valores que componen el índice Ibex 35 provocó por sorpresa el desplome de la Bolsa y la mayor caída anual de ese indicador económico".

Otro ejemplo:

"Estas declaraciones tienen la vista puesta en la intención del Gobierno de aprobar el viernes un reglamento que supondría una traba legal a dicho descodificador". *(La Vanguardia,* 29 de enero de 1997. Braulio Calleja / Isidre Ambrós).

Como en otras muchas ocasiones, se puede sustituir "dicho" por un simple artículo determinado (insistimos en que el artículo determinado sirve precisamente para referir el sustantivo a algo que los interlocutores ya conocen).

Las continuas frases intercaladas. La continua interrupción del relato principal con aposiciones, incisos, frases explicativas, guiones o paréntesis no favorece en nada al relato periodístico. A veces nos encontramos ejemplos de estos estiramientos en escritores que se acercan al periodismo sin conocer sus normas específicas, y cuyos textos resultan extraños al medio y al mensaje.

He aquí dos ejemplos:

"Los dos problemas, hasta ahora irresueltos, de esa estrategia son, por una parte, que los electores españoles, aunque muy poco o nada fieles a sus partidos, se han mostrado absolutamente reacios a abandonar su autoubicación ideológica; aunque Norberto Bobbio no sepa qué es hoy derecha y qué izquierda, aquí no sólo lo sabemos, sino que estamos dispuestos a morir sin abandonar la trinchera que cada uno se ha cavado en el espacio ideológico; por otra, que la mayoría de los electores, incluidos los suyos, siguen situando al PP en posiciones claramente de derecha". *(El País,* 21 de enero de 1996. Santos Juliá).

Pasemos ese párrafo del prestigioso historiador a un estilo periodístico:

"Los problemas irresueltos de esa estrategia son dos: en primer lugar, que los electores españoles se han mostrado reacios a abandonar su lugar ideológico, aunque sean muy poco o nada fieles a sus partidos. Norberto Bobbio dice no saber qué es hoy derecha y qué izquierda, pero aquí no sólo lo sabemos, sino que estamos dispuestos a morir sin abandonar la trinchera que cada uno se ha cavado en el espacio ideológico. Y en segundo lugar, la mayoría de los electores, incluidos los del PP, siguen situando a ese partido en posiciones claramente de derecha".

Un ejemplo más:

"De entre la corriente de noticias de la temporada, casi todas, como es de rigor, malas y desalentadoras, se destaca, aun en su pequeñez, una buena. Y como, incluso siendo tan pequeño, el bien se multiplica y agranda y cobra dimensiones simbólicas, podríamos detenernos un poco en comentar esta pequeña buena noticia con el fin, también, de multiplicar y agrandar el bien que ya en sí misma lleva.

Ha sido reconstruida, y se ha puesto ya en funcionamiento, la gasolinera de Alberto Aguilera esquina a Vallehermoso, en el madrileño barrio de Argüelles, que había sido demolida hacía años con el objeto de poder construir, en el magnífico solar que ocupaba, un bloque de viviendas o un hotel. Los entendidos la han tenido siempre como uno de los hitos del racionalismo arquitectónico en España. Esta obra de Fernández Shaw, construida en 1927, se había ido deteriorando y, repentinamente —se dijo que empujada por el temor de los propietarios a que se la declarara de interés especial—, desapareció y durante años ha habido en su lugar un chiringuito muy pintoresco donde se expendía gasolina. Dejando de lado las razones profundas —y en último término absolutamente comprensibles— de cada parte del contencioso, el hecho es que la resolución final ha llevado a la exacta construcción de la gasolinera y esto, finalmente, es un regalo para los vecinos de Madrid, poco acostumbrados a este tipo de dispendios.

Puede que el racionalismo no haya tenido entre nuestros habitantes el prestigio que adquirió en otras capitales europeas, por un conjunto de razones, entre las que me atrevería a destacar el marcado gusto de los ciudadanos madrileños y de otros municipios por la retórica espectacular, más ostentosa, en casi todos los órdenes de la vida. Otro de los edificios clave de la época —el Rincón de Goya, de García Mercadal, finalizado en 1928— se encuentra en Zaragoza, donde es por completo ignorado y, que yo sepa, nadie hasta el momento ha dado muestras de recuperarlo y declararlo de interés cultural. Por eso, en medio de la indiferencia y dejación generalizados (*sic*), este ejemplo de la gasolinera resulta más valioso.

Aunque me gustan las ciudades y me gusta mucho pasear por ellas mirando los edificios, quizá no habría concedido tanta importancia a este pequeño asunto si el verano pasado no se me hubiera encargado, por parte de una conocida firma de artículos de marroquinería y de moda de vestir, un texto sobre los vigorosos, y bastante desconocidos para mí, años veinte. Con la osadía propia de los novelistas y de los escritores en general, que nos creemos que, por sólo saber construir bien que mal algunas frases, ya podemos hablar y opinar sobre todas las cosas, me dispuse, puesto que el texto conlleva un nada despreciable pago y de algo tenemos que vivir los novelistas cuando no escribimos novelas —e incluso cuando las escribimos—, a abordar tan amargo asunto". (*El País,* 18 de julio de 1996. Soledad Puértolas).

El artículo sigue numerosos párrafos más con la misma estructura de frases intercaladas que tal vez resulta útil para una novela (y aun esto dudamos), pero que no forman parte del correcto estilo periodístico, en el que deben primar la concisión y la eficacia.

Por ejemplo, la frase siguiente: "... quizá no habría concedido tanta importancia a este pequeño asunto si el verano pasado no se me hubiera encargado, por parte de una conocida firma de artículos de marroquinería y de moda de vestir, un texto sobre los vigorosos, y bastante desconocidos para mí, años veinte".

El buen estilo periodístico la habría escrito así:

"... Quizá no habría concedido tanta importancia a este pequeño asunto si una conocida firma de artículos de marroquinería y moda de vestir no me hubiera encargado el verano pasado un texto sobre los vigorosos años veinte, que yo desconocía bastante".

Hagamos el mismo ejercicio con el párrafo posterior:

"Con la osadía propia de los novelistas y de los escritores en general, que nos creemos que, por sólo saber construir bien que mal algunas frases, ya podemos hablar y opinar sobre todas las cosas, me dispuse, puesto que el texto conlleva un nada despreciable pago y de algo tenemos que vivir los novelistas cuando no escribimos novelas —e incluso cuando las escribimos—, a abordar tan amargo asunto".

Un periodista debería escribir de otro modo:

"Y abordé tan amargo asunto con la osadía propia de los novelistas y de los escritores en general: nosotros nos creemos que podemos hablar de todo por sólo construir mal que bien algunas frases. Pero el texto me proporcionaría un nada despreciable pago, y de algo tenemos que vivir los novelistas cuando no escribimos novelas. Incluso cuando las escribimos".

Estos errores tienen menos explicación si los cometen periodistas. Máxime cuando no forman parte de una noticia de urgencia, sino de un comentario para el que se cuenta con más tiempo:

"El poder tiene un efecto maligno que conduce, al parecer, irremediablemente, a quien lo ostenta, a confundir deseos con realidades". *(El Mundo,* 29 de noviembre de 1996. Consuelo Álvarez de Toledo).

Un orden más eficaz habría evitado tanto alto en el camino de la correcta lectura: "El poder tiene un efecto maligno que, al parecer, conduce irremediablemente a quien lo ostenta a confundir deseos con realidades".

"El dirigente del FSLN, Daniel Ortega, se entrevistó el jueves por la noche (madrugada del viernes en España) con Abel Matutes —invitado a la toma de posesión de Arnoldo Alemán—, al que expresó su preocupación por la crisis que —según él— sufre el país". *(El Mundo,* 11 de enero de 1997. Javier Espinosa).

En el ejemplo anterior, el ritmo ágil que debiera pretender el redactor de una noticia se ve entrecortado también por excesivas aposiciones.

¿Por qué el verbo al final? El genio del latín pedía que los verbos se situaran al final de la oración. Pero eso respondía a la lógica de otro idioma, en el que casos, tiempos y preposiciones ofrecen pocas posibilidades de confusión. Y, de cualquier manera, no se publicaban entonces los periódicos de ahora, ni nosotros somos la gente de aquellos siglos.

El periodista debe procurar que el verbo principal aparezca pronto en la frase o en el párrafo. Y si se retrasa, eso habrá de producirse por una buena razón (la sorpresa, el humor, la ironía, la paradoja, la hipérbole efectista...), y siempre que para ese momento no tengamos ya cansado al lector.

Leamos estos ejemplos de cómo no se debe escribir en un diario:

> "Si en lugar de volver a contar la historia de un hábil profesional que no sólo vuelve a fracasar al realizar la misión que le han encomendado, sino que además pierde en ella a la mujer a quien ama, Pilar Miró se hubiera centrado en el dibujo de una mujer fría y calculadora que poco a poco trama y lleva a la práctica una completa historia para vengar la muerte del único hombre a quien ha amado en su vida, el resultado de *Tu nombre envenena mis sueños* posiblemente habría sido todavía más interesante". *(El País,* 30 de septiembre de 1996. Augusto M. Torres).

Debió escribirse el verbo al principio:

> "El resultado de *Tu nombre envenena mis sueños* posiblemente habría sido todavía más interesante si Pilar Miró se hubiera centrado en el dibujo de una mujer fría y calculadora que poco a poco trama y lleva a la práctica una completa historia para vengar la muerte del único hombre a quien ha amado en su vida, en lugar de volver a contar la historia de un hábil profesional que no sólo vuelve a fracasar al realizar la misión que le han encomendado, sino que además pierde en ella a la mujer a quien ama".

Aun así, la frase resulta larguísima. Puede mejorarse de este modo:

"El resultado de *Tu nombre envenena mis sueños* podría haber sido aún más interesante. Por ejemplo, si Pilar Miró se hubiera centrado en el dibujo de una mujer fría y calculadora que poco a poco trama y ejecuta un plan para vengar la muerte del único hombre a quien ha amado en su vida. Pero, lejos de hacer eso, la directora vuelve a contar la historia de un hábil profesional que no sólo fracasa de nuevo en la misión que le han encomendado, sino que además pierde en ella a la mujer a quien ama".

La abundancia de adverbios en "mente". Un factor de mal estilo viene dado por el abuso de los adverbios que se forman a partir de un adjetivo: principalmente, buenamente, absolutamente, realmente, completamente... Ya hemos analizado en otros capítulos cómo este tipo de adverbios contribuye a formar redundancias. Al margen de ese defecto, también ayuda a la monotonía por la abundancia de un sonido —"mente"— que aparece con machacona frecuencia.

A menudo, estos adverbios sólo sirven para estirar la frase, y se pueden suprimir sin problemas.

El uso de la primera persona

Para un informador están prohibidos el "yo", el "nosotros" o el "nuestro". Pero si eso se debe desechar en una noticia, sí puede tener cabida en un artículo de opinión. Ahora bien, la mayoría de las veces tal uso resulta afectado y ególatra.

Un ejemplo del empleo de la primera persona en un reportaje:

"Creo que fue en ese momento cuando mosén Calderer empezó a calcular con una frialdad y una rapidez muy extremadas. Creo que haría un gesto levísimo, un gesto de su brazo en el aire rodeando la cabeza del hombre que empezaba a desgranar la historia y la pus de la historia. Creo que fue en ese instante cuando evaluó que un director de museo no puede invocar el secreto profesional en el momento en que le hacen entrega del material robado". *(El País,* 18 de agosto de 1996. Arcadi Espada. Suplemento Domingo).

La primera persona —"creo..."— se podía haber obviado con expresiones como "tal vez", "seguramente"... Tratándose de una pieza informativa, no parecen darse razones suficientes para esa personalización, que no añade información a lo que se cuenta.

El plural mayestático. Este tipo de plural en la primera persona parte de un deseo de humildad de quien escribe. Por huir del "yo", utiliza el "nosotros". El comentarista deportivo Matías Prats (padre) —un magnífico dominador del idioma y de las palabras— utilizó esta fórmula con gran precisión en las retransmisiones futbolísticas.

En los comentarios de prensa, el plural mayestático puede caer en los mismos defectos que el "yo". Ha de emplearse con sumo cuidado. Casi siempre, vale más exponer directamente la opinión de que se trate y obviar el sujeto que la expresa (si la expresa el propio autor, por supuesto). Si se trata de reflejar alguna acción de quien escribe, sí puede emplearse:

"Otro, enfurecido, llamó mentiroso a otro conferenciante. Fue entonces cuando nos marchamos; es posible que el tono subiera más aún". *(El País,* 11 de mayo de 1996. William Lyon. Artículo).

Por tanto, no se ha de condenar este recurso en todas las circunstancias. Estamos hablando aquí solamente de estilos periodísticos (precisamente en esta frase anterior se ha utilizado el plural mayestático).

Las cacofonías

Etimológicamente, "cacofonía" significa "mal sonido". Algunos ejemplos que hemos visto en el apartado de reiteraciones pueden clasificarse también como cacofonías ("esto está así").

Una fuente de uniones cacofónicas fluye del encuentro entre vocales de la palabra que termina y la que empieza.

> "Una discusión entre dos familias acaba a hachazos y a tiros" *(El País,* 14 de abril de 1996. Titular de Madrid). Y se repite en el texto: "La trifulca acabó a hachazos y a tiros" (Paz Álvarez).

Se pudo haber evitado: "Una discusión de dos familias acaba entre hachazos y tiros". O bien: "Una discusión de dos familias acaba a tiros y hachazos".

Un caso habitual de cacofonía se produce cuando sustituimos la conjunción "y" por su equivalente "e" (es decir, si la palabra siguiente empieza por "i"). Pero eso, aunque arregla algo la situación, nunca termina por formar una frase brillante. Y siempre se puede resolver mejor.

Gloria Toranzo, a la que tuve como profesora de Redacción en mi primer curso de Periodismo, le espetaba siempre al alumno que componía una frase con la conjunción "e": "Es usted tonto e idiota, cuando podía haber sido perfectamente idiota y tonto, que suena mucho más elegante".

Pues sí: la mayoría de las veces, una simple alteración en el orden de las dos palabras soluciona el problema. Y si las dos comienzan por "i", o se busca un sinónimo o estamos perdidos. Seremos "imbéciles e idiotas" sin remisión.

En el empleo de la conjunción "e" se comete ultracorrección si la colocamos delante de un diptongo "ie", porque en ese caso resulta innecesaria:

> "Roberto Carlos e Hierro vuelven al equipo titular". "A nosotros nos trajo heno e hierba".

La gramática entiende que el diptongo "ie" equivale al sonido "ye", en cuyo caso no se precisa evitar la "y" ("Amavisca y Hierro vuelven al equipo titular"). Y mucho menos cuando el sonido de la siguiente palabra, merced a la pronunciación sajona de la hache, equivale a una jota:

"Whitewater es el nombre de un proyecto inmobiliario iniciado por Bill e Hillary Clinton a finales de los setenta". *(El País,* 9 de junio de 1996. Antonio Caño).

El abuso de siglas

Los periódicos no podrían salir a la calle si no se hubieran inventado las siglas. Este abreviamiento forma parte del lenguaje del periodista y nada ha de oponerse a su existencia. Suponen una herramienta eficaz a la hora de redactar noticias y reportajes.

Ahora bien, la excesiva presencia de siglas en el texto de un artículo de opinión o de análisis desluce su estilo. Tal vez en muchos casos resulten imprescindibles (ONU, OTAN, Unesco...), pero en otros se pueden sustituir con ventaja ("organizaciones humanitarias" en lugar de ONG, "la ley de alquileres" en vez de la LAU...).

Se supone que el articulista desea transmitir ciertas ideas con una expresión estética, donde se cuiden las palabras y sus sonidos, y se mime el contenido de cada vocablo. En esa intención, las siglas aportan algún ruido que podemos soslayar con un poco de habilidad.

El académico Rafael Lapesa escribe sobre las siglas en su obra *El español moderno y contemporáneo:*

"Hemos visto surgir con vida efímera o duradera la CIAP, la CEDA, las JONS, CIFESA, Sogeresa, Fefasa, Cepsa, FECSA, el INI, la NATO u OTAN... Plaga universal de monstruos que, por no tener raíz léxica, no evocan nada, y cuyo cuerpo sonoro, formado por azar y no por evolución orgánica, se eriza de combinaciones fonéticas inusitadas para nuestros oídos, como las de Campsa, Sniace o CSIC. Con razón protesta Dámaso Alonso, en un poema reciente, contra el avance de 'este gris ejército esquelético', contra estos 'fríos andamiajes en tropel'".

Abuso del guión

Algo parecido puede decirse del uso del guión. Indudablemente, puede aliviarnos las dificultades en cualquier titular, incluso en un texto informativo donde ya no sepamos cómo resumir las líneas que nos sobran. Pero en un artículo cuidado tampoco se debe abusar de esta fórmula.

> "Tras la última entrevista Aznar-Pujol se vio claro que el acuerdo había superado pasadas tensiones". (*La Vanguardia,* 6 de enero de 1997. Artículo del director, Juan Tapia).

El estilo mejora si decimos "entre Aznar y Pujol" o "de Aznar y Pujol".

El guión, no se olvide, sirve para unir dos palabras, no para separarlas (desde el punto de vista sintáctico). Por tanto, dos vocablos unidos por un guión constituyen uno solo. Por eso dañan la vista y el oído expresiones como "a las 18.00, partido de la octava jornada de Liga entre los equipos Real Madrid-Betis". Si se quiere emplear esa fórmula, huelga el guión y ha de escribirse "los equipos Real Madrid y Betis".

> "15.30. Giro de Italia 96. Retransmisión en directo de la octava etapa entre Polla-Nápoles". (Programaciones de televisión, 26 de mayo de 1996).

"Polla-Nápoles" (con perdón) funciona en la oración como una sola palabra. Por tanto, el gabinete de prensa de Televisión Española —y los editores que ajustaron la programación en cada periódico— debieron inclinarse por esta otra opción: "Retransmisión en directo de la octava etapa, entre Polla y Nápoles". Este error se repitió durante todo el Giro, todo el Tour... y se ve normalmente en las páginas de Deportes de todos los periódicos. Y en las de televisión:

> "16.00. Fútbol inglés. Enfrentamiento entre: Nottingham Forest-Liverpool". (*As,* 15 de marzo de 1997).

El vocabulario del periodista

Miguel García-Posada, crítico literario de *El País,* describe a García Márquez, el 17 de agosto de 1996 en el suplemento "Babelia", como un obseso en su batalla contra las erratas, y añade: "García Márquez consulta el Diccionario, las enciclopedias y cuanto haya que consultar, y no tiene inconveniente en reconocerlo así: '¿Y si por no consultar el Diccionario empleo una palabra mal?', confiesa ante nuestro asombro el creador de *Cien años de soledad.* Un maestro siempre".

En efecto, las palabras nos pertenecen pero no tenemos derecho a apropiarnos de ellas para vaciarlas, agrandarlas, tergiversarlas, manipularlas o darles un sentido distinto del que siempre las acompañó. El camino de las palabras viene de muy lejos, y en su estado actual pertenecen a las generaciones actuales pero también a las futuras; y aún más: pertenecen a las generaciones pasadas. Si deformamos las palabras y lo que significan, acabaremos por no entender a los clásicos.

El vocabulario del periodista ha de ser preciso y rico, riguroso en los matices, amplio en las acepciones. Para encontrar la palabra atinada en cada momento.

Los neologismos

Los mayores problemas del periodista con su vocabulario proceden de los neologismos: las palabras que se van incorporando al lenguaje. El neologismo no es intrínsecamente malo, aunque tampoco bueno sin discusión. En una leve reflexión sobre ellos encontraremos neologismos necesarios pero también innecesarios. Y los peores: neologismos destructivos.

Podemos establecer, sin equivocarnos mucho, que hoy en día la principal vía de entrada de neologismos en el habla del español son los medios informativos. Y tanto los periódicos como la radio y la televisión carecen generalmente de criterios claros que impidan el lamentable empobrecimiento de nuestra lengua, que pierde palabras propias —algunas de ellas muy antiguas— para dejar paso a expresiones ajenas, símbolo de una triste colonización cultural: el neologismo destructivo.

Escribe el académico Rafael Lapesa: "En un mundo en que se internacionalizan sociedades masificadas el purismo lingüístico está condenado al más rotundo fracaso. Pero tampoco debemos cruzarnos de brazos y abandonar a la evolución ciega un instrumento de tan rica tradición y maravillosa capacidad como es nuestra lengua. Podemos encauzar, al menos en parte, la riada neológica".

Adoptemos el criterio de dar siempre prioridad a las palabras del español que sustituyen ventajosamente a los términos que la colonización de otras culturas —principalmente la anglosajona— nos viene imponiendo; ayudada, eso sí, por la pereza, la desidia y la ignorancia de muchos periodistas.

Partimos de la base de que la unidad del castellano forma un capital no sólo cultural e histórico, sino también económico. Importa tanto hoy en día esta visión de la vida, que en algún momento habrá de dispararse la maquinaria que defienda este idioma frente al inglés y el francés en la imparable carrera de las comunicaciones, la informática, los satélites, los programas de televisión que llegan a medio mundo, las producciones cinematográficas que no reparan en fronteras o los periódicos y revistas españoles que comienzan ya a producir sus ediciones simultáneas en distintos puntos de Latinoamérica.

El periodista debe ejercer la tolerancia con el neologismo en general, y desencadenar la guerra sin prisioneros contra los barbarismos, es decir, los neologismos que proceden de otros idiomas. Porque, además, los extranjerismos operan de forma diferente en cada uno de los países latinoamericanos; y la palabra que se acepta en uno se rechaza en otro, lo que ayuda a resquebrajar nuestro capital común.

En todos estos casos, el redactor buscará alternativas —siquiera como recurso estilístico— que pueda comprender cualquier usuario del castellano. No oiremos nunca una sola palabra de un idioma extranjero que carezca de una equivalencia en español, si la buscamos bien. Otro asunto será que nos pongamos de acuerdo todos para emplear una opción concreta frente a la voz foránea. Pero la equivalencia existirá siempre. Incluso más de una, y por eso se complica la posibilidad de unificar el criterio.

De todas formas, atención: no podemos caer, para defendernos de la invasión extranjera, en traducir literalmente el vocablo contra el que luchamos, puesto que de esa manera estaríamos pronunciando en castellano lo que simplemente es una expresión concebida por el genio del idioma inglés o del francés. Por ejemplo, de nada sirve sustituir *voleyball* por "balonvolea". Sería como traducir *fireman* como "hombre fuego" u "hombre antifuego", en lugar de decir "bombero".

Muchos responsables de las páginas sobre televisión no hacían más que dar vueltas a la palabra *reality show,* para averiguar si la podían convertir en "programas-realidad" o "espectáculo real", cuando habría resultado más simple y castellano decir simplemente "programas de sucesos", que es lo que los *reality shows* nos ofrecen: los sucesos que constituyen tantas desapariciones, crímenes o pasiones amorosas. Hechos que nos conmueven, y cuyo denominador común es tan difícil de encontrar —en el fondo— que los franceses les llaman *faits divers,* lo que tal vez alguno estaría traduciendo ahora como "hechos diversos" si esa expresión nos hubiera llegado en estos tiempos. Pero desapareció el espacio *Quién sabe dónde* y los periodistas españoles dejaron de necesitar *reality shows* (pero siguen hablando de los "sucesos", por supuesto). Ahora les ocurre algo similar con *talk shows,* esos programas de testimonio, de coloquio o de diálogo (el castellano ofrece donde elegir) que están tan de moda.

En los aeropuertos han inventado en los últimos años unos pasadizos móviles que conducen directamente desde la sala de espera hasta el avión. Los ingleses les llamaron *fingers* (vistos desde el aire, cada grupo de ellos puede parecer una mano). Aceptando el ingenio de quien así los designó por primera vez, podríamos traducir tal vocablo como "dedos" en esta ocasión. De todas formas, las personas que hablan por la megafonía de los aeropuertos españoles se contentan con decir *finger,* lamentablemente.

Los filólogos que asesoran a la agencia Efe en su responsabilidad de cuidar la unidad en el idioma de unas noticias que se transmiten a toda Latinoamérica recomendaron a sus periodistas escribir "fuelle" o "pasarela". Pero cuando los periodistas preguntaron a quienes manejan los *fingers* por el nombre que ellos utilizan, respondieron que les llaman "mangueras". Salió ahí el verdadero genio del idioma castellano, oculto en la lámpara maravillosa de unos obreros.

El rescate de palabras antiguas para definir conceptos modernos ya alcanzó gran éxito con el término "azafata". En su origen, la "azafata" era la criada que servía a la reina mediante el "azafate" (bandeja). Desaparecidas aquellas señoritas, la palabra se fue con ellas, pero en los primeros tiempos de la aviación comercial se rescató tal función para designar a las empleadas de la compañía aérea que servían refrescos o comida a los pasajeros, también con una bandeja.

El escritor José Antonio Millán, en un comentario sobre el lenguaje científico, señalaba en *El País* el 10 de junio de 1996: "Palabras vulgares y antiguas, como la humilde *red* del pescador o la *lanzadera* del tejedor, pueden recuperarse para usos novedosos y de prestigio (como en 'comunicación por redes avanzadas' o 'lanzadera espacial'), pero lo más frecuente es que palabras especializadas penetren en el habla común. (...) Leer un anuncio de coches o de ordenadores es acceder a una jerga hasta hace poco tiempo propia de especialistas: válvulas, transmisiones, megas y *flopys*".

Y no debemos creer que logramos una feroz defensa de nuestro idioma traduciendo esas expresiones literalmente, por ejemplo *science-fiction* por "ciencia ficción" (mala traducción, por otra parte, puesto que se convierte el sustantivo en adjetivo y viceversa). Si hubiéramos aplicado la expresión "cine futurista" —o literatura futurista— quizás habríamos sido más fieles a nuestro genio interior.

Tal vez debemos plantearnos si esta lucha contra la invasión extranjera merece la pena o no. Hay quienes argumentan que cuanto más se parezcan los idiomas, mejor. Pero ya hemos dicho que importa mantener la unidad de una lengua a través de la historia, de modo que nosotros ahora podamos entender a Quevedo y que quienes vengan después sean capaces de comprender a Borges. Y cada vez eso va a resultar más difícil, puesto que ya hemos empezado a cambiar de significado las palabras que ellos concibieron con otro. Como veremos más adelante.

El periodista que desee contribuir a que se mantenga el patrimonio común del idioma —un bien cultural que se ha de conservar con tanto esmero como los cuadros de Goya— buscará siempre palabras españolas que sustituyan a las que llegan de fuera y que empobrecen nuestro propio idioma.

Eso no significa, empero, cerrarse ante todos los neologismos, sobre todo cuando designan ideas o cosas nuevas y suponen construcciones legítimas del castellano.

Podemos estar de acuerdo en que la sociedad actual es más compleja que la que vivió Cervantes, y que nos rodean hechos y conceptos que suponen una complicación, o un avance, respecto a los que les sirvieron de base para evolucionar. Así, no ha de extrañar que el principal aporte de neologismos en los medios de comunicación proceda de las siglas, es decir, de vocablos que nacen de un conjunto de ideas o de palabras.

El cornijal y la respuesta al barbarismo. Los barbarismos —en este caso entendemos por barbarismo la palabra que nos llega desde una lengua extranjera— siempre tienen un equivalente en castellano, insistimos. Pero ya hemos dicho que debemos huir de la traducción literal, fuente de palabras y expresiones que no casan con el genio de nuestro idioma. Y ahí entra en juego la responsabilidad del periodista.

Quienes escriben en los periódicos no siempre han aportado a tiempo las palabras que puedan sustituir a estos extranjerismos que hemos citado más arriba, y muchos se han ido introduciendo como neologismos. Así sucedió con "córner".

Esta palabra usada en el lenguaje del fútbol tenía un equivalente claro en la expresión castellana "cornijal", que es la esquina de un terreno o heredad. Y por eso resulta que un mozo puede dejar por la mañana el tractor en el cornijal de la era y escuchar después de sus compañeros, por la tarde, cuando van a jugar allí al fútbol: "¿Por qué has dejado el tractor en el cornijal?, ¡está tapando todo el córner!". Así que por la mañana el tractor está en el cornijal, y por la tarde en el córner; y, sin embargo, no se había movido de sitio.

Si se hubiera aportado en su día la palabra "cornijal", un joven de nuestros días no necesitaría acudir al Diccionario al encontrarla en Delibes o en Quevedo.

Ahora tenemos la oportunidad de hallar un equivalente a *airbag,* vocablo que se ha colado en la publicidad, los reportajes... y hasta en nuestro coche (y al que no se suele dar plural, dada su dificultad de pronunciación para un hablante español):

> "...Tal es el caso de los *airbag* laterales". *(El Mundo,* 6 de agosto de 1996. Sin firma).

Para encontrar una buena equivalencia en castellano, un buen truco consiste en definir el concepto que nos llega en inglés. ¿Y qué es un *airbag?* Un globo de seguridad que llevan algunos coches, y que se hincha en caso de accidente para proteger a los ocupantes ante un eventual golpe contra el volante, el salpicadero o los cristales. El grupo de lingüistas catalanes que vela por la correcta utilización de ese idioma autóctono en TV3 aportó la traducción "coixí de seguretat" (cojín de seguridad). La Academia ha propuesto "peto de seguridad" o "peto neumático". Y nosotros no nos explicamos cómo puede ocurrir que nadie le llame según lo que en realidad es: un globo: "globo de seguridad" (como en su día se aportó "cinturón de seguridad") para que con el tiempo se le llame simplemente globo (como ahora decimos "ponte el cinturón").

No obstante, el idioma español se va defendiendo —pese a la poca ayuda de los periodistas, antes al contrario: pese a la tarea contraria de los periodistas—, y el mismo genio interior que aporta "manguera" en lugar de *finger* introduce poco a poco la expresión "saque de esquina" en lugar de "córner", aunque no se trata propiamente de un saque de esquina sino de un saque de rincón: si el futbolista colocara el balón en la esquina, el juez de línea le obligaría a situarlo dentro del terreno, porque el juez de línea no sabrá de semántica, pero sí de reglamento.

"Juez de línea", precisamente, se ha abierto paso frente a *linier* (en Latinoamérica se le llama, con mayor precisión, "abanderado"), y "canguro" ha desterrado a su idioma de origen la expresión *baby-sitter;* y también se ha conseguido arrinconar "auto-stop" porque cada vez decimos más "hacer dedo" o "viajar a dedo". (Y véase que el genio de nuestra lengua ha dado con una buena expresión, muy diferente del calco "auto-parada", que habría resultado la traducción más sencilla). Otros ejemplos positivos los encontramos en "columna de sonido" (antes, *baffle),* "árbitro" (antes, *referee),* "tomar el sol en tetas" (que va ocupando el espacio de "tomar el sol en *top less"),* "grabadora" (antes, "un casete"; y antes, "un *cassette"),* "cinta" (antes "una casete"; y antes, "una *cassette"),* "pinchadiscos" (antes *disc-jockey)...*

Por eso nos extraña el criterio tan contemporizador de nuestra Real Academia al dar carta de naturaleza a tantos extranjerismos últimamente. Con un poco de tiempo —a veces lustros—, y si los periodistas no se toman con tanto desdén su propia herramienta, el pueblo acaba dando el equivalente adecuado.

Las siglas como origen. Esos "esqueletos" que forman las siglas —desposeídos de la carne semántica— se van incorporando cada vez en mayor número al Diccionario. Ya la Real Academia registró hace años como palabras de uso común algunas siglas. Por ejemplo, "radar", "sonar", "láser", "télex", normalmente con base en iniciales de una expresión inglesa, pero también "checa" (en su sentido de "lugar de tortura"), que es un acrónimo de dos palabras rusas.

Los periodistas vamos incorporando otras expresiones basadas en siglas que se han convertido en palabras habituales de cualquier hablante. Así ocurre por ejemplo con "sida", unas iniciales que ya han dado lugar incluso a derivados como "sídico" y "sidoso".

Quiero hacer aquí un paréntesis respecto a "sidoso". Algunas personas bienintencionadas han intentado suprimir esta palabra del vocabulario de los españoles y de los periodistas, pese a la raigambre que ha logrado en poco tiempo. Consideran que se trata de un término despectivo. *El Libro de estilo* de *El País* la admite; y el de *El Mundo* la rechaza. Sin embargo, estamos ante una formación legítima, una vez aceptada la base "sida". Y se integra en una familia de voces que no tienen ninguna consideración peyorativa: en los hospitales hemos visto carteles que dicen "unidad de cancerosos", y todos hemos dicho alguna vez "estoy griposo" o "catarroso".

"... El Betis suma seis jugadores griposos". *(El Mundo,* 11 de enero de 1997. Carlos E. Carbajosa).

Incluso algunas mujeres dicen ahora "estoy reglosa".

Ciertas palabras de ese mismo grupo sí son peyorativas, como "leproso" o "tuberculoso", pero vemos así que el matiz despectivo no reside en la terminación, sino en la raíz. Por tanto, si algún matiz peyorativo hay en "sidoso", será culpa del concepto que tenga la sociedad sobre la palabra "sida", pero no sobre la terminación "oso". Y habrá que luchar, desde luego, por cambiarlo.

Otras expresiones que se han aceptado desde hace años como palabras y no como siglas propiamente dichas o acrónimos son "elepé" (ya en desuso, como en su día perecerá "cedé", para seguir diciendo todos "disco"), "ovni" o "gulag" (que procede de una contracción de palabras rusas cuyo significado en español es "administración de campos de concentración"), o también "napalm" (acrónimo de varias sustancias químicas expresadas en inglés). Y ahora van ingresando voces formadas con siglas y procedentes de la informática, como "módem" o "pecé".

Y surgen otras expresiones que, no estando incluidas en el Diccionario de la Real Academia, hemos admitido como moneda de uso corriente en los últimos años; y en este caso más si cabe, puesto que hablamos del "ecu", tan efímero y, sin embargo, tan agarrado a los titulares de los últimos años. El "ecu" (el embrión de moneda europea) representa bien la volatilidad de la mayoría de las siglas que parecen tan imprescindibles y que de repente desaparecen (como MOPU, aquel Ministerio de Obras Públicas y Urbanismo que ahora se llama Ministerio de Fomento).

Al lenguaje de los periódicos se han adherido igualmente otras palabras derivadas de siglas: los "grapos", los "gal" o los "polisarios", con formaciones caprichosas del plural. Decimos por ejemplo que "han sido detenidos cuatro grapos", pero a los "gal" nunca les damos plural. No se titula nunca "han sido detenidos cuatro gales".

De las siglas nos han salido también palabras de cierta raigambre histórica, como ugetistas o cenetistas, que aceptamos por eso, por su tradición. Sin embargo, aún nos dolería en los oídos escuchar "pepeístas"; o "pesoístas". Afortunadamente, las expresiones "socialistas" y "populares" nos han sacado del atolladero, aunque ninguna de las dos parezca definir con exactitud a esos partidos.

En cambio, una horrible palabra procedente de siglas sí ha aparecido en la prensa más de una vez: se trata de "opar" (lanzar una "opa", una oferta pública de adquisición de acciones). Y no pasa nada por escribir la expresión completa, aunque resulte más larga. La economía hacia la que tiende nuestro lenguaje no puede competir con la que llevan intrínseca otros idiomas, puesto que, insisto, nuestro "genio" es distinto. Los periodistas deberían recurrir en estos casos a expresiones más relacionadas con el fondo de nuestra lengua. Por ejemplo, en lugar de "opar" sí podríamos hablar, en sentido figurado, del "abordaje" a una empresa, o a sus accionistas. Hemos de establecer aquí una diferencia: una cosa es aceptar la palabra formada por siglas y otra muy diferente trasladarla automáticamente a la función de verbo.

Una voz asumida por todos y procedente de unas siglas es "etarra", cuya construcción resulta bastante peculiar. Procede a la vez de unas siglas y de una terminación del vascuence trasladada al castellano con cierta confusión: la terminación "arra" expresa procedencia (como donostiarra o sestaotarra, o como otros muchos gentilicios vascos) y no pertenencia. La expresión correcta para referirnos a miembros de ETA sería *etakide,* pero —como ocurre con muchas palabras importadas— esta que hemos adoptado no responde a la lógica de su idioma de origen.

Otras vías de neologismos. También hemos de aceptar los neologismos que corresponden a nuevos servicios o hechos de nuestra vida cotidiana. Por ejemplo, la palabra "bonobús" es un neologismo necesario, porque se refiere a un servicio nuevo al que hemos de dar nombre. En Madrid ya se emplea el "metrobús", un billete que sirve para combinar los dos medios de transporte. (Esta palabra se incluyó en el *Libro de estilo* de *El País* unos años antes de que se inventara tal boleto combinado; precisamente para prever su existencia).

Y últimamente ha entrado en el idioma el verbo "faxear", que se adapta perfectamente al español. Si de teléfono derivamos "telefonear", de fax podemos extraer "faxear" (la palabra fax, a su vez, entronca con facsímile y transmisión telefacsímile).

Otra vía de neologismos que se puede aceptar con gusto procede de las jergas que se han ido extendiendo hasta convertirse en palabras de dominio común, como "porro", "canuto", "camello" —que salen del mundo de la marginación— pero también "tiburón" (que viene del mundo de las finanzas). Y asimismo podemos acoger palabras que proceden de nuestros adstratos (en el caso de España, el euskera o vascuence y el catalán). Ya en otro tiempo entraron en el castellano vocablos como "izquierda", "aquelarre" o "kiosco", del vascuence, o "capicúa" o "peseta", del catalán. Ahora nos han llegado principalmente palabras del norte, como "ikurriña", "ikastola" o "zulo", lo que ocurre es que —como suele suceder— tales significados llevan incorporado siempre un matiz del que carecen en su idioma de origen (igual que si alguien dice que viste de *sport* no creeremos que se ha puesto unas botas de fútbol, sino que usa ropa desenfadada). Así, "zulo" significa "agujero", pero en el contexto castellano se entiende como "escondite de armas"; "ikastola" o "ikurriña" significan simplemente "la escuela" o "la bandera", mientras que para nosotros son ya "la bandera vasca" y "la escuela en vascuence".

Los errores de la Real Academia. El *Libro de estilo* del diario *El País* se ha caracterizado, entre otros rasgos, por rechazar expresiones que ha bendecido la Real Academia. Y aún se pueden condenar muchas más incluidas en el Diccionario oficial.

El periodista no tiene por qué acudir siempre a lo que figura o no figura en el Diccionario. A veces, palabras asumidas por los académicos al considerar que su uso se ha extendido lo suficiente no corresponden a un buen estilo del periodista. La palabra "mierda", por ejemplo, se halla admitida hace siglos, pero eso no significa que la usemos así como así en el periódico. Igualmente, el buen gusto literario y lingüístico debe hacernos huir de algunas expresiones poco precisas, confusas o simplemente feas. Aunque estén admitidas.

En el *Diccionario de la Real Academia* figura, por ejemplo, la voz "liderar". Si en español tenemos "encabezar", "presidir", "capitanear", "acaudillar", "comandar", "dirigir", "pilotar"... no necesitamos liderar, que es un barbarismo empleado sólo por políticos y periodistas, y ausente del lenguaje del común de los hablantes, incluso cultos. Además, esos equivalentes españoles reúnen mayores matices y riqueza, pese a lo cual se ven relegados. Porque "liderar" se relaciona con cierta capacidad de liderazgo o de arrastre, lo que puede corresponder a dirigentes sociales. Pero se usa a menudo con escaso cuidado:

"Los doctores que lideraban sus respectivos equipos médicos...". *(El País,* 21 de marzo de 1997. Lucía Argos).

Fernando Lázaro Carreter cuenta con sorna otro ejemplo tomado de la prensa, en el que se decía que "el obispo lideraba la procesión".

Ocurre lo mismo con "chequeo", palabra de origen inglés que podemos sustituir por "revisión" o "examen"; y "chequear", por "verificar", "comprobar", "examinar", "corroborar", "probar", "analizar", "cancelar"... En Puerto Rico, donde el inglés cada vez hace más daño, a "ir de compras" le llaman algunos "chopear", por la influencia de *shopping.* Y aquel "chopeo" suena como este "chequeo", más o menos.

El académico Emilio Alarcos criticaba en el seminario "El neologismo necesario", celebrado en La Rioja en abril de 1991, el significado que algunos estaban dando, por influencia del inglés, a la palabra "romance" para designar un episodio amoroso (o sea, un ligue o una aventura). Pues bien, sólo un año después ese significado se lo podía encontrar en el mismísimo Diccionario elaborado por la corporación de la que formaba parte.

El lingüista Alberto Gómez Font, miembro del departamento de estilo de la agencia Efe, comentaba durante unos cursos sobre lenguaje periodístico, celebrados en El Escorial dos años después, las voces y acepciones que la Academia ha incorporado al Diccionario en su última edición. Algunas son tan brillantes que han acabado por anular la palabra a la que pretendían servir.

Ya no podremos utilizar, por ejemplo, "enervar". Para Cervantes, esta expresión significaba "debilitar, quitar las fuerzas", que es el significado que figuró en el Diccionario hasta 1992. Y ahora se ha incorporado también el significado de "poner nervioso, excitar". Por tanto, la palabra queda anulada porque nunca sabremos si quien la pronuncia quiere decir una cosa o su contraria, si se habla de la acción de quitar las fuerzas o de la acción de excitarlas.

Y qué decir de la palabra "defender", que la Academia ha admitido como equivalente de atacar, acepción que el catedrático José Luis Martínez Albertos criticó en ese mismo seminario. Siempre habíamos tomado esta expresión como sinónimo de "proteger" a algo o a alguien ante una agresión, real o hipotética. Pero en el lenguaje del baloncesto, en el que los norteamericanos también nos están marcando muchos puntos, se ha empleado últimamente esa palabra para indicar lo contrario. Así, si Alberto Herreros defiende a Navarro eso no significa que éste haya fichado por el Real Madrid, sino que Herreros se ha encargado de que el jugador del Barcelona no toque un balón. Es decir, Herreros ejerce la defensa en favor de su equipo ante Navarro, lo que implica que le defiende atacándole (una *contradictio in términis).* Pero la Academia, incomprensiblemente, ha aceptado esta acepción. Otra palabra, pues, que significa una cosa y la contraria, por lo que queda anulada para su uso cabal.

Sin embargo, va avanzando sin freno por el idioma, y ya ha entrado en el vocabulario del fútbol. Y seguirá su camino si los periodistas no lo remedian.

"Es difícil defender a hombres tan grandes, tuvimos suerte", dijo el técnico italiano Fabio Capello. *(Diario 16,* 9 de diciembre de 1996. Javier Romero).

"Robson argumentó la alineación de Amor en detrimento de Couto diciendo que confiaba en Nadal y Blanc para defender a Suker y Mijatovic". *(El País,* 8 de diciembre de 1996).

Algo parecido sucede con "desvelar", palabra que hasta hace poco significaba "quitar el sueño". Ahora, por obra y gracia de algunos periodistas y con la firma de la Academia, "desvelar" significa quitar el sueño y también quitar el velo. Es influencia del francés en este caso y la palabra ha reemplazado inexplicablemente a "revelar".

En ese espíritu laxo, tan alejado de la tarea de limpiar y fijar, la Academia ha admitido también "coaligarse", cuando siempre se dijo en español "coligarse". Y el ya citado lingüista Gómez Font se preguntaba: "¿Qué tendrá que ver coligar o coaligar con coalición? ¿Han pensado en que 'desligarse' podría acabar en 'desaligarse?'".

Otro ejemplo de este nuevo criterio de la Academia viene de la mano de la voz "discapacitado", derivada del inglés *disabled.* Si ya existía "minusválido", ¿por qué tomar ese calco? Gómez Font bromeaba en aquel curso: "A ese ritmo de aceptar calcos del inglés, nos falta poco para hablar de "handicapados". (Bueno, de hecho ya es una expresión que se oye en los medios audiovisuales, tal vez pronto entrará en el Diccionario, si el director de la Academia no lo remedia).

Otro tanto ocurre con "mandatario". Una segunda acepción introducida ahora lo define así: "En política, el que por elección ocupa un cargo en la gobernación de un país". Al añadir esta acepción, la Academia ayuda a desplazar en las noticias voces como presidente, ministro, jefe de Estado, rey, gobernante, autoridad...

Y con "restaurador". La tercera acepción admite ahora: "Persona que tiene o dirige un restaurante". Después de tantos años sin esta acepción y existiendo dueños de restaurantes durante todo ese tiempo, no se entiende por qué incorporarla ahora, cuando esa expresión ya tenía un significado (el relativo a quien se dedica a la restauración de obras). Si nos queremos referir al dueño de un restaurante, nuestro estilo y nuestra eficacia mejorarán si acudimos a "hostelero". Sin olvidar las gratas connotaciones de una voz como "mesonero".

Y aquí tenemos ya "reivindicar". En su tercera acepción, significa ahora "reclamar para sí la autoría de una acción". Era suficiente con "declararse autor", "atribuirse", "asumir"... Y haremos mejor en utilizar estas otras posibilidades.

Con "raptar", la Academia ha cometido otro error evidente. La primera acepción definía muy bien el concepto tradicional de esta palabra: "Sacar a una mujer, violentamente o con engaño, de la casa o potestad de sus padres y parientes". Y recientemente se ha añadido un segundo significado: "Secuestrar, retener a una persona en contra de su voluntad, por lo general con el fin de conseguir un rescate". Pero esta segunda acepción que se antepone a la tradicional (por tanto, pasa al primer lugar en el orden de significados) equivale a la voz "secuestrar". Eso elimina la diferencia entre estos dos verbos y resta riqueza de matices al español, según señalaba Gómez Font. Pero además se olvida la diferencia jurídica, puesto que el "rapto" es en el derecho un secuestro con agravantes: aquel en el que se abusa de la edad de la víctima o de su inferioridad, o se le causa daño físico.

Por vía de anglicismo se ha aceptado también en la Academia la palabra "inteligencia" como representativa de los servicios de espionaje: "Organización secreta del Estado para dirigir y organizar el espionaje". Así, lo que hasta ahora conocíamos como servicios secretos, de información, de espionaje o de contraespionaje, pasan a llamarse, por influencia del inglés, servicios de inteligencia. Además, hemos tenido que aceptar las siglas CIA, y su supuesta traducción: Agencia Central de Inteligencia, de modo que ahí encontramos dos traducciones "mocosuena" del inglés: "Inteligencia" y "Agencia". (*Agency* se debe traducir por "administración" o "departamento"). Cualquier día escribiremos también que quienes asistieron a la reunión pusieron las cartas sobre la tabla.

Los políticos vascos comenzaron hace dos décadas a hablar de "posicionamiento" en lugar de "postura", "actitud", "definición"... Y luego, "posicionarse" sustituyó a "definirse", "situarse", "aclararse", "tomar postura"... Y la Academia también la ha adoptado.

"Anglófono" y "francófono" se han colado asimismo en el Diccionario, en este caso como equivalentes de "anglohablante" y "francohablante". En el castellano, en efecto, existe el afijo "fono": magnetófono, teléfono, mensáfono... Pero en esas palabras la etimología entronca con "sonido". Y en este caso, en "francófono" y "anglófono", nos estamos refiriendo a un idioma. No hemos querido decir que "suena francés", sino que "habla francés". A este paso pronto diremos "hispanófono", en lugar de hispanohablante o castellanohablante, y catalanófono en lugar de catalanohablante.

En fin, hay otros muchos ejemplos: incursionar, automoción, beicon —¡cómo es posible que hayamos estado tantos siglos comiendo panceta sin saber que se llamaba beicon!—, complotar, boicot, contactar...

Pues bien, frente a ello el periodista siempre podrá aplicar su propio criterio. Si la Academia abdica de la obligación de limpiar y dar esplendor, a él le cabe asumir tamaña tarea. No debe olvidar para ello que la mayoría de estas palabras sólo existen en el lenguaje de políticos y periodistas. No forman parte del vocabulario general, ni siquiera del léxico de los hablantes cultos que se dedican a otra cosa.

Millardo. En diciembre de 1995, la Real Academia Española aceptó el neologismo "millardo", a propuesta del influyente académico venezolano Rafael Caldera, en aquel momento presidente de su país. En apariencia legítimo, no parece muy necesario, y ha suscitado las críticas de los propios académicos. Para empezar, porque "un millardo" tiene las mismas sílabas que "mil millones" (su significado exacto), con lo cual no se gana gran cosa en economía lingüística. Y en otras cantidades se ahorra sólo una sílaba (tres mil millones - tres millardos) y apenas unas letras si la primera cantidad se escribe con números: 3.000 millones - tres millardos.

En España lo usa a menudo el diario económico *Cinco Días*, sin que otros periódicos se hayan sumado a esa fórmula. Cuando Rafael Caldera empezó a emplear la expresión en sus discursos originó infinidad de chistes populares y dibujos humorísticos en la prensa venezolana.

Se trata de un término sin tradición en español, aunque sí exista en francés *(milliard)*, en italiano *(miliardo)* y en inglés *(billion)*. Y suena hasta despectivo: "me importa un millardo", por ejemplo.

Barbarismos y falsos amigos. Clonaciones. Se llama "falsos amigos" a las palabras que utilizamos en español por influencia de otras casi homófonas del inglés, pero que no significan lo mismo en uno y otro idioma. En *Defensa apasionada del idioma español* (Taurus, 1998) llamé a este efecto "clonaciones", dentro de una metáfora general sobre los "cromosomas" que tienen las palabras y que hacen evolucionar legítimamente la lengua a partir de sus propios genes; y para expresar gráficamente lo artificial de este efecto, que arruina la evolución democrática de la lengua porque se produce "desde arriba": las clases cultas y los malos traductores (entre ellos muchos periodistas) son los culpables de este empobrecimiento del vocabulario. Y lo arrojan hacia el pueblo, que acaba asumiéndolo sin haber intervenido en el proceso.

El periodista de un cierto nivel no puede obviar este problema.

Podría elaborarse un diccionario entero con estas clonaciones, probablemente el mayor peligro que se cierne ahora sobre el idioma español. He aquí sólo una mínima muestra de los abundantísimos vocablos afectados por las malas traducciones de textos o de teletipos de agencias extranjeras (principalmente del inglés), que han deteriorado el español al imponerse a palabras más precisas que perdían así su significado real, con la penosa colaboración de los periodistas:

A NIVEL DE (por influencia del inglés). En castellano, implica un concepto de altura ("a nivel del mar", "reunión al nivel de ministros"). Suele ocupar el lugar de "a escala de".

AGRESIVO (por influencia de la palabra semejante en inglés). En castellano esa voz se asimila a violento o con amenaza de violencia; y se incurre en error cuando sustituye a "emprendedor" o "dinámico" ("ejecutivo agresivo", "campaña agresiva").

BAJAR. En español, bajar una cosa implica cambiarla de sitio. En el lenguaje de los informáticos, equivale a dos acciones simultáneas y a la vez imposibles: cambiarla de sitio y dejarla en el mismo lugar.

Lo correcto es "copiar". En vez de "he bajado una música de Internet", "he copiado una música de Internet".

BÁSICO (de *basic*). La película *Instinto básico* debió traducirse *Instinto primario*. Ya se oye de alguien que "es un tipo muy básico", en lugar de "simple" o "primario".

BOLETA AUSENTE. Pésima traducción de *absentee ballot* o "voto por correspondencia", "voto por correo" o "voto postal". Se oye en medios informativos de Norteamérica que usan el español.

CHEQUEO (de *to check*, en vez de "revisión", "verificación" o "examen"). El *check-in* de los hoteles es el "ingreso" o la "inscripción". Y el *check-out*, la "salida" o la "cancelación" del alojamiento.

COMANDO. Por influencia de la palabra casi homófona del inglés se usa "comando" en vez de "orden", sobre todo en las malas traducciones de los informáticos.

CONDUCTOR. Quien marca el ritmo y el alma de una orquesta es su director, no su "conductor". Y quien presenta un programa, su presentador.

CONFRONTACIÓN (en lugar de "enfrentamiento"). El vocablo inglés *confrontation* ha confundido el uso de la palabra española "confrontar", que en buen castellano equivale a "cotejar" o "comparar".

CONVENCIÓN. Es incorrecto hablar de "la convención del Partido Demócrata". Debe decirse "el congreso del Partido Demócrata".

CONVENCIONAL (en lugar de "tradicional": armamento convencional, teléfono convencional). En realidad, "convencional" significa "fruto de un acuerdo" o de una convención (que en español significa "acuerdo").

COPIAS (en vez de "ejemplares"). "Ha vendido 50.000 copias de su disco". "Una revista que tira 100.000 copias". También por influencia de *copy*, del inglés. Los discos, libros o publicaciones no son copias unos de otros, sino que nacen todos de una matriz, máquina o prensa original. Este original da cuerpo a los ejemplares, que no son copias de aquél (para tratarse de copias deberían ser nuevas prensas o matrices). Así, una madre no produce "copias" (aunque se trate de gemelos), sino hijos. Y las buenas yeguas tienen "ejemplares" de pura raza.

CORPORACIÓN, CORPORATIVO. Se habla a menudo de "las grandes corporaciones" y de la "imagen corporativa". En ambos casos, y por influencia de *corporation*, se emplea mal el español, porque "corporación" es una entidad, generalmente de derecho público, cuyos miembros se integran en ella en pie de igualdad (por ejemplo, un Ayuntamiento o una Diputación, donde los votos de concejales y diputados provinciales valen lo mismo). *Corporation* puede equivaler a "empresa" o "gran empresa"; "imagen corporativa", a "imagen empresarial" o "imagen comercial".

Correr. Un político no corre *(to run)* para el puesto de presidente, sino que aspira a él. Se trata de una expresión que empieza a extenderse en el español de América.

Créditos (en lugar de "rótulos" o "firmas"). Los créditos de una película no parecen ser los préstamos para financiarla. Se llama así equivocadamente —mediante un falso amigo que procede de *credits*— a las firmas que aparecen al final de la proyección.

Descargar. Igual que en "bajar", implica que un objeto cambia de sitio, pero en la informática no sucede así sino que continúa donde estaba después de haberlo "descargado". Por tanto, debe emplearse "copiar".

Desórdenes (por *desorder)*. Los médicos abusan de expresiones como "sufre desórdenes en el corazón" o "sufre desórdenes renales" para referirse a problemas, disfunciones o enfermedades. Esos "desórdenes" del corazón no implican que las aurículas y los ventrículos estén cambiados de sitio, que es lo que significaría en español.

Digital (por influencia de la palabra de igual grafía en inglés). En español, digital se asimila a dedo. También existe "números dígitos" (es decir, los guarismos), que son tantos como los dedos de las dos manos (diez, las cantidades que tienen un solo guarismo). La traducción más correcta para "sistema digital", por ejemplo, era "sistema numérico". En francés se habla, precisamente, de *numérique* en lugar de "digital", pues el principio científico se basa en los números (bien es cierto que los números dígitos). Los franceses aportaron a tiempo su palabra adecuada. Los hispanos seguiremos diciendo "digital", en *spanglish*.

Doméstico (por *domestic fly)*. "Vuelo doméstico" ocupa el lugar de "vuelo interior" o "vuelo nacional". Así, a veces se habla de "los problemas domésticos" y ya no se sabe si son los que tiene la gente en su casa o los problemas de un país.

EMBARAZADO (por *embarrased).* En algunas zonas de Hispanoamérica se dice que alguien está "embarazado" como equivalente de "apenado" o "avergonzado". También se dice "qué pena" en lugar de "qué vergüenza".

EN BASE A (por influencia del inglés). El castellano tiene "a partir de", "con base en", "desde"...

ENCUENTRO (en lugar de "reunión", por influencia de *meet,* en inglés). Un buen estilo debe rechazar frases como "el encuentro entre los dos dirigentes duró tres horas". El encuentro, el momento en el que coincidieron en un mismo lugar, apenas habrá durado unos segundos. Lo que duró tres horas fue la reunión, el diálogo, la conversación, el debate o la entrevista. Sí es correcto el uso de "encuentro" en sentido figurado para referirse a competiciones deportivas (como "choque"). Aun así, no se puede caer en absurdos como "el árbitro alargó cinco minutos el encuentro". "Celebrar un encuentro", por otra parte, no significa tener una reunión, sino que dos personas están contentas de haberse conocido. Es decir, que celebran el encuentro.

ESPONSORIZAR (de *sponsor).* En español se dice "patrocinar"; y para "espónsor" existen "patrocinador" o "mecenas".

ESTIMAR. En los aeropuertos se suele hablar de la "hora estimada" del vuelo, pese a que muchas veces los viajeros no estiman nada esa hora. *Estimated* ha hecho que olvidemos "prevista", "programada", "calculada", "actualizada", "indicativa"... Y el uso anglicado de "estimar" está arrinconando "calcular", "prever", "programar"... Y "conjeturar" y "conjetura".

EVENTO (barbarismo procedente de palabras similares del inglés y el francés, que empieza a sustituir a la palabra castellana "acontecimiento"). Evento es lo que puede ocurrir o no, algo incierto; un acaecimiento. Y de ahí "eventual" y "eventualidad". Se emplea con mayor profusión en la prensa hispanoamericana.

EVIDENCIAS (en vez de "pruebas", por influencia de *evidence).* En español, lo evidente es lo que está a la vista. Las pruebas demuestran lo que no estuvo a la vista.

FACILIDADES (por *facilities).* La traducción correcta es "instalaciones", y no "facilidades".

FICHERO. En informática, equivale a "documento". "Fichero" es una clonación de *file.* Pero en español "fichero" implica un conjunto de documentos ordenados, no uno solo. Lo mismo sucede con "archivo".

Género, violencia de (por influencia de *gender*). En inglés se usa la palabra *gender* para referirse al género y al sexo. En español se diferencian ambos conceptos con palabras distintas: el género es un concepto gramatical; y el sexo, una característica fisiológica. Así, una mesa tiene género pero no tiene sexo. Parece más apropiado (y más contundente) escribir "violencia machista", "violencia sexista", "violencia de los hombres"... En correcto español, la violencia es siempre del género femenino ("la violencia es mala", "la violencia es excesiva"... Concuerda siempre en femenino), aunque generalmente la perpetren los hombres.

Ignorar (por influencia de *to ignore*). En español, "ignorar" significa "desconocer", únicamente. Las frases "María ignoró la presencia de Juan" o "María ignoró a Juan" sólo pueden suponer que María no sabía que Juan estaba allí. El anglicismo "ignorar" debe sustituirse por los verbos más ricos (y matizados) "despreciar", "desdeñar", "soslayar" o "ningunear". También sirven "no hacer caso", "hacer caso omiso" y, en ocasiones, "olvidar" en sentido figurado: "El Gobierno *olvidó* los plazos de la ley".

Incumbente (por *incumbent*). No es quien ocupa un cargo, sino su "titular". Se produce este error más frecuentemente en la prensa hispanoamericana.

Informal. No equivale a "falto de formalidad", sino a "incumplidor", "ineducado", "impuntual"... Una "reunión informal" (por el inglés *informal*) puede definirse como "reunión oficiosa", "no oficial", "sin ceremonia", "sin protocolo"... Una "conversación informal" es una "charla", un "diálogo desenvuelto", "una conversación desordenada", "desenfadada", "un intercambio espontáneo"...

Jugar un papel. En francés se dice *jouer un rol,* merced a la polisemia de *jouer* (también se dice *jouer le piano*). La traducción literal "jugar un papel" (muy extendida entre periodistas y políticos) sería tan incorrecta como "jugar el piano". Debe decirse "desempeñar un papel", "representar un papel". Y "tocar el piano", claro.

Librería. A veces se lee que alguien "consultó la obra en una librería" (mala traducción de *library*) en lugar de "en una biblioteca".

Nominado (en lugar de "propuesto" o "aspirante", por influencia de *nominated).* Suele aparecer esta palabra en relación con premios cinematográficos, casi nunca en otro ámbito. En correcto castellano, "nominar" significa dar nombre; equivale a "nombrar". A veces alguien *nomina* a otro para un puesto. En ese caso, el verbo adecuado en español es "postular"; o también "proponer".

Peatonal (por influencia del italiano *peatonale:* calle peatonal). La Academia ha incorporado este adjetivo, tras haberlo censurado durante años. El buen gusto preferirá "de peatones", "calle cerrada al tráfico" o —como decía el alcalde Enrique Tierno en sus bandos— "calles de sólo andar". La mejor fórmula, no obstante, sería "zonas pedestres" (empleada durante algún tiempo en la sección local de *El País).*

Precinto. En algunos diarios de América, y por influencia de *precint,* se confunde con "distrito".

Primarias. Probablemente ya no tiene remedio, pero las "elecciones primarias" de EE UU son en realidad unas "elecciones preliminares". "Primario" en español tiene otro significado, generalmente peyorativo y que se refiere a la escasa inteligencia de alguien movido más bien por sus instintos: "primitivo, poco civilizado". (Véase básico).

Privacidad (en el lugar de "intimidad"). Por influencia de *privacy,* del inglés. Ahora parece que la "privacidad" fuera algo más íntimo que la intimidad misma. El español distingue entre lo público, lo privado y lo íntimo. Con "privacidad" atentamos contra esa riqueza de matices.

Provocar (en lugar de "causar"). En castellano, "provocar" significa "excitar" o "inducir". Se causa algo cuando la acción recae directamente en la persona o cosa ("le causó una herida", pero no "le provocó una herida"). Y se provoca cuando esa causa genera otra acción de la persona o cosa ("provocó una reacción en cadena", "provocó una manifestación").

Quieto. La expresión inglesa *quiet* no debe traducirse por "quieto" sino por "silencioso".

Reportar (por influjo de *to report).* Equivale a "notificar", "informar", "explicar", "comunicar", "despachar"...

SALVAR. Se usa en informática por influjo de *save*. Es más correcto "memorizar".

SERIO (en lugar de "grave", por influencia de *serious)*. "Estamos ante una enfermedad muy seria". "... Perjudica seriamente a la salud". No hay enfermedades serias o alegres, sino graves o leves. No se da una situación seria, sino preocupante.

SEVERA. Las enfermedades no son severas, sino graves.

SIMPATÍA. Por influencia de *sympathy*, se dice (principalmente en América) que se expresa a alguien "nuestra simpatía" cuando queremos darle el pésame. Debe decirse "nuestra condolencia", "nuestra compasión" o "nuestra comprensión".

SOFISTICADO (en el lugar de "avanzado", "complicado", "ultramoderno": un avión sofisticado). En realidad, significa "refinado", "afectado". La Academia ha admitido recientemente en el Diccionario esta clonación, pero el buen estilo debe evitarla.

TEATRO DE OPERACIONES (en lugar de "campo de batalla" o "campo de guerra", o "terreno bélico", o "zona bélica", o "escenario bélico").

TEMÁTICO (por *theme parks)*. Hasta hace unos años se llamaban "parques de atracciones", "parques de diversión" o "parques recreativos". Por influencia del inglés y de la mentalidad norteamericana, las autoridades españolas dan ahora más importancia al "tema" del parque que a su propósito. Y más prestigio a la palabra anglicada: parece que "temático" tenga mayor relevancia que "recreativo". Sobre todo porque en la mayoría de las ocasiones se dice "parque temático" sin que a continuación se explicite el "tema" en cuestión, que finalmente carece de transcendencia (puesto que a la gente lo que le importa es que sea divertido. Como en tantos ejemplos más, el pueblo usa unos términos y el poder otros muy distintos).

VIVO, EN (por influencia de *live)*. Se dice que estamos ante una transmisión "en vivo" en vez de "en directo". Y correlativamente se explica que alguien ve un partido de fútbol "en directo" para referirse a que lo ve en el propio estadio: es decir, que lo "presencia"; o que lo ve "en persona". Los actos se transmiten "en directo" o "en diferido", pero nunca "en vivo" porque tampoco se pueden ver "en muerto".

A veces caen en estos errores de estilo reputados escritores. Los ejemplos tomados de los diarios serían interminables.

"Las mujeres siempre hemos tenido justa o injusta fama de cotillas, pero hay que ver cómo dictaminan los hombres en estos eventos". *(El País,* 11 de noviembre de 1996. Soledad Puértolas. Artículo).

"... Porque no es cierto que con nuestras opiniones expresadas en la siempre relativa privacidad de la vida...". *(El País,* 11 de noviembre de 1996. Soledad Puértolas. Artículo).

"Poco importa que los dos se quejen de que era una conversación privada captada por un micrófono especial: deberían saber que no hay privacidad". *(El País,* 18 de febrero de 1997. Eduardo Haro Tecglen).

"... Las opiniones sobre cómo los medios cubrieron el escándalo de Bill Clinton y Monica Lewinsky, como una manera de tratar los límites de la privacidad de la gente". *(Clarín,* de Buenos Aires, 17 de noviembre de 1998. Sin firma).

"El paciente inglés, nominada para 12 *oscars* y con una gran acogida ayer en Berlín"... *(El País,* 17 de febrero de 1997. José Comas).

"... Como parte de los eventos para celebrar los cincuenta años de la Universidad de los Andes, su Asociación de Egresados ha organizado...". *(El Espectador,* de Colombia, 17 de noviembre de 1998).

"El evento se desarrollará en el horario de 08:30 a 17:30". *(El Comercio,* de Ecuador, 28 de septiembre de 1999. Sección Negocios).

El neologismo creativo. Ya hemos visto en los párrafos anteriores que se pueden incorporar al idioma del periodista neologismos necesarios, puesto que hemos de definir conceptos nuevos. Y que han de construirse conforme al genio de nuestro idioma. Pero también podemos crear neologismos innecesarios y, sin embargo, efectivos.

Es decir, palabras que podrían expresarse de otra forma pero que enriquecen el texto con su originalidad y precisión. No obstante, sí han de reunir una cierta legitimidad, un cierto respeto a la genética de las palabras. Por ejemplo, podemos decir de alguien que "se encontraba dormibundo". La palabra no figura en el Diccionario, y no me consta que se haya empleado (quién sabe), pero guarda analogía con "moribundo" y nos da idea de que alguien se encuentra en trance de dormirse.

Si decimos que una persona se desenvuelve con "sinvergonzura" también habremos inventado una palabra no "oficial", pero sí integrable en su familia (sinvergüenza, sinvergonzonería, sinvergonzón, sinvergonzonada...).

Elsie Alvarado de Circord, directora de la Academia Panameña de la Lengua, defiende, por ejemplo, el neologismo "membresía", para referirse al grupo de personas que forman parte de una corporación. Así, podríamos escribir: "La membresía de la Academia discutió sobre el asunto". Pero, personalmente, no le veo mucha utilidad.

He aquí un neologismo brillante:

> "Con el príncipe de Asturias volando hacia la República Dominicana y las infantas en Atlanta en los Juegos Paralímpicos, Mallorca se ha desangrazulado mucho". *(El País,* 16 de agosto de 1996. Maruja Torres).

La palabra empleada por Maruja Torres rezuma efectividad, gracia y legitimidad.

Y otro:

> "Cuánto mejor sería que el líder peneuvítico hablara con normalidad y responsabilidad". *(El País,* 11 de marzo de 1997. Miguel Ángel Aguilar).

Se refiere el autor al presidente del PNV, Xabier Arzalluz, ex jesuita; y el neologismo hace un juego irónico entre "peneuvista" y "jesuítico".

"En Madrid siempre hubo cenáculos donde se hosannaba la memoria de don Juan, como peaje para criticar al Rey". *(El País,* 26 de noviembre de 2000. Fragmento del libro de Pilar Urbano *Un abrazo de humo,* biografía del juez Baltasar Garzón).

La periodista Pilar Urbano inventa aquí el verbo "hosannar", que se basa en el latinismo de origen hebreo *hosanna,* exclamación de júbilo usada en la liturgia católica.

Tengamos diccionarios. Para reducir los errores en el uso de las palabras con más presencia en el lenguaje del periodista merece la pena hojear los libros de estilo publicados por distintos medios de comunicación españoles. Cualquiera de ellos nos resultará de utilidad. Y, por supuesto, el *Diccionario de la Real Academia Española.*

Una lista orientativa. Como resumen de lo dicho —a la vez que como ejemplo— facilitamos aquí una lista de neologismos usuales —la mayoría, creados en los últimos 20 años— según se adecuen o no al buen castellano y a un correcto estilo periodístico. No se pretende ofrecer un diccionario, siquiera incompleto, sino orientar al lector o al estudiante sobre los criterios que se pueden utilizar, como analogía, ante casos similares que se les vayan presentando.

NEOLOGISMOS CORRECTOS

Achique. Aplicado al fútbol, el movimiento de la defensa hacia adelante para provocar el fuera de juego del equipo contrario, y disminuir el terreno en que se desenvuelve generalmente el partido. Se trata en realidad de una metáfora. Difundió la acción y la palabra el entrenador argentino César Luis Menotti.

Aerobic. Gimnasia a ritmo de música, creada en los años setenta y popularizada por la actriz Jane Fonda. Como otras actividades deportivas, se ha incorporado casi como nombre propio (squash, golf, hockey...).

AYATOLÁ. Grado que se obtiene en las escuelas coránicas tras varios años de estudios islámicos y que confiere a quien lo obtiene autoridad en la interpretación del libro sagrado.

BALSEROS. Los que huyen de Cuba hacia Estados Unidos en precarias balsas. En el verano de 1994 se produjo "la crisis de los balseros", cuando miles de personas utilizaron ese sistema para escapar del régimen castrista.

BATASUNO. Miembro o simpatizante de Herri Batasuna, coalición que propugna la independencia del País Vasco y apoya a la banda terrorista ETA. Normalmente, se usa con carácter despectivo.

BÍFIDO. Bacilo con propiedades dietéticas usado desde 1986 en la fabricación de yogures.

BLANQUEAR. En sentido figurado, operaciones de lavado de dinero negro (ingresos no controlados por Hacienda) para convertirlo en depósitos de apariencia legal.

BONOBÚS. Acrónimo de bono y autobús. Billete de 10 viajes (generalmente) mediante el que se obtiene un mejor precio para cada uso del transporte.

BONOLOTO. En España, un tipo de lotería del Estado. Abono que permite jugar con los mismos números en cuatro sorteos de la Lotería Primitiva.

BUSCA. Aparato que suelen llevar los médicos y otros profesionales, enganchado al cinturón, para ser localizados con prontitud mediante la transmisión de un mensaje escrito o verbal. Palabra y aparato están llamados a desaparecer con la proliferación de los teléfonos portátiles. En algunos países de América se usa el anglicismo "bíper".

DESCODIFICADOR. Al principio, algunos decían "decodificador" (por influencia del francés). Emparenta con la palabra madre, "codificar" —de código— y su formación es legítima. Se trata del aparato que traduce una señal de televisión o radio para que el usuario pueda disfrutarla.

ECOTASA. Impuesto con el que se gravan las actividades que pueden influir en el medio ambiente, como las producciones eléctrica, química o petrolera. La palabra está formada legítimamente (con la raíz griega *oixo*—casa, morada; raíz de ecología o ecosistema— y la palabra "tasa").

Emocicono. Dibujo que se hace mediante la combinación de distintos signos ortográficos (los puntos, los paréntesis...) para representar gestos humanos (de buen humor o de enfado, por ejemplo). Se emplea más la clonación del inglés "emoticono"; pero el español empieza a defenderse con el aporte "caritas".

Euroescépticos. De formación similar a la anterior. Dícese de los que no creen positiva la Unión Europea.

Faxear. De teléfono, telefonear. De fax, faxear. Nada que objetar. Son palabras emparentadas con facsímile. Antes que "fax", se dijo "telefax"; y antes, "telefacsímile" (fotocopias a distancia). El sistema se inventó en 1949, pero no se popularizó hasta los años ochenta.

Fletán. En 1995, España sostuvo con Canadá un conflicto diplomático y patriótico de gran envergadura por culpa de un pescado que ni siquiera estaba en nuestro Diccionario. El fletán, denominación francesa, se pesca en aguas de Terranova, caladero adonde acuden los marineros de Pasajes de San Juan —ahora Pasaia— desde tiempo inmemorial. Aquellos intrépidos pescadores vascos dieron nombre a la ciudad portuaria —San Juan de Pasajes, ahora reproducido lamentablemente como Saint John's en nuestros periódicos—, se ganaron el derecho histórico de pescar allí y se trajeron cada año aquel pescado, pero no la palabra que lo nombra. Y aquí nos lo comíamos llamándole lenguado.

Formatear. Poner un formato, usualmente para un programa informático. Nace por la necesidad de una nueva función.

Gorrilla. Se llamó así en Sevilla al guardacoches ilegal, partiendo de una sinécdoque (la parte por el todo). Responde muy bien al genio del idioma castellano.

Guiri. Se designa así, en jerga, a los extranjeros que visitan España (no la oímos referida a los que viven en su propio país, que en cualquier caso estaría siempre lleno de guiris; se supone que ahí los guiris serían los españoles). Tal vez proviene de una formación onomatopéyica, por el guirigay de las palabras extranjeras. Puede utilizarse, pero conviene escribirla en cursiva al no estar aún suficientemente implantada.

Hacer dedo. Una nueva expresión con la que el castellano se defiende frente a "hacer auto-stop".

HOMOFOBIA. Hay quien, desde una perspectiva purista, rechaza esta palabra. Etimológicamente, en efecto, no significa "aversión a los homosexuales" —significado que se le pretende dar—, sino "aversión a lo igual". Pero la alternativa "homosexualesfobia" no la sustituiría con ventaja. Las organizaciones de homosexuales defienden la difusión de esta palabra de modo que sirva en su día para tipificar el delito de agresiones o discriminaciones a estas personas.

INTERNET. En su día pudo haberse llamado "Interred", o "Mundirred", pero se impuso la denominación internacional Internet (en inglés, por supuesto), que al fin y al cabo la inventaron los norteamericanos. Se puede tomar también como nombre propio.

KARAOKE. Llegó a España en 1993, procedente de los países asiáticos (donde triunfaba desde hacía muchos años). Consiste en la emisión de un vídeo con música instrumental y subtítulos que muestran la letra de una canción, de modo que el usuario pueda cantarla por su cuenta mediante un micrófono. Constituye uno de los pocos casos de extranjerismo en que se puede aceptar sin más la expresión. Además, su pronunciación no repugna a la fonética castellana.

LAMBADA. Ritmo del verano del 89, interpretado por el grupo Kaoma. Cuando todos creíamos que había llegado de Brasil, se descubrió que la canción estrella de este son era un plagio de una melodía boliviana de los hermanos Hermosa. Se puede aceptar como neologismo sin problemas, como nombre propio —aunque se escriba con minúscula— de un determinado ritmo (igual que rock o blues).

LIPOSUCCIÓN. Nueva palabra para un nuevo concepto. Consiste en aspirar la grasa mediante una cánula que se aplica a la zona correspondiente. La técnica fue inventada en 1977 por el cirujano francés Yves Gérard Illouz.

LITRONA. Botella de litro —generalmente de cerveza— que los jóvenes suelen adquirir en los supermercados y que se consume al aire libre. Su alternativa es "botella de litro", pero "litrona" añade connotaciones específicas a las que no se debe renunciar.

MARUJA. Precedida del artículo "una" y escrita con minúscula, esta palabra designa a la mujer que se dedica a las labores domésticas, sin otras pretensiones culturales o profesionales. Se extendió a mediados de los años ochenta.

Microondas. Un nuevo vocablo para un invento destinado al hogar. El principio físico fue inventado (o descubierto) en 1945, y se trata del radar electrónico aplicado a la cocina. Los alimentos no se calientan por contacto directo con una fuente de calor, sino por la estimulación a distancia de la frotación de sus partículas. El primer horno de este tipo se vendió en Estados Unidos en 1967. En Francia, a mediados de los setenta. A España llegó con los ochenta.

Mitinero. Probablemente, se puede sustituir bien "mitin" *(meeting)* por "acto electoral", o "acto público", o "discurso político", "discurso electoral"... Pero, ciertamente, la palabra "mitinero" tiene connotaciones propias (demagógico, acalorado, apasionado en la expresión...).

Móvil. El adjetivo de "teléfono móvil" se ha convertido en sustantivo. En el español de América se le llama también "portátil" y "celular".

Multipropiedad. Propiedades inmobiliarias —por lo general, apartamentos en zonas turísticas— que comparten varias personas —normalmente desconocidas entre sí— y que se distribuyen en el tiempo de modo que sus dueños las usen sucesivamente, sin coincidir jamás. Por tanto, se trata de una propiedad de muchos, y se puede aceptar la palabra sin problemas.

Narco. Apócope de "narcotraficante", que ha tenido gran éxito en la prensa por su menor número de letras que la palabra completa, lo que facilita los titulares. El periodista deberá darle el mismo tratamiento que su publicación otorgue a otros apócopes (como "tele", "cole", "seño"...).

Okupas. Quienes entran ilegalmente en propiedades ajenas cuyos dueños no les dan uso práctico (tal vez sólo uso especulativo). La "k" forma parte del gusto contracultural hacia esa letra con fama de transgresora (empezando por la propia palabra "kultura"). Puede aceptarse como parte de una jerga que se va introduciendo en el lenguaje normal. Y porque ofrece matices distintos respecto a "ocupantes".

Parabólica. Igual que en el caso de "móvil", el adjetivo se ha pasado a nombre. Las antenas parabólicas se llaman así por el diseño característico de la "paellera", que parece inspirarse en la parábola geométrica. Permite recibir la imagen de televisión o sonido que rebota un satélite artificial.

Patera. Muy presente en el lenguaje periodístico, define la embarcación de escasísimo calado que usan muchos magrebíes para cruzar el estrecho hacia España, en penosas condiciones. Se empieza a utilizar en los periódicos en los años ochenta. En realidad, se trata de una palabra de sentido figurado, puesto que significa "plato o cuenco de poco fondo que se usaba en los sacrificios antiguos". Esta acepción figura recogida en el Diccionario de la Academia como esdrújula, aunque en latín era llana.

Ratón. El mando que, manejado sobre la mesa con movimientos horizontales, reproduce igual movimiento, esta vez vertical, en la pantalla del ordenador. La traducción del inglés *mouse* se adapta en este caso también al castellano, y procede de la forma del instrumento, concebida así para acomodarse mejor a la mano.

Senderismo. Deporte o diversión que consiste en caminar por el monte o por parajes de valor ecológico o ambiental. Palabra de formación legítima.

Seropositivo. Una voz técnica que ha pasado al lenguaje común, convertida precisamente en nombre común. Define a la persona portadora del virus de la inmunodeficiencia humana. El afectado no es un enfermo de sida pero sí está infectado, con posibilidades de desarrollar la enfermedad. La palabra comenzó a generalizarse en 1983, y ahora decimos de alguien que es "un seropositivo".

Sida. Como ya hemos visto anteriormente, se trata de una palabra más de las que se forman a partir de siglas. Su uso comenzó en 1981. También se usan los derivados "sídico" y "sidoso", incluso "sidatorio" y "sidafobia". La Academia incluyó en su Diccionario de 1992 solamente "sida" y "sidafobia".

Telemando. O mando a distancia. Es mejor emplear "telemando" porque economiza espacio.

Triatlón. Competición que consiste en carreras de ciclismo, natación y pedestrismo, y que comenzó a disputarse en 1987. Se originó en una apuesta entre soldados de marina norteamericanos. La palabra se forma mediante una modificación del vocablo "decatlón" (del que también se forman "pentatlón" y "heptatlón").

Zapear. Esta voz siempre significó "espantar", "ahuyentar" (especialmente al gato). La Academia ha admitido ahora el significado de cambiar reiteradamente de canal de televisión. Al no aportarse en su día expresiones como "fisgar", "curiosear" o "picotear" (que habrían respondido mejor a nuestro idioma), o incluso "canalear", se ha terminado imponiendo este vocablo vacío, que procede de *zapping,* una onomatopeya inglesa. No obstante, el periodista no debe olvidar alternativas como las citadas, siquiera como cuestión de estilo.

NEOLOGISMOS DESACONSEJABLES

Airbag. Anglicismo que se puede sustituir por "globo de seguridad ", o "globo" simplemente (igual que "cinturón de seguridad" ha pasado a decirse "cinturón").

Attachment. atachear. Anglicismos que equivalen en español a "anexo" y "adjuntar". También se ha aportado el neologismo "atadillo".

Autofocus. Sistema fotográfico que se puede denominar perfectamente "autoenfoque".

Baby sitter. El español se ha defendido aportando "canguro" para definir a la persona que cuida niños por horas.

Baffle. Altavoz o pantalla acústica. Se puede sustituir por esas palabras o también por "columna".

Banner. En inglés significa "bandera" o "estandarte". En Internet equivale a "anuncio" o "publicidad" (suelen tener forma alargada, en bandera; pero los de los estadios de fútbol también, y no se llamaron nunca *banners).*

Beicon. Del inglés *bacon.* Entró en el Diccionario en 1992. Hasta entonces nos lo habíamos comido creyendo que era panceta. La Academia lo define ahora como "panceta ahumada". Es decir, que si uno lo compra crudo no compra beicon. Esta modificación gastronómica a la vez que lexicográfica no se da con otros alimentos, y así comemos "morcilla frita", "morcilla asada" o, simplemente, "morcilla". Lo mismo debería ocurrir con "panceta frita", "panceta ahumada" o "panceta".

Broker. Intermediario que compra y vende por cuenta ajena. Intermediario sin riesgo propio. O simplemente, intermediario o agente.

Cassette. La Academia ha admitido "el casete", para referirse al aparato, y "la casete" para designar las cintas. El español se va defendiendo al usar cada vez más "la grabadora" y "las cintas".

Catering. En España se aplica sobre todo a la comida que dan en los aviones. Se puede sustituir por aprovisionamiento, intendencia, suministro de alimentos o, simplemente, comida.

Chat. Chatear. *Chat* no existe en español; "chatear", sí: significa "tomar chatos de vino". En la jerga internauta, el sustantivo equivale a "foro", "tertulia", "conversación"...; y como verbo, a "conversar", "debatir"o "dialogar" en Internet. Serían legítimas las construcciones "interforo", "ciberforo", "ciberdebate", "ciberdiálogo"..., para ceñir esas acciones a la Red.

Cliquear. Clicar. "Pulsar" un determinado espacio en la pantalla del ordenador cuando el cursor se halla sobre él, para obtener una respuesta del programa.

Compact. Disco de música, irrompible, que se graba y reproduce por un sistema numérico (también llamado digital, de dígito). Fue inventado por la empresa Philips y se generalizó en 1983. Proporciona una gran calidad de sonido. Se debe decir "compacto". Pero en el futuro se llamará simplemente "disco", una vez que los de vinilo dejen de existir y no haya necesidad de diferenciarlos.

Crack. La estrella de un equipo de fútbol. El castellano dispone de muchas alternativas: figura, astro, genio... También, un tipo de droga derivada de la cocaína (en este caso, la única posibilidad de castellanizar el vocablo sería "crac"). A veces se escribe por error "crack" en lugar de "crash" (el hundimiento o bajón de la Bolsa).

Diskette. La Academia ha admitido "disquete", pese a que no se trata propiamente de un disco. De todas formas, ya se emplea más el "zip". Es probable que todo termine llamándose "disco", como el actual "cedé".

E-mail. La palabra adecuada en español es "mensaje": "Te envío un mensaje". Y si se trata de un texto largo, se puede acudir sin complejos a "carta". Dentro de muy poco sólo existirán las cartas que se envíen por Internet; y es muy probable que se mantenga la palabra aunque cambie el medio de transporte. También eran mensajes los que llevaban las palomas, y cartas las que portaba aquella persona que corría (de ahí los genes de "correo") para llevarlas pronto. Igualmente, conviene hablar de "correo electrónico" o "cibercorreo" para referirse al sistema de envío. Y a la "dirección" informática puede llamársele "buzón".

Fingers. Pasarelas para acceder al avión. En los aeropuertos las llaman "mangueras" o tubos.

Flipar. En inglés, *flip* significa "viaje corto de placer". Y *flippant* es algo disparatado, alocado. La palabra que nos llega parece mezclar ambos conceptos. Pero en español se puede sustituir por "alucinar"; y "flipe", por "alucine" (en jerga).

Focus group. Se puede sustituir por "grupo de discusión". En investigaciones sociológicas, se forman grupos con personas representativas de diferentes estratos a fin de conocer sus opiniones sobre un determinado producto y de usar esa información para mejorarlo.

Footing. Analizando la frase completa se puede buscar mejor la alternativa: "Iba por el monte corriendo", "iba por el monte haciendo deporte". Si se quiere una palabra más sencilla, úsese "corretear" o simplemente "correr".

Fordwardear. En la jerga informática, reenviar algo. Se recibe un mensaje y se remite tal cual a otra persona. El filólogo José Antonio Millán propone, con magnífico criterio, el verbo que siempre se utilizó en el servicio de correos: reexpedir.

Gay. En el provenzal, *gai* significa alegre (de aquí que en español "gayo" y "gaya" signifiquen alegre también; y que a la poesía se le denomine "la gaya ciencia"). Pero la palabra —de igual raíz— nos llega a través del inglés para significar "homosexual masculino". (Curiosamente, a los homosexuales masculinos se les supone alegres, a diferencia de las lesbianas, que se quedan por ahora sin connotación positiva). En un buen estilo, debemos huir de "gay" y escribir "homosexual" (palabra que engloba a hombres y a mujeres). Y si la palabra viene mal para un título, por sus excesivas letras, reduzcamos los vocablos que la rodean. Y si no somos capaces de hacerlo, cambiemos de oficio.

HARDWARE. Pese a que muchos creen que hacen falta palabras nuevas para los inventos recientes de la informática, este vocablo ya existía en inglés muchos años antes de que llegaran los ordenadores. En informática, el *hardware* es el soporte físico. Lo que normalmente llamamos el ordenador. Equivale al aparato de televisión o televisor (o sea, el continente).

HOMELESS. Siguiendo el gusto inglés de definir las ideas con una negación, aquí se ha traducido como "sin casa", "gente sin casa", "los sin casa". En castellano se dice "indigentes", o "vagabundos", o "desvalidos", o "pordioseros", o "mendigos"...

HOMEPAGE. Se puede emplear "portada" para referirse a la imagen inicial que nos ofrece un espacio de Internet.

JACUZZI. Bañera importada de Japón y que comenzó a generalizarse en saunas y gimnasios a principios de los ochenta. Se puede explicar mejor con la palabra "hidromasaje".

JET-SET. En teoría, la sociedad del reactor. Pero quien lo utilice incurrirá en error tanto en español (porque dispondrá de opciones mejores) como en inglés (porque la gente a la que se suelen referir con ese vocablo los periodistas no tiene ni reactor ni nada. Como mucho, usan un aerotaxi, y no todos). Se puede sustituir por "alta sociedad", "los ricos", "la gente de lujo", "los famosos"...

KIT. En español, lote. Un *kit* de afeitado, un *kit* de productos informáticos... son un lote de afeitado, un lote de productos informáticos...

LIDERAR. Anglicismo admitido por la Academia en 1987. Se puede sustituir por expresiones más castellanas, como encabezar, dirigir, presidir, acaudillar, capitanear, comandar, pilotar...

LIFTING. Levantar *(to lift)* la piel para luego estirarla, de modo que la persona sometida a esta intervención parezca más joven. Se puede sustituir por "estiramiento".

LIGHT. Productos ligeros, suaves, rebajados, descafeinados, sin nicotina, sin azúcar, sin calorías... Cualquiera de estas opciones gana a la palabra inglesa. En algunos países de Hispanoamérica, a la Coca-Cola *light* se le llama "Coca-Cola de dieta".

LINKAR. LINK. Como tantos otros casos relativos a la informática o Internet, las palabras en inglés (o en *spanglish)* se pueden sustituir perfectamente por sus conceptos en español. En este caso, "enlazar" y "enlace". Si es que deseamos que nos entienda el gran público.

MAILING. Reparto de propaganda a domicilio. Se puede utilizar "buzoneo".

MARKETING. En castellano existe "mercadotecnia", que cualquiera puede entender perfectamente por su analogía con "pirotecnia", "nemotecnia", "luminotecnia"... En cambio, *marketing* sólo da pistas a quien sepa inglés.

MASACRE. MASACRAR. Galicismos. En correcto español, "matanza" y "aniquilar".

MASTER. Se ha puesto de moda esta palabra, que refleja simplemente lo que en español se puede llamar estudios de posgrado. Hace unos años se sugirió la alternativa "magister", pero no prosperó. En el español de América se le llama "maestría".

MISS. En España ya tal vez no tenga remedio. Pero en Venezuela a las *misses* se les llama "reinas" de belleza; y la más guapa de Colombia recibe la denominación de "señorita Colombia". Las ganadoras colombianas obtienen también el título de "reinas"; y las damas de honor, el de "princesas".

PACK. Un paquete, un paquetito, un envoltorio...

PARKING. No está claro si esta palabra equivale a "aparcamiento subterráneo", porque a menudo se emplea para referirse a grandes estacionamientos al aire libre. ("Valcotos, *parking* gratis". Titular en *Diario 16,* 9 de febrero de 1997). En países de Latinoamérica se aporta como equivalente "parque". De todas formas, el castellano se defiende con expresiones como "he dejado el coche en el subterráneo", en las que se sobreentiende que se trata de un aparcamiento.

PASSWORD. La fórmula alfabética, numérica o alfanumérica para tener acceso a un ámbito informático. Por tanto, se pueden emplear en español "clave", como en los cajeros automáticos, o "contraseña".

PINS. En otro tiempo se llamaron "alfileres" o "insignias", según su forma y su enganche. Probablemente, esta palabra desaparecerá con la moda que la acompañó a partir de los Juegos Olímpicos de 1992.

PLUG-IN. En informática, "conectar", "enchufar".

Posicionarse. Palabra que introdujeron en la prensa los políticos vascos. No tiene sentido si ya contamos con otras más eficaces, como "definirse", "situarse", "pronunciarse"... Aún parece más fea la derivación "posicionamiento". Lamentablemente, la Academia ha aceptado ya "posicionarse".

Prime time. Muy empleada en las páginas de televisión, esta voz se puede sustituir muy bien por "horario estelar", "hora de máxima audiencia", "horario principal", "horas de oro"...

Puenting. Deporte que consiste en arrojarse por un puente, atado a la barandilla con unas cuerdas elásticas. El *Libro de estilo* de *El País* aportó la innovación "puentismo", como alternativa, opción que reprodujeron luego textualmente el *Libro de estilo* de *El Mundo* y el del diario mexicano *Siglo 21*. Por supuesto, *puenting* no existe en inglés.

Reality show. Como ya hemos visto anteriormente, se puede sustituir por "programas de sucesos".

Rol. Se trata de un galicismo muy introducido en el habla, sobre todo con los "juegos de rol", pero antes en la sociología. Un periodista cuidadoso debe evitar expresiones como "jugar un rol" o "tener un rol social", y emplear preferiblemente "representar un papel", "desempeñar una función social".

Skins. El castellano se ha defendido aportando la alternativa "rapados". Se comete una redundancia al decir "cabezas rapadas", puesto que si nos hablan de alguien que se ha rapado entendemos siempre que se trata del cabello.

Software. En informática, el soporte lógico, los programas, las aplicaciones. El equivalente a los programas de la televisión (o sea, el contenido). Conviene huir de la palabra inglesa.

Tertuliano. Tertuliano no era un hablador impenitente, sino un famoso teólogo cartaginés que en el siglo III escribió *La prescripción de los herejes* para reflejar los principios cristianos de la tradición y la autoridad. Algunos de los tertulianos actuales se le parecen, pero eso no es motivo para olvidar la voz "contertulio", de mejor estilo.

Tetrabrik. Cajas de cartón forrado interiormente por un derivado de aluminio. El sistema fue inventado en Suecia en 1952, y sirve para envasar leche, vino, agua... En español se puede reemplazar simplemente por "cartón", y de hecho los consumidores ya hablan de comprar "un cartón de leche" o "una caja de leche".

Top-less. Como en el caso de *homeless,* se define algo con una voz que equivale a una negación (algo poco brillante desde el punto de vista intelectual): "sin la parte de arriba". El castellano ya se empieza a defender también ante esta nueva colonización y muchas chicas dicen "tomé el sol en tetas". En cualquier caso, la expresión inglesa se puede evitar con recursos como "tomó el sol sin sujetador", "trabaja en una barra a pecho descubierto", "es un local de camareras con el pecho desnudo"... O "tomó el sol en braga" (si el contexto lo permite).

Top-model. Modelo de altura, chica de portada, modelo cotizada, modelo famosa, supermodelo... O, simplemente, modelo. Si realmente se trata de *top-models,* bastará con escribir su nombre.

Videoclip. Se puede sustituir por la expresión "vídeo musical", o, forzando más el invento, por "musivídeo" o "videocorto". Se trata generalmente de vídeos de promoción que se lanzan con la salida de un nuevo disco, así que también podemos sugerir "promovídeo". Lamentablemente, la expresión *videoclip* se ha extendido mucho, y no se ve fácil este intento de sustituirla.

Walkman. Se puede llamar "magnetófono portátil", o simplemente "el portátil": "Iba corriendo mientras escuchaba música en el portátil". El periodista dispone también de la expresión "los cascos": "Iba escuchando música por los cascos", "oía la radio por los auriculares".

Windsurf. En algunos países de Latinoamérica se conoce este deporte como "tabla-vela". Probablemente, poco a poco se irá hablando sólo de "hacer tabla" en lugar de "hacer *windsurf*". Y tal vez ocurra lo mismo en el caso del *surf.*

Yonki. Del inglés *junkie,* que viene de *junk* (trastos viejos, basuras, desperdicio, chatarra). Por tanto, tenemos dos motivos para no usar esta expresión: que pertenece a otro idioma y que constituye un desprecio hacia los enfermos que padecen dependencia de las drogas. Se pueden usar "drogadictos" (aunque se trata de un galicismo) o —mucho mejor— "drogodependientes"; en determinados reportajes nos encajarán también expresiones como "enganchados" o "colgados".

YUPPIES. Profesionales en una situación económicamente acomodada, instalados en el sistema. Puede sustituirse por "joven ejecutivo" o, simplemente, "ejecutivo". La palabra inglesa procede del acrónimo de *young upwardly-mobile people,* o gente joven en ascenso.

EL VOCABULARIO DEL SENSACIONALISMO

El periodista siempre puede elegir entre muchas palabras. A veces, para un concepto determinado encontrará varias parecidas, de semejante significado concreto pero de connotaciones diferentes. Un diario sensacionalista se caracteriza por buscar las expresiones más rotundas, más grandilocuentes, más exageradas, frente al lenguaje llano y sencillo de un periódico serio.

El lenguaje del sensacionalismo tiene, por tanto, sus propias reglas y sus palabras propias, que suelen ocupar el lugar de otras más corrientes usadas en el resto de los periódicos.

Veamos algunos ejemplos, sin ánimo de agotar un vocabulario que ofrece centenares de posibilidades.

PERIÓDICO SERIO	DIARIO SENSACIONALISTA
Fulano habla	Fulano rompe su silencio
Entrevista a Fulano	Fulano se confiesa
Dudas	Polémica
Polémica	Escándalo
Conversación privada	Conversación secreta
Atraco mortal	Atraco sangriento
Divergencias	Discrepancias
Discrepancias	Ruptura
Discusión	Bronca
Revés	Fracaso
Mal tiempo	Temporal
Temporal	Catástrofe
Se descubre	Se destapa
Reinsertado, reinserto	Arrepentido

PERIÓDICO SERIO	DIARIO SENSACIONALISTA
Matanza	Masacre*
Fulano critica	Fulano denuncia
Aplazamiento	Frenazo
Importante	Histórico
Revancha	Venganza
Se repliega	Se atrinchera
Un respiro	Una tregua
Mayoría	Monopolio
Liderazgo	Monopolio
Alegría	Euforia
Descontento	Frustración
Nuevo	Inédito
Alboroto	Trifulca
Preocupación	Alarma
Alarma	Pánico
Pánico	Caos total
Empeoramiento	Desastre
Pérdidas	Ruina
Los precios suben	Los precios se disparan
Ruido	Estruendo
Tiroteado	Acribillado
Enmienda la ley	Torpedea una ley
Retira una ley	La tira a la papelera

Esta clasificación, meramente orientativa, no significa que un diario de referencia, un periódico sesudo, no pueda emplear las palabras contenidas en la segunda columna. A veces le resultarán incluso muy útiles. Pero no le debe ocurrir que —como sí sucedería en un diario sensacionalista— siempre la opción elegida proceda de esa segunda lista. También un periódico de técnica popular puede acudir a ellas con tranquilidad.

* "Masacre" no es palabra castellana, sino francesa. Se suele emplear, precisamente, en lugar de "matanza".

EL VOCABULARIO AJENO

El informador debe llegar al mayor número posible de lectores. El uso de la jerga de un determinado ámbito o profesión no favorece en nada la claridad. Por tanto, le conviene huir del lenguaje especializado y explicar con términos comunes —pero no vulgares— las palabras técnicas o de un grupo reducido.

> "Prodi asegura que se ha tratado precisamente de evitar que muchas de las investigaciones en curso se cierren por prescripción y que los correspondientes delitos queden impunes". *(El País,* 11 de enero de 1997. Peru Egurbide).

¿Qué es "cerrar por prescripción"? Un entendido en derecho puede deducir que se trata de la prescripción de un delito: el momento en que ya no se pueden pedir cuentas a su autor por haber pasado el plazo que fije la ley. Pero no todos los lectores disponen de preparación suficiente para entender ese lenguaje.

> "El magistrado que instruye el caso por cohecho contra Luis Pascual Estevill, Antonio Bruguera, prepara una comisión rogatoria con preguntas concretas y basada en el delito de corrupción para obtener la colaboración de la justicia helvética". *(El País,* 16 de febrero de 1997. Xavier Horcajo).

¿Qué significa "comisión rogatoria"? Se trata de una expresión del lenguaje judicial que el periodista traslada a sus lectores sin explicarla, lo que hará sospechar siempre que no conoce bien su significado. Se habría evitado todo eso con esta redacción:

> "El magistrado que instruye el caso por cohecho contra Luis Pascual Estevill, Antonio Bruguera, prepara el envío a Suiza de una comisión judicial con preguntas concretas sobre el delito de corrupción para obtener la colaboración de la justicia helvética".

El siguiente ejemplo se extrae de un titular:

"Nanotubos de carbono al rescate del microscopio de efecto túnel". *(El País,* 13 de noviembre de 1996. Titular del suplemento Futuro).

En este ejemplo se ve la buena intención de quien haya redactado el título, porque intentó presentar el tema como algo apasionante. Pero con ese vocabulario tamaña empresa se hacía imposible.

Los "archisílabos"

El periodista no debe dejarse contaminar por el lenguaje administrativo, o por la jerga de determinadas profesiones:

"...Varios alcaldes manifestaron su adhesión a través de comunicados y justificaron su inasistencia por factores de distancia". *(El Comercio,* de Lima, 1 de mayo de 1998).

Lo que en lenguaje común se diría así:

"...Varios alcaldes se adhirieron mediante comunicados y justificaron su inasistencia por hallarse lejos".

La tendencia a los estiramientos que se da tanto entre los políticos ha contaminado a muchos informadores:

"La siniestralidad en las vías interurbanas aumentó un 1% en 2000". (*El País,* 5 de enero de 2001).

Lo que cualquier persona de la calle habría expresado de otro modo:

"Los siniestros en las vías interurbanas aumentaron un 1% en 2000".

O mejor aún, para lograr más llaneza:

"Los accidentes en las carreteras aumentaron un 1% en 2000".

Otro caso de los muchos que se pueden encontrar, éste en América:

> "Presencia sobredimensionada de OEA afectará a Perú". *(Expresso,* de Perú, 18 de julio de 2000).

Porque cualquiera que se expresase con naturalidad habría titulado:

> "Presencia excesiva de OEA afectará a Perú".

Aurelio Arteta, profesor de Filosofía Política de la Universidad del País Vasco, ha denunciado el uso de lo que él llama "archisílabos": "La consigna es llenarse literalmente la boca. Ante el temor a empequeñecer, nos encampanamos en nuestros vocablos y acabamos la mar de satisfechos en la grandilocuencia. Si al desgraciado circo del chiste le crecían los enanos, en nuestro circo verbal nos crecen a ojos vistas las palabras".

Se refiere Arteta a las voces que ponen en circulación algunas colectividades profesionales. Los periodistas acaban adoptándolas sin criterio alguno. Arteta aporta estos ejemplos:

ARCHISÍLABO	PALABRA LLANA
Ejercitar	Ejercer
Complementar	Completar
Cumplimentar	Cumplir
Señalizar	Señalar
Climatalogía	Clima
Metodología	Método
Problemática	Problemas
Intencionalidad	Intención
Finalidad	Fin

ARCHISÍLABO	PALABRA LLANA
Potencialidad	Potencia
Necesariedad	Necesidad
Voluntariedad	Voluntad
Obligatoriedad	Obligación
Peligrosidad	Peligro
Totalidad	Todos
Credibilidad	Crédito
Disfuncionalidad	Disfunción
Emotividad	Emoción
Motivaciones	Motivos
Limitaciones	Límites
Fundamentar	Fundar
Diferenciado	Distinto
Utilización	Uso
Influenciar	Influir
Conformar	Formar
Potenciación	Impulso
Seguimiento	Control
Vehicular	Llevar
Posicionarse	Situarse
Posicionamiento	Definición
Ejemplarizante	Ejemplar
Criminalizados	Incriminados
Institucionalizar	Instituir
Personalizado	Personal
Estrategias	Planes
Involucrar	Implicar
Sobredimensionamiento	Exceso*
Materializar	Plasmar
Explosionar	Explotar
Reinsertados	Reinsertos
Actuaciones	Acciones

* Arteta no apunta equivalente, y lo aportamos.

ARCHISÍLABO	PALABRA LLANA
Significación	Sentido
Generalizado	General
Recepcionar	Recibir

El lector puede buscar algunos más. Y nosotros también:

ARCHISÍLABO	PALABRA LLANA
Analítica	Análisis
Señalizar la falta	Señalar la falta
Proceso gripal	Gripe
Esclarecer	Aclarar
Accidentalidad	Accidentes
Siniestralidad	Siniestros
Mortalidad	Muertes
Morbilidad	Enfermos

Grafías dudosas

Las faltas de ortografía desacreditan a un periodista ante el lector. Por tanto, el informador debe huir de ellas mediante dos opciones en caso de duda: consultar un diccionario o, si no lo tiene a mano o le apremia el cierre, escribir otra palabra. De todas formas, se dan aquí algunos consejos para los casos que provocan una mayor inseguridad.

Palabras con dos ces. Se escriben con dos ces los vocablos en cuya familia se da la combinación "ct": redacción, redactar; acción, acto; atracción, atractivo; sustracción, sustractivo; contradicción, contradictor; contracción, contractura; abstracción, abstracto... (Eso significa que la palabra latina de la que procede se escribía con "ct", de donde derivan las dos ces castellanas). Si no existe una palabra semejante con "ct", escribamos una sola ce: discreción (no existe "discrecto"), objeción (no existe "objecto"), contrición (no se escribe contricto, sino contrito)...

Con ge o con jota. Las dudas se suelen presentar cuando la palabra tiene un equivalente similar en otro idioma: por ejemplo, garage o garaje. En estos casos, optemos siempre por la grafía con jota. Que no nos ocurra esto:

> "Ella nunca debió aceptar, dada su nula experiencia política y escaso bagage profesional". *(El Mundo,* 7 de febrero de 1997. Aurora Pavón, seudónimo de Pablo Sebastián).

Absorber, absolver. Se suelen confundir estas dos grafías: en el primer caso, pensemos en el verbo "sorber", sobre el que se forma tal palabra.

Avalanzarse, abalanzarse. Se suele cometer el error ortográfico de escribir "avalanzarse", como si esa palabra procediera de la raíz "aval". Pero no, su relación viene dada por "balanza" o "balanceo" y, por tanto, ha de escribirse con be.

Prever, proveer. "Prever" se forma con el sufijo "pre" y el verbo "ver". Por tanto, carecen de sentido grafías como "preveer" o conjugaciones como "preveído". Tal vez influye en esos errores el cercano sonido de "proveer".

Espléndido, expléndido. Esta palabra se escribe con ese. Como fórmula nemotécnica, podemos recurrir a la grafía de la marca de licor. Como fórmula etimológica, recordemos que viene del latín *splendidus.* Y como fórmula analógica, acudamos por ejemplo a "esplendor".

Cómo ajustar un texto al espacio asignado

Una de las tareas periodísticas más dignas —muy reconocida por los responsables del periódico pero poco por los reporteros— consiste en la edición y ajuste de los textos. Un buen editor puede convertir en aceptable un mal artículo, y un mal editor puede desgraciar uno bueno.

De la edición ya hemos hablado más arriba, puesto que atañe tanto al que revisa un texto como al que lo escribe en la Redacción o lo envía telefónicamente —o por cualquier otro medio— desde un lugar alejado de la sede del periódico. Del ajuste trataremos aquí.

No resulta fácil calcular las líneas exactas para quien remite un trabajo desde el lugar donde ocurre la noticia. Pero en las columnas del diario no podrán publicarse más de las que éstas aceptan. Quienes se encargan habitualmente de ir *pelando* las palabras sobrantes prefieren además que sobren a que falten. Porque si el cronista se ha excedido, siempre se le podrá cortar. Pero si no ha enviado texto suficiente, el editor tendrá que *inventárselo* (acudir a Documentación para ampliar los antecedentes, hacer llamadas para conseguir más datos, estirar algunas frases mediante perífrasis lingüísticamente innecesarias...). Y resulta más cómodo suprimir que agregar.

Veremos a continuación algunos trucos para reducir un texto sin que el corte afecte apenas a su contenido.

En el apartado sobre reiteraciones y redundancias, en páginas anteriores, se puede observar muy bien —positivando el negativo— qué palabras deben caer bajo la inconmovible tecla de "borrar" a la hora de acortar un artículo: todas aquellas innecesarias (uno de los dos infinitivos juntos, los adverbios que no añaden nada al verbo, las conjunciones "ya que"...). Pero esas palabras se deberían suprimir en cualquier caso.

Dos advertencias sí que hemos de plantear: un artículo bien escrito presenta más dificultades de ajuste que uno malo; y tanto un artículo bueno como uno malo dirán menos si tenemos que cortarles muchas líneas, pero sobre todo el bueno.

He aquí una relación de soluciones rápidas que nos pueden llevar a ganar tiempo en el ajuste de un artículo:

Las líneas cortas. Si se trata de reducir sólo unas cuantas líneas (cuatro o cinco), debemos mirar primero en un artículo justificado (es decir, el que tiene ya la anchura que corresponde a las columnas del diario o revista) qué líneas se quedan cortas, sin completar el renglón, antes de un punto y aparte. En efecto, a veces sólo pasan a la última línea del párrafo dos o tres palabras. Por tanto, cortando el número de espacios equivalente a ellas en el grueso del párrafo en cuestión habremos ganado una línea: no hace falta cortar un renglón entero, sino sólo tantas letras como tenga la última línea del párrafo.

Pero si el artículo que debemos ajustar nos llega con muchas líneas de más, esa operación no debemos acometerla en primer lugar, sino al final: cuando ya sólo nos queden cuatro o cinco por reducir. Si lo hiciéramos al principio, no serviría de mucho, puesto que posteriores supresiones de palabras o líneas alterarían la configuración inicial. Este recurso debe utilizarse, pues, cuando nos acercamos a la conclusión de ese trabajo.

Los adverbios terminados en mente. No estamos ante una norma infalible, pero muchísimos adverbios utilizados en la prensa se pueden borrar sin que eso afecte demasiado a la frase donde se insertan. La mayoría de ellos, además, consume gran espacio en una línea, y la supresión sale muy rentable.

> "El seleccionador nacional ya declaró públicamente que para él Pizzi es mejor que Ronaldo". (*As*, 20 de enero de 1997).

El adverbio ocupaba casi media línea de composición a una columna. Si se suprime no pasa nada.

SUPRIMIR LOS PARÉNTESIS. Lo que se encierra entre paréntesis o entre guiones adquiere generalmente un carácter secundario respecto al relato principal. Por tanto, a la hora de reducir un texto podemos buscar las frases abarcadas por esa forma de puntuación y suprimirlas. Eso nunca afectará demasiado al relato o al razonamiento (si está bien construida la sintaxis).

LOS VERBOS FORMADOS CON AUXILIAR + PARTICIPIO SITUADOS TRAS UN RELATIVO. El castellano permite dar al participio el valor del verbo entero del que formaría parte y, por tanto, se pueden suprimir tanto el verbo auxiliar como el pronombre relativo que lleve delante. Así, la frase "Javier Solana, que había sido nombrado secretario general de la OTAN en 1996, quiere abandonar el cargo" se puede acortar de este modo: "Javier Solana, nombrado secretario general de la OTAN en 1996...". Y ya hemos suprimido dos palabras. Como esa fórmula se repite varias veces en cada artículo, normalmente, podremos cortar también unas cuantas más.

"EL DE LA". Leeremos muchas veces que "el principal problema es el de la amortización...", "el concepto clave es el de la selección de personal..." y oraciones similares. Siempre podremos suprimir palabras en ese grupo de partículas: "El principal problema es la amortización...", "el concepto clave es la selección de personal...". Son pocas letras y, sin embargo, a veces sirven para cortar la última línea que nos faltaba.

LOS MILLONES. Conforme se extienda el uso del euro (y como ocurrió con las pesetas) se puede suprimir la expresión relativa a la moneda si se entiende que estamos en un ámbito español o europeo. Lo mismo sucede con cualquier otra moneda si se alude a ella en un periódico del país correspondiente. "Raúl tiene firmada una cláusula de rescisión de contrato de 600 millones". En algunos artículos, esto nos puede ahorrar dos o tres líneas.

"POR OTRA PARTE", "HAY QUE RECORDAR", "COMO SE SABE"... Muchos periodistas tienden a escribir frases inútiles. No se trata de redundancias tampoco, ni de incorrecciones. Simplemente, frases que no añaden información. He aquí una de las que corregimos en el equipo de edición de la campaña electoral de 1996: "Pese a las distancias abiertas en estos últimos años, hay que recordar que en las anteriores generales de 1993 los socialistas vascos se erigieron en la primera fuerza de la comunidad". Se suprimió "hay que recordar que" y no se perdió nada.

PALABRAS INTERMEDIAS. A menudo, entre dos ideas principales se introducen palabras que sólo retardan la comprensión de lo que se dice. Ahí tenemos buenas presas de nuestra caza: "El escaño por Vizcaya cuesta mucho más, pero lo que es seguro es que el fenómeno electoral del gorordismo va a mermar las posibilidades de algunos". La frase se puede ligar, con menos palabras, así: "El escaño por Vizcaya cuesta mucho más, pero el fenómeno electoral del gorordismo va a mermar...".

ADJETIVO PREVIO A UNA PREPOSICIÓN. No siempre, pero muchas veces podremos recortar ese adjetivo. Como en este ejemplo real: "Así que la solución en esos casos pasa por el helipuerto del *Esperanza del mar* y por atletas como el sargento primero Gonzalo Chaves, que bajan en una cuerda tendida desde el helicóptero". La palabra "tendida" se pudo suprimir en ese ejemplo real, y sirvió para cortar una línea debido a que sólo una palabra formaba la última raya del párrafo. "Bajan en una cuerda desde el helicóptero".

ACORTAMIENTO DE PERÍFRASIS. Ya hemos visto más arriba que las perífrasis no casan con el estilo periodístico. Por tanto, habremos de buscarlas a la hora de cortar un artículo, con más ahínco aún que a la hora de editarlo. Un ejemplo real, de diciembre de 1996: "... Solicitó que se le tratara con un seudónimo porque tiene previsto presentar un pleito por discriminación". Ahorramos tres palabras al escribirlo así: "Solicitó que se le tratara con un seudónimo porque prevé pleitear por discriminación". Lo suprimido puede equivaler a una línea de composición a una columna.

En el transcurso de. Estas cuatro palabras parecen dar cierto relumbrón a lo que se escribe, a juzgar por su frecuente uso. Innecesario, por cierto. Si necesitamos cortar líneas, podemos sustituirlas por "durante" o, simplemente, por "en". "El ministro habló en el transcurso de la ceremonia oficial". "El ministro habló durante la ceremonia oficial". "El ministro habló en la ceremonia oficial". A veces, por añadidura, se produce redundancia al escribir "durante el transcurso", o fórmula similar.

> "... Hicieron muchas promesas ambiciosas durante el curso de sus campañas". (*El Nuevo Día,* de Puerto Rico, 12 de noviembre de 2000).

Por parte de. Un día sí y otro también encontraremos frases como ésta: "Eso ha sido un error por parte del Gobierno". Ganaremos espacio si lo dejamos en un simple error del Gobierno.

Pero no siempre nos quedará una decena de líneas sobrantes. A veces un corresponsal o un enviado especial —raramente un periodista que trabaja en la misma Redacción, puesto que suelen escribir con un menú de ordenador, al que han de ceñirse— nos remite un folio, dos folios... de más. En ese caso, ya no podremos cortar sin restar una sola palabra informativa, y a la hora de ajustar el texto optaremos por seguir estos criterios:

Identificar el esqueleto. Una primera lectura debe permitir que nos formemos una idea de la estructura de la información. Tenemos que identificar el esqueleto para saber qué no podemos cortar de ningún modo. Una vez hecho ese ejercicio, lo demás puede suprimirse.

Prescindir de lo ya dicho. Puede que en un reportaje una misma opinión la expresen distintas personas. A la hora de cortar, prescindamos de alguna de ellas. También ocurrirá a veces que una idea expresada con cierta concisión al principio del artículo o del reportaje se desarrolla después con más detalle. Si consideramos que la primera vez aportaba lo suficiente para entender el asunto, suprimamos la posterior.

Resumir la documentación. Todo reportaje largo debe incluir los datos de documentación necesarios para enmarcar lo sucedido y ayudar a su comprensión. Jamás debe faltar esa información complementaria. Pero sí podemos reducirla para otorgar la prioridad a los acontecimientos nuevos que se narran en el artículo, frente a los ya conocidos o ya publicados.

Pero ojo al quitar palabras intermedias. Cuando el editor suprima algunas palabras, debe releer la frase desde el principio. Abundan en los periódicos los ejemplos en que se aprecia que alguien ha quitado palabras sin repasar su trabajo:

> "Nadie sabe si esa desconfianza o otras cuestiones son las que motivaron que la instrucción del caso Roldán se cerrara en diciembre". (*El País,* 8 de enero de 1997. José María Irujo).

Nadie que haya pasado los primeros cursos del bachillerato escribiría "o otras". Posiblemente, el autor utilizó el grupo "o tal vez otras", pero al suprimirse las palabras intermedias quedó la cacofonía.

Las posibilidades de cortar un texto se pueden explotar aún más, y el editor experto las descubrirá intuitivamente. Veamos un ejemplo real (en cursiva y entre corchetes, las palabras que se suprimieron; a veces aparecen también las fórmulas más breves que las sustituyen), correspondiente a un ajuste a cargo del editor Javier Martín:

> "Los *[usuarios de los]* vehículos privados cargan sobre *[las espaldas del conjunto de]* la sociedad la mayor parte de los costes ambientales que causan *[causados por la circulación]*, y que [*sólo en España]* ascienden a casi 7 billones de pesetas *[los costes ambientales y sociales originados por la circulación]*. Para *[Con el fin de empezar a]* cambiar esta situación *[injusta e ineficiente en términos del uso de los recursos]*, una tesis doctoral [*recién leí-*

da en la Universidad Complutense de Madrid] propone aumentar los impuestos *[las cargas fiscales]* a los coches *[automóviles]* más contaminantes.

El estudio del *[que es autor el]* abogado barcelonés Carlos de Rosselló Moreno parte de un dato: *[estadístico]:* el parque *[automovilístico]* español es el segundo más viejo de Europa: [*ya que el 36% de sus 14 millones de turismos tiene más de 10 años, de los que más de un millón son anteriores a 1975]* de sus 14 millones de turismos, 4 millones tienen más de 10 años; y un millón, más de 20. La *[esta]* elevada antigüedad *[media]* incrementa la contaminación *[atmosférica proveniente del tráfico],* porque *[dado que los vehículos]* el vehículo *[viejos]* viejo *[tienen]* tiene relativamente más emisiones y consumos que el *[los]* nuevo *[nuevos]. [Así lo corroboran]* Diversos estudios concluyen [*que llegan a la conclusión de]* que el 10% de los vehículos más sucios son responsables de la mitad de las emisiones de hidrocarburos y dióxido de carbono. (Texto editado por Javier Martín, de *El País,* el 18 de mayo de 1997).

Técnicas de titulación.
La idea condensada

La tarea de escribir los titulares constituye el principal trabajo periodístico, puesto que forman el elemento más relevante de una información. Con ellos se debe atraer al lector, en ellos se ha de sintetizar lo que deseamos contarle. Un diario lleno de magníficos textos ofrecerá una imagen penosa si está mal titulado y apenas resultará atractivo. Por el contrario, un periódico con textos regulares logrará enganchar al lector si los títulos se han escrito con intención o con gracia.

Lamentablemente, una inmensidad de periodistas desprecia esta tarea. Con frecuencia vemos cómo entregan sus noticias a los editores sin siquiera haberlas titulado, o cómo envían las crónicas sin encabezamiento alguno. Un redactor debe considerar el título la mejor credencial de su texto. Ya hemos escrito en otro capítulo que incluso debe comenzar a escribir por los titulares y luego redactar la noticia, el reportaje o la crónica. No puede escudarse en que alguien lo retocará más tarde (probablemente los editores, para mejorarlo); él ha de aportar "su" idea, "su" pista adecuada sobre la esencia de lo que quiere contar. Y procurará que los editores lo den por bueno por la sencilla razón de que lo es.

El título de la noticia

El titular más sencillo de redactar es el que encabeza textos noticiosos. El objetivo consiste en sintetizar el hecho principal, la noticia, en una frase corta. Para ello, deberemos tener claro antes en qué consiste realmente la noticia. La frase escogida responderá a los criterios de claridad, brevedad y atractivo.

Los titulares de la noticia deben ser inequívocos, concretos, asequibles para todo tipo de lectores, escuetos pero correctos gramatical y sintácticamente.

La mayoría de los periódicos prefiere que, siempre que se pueda elegir, el título se exprese en tiempo presente; y con una afirmación mejor que con una negación o una pregunta.

Para el titular informativo, podremos escoger frases con verbo o sin él, lo que dependerá del estilo del periódico. Los diarios que tienden al rigor suelen escoger titulares-motores; es decir, con el verbo expreso: "Las inundaciones en Sevilla causan pérdidas por valor de 300 millones", "El presidente del Gobierno viaja a China". Los periódicos de tendencia popular (lo cual no significa "sensacionalista") prefieren titulares meramente enunciativos: "Inundaciones en Sevilla", "El presidente, en China". (No obstante, a menudo tal elección depende del espacio que tenga asignado la noticia, incluso en los diarios sesudos).

La obligación de trasladar un hecho concreto con brevedad no debe arrinconar las posibilidades de crear títulos literarios, épicos, sentimentales... sobre todo cuando se ha producido un gran acontecimiento. A este recurso acuden con más frecuencia (incluso cada día) los periódicos de estilo popular, cuyos titulares adquieren un gran tamaño y, por tanto, admiten pocas palabras. En ese tipo de titulaciones, los recursos emparentan con el estilo que se emplea para encabezar los reportajes en los periódicos sesudos (del que hablaremos más adelante).

La noticia sobre la muerte del dictador chino Deng Xiaoping (20 de febrero de 1997) sirvió por ejemplo para que los grandes periódicos compitieran en originalidad, ritmo o intención del titular.

"Muere Deng, el hombre que abrió al capitalismo la China de Mao". *(El País).*

"Murió Deng Xiaoping, el impulsor de la reforma económica china". *(Abc).*

"Muere el dirigente chino que acercó el país al capitalismo". *(El Periódico de Catalunya).*

Los tres periódicos citados optan por una explicación histórica o económica, sin concesiones a la originalidad o el juego literario.

"Muere Deng, el arquitecto de la reforma en China". *(Financial Times).*

"Muere el último emperador rojo". *(La Vanguardia).*

Estos dos últimos diarios incorporan una visión literaria, al utilizar sendas metáforas: "arquitecto" y "último emperador". Logran así un efecto de sorpresa en el lector, que probablemente ya conocía la noticia por la radio y la televisión.

La titulación de noticias en un periódico de estilo popular adquiere, como decimos, técnicas similares a las que se emplean para los encabezamientos de reportajes en los diarios sesudos. Estos recursos caben de vez en cuando también en las noticias de los periódicos de estilo más compacto, siempre que se elija adecuadamente el tema. Así, por ejemplo, un periódico tituló de este modo los resultados electorales del 3 de marzo de 1996:

"Aznar gana por un pelo". *(El Periódico de Catalunya,* 4 de marzo de 1996. Gran titular en primera página).

Sin embargo, *El Mundo* no podía permitirse esa licencia si deseaba entroncar con su estilo tradicional de titulación en la primera página:

"Aznar gana las elecciones pero necesita a Pujol para gobernar". *(El Mundo,* 4 de marzo de 1996).

Un periódico económico de gran rigor informativo utilizó durante unos años en su portada esa técnica de titulación que emplean los diarios populares. He aquí uno de sus encabezamientos de primera página, el relativo a la nueva legislación aprobada por el Gobierno del PP sobre las farmacias:

> "¡Enhorabuena, señor boticario!". *(Cinco Días,* 23 de febrero de 1996. Gran titular de primera página).

Veamos otros ejemplos: el ciclista Miguel Induráin anuncia su retirada el 2 de enero de 1997. Y al día siguiente cosechó estos titulares:

> "Induráin abdica". *(El Periódico de Catalunya).*

> "El rey abdica". *(Libération).*

> "El rey Induráin abdica". *(Tuttosport).*

> "Induráin se escapa". *(L'Équipe).*

Todos estos diarios —que coinciden en su estilo popular— utilizan metáforas felices (pese a que la primera no necesitó seguramente de gran esfuerzo de imaginación y singularidad, a la vista de que los tres acudieron a ella).

> "Induráin cambia la gloria por el hogar". *(La Vanguardia).*

> "Induráin se retira convencido de que podría haber ganado su sexto Tour". *(El País).*

> "El rey de la bicicleta, Induráin, abandona la carretera a los 32 años". *(The Times).*

Estos otros tres diarios eligen la vía de una frase más larga, más informativa, y que a la vez desecha la función de homenaje que tenían las tres anteriores.

Hechos ya conocidos

Pero un periódico, insistimos, debe tener en cuenta que, salvo excepciones, los acontecimientos más relevantes —los que lleva a su primera página— ya se han difundido por otros medios de comunicación. Por tanto, su titular ha de incorporar un enfoque propio, que atraiga de nuevo al lector hacia un hecho que en realidad ya conoce. Tal vez eso no se pueda aplicar a los editores de *The Times* (su público no tenía el mismo nivel de información que el español sobre la retirada de Induráin), pero sí a los demás.

El País ejerció en España el papel de pionero en estos criterios, pero más tarde, incomprensiblemente, los iría abandonando. Se reproducen a continuación algunos ejemplos de noticias muy relevantes enfocadas —el día en que ocurrieron— no por el hecho en sí, sino por sus consecuencias, su explicación o la interpretación que hace ese periódico. No obstante, en la mayoría de ellas se dan las suficientes pistas como para que el lector desavisado (si es que queda alguno que no conozca ya el acontecimiento por la televisión o la radio) comprenda cuál era exactamente el hecho noticioso.

"Adolfo Suárez no explica las razones políticas de su dimisión". (30 de enero de 1981).

"La dimisión de Fernández Ordóñez obliga a Calvo Sotelo a un reajuste imprevisto de su Gobierno". (1 de septiembre de 1991).

"El asesinato del presidente Sadat provoca un aumento de la tensión mundial". (7 de octubre de 1991).

"El piloto de Aviaco se confundió de pista por falta de señales adecuadas en Barajas". (8 de diciembre de 1983, tras el choque de dos aviones que causó centenares de muertos).

"Conmoción en Cataluña por la acusación de apropiación indebida contra Jordi Pujol". (24 de mayo de 1984).

> "El asesinato de Santiago Brouard puede afectar al proceso negociador con ETA". (21 de noviembre de 1984).

> "El avión chocó con una antena de la TV vasca y volaba por debajo de la altitud mínima". (20 de febrero de 1985, tras el desastre aéreo cerca de Bilbao).

> "La España democrática rinde homenaje a Tierno sin distinción de ideologías". (20 de enero de 1986, tras la muerte del alcalde de Madrid).

> "Reagan promete continuar el programa espacial, pese al desastre del Challenger". (29 de enero de 1986).

> "Todas las sospechas atribuyen a ETA Militar el asesinato de Yoyes". (11 de septiembre de 1986).

Junto a ese estilo general (se trata de titulares del día correspondiente a la primera publicación del hecho), a veces se intercalaban títulos que ofrecían estrictamente la noticia: pero sólo cuando ésta se ha producido de madrugada. Es decir, cuando el lector que abre el periódico no ha recibido la acumulación informativa de cualquier otro suceso que ya han recogido profusamente los telediarios y las emisoras.

> "Olof Palme ha sido asesinado a tiros esta madrugada en el centro de Estocolmo". (1 de marzo de 1986).

Pero ahora el criterio ha variado. Veamos como ejemplo (hallaríamos muchos más casi iguales) el caso del atentado contra el teniente coronel Jesús Cuesta Abril, asesinado frente al portal de su casa en Madrid el 8 de enero de 1997. La acción fue cometida a primera hora de la mañana, y todas las emisoras y cadenas televisivas difundieron abundantísima información durante el día del suceso. A la mañana siguiente, *El País* incluía un inexpresivo titular que daba cuenta simplemente del suceso. *El Mundo*, por su parte, titulaba así:

"La etarra le disparó en la nuca, su compañero le remató en el suelo". *(El Mundo,* 9 de enero de 1997. Titular principal de la primera página, a cuatro columnas).

Indudablemente, esta fórmula atrae más al lector y le pone al tanto del enfoque particular que se desarrollará en el diario.

Algo parecido ocurrió en julio de 2000, cuando ETA asesinó a Juan María Jáuregui, ex gobernador de Guipúzcoa. Este tipo de noticias circulan con rapidez entre el público, y acaparan los informativos de radio y televisión. Pero al día siguiente *El País* tituló:

"ETA asesina a un ex gobernador civil de Guipúzcoa".

En cambio, *El Mundo* fue más allá, para ofrecer información adicional:

"ETA asesina al gobernador que acusó a los GAL" (los grupos contraterroristas que actuaron vinculados a la policía, y que luego darían con sus huesos en la cárcel gracias a la ayuda y las denuncias de Jáuregui, entre otros).

Un poco de humor. Los títulos informativos no excluyen necesariamente la intención, la ironía o el humor fino. Esto se recomienda más en los diarios de técnica popular, que buscan no sólo dar información sino también dar entretenimiento. Para ello, el editor podrá, por ejemplo, relacionar dos hechos que figuren en la noticia.

"El ministro inauguró una urbanización 'excepcional' entre protestas de los vecinos".

La presencia de contradicciones en el texto suele dar mucho juego para hallar un título agradecido. A veces, el uso de palabras asociadas a la idea principal (pero a las que se otorga otro sentido) pone también un toque irónico y divertido a algunas noticias:

"Nuevas tablas de obesidad podrían dar pesada sorpresa". *(El Nuevo Herald,* de Miami, 5 de junio de 1998).

En efecto: merced a unas nuevas tablas de los servicios de salud de Estados Unidos, ahora se considera obesos a los que antes no habían engordado lo suficiente.

> "Carrols se come Pollo Tropical por $90 millones en efectivo". *(El Nuevo Herald,* de Miami, 5 de junio de 1998).

Carrols Corporation es la dueña de la mayor franquicia de Burger King en Estados Unidos y acababa de comprar la conocida firma miamense especializada en el pollo bien condimentado con acompañamiento de otros platos latinos. Se la había comido.

Lógicamente, podemos emplear estas fórmulas cuando el contenido de la información lo permita y no resulte un conjunto de mal gusto. Pero incluso en el caso de catástrofes o hechos luctuosos se puede acudir —no con un chiste, sino con una metáfora— a un título creativo, sobre todo en el caso de diarios concebidos con técnica popular.

Cuando se produjo el accidente de un avión Concorde que despegaba del aeropuerto de París, en la primavera de 2000, *El Correo de Andalucía* tituló en su primera página, y sobre una gran foto de un modelo similar al accidentado que sobrevolaba toda la portada:

> "Cae un mito".

Y la página interior donde informaba del suceso la encabezaba este titular:

> "El Titanic del aire".

Los españoles conocían muy bien el desastre, del que se informó profusamente en televisión. El periódico andaluz, con ese titular, anunciaba así un enfoque distinto; daba a sus lectores una premonición placentera sobre un contenido que seguramente iba a sorprenderles.

Cuando se produjo el esperado relevo al frente de la Compañía Telefónica española y tomó posesión el nuevo responsable, me tropecé también con un magnífico titular.

"Alierta se pone al aparato". *(El Correo de Andalucía, Odiel Información* y *El Día de Valladolid,* 29 de julio de 2000. Páginas comunes elaboradas en su redacción central. Título del editor Pedro Barbadillo).

La expresión "ponerse al aparato" (equivalente de "agarrar el teléfono") cumple muy bien con el doble sentido real que ha de exigirse a un titular cuando, precisamente, se emplea un doble sentido metafórico (lo detallaremos enseguida, en un apartado posterior). César Alierta agarraba los teléfonos, metafóricamente, y también se ponía al mando del aparato de dirección, en función de máximo responsable.

Las prensas española e hispanoamericana tienden actualmente a estos titulares, con la excepción de algunos periódicos considerados "diarios de referencia". Es muy probable que en un futuro próximo, y para competir con la radio y la televisión, todos los periódicos acudan a esta técnica de titulación. Su reto está en ofrecer (ya desde el principio, desde el titular) algo distinto a lo que el lector conoció el día anterior. Y en hacerlo con talento para no abrumar ni emitir ruidos.

Errores frecuentes

En los títulos de noticias se dan a menudo estos errores:

Podría, puede, probable... Ya hemos indicado en capítulos anteriores que expresiones como "al parecer", "podría", "probablemente"... no hacen ningún bien al periodista que las usa, puesto que transmiten inseguridad, rumores. Más aún debemos expresar esta censura en lo que se refiere a los titulares.

En estos casos, el lector pensará seguramente que si algo "puede" ocurrir también "puede no" ocurrir. Esa palabra jamás debe figurar en un titular, a no ser que la noticia recaiga precisamente en esa potencialidad: "Los chinos podrán votar", por ejemplo.

"El fiscal podría apoyar la excarcelación del teniente Gómez Nieto". *(El Mundo,* 26 de agosto de 1996).

"González puede ser llamado por el Supremo como testigo, con la advertencia de su posible imputación". *(Abc,* 26 de agosto de 1996. Principal título de la primera página).

(Finalmente, el Supremo decidió no llamar a González).

"Impuestos podrían subir en Dade". *(El Nuevo Herald,* de Miami, 6 de junio de 1998. Gran titular de primera página).

Como se ha explicado anteriormente, se da más crédito a la noticia si el titular cuenta exactamente lo que se sabe. En el último caso, por ejemplo, el título se pudo escribir así (sólo con una letra más): "Amenaza de subida fiscal en Dade". Y si esa letra de más impidiese cuadrar el título, se podría sustituir "amenaza" por "peligro" (tiene las mismas letras, pero "peligro" carece de emes y aporta una "i" y una "r", que ocupan menos espacio).

La diferencia entre estos dos conceptos la dan dos diarios de Madrid el mismo día:

"Cuba podría acoger al comando del MRTA peruano que asaltó la Embajada de Japón". *(El Mundo,* 4 de marzo de 1997. Primera página).

"Fidel Castro ofrece asilo al 'comando' del MRTA peruano". *(El País,* 4 de marzo de 1997. Primera página).

El primer título establece una posibilidad; el segundo, una certeza.

El orden incorrecto. Con el objetivo de cuadrar un titular en las líneas asignadas se han cometido muchas tropelías sintácticas. No vale la disculpa de que "ya se entiende" una frase incorrecta. En otro capítulo hemos hablado de que en periodismo las frases informativas sólo pueden significar una cosa. En un apartado siguiente escribiremos que las fórmulas de doble sentido deben funcionar con ambos significados. Por tanto, no nos pueden servir titulares como éstos:

"Albert Fina se enfrenta al cáncer que sufre en un libro". *(El País,* 18 de diciembre de 1996. Suplemento de Cataluña).

No sufre el cáncer en un libro, sino en la vida real. La solución era ésta: "Albert Fina se enfrenta en un libro al cáncer que sufre".

"ETA intenta demostrar que ha podido matar este mes al Rey con una foto del monarca de 1994". *(El Correo Español,* 20 de agosto de 1995).

Ya puede parecer difícil matar al Rey con una foto, pero más difícil aún hacerlo con la imagen "del monarca de 1994", que era el mismo de 1995, 1996, 1997... He aquí el orden adecuado: "ETA intenta demostrar con una foto de 1994 que ha podido matar este mes al Rey".

"Koeman se despidió con victoria de la Ciudad Condal". *(Marca,* 24 de agosto de 1995).

No hubo victoria de la Ciudad Condal, ni siquiera del Barcelona. Ganó el Feyenoord, en el que ya jugaba Koeman. "Koeman se despidió de la Ciudad Condal con victoria", y asunto resuelto.

"El Gobierno impide construir al alcalde de Miraflores 125 viviendas en un encinar". *(El País,* 20 de diciembre de 1996. Suplemento de Madrid).

Se debió ordenar así: "El Gobierno impide al alcalde de Miraflores construir 125 viviendas...". De la otra forma, las viviendas se le construyen al alcalde. Lo cual parece doble delito.

"La Audiencia de San Sebastián ve indicios de delito contra Galindo". *(El País,* 20 de agosto de 1996).

Se quiere hablar en realidad de los delitos "de" Galindo, no de los cometidos contra él. Habría sido mejor escribirlo así: "La Audiencia de San Sebastián ve en Galindo indicios de delito".

"La Audiencia inhabilita al alcalde del PP en Valdemorillo durante ocho años". *(El País,* 22 de junio de 1996. Suplemento de Madrid).

No se trata de inhabilitar al que ha sido alcalde de Valdemorillo durante ocho años, sino de inhabilitar durante ocho años al que ha sido alcalde de Valdemorillo.

"Aznar negocia con Arzalluz un marco fiscal como el navarro para Euskadi". *(El País,* 17 de abril de 1996).

Se habría escrito con mayor corrección así: "Aznar negocia para Euskadi con Arzalluz un marco fiscal como el navarro".

"Los hombres de Jorge Valdano debutan el 13 de septiembre ante los campeones de Europa en Amsterdam". *(As,* 26 de agosto de 1995. Subtítulo).

El Real Madrid se iba a enfrentar al Ajax, que no fue campeón de Europa en Amsterdam, sino en Viena. Debió escribirse así: "Los hombres de Jorge Valdano debutan el 13 de septiembre en Amsterdam ante los campeones de Europa".

"La vela da su segundo oro a España". *(El País,* 30 de julio de 1996).

Con el pronombre "su" se suelen producir muchos equívocos. El criterio que se ha de manejar parte de que "su" se refiere siempre al antecedente más cercano de todos los posibles. Y en ese caso ejercía tal función "la vela", no "España". Por tanto, se dice "la vela da su segundo oro", cuando se trataba del primero. Lo correcto era: "La vela da a España su segundo oro". Con ello, "su" tiene como antecedente más cercano a España.

El abuso del participio. Una manera de comprimir la idea que deseamos llevar al titular consiste en comenzar con un participio.

"Halladas las 'tijeras' que reparan las mutaciones genéticas que originan el cáncer". *(El País,* 6 de septiembre de 1996).

En principio, nada hay que oponer a estas fórmulas. Solamente que su abuso convierte el producto general en tedioso. Una página de *El País* del 6 de marzo de 1997 mostraba sus tres titulares con esa fórmula:

"Absuelto el menor acusado de desórdenes públicos en Elgóibar".

"Encarcelada en Francia una presunta etarra hija de una víctima de los GAL".

"Detenidos cuatro miembros del 'comando Katea' de apoyo a ETA".

Abuso del impersonal. Una manera de suprimir palabras para que encajen en el espacio asignado consiste en elidir el sujeto pese a mantenerse el verbo en su forma personal (es decir, no un participio o un infinitivo). Con ello se acude a la fórmula que se usaría en caso de no conocerse realmente el sujeto de los hechos (podemos escribir "esa noche lo mataron" si no sabemos quién lo mató).

"Investigan si las cuentas bancarias de Hitler en Suiza siguen abiertas". *(El Mundo,* 7 de septiembre de 1996).

Este truco confunde al lector precisamente porque, por lo general, sí se conoce quién protagoniza la noticia.
Pudo titularse así:

"El Congreso Nacional Judío investiga las cuentas de Hitler en Suiza".

Con ello perdemos el matiz "si siguen abiertas" pero ganamos el sujeto, que parece mucho más importante.

"Hallan al joven desaparecido en Alcarràs tras vaciar el canal". *(El País,* 16 de agosto de 1996. Edición Cataluña).

Proponemos esta opción:

"El vaciado del canal permite hallar al desaparecido en Alcarràs".

"Retiran miles de peces muertos tras derrame de tóxicos en ríos". *(El Comercio,* de Lima, 1 de mayo de 1998. Titular de Internacional).

Si se trataba de reducir, aún se podía aligerar la frase suprimiendo el verbo "retiran".

"Restituyen cupones a inmigrantes legales". *(El Nuevo Herald,* de Miami, 5 de junio de 1998. Primera página).

El editor podía haber escogido una fórmula más clara: "Inmigrantes legales recuperan cupones" (siguiendo el criterio de supresión de artículos que se emplea en la prensa americana).

Brusquedades sintácticas o gramaticales. La necesidad de comprimir las ideas para ajustarlas al espacio asignado provoca también brusquedades lingüísticas. El buen titular reúne concisión por un lado y lógica gramatical por otro.

"El probable instructor del 'caso GAL' será Montero, Martín Pallín, Puerta o De Vega". *(El País,* 7 de septiembre de 1995).

Muchas incorrecciones para tan poco espacio: "el probable" no concuerda en número con tan larga lista de candidatos. Además, ya hemos indicado que expresiones como "puede", "probable", "posible"... no deben figurar en un titular. Y finalmente, la designación recayó en un magistrado que no figuraba en esa relación: el juez Eduardo Móner.

El título que sigue al antetítulo. El lector fija su mirada primero en los títulos y después, en los antetítulos y en los sumarios. Por tanto, no podemos supeditar el título a éstos.

"El alcalde subasta los materiales de la vieja Casa Consistorial". *(El Mundo,* 21 de octubre de 1996, titular de la sección local). Y sobre él, este antetítulo: "Manzanares el Real".

Para el momento en que leemos el antetítulo ya hemos creído que se trataba del alcalde de Madrid, puesto que se da el tratamiento periodístico de "el alcalde" por antonomasia al de la capital (en las páginas de información local madrileña, por supuesto). En estos casos, debe escribirse "el alcalde de Manzanares el Real". Y si no cabe, simplemente "un alcalde". O acudir a otra fórmula: "Subasta de los materiales de la vieja Casa Consistorial".

Un "no" a la negación. Normalmente, la noticia consiste en lo que ha ocurrido, y con escasa frecuencia en lo que no sucedió. En estos últimos casos, también se puede buscar una fórmula afirmativa, orillando así la negación: si un político anuncia que no dimite, podremos escribir que se mantiene en su cargo; si un viaje oficial previsto no se va a celebrar, tendremos a mano expresiones como "se aplaza" o "se suspende".

"El Barcelona no perdona al Madrid". *(El País,* 11 de febrero de 1996).

Puesto que el partido terminó con un contundente 3-0, se podían haber encontrado muchos verbos expresados en positivo —al menos en positivo para los barcelonistas— sin acudir a ese tópico y a esa negación.

Títulos opinativos. Se dan rara vez en la cabecera de una noticia o de un texto puramente informativo, ciertamente, salvo en los periódicos de opinión.

"Ejemplo para González: Barrionuevo, Corcuera y Vera piden ir a prisión como sus subordinados". *(Abc,* 24 de mayo de 1996. El texto no hace ninguna referencia ni ofrece explicación alguna sobre la principal idea-opinión del titular).

"Indignidad nacional: una comisión del Parlamento vasco recibida en audiencia por un cabecilla etarra condenado por asesinato". *(Abc,* 5 de marzo de 1997. Titular de primera página. En el original también falta la coma que debió preceder a la palabra "recibida").

"La torpeza de la ministra Villalobos agudiza la crisis de las *vacas locas*". (*La Razón,* de Madrid, 10 de enero de 2001).

El abuso de las siglas. Ya hemos comentado que las siglas suponen una herramienta de gran utilidad. Pero el abuso conduce a la incomunicación. Nunca se pueden emplear siglas que no domine la gran mayoría de nuestros lectores.

"El PSOE pregunta sobre la PSS". (*El Mundo,* 23 de diciembre de 1996). PSS: prestación social sustitutoria (del servicio militar).

El comienzo institucional. Los titulares en que el sujeto es una institución oficial restan frescura al periódico. En lugar de "el Ayuntamiento baja el billete del autobús", podemos escoger "baja el billete del autobús". Además, porque las instituciones protagonizan muchas noticias, y al final el abuso de este tipo de titulares convierte los periódicos en una suerte de boletín oficial.

"La policía arresta a una banda de ladrones de chalés con 150 asaltos". (*El País,* 3 de agosto de 1996).

Se eliminaría el sujeto institucional en el título anterior con esta redacción:

"La banda de los chalés ya está en la cárcel".

Porque se entiende que la gente ingresa en prisión después de haber sido detenida por la policía (y tras una orden del juez, por supuesto, como ocurría en este caso).

El título de la entrevista

La conversación con un personaje debe quedar encabezada por una frase que éste haya pronunciado (precedida, lógicamente, del nombre del entrevistado; bien en el título, en un epígrafe o en el antetítulo). Eso suele generar problemas, puesto que necesitamos una oración breve que además incluya la principal idea de la entrevista o que, al menos, tenga relevancia. En esos casos, podemos aceptar la licencia de resumir o condensar esa idea en pocas palabras, siempre que ello no suponga ninguna alteración de contenido.

Un vicio que el entrevistador debe desechar de inmediato viene dado por la tendencia de titular las entrevistas con una negación (tampoco aconsejable, como hemos dicho, en los títulos de noticias).

> "No me gusta ser pavo real". *(El País,* 20 de agosto de 1995. Feliciano Fidalgo entrevista al atleta Martín Fiz).

> "Mi ambición no pasa por sustituir al presidente Pujol". *(El País,* 3 de junio de 1996. Entrevista de Carles Pastor a Josep Antoni Duran Lleida).

> "No soy el ministro del Pentágono". *(Cambio 16,* 17 de marzo de 1997. Entrevista al ministro de Defensa español, Eduardo Serra).

EL TÍTULO DEL REPORTAJE

Los editores que disfrutan con la tarea de titular están deseando siempre que les lleguen reportajes. Las posibilidades de creación (y de diversión) que implica ese trabajo suelen proporcionar agradables momentos mientras se barajan varias posibilidades.

El título del reportaje debe competir en las páginas del periódico con los encabezamientos noticiosos. Éstos juegan con la ventaja de que responden a hechos inmediatos, acontecimientos sorprendentes e interesantes. Los reportajes, en cambio, no abarcan necesariamente un hecho de feroz actualidad. Por eso su titular debe modelarse con imaginación.

Un buen título de reportaje no supera las seis o siete palabras. Ha de mostrar ingenio, como hemos dicho, pero también transmitir información. Y en él debe figurar algún contenido relacionado directamente con lo que se aborda. No sirven, pues, frases ingeniosas que lo mismo se podrían aplicar a la materia de la que tratamos que a otros cien temas diferentes.

He aquí algunos trucos que se pueden aplicar al titular un reportaje:

La paradoja. Constituye uno de los más rentables recursos. Porque resalta lo singular del hecho que vamos a transmitir, por el procedimiento de resaltar su originalidad. En *El País,* un reportaje sobre el gran atractivo que demuestran los bomberos entre las mujeres, y las pasiones que despiertan, se tituló así:

> "Bomberos que encienden". *(El País,* sección Madrid, reportaje de Ana Alfageme).

El efecto resulta porque los bomberos, generalmente, apagan. Esa sorpresa atraerá al lector hacia el texto.

> "Se muere el sida en el cuerpo de Magic". *(El Universal* de México, 5 de abril de 1997).

Parecía que el sida iba a matar al famoso ex jugador de baloncesto, y resulta que ocurre al revés. Un magnífico título del diario mexicano.

El doble sentido. Un riesgo de los editores al usar el doble sentido reside en que tal juego de palabras debe funcionar en los dos terrenos: el textual y el informativo. Con motivo de la boda entre dos equilibristas, que se casaban bajo la carpa de un circo plantado en Madrid, una redactora de *El País* tituló:

> "Amor en la cuerda floja".

Pero se cometió un fallo. Porque, aun siendo correcto uno de los dos sentidos, el otro no respondía a la realidad. Se trataba de un titular adecuado para el momento en que los dos equilibristas estuvieran a punto de divorciarse. Entonces sí tendrían su amor en la cuerda floja, no en el momento en que se casaban.

Años atrás, el mismo periódico tituló de esta manera un reportaje sobre un preso de Carabanchel que se había escapado de la cárcel mediante la triquiñuela de cambiarse por su hermano gemelo (aprovechando una visita de éste a la prisión).

"Una evasión por la cara".

En efecto, ahí sí se dan los dos significados a los que conduce el doble sentido: se escapó por su parecido físico con el hermano, y la operación le salió gratis.

Muchas veces el periodista tendrá la tentación de acudir a frases hechas a las que cambia de significado para esa ocasión en concreto. Pero en el lector permanece el recuerdo de lo que realmente quiere decir esa frase, por lo cual el resultado periodístico traslada confusión.

"Les mandó... a paseo". *(Marca,* 4 de agosto de 1996).

Fabio Capello, entrenador del Real Madrid, había ordenado a sus jugadores que dieran una vuelta por los alrededores del hotel donde se hallaban concentrados para la pretemporada. Pero ello no llegó como consecuencia de un enfado —en cuyo caso sí habría tenido doble sentido el titular—, sino como una medida de relajación. Por ello, la frase emite un "ruido" que dificulta la comprensión del lenguaje empleado.

Un caso similar lo proporcionó el diario español *La Razón:*

"Rato saca un cero". *(La Razón,* 14 de noviembre de 1998. Titular de portada).

El ministro de Economía aparece como responsable de haber conseguido una "inflación cero": es decir, ese mes no se produjo aumento de los precios. Por un lado, funciona el titular relativo al cero; pero el doble sentido falla, porque ese logro no merece un suspenso, sino un sobresaliente.

A continuación se reproducen algunos titulares de doble sentido o juegos de palabras que funcionan bien con los dos significados y que, por tanto, constituyeron una muestra de rigor, originalidad, habilidad y sorpresa:

"A Telefónica se le cruzan los cables". *(El País,* 25 de agosto de 1996).

La primera expresión juega con los cables reales de los teléfonos y los imaginarios del lío que se había formado en la empresa.

"Una mujer arrincona a Tyson". *(El Mundo,* 18 de abril de 1996).

Un boxeador en el rincón por los golpes judiciales de la mujer a quien violó.

"Los mercados, al son de la lira". *(Cinco Días,* 26 de noviembre de 1996).

La moneda italiana hace que los mercados bailen según su música.

"La estación de la danza". *(El País,* 13 de noviembre de 1996).

El título acompaña a una información sobre actuaciones de danza en el metro de Madrid, dentro del Festival de Otoño. Estación por los dos lados.

"La etapa reina fue plebeya". *(As,* 15 de agosto de 1996).

Las grandes esperanzas de un vuelco en la clasificación tras la principal etapa de la Vuelta a Galicia se quedaron en nada.

"La huelga pincha". *(Cinco Días,* 19 de febrero de 1997).

Se refería el titular a una huelga de camioneros, con lo cual el doble sentido tiene relación con los dos campos semánticos.

"Arde el tabaco". *(El País,* 18 de agosto de 1997. Suplemento Negocios).

Los impuestos y las nuevas normas destapaban la pugna entre las multinacionales y Tabacalera. El tabaco, en efecto, arde por dos sitios.

"Calvin Klein. El que mueve los hilos". *(El Suplemento Semanal,* 18 de agosto de 1996).

Tratándose de un modista que influye tanto en la ropa y el diseño, el título adquiere también su doble significado.

"Riis apaga las velas". *(Campeones 16,* 17 de julio de 1996).

El ciclista danés celebraba su cumpleaños dejando a oscuras a Induráin, que desfallecía en su último asalto al Tour.

"Matador de canciones". *(La Revista* de *El Mundo,* agosto de 1996).

Título adecuado para la incursión musical del torero Jesulín de Ubrique.

"García Lorca cumple 100 años". *(El Nuevo Herald,* de Miami, 5 de junio de 1998).

Una hermosa manera de decir que el poeta granadino continúa vivo.

La antítesis. Consiste en colocar seguidos dos términos opuestos. Por ejemplo: "Muchos destinos para poco dinero". Con ello resaltamos las contradicciones que deseamos narrar.

"Lejana apertura, cercana realidad". *(El País,* 27 de junio de 1992. Título de un reportaje sobre cómo vivieron la apertura de los Juegos de Barcelona algunos grandes deportistas que no pudieron acudir).

"Rojo lo ve gris". *(Cinco Días,* 19 de septiembre de 1996. Luis Ángel Rojo, gobernador del Banco de España, no parece optimista).

La minoración. Este recurso supone una atenuación de lo que se ha dicho en primer lugar. Por ejemplo, en este título de un reportaje sobre un estafador al que sus víctimas recordaban por la colonia que usaba: "El perillán perfumado". O en estos otros: "El gigante pequeño". "El viejo Nuevo Mester" (en referencia al veterano —y magnífico— grupo de canción castellana Nuevo Mester de Juglaría).

La metáfora. En todas sus formas —metonimia, sinécdoque, greguería...— puede acudir en ayuda del titulador. Véase el apartado "el estilo es la metáfora".

La atanaclasis. O lo que es lo mismo: la repetición de una palabra —o alusión a ella, o a su raíz— con diferente sentido que en la ocasión anterior, o diferente significado del que se espera. "Más cuentas de la cuenta", por ejemplo.

"Dos segundos para un primero". *(El País,* 28 de julio de 1992). El "segundos" traslada una medida de tiempo; el "primero" un ordinal. Titular de una competición deportiva.

"El cupo ya no cabe". *(El País,* 3 de noviembre de 1996. Suplemento Domingo. Información sobre el cupo vasco y sus problemas matemáticos).

La aproximación intencionada. Los juegos fonéticos. Pero han de tener un sentido siempre, no vale usar una fórmula fácil que se queda en el mero juego formal. En el siguiente ejemplo se empleó esta técnica con gran brillantez.

"La devolución rusa". *(El País,* 20 de diciembre de 1996).

El reportaje habla sobre el hecho de que algunos "niños de la guerra" españoles —los que fueron acogidos en la Unión Soviética durante la contienda civil— hayan acogido ahora a su vez a 40 chavales que buscan olvidar el desastre nuclear de Chernóbil. Por tanto, se trata de devolver un favor. Y, como se trata de niños, se ha escrito "revolución" como lo pronunciaría uno de ellos: "devolución". Jugada redonda.

Un efecto similar se consigue con los juegos de palabras en los nombres propios. Hemos leído miles de veces "Intourain", en un juego muy manido como para darlo por bueno. Luego, han aparecido fórmulas similares:

> "Otra vez Moyatovic". *(As,* 15 de septiembre de 1996).

El titular anterior combina los nombres de Moya y Mijatovic, elevando de rango al jugador español.

> "Jan Carlos". *(El País,* 18 de junio de 1988).

El Rey aparece en la foto jugando al squash. El autor del título, el editor Javier Rivas, jugó con el nombre del Monarca y con el de los dos mejores especialistas del mundo en ese deporte: Jansher Jan y Jahangir Jan, por aquel tiempo con una rivalidad enconada.

La hipérbole. O exageración. Más propia de los diarios populares o sensacionalistas (entre ellos los deportivos: "El estadio se vino abajo"), también puede verse ocasionalmente en otros periódicos. Pero en cualquier caso debe quedar claro que se trata de una exageración sin ánimo de engaño, un mero recurso estilístico.

Errores habituales. En los títulos de reportajes se cae con demasiada frecuencia en estos errores:

Los títulos de películas. En general, ha de condenarse el vicio de titular con una idea que ya inventó otro. Ese defecto refleja pereza mental, poca imaginación y escaso interés por lo informativo. El título de una película o de una novela puede servir para nuestro texto pero también para otros cien diferentes. La tarea ideal del editor consiste en buscar su propio título, intentar que sea su frase la que repitan los demás; y no refritar una idea que ya circula.

La pereza se manifiesta además en que casi siempre se acude a los mismos títulos. Incluso a los mismos autores.

El *Libro de estilo* de *El País* prohíbe esta práctica, lo que no impide que se puedan aportar aquí también algunos ejemplos de ese periódico. Veamos los títulos más socorridos.

"Votando con el enemigo". *(El Mundo,* 15 de septiembre de 1996). Se ha robado *Durmiendo con su enemigo.*

"Fiebre del 7-D". *(As,* 27 de noviembre de 1996). Se apropia de *Fiebre del sábado noche* (el partido al que se refiere, por cierto, también se disputaba el sábado por la noche: Real Madrid-Barcelona).

"En busca de la audiencia perdida". *(El País,* 13 de enero de 1997). Roba *En busca del arca perdida.*

"Cómo ser fiscal jefe y no morir en el intento". *(Diario 16,* 19 de enero de 1997). Copia el título *Cómo ser mujer y no morir en el intento.*

"Cómo ser entrenador y no morir en el intento". *(As,* 21 de septiembre de 1996).

"Asignatura pendiente". *(El Mundo,* 26 de octubre de 1996. Suplemento La Esfera). El robo en este caso es textual.

"Solos en la madrugada". *(As,* 16 de agosto de 1996). El título de la película de José Luis Garci coincide letra por letra con este encabezamiento.

"La historia interminable". *(El Mundo,* 23 de junio de 1996. Artículo de Pedro J. Ramírez). Plagio textual de la obra de Michael Ende.

"M-40: La historia interminable". *(Ya,* 24 de junio de 1992).

"Bajo el volcán". *(As,* 6 de marzo de 1977). Textual.

"Deprisa, deprisa". *(El País,* 28 de abril de 1994, página 22). Reproducción textual del título de Carlos Saura.

"Deprisa, deprisa". *(El País,* 28 de abril de 1994. Encabezamiento de un editorial). Dos veces el mismo título en el mismo día. Monumental desatino.

"Deprisa, deprisa". *(Ya,* 27 de abril de 1992. Artículo de Manuel Marlasca, su director).

"Deprisa, deprisa". *(El Mundo,* 11 de marzo de 1997).

"La gran evasión". *(El Mundo,* 6 de julio de 1992). Título recurrente para salidas masivas de automovilistas.

"El hombre que fuma demasiado". *(Época,* 1991). Miguel Boyer fuma tres paquetes diarios y eso da pie a imitar el título *El hombre que sabía demasiado.*

"Los últimos de Filipinas". *(El Mundo,* 1 de julio de 1992). Siempre que alguien abandona algo después que todos los demás, corre el riesgo de que le caiga encima este título, copia de película y canción homónimas.

"Volver a empezar". *(El Mundo,* 25 de abril de 1992). Copia de uno de los títulos más manidos de la historia. Incluso el de la película de José Luis Garci ya era un plagio.

"Matrimonios de conveniencia". *(Andalucía actualidad,* 10 de diciembre de 1992). Reproducción del título de una película de Gérard Depardieu.

"Dos mujeres al borde de un ataque de nervios". *(Diario 16,* 22 de noviembre de 1995). Casi textual, el título de Almodóvar.

"Buscando a Escobar desesperadamente". *(El Mundo,* 25 de julio de 1992). El narcotraficante Escobar, aún vivo entonces, ocupa el papel protagonista de Susan (Madonna en la película).

"Crónica de un encarcelamiento anunciado". *(Abc,* 24 de mayo de 1996). Los títulos de García Márquez siempre provocaron a los imitadores.

"Crónica de una apropiación confirmada". *(El País,* 2 de marzo de 1998. Artículo de Ernesto Ekaizer).

"Crónica de una emergencia anunciada". *(El Espectador,* de Bogotá, 17 de noviembre de 1998).

"El Prado no tiene quien lo amplíe". *(El Mundo,* 7 de septiembre de 1996). Copia de *El coronel no tiene quien le escriba.*

"El embajador no tiene quien le llame". *(Abc,* 20 de diciembre de 1998). Y probablemente tampoco tiene quien le escriba.

"Noticia de un secuestro". *(El Mundo,* 9 de junio de 1996). Los nuevos títulos de García Márquez son tan copiados como los anteriores.

"La importancia de llamarse Airtel". *(El Mundo,* 25 de febrero de 1996). Tal vez más importante que llamarse Ernesto como en el título original.

"Sólo para tus ojos, varón". *(El Mundo,* 22 de junio de 1996). Ya puestos, se pudo titular "sólo para tus ojos, James Bond".

"Por un puñado de votos". *(El Mundo,* 5 de marzo de 1996). Casi igual que *Por un puñado de dólares.*

"Cuatro bodas y un funeral". *(El Mundo,* artículo de Pedro J. Ramírez del 29 de junio de 1997. Como la película de Hugh Grant).

"Cuatro nombres y una amenaza". *(El País,* 16 de diciembre de 1996).

"Las bicicletas son para el verano". *(As,* 9 de julio de 1996). Rara vez deja de aparecer en algún periódico el título de Fernando Fernán-Gómez cuando está a punto de comenzar el Tour.

"Mirando hacia atrás sin ira". *(El País,* 21 de julio de 1996). Reproducción casi textual.

"Por quién doblan las campanas". (Editorial de *Abc,* 20 de junio de 1997. También textual).

"Tres hombres y un destino". *(El País,* 11 de mayo de 1996). El autor añadió un hombre más al título original de la película, pero eso no arregla nada.

"En el nombre del padre". *(El Mundo,* 21 de julio de 1996). Copia textual del título de la película, se suele usar para hablar de problemas entre los hijos y sus progenitores.

"El día después". *(Diario 16,* 21 de abril de 1996). Una manera más de contribuir a la pésima traducción de *The day after* ("El día siguiente").

"Gigi y la extraña familia". *(El Mundo,* 4 de agosto de 1996). Gigi sustituye a Maribel.

"El año que Suharto vivirá peligrosamente". *(El Mundo,* 13 de enero de 1998). Remedo de *El año que vivimos peligrosamente.*

"El año que vivimos peligrosamente". *(El Mundo,* 7 de noviembre de 1999). Uno de los casos más repetidos. En este ejemplo, la película da título a una conversación entre los automovilistas Marc Gené y Pedro Martínez de la Rosa.

"Viaje a ninguna parte". *(El País,* 8 de mayo de 1998). Como la película de Fernando Fernán-Gómez.

"Fumar o no fumar, ésa es la cuestión". *(El País,* 3 de junio de 1996). No se trata propiamente de un título, pero frase tan repetida y ajena no da ninguna idea de originalidad ni imaginación.

"La sombra de la revolución es alargada". *(El País,* 22 de enero de 1998). *La sombra del ciprés es alargada,* de Miguel Delibes, se ha convertido en uno de los títulos más pirateados.

EL USO DEL INFINITIVO. Este tiempo verbal (si puede llamarse propiamente así) no aporta mucha riqueza a la oración. Porque se refiere sólo a una idea abstracta, alejada de su concreción en el tiempo. Sin embargo, se usa mucho en los titulares, en lugar de tiempos verbales que resultarían más precisos y evocadores.

"Pagar por estar enfermo". *(El Mundo,* 8 de septiembre de 1996. Suplemento Su Dinero). Se pudo escribir "pagamos por estar enfermos", O "los que pagan por estar enfermos".

"Salir de la oscuridad". *(El Mundo,* 26 de octubre de 1996).

EL TÍTULO DE LA CRÓNICA

Las crónicas suelen aparecer tituladas de una de estas tres maneras:

COMO CUALQUIER OTRA NOTICIA. El lector sabrá que se halla ante una crónica cuando comience a leer el texto y perciba sus notas interpretativas. Al referirse a una noticia del día, el encabezamiento debe contener el hecho informativo en sí.

CON CIERTA CARGA DE INTERPRETACIÓN INCLUIDA (el titular más específico de la crónica). En estos casos, se emplea frecuentemente un título sin verbo motor. Por ejemplo: "Semana decisiva para la renovación socialista". O reflejado con un caso real:

"Ofensiva contra los fiscales del caso GAL". *(El Mundo,* 1 de diciembre de 1996).

CON UNA OPINIÓN. Los periódicos suelen reservar esta posibilidad para las crónicas taurinas y deportivas, y emplear en ellas la tipografía que dedican a los géneros opinativos (en este libro hemos propuesto que se incluya también en tal capítulo la crónica sobre festivales cinematográficos). En este caso, la técnica del título se puede identificar con las que hemos abordado al hablar de los encabezamientos para los reportajes.

LOS TÍTULOS DE DOCUMENTACIÓN

Generalmente, el título de documentación debe dar a entender el contenido del texto al que acompaña; es decir, que se trata de datos o antecedentes relacionados con el hecho en cuestión. Una manera sencilla de responder a ese requisito consiste en situar en el título el principal dato obtenido. Por ejemplo, si se complementa una información sobre terremotos, se puede titular: "80 movimientos sísmicos en dos años".

También se cumple con eficacia la misión del título de documentación citando simplemente el tema cuyos datos y antecedentes se van a facilitar: "Los seísmos de los últimos años".

EL TÍTULO DEL ANÁLISIS

No precisa de características especiales, y puede compartir los criterios expuestos más arriba sobre el reportaje y la crónica.

EL TÍTULO DE OPINIÓN

La mayor libertad de contenido se acomoda en el título de un editorial, de un artículo de fondo, de una columna de opinión. Su técnica se asemeja sobre todo a la del reportaje, pero puede incluir adjetivos y juicios de valor.

No obstante, conviene huir de los adjetivos más manidos, y buscar calificativos ricos en significado y connotación. Véase más arriba el apartado sobre adjetivos y estilo.

Criterios generales

Aparte de las características propias de cada género, podemos considerar también una serie de normas globales para todo tipo de titular.

Palabras frías, palabras calientes. El título debe entrar en la mente del lector con la idea de sugerirle todo un mundo, el mundo relativo a la noticia que transmitimos. Existen palabras frías y palabras calientes. Las frías tecnifican un titular. Las calientes lo acercan. Las frías evocan el lenguaje propio de la economía, la Administración, los juzgados, la ciencia... Las palabras calientes evocan la vida, la sociedad, las personas.

"Los delincuentes de 14 años podrán ser recluidos 24 meses". *(El País,* 9 de diciembre de 1996. Principal titular de la primera página).

El término "recluidos" encaja con la técnica carcelaria, con el lenguaje de la administración penitenciaria, de los jueces y los abogados. No entronca con el habla de la gente. Habríamos añadido interesantes connotaciones al titular con esta otra expresión:

"Los delincuentes de 14 años podrán ser encerrados 24 meses".

Se trata de un término caliente, puesto que nos transmite el concepto "encierro", mucho más rico que "reclusión". Y con esa palabra podemos imaginarnos a los jóvenes que permanecerán entre cuatro paredes durante dos años.

Por lo general, las palabras frías son largas. Las calientes, más cortas. Las palabras frías incorporan sufijos o afijos. Las palabras calientes se bastan con su propia raíz.

"Serra cifra el coste anual de la profesionalización del Ejército en 150.000 millones". *(El País,* 9 de diciembre de 1996).

La palabra "profesionalización" destruye cualquier atractivo del titular. El editor debió haber pensado en esta otra alternativa:

"Un Ejército de sólo profesionales cuesta 150.000 millones al año, según Serra".

"La cobertura económica del paro en Cataluña y Baleares es 20 puntos superior a la media nacional". (*El Mundo,* 1 de noviembre de 1996).

Titular lleno de tecnicismos. Leeríamos mejor éste:

"7 de cada 10 parados de Cataluña y Baleares cobran subsidio; en el conjunto nacional, 5 de cada 10".

Si titulamos "el ministro aborda la problemática de la enseñanza" habremos redactado un encabezamiento con palabras frías. Si escribimos "el ministro aborda los problemas de los colegios" habremos logrado un título caliente.

"TVE utiliza distintos baremos con los presentadores que hacen publicidad". (*El País,* 27 de enero de 1997, titular de Televisión).

La palabra "baremos" transmite frialdad como pocas. Máxime cuando no se refiere a su estricto sentido económico, evaluatorio o contable. Se pudo haber publicado un título caliente con esta otra frase:

"TVE utiliza distinto rasero con los presentadores que salen en los anuncios".

El siguiente caso procede de un diario peruano:

"En Venezuela, el analfabetismo es del 12% y existen 2.116.984 jóvenes que han abandonado el sistema educativo". (*El Comercio,* de Lima, 1 de mayo de 1998).

Así que la camioneta escolar lleva y trae a los alumnos al sistema educativo. Ese título tan frío habría adquirido mayor temperatura si se hubiera hablado de que "han abandonado el colegio".

Palabras incomprensibles. El lector se sentirá muy distanciado de un texto en el que abunden las palabras que no entiende. En el caso del titular, ese fallo le echará directamente hacia otra información. Los títulos deben contener palabras comunes, que un ciudadano medio pueda comprender sin esfuerzo. Y no vale la disculpa de que quien se interesa por unas páginas especializadas ya entiende esos vocablos. El lector de un suplemento de economía es el mismo que el que hojea un suplemento de deportes, de ciencia, de cultura... Es el mismo lector de todo el periódico, y nadie puede estar especializado en todas las secciones. A veces se producen ejemplos un tanto ridículos, que mueven incluso a la risa:

"Citoquinas cuando ya es demasiado tarde". *(El País,* 17 de febrero de 1997. Suplemento Salud).

"Identificados fulerenos interestelares". *(El País,* 12 de febrero de 1997. Suplemento Futuro).

"Taxis, prótesis y asistencia a enfermos crónicos, claves para el copago en sanidad". *(El País,* 14 de noviembre de 1996. Titular de Sociedad).

"Las obras del AVE hallan en Aragón un chirlón del Jurásico". *(El País,* 10 de octubre de 1995. Titular de Sociedad. El texto de la noticia no explica en ningún momento tampoco qué cosa es un chirlón).

El autotruco. Los periodistas se enfrentan a diario con expresiones largas que deben elevar a los titulares. Algunos acuden a las siglas para resolver ese problema. Otros adoptan una vía más imaginativa: toman palabras-guía, bien ideando una alternativa a la larga expresión de que se trate o bien tomando una parte de ella.

En junio de 1994, en la sección de Madrid de *El País,* de la que entonces era responsable yo, nos planteamos ese problema. Estaba próximo a inaugurarse el Estadio de la Comunidad de Madrid, un recinto para atletismo y otros deportes. Durante los próximos días —y años— íbamos a llevar a los titulares el nombre de ese estadio: final de las obras, inauguración oficial, primeras pruebas atléticas, incluso una Supercopa de fútbol se jugó allí tiempo más tarde (la ganó el Barcelona ante el Atlético de Madrid). Y no podíamos aceptar para los titulares un sujeto como "el Estadio de la Comunidad de Madrid". Por eso planteé la necesidad de "bautizar" a ese recinto, y celebramos una votación entre todos los redactores.

Yo propuse "El Abanico". Otro, "El Platillo Volante". Y José Manuel Romero, "La Peineta". Todos atendimos a la curiosa forma de la grada principal. Los sufragios dieron la victoria a este último nombre (que recibió el apoyo unánime de las periodistas de la sección). ¿Sois conscientes de que estamos bautizando ese estadio para siempre?, pregunté a todos. Y me miraron como si hablara en broma.

En efecto, a partir de aquel día ya siempre utilizamos "La Peineta" para referirnos al estadio. No escribíamos "conocido popularmente como 'La Peineta'", porque eso habría resultado falso. Simplemente, titulábamos "Mañana se inaugura La Peineta", y nos quedábamos tan anchos. En el texto, por supuesto, se explicaba cuál era su nombre oficial. Con el tiempo, todos los periódicos siguieron nuestro ejemplo. Ya se llama La Peineta.

La prensa local ha dado nombre tradicionalmente a diversos edificios de Madrid: El Piramidón (hospital Ramón y Cajal); El Pirulí (Torrespaña), cuya paternidad corresponde al periodista Pedro Montoliú; o El Ruedo de la M-30 (edificio de Sainz de Oiza), también invento de Montoliú; o El Faro de la Moncloa (empleado por *El País* tras bautizarlo así Juan Antonio Carbajo; el diario *El Sol* lo definió durante un tiempo como "La Linterna").

Pero en casos así la constancia adquiere un papel fundamental. Por ejemplo, *El País* llamó "Operación Mago" a una gran redada contra narcotraficantes en Galicia. Tomaba el nombre de la propia denominación que la policía dio al caso en homenaje al juez instructor, que tenía nombre de rey mago: Baltasar Garzón. "Operación Mago" figuró en algunos titulares para definir aquella actuación judicial; pero la constancia flaqueó: otros periódicos, *El Mundo* entre ellos, la llamaron "Operación Nécora", tomando el nombre de la clave de comunicaciones que se estableció en aquella noche de detenciones. Y así pasó a la historia y a los titulares, incluidos los de *El País* (lo cual habrá llevado seguramente al desconcierto a muchos de sus lectores durante algunos días, puesto que podían pensar que se trataba de dos operaciones distintas). En cualquier caso, ese segundo nombre acabó sirviendo también para el objetivo que se pretendía.

En 1996, un muchacho magrebí fue arrojado al metro por el atacante de una chica a la que él intentaba defender, y a la que no conocía. Sufrió la amputación de una pierna y otras graves heridas. Este inmigrante aparecería con asiduidad en los periódicos, con motivo de su evolución médica, los homenajes que se le tributaron o distintas diligencias relacionadas con el suceso. Pero la reiteración de su presencia en las páginas no iba a alcanzar el grado de cualquier otro personaje público muy conocido. El nombre del muchacho, Milud Jedari, pronto no diría nada a la generalidad de los lectores. Y tampoco cabría en los cortos espacios reservados a los titulares una expresión como "el muchacho arrojado al metro por defender a una chica...". Así que se le bautizó periodísticamente como "el héroe del metro", y esa referencia le acompañará ya de por vida.

Un ejemplo de gran éxito nos lo traen las "vacas locas". Lejos de reproducir los complicados tecnicismos que definían la mortal enfermedad de miles de reses —mortal para los humanos que ingirieron su carne—, la prensa británica dio en llamarlas "vacas locas" (1996) y facilitó los titulares a todos los periodistas del mundo.

Hace unos años, el editor de *El País* Julián Martínez resolvió el problema que planteaba cómo definir el aumento del valor catastral de las viviendas aplicado por el Gobierno del PSOE. Tituló así un reportaje del suplemento Domingo: "El catastrazo". De gran resonancia onomatopéyica, alcanzó gran éxito a juzgar por la reiteración de su uso entre políticos y periodistas. Tiempo después surgirían a su sombra "el decretazo", "el medicamentazo"... Y antes se había usado igual técnica para designar incluso acontecimientos históricos (el Bogotazo, el Tejerazo...).

Las siglas —y ya se habrá leído anteriormente que no han de usarse en demasía— ocupan a veces el lugar de esos hallazgos. *El Periódico de Catalunya,* por ejemplo, usa insistentemente las letras BCN para resumir la palabra "Barcelona", que le resulta excesivamente larga para sus grandes titulares.

"BCN retoca Montjuïch para el Espanyol". *(El Periódico de Catalunya,* 2 de enero de 1997. Titular a seis columnas con la línea completa).

La mayoría de los periódicos lleva a sus titulares siglas como CGPJ (Consejo General del Poder Judicial) o CNMV (Comisión Nacional del Mercado de Valores). Los lectores muchas veces se quedarán perplejos ante ellas. Porque, además de resultar impronunciables, forman parte de lo que hemos llamado anteriormente "palabras frías". En estos casos, conviene tomar una o dos de las palabras que conforman el nombre propio y darles el valor del total: "El Poder Judicial expedienta a un juez de Castellón". "Valores abre una investigación sobre dos empresas". Ahora bien, esas palabras elegidas deberemos repetirlas cada vez que la sigla pretenda entrometerse en el titular. La constancia forma la base de este truco.

Las siglas en los títulos. Lo dicho anteriormente nos conduce a reflexionar sobre las siglas en los titulares (de lo cual ya hemos hablado en el apartado sobre el título de la noticia). En ello se ha de poner mucho más cuidado que en los textos, y usar solamente grupos de letras que identifiquen claramente los lectores. Tal vez no fuera ése el caso del siguiente titular:

"El TSJC avala al jurado del taxista". *(El Periódico de Catalunya,* 2 de enero de 1997).

Como se ha sugerido en el apartado anterior, en casos así se puede tomar una palabra del grupo y usarla con valor equivalente al total: "El Tribunal Superior avala al jurado del taxista". O bien "el Superior avala al jurado del taxista" (igual que se dice "el Supremo" o "el Constitucional": por cierto, cuando en España se empezó a escribir "el Constitucional" muchos lectores criticaban una expresión tan extraña, y ahora ya se ha acostumbrado todo el mundo).

El título apelativo. A veces, un periódico se dirige en su titular no sólo a los lectores, de manera general, sino a una persona concreta particularmente. Ese estilo se ha venido mostrando con frecuencia en el diario *Marca,* desde donde se arenga a los deportistas. ("Miguel, tú puedes", "Vamos a por ellos", "Estamos con vosotros"...).

Este tipo de titular carece de valor informativo alguno, puesto que solamente nos traslada lo que cualquier amigo puede comentar en la calle, o lo que cualquier espectador grita en una competición. No hace falta comprarse el periódico para acceder a esa idea. Aparte de la prensa deportiva, donde el comprador busca muy frecuentemente una identificación de hincha, esta posibilidad apenas resulta eficaz en el resto de los periódicos.

Jamás "hermetismo". Cuando un periodista no logra obtener datos para su noticia, puede caer en la tentación de titular: "Hermetismo en torno a...". Con ello habrá resuelto su encabezamiento y tal vez haya dado con la manera de empezar el texto. Pero conseguirá también que ningún lector se interese por lo que cuenta. ¿Cómo va a reunir atractivo alguno un titular que cuenta la incapacidad del redactor para reunir información?

Respuestas, no preguntas. Igualmente, la falta de seguridad sobre la información que se maneja invita un día sí y otro también a llevar una pregunta al titular: "¿Ficha Alfonso por el Barcelona?". "¿Dónde está el oro nazi que compró España?".

> "¿Caracas tendrá un Planeta Hollywood?". *(El Nacional,* de Caracas, 1 de febrero de 1998).

Los lectores adquieren el periódico buscando respuestas. Las preguntas ya pueden hacérselas ellos mismos.

La experiencia olímpica

Uno de los trabajos más enriquecedores de los que he disfrutado en mi vida profesional llegó con los Juegos Olímpicos de Barcelona. El director del diario, Joaquín Estefanía, me envió a Barcelona como responsable de edición de un suplemento diario de 28 páginas sobre los Juegos de 1992, con un equipo formado por Carlos

Castro, Francesc Valls, Miguel Ángel López y Francesc Arroyo. El responsable informativo fue Àlex Martínez Roig. Me permito hablar aquí de aquella experiencia porque tal vez pueda servir a los nuevos periodistas como ejemplo práctico de todo lo que se ha dicho en este capítulo.

En primer lugar, los miembros de aquel equipo nos propusimos que la titulación del suplemento constituyera su principal seña de identidad. Para ello seguimos casi todos los criterios expuestos más arriba, y además nos disciplinamos a cumplir algunos requisitos:

—Jamás usaríamos en los titulares palabras como "oro", "plata", "bronce", "ganar", "triunfo", "derrota", "partido", "vencedor"... y todas aquéllas susceptibles de ser empleadas en cualquier deporte, cualquier día, con cualquier motivo. Así conseguiríamos buscar titulares imaginativos, desechar la primera idea que nos viniera a la cabeza... y no repetir títulos similares en las 20 jornadas de competición y las 28 páginas del suplemento de cada día. En alguna ocasión quebramos ese principio, pero tales casos apenas tuvieron relevancia en relación con el ingente esfuerzo derrochado para el resto de los encabezamientos.

— No usaríamos nunca tópicos como "Fulano entra en la gloria", "Mengano llega al Olimpo", "Histórico triunfo"... que tan pobres resultan cada vez que aparecen, como en este caso:

> "Tiger Woods entra en el Olimpo". *(El Mundo,* 8 de noviembre de 1999. Titular de una fotonoticia en primera página).

— Los títulos de carácter metafórico deberían incluir alguna palabra-fuerza que identificara el deporte al que nos referíamos. Esta obligación podía obviarse si lo permitía la foto que acompañara al texto, puesto que en ella se identificaría perfectamente el tipo de competición.

— Se permitían todos los juegos de palabras, con tal de que no resultasen tópicos o nos llevaran a lugares comunes.

— Se tendría en cuenta siempre la fotografía que se publicase con la información correspondiente, porque se intentaría aludir a alguno de los aspectos que figurasen en ella.

— Incluso, el titular de la primera página del suplemento —dominada por una inmensa foto— serviría como título de lo más destacado del día y a la vez como pie de esa gran foto.

— Evitaríamos los participios y los infinitivos en la palabra inicial del titular.

— Buscaríamos frases con verbos motores para los títulos principales.

— Tendríamos en cuenta que las competiciones las seguirían por televisión millones de españoles, y que los lectores ya conocerían los principales resultados cuando acudieran al quiosco.

Todos esos criterios nos llevaron a titulares como éstos (se especifica junto a ellos cada uno de los recursos empleados, de los que se habló anteriormente):

— La ceremonia inaugural cuenta con la novedad de un arquero que prende la llama olímpica.

"La flecha en llamas enciende el estadio". (26 de julio de 1992). METÁFORA.

— Reportaje sobre cómo entendieron los periodistas extranjeros —y especialmente los orientales— una ceremonia inaugural cargada de referencias mediterráneas.

"A Qing Jin todo le suena a chino". (26 de julio). DOBLE SENTIDO.

— El ciclista José Manuel Moreno se estrena en la primera jornada de velódromo y con muchas posibilidades de medalla. Titular de la fotonoticia que sirve para presentarle.

"Pista para el primer oro". (27 de julio). DOBLE SENTIDO.

— Previo sobre la entrada en competición del nadador Martín López Zubero.

"Hacia el podio, avanzando de espalda". (28 de julio). PARADOJA.

— López Zubero gana la medalla de oro en 200 metros espalda.

"Martín, el espaldarazo". (29 de julio. Primera página del suplemento). DOBLE SENTIDO.

"Zubero conectó su hélice en el último largo". (29 de julio. Título de la crónica). METÁFORA.

— Los jugadores del equipo estadounidense de voleibol se rapan la cabeza tras perder apretadamente por culpa de un error arbitral. Una foto de los jugadores preside la página.

"Pierden por un pelo y se quedan calvos". (29 de julio). ATANACLASIS.

— El equipo de voleibol de los rapados estadounidenses está a punto de perder con una sorprendente España.

"España pone los pelos de punta a Estados Unidos". (31 de julio). PARADOJA.

— Los grandes favoritos en natación Matt Biondi y Janet Evans tienen una actuación decepcionante.

"Los mitos se ahogan en las piscinas Picornell". (29 de julio). METÁFORA.

— Una yudoca española ha de competir sin que le afecte la reciente muerte de su entrenador.

"Miriam lucha con el recuerdo de Sergio". (31 de julio). DOBLE SENTIDO.

— Descripción del circuito que deberán seguir los marchadores, con un duro tramo final.

"La cuesta del infierno, a las puertas del cielo". (31 de julio). ANTÍTESIS.

— El marchador español Dani Plaza gana el oro. Su compañero Valentí Massana es descalificado a las puertas del estadio. El título entronca con la idea del día anterior.

"Plaza, en el cielo; Massana, en el infierno". (1 de agosto). ANTÍTESIS.

— Entra en competición la yudoca española Miriam Blasco, candidata a medalla. Acompaña a la información una foto de la luchadora en la que domina a una contrincante.

"La llave para la esperanza". (31 de julio). DOBLE SENTIDO.

— España fracasa en baloncesto ante una selección que jamás había ganado partido alguno en unos Juegos Olímpicos y sale derrotada merced a los errores del seleccionador nacional.

"Díaz Miguel entra en la historia de Angola". (1 de agosto). METÁFORA (GREGUERÍA).

— En salto de altura, la medalla de oro se consiguió con una marca de sólo 2,34 metros, muy pobre para una final olímpica.

"El cubano Sotomayor gana un concurso de poca altura". (3 de agosto). DOBLE SENTIDO.

— Teresa Zabell y Patricia Guerra empiezan a competir en Clase 470, una de las especialidades del elitista deporte de la vela. Este título se sitúa bajo una foto en la que ambas agarran un remo.

"Dos chicas con clase". (3 de agosto). DOBLE SENTIDO.

— En cuatro horas, el estadio vive un récord olímpico, dos escándalos, el drama de un atleta que entra en meta, lesionado y llorando, ayudado por su padre, y un salto portentoso. Bajo la foto del atleta y su dolor, se tituló así:

"Sacudida de emociones". (4 de agosto). METÁFORA.

— La tenista española Sánchez Vicario se ha asegurado el bronce, al clasificarse para semifinales. Sus siguientes partidos le dan opción a la plata o el oro.

"Arantxa juega ya con la medalla". (4 de agosto). DOBLE SENTIDO.

— Información sobre la selección femenina de hockey sobre hierba. Titular bajo una gran foto de la portera del equipo, María Victoria González.

"Victoria, para impedir la derrota". (4 de agosto). ANTÍTESIS, ATANACLASIS.

— Reportaje sobre las imágenes de televisión que demuestran los errores arbitrales.

"El mejor árbitro, el objetivo". (4 de agosto). DOBLE SENTIDO.

— Reportaje sobre el "Dream Team" (Equipo de Ensueño), la selección estadounidense de baloncesto. Resulta que se atiborran de hamburguesas.

"El Burger Team". (6 de agosto). DOBLE SENTIDO, APROXIMACIÓN FONÉTICA INTENCIONADA.

— Young bate el legendario récord de Moses, Peñalver logra la plata en decatlón, Carl Lewis suma su séptimo oro. En la gran foto de primera página, Young se revuelca envuelto en la enseña estadounidense. Y bajo ella, este título:

"Atletismo de bandera". (7 de agosto). DOBLE SENTIDO, METÁFORA. TÍTULO-PIE.

— El dúo de piragüistas españoles que participan en la modalidad de K-2 resolverá hoy las incógnitas sobre su estado de forma.

"K-2 despeja X". (7 de agosto). APROXIMACIÓN FONÉTICA INTENCIONADA.

— El mejor pertiguista de la historia, el bielorruso Serguéi Bubka, falla cuando menos se esperaba. En la foto de la portada del suplemento, se ve al saltador a una gran altura en su caída hacia la lona, como si volase. Al fondo, aparece a gran tamaño el reloj del estadio olímpico, que marca las siete de la tarde.

"Bubka fracasa en su hora clave". (8 de agosto). DOBLE SENTIDO. TÍTULO-PIE.

— Bubka fracasa, pero el español García Chico logra un sorprendente bronce.

"García Chico vuela y Bubka se estrella". (8 de agosto). ANTÍTESIS.

— Última jornada de los Juegos de Barcelona. Fermín Cacho rubrica el éxito del deporte español y de una promoción de atletas jóvenes que ha sorprendido a todos. La selección de fútbol obtiene el oro. La organización de los Juegos ha sido un éxito.

"Despega una nueva generación". (9 de agosto). METÁFORA.

— España gana a Polonia en la final de fútbol. El gol decisivo, el 3-2, supone un éxito histórico comparable sólo a la victoria en la Eurocopa de 1964, con aquel maravilloso gol de cabeza...

"Kiko vuelve a marcar el gol de Marcelino". (9 de agosto). METÁFORA.

— Ceremonia de clausura. El grupo Els Comediants monta un espectáculo que termina con un atronador castillo de fuegos artificiales. Una gran foto muestra sus luces pintadas en el cielo de Barcelona.

"La llama se apagó con fuego". (10 de agosto). PARADOJA. TÍTULO-PIE.

— La ausencia del presidente del Gobierno en las jornadas olímpicas —salvo la inauguración oficial— despierta numerosos comentarios, sobre todo si se tiene en cuenta que los Juegos han resultado un éxito de organización, que no se ha producido ningún desorden público y que el despliegue de seguridad impidió la amenaza terrorista.

"Felipe González no acudió a colgarse la medalla". (10 de agosto). DOBLE SENTIDO.

— Reportaje sobre los grandes derrotados y su buen perder.

"Hermosos vencidos". (10 de agosto). PARADOJA.

— Resumen de los Juegos Olímpicos. Una gran foto en la portada muestra al decatleta Antonio Peñalver dando un amistoso y emocionante abrazo a su gran rival, el checoslovaco Zmelik, el único competidor que le superó. La foto, unida al titular situado bajo ella, refleja el lema de los Juegos de Barcelona.

"Para siempre". (11 de agosto). (El lema de los Juegos fue "Amigos para siempre"). METÁFORA. TÍTULO-PIE.

EL SEXISMO

Todo periodista —hombre o mujer— debe prestar atención a su lenguaje para no caer en usos sexistas pero tampoco absurdos lingüísticos. Hay que evitar un empleo discriminatorio de la lengua, pero no se puede terminar en el extremo contrario, que olvida el genio interno del idioma para fabricar una ingeniería lingüística según la cual palabras que no tenían género de repente lo encuentran y otras, que sí lo tienen, deben perderlo.

Cargos y títulos. Para empezar, cargos y títulos deben observar rigurosa concordancia de género con sus poseedores. Así, el periodista debe escribir "la doctora", "la ingeniera", "la diputada", "la jefa" o "la primera ministra" cuando tales condiciones se refieran a una mujer. Sin embargo, debe escribir "el modista" y no "el modisto" (igual que "periodista" y no "periodisto"; "la poetisa" y no "la poeta").

Defensa de "la juez". El hecho de que se escriban en femenino profesiones que en otro tiempo estuvieron reservadas a los hombres no debe inducir a un uso equivocado del idioma. Así, por ejemplo, no tiene sentido escribir "jueza" cuando no se usa "juezo", sino "juez". No ocurre igual con "médica", femenino de "médico".

La analogía con "jueza" nos lleva a otras palabras, como "fiscala y fiscalo", "edila y edilo", "oficiala y oficialo", "cónsula y cónsulo" y también "concejala y concejalo", aunque hay que señalar que la Real Academia —a mi juicio desacertadamente— ha admitido esta última formación femenina ("concejala"). Pese a ello, el *Libro de estilo* de *El País* recomienda escribir en el periódico "la concejal", y no "la concejala", al entender que la terminación "al" no es denotativa de masculino. Por el contrario, el *Libro de estilo* de *El Mundo* sí obliga al uso de "concejala". Pero no hace lo mismo con "fiscala" o palabras similares.

Por otro lado, en el español tenemos muchos vocablos femeninos con terminación en "-ez". A nadie se le ocurriría escribir "la esbelteza", "la escaseza", "la peza", "la nueza", "la tiranteza", "la solideza", "la teza"... ¿Por qué sí "la jueza"? Porque la tendencia a dotar de terminación femenina a todas las profesiones no ha tenido en cuenta a veces criterios lingüísticos, sino políticos. El periodista que escribe "la jueza" —muchos lo hacen— muestra escasa reflexión sobre el lenguaje.

En español adquiere mayor importancia para el género un artículo que una terminación. Por ejemplo, nadie duda de que nos referimos a mujeres al hablar de "la contralto", "la soprano", "la modelo"... ni que hablamos sobre hombres si decimos "el policía", "el guardia", "el dentista"...

Los grupos feministas luchan por que la omnipresencia profesional del hombre no haga desaparecer del lenguaje a la mujer, ni esconda su verdadero papel social. Deberemos seguir sus sugerencias en la mayoría de los supuestos, pues no carecen de razón. Pero en el caso de "juez" —como fiscal, como edil, como concejal...— la presencia de una mujer en tal función no se puede ocultar jamás porque de resaltarlo se encargan el artículo y, en su caso, los adjetivos: "la juez encargada del caso", "la concejal presidenta de Chamberí"...

Hay quien defiende que con las palabras terminadas en consonante se siga el mismo criterio que en seguidor-seguidora o constructor-constructora, o profesor-profesora... Pero la lógica lingüística de estas palabras viene de otro lado.

En efecto, los adjetivos terminados en "-or" carecían de variación de género en los orígenes del español. Es decir, operaban igual que los comparativos actuales: "es una persona inferior", "en la parada anterior", "una fase ulterior"... Pero a partir de finales del siglo XIV se añade la "a" del femenino principalmente cuando el adjetivo se sustantiva. Y eso alcanza incluso a algunos comparativos: "la madre superiora".

Los hablantes han decidido a lo largo de los siglos dotar de femenino a las palabras terminadas en "-or" —excepto los comparativos—, pero no tomaron la misma determinación frente a las terminadas en "z".

También se suelen plantear dudas con las palabras procedentes de participios pasivos: el presidente, el vidente, el gerente... La conversión en palabras de terminación femenina se halla actualmente en evolución, y la tendencia colectiva apunta hacia una generalidad de estas palabras terminadas en "a" cuando se refieren a una mujer. Hoy en día, podemos aventurar que acogen la terminación femenina cuando se aproximan más al sustantivo que al participio presente, y viceversa. Así, por ejemplo, conviven "la presidenta" y "la vidente", "la gerente" y "la asistenta", "la gobernante" y "la gobernanta" (en este último caso con significados distintos).

El "salto semántico". El ensayista Álvaro García Meseguer llama "salto semántico" al uso genérico del masculino para referirse a un conjunto de hombres y mujeres que deriva en la exclusión posterior de estas últimas. Tomemos esta frase:

> "Los antiguos egipcios habitaban en el valle del Nilo. Sus mujeres solían hacer tal o cual cosa".

El sustantivo masculino "egipcios" tiene un valor genérico, no marcado, en la primera parte de la oración. Sin embargo, en la segunda, la referencia que el posesivo "sus" hace del antecedente "egipcios" convierte al genérico en un claro masculino.

Según García Meseguer, "se fomenta así en el subconsciente el fenómeno de identificación de la parte con el todo, el varón con la persona; y como secuela se produce una ocultación de la mujer".

Bien, éste es un caso que se produce de vez en cuando en la prensa. Los redactores y las redactoras raramente lo perciben, y muy pocos jefes de sección suelen advertirlo al revisar un texto. Sólo una mirada atenta puede descubrirlo, y creo que es uno de los casos de sexismo contra los que resulta más difícil luchar, aunque eso no implica que dejemos de intentarlo.

> "Todos, desde los jefes hasta los guardias y sus mujeres, escuchan las tertulias radiofónicas". *(El País,* 5 de noviembre de 1995. Francisco Peregil).

El periodista, que escribía un espléndido reportaje sobre el cuartel de la Guardia Civil en Intxaurrondo, ha eliminado de un plumazo a todas las guardias civiles, con la frase "hasta los guardias y sus mujeres", que excluye "las guardias y sus maridos".

> "Seiscientas ochenta personas se enfrentaban a la mítica distancia de los 100 kilómetros. Llevaban gorras con ventiladores, mochilas, cantimploras y pañuelos en el cuello para afrontar cualquier peripecia. Además disponían de cuatro puntos para repostar y del apoyo de esposas, novias y medio millar de voluntarios". *(El País,* 10 de junio de 1996. Luis F. Durán).

El informador ha tenido el cuidado de hablar al principio de "personas", porque incluso recoge las declaraciones de una estudiante que se dispone a empezar la kilométrica prueba, Esther Lechón, de 18 años. Pero en el párrafo citado sólo se refiere a que los participantes recibirán la ayuda de sus esposas o novias, incurriendo así en el salto semántico que denunciaba García Meseguer.

Como en este otro caso:

> "Cuidado, dicen, que no vamos a poderles pagar la Seguridad Social; no podremos mantener las pensiones (...) y si queremos tener hijos nuestras mujeres tendrán que dar un poco más de su dinero a su patrono para compensarle de las ausencias del parto". *(El País,* 2 de enero de 2001. Eduardo Haro Tecglen).

"No podremos mantener las pensiones" se refiere a toda la población, incluidas las mujeres que no son madres ni lo van a ser. Pero "nuestras mujeres" convierte la tercera persona del plural ("nuestras") en una referencia masculina.

El periodista debe permanecer alerta ante toda generalización relativa a papeles masculinos o femeninos. No sólo por el salto semántico, sino porque a veces se deslizan prejuicios absurdos. Así, la locutora Inmaculada Galván dijo el 20 de enero de 1997, en el programa *Madrid directo,* de Telemadrid:

> "Queremos tranquilizar a las mamás, porque en los incidentes tras el concierto de Spice Girls no se ha producido ningún herido entre las asistentes".

¿Y por qué tranquilizar a las mamás? ¿Acaso las mamás se preocupan más por sus hijas que los papás? ¿Y por qué el temor se dirigía solamente a las hijas?

Un error semejante comete *El País* de ese mismo día, con este título:

> "24 horas de Spice Girls en Madrid para las *fans*".

¿Y por qué sólo para "las" *fans?* El texto no lo aclara, ni parece fácil que se prohibiera la entrada a los varones. Todo ello resulta más chocante si se sabe que el grupo Spice Girls está formado sólo por mujeres. Y que, efectivamente, acudieron miles de muchachos aunque las chicas asistieran en mayoría.

El masculino genérico. El anterior ejemplo nos introduce en el capítulo obligado sobre el masculino genérico, el que se emplea para englobar a hombres y mujeres. La estadounidense Casey Miller, pionera del lenguaje no sexista, se quejaba de los defectos que a su juicio presenta el inglés a este respecto (y ese idioma plantea menos problemas que el español): "Salvo las palabras que se refieren a la mujer por definición (madre, actriz...) y las palabras para ocupaciones desempeñadas tradicionalmente por la mujer (enfermera, secretaria, prostituta), la lengua inglesa lo define todo en masculino. La persona hipotética (si un hombre camina diez millas en dos horas...) y la persona media (el hombre de la calle) son masculinos. De este modo, se crea un mecanismo semántico que funciona para que las mujeres sigan siendo invisibles".

El problema radica en cómo resolver eso. Han surgido diversas propuestas, tanto en español como en otros idiomas, la mayoría de ellas como pura ingeniería de la lengua.

Así puede considerarse, por ejemplo, el hecho de que un diccionario inglés de reciente publicación incluya el término *womyn* para decir "mujer", y evitar así la connotación que proporciona *woman,* cuya terminación coincide con la palabra "hombre" en ese idioma.

Hace unos años, en un programa de televisión sobre el sexismo, una profesora cuyo nombre no recuerdo y que representaba a una entidad feminista defendía que en la escuela hay que eliminar ya la discriminación sexista, y proponía referirse siempre a los alumnos como "los alumnos y las alumnas". Explicaba que si alguna vez ella decía "los niños, que recojan los libros", y utilizaba "niños" con valor genérico englobando a niños y niñas, entonces eran sólo los niños quienes recogían los libros. Bien, el primer caso me parece muy complicado. El idioma es una de las pocas invenciones sociales auténticamente democráticas, y la gente habla como el conjunto de los hablantes quiere hablar. Así, parece difícil eludir el genérico especificando los dos géneros, porque eso nos llevaría a frases como ésta:

> Los niños y las niñas deben recoger los libros y salir rápidos y rápidas al recreo para jugar con sus compañeros y compañeras.

Imponer estas fórmulas a 400 millones de hablantes no se hará tarea fácil. Además, la invitación a que los niños recogieran sus libros, expresada tal como indicaba esta profesora, constituye un invento sin más. Nadie se dirige a sus alumnos diciendo "los niños, que recojan los libros". En todo caso, dice "recoged los libros", o "recojan los libros". El lenguaje es muy sabio como para propiciar esas confusiones, y la confusión al expresarse refleja casi siempre un error del que habla, no del lenguaje.

La preocupación por mostrarse políticamente correcto ha conducido a desatinos como el sufrido el 2 de marzo de 1996 por Julio Anguita, quien en un discurso electoral dijo: "Compañeros y compañeras: el proyecto que defendemos nosotros y nosotras...".

Los fanáticos de la igualdad en la lengua han propuesto también utilizar la letra "e" para el genérico, de modo que quien comience a pronunciar una conferencia debe decir: "querides amigues", puesto que entre el público hay hombres y mujeres.

Todas estas propuestas se aproximan mucho al dicho de "coger el rábano por las hojas" y llevar el debate a un extremo que, por resultar ridículo, invalida las fórmulas lógicas y viables que sí podemos pensar en generalizar.

Equilibrio lingüístico. Por otro lado, en la lengua se puede adivinar un cierto sentido del equilibrio, que lleva a que palabras de connotación femenina por su terminación en "a" sean aplicables a colectivos de hombres y mujeres.

Por ejemplo, si decimos "tres policías de paisano disparan contra unos ladrones", la expresión del genérico "policías" coincide con el femenino gramatical; y, sin embargo, puede agrupar a hombres y mujeres; y no sólo eso: pese a que está expresada con terminación del femenino, y pese a que agrupa tal vez a hombres y mujeres, al escuchar o leer ese titular probablemente muchos lectores pensarán en una acción desarrollada por hombres, puesto que tradicionalmente son los varones quienes han desempeñado esa función. Reflexionemos de nuevo sobre la frase:

> "Tres policías de paisano disparan contra unos ladrones".

Por tanto, el genérico podrá estar expresado en masculino o en femenino, y eso no resultará decisivo en uno y otro caso sobre la descodificación que efectúa nuestro cerebro. Sobre tal descodificación sí será más influyente el hecho de que haya actualmente o no un buen número de policías mujeres. Si ocurre así, probablemente escucharemos esa frase y pensaremos en un grupo de hombres y mujeres que persiguen a unos delincuentes. Y si no hay muchas mujeres en la policía, la imagen que recibirá nuestro cerebro retratará a unos señores que corren tras los ladrones (¿incluidas las ladronas?). Así pues, el masculino genérico probablemente no tiene tanta importancia en la discriminación lingüística como la propia discriminación que previamente tiene establecida la sociedad.

Siguiendo con esa especie de criterio equilibrador interno de la lengua, recuerdo unas declaraciones de la escritora y periodista Rosa Montero, en televisión, cuando se quejaba de la discriminación lingüística de la mujer y ponía como ejemplo la palabra "genio". Le molestaba que tal expresión sólo pudiera utilizarse terminada en "o". El que quiera ser un genio, a su juicio, deberá haber nacido hombre, porque nadie dice que alguien es "una genia", ni siquiera "una genio".

Pero a su vez, por ejemplo, la voz "estrella" carece de masculino. Podemos decir de un saltador con pértiga que es "una estrella" del atletismo, y eso puede convivir con que una científica sea "un genio" de las matemáticas. No obstante, a veces sí cabe la alteración de géneros, aunque en principio suene extraña como en este ejemplo de la propia Rosa Montero:

> "(...) De modo que esa monstrua estereotípica, frustrada y solterona, puede caer en todo tipo de desviaciones". *(El País Semanal,* 24 de septiembre de 1995. Rosa Montero).

El origen de los géneros. Para no caer en juicios empujados por la ignorancia en todo lo que se refiere al sexismo lingüístico, hemos de saber que los géneros del español proceden del latín, y que se han ido modificando desde entonces (no mucho). En esa evolución del español desde los sustantivos latinos, se reduce el sistema de tres géneros (masculino, femenino y neutro) a sólo dos. Por tanto, las palabras neutras del latín se distribuyen tal vez aleatoriamente entre los dos géneros supervivientes (Ralph Penny, *Gramática histórica del español,* Barcelona, Ariel, 1993, página 118). El margen de diferencia entre los neutros latinos y los restantes sustantivos no era suficiente, ni desde el punto de vista de su forma ni atendiendo a su contenido semántico. Y esa falta de distinción provocó al final que desapareciera tal género. El idioma español, como hemos visto en otros apartados, no admite lo superfluo.

El neutro del latín terminaba en "a" en el nominativo y el acusativo del plural, de ahí ese valor de colectivo que implica tal terminación en el castellano frente al valor individual de la misma palabra acabada en el masculino gramatical: leña-leño, banca-banco, la policía-el policía (eso lleva a errores como "la militancia" para referirse a "los militantes", cuando se trata de significados distintos; o "la uniformidad" para referirse a unos uniformes); incluso en la jerga funciona tal regla: el madero-la madera (que en España equivalen a "el policía" y "la policía"). El femenino singular ejerce también como colectivo en frases como "la caída de la hoja" (en realidad, de las hojas), o "toda la obra de este autor" (en realidad, todas las obras), o "la fruta" (frente a las frutas), "el arma de artillería" (a diferencia de las armas de artillería).

Las palabras del español terminadas en "a" proceden de una de estas cuatro posibilidades:

1. De la primera declinación latina (mesa, rosa).
2. Femeninos de la quinta declinación (madera, rabia).
3. Plurales neutros de cualquier declinación (hoja, boda).
4. Femeninos hipercaracterizados de la tercera declinación (señora, pulga).

(La hipercaracterización consiste en el cambio operado en palabras que tuvieron un género en latín y que han pasado a estar marcadas por otro —con el que en algunos casos continuaron conviviendo—: calor, génesis, valle, linde, arte —el séptimo arte, las artes plásticas—, árbol...).

Y los masculinos terminados en "o", de estas cuatro a su vez:

1. Masculinos y neutros de la segunda declinación (dueño, vino).
2. Masculinos y neutros de la cuarta declinación (paso) y un único femenino singular de ella: mano.
3. Neutros de la tercera declinación cuyo nominativo/acusativo singular contiene una vocal velar (cabo, tiempo).
4. Masculinos hipercaracterizados de la tercera declinación (pájaro, corcho).

Finalmente, los sustantivos terminados en "e" o en consonante tienen esta procedencia:

1. Gran parte de los sustantivos de la tercera declinación (nube, león).

2. Sustantivos de la quinta declinación que no pasaron a la primera en la evolución posterior (haz, fe).

3. Un puñado de palabras de la segunda declinación cuyas terminaciones cambiaron por razones desconocidas, como por ejemplo cobre o trébol.

Por todo ello, muchas de las caprichosas formaciones del femenino proceden simplemente de la genética gramatical, consecuencia de la desaparición del neutro latino y de la adaptación de las declinaciones de aquel idioma. Ver en ello un extraño designio sexista puede parecer a veces exagerado.

Esposa y mujer. Sin embargo, el lenguaje sí tiende a un cierto sexismo en usos que no dependen tanto de una cuestión gramatical como de concepto. Por ejemplo, la palabra "mujer". Dice el *Libro de estilo* de *El País:* "Mujer. Ha de evitarse esta palabra como sinónimo de esposa. Debe escribirse 'su esposa' y no 'su mujer'" (ni el *Libro de estilo* de *El Mundo* ni el de *Abc* hacen referencia a este asunto).

Evidentemente, se da esa discriminación porque la lengua castellana —al contrario que el catalán— no tiene reservado el espacio "mi hombre" para referirse a "mi marido". Por tanto, un uso no sexista del idioma hace preferible utilizar siempre la palabra "esposa".

La alcaldesa, la poetisa. Se dan ciertas dudas con los femeninos irregulares, hasta el punto de que desde algunas posiciones se quiere acabar con ellos. Así, ciertas escritoras reniegan del término "poetisa" para autodenominarse "poetas". Cada libro de estilo establecerá su opción, pero en principio no se ve razón para prescindir de "poetisa" como tampoco de "tigresa", "alcaldesa", "diablesa", "sacerdotisa" (en el caso de que alguna vez existan de verdad), "consulesa" (que antes sólo era la "mujer del cónsul")...

La señora Thatcher. *El País* fue el primer periódico de España que equiparó en sus titulares a hombres y mujeres al citarlos solamente con el apellido tanto si se trataba de jefes como de jefas de Gobierno, por ejemplo. Así, los titulares que hablaban de que "Thatcher presenta su programa" resultaban al principio extraños, porque en el periodismo español siempre se había escrito y pronunciado el nombre y el apellido completos cuando se trataba de una mujer. Y si no ocurría así, se hablaba de "la señora Thatcher", cuando nunca se citaba al "señor Mitterrand". Se hace curioso observar ahora lo que ocurre con las ministras. Salvo en *El País*, no resulta fácil encontrar títulos donde se hable de ellas como "Alborch" —Alborch dice o Alborch declara— o "Aguirre" —Aguirre considera o Aguirre propone—, sino que siempre se escribe "Carmen Alborch" (ministra con el PSOE) o "Esperanza Aguirre" (ministra con el PP; presidenta del Senado después); y, sin embargo, esos mismos diarios al ex ministro Alfredo Pérez Rubalcaba le convierten en exclusivamente "Rubalcaba" y al ex vicepresidente Francisco Álvarez Cascos le dejan por todo nombre "Cascos", igual que al líder socialista Rodríguez Zapatero se le reduce a "Zapatero".

Este trato deferente hacia la mujer puede terminarse, y de hecho ahora a un lector de *El País* ya no le resulta tan extraño este tipo de referencias. Pero los resultados aún no se ven generalizados.

Sí ha habido más éxito con la supresión del término "damas" en las clasificaciones deportivas. Antes, y aun ahora lo oímos en televisión y otros medios, se hablaba de la carrera de "200 metros lisos, en categoría de damas", cuando en la parte correspondiente a los atletas masculinos no se refería nadie a los "caballeros", sino a los "200 metros lisos, hombres". Afortunadamente, esa cursilería discriminatoria va desapareciendo.

De cualquier forma, un libro de estilo, por desgracia, no sirve por sí mismo para corregir la tendencia sexista de nuestra sociedad, y tampoco el subconsciente de quienes escriben en un periódico.

Así, veremos cotidianamente que muchos redactores —y redactoras— incurren en fallos de sexismo lingüístico pese a las claras recomendaciones de su manual de redacción.

Y son éstos unos errores que rara vez inclinan al redactor jefe de cierre a considerarlos lo suficientemente graves como para tomar la decisión de retirar una plancha de la rotativa una vez que él ha visto la galerada o la prueba de impresión. Lo que en la jerga periodística llamamos "levantar" una página implica un coste económico que se puede justificar si se ha deslizado un error en un dato, pero no si se ha escapado un "su mujer" en lugar de "su esposa".

"La Callas". Tradicionalmente, a las grandes sopranos se les ha aplicado un caprichoso artículo delante del apellido: "La Callas,", "la Caballé", "la Tebaldi". Esta práctica —que se extiende a los nombres de actrices famosas— no se corresponde con la manera de referirse a los tenores. Incluso hoy en día continúa esa costumbre:

"La Callas aporreó a puntapiés las espinillas del tenor Mario del Monaco para saludar sola durante una representación de Norma". *(El País Semanal,* 12 de enero de 1997. Subtítulo).

"La Pantoja vuelve con *A tu vera". (Córdoba,* 25 de octubre de 1999. Titular de la sección Sociedad-Espectáculos).

"Los abogados de la Pantoja han mandado un comunicado en el que aseguran que 'es falso que Isabel Pantoja'"... *(El Universal,* de México, 5 de abril de 1997).

La costumbre de colocar un artículo delante del nombre o del apellido forma parte de un lenguaje rural o familiar que no casa con la elegancia que ha de mostrar un periodista (de hecho, rara vez se ve un ejemplo así). Pero con los apellidos de sopranos y actrices parece que nadie considera esa costumbre una vulgaridad. Aunque jamás hiciera lo mismo con un nombre masculino.

Peor sensación se produce aún cuando esa costumbre sale del mundo del espectáculo —donde aún se puede aportar la excusa de la tradición— y se aplica a mujeres en el terreno de la política:

"Como nadie abría la boca, la Tocino carraspeó y dijo que ella simplemente podía imaginar lo que el anónimo quería decir". *(El Mundo,* 12 de enero de 1997. Eduardo Mendicutti. Artículo).

"Los *chiquets* de la Rahola". *(Diario 16,* 22 de enero de 1997. Titular de primera página).

"Mientras Aznar se afana en reponer la rueda de repuesto y encuentra a quien quiera sustituir al sustituto de la Ridruejo, los asuntos más importantes en Moncloa siguen su curso". *(El País,* 7 de febrero de 1997. A. G.).

"La Schiffer". *(El País,* 27 de febrero de 1997. Título de un comentario de Vicente Verdú).

"Alain Juppé y sus colaboradores, con la Schiffer por medio —novia de mago—, son los nuevos aprendices de brujo". (Texto del mismo artículo).

Otro sexismo. Se pueden plantear también otras cuestiones más preocupantes aún en relación con el sexismo y la prensa. Por ejemplo, el hecho de que, según un estudio del Instituto de la Mujer español, las menciones que se hacen a las mujeres en los contenidos informativos de la prensa sólo suponen el 9% de los nombres propios que aparecen diariamente en los periódicos. Del total de las mujeres mencionadas, el 63% lo es en calidad de actrices, cantantes, presentadoras de televisión y radio. Un 12% representa el conjunto del resto de mujeres mencionadas por otras actividades profesionales; y un 11%, por su papel en relación con un varón: esposas, hijas o madres de personajes públicos.

También parece mucho más preocupante el uso de la mujer en los suplementos semanales de los diarios —no digamos ya en las revistas— como persona circunscrita a la moda y a la contemplación del público. Una imagen que indigna a cualquier persona con cierta educación social, y que hemos visto muchas veces, es la que acompaña a una información sobre el verano y que, indefectiblemente, muestra a una mujer tomando el sol con el pecho desnudo. En cambio, rara vez aparece un hombre apolíneo en exhibición ostentosa.

En el diario *El País,* durante una campaña electoral, se decidió publicar cada día unas páginas que recogieran los acontecimientos políticos relativos a esos comicios: y en ellas, entre otros elementos, se incluiría una entrevista diaria con diversos personajes. Se trataba de que los entrevistados explicaran su visión de la contienda por el voto, sobre la situación política y que, incluso, adelantaran a quién iban a entregar el sufragio. La lista de entrevistados no resultaba una tarea fácil. Había que equilibrar a gente de derecha con otros de centro y otros de izquierda, y otros de ideologías nacionalistas, dentro del papel de neutralidad informativa. La relación de nombres y de respuestas logró ese objetivo. Pero cuando ya empezábamos a publicar las primeras entregas nos dimos cuenta de que en la lista de personajes apenas había mujeres. Y las que aparecían formaban parte, casi todas, del mundo del espectáculo. Había abogados pero no abogadas, ingenieros pero no ingenieras, y sin embargo aparecían actrices y presentadoras. Quisimos enderezar aquel entuerto, y no lo conseguimos del todo. Vimos que la nómina de mujeres conocidas por su actuación profesional —al margen del mundo del espectáculo— resultaba escasa, y desde luego que no será por su culpa, sino por el ambiente masculino de nuestra sociedad. Logramos entrevistar a algunas, tras rehacer la lista, y comprobamos que con ello estropeábamos el equilibrio político conseguido con anterioridad. Al final, lo que perdimos por un sitio lo ganamos por otro.

Consejos para evitar el sexismo. El periodista se dirige, por lo general, a decenas de miles de personas. Y debe tener cuidado de no ofenderlas, y de no contribuir a mantener fórmulas injustas de nuestra sociedad. Por eso, si quiere mostrar un estilo cuidado en tales aspectos, puede seguir estos consejos, en los que se propone un uso no sexista del idioma a la vez que se respetan las reglas de la lengua que los mismos hablantes se han dado.

EL PROTAGONISMO DEL HOMBRE. Un personaje masculino que llega a un acto o que asiste a él en compañía de otros personajes femeninos no ha de acaparar el protagonismo gramatical. "Joaquín Cortés salió del hotel acompañado de Naomi Campbell". ¿Y por qué no al revés?

EL PAPEL DE LA MUJER. En los reportajes sobre pueblos, países, etnias... no se debe olvidar el papel que la mujer cumpla en esas sociedades, sobre todo si sufre discriminación legal o social. No habremos completado un buen reportaje si excluimos de él a la mitad de la población.

Ojo a los ejemplos. Cuando el informador tenga necesidad de acudir a un ejemplo, debe evitar los estereotipos de reparto de tareas entre hombres y mujeres. La mujer no debe ser representada exclusivamente como madre, esposa, ama de casa...

No usar palabras asimétricas. "Un hombre de vida fácil" no significa lo mismo que "una mujer de vida fácil". Ni las "mujeres de vida alegre" tienen su simetría en el terreno gramatical masculino. (Triste ironía la de llamar "alegre" o "fácil" la vida de las prostitutas). Hasta hace muy poco, "un profesional" distaba mucho de "una profesional", y no se entiende lo mismo por "hombre público" o "persona pública" que por "mujer pública". El estilo del periodista debe cuidar estas expresiones para no caer en el sexismo, peligro que se aprecia bien en algunas palabras que cambian de significado con el cambio de género: asistente y asistenta, fulano y fulana, gobernante y gobernanta, señorito y señorita...

En general, el periodista debe preguntarse, cuando se disponga a utilizar alguna palabra especial para una mujer, si la emplearía igualmente con un hombre. Algo que no ocurrió en este y otros muchos casos:

> "Álvarez Cascos asumió el proceso de recuperación de la iniciativa en la televisión digital. Y ha concluido su primera parte con el cese de la señorita Ridruejo y el nombramiento de López-Amor". *(El Mundo,* 8 de febrero de 1997. Aurora Pavón, seudónimo de Pablo Sebastián).

Se aprecia claramente en ese ejemplo cómo el periodista utiliza "la señorita Ridruejo" y sin embargo a esa antigua fórmula no le sigue después "el señor López-Amor" (le habría correspondido "el señor" y no "el señorito" por tratarse de un hombre casado). Se puede observar así un cierto deje despectivo.

El hombre como genérico singular. Ha de evitarse en la medida de lo lingüísticamente posible. No debemos hablar de "los derechos del hombre", sino de "los derechos humanos" o "los derechos de la persona". Evitemos "el hombre de la calle" o "el ciudadano de a pie" para escribir "la gente de la calle" o "la gente de a pie".

Los hombres como genérico plural En plural, también podemos acudir a palabras que engloben a hombres y mujeres (aunque con más dificultades lingüísticas que en el caso anterior): En lugar de "los profesores", el profesorado; en lugar de "los alumnos", el alumnado. En vez de "los egipcios", el pueblo egipcio. Pero ha de tenerse cuidado. Si en lugar de "los niños" decimos "la infancia", podemos dar a entender un concepto diferente: el periodo en que una persona es niño o niña (primera acepción de la palabra). La segunda acepción de "infancia" sí recoge el "conjunto de niños" y niñas. Y si hablamos de "los problemas de la infancia" podemos referirnos a los inherentes a esa edad (por ejemplo, a los que tuvo un adulto antes de serlo) o bien a los problemas de quienes ahora son niños o niñas. En esos casos podemos acudir a "niñas y niños", siempre que no forcemos la oración y nuestro relato pierda ritmo, o precisemos concordar adjetivos posteriores ("los niños y niñas pequeños y pequeñas...").

Ciertamente, el problema no se presenta nada fácil, y encontraremos opiniones enfrentadas. Porque cualquier intervención *desde arriba* en el lenguaje —que siempre evolucionó *por abajo* hasta que los medios de comunicación comenzaron su tarea adulteradora— puede dar al traste con usos y normas que se han labrado desde tiempo inmemorial. El periodista deberá navegar con cuidado entre su intención de no discriminar ni ocultar uno de los dos sexos y su obligación de usar un vocabulario que no se preste a equívocos.

La imagen sexista. Pero el sexismo del periodista no sólo puede residir en las palabras. Un jefe de sección, un editor de textos o un editor gráfico deben evitar la publicación de imágenes que ahonden en la desigualdad de los sexos. Por ejemplo:

— Debe tenderse al equilibrio numérico entre las fotografías de protagonistas masculinos y femeninos. Una foto de archivo sobre policías municipales, por ejemplo, no tiene por qué recoger siempre un varón.

— En las fotos sobre niños, colegios, parques... se ha de evitar la representación de los papeles tradicionales: los niños juegan a los vaqueros y las niñas con sus muñecas.

— En las fotos sobre el hogar, debemos huir de representar a las mujeres en la cocina y a los hombres con el periódico. También los maridos pueden aparecer dando el biberón al bebé.

— En la ilustración de algún deporte en general o de una actividad de ocio, acudiremos también a fotos de mujeres que practican esa actividad.

— Las actividades profesionales —abogacía, arquitectura, empresas...— no están desempeñadas por hombres al cien por cien. También debemos incluir en nuestras fotografías a mujeres que cumplen esos trabajos.

— Las imágenes sobre turismo, turistas, playas, verano... pueden recoger aspectos más generales, no siempre a una veraneante que toma el sol con el pecho descubierto.

Artículos machistas. Al margen de los matices sobre sexismo y lenguaje, el periodista debe huir de descalificaciones globales. Y también de las particulares si se relacionan con el aspecto físico (en el siguiente caso, la alusión al de la diputada Cristina Almeida; entre otras lindezas). Veamos este desatinado artículo:

(El vicepresidente del Gobierno, Francisco Álvarez Cascos, se acababa de retractar de unas afirmaciones machistas). "Álvarez Cascos se ha retractado de la verdad, y la verdad es la verdad, dígala Álvarez Cascos o Cristina Alberdi. Retractarse de la verdad por complacer a una gachí, o a varias gachises, es una prueba sublime de machismo galante. (...). Hecha la rectificación por el señor vicepresidente, el mujerío del Congreso se ha quedado tan satisfecho. Las bravas mujeres de la retroprogresía han ganado una batalla de las de Pirro, y han pasado de ser metáfora de alegorías y columnas a ser simulacro de preciosas ridículas. Exactamente igual de satisfecha debió de quedarse la Iglesia cuando Galileo Galilei se retractó de aquellas palabras en las que se afirmaba que la Tierra se mueve. (...). Siempre es una mujer la que representa la Victoria. Desde la de Samotracia y por ahí, la lucha más amena entre hombre y mujer es la que se riñe en 'campo de plumas' (...).

Lo que Álvarez Cascos había dicho es que desde hace veinticinco siglos la figura de la mujer ha servido como síntesis de virtudes, y recordó que en el frontispicio del congreso hay dos figuras femeninas que simbolizan la Justicia y la Constitución. (...). Lo de que haya mujeres en el frontispicio del Congreso no le place a Cristina Almeida y advirtió que ellas, las mujeres, no quieren estar en el frontispicio sino dentro, en los escaños, y que están esperando el momento en que el Congreso tenga una presidente, que hasta ahora siempre ha tenido un presidente.

(...) Para hacer presidente del Congreso a don Fernando Álvarez de Miranda, pongo por ejemplo, no fue necesario bajar el Ángel de la cúpula del edificio de la Unión y el Fénix, ni para poner en la presidencia a don Landelino Lavilla hubo que traerse de Bruselas al Menneken Pis. Podríamos hacer presidenta del Congreso a doña Cristina Almeida sin desmontar de su pedestal a la abundosa gorda de Fernando Botero.

(...). Como yo soy feminista en lo esencial y no en las gilipolladas, me duele y me desconcierta este papelón que han hecho las diputadas y senadoras. (...). Esa 'femenina' sensibilidad para lo nimio y esa inclinación a quedarse en lo fútil y alejarse de lo fundamental e importante, es lo que ha impedido hasta ahora a las mujeres ocupar los puestos que, por otras virtudes y capacidades, debieran ocupar en nuestra sociedad. A mí, que me hablen de los atlantes, del Ángel Caído o de los toros de Guisando me trae al fresco como varón, y que digan que al Estado de Derecho le van a poner levita *me ne frega,* que dicen los italianos. Por mí, como si dicen que le van a poner calzoncillos largos. Lo importante es que no me lo escoñen". *(Abc,* 29 de diciembre de 1996. Jaime Campmany).

El sexismo —generalmente machismo— se ve en ocasiones mucho más evidente que en otras. El subconsciente del autor hace tantos esfuerzos por salir a la superficie que no se precisan estudios para apreciarlo. Como en este caso:

"Supongo que si Pacheco oyó las declaraciones de Luis Yáñez sobre Mas Canosa y luego su intervención en la tertulia nocturna de Onda Cero diría, como yo afirmo, que Yáñez está enorme. Lo de la tertulia de la mujer de Lorenzo Díaz fue precioso". *(El Mundo,* 21 de julio de 1996. Antonio Burgos).

La referencia a una conocida periodista como "la mujer de Lorenzo Díaz" no parece muy acorde con el papel profesional propio de la mujer, que durante demasiados años ha estado sujeta ya a la vida laboral del marido como para que hoy en día aún se utilicen fórmulas así, siquiera sea con pretendido tono humorístico o satírico. Cuando al periodista —hombre o mujer— se le presente una tentación similar, debe pensar cuanto antes si adoptaría la misma decisión en caso de tratarse de un hombre. Y responderse con honradez.

"Banderas y señora, locos en Venecia". *(La Razón,* 8 de septiembre de 1999. Titular de Cultura).

Antonio Banderas y su esposa, Melanie Griffith, son igualmente famosos. Pero cabe preguntarse si alguna vez se titularía "Griffith y señor, locos en Venecia".

"Antonio Banderas, este trueno de Los Ángeles, sí que va vestido de Nazareno por Málaga. Y en cuanto se hizo pareja estabilísima de Melanie Griffith, le faltó tiempo para traérsela a Málaga este verano, dicen que a descansar; pero no. Para mí tengo que todo era para que aprendiera a hacerle huevos fritos con chanquetes como se los hace su madre". *(El Mundo,* 25 de febrero de 1996. Antonio Burgos).

Por lo que se ve, el autor considera que la principal obligación de las madres y las esposas es cocinar como el marido quiere. ¿Acaso no podía Antonio Banderas haber viajado a Málaga para aprender él a cocinar los huevos fritos con chanquetes a fin de preparárselos después a Melanie Griffith?

LOS EUFEMISMOS

Quien logra dar nombre a una idea, empieza ya a dominarla. Es éste un principio que conocen bien los grupos económicos, jurídicos, sociales o políticos. Los primeros *cronistas* contaban que Adán decidió en el Paraíso cómo debía llamarse a cada especie animal y a cada planta. Porque así conseguía hacerlas suyas.

Manuel García Pelayo, que fue presidente del Tribunal Constitucional, escribió: "La palabra domina un determinado ámbito de la realidad, de donde se desprende que quien posee la palabra adquiere un dominio sobre ese ámbito".

El alemán Hannes Mäder fue más lejos: "Todo el que pretenda imponer su dominio al hombre ha de apoderarse de su idioma".

En los medios de comunicación, ¿quién da nombre a las cosas, a las ideas o a las realidades? ¿Quién dispone así un determinado dominio sobre ellas?

Se puede sentir la tentación de contestar que son los periodistas quienes, en su legítimo uso del lenguaje, colocan las palabras que intermedian entre la realidad que ellos presencian y la realidad que perciben los lectores a través de esas expresiones. Quiero sostener aquí que no. Los periodistas están perdiendo cada vez más su capacidad de dar nombre a las cosas.

La pereza, la supuesta objetividad de trasladar al pie de la letra el lenguaje de los políticos, los economistas, los sindicalistas, los terroristas —incluso— o los jueces o los policías hace que los informadores hayan asumido las expresiones que otros inventaron. Y ese invento no fue motivado precisamente por la intención de comunicar lo más ajustadamente posible la realidad, sino por todo lo contrario.

Y los periodistas han sucumbido, han perdido el poder de dar nombre a las cosas y han entrado en el juego de quienes pretenden edulcorar la realidad para ajustarla mejor a sus intereses.

Muchos redactores asumen la obligación de ser neutrales, objetivos. Mejor sería decir "ecuánimes". Intentan no emitir juicios, esquivan los adjetivos y ladean los adverbios comprometidos. Pero tienen enajenada la palabra. No sólo ellos. También los ciudadanos y los políticos y los economistas. Todos hemos sido víctimas alguna vez del poder de quien dio nombre a una idea. El lenguaje de los medios de comunicación está repleto ya de nociones adulteradas que tienden a edulcorar la realidad y a favorecer los más diversos intereses (y todos los poderes de la sociedad están involucrados en esta suplantación).

Los periódicos hablan de "limpieza étnica", y no de "genocidio".
De "incursiones aéreas", y no de "bombardeos". (Guerra del Golfo, guerra de Yugoslavia).
De "impuesto revolucionario", y no de "extorsión" o "chantaje".
De "refugiados vascos", y no de "fugitivos".
De "ejecuciones" de rehenes, y no de "asesinatos".
De "distintas sensibilidades" en el partido, y no de "tendencias".
De "confrontación", y no de "enfrentamiento".
De "interrupción del embarazo", y no de "aborto".

Parece que alguien se ha propuesto que las palabras fuertes, las que trasladan claramente su concepto, suenen de una manera más suave, para que nadie se asuste. ¿Quién da nombre a esos conceptos? ¿Acaso los periodistas?

Eufemismos de los terroristas. Los terroristas y quienes les apoyan han mostrado una gran perseverancia al respecto. Leemos "cárcel del pueblo", y no "guarida". "Acción armada" en lugar de "atentado". Incluso el informe de Amnistía Internacional de 1996 hablaba de ETA como "grupo armado vasco" —en vez de grupo terrorista—, al que achacaba "abusos" y "ataques" (pero no asesinatos).

Igualmente, los terroristas se han apropiado del lenguaje militar, y están divididos en "comandos" que emprenden "acciones" contra determinados "objetivos". Y proponen una "tregua", como si su lucha —la de su propio "ejército"— se librara contra otro ejército de igual a igual en un frente de batalla con las mismas posibilidades para los dos contendientes.

Patxo Unzueta, articulista de *El País,* escribía el 25 de agosto de 1996: "Los etarras no son sádicos; aman a sus hijos tanto como cualquiera, y sus manifiestos están llenos de cantos a la vida. Lo que pasa es que los otros hijos, los de las víctimas, no existen. Los disparos son 'contra un cuartel', no contra las personas que habitan en él. El lenguaje etarra es un bordado de eufemismos: 'Aquí os mando información de coches de *txakurras* (perros; por policías) para hacer algunas *ekintzas* (acciones). Comprobadlas y, cuando podáis, ponéis unas *lapas* (bombas adosadas), pues, como habréis visto últimamente, este tipo de *ekintzas* ha puesto muy nervioso al enemigo'. Se trata de una carta de la dirección de ETA al *comando Vizcaya* fechada en enero de 1992. Entre esas acciones que habían puesto nervioso al enemigo figuraba el asesinato, dos meses antes, del niño de dos años Fabio Moreno, hijo de un policía nacional".

En el lenguaje del hampa y de las mafias, similar al de los grupos terroristas, se suelen evitar también palabras como "asesinato" o "matanza", de modo que las víctimas son personas a las que se ha "liquidado" o "neutralizado". El manual titulado "Terrorismo y guerrilla urbana", empleado en la célebre Escuela de las Américas, de Estados Unidos —donde se enseñaba a los militares latinoamericanos cómo torturar mejor—, indicaba: "Una de las funciones de los agentes es la de recomendar objetivos de contrainteligencia para su neutralización (...). Un funcionario del Pentágono consultado por el *Washington Post* aclaró que la palabra 'neutralización' equivale en esos manuales al asesinato de una persona". *(El País,* 22 de septiembre de 1996. Antonio Caño).

El lenguaje militar. La propaganda militar también ha tenido mucho cuidado con los sustantivos. Durante la Guerra del Golfo, o con motivo de la intervención de la OTAN en Yugoslavia, el lenguaje de los generales se impuso a los enviados especiales, y los diarios llevaron a sus titulares, por ejemplo, que los aviones estadounidenses habían efectuado el día anterior "70 salidas". ¿Y después de salir qué hicieron? Y los aviones causaron involuntariamente "daños colaterales". Una manera de esconder "víctimas civiles".

Cuando los militares norteamericanos emplearon delfines adiestrados como transportadores de bombas durante la Guerra del Golfo (una práctica que repugna la sensibilidad de cualquier persona que se tenga por tal), los llamaron "arma biológica avanzada". Los estadounidenses tenían un millar de delfines. Y los rusos, 500. Así lo contó después Ric O'Barry, el entrenador de esos animales (en este caso los delfines, menos merecedores de tal palabra que quienes los usaron). *(La Vanguardia,* 27 de diciembre de 2000. Ima Sanchis).

Antecedentes gremiales. Estos juegos de palabras no son nuevos. Curiosamente, sus antecedentes proceden también de los ámbitos gremiales.

En algún tiempo, los ATS se llamaron enfermeros. Y los profesores de EGB ejercían como maestros. Y a los presos los custodiaban los carceleros, no los funcionarios de instituciones penitenciarias. La asistenta pasó a llamarse "empleada del hogar". Y el portero de la casa, "empleado de fincas urbanas" (sin embargo, no tenemos "empleado de fincas urbanas automático", sino "portero automático", que, como no pertenece a ningún gremio y es un aparato, no reivindica nada). Y la gasolinera se rotula "estación de servicio".

Las prostitutas se llaman ahora en muchos casos "masajistas", lo que ha desplazado a los masajistas a denominarse "fisioterapeutas"; y algunos fisioterapeutas a su vez se han convertido en "digitopuntores".

Los aparejadores de hace un tiempo contratan ahora como "arquitectos técnicos", y los peritos se han titulado "ingenieros técnicos". Recientemente se creó una asociación de personas que tienen alquilados los pisos de su propiedad. Es decir, los caseros. Pues bien, la nueva entidad se llamó "Asociación de Propietarios de Renta Inmobiliaria".

Hoy en día, las palabras que pretenden dar relevancia a los empleos se presentan en inglés, como parte de ese complejo de inferioridad hispano que tiende a creer más importante lo que se expresa en otro idioma. Así, tenemos un *manager,* un *headhunter,* un *publisher...* en vez de un representante, un cazatalentos, un director editorial...; y un *account manager,* o un *key manager,* o un *sales manager...* en los empleos que antes se denominaban "contable", "jefe de cuentas" o "jefe de ventas". Y, por supuesto, ya no existen los jefes de personal. Ahora se llaman directores de recursos humanos.

La economía. El sector que más y mejores ejemplos aporta es el económico. La habitual pereza de los periodistas para hacerse entender alcanza en este terreno la mayor de las desidias.

Bien es cierto que las empresas, los sindicatos, los técnicos en general, han resultado ser en este terreno los más brillantes inventores de eufemismos. Sus tropos, sus metáforas, llegan en muchos casos al sobresaliente. Mirado por el lado bueno, es gratificante comprobar que en un ámbito de gente de ciencias se hayan escogido tan bien las letras.

Debo decir incluso que siento una cierta admiración por el genio que descubrió la fórmula "crecimiento cero". En su técnica, la mezcla de los dos conceptos me recuerda mucho al absurdo periodístico "parece confirmarse". Es decir, una *contradictio in términis.* ¿Cómo puede algo crecer y al mismo tiempo no crecer? ¿Cómo se puede crecer cero?

Y también, por cierto, ¿cómo puede confirmarse algo que a la vez parece, o cómo solamente "parece" algo que se confirma?

El inventor de la incongruencia "crecimiento cero" supo muy bien combinar un elemento favorable económicamente —crecimiento— con otro negativo —el no crecimiento, "cero"—, para contrarrestar la fuerza del segundo.

Otra variante es el "crecimiento negativo", que juega con la misma técnica. Y, sin embargo, nunca se dice "el decrecimiento positivo", que sería su expresión antónima. Esto ya no le parece rentable a quien inventa las palabras.

Un truco de la misma familia consiste en decir "desaceleración" en lugar de "frenazo". Así, la creación de empleo, el aumento de los beneficios, el crecimiento de la economía... se "desaceleran", no se frenan o caen.

"El aumento del desempleo confirma la desaceleración de la economía en EE UU". *(El País,* 9 de diciembre de 2000. Titular de Economía).

"En 1994 se vendieron 151.000 vehículos en Colombia (...). Luego se desaceleró a 118.000 y 130.000 vehículos en los años siguientes y de nuevo el año pasado volvió a llegar a los 150.000". *(El Espectador,* de Bogotá, 17 de noviembre de 1998. Jaime Mejía).

Uno de los últimos hallazgos del lenguaje económico supone lo que probablemente es la mejor de las metáforas eufemísticas del campo de los números y las fórmulas. Se trata de "el comportamiento de los precios". Los precios pueden ser buenos o malos, como los niños en el colegio.

Si el lector buscara responsabilidades sobre el aumento del coste de la vida deberá dirigirse hacia los precios en sí, hacia su comportamiento, y no contra el comportamiento de quienes los fijan. Los precios, parece ser, tienen alma. Y muchos periodistas caen en esa repetición acrítica:

"... Podría echar al traste el buen comportamiento de la inflación". *(El Mundo,* 21 de julio de 1996. Pedro J. Ramírez).

Y qué decir del IPC. Ya hemos hablado de las siglas, esos "esqueletos" sin genes semánticos. Pues bien, IPC, un tecnicismo, aleja al elector de conceptos como "cesta de la compra" o "coste de la vida". El IPC se nos presenta así como un resultado técnico, producto de unos cálculos. Algo de lo que nadie tiene la culpa.

Otro hallazgo brillante en el lenguaje económico es la palabra "reajuste". Si ha subido el IPC, habrá que acometer un reajuste. Si sube el billete del autobús, se trata de un reajuste de tarifas.

De esta forma, todos deben entender que se trata de ajustarse a una realidad ya establecida antes, en la cual la empresa no tiene nada que ver. Se elevaron las materias primas, la situación internacional... y, por tanto, hay que reajustarse, readaptarse a los nuevos tiempos. O sea, que suben los precios.

Pero es curioso que un Ayuntamiento que "reajusta" el precio del autobús cuando sube no lo "reajusta" cuando baja. Y cuando el precio de la gasolina cae, por ejemplo, se le llama así, "bajada".

(Por cierto, no parece muy afortunada esta expresión, porque las "bajadas" tienen desaconsejables connotaciones. Por ejemplo, los mensajes publicitarios nunca hablan de "las bajadas de El Corte Inglés").

Y junto al reajuste aparece el ajuste. La expresión se connota con la mecánica del automóvil, el panel de comienzo de la emisión televisiva y el final de un balance de cuentas. Cosas sin importancia que requieren una leve vuelta de tuerca.

"El sector del automóvil se prepara para un duro ajuste". *(El País,* 9 de diciembre de 2000. Titular en la sección Economía).

"La empresa Bazán anuncia un ajuste de 2.517 empleos, un tercio de la plantilla". *(El País,* 18 de junio de 1998. Titular de Economía).

"'Duro', el ajuste aplicado; avanza la recuperación". *(El Universal,* de México, 6 de abril de 1997. Primera página). Y en el texto: "El rey Juan Carlos de España reconoció que el proceso de ajuste aplicado por el gobierno mexicano fue 'duro' pero señaló que éste ha permitido una pronta recuperación de la crisis que afecta a nuestro país desde 1995".

"El gobierno entrante se verá obligado a adoptar medidas de ajuste reduciendo aún más el crecimiento en 1999". *(El Nacional,* de Caracas, 1 de febrero de 1998. Primera página de Economía).

Nadie pensará así en la verdadera transcendencia del ajuste, que acarrea un severo "apretarse el cinturón". Apretarse el cinturón para evitar la *bajada,* precisamente.

En cualquier caso, sigue tratándose de un acomodamiento a una realidad que viene dada y que no se puede cambiar, a la que debemos adaptarnos, ajustarnos.

Otro de los eufemismos más brillantes del lenguaje económico nos lo trae la expresión "excedentes empresariales", que suele sustituir a "beneficios". El miedo de los empresarios a reconocer su ánimo de lucro esconde una actitud vergonzante inexplicable. Y lo menos entendible del asunto consiste en que no se da la adecuada simetría con "excedentes laborales". Porque éstos se refieren a los trabajadores que sobran en una empresa, los que será necesario despedir. Pero "excedentes empresariales", por el contrario, no nos traslada la idea de que habrá de buscarse un subsidio para ciertos empresarios.

Otro tanto ocurre con la expresión "flexibilidad de plantillas", que sustituye a "facilidades para el despido".

"UGT y CC OO recurrirán la sentencia del Supremo que flexibiliza el despido por causas económicas". *(El Mundo,* 15 de septiembre de 1996. Titular de Economía).

La flexibilidad de un material viene dada por su posibilidad de estirarse o doblarse, pero aquí se refiere siempre el periodista a la posibilidad de que se encoja. ¿Acaso alguien piensa en que una plantilla flexible vaya a *doblarse*? Y así el verbo "flexibilizar" se reproduce con insistencia, ocupando ya el sitio de "facilitar" el despido:

"Confemetal aboga por flexibilizar el despido para crear más empleo". *(El Mundo,* 11 de enero de 1997. Titular de Economía).

El diario británico *The Guardian* publicaba este artículo al respecto: "Generals Motors llevó a cabo un reajuste del volumen de su programa de producción. Las compañías canadienses dicen a sus trabajadores sobrantes que están a punto de ser desempleados. Y British Gas pronto podría poner en práctica un plan de reducción, redimensión o reingeniería: cualquier cosa menos decirle a la gente que está siendo despedida. El eufemismo es el sector de más rápida expansión en la economía industrial de hoy.

Cuando las empresas deciden reducir personal, recurren a la lingüística creativa. Los trabajadores ya no son despedidos a secas en ninguna compañía del mundo, sino que la abandonan como parte de un plan de racionalización, o son alejados de forma involuntaria o sencillamente constituyen un superávit.

Pueden ser descontratados, desreclutados o dejados en libertad, todo ello porque su empresa está en proceso de reestructuración, realineamiento o de optimización de plantillas. También se les puede decir que sus empleos 'no siguen hacia adelante' o que han sido relevados de sus funciones; el objetivo es siempre suavizar la humillación del despido con un lenguaje casual, neutral e incluso constructivo. Cuando la corporación Chrysler recortó su plantilla en Wisconsin, anunció un programa de incentivación de carreras alternativas, con lo que 5.000 personas tuvieron que dejar sus empleos.

Pero ¿por qué dejar a los americanos que domeñen este sector en expansión? En los últimos años las compañías británicas se han mostrado igual de dispuestas a no renovar, desregular o llevar a cabo reajustes de funciones. Los ingenieros de British Gas harían bien en estudiar reingeniería". (*The Guardian*, 14 de mayo de 1996, página 15).

Y los sindicatos. También los representantes de los trabajadores han acudido al juego de palabras y significados, en ocasiones con éxito. Por ejemplo, siempre hablaron de "elecciones sindicales", como si en ellas se hubiera de elegir a representantes de los sindicatos, cuando también se presentan trabajadores no afiliados. Nadie dice "elecciones laborales", definición que atinaría mejor.

Asimismo, los sindicatos han jugado con los términos "eficacia" y "efectividad". Mirado aisladamente, "eficacia" expresa la virtud de algo o de alguien de producir el efecto deseado con economía de medios y de tiempo. La palabra adquirió gran relevancia después de los acuerdos confederales —especialmente tras el Acuerdo Nacional sobre el Empleo, ANE, suscrito por patronal, sindicatos y Gobierno en 1981—. Y tiene su carta de naturaleza en el Estatuto de los Trabajadores, artículo 82. El significado de "eficacia" en ambos textos pactados dependía de que las partes que los suscribieron representasen un determinado porcentaje en sus respectivas colectividades —la efectividad— y no de que el acuerdo sirviese realmente para crear empleos, evitar que se destruyeran o reactivar la inversión. Es decir, que, paradójicamente, se puede entender que la "eficacia" del acuerdo no tenía ninguna relación con la accidental circunstancia de que resultase realmente eficaz.

El sector privado. Las grandes empresas se han apuntado también al juego. Así, por ejemplo, quienes acuden a Eurodisney tras pagar religiosamente su entrada son "invitados".

En cierta ocasión quise presentar una reclamación en un hipermercado situado al norte de Madrid. Pedí la hoja de reclamaciones, y efectivamente me entregaron un papel. Pero en su encabezamiento se leía: "Sugerencias del cliente".

Los nacionalistas. Una de las manipulaciones del lenguaje más peligrosas —técnicamente tal vez no se puede incluir entre los eufemismos, aunque sí se lo parezca a quien la puso en circulación— se basa en la identificación de determinados grupos parlamentarios con todo el electorado al que representan sólo parcialmente.

Así, oímos o leemos insistentemente que "el Gobierno contó con el apoyo de catalanes y vascos", cuando en realidad votaron a favor sólo los diputados vascos del PNV y los catalanes de Convergència i Unió.

> "El Parlamento kurdo en el exilio busca el apoyo de vascos y catalanes". *(El País,* 13 de noviembre de 1996. Titular de Internacional. El texto aclara que pedirán el apoyo a los partidos nacionalistas).

Esta maniobra impulsada por los propios nacionalistas —el grupo parlamentario del PNV, por ejemplo, se llama Grupo Vasco— no debe hacernos olvidar que tan catalán puede ser un diputado nacionalista como otro del Partido Popular, o del PSOE, o del PSUC. Y tan vasco uno del PNV como otro de Eusko Alkartasuna.

La Administración. También se ha apuntado al juego la Administración del Estado. Por ejemplo, los servicios secretos o de espionaje se llaman los "servicios de inteligencia", aunque últimamente se hayan mostrado bastante torpes. Quienes recogen las basuras se dedican al "tratamiento de residuos sólidos", los destituidos son "cesados" (con incorrección gramatical incluida, pues "cesar" es intransitivo), y hasta la tradicional agricultura ha cambiado de nombre para llamarse "industrias de la tierra".

Para cualquiera que esparza su mensaje desde la Administración no existirán las desigualdades. Solamente los desequilibrios. Y hablará de desequilibrios territoriales, desequilibrios de renta... Pero cuando se da nombre a un fondo destinado a equilibrar las inversiones en todas las comunidades autónomas no se le llama Fondo de Reequilibrio Interterritorial, sino Fondo de Compensación Interterritorial. No se habla de reequilibrar, sino de compensar, que es un término mucho más positivo. Por eso decimos "esto compensa".

Las prestaciones sociales nos llegan con una molesta connotación, la de "prestar". Y en realidad no nos prestan nada, sino que nos devuelven. En todo caso, el que ha prestado es el trabajador, que cotiza largos años para que luego se le pague un subsidio o una pensión.

Un concejal del Partido Popular en Madrid, Enrique Villoria, acabó de un plumazo con las chabolas de la capital. Las denominó "módulos horizontales de tipología especial".

El escritor José Antonio Millán comentó otro maravilloso eufemismo en un artículo publicado en *El País* el 10 de junio de 1996: "En un pueblo de Guadalajara vi hace poco el edificio que ejercía de bar, botica y casino. Pues bien, el letrero que campeaba en la entrada decía así: Centro Rural Polivalente".

Los científicos y el sexo oral. El lenguaje de los médicos está lleno de palabras científicas que funcionan como eufemismos, y de expresiones rimbombantes que manipulan otras más sencillas. Un paciente no está enfermo sino que tiene una patología, y no habrá de someterse a unos análisis sino a una analítica. Y si ha fallecido en accidente, será que sufrió "lesiones incompatibles con la vida", en lugar de "heridas mortales".

Esa tendencia seudocientífica busca también los recovecos del lenguaje para evitar expresiones soeces, a veces con regular fortuna. Por ejemplo, en el caso de la expresión "sexo oral".

Llamamos lenguaje oral al que practicamos con el sonido y las palabras, salgan éstas directamente de nuestra boca o del hilo telefónico, o de un magnetófono o una emisora de radio. Se distingue del lenguaje que podemos emplear con la escritura, con los gestos de la cara, las manos, los brazos, con el Morse o con las banderitas que unos operarios agitan en los aeropuertos.

Pero en la prensa se habla mucho de determinada práctica sexual, después de que el conocido actor Hugh Grant fuera sorprendido en su coche con una prostituta y a cuento del caso de Bill Clinton y Monica Lewinsky. Los periódicos nos dijeron en realidad que Grant y su contratada —y Clinton y su becaria— estaban charlando; eso sí, charlando de cuestiones eróticas, puesto que practicaban el sexo oral. Y los no avezados en el lenguaje actual tal vez no entendieron bien a qué venía tamaño escándalo.

Evidentemente, los periódicos acudieron a un eufemismo; debieron de considerar que "sexo oral" resulta más suave que "sexo bucal", porque esta segunda expresión sí la entienden claramente los niños y los puritanos. También pudieron haber escrito "sexo verbal"; al fin y al cabo, todo lo verbal se hace también con la boca, y la acción de Grant y la prostituta no dejaba de ser un contrato de ese tipo, porque convinieron un pago y una contraprestación sin firmar papel alguno. Claro que, en ese caso, y con el tiempo, a los contratos verbales habría que llamarles contratos bucales, para no mezclar las cosas, no vayan a parecer contratos deshonestos. Y los dentistas ya no harían "exámenes bucales", pues lo relativo a la boca terminará por ser siempre lo "oral" (que por algo los prospectos de los medicamentos traducen indebidamente "ingestión oral"). Así que los profesores de universidad deberán buscarse otra expresión para los "exámenes orales" si no quieren parecer estomatólogos.

El "fallo informático". Los periodistas han de admitir sus fallos sin tapujos (nos referimos a ello más extensamente en el último capítulo). Y no deben hacer como determinadas empresas de servicios —generalmente un banco— que se refugian, al pedir disculpas, en que se ha producido "un error del ordenador". Por mucho que nos duela, las máquinas se equivocan muy poco. Si un ciclista se cae en plena carrera, seguro que la bicicleta no se ha equivocado. En todo caso, lo habrá hecho el mecánico; o el corredor; o habrá influido en ello alguna circunstancia de la carretera. Y lo mismo ocurre con los ordenadores.

> "Un fallo informático deja desprotegidos cuatro días a los clientes del banco Barclays en Internet". *(El País,* 2 de agosto de 2000. Titular de la sección de Economía, a cuatro columnas).

Si alguna vez alguien nos explica que su error se debió a "un fallo informático", traduzcamos mejor que se produjo "un fallo del informático".

Lenguaje popular. El lenguaje popular siempre ha acudido al eufemismo, para evitar palabras tabúes. Pero esos mismos ejemplos nos demuestran que, a la postre, el eufemismo termina siempre anulado en la propia palabra eufemística. Y se produce un desplazamiento de significados.

Aunque en un principio triunfe el lenguaje de la aproximación y del buen sonido, esas palabras dentro de un tiempo ya no servirán, porque los eufemismos pasan a convertirse indefectiblemente en la acepción indubitable del concepto escondido. ¿Acaso "nabo", por ejemplo, no fue en su día un eufemismo y ahora hasta nos da vergüenza comprarlos?

No obstante, el ingenio popular ha dado eufemismos brillantes. Un remedo sabroso del "crecimiento cero" lo recogía José María Gironella en las páginas de *Abc* el 27 de septiembre de 1992. Decía una mujer andaluza, según reproducía el escritor: "Yo tengo a mi marido empleado en el paro".

Responsabilidad. Miguel Ángel Aguilar recordaba en *El País* el 2 de julio de 1996: "Repetía Arturo Soria y Espinosa que todo empieza por la corrupción del lenguaje. Así, hablando durante el pasado régimen, explicaba que primero venía el robo verbal y luego el robo en efectivo. Arturo aclaraba que aceptar que los designados por el franquismo podían utilizar el nombre de concejales como si fueran elegidos por los vecinos arrastraba las consecuencias de la corrupción municipal que entonces padecimos".

Los periodistas hemos leído críticas de respetados académicos sobre el mal uso que hacemos de una pieza cultural digna de protección como es el lenguaje, patrimonio común de todos los hablantes. Tienen razón. Ocurre con frecuencia. Pero desde el punto de vista ideológico esto es inocuo. El problema radica en el peligro de que nuestro propio sistema lingüístico esté manipulado antes de que pronunciemos palabra: en que las expresiones que a un determinado grupo no le convienen las pensemos entre algodones. No sólo que las pronunciemos con suavidad y temor, sino que incluso aniden en nuestro subconsciente previamente edulcoradas. De este modo, los verdaderos conceptos parecen darnos miedo, y la realidad queda entonces disfrazada y escondida.

EL LENGUAJE RACISTA

El triste pasado de la humanidad se refleja en el lenguaje, que aún conserva frases y dichos que retratan usos sociales inaceptables para nuestros criterios de hoy. Ya hemos visto que eso ocurre con los tópicos sexistas. También sucede con los lugares comunes racistas.

El primer error al escribir sobre alguien de una raza distinta a la nuestra (y aunque no medie mala intención, sino todo lo contrario) consiste en definirle como persona "de color". Parece que los blancos seamos como hay que ser, mientras que los demás tienen colores.

> "Leandro Mbomio es un hombre de color, bantú de la etnia fang. Su mirada es directa y su voz suave. Gusta de conversar templadamente mientras despliega con humildad su sabiduría". *(El País,* 10 de febrero de 1997. Rafael Fraguas).

> "Un vigilante de la zona y unos jóvenes que presenciaron los hechos manifestaron que tres personas de color cometieron el robo". *(El Mundo,* 31 de julio de 1996. Fotonoticia en la sección Madrid).

Este segundo caso enlaza con otro problema: la costumbre de resaltar la raza, la etnia o la nacionalidad cuando se habla de delitos: "Dos marroquíes atracan una gasolinera", "reyerta entre gitanos". Sin embargo, no solemos leer: "Dos conquenses asaltan a un taxista". O "un rubio de ojos azules, detenido por tráfico de drogas".

El hecho de que una persona sea de raza negra, de etnia gitana o de cultura árabe —por ejemplo— no debe citarse en las informaciones a no ser que ello constituya un elemento fundamental de la noticia. Lógicamente, se debe hablar de la discriminación que sufre "un barrio de negros", o de que en una manifestación en Suráfrica se han producido enfrentamientos entre negros y blancos —se trata de una hipótesis afortunadamente cada vez más lejana—; pero nunca de que el protagonista de una información es negro si ello no aporta un dato sin el cual perdería sentido la noticia o cambiaría radicalmente de significado.

El racismo se halla anclado, no obstante, en nuestro lenguaje. En 1995, el presidente de la Generalitat, Jordi Pujol, manifestó en un discurso que durante sus negociaciones sobre la financiación autonómica no deseaba "andar con gitanerías". Al día siguiente, pidió disculpas educadamente.

Pero encontraremos muchas más expresiones de ese tipo, que son acogidas con dolor por la colectividad a la que nos referimos en cada caso:

—Le hizo una judiada.

—Tiene unos negros que le hacen el trabajo. ("Los negros de la pluma" se tituló un reportaje de la revista *El Siglo* en enero de 1997. Y así se refirieron los periodistas con profusión al caso del plagio atribuido en 2000 a la periodista española Ana Rosa Quintana por una novela que le había ayudado a escribir otra persona).

—Ha trabajado como un negro.

—Esto no se lo salta un gitano.

—Qué mala suerte, parece que me ha mirado un tuerto.

—Es un trabajo de chinos.

—Eso fue una merienda de negros.

—Me han engañado como a un chino.

—Deja de hacer el indio.

Igualmente, la manera de denominar a determinados grupos humanos implica a menudo conceptos racistas. Así ocurre, por ejemplo, con la palabra "sudaca" para referirse a personas llegadas a España desde Latinoamérica. En verdad, con el tiempo la expresión se ha ido tornando incluso cariñosa, pero el origen despectivo la ha marcado durante mucho tiempo y, por tanto, sería conveniente evitarla a no ser que quedara muy claro que no se usa como insulto.

Lo mismo sucede con "yanqui" por "norteamericano". "Yanqui" incurre generalmente en imprecisión, puesto que en realidad se denomina así a los habitantes de Nueva Inglaterra (norte de Estados Unidos). En España suele connotar desprecio y englobar a todos los estadounidenses. Un periodista debe cuidar mucho su uso.

La ética condiciona también el estilo del periodista. Cuando se dominan el lenguaje y las estructuras periodísticas, y se conocen los efectos demoledores que alcanzan, ha de entrar en juego la ética como contrapeso. El informador, en efecto, puede construir una noticia de cuatro folios sin faltar a la verdad en una sola línea, y sin embargo haber construido toda una mentira.

EL ESTILO SENSACIONALISTA. EL ESTILO POPULAR

Los sajones suelen llamar al diario sensacionalista "de cejas bajas"; y al periódico serio o diario de referencia, "de cejas altas". El primero pretende —tal vez sañudo— la sorpresa, el susto, la apelación constante al lector, y concibe el periódico como un espectáculo cuyo fin principal consiste en divertir o entretener. El segundo invita —quizás altivo— a la reflexión, informa con distancia, no se apasiona, se propone que el lector disponga de información suficiente para participar con conocimiento de causa en la vida social, política, económica...

Entre el periódico serio y el sensacionalista se ha abierto paso en los últimos años en España un modelo intermedio: el diario popular, que tiene un magnífico ejemplo en *El Periódico de Catalunya.* Este diario se especializó desde un primer momento en una información muy visual, con muchos despieces, amplia infografía y textos muy cortos, así como por la amplitud del espacio destinado a espectáculos o deportes. Todo lo cual no evita que la información se presente con rigor y veracidad. Se trata de un camino que, a mi juicio, irán recorriendo poco a poco otros periódicos. Ya lo han emprendido *El Correo de Andalucía, Odiel, El Día de Valladolid...*, publicaciones que se han caracterizado por combinar una presentación muy visual y de títulos muy llamativos con un gran rigor en la exposición de datos, infografías y despieces (llenos de documentación y precisión).

El sensacionalismo —que dista mucho de la técnica popular y muchísimo de la prensa seria— constituye no obstante una modalidad más del periodismo. No merece el rechazo frontal. Un periódico puede seguir las normas del sensacionalismo y, sin embargo, ofrecer informaciones veraces y valiosas. Porque se trata fundamentalmente de una técnica, un estilo, una forma de presentar la realidad y de interpretarla. En España se suele asimilar sensacionalismo y mentira. Y no ha de ocurrir así necesariamente.

Incluso el periodista que aspire a escribir en un diario de referencia debe conocer las técnicas del sensacionalismo, porque podrá aprender de ellas cuando —sin transgredir las normas de su periódico— quiera llamar la atención del lector o poner el énfasis en determinada idea (véase el apartado relativo al vocabulario del sensacionalismo).

Los diarios deportivos españoles emplean la técnica sensacionalista, principalmente en el estilo de los titulares (más cercana en este caso a la técnica de la prensa popular) y en el intento de convertir lo nimio en fundamental, y en considerar efímero todo lo que se publica (que no ata para sucesivas ocasiones, en las que se puede opinar o contar lo contrario de lo que se ha dicho).

Las revistas del corazón comparten sobre todo la característica de empeñarse en elevar lo trivial a importantísimo.

Y algunos periódicos de formato serio toman del sensacionalismo fundamentalmente el escaso plazo de caducidad para lo que se ha dicho y la yuxtaposición de hechos que invita a deducir causalidad sin suficiente base para ello, como estudiaremos ahora.

En el siguiente ejemplo, un diario propone primero una cosa y luego, cuando se logra, critica que se haya conseguido lo que él mismo proponía, con un plazo de caducidad ciertamente escaso.

Reproducimos en primer lugar la opinión expresada cuando los derechos televisivos de la Liga de fútbol española estaban repartidos entre Antena 3 y Canal + (lo que hacía inviable su rentabilidad). El editorial propugna el acuerdo entre ambas empresas.

"La lucha por los derechos del fútbol se ha convertido en un auténtico embrollo (...). ¿Acabará cediendo Canal + a los intereses de la mayoría y aceptando compartir sus derechos con Antena 3? No parece que le vaya a quedar otro remedio, ya que los grandes equipos y los aficionados quieren más fútbol. La FORTA, titular del contrato con la Liga de Fútbol Profesional, también está dispuesta a compartir sus derechos, lo que deja a Canal + en una precaria situación negociadora. A falta de dos semanas para el comienzo de la competición, lo razonable parece un acuerdo entre todas las partes, que podría pasar por la entrada de Antena 3 en el *pool* de fútbol televisado a cambio de compensaciones a Canal + y los equipos que secundan su postura. Pero si la cadena de Polanco y los once clubes que la apoyan deciden cerrarse en banda y boicotear la Liga, tendrán muy difícil explicárselo a los aficionados, sin contar con el grave perjuicio económico y deportivo que acarrearía la numantina postura". (*El Mundo,* 16 de agosto de 1996. Editorial).

Opinión tras producirse el reclamado acuerdo entre Canal + y Antena 3 (entre Polanco y Asensio, según la simplificación al uso) para compartir los derechos del fútbol (alcanzado el 24 de diciembre de 1996) y unificarlos en una empresa común:

"Polanco es un poder fáctico uninominal equivalente a lo que en épocas diversas representaron la Iglesia, la Banca o el Ejército.(...). Tras el golpe de mano del día de Nochebuena las cosas han llegado a tal extremo que el mundo del dinero, sensible como ningún otro al poder de quien tiene en sus manos la capacidad de configurar las apariencias, empieza a ver en Polanco el único fielato verosímil a través del que encauzar su relación con la política. Esa mañana el grupo Prisa consiguió de un solo golpe la exclusiva para su comercialización a través de la televisión de pago (o sea el monopolio de la demanda). Un elemental sentido del pudor me impide dedicar una sola línea a describir la conducta de Antonio Asensio, quien en no menos de 30 conversaciones a lo largo de los últimos años me expresó, con las peculiaridades propias de su estilo, la más inamovible resolución de servir de dique de contención a la marea polanquista". *(El Mundo,* 19 de enero de 1997. Pedro J. Ramírez, director).

Pero insistimos en que el sensacionalismo constituye una vertiente más del periodismo, de gran éxito en muchos países europeos, y que no ha de condenarse sin más, de plano. En España se da una tendencia generalizada a considerar ya peyorativa la misma palabra "sensacionalismo", anatematizando su concepto. Por lo común, se identifica con el periodismo de la falsedad, o con las informaciones que entran en ámbitos de la vida privada de los personajes públicos. Y, en realidad, el buen sensacionalismo no tiene por qué caer en mentiras ni faltas de respeto. Se trata sólo de una manera más de trabajar, próxima a la exageración en las valoraciones y en la presentación y a la elección de terrenos informativos que repugnan al buen gusto, pero no por ello inveraz. En otros países encuentra su público; los periodistas que trabajan en esos medios se ganan la vida con honradez (y responden ante los tribunales por sus excesos). Asunto aparte es que en España no se haya implantado una clara diferencia entre periódicos de uno u otro tipo. En diversas naciones se han distinguido tradicionalmente por el formato —los tabloides británicos son los sensacionalistas, por ejemplo—. Y esa ausencia de marco formal propio ha llevado a confusiones en España, y a que se practique con naturalidad el sensacionalismo en periódicos con *formato serio.*

Ahí radica uno de los problemas éticos que podemos plantearnos en primer lugar. El sensacionalismo no constituye una especialidad rechazable si se parte de que el periódico juega con esa técnica, si constituye un divertimento para el lector, más que una fuente de exactitud y de información trascendental. Sí debemos condenar, en cambio, que se utilicen sus técnicas (el rumor, la exageración) en periódicos que se presentan como serios y rigurosos, porque eso acarrea un engaño para el lector. Repasemos algunos casos de este tipo.

La noticia sin base. Un diario sensacionalista puede especular sobre distintos acontecimientos, imaginar cómo debió de ocurrir algo de lo que no tiene conocimiento preciso... El lector ya sabrá que se trata de un juego, de una lectura para pasar el rato. Ahora bien, cambia mucho la perspectiva, recalcamos, si esas exageraciones informativas parten de un diario que quiere llamarse "de referencia".

Un ejemplo muy ilustrativo al respecto ocurrió en Madrid el 17 de noviembre de 1995. Cuatro días antes, una mujer telefoneó a un programa de la cadena Onda Cero abierto a las intervenciones de los oyentes. La comunicante se quejó de la inseguridad en el metro de Madrid y narró que el día anterior dos atracadores habían desvalijado en plena marcha a los 30 pasajeros de un vagón que circulaba por la línea 4.

Sin ninguna comprobación más, los informativos de esa emisora recogieron la noticia en sus boletines posteriores: "Todos los viajeros de un vagón del metro han sido desvalijados por dos atracadores en plena marcha". Y para corroborarla, se añadían las declaraciones de una testigo (la mujer que había telefoneado), dando así carácter de segunda fuente a quien sólo era la primera.

Ningún periódico reprodujo la noticia al día siguiente. Dos jornadas más tarde, el gabinete de prensa de Onda Cero —estos departamentos suelen enviar faxes a los periódicos para contar las exclusivas que ha difundido la respectiva emisora— asegura que esa cadena ha informado sobre el espectacular atraco colectivo.

Con el fax en la mesa, los redactores de las secciones de Madrid de los periódicos que se editan en la capital hacen las averiguaciones pertinentes: policía, Compañía Metropolitano, servicios de tarjetas de crédito (para preguntar si se habían denunciado robos)... incluso algunos acuden a la estación donde, según el fax, se produjo el suceso. Todas las comprobaciones resultan infructuosas. Ni una denuncia, ni un testigo. Ni siquiera los empleados de esa estación han oído nada al respecto.

Todos los diarios de Madrid, excepto uno, deciden no publicar la noticia. Les habría bastado, si hubieran determinado darle pábulo, decir "según Onda Cero" (eso podía considerarse aceptable en un diario sensacionalista), y con ello no habrían faltado a la verdad. Pero prefieren no sembrar un alarmismo interesado, sobre todo porque no saben ni el nombre de la mujer que telefoneó (tampoco la emisora, a la cual preguntan con interés de conocerlo).

Al día siguiente, el diario *El Mundo* publica esta información sensacionalista, a cuatro columnas, abriendo el suplemento de información local (es decir, la noticia más importante, a juicio de esa publicación, de cuantas se conocieron en Madrid capital y región en ese día).

TÍTULO:

"Dos atracadores desvalijan en plena marcha a todos los pasajeros de un vagón de metro".

SUBTÍTULO:

"Sorprendentemente, ninguno de los 30 viajeros denunció el asalto".

TEXTO:

"Dos delincuentes armados con una pistola desvalijaron en apenas dos minutos a los treinta pasajeros de un vagón de metro en el recorrido entre dos estaciones de la línea 4 (Esperanza-Argüelles), según informó Onda Cero.

Ni la policía, ni la compañía Metro han podido confirmar este atraco, ya que ninguna de las víctimas denunció los hechos en ningún sitio.

El asalto ocurrió a las ocho de la tarde del pasado martes cuando, según la citada emisora, los dos atracadores se subieron al convoy, se situaron cada uno de ellos en una puerta distinta, esperaron a que el tren se pusiera en marcha y esgrimieron una pistola para conminar a los pasajeros a que les entregaran los objetos de valor como dinero, relojes y tarjetas de crédito.

Los atracadores dieron fuertes gritos hasta que convencieron a los viajeros de que vaciaran sus bolsillos.

Una viajera cuya identidad no ha sido desvelada relató a la emisora que 'en un primer momento, todo el vagón quedó perplejo y sin saber cómo reaccionar. Yo no daba crédito a lo que estaba oyendo, pero enseguida escuché dar grandes gritos a los dos individuos, uno de los cuales parecía llevar una pistola'.

Después de unos segundos de desconcierto, los pasajeros entregaron sus pertenencias a los asaltantes, que huyeron del lugar cuando el tren llegó a la siguiente estación, la de Alonso Martínez.

Los ocupantes del vagón siguieron su viaje sin que ninguno de ellos denunciara posteriormente el asalto.

'La verdad es que nos quedamos un poco perplejos todos, porque seguimos hablando entre nosotros del tema sentados en el vagón', indicó la víctima.

Este periódico intentó ayer infructuosamente contrastar esta información; sin embargo, no encontró a nadie del Metro o de la policía que tuviera conocimiento de lo ocurrido.

Fuentes de la Jefatura Superior de Policía manifestaron no tener constancia ni ninguna denuncia sobre el asalto, y que tampoco la tienen los servicios de seguridad privada del Metro.

Fuentes policiales consultadas por *El Mundo* mostraron ayer sus dudas sobre la veracidad de los hechos relatados, ya que 'es muy raro que ninguna de las treinta presuntas víctimas denunciara a la policía o a algún trabajador del Metro lo ocurrido'.

Por su parte, un portavoz del Metro reiteró ayer que ningún empleado de la compañía había informado del atraco. 'Estoy totalmente extrañado de que, ante un caso de esta gravedad, nadie se haya acercado a ninguna oficina de reclamación o a un empleado del Metro para ponerle al corriente de un suceso de esta magnitud', añadió el portavoz.

A la hora del atraco se registró el paro de un tren durante 20 minutos por una avería en los sistemas de señalización". *(El Mundo,* 17 de noviembre de 1995. Sin firma).

Así pues, una simple llamada anónima —tal vez una persona fantasiosa, tal vez alguien muy bromista— logra ser elevada a la categoría de titular de cuatro columnas. El espacio dedicado a la noticia no se corresponde con el escaso crédito que se desprende del propio relato: ciertamente, no parece normal que a 30 viajeros les roben las tarjetas de crédito y que ninguno de ellos lo denuncie con rapidez para evitar las inminentes compras con cargo a sus cuentas respectivas; por no hablar de que nadie comentase con algún empleado del Metro lo que acababa de suceder.

Por tanto, estamos claramente ante una técnica sensacionalista (se valora exageradamente una simple llamada telefónica de alguien desconocido), pero presentada en un periódico que no admite serlo.

Las noticias de ese tipo se pueden identificar sobre todo por la ausencia de datos. Ya hemos indicado que los datos aportan crédito. Y su ausencia, por tanto, acarrea sospechas. La técnica sensacionalista pasa por encima de esas minucias. A continuación transcribimos otra noticia donde la falta de detalles trascendentales debió conducir a una reconsideración.

> "Un niño imita un anuncio e intenta lanzar el televisor por la ventana".
>
> "La Asociación de Telespectadores y Radioyentes (ATR) se ha dirigido al director general de Canal + al recibir quejas de madres que aseguran que sus hijos imitan al bebé que arroja una televisión por la ventana, en un anuncio de promoción del canal de pago.
>
> En el *spot,* que se emite en varias cadenas de televisión, un bebé que está viendo la pequeña pantalla, al ver que se codifican las imágenes arroja el receptor por la ventana, con la ayuda de su abuela.
>
> Según una nota hecha pública por la ATR, algunas personas se han dirigido a esta asociación porque sus hijos, de entre 3 y 4 años, 'se han dedicado a tirar objetos por las ventanas y en un caso hasta han intentado lanzar el televisor, algo que no han conseguido por no poder arrastrar el mueble'.
>
> Por su parte, Canal + negó que sus anuncios inciten a los niños a arrojar objetos por la ventana". *(Abc,* 10 de septiembre de 1996. S. T.).

(La noticia no cita ni siquiera en qué ciudad se produjo ese supuesto intento de arrojar el televisor por la ventana, ni ningún otro dato concreto en torno a esas denuncias. Ni siquiera se aclara qué representatividad tiene la Asociación de Telespectadores y Radioyentes).

La yuxtaposición como equivalente de causalidad. Se trata de una trampa que no se puede condenar absolutamente. En muchos casos, servirá para que el lector deduzca lo que honradamente cree el periodista que debe colegir. En otros, por el contrario, este truco sembrará sospechas injustas. No conocemos un catálogo donde se especifique en qué casos se vulnera la ética y en cuáles no, ni resultaría sencillo elaborarlo. La decisión debe quedar reservada a la conciencia del informador. En cualquier caso, el juicio que pueda merecer siempre se supeditará a si el periodista se ha empleado con diligencia para obtener todos los datos posibles.

La yuxtaposición en la noticia sitúa consecutivamente dos elementos informativos sin conexión sintáctica entre sí, a los que se pretende dar esa vinculación por vía de significado.

Cuando ardió el palacio de Exposiciones y Congresos de Madrid, en el paseo de la Castellana, el redactor de *El País* que acudió al lugar del suceso escribió una correcta entradilla donde explicaba la hora en que se desató el fuego, los daños materiales registrados, las dotaciones de bomberos que se desplazaron... Y la remataba con la siguiente frase: "Unos minutos antes del incendio, había sobrevolado el palacio una avioneta".

El hecho no carecía de veracidad. Efectivamente, una avioneta publicitaria pasó por el cielo de la Castellana unos minutos antes. El redactor quería dar a entender, obviamente, que el incendio tal vez fue provocado desde el aparato, que quizás se trataba de un atentado. No se establecía ninguna conexión gramatical entre el incendio y el paso de la avioneta, pero la mera yuxtaposición podía inducir al lector a interpretar que algo extraño había sucedido. Le pregunté al redactor —en aquel momento yo desempeñaba el cargo de redactor jefe de información de Madrid— si disponía de algún dato que relacionase a la avioneta con el incendio. Me contestó que no, que se trataba de una simple hipótesis. ¿Una hipótesis de la policía o de los bomberos? No, una hipótesis del redactor. Obviamente, suprimí aquella frase al editar el texto. Por esa regla de tres, se podía haber apuntado que también pasaron junto al palacio varios autobuses, decenas de taxis, cientos de coches y muchos transeúntes. La yuxtaposición no tenía validez informativa porque animaba a seguir un camino teórico sobre el que no se había recabado dato alguno. Como hemos visto en uno de los capítulos iniciales, la elección de una parte de la realidad convierte en significativo todo aquello que contamos, porque omitimos siempre lo que no nos parece significativo (en este caso, los autobuses, los taxis, las motocicletas...).

En los últimos tiempos de la dictadura franquista, los periódicos que defendían una salida democrática —lo expresaban entre líneas, por supuesto, so riesgo de cierre— utilizaban con frecuencia la yuxtaposición, con toda legitimidad, para esquivar a los censores del régimen. Así, por ejemplo, se podía escribir:

> "El sindicalista ilegal Arturo García ingresó ayer en el hospital La Paz, donde se le atendió de heridas en el hemitórax, el rostro y la cabeza. García participó en la organización de una huelga en su empresa de la construcción. Dos días antes permaneció detenido durante unas horas por la policía, que le sometió a interrogatorio".

Evidentemente, las heridas tenían su origen en la comisaría, y el lector ya sabía interpretar por su cuenta. Pero el texto no llegaba a explicitar tal causalidad, para evitar una sanción (lo que no en todos los casos se conseguía).

¿Tenemos siempre esa legitimidad? El juicio corresponderá al lector en última instancia, pero el periodista que ejerza su trabajo con unos fundamentos éticos debe planteárselo antes en solitario.

Veamos varios ejemplos publicados:

Título a cuatro columnas, apertura del suplemento de Madrid del diario *El Mundo:*

> "Muere de un infarto un controlador de Barajas tras sentirse mal cuando dirigía el tráfico aéreo".

Subtítulo:

> "Gallardón se reúne con las compañías tras dos meses de caos en el aeropuerto".

> "Un controlador aéreo de Barajas murió ayer de un infarto tras sentirse indispuesto cuando organizaba el tráfico aéreo desde la torre de control, según indicaron a este periódico fuentes del aeropuerto madrileño.

Este trágico suceso ocurre en medio de un gran caos de atascos aéreos que sufre Barajas desde hace ya dos meses.

Aunque la dirección del aeropuerto ha negado que el fallecimiento del controlador aéreo tenga relación con la caótica situación que se padece, lo cierto es que Carlos Rafael Montemayor, de 54 años, murió en medio de una gran polémica que ha obligado incluso al presidente autonómico, Alberto Ruiz-Gallardón, a reunirse con las compañías aéreas afectadas para buscar una solución al problema de los atascos.

El controlador Carlos Rafael Montemayor entró a trabajar ayer a las nueve de la mañana, tal y como hacía habitualmente. Tomó el relevo a uno de sus compañeros al frente de uno de los ordenadores con los que se controla el tráfico aéreo madrileño.

Sobre las diez y media de la mañana, Carlos Rafael se sintió mal. Su corazón empezaba a darle problemas". *(El Mundo,* 29 de noviembre de 1996. Chano Montelongo).

Vemos, pues, que el autor enmarca la muerte del controlador en el caos de Barajas, insinúa la culpa de tal desorden en el fallecimiento y no le importa que oficialmente se niegue relación alguna entre el infarto y la situación del aeropuerto, puesto que "lo cierto es que Carlos Rafael Montemayor, de 54 años, murió en medio de una gran polémica". Sin embargo, no sabemos si el fallecido bebía o fumaba mucho, si sufría alguna lesión cardiaca congénita, si hacía deporte alguna vez o no lo practicó jamás, si había sufrido una desgracia familiar, si llevaba trabajando unos meses o muchos años como controlador, si las muertes por infarto en la plantilla de controladores de Barajas son superiores o no a las de guardagujas de la red ferroviaria, por ejemplo. No se aprecia nada objetivo, por tanto, que permita esa yuxtaposición tan simple. Y, además, parece excesivo que una muerte natural por infarto —algo que, lamentablemente, le puede ocurrir a cualquiera— adquiera el rango de cuatro columnas y apertura de la sección por el hecho de que coincida con una época de conflicto en el aeropuerto. Sólo un enfoque sensacionalista puede explicar esa pirueta en el vacío. Es posible que el agobio en el trabajo tuviera algo que ver en el infarto. Pero necesitamos algún indicio —y también el descarte de otras posibilidades más factibles— si queremos enfocar la noticia por ahí.

La técnica de la yuxtaposición aparece con muchísima frecuencia en el diario *El Mundo.* Y el propio diario se suele acoger luego a *lo que no se ha dicho,* para afrontar los desmentidos con galanura.

El 13 de enero de 1997, por ejemplo, denuncia: "Leguina autorizó el pago con dinero público a [la empresa] Ferrer por estudios para la CAM [Comunidad Autónoma de Madrid] que nadie encuentra". El lector podrá deducir fácilmente que si nadie en la Administración regional madrileña encuentra esos estudios se debe a que nunca se hicieron, y que, por tanto, se regaló el dinero a la empresa de un amigo, quien a su vez reembolsaría una parte al PSOE. El hecho de que eso había ocurrido realmente en el *caso Filesa* —citado en la noticia a modo de documentación— abonaba la sencilla teoría. En ningún momento se baraja la posibilidad de que los funcionarios no hayan buscado bien, ni que se trate de una denuncia sin comprobar. (De hecho, un día más tarde apareció uno de los informes que nadie encontraba, lo que ponía en duda la veracidad de toda la información).

La yuxtaposición en este caso se produjo insistentemente además con el dato de que uno de los copropietarios de la empresa Ferrer (con el 20%) es Jesús de Polanco, accionista mayoritario del grupo Prisa (que edita un periódico, *El País,* competidor del que publica la noticia). Veamos cómo:

> "Ferrer Europa SA, cabecera del grupo, es una sociedad participada por Eulalio Ferrer hijo (Lalo), Eulalio Ferrer padre y Jesús Polanco, editor de *El País.* Jesus Polanco y la familia Ferrer tienen en común con Leguina su origen cántabro". *(El Mundo,* 13 de enero de 1997).

El Mundo sostiene la tesis de que Polanco intercedió ante Leguina para que el Gobierno de Madrid pagara un dinero que debía a la empresa Ferrer. Y dice en un despiece:

> "Polanco recordó a Leguina sus deudas con el grupo".

> "(...) Hay otro hecho que confirma aún más el papel de Polanco en el grupo Ferrer, además de su participación accionarial. Tras las elecciones autonómicas y locales de 1991, Eulalio Ferrer hijo tuvo un en-

cuentro con Polanco, en el que le comentó el retraso en los pagos de Joaquín Leguina.

Según fuentes del entorno familiar de Ferrer, Polanco, solícito, aseguró a Lalo que vería pronto a Joaquín Leguina, en la fiesta de la CAM que se celebraría en el antiguo Hospital de Maudes de Madrid, y que recordaría al presidente de la CAM las deudas pendientes con el grupo Ferrer". *(El Mundo,* 13 de enero de 1997. J. N.).

Ninguno de los periodistas que acuden cada año a la recepción del Dos de Mayo vio jamás allí a Polanco. El mentís posterior de Leguina y de Polanco fue contestado así por el propio periódico:

"Leguina señala que *El Mundo* incurre en falsedad al afirmar que Polanco se dirigió a él en una fiesta del 2 de mayo. Lo que *El Mundo* decía, citando fuentes de la familia Ferrer, es que Polanco se comprometió a ver a Leguina en esa fiesta, no que efectivamente lo viera". *(El Mundo,* 14 de enero de 1997).

Sin embargo, el titular —que hemos reproducido— sí extraía esa consecuencia que no quedaba explícita en el texto. Un periodista que desee llevar la cabeza alta no puede aceptar este juego.

Dos días después, *El País* responde —en esa guerra feroz que desató *El Mundo* contra este otro periódico, que se defendió contundentemente— con una técnica similar: Utiliza también la yuxtaposición, de este modo:

"Telefónica discrimina a *El País* en el reparto de su última campaña de publicidad".

"La Compañía Telefónica ha discriminado al diario *El País* en la distribución de publicidad previa a la privatización del 21% de las acciones de dicha empresa, actualmente en poder del Estado. En lo que va de año, esta compañía de gestión pública, presidida por Juan Villalonga —un amigo personal del presidente del Gobierno, José María Aznar— ha insertado 20 páginas de publicidad en el diario *El Mundo,* que es el menos difundido de los tres periódicos nacionales de información general, mientras que el *Abc* ha publicado 15,4 páginas. El líder de la prensa diaria de información general, que es *El País,* sólo ha recibido 7,3 páginas publicitarias en el mismo lapso de tiempo.

(...) Los últimos datos de OJD, que son los de 1995, indican que la difusión media de *El Mundo* fue de 307.618 ejemplares. No se dispone aún de la difusión certificada por OJD para 1996, sin duda más desfavorable para *El Mundo* que la del año precedente, a la vista de los datos que se conocen sobre la evolución del mercado de prensa. Un indicio de ese retroceso es el último Estudio General de Medios (EGM), que adjudicó a *El Mundo* 1.007.000 lectores diarios de febrero a noviembre de 1996, lo cual representa un descenso apreciable.

El País fue el líder en difusión en 1995 (420.934 ejemplares diarios, según la OJD) y lo ha sido en lectores de febrero a noviembre de 1996 (1.423.000, según el EGM)".

Aquí llega la principal yuxtaposición:

"(...). La discriminación publicitaria en favor de *El Mundo* se produce después de que la editora de este último se haya comprometido a asociarse en la llamada Plataforma Digital impulsada por el Gobierno de Aznar, liderada por Telefónica y en la que también se engloban otras empresas públicas como Radiotelevisión Española y algunas televisiones autonómicas".

A renglón seguido, el diario yuxtapone también un viaje que hicieron juntos pocos días antes el presidente de Telefónica y el director de *El Mundo,* Pedro J. Ramírez, y recuerda el artículo muy elogioso para el presidente de Telefónica que ese periodista publicó a continuación. Además reproduce, entre otras, esta frase que escribió Ramírez:

"Villalonga es el primer presidente de una de las grandes telefónicas europeas que ha venido a explorar las oportunidades del sudeste asiático en persona, y eso impresiona a todos sus interlocutores".

La precisión descendente. Otro truco del sensacionalismo consiste en establecer algo como cierto para luego ir rebajándolo en sucesivos párrafos; en arrancar con un título que, sin implicar una falsedad, constituye cierta exageración. A continuación, y progresivamente, se va precisando la realidad una vez que ya se ha conseguido con el primer efecto la sorpresa del lector (o inducirle a una idea manipulada). Como ocurre en este caso, donde se pasa de un desastre general de las motos de la Policía Municipal de Madrid a la mala suerte de que se estropearan un par de ellas durante un desfile:

Título de la información, que ocupa toda una plana:

"Las motos de la Policía Municipal no arrancan".

Subtítulo:

"Varias motocicletas se quedaron 'tiradas' antes de comenzar el desfile del día del patrón del Cuerpo".

"A San Juan Bautista, patrón de la Policía Municipal, se le subieron ayer los colores. Varias motos del Cuerpo se quedaron *tiradas* durante el desfile conmemorativo del Día de la Policía Municipal, dejando en evidencia una vez más, si cabe, el lamentable estado del parque móvil".

(La imprecisión de ese "varias" ya nos hace sospechar desde un primer momento. Véase lo dicho en el apartado de edición).

"Ayer por la mañana, el Paseo de Coches del Retiro se llenó de flamantes uniformes azules de gala. Los agentes municipales del Ayuntamiento de Madrid rindieron homenaje a su patrón. Al acto asistieron numerosos representantes de la política local, de la Policía Nacional, así como de la Guardia Civil y del Ejército. También asistieron el alcalde, José María Álvarez del Manzano; el delegado del Gobierno en Madrid, Pedro Núñez Morgades, y el director general de la Policía, Juan Cotino, y el jefe superior de Policía, Carlos Corrales, entre otros".

(El segundo párrafo también nos induce a sospecha: se han usado dos típicas fórmulas de hinchar el perro para alargar el texto cuando no se tiene mucho que contar: 1. "los agentes municipales del Ayuntamiento de Madrid": evidentemente, sobra la precisión "del Ayuntamiento de Madrid", ya sabemos que se trata del Retiro y de Madrid, y si son municipales sólo pueden pertenecer al Ayuntamiento; 2. "rindieron homenaje a su patrón", hecho que se acaba de contar en el párrafo anterior. Por otro lado, este segundo párrafo se desvía extrañamente del tema principal: las averías en "varias" motos. Se retarda así la información precisa al respecto).

> "En el desfile participaron agentes de a pie, a caballo con uniforme de gala, tres coches todo terreno de la policía ecológica, perros policía, motocicletas, coches con radares, furgonetas y grúas. En el desfile se mostraron las últimas novedades en vehículos y motocicletas.
>
> La sorpresa la dieron las motocicletas, precisamente, cuando rompieron la formación, antes de iniciar la marcha. Dos o tres de ellas se quedaron clavadas en su sitio, pese a los esfuerzos de los agentes que las montaban para seguir a sus compañeros. Alguno de ellos bajó desesperado de su montura y comenzó a hurgar en el motor pero sin resultado. Empujando, empujando, apartaron las motos del paseo para que no estorbaran el desfile".

(Lo que al principio eran "las motos de la Policía Municipal" y pasó luego a "varias motos" se convierte ahora en "dos o tres motos", en una imprecisión que nos inclina a pensar que el periodista no asistió al desfile y que, por tanto, no presenció los hechos. De ahí que necesitara hinchar el perro en los párrafos anteriores, cuyos datos bien pudieron salir de la nota oficial sobre el orden de la marcha. Asimismo, el periodista no cita el número de motos que iban a participar en el desfile, ni cuántas forman parte del parque móvil del Ayuntamiento: no tiene el mismo valor la avería de dos motos entre las 500 que se emplearan o entre las 1.000 con que cuenta la Policía Municipal —son datos imaginarios—, que entre las 10 que se dispusieran a participar en la marcha, si es que sumaron tan pocas).

> "A pesar de que esto ocurrió entre la mofa del público y a pocos metros de la tribuna, el alcalde no se percató de lo ocurrido: 'Yo no he visto nada de eso. He visto desfilar a muchas motos y les aseguro que

todas ellas funcionaban perfectamente. De todas formas, esto debe ser cosa de la mala suerte. Un fallo mecánico. En proporción, nosotros tenemos una dotación de material móvil mejor que el de la Policía Nacional'".

(Tampoco el reportero pareció percatarse, a la vista de la poca precisión de su relato).

"Francisco Javier Garde, secretario general de CSIF en el Ayuntamiento de Madrid, aprovechó para recordar las reiteradas quejas de su sindicato denunciando el lamentable estado del parque móvil de la Policía Municipal.

Garde puso como ejemplo el caso de hace ya algunos meses en que el propio Rey de España, Juan Carlos I, tuvo que bajarse del coche y ayudar a empujar la moto averiada de un policía municipal. (...)". *(El Mundo,* 25 de junio de 1996. Chano Montelongo).

El lector atento de periódicos percibirá con este último párrafo la reconstrucción de lo sucedido: el sindicato telefonea al periódico, facilita una información imprecisa, ésta no se comprueba... y se monta una página entera con ella. Arropa esta deducción el hecho de que las dos fotografías que se insertan corresponden a las que facilitó el gabinete de prensa del Ayuntamiento, no a un fotógrafo del propio diario. Por supuesto, tales imágenes no recogen el momento en que se estropean las motos.

La información, que continúa con un resumen de los discursos pronunciados, sin más alusiones a las desgraciadas motocicletas, deja al lector sin saber qué pasó con ellas, qué avería sufrieron, cómo se evacuaron del lugar... Porque nadie habla con el responsable de la unidad motorizada (algo que habría resultado fácil en caso de haber asistido al desfile) para conocer así los detalles técnicos del suceso.

Todo lo cual constituye una muestra evidente de la escuela sensacionalista, muy alejada del periodismo serio y de rigor.

A veces ese engaño al lector se resuelve mucho antes, pero no deja de constituir una trampa:

"El juez de la Audiencia Nacional Baltasar Garzón obligó a José Amedo y Michel Domínguez, bajo coacciones y amenazas —incluida la de encarcelar a sus esposas—, con el único fin de derribar al gobierno del PSOE, objetivo para el que no reparó en presionar a los testigos, manipular sus declaraciones y hasta dictarles lo que tenían que decir, pese a que se resistían a ello porque no era cierto.

Tan explosiva acusación contra el magistrado estrella del caso GAL no es del que suscribe esta crónica, sino que está contenida en un tremendo manifiesto-confesión manuscrito del propio José Amedo Fouce, uno de los dos testigos clave que Garzón utilizó para procesar y ordenar prisión contra altos cargos del Ejecutivo socialista". *(Diario 16,* 8 de enero de 1997. Carlos Enrique Bayo).

En el primer párrafo, el periodista da como hechos indubitables lo que en realidad constituye un relato de parte. En un principio, el lector podía pensar que las frases se decían "con la voz" del periodista; pero éste explica luego que se trata de "la voz" de José Amedo. Ha sido un simple engaño sensacionalista.

Consultar a la otra parte. Una norma elemental de cualquier periódico riguroso consiste en hablar con todas las partes implicadas en un acontecimiento informativo. Puede ocurrir que no se consiga, pero al menos debe intentarse. Un periodista no ha de permitir que se le quede un palo sin tocar.

El *Libro de estilo* de *El País* dice textualmente:

"En los casos conflictivos hay que escuchar o acudir siempre a las dos partes en litigio. Aquellos dudosos, de cierta trascendencia o especialmente delicados han de ser contrastados por al menos dos fuentes, independientes entre sí, a las que se aludirá siquiera sea vagamente. Siempre se hará constar, en su caso, que determinada persona supuestamente perjudicada por una información no ha sido localizada. (...). No se puede dar a alguien por 'ilocalizable' por el mero hecho de que un redactor no le haya encontrado".

El *Libro de estilo* de *Abc* no incluye ninguno de esos principios éticos de consultar a la parte perjudicada, y se limita a señalar:

> "Los aspectos particularmente delicados o conflictivos deberán contrastarse en más de una fuente antes de aceptar su verosimilitud".

El *Libro de estilo* de *El Mundo* recoge, en el apéndice relativo al estatuto de la Redacción:

> "Las noticias se publicarán una vez que la certeza de los hechos redactados se haya constatado con el máximo de fuentes posibles. Si alguna persona, física o jurídica, resultare aludida en la información, se procurará contactar con la misma, e incluir su opinión y reacción como elemento de la información".

Ese leve "se procurará" queda vulnerado sistemáticamente en las páginas del propio diario, al menos en el periodo comprendido entre su salida al mercado y la publicación de este libro.

Un ejemplo más lo aportan Juan Giner y Carlos Segovia, firmantes de una información de *El Mundo* titulada así:

> "El ex alcalde de Zaragoza fija su residencia en Canarias para cobrar 30 millones más en dietas". "El Parlamento Europeo paga 86 pesetas por cada kilómetro que separe el domicilio de Bruselas".

La información parece muy documentada y probablemente no se aleja nada de la realidad, pero induce a sospecha que no figure en ella la defensa del propio afectado, que los periodistas no dispusieran de su explicación, siquiera fuera peregrina, ante tamaña triquiñuela. Esta costumbre del periódico *El Mundo* —lejos de dar crédito a las informaciones por la vía de que nada las cuestione— resta solidez a sus noticias y deja al lector con una gran intriga sobre qué tendría que decir la persona acusada si le dieran la oportunidad de hacerlo. A veces, incluso, ese temor a contrastar la información con el acusado ha llevado a grandes deslices, como en el *caso Palomino* —un supuesto trato de favor al cuñado del entonces presidente Felipe González, cuando todos los industriales que invirtieron en el mismo polígono sevillano que él recibieron idénticas ayudas— o en la noticia, publicada a cuatro columnas, según la cual un hijo del entonces ministro socialista Claudio Aranzadi se había librado de ir a comisaría tras desatar una bronca en una discoteca, precisamente por alegar que era hijo del ministro (y el ministro no tenía ningún hijo, sólo una hija, y de muy corta edad).

En ocasiones esta práctica de consultar a la otra parte es contraria, aparentemente, a los intereses de la publicación, pero aun así merece la pena mantenerla. Eso sucedió en el caso del que fue ministro de Agricultura Vicente Albero (PSOE). El periodista de *El País* Javier Ayuso trabajó durante cinco días con distintos documentos donde se acreditaba que Albero había ocultado dinero al fisco en su declaración de la renta. El informador se puso en contacto con él para que ofreciera su versión. Y el ministro, con gran habilidad y reflejos, le pidió tiempo para aportarle determinados papeles que probarían su inocencia. El director del periódico decidió esperar un día a recibir la documentación, para conocer su interpretación de los hechos antes de publicar una noticia que seguramente podía causar el cese de ese miembro del Gobierno. Pero Albero convocó a la mañana siguiente una conferencia de prensa para anunciar su dimisión. Tuvo así la ventaja de dejar el cargo anticipándose a la denuncia de la prensa y pudo dar su versión a todos los medios sin que ninguno de ellos, salvo *El País*, conociera los hechos que se le iban a imputar, de modo que apenas pudieron plantearle preguntas difíciles. Sólo tenía esa opción *El País*, que ya se las había formulado el día anterior. Albero consiguió evidentemente el mal menor, y el periódico perdió así la exclusiva que iba a ofrecer a sus lectores, la noticia de que un ministro había defraudado a Hacienda. No obstante, fue el único diario que dio información detallada sobre las oscuras cuentas de Vicente Albero. Ningún periódico explicó que la dimisión se debía a las informaciones que tenía *El País* en su poder, pese a que el propio Albero así lo había explicado.

Curiosamente, *El País* recibió felicitaciones de algunos medios extranjeros —*Le Monde* entre ellos— porque, por vez primera, un periódico había logrado la dimisión de un ministro antes de publicar la información que le afectaba. Pero Javier Ayuso se tiraba de los pelos.

El periodista Luis del Olmo le reprochaba en cierta ocasión a Pedro J. Ramírez, director de *El Mundo*, que no hubiera llamado al gobernador del Banco de España, entonces Mariano Rubio, para que pudiera defenderse de una acusación que le lanzaba su periódico. Ramírez, ni corto ni perezoso, respondió: "Si es que ya sabíamos lo que iba a decir".

A veces, la consulta a la otra parte desarma la noticia que teníamos preparada. Ocurre con frecuencia que una fuente malintencionada nos pasa una información de la que se sustraen datos importantes, sin los cuales se colegiría una realidad muy diferente (una culpabilidad diferente, por lo general). Sólo acudiendo a la parte acusada podremos acceder a toda la realidad. El periodista debe obrar también aquí con honradez: si tras consultar al supuesto implicado no se ven sospechas suficientes, debe tirar la denuncia a la papelera o archivarla hasta la aparición de nuevos indicios.

Para demostrar las dificultades de la profesión periodística, y lo escurridizo de los terrenos en que han de moverse los informadores, valga el caso del empresario Álvaro Baigorri. Una paradoja de las que se dan una vez entre un millón: precisamente por contrastar la noticia y no dejar un solo cabo suelto, el periodista difundió una información falsa (pero esto no puede servir como elemento relajador: todo lo contrario).

Álvaro Baigorri, dueño de un rentabilísimo concesionario de automóviles en Madrid, desapareció el 15 de enero de 1996, lunes. Su familia presentó enseguida la denuncia. El 18, jueves, el experto de sucesos en la sección local de *El País,* Jan Martínez Ahrens, un magnífico periodista todoterreno, conoce en fuentes policiales que todos los efectivos de Madrid están en jaque para dar con un empresario desaparecido. Habla con la Unidad Central Antiterrorista, con la Jefatura Superior de Policía, con la Brigada de Información, con la Brigada de Policía Judicial y con la comisaría de Barajas. Obtiene nuevos datos y verifica que todas estas unidades policiales están alertadas. Todas confirman que se busca afanosamente a Baigorri. El redactor se traslada al concesionario Audi-Volkswagen de la calle de Víctor de la Serna (distrito de Chamartín) y habla con los empleados, quienes se muestran esquivos y no dan razón sobre su jefe. Con todo ello, va redactando la noticia a falta de una última comprobación: telefonear al domicilio del propio Baigorri. A media tarde se ha decidido ya en la sección que esa noticia abrirá el suplemento local. A las 21.00 —hora en que, salvo imprevistos, queda ultimada la edición— marca el número de la familia Baigorri. Quien atiende el teléfono niega la desaparición y habla de que el empresario está de viaje. Vi a Jan Martínez Ahrens colgar estupefacto el teléfono: "Que dicen que está de viaje". No lo podíamos entender: la familia presentó una denuncia formal, toda la policía de Madrid buscaba al industrial y ¡estaba de viaje!

Jan volvió a telefonear. Pidió hablar con la esposa de Baigorri. "Mi marido ya está de vuelta. Ahora se pone". Y el periodista escuchó a continuación una voz de hombre irritado, que no quiso dar explicaciones y se limitó a asegurar que ya había regresado de un viaje. Jan le recuerda que su familia ha presentado una denuncia por desaparición. "Puede ser", responde, "pero ya estoy de vuelta". Y antes de cortar abruptamente la comunicación, espeta enigmático: "Sigan investigando".

Con todo ello, la noticia sufrió un viraje rotundo. De una misteriosa desaparición irresuelta se pasaría a un simple susto que había terminado con alegría. Se tituló de este modo: "La misteriosa desaparición de un empresario pone en jaque durante tres días a la policía". Y así escribió su entradilla un redactor perplejo:

> "El empresario Álvaro Baigorri Arina, de 50 años, se convirtió durante tres días en el hombre más buscado de la capital. Después de que el martes la familia del dueño del concesionario Audi-Volkswagen de la calle de Víctor de la Serna (Chamartín) denunciase su desaparición, se desencadenó un impresionante despliegue en el que participaron la Unidad Central Antiterrorista y la Jefatura Superior de Policía de Madrid, por medio de la Brigada de Información, la Brigada de Policía Judicial y la comisaría de Barajas. Toda una investigación que supuestamente terminó a última hora de ayer, cuando Baigorri, para alegría de su familia, regresó a su hogar. ¿Dónde estuvo? 'Sigan investigando', fue la única respuesta del empresario a este periódico. A esa hora, algunas fuentes aún le consideraban en paradero desconocido". *(El País,* Jan Martínez Ahrens, 19 de enero de 1996).

En eso consistían los hechos comprobados, y los que se contaron: los agentes buscaron tres días a un industrial en paradero desconocido, pero éste regresó a su domicilio sin problema alguno. Sólo *El País* da la noticia de la desaparición y del despliegue policial. Martínez Ahrens se ha apuntado una nueva exclusiva.

Al día siguiente, Jan se despereza mientras suena en su radio el programa de Luis del Olmo, donde oye a una mujer que habla sobre la desaparición de su marido —que da por cierta— y critica la información publicada (que lo situaba de nuevo en su casa tras un viaje). Quien habla es precisamente ¡la esposa de Baigorri! "Nos ha extrañado mucho", miente, "que haya salido esta información en el periódico". ¡La información que ella había proporcionado!

El redactor de sucesos llegó a la sede de *El País* muy acelerado, igual que los demás compañeros de la sección. Todos habíamos dado por bueno que quien se puso al teléfono la noche anterior era el verdadero Baigorri. La experiencia de algunos nos hacía imaginar que si alguien verdaderamente ha desaparecido la familia suele tener interés en contarlo, en difundir su foto por si alguna persona se topa con él, por si alguien lo ha visto deambular, o tirado en una calle, o herido tras un accidente y sin documentación. No debía de haber desaparecido Baigorri, realmente, cuando la familia sostenía que ya se encontraba de vuelta.

Al día siguiente, el periódico explicaría todo lo ocurrido y sus gestiones para ofrecer una información veraz. Y también las disculpas de la familia Baigorri por haber mentido. Paradójicamente, si no se hubiera hecho la última llamada de comprobación la noticia habría resultado cierta (hasta ese momento, el periodista daba al empresario por desaparecido). Pero el afán de contar con todas las fuentes equivocó al redactor, que obró con total profesionalidad.

Por supuesto, se trata de un caso entre un millón. Rara vez se presentará de nuevo.

¿Dónde estuvo el error? En el periódico lo analizamos después. Efectivamente, el redactor podía haberse distanciado más de la información y haberse referido a que "una voz que dijo ser Baigorri" relató que ya había regresado de viaje, sin creerse realmente lo que tal comunicante aseguraba. Se trata de una fórmula que el periodista aplica cuando tiene dudas fundadas sobre su comunicante, o cuando es este quien llama a la Redacción y no al revés. (Por ejemplo, la vecina que telefonea al periódico y dice ser testigo presencial del robo masivo en el metro, del que hemos hablado más arriba). Pero si se aplicara ese método siempre, ello nos conduciría al absurdo: en toda conversación telefónica deberíamos hacer esa salvedad: siempre puede ocurrir, teóricamente, que un periodista llame a una empresa, a un ministerio, a un partido político... y que responda al teléfono un electricista que pasaba por allí, que se haga pasar por un alto cargo concreto, que se invente la información y que luego aparezca publicada en el diario con la correspondiente atribución de fuentes. Ni siquiera llamando al domicilio particular de un ministro estaremos seguros nunca de que responde él mismo, y no un hermano, por ejemplo.

Así pues, merece la pena equivocarse una vez entre un millón antes que dejar al resto de los comunicantes honrados como teóricos mentirosos.

En el caso que hemos relatado, la actuación del periodista cabe en el capítulo de comportamientos ejemplares, y eso le permitió dar al día siguiente las explicaciones oportunas a sus lectores con la cabeza bien alta.

(Por cierto: la familia Baigorri tenía una cierta propensión a mentir: finalmente, la desaparición del empresario resultó un autosecuestro, una farsa infantil que desenmarañaría informativamente el propio Jan Martínez Ahrens unos días después. El empresario había abandonado a su familia tras dejar pistas falsas de un secuestro por motivos económicos).

La equivalencia de testimonios. Puede ocurrir que el periodista contraste una información y se encuentre con dos versiones diametralmente opuestas. En ese momento se le planteará un problema ético: ¿Cómo redactar un titular? Efectivamente, en un supuesto así el titular cumple el papel de sentencia entre las dos partes enfrentadas. A menudo se sale por la calle de en medio con fórmulas como "polémica por tal o cual cosa", "enfrentamiento entre Fulano y Mengano"... Pero el lector exigente no quedará satisfecho.

Si una fuente asegura que hoy es martes y otra sostiene que es jueves, el periodista no se puede quedar tranquilo dando las dos versiones y titulando "confusión sobre si hoy es martes o jueves". Deberá aportar sus propios datos para orientar al lector sobre la información veraz. Y si no los consigue, más vale que no escriba nada. Porque sólo añadirá intriga. Ya hemos dicho que los periodistas deben buscar las respuestas, más que las preguntas.

Si honradamente dispone de indicios claros de que una de las dos versiones se acerca más a la verdad, podrá dedicarle el título. Aunque en el texto figure el mentís de la otra parte. Pero ha de tener en cuenta que en este caso se deja a ese segundo actor en una situación de agravio.

Por otro lado, no todas las opiniones alcanzan el mismo valor. Siempre merecerá más crédito sobre un suceso el relato de un testigo que el de quien ha oído a un testigo. Siempre tendrán mayor relevancia, si hablamos sobre un hallazgo científico, las consideraciones de un especialista en la materia que cualquier otra opinión. Dar igual trascendencia a las declaraciones de personas con muy diferente nivel de información o de cualificación refleja falta de rigor profesional.

El cuidado de la presunción. El caso del cura y la prostituta. Un periodista no escribe sentencias, sino noticias. Eso le otorga una doble y paradójica responsabilidad: como no escribe sentencias, no tiene la obligación de alcanzar un grado de precisión superlativo en sus informaciones, ni dispone de meses y meses para investigar un hecho de actualidad (eso no implica, por supuesto, que renuncie al mayor grado de rigor y de honradez); y como no escribe sentencias, igualmente, no puede condenar a los protagonistas de un hecho. Siempre debe dejar espacio para las dudas razonables, puesto que incluso los hechos más evidentes pueden darnos sorpresas tiempo después.

Si en todo acontecimiento informativo el periodista debe guardar un cierto distanciamiento técnico, su cuidado ha de superar la exquisitez en las noticias que puedan suponer una merma de los derechos o la imagen de ciudadanos con nombres y apellidos.

Los términos "presunto", "supuesto", "acusado de" ... han de emplearse sin temor. Pero no siempre su uso da el paraguas de la presuncion a toda la frase.

El 3 de febrero de 1995, un conocido sacerdote de Madrid era acusado de pagar con dinero falso a una prostituta de la Casa de

Campo. La denuncia de la mujer tenía el respaldo de fuentes policiales (unos agentes, en efecto, intervinieron enseguida al sacerdote varios billetes falsos iguales a los que ella mostraba). Pero la noticia entrañaba tal sorpresa y causaba tanta incredulidad que se hacía preciso obrar con mucha cautela. Sobre todo porque concernía en gran parte a una actividad privada del cura, precisamente la parte que daba mayor interés periodístico a la información.

El diario *El Mundo* tituló así, a dos columnas en su primera página del suplemento local:

> "Un cura, detenido por pagar a una prostituta con billetes fotocopiados".

(Es decir, da al sacerdote como "detenido" y no establece ninguna cautela ni distancia sobre la versión que facilita).

Los primeros párrafos del artículo indican:

> "Manuel Martín de Nicolás, párroco de la iglesia de la Visitación de Las Rozas, fue detenido el pasado mes de diciembre tras pagar a una prostituta con fotocopias de billetes de dos mil pesetas.
>
> La detención se produjo en la Casa de Campo. La mujer se sintió estafada tras darse cuenta de que Manuel le había pagado con fotocopias.
>
> Este cura adquirió notoriedad por montar un *karaoke* en la iglesia y un teléfono 906 con frases del Evangelio".

(Por tanto, el texto ofrece todos los datos del sacerdote, sin salvaguardar su intimidad, y da por ciertos indubitablemente los hechos: "fue detenido tras pagar a una prostituta...").

Por su parte, *Diario 16* tituló así, en la primera página del periódico y a dos columnas:

> "Denunciado un cura de Las Rozas que pagó a una prostituta con dinero falso".

(Se establece una primera cautela: "denunciado..."; pero luego se da también por cierto el hecho: "... que pagó a una prostituta...").

El texto dice:

> "Una prostituta que ejerce su profesión en la Casa de Campo ha presentado una denuncia por 'estafa frustrada' contra el párroco de Nuestra Señora de la Visitación de Las Rozas, Manuel Martín de Nicolás, de 48 años.
>
> Según los hechos relatados en la denuncia, el párroco solicitó la noche del 4 al 5 de diciembre los servicios de una prostituta, a la que, ya en el interior del coche, le pagó con un billete de 2.000 pesetas que resultó ser falso. El párroco fue detenido".

(También aquí se facilitan todos los datos del cura, pero la versión queda englobada por la cautela "según los hechos relatados en la denuncia").

El diario *El País* optó por este titular, a tres columnas en la parte inferior de una de las páginas interiores (es el único que no le da la relevancia de la portada local):

> "Un cura, denunciado por pagar con dinero falso a una prostituta en la Casa de Campo".

(Tampoco acaba de acertar este periódico con las cautelas. Dice "denunciado", pero añade que lo ha sido "por pagar con dinero falso...", de modo que este segundo hecho se presenta asimismo como indubitable).

El texto de *El País* señala:

> "El cura M. M. N., de 48 años, fue interrogado por la policía el pasado 5 de diciembre tras la denuncia presentada por una prostituta que trabaja en la Casa de Campo que le acusaba de haberle pagado con dinero falso, según confirmaron ayer fuentes policiales.
>
> La noticia fue difundida en su día por la Policía Municipal (véase *El País* del 4 de diciembre de 1994), pero sin detalles sobre la personalidad del acusado.
>
> (...) La prostituta Mónica C. C., de 29 años, indicó en la denuncia que su cliente, quien la abordó por la noche en el paseo de los Plátanos de la Casa de Campo, le pagó con dos billetes de 2.000 pesetas que

resultaron ser burdas fotocopias. La mujer se percató enseguida y avisó a una patrulla de la Policía Municipal que recorría el lugar.

(...) Este diario intentó ayer conversar telefónicamente con el sacerdote para que aclarase el posible malentendido, pero comunicaba continuamente. Un periodista se desplazó a su domicilio, pero no fue atendido".

(Este texto no habla ya de "detenido" sino de "interrogado", los periodistas intentan, sin éxito, obtener la versión del sacerdote; incluso dejan la salida de que se hubiera producido un "malentendido". Y prefieren no facilitar su nombre ni el de la parroquia a la que pertenece).

Ninguno de los tres títulos estableció la cautela suficiente que impidiera dar por indubitables los hechos. Este titular sí lo habría conseguido:

"Un cura, acusado de pagar con dinero falso a una prostituta en la Casa de Campo".

De ese modo, toda la acción queda englobada en la expresión "acusado de", lo cual sí podemos emplear como hecho indubitable puesto que se tenía la certeza sobre la existencia de una denuncia formal, avalada por la policía.

No obstante, todos estos matices quedan inútiles ante una cuarta versión que podía ofrecer el mismo suceso. La del diario *Abc,* que tituló así:

"El párroco de La Visitación, víctima de un montaje".

Y el texto rezaba:

"El párroco de Nuestra Señora de La Visitación, Manuel Martín, ha sido objeto de un intento de extorsión por parte de una prostituta, la cual, según la agencia Stonepress, denunció al sacerdote acusándole de un presunto intento de 'pagarle con billetes falsos'.

Según la versión de la Policía dada ayer por dicha agencia, después de prestar declaración en la comisaría de La Latina, el pasado 5 de diciembre, fue puesto en libertad.

El párroco de La Visitación es un hombre apreciado en Las Rozas y conocido por llevar a cabo iniciativas tan curiosas como la instalación de un teléfono 906 para que los feligreses puedan escuchar los mensajes del Papa".

Estamos en este caso ante un supuesto que comentábamos al principio de este libro: una interpretación se cuela como información. El periódico imagina que el sacerdote ha sufrido un engaño, pero lo ofrece como noticia comprobada. Lo que sólo es verosímil se presenta como verdad.

LA ÉTICA DEL ENFOQUE

Un mismo hecho, como se acaba de ver, puede aparecer escrito con las más diversas interpretaciones. Afortunadamente, la pluralidad en la prensa lo garantiza. La objetividad pura no existe (sólo la honradez pura), y no se podría pretender que ante un mismo hecho todos los diarios ofrecieran una versión idéntica. Ni siquiera el suceso local menos comprometido ideológicamente puede despertar la unanimidad en el relato.

Ahora bien, el redactor sabrá muy bien en qué momentos su elección de titular responde a una percepción personal, a una evaluación de la realidad y de lo importante que se dé en ella... o a una manipulación.

Veamos esta diferencia de titulares y textos ante una misma noticia, publicada el 6 de diciembre de 1996:

Título de *El País,* a una columna.

"Standard & Poor's rebaja las calificaciones del Central Hispano".

Primer párrafo:

"La agencia internacional de calificación Standard & Poor's anunció ayer la revisión a la baja de los *ratings* a largo y corto plazo del Banco Central Hispano, aunque su perspectiva pasa de 'negativa a estable'.

En el caso de la calificación a largo plazo, el descenso se produce desde el escalón A al A- (del sexto al séptimo); en tanto que en la de corto plazo la rebaja es del A1 al A2 (del segundo al tercero)".

Título de *La Vanguardia,* a dos columnas pero en un bloque a tres (diseñado con *pata americana):*

"Standard & Poors rebaja la calificación de riesgo del BCH".

Primer párrafo:

"La agencia de calificación de solvencia Standard & Poors ha bajado los *ratings* del BCH desde A-A1 a A-A-2, mientras que la perspectiva de largo plazo ha sido mejorada, de modo que ha pasado de negativa a estable, por entender que el banco tiene un potencial considerable gracias a su amplia base de clientes y a su red de oficinas".

Titular de *Diario 16,* a cinco columnas:

"El Central Hispano, el peor".

Subtítulo:

"La agencia de riesgo Standard and Poor's baja la calificación a corto plazo del banco y la sitúa en A-2, la más negativa del conjunto de la gran banca".

Primeras líneas:

"La agencia de calificación de riesgo Standard and Poor's comunicó ayer su decisión de bajar el *rating* del Banco Central Hispano desde la A / A-1, que tenía hasta ahora, a la A / A-2. Esta decisión supone que el banco presidido por José María Amusátegui ocupa los peores puestos en calificación de riesgo a corto y largo del conjunto de la gran banca española".

El diario *Abc,* a tres columnas a la altura de la mitad de la página:

"Standard & Poors mejora la calificación de perspectiva del BCH, que pasa de negativa a estable".

Primer párrafo:

"La agencia de calificación Standard and Poors, una de las más importantes del mundo, ha decidido mejorar la calificación de perspectiva del BCH, que pasa de negativa a estable. Standard & Poors considera la capacidad del BCH para mejorar su posición comercial y financiera como un factor determinante, teniendo en cuenta el incremento de competitividad en el mercado español. En este sentido, S&P basa la mejora de perspectiva en que 'el BCH tiene un potencial considerable de crecimiento debido al importante tamaño de su base de clientes y red de sucursales, y que el banco será capaz de mantener su cuota de mercado y continuar mejorando su evolución en el futuro'".

Titular de *El Periódico de Catalunya*, en una columna de noticias breves y sin ninguna relevancia tipográfica:

"Standard & Poor's ajusta la calificación del BCH y mejora su perspectiva".

Primer y único párrafo:

"La agencia de estimación de riesgos Standard and Poor's anunció ayer un descenso en la calificación del Banco Central Hispano, pero mejoró al mismo tiempo su perspectiva, calificándola de estable. Standard and Poor's confía 'en la capacidad del BCH para mejorar su posición comercial y financiera, ya que tiene un potencial considerable de crecimiento'".

El lector de este libro se preguntará cómo es posible que se produzcan tantas diferencias de enfoque ante un mismo informe económico. En primer lugar, diremos que desde el punto de vista periodístico nos parecen más acertados los que resaltan las dificultades del banco. Un diario debe tener como objetivo el servicio a sus lectores, y si una gran agencia internacional ve problemas en una entidad bancaria, el público ha de quedar alertado al respecto. Pero ¿qué ocurre?: que los periódicos independientes consiguen esa situación fundamentalmente por su autonomía económica y financiera. Un diario con el suficiente nivel de ganancias no tiene por qué supeditar sus opiniones a nada ni a nadie.

En el presente caso, vemos que tanto *El País* como *Diario 16* como *La Vanguardia* publican la información con distintos estilos —los suyos propios— pero destacando la parte de peligro que presenta el banco según el citado informe internacional. Sin embargo, *Abc* y *El Periódico de Catalunya* resaltan en el titular el único dato positivo entre una catarata de indicadores negativos para el banco. Hecho que coincide —y estamos haciendo una yuxtaposición— con la circunstancia de que el BCH era el primer acreedor de *Abc* —por tanto, el periódico debe mucho dinero al banco, y tal vez por eso intenta hacerle ver lo útil de esa situación: le trata bien informativamente— y de que el Central Hispano hubiera financiado al grupo Zeta —propietario de *El Periódico de Catalunya*— en sus últimas aventuras (incluida su participación en Antena 3).

¿Qué puede hacer un periodista que se vea en esta situación? En primer lugar, escribir la noticia conforme a su propia conciencia. Si alguien ha de cambiar el enfoque, que sea otro (en las redacciones se usa la frase "que sea otro quien se ponga colorado"). En cualquier caso, en un periódico con garantías profesionales siempre se le permitirá retirar la firma en caso de que se modifique sustancialmente el contenido de su información.

Veamos algunos casos más de enfoques divergentes de una misma noticia:

En el diario *El Mundo,* a tres columnas, el 16 de abril de 1996:

> "CC OO se niega a aprobar la gestión de Terceiro al frente de Caja de Madrid".

En el diario *El País:*

> "La gestión de Caja de Madrid, respaldada por el 80% de la asamblea general".

Un dato que el lector debiera conocer al respecto consiste en que Caja de Madrid figura asociada con la editora de *El País* en la empresa Canal + España, lo que puede influir tanto en este periódico como en el titular del diario que le hace la competencia.

Titular del diario *Abc* el 19 de julio de 1996:

> "El déficit de caja del Estado se redujo un 13,1% en el primer semestre".

Titular de *El País,* el mismo día:

> "El déficit de caja del Estado subió un 30% en junio".

Los dos periódicos ofrecen todos los datos al respecto, pero uno destaca el índice más actual (el del mes anterior), que resulta muy negativo; mientras que el otro lo engloba en una realidad mayor (el semestre) y lo dulcifica.

Titular de *El País* el 19 de abril de 1996:

> "Eduardo Santos acusa al juez Estevill de extorsión en el 'caso Macosa'".

Titular de *El Mundo,* el mismo día:

> "Eduardo Santos admite que sobornó a Estevill con 50 millones para que no le encarcelara".

El primer ejemplo pasa por encima de que Eduardo Santos, ex subsecretario de Industria y ex presidente de la empresa Macosa, pagara al juez corrupto 50 millones de pesetas. Tanto incurre en cohecho quien paga como quien cobra, y el titular de *El Mundo* da con el enfoque acertado.

Más casos, esta vez relacionados con la propiedad de cada medio de comunicación. Algunos titulares del 8 de mayo de 1996. El primero, de *La Gaceta de los Negocios:*

"Antena 3 TV prevé aumentar el 50% su beneficio de este año".

El segundo, de *El Periódico de Catalunya:*

"A-3 TV vivió su mejor año en 1995".

Y el tercero, de *La Vanguardia:*

"Antena 3 admite que adeuda 66.000 millones a bancos y otros acreedores.

La cadena obtuvo 3.532 millones de beneficios en 1995, que se destinarán a cubrir pérdidas".

Tal vez constituya una clave para entender estas divergencias el hecho de que tanto *La Gaceta de los Negocios* como *El Periódico de Catalunya* pertenecen al Grupo Zeta, propietario también entonces de Antena 3 TV (Antonio Asensio). *La Vanguardia* compite directamente con *El Periódico de Catalunya.*

Palabras no neutrales. Un texto informativo que pretenda acercarse a la objetividad no puede incluir palabras que implican juicios morales. El periodista debe dejar siempre muy claro qué corresponde a su propia cosecha y qué conceptos aportan otros sujetos informativos.

Algunas palabras tienen la incontenible tendencia de ponerse a favor de lo que se cuenta. Otras, exactamente lo contrario. Veamos estos titulares:

"Habrá que robar con más cuidado" (cita textual, entrecomillada en el original). "Tres jóvenes delincuentes de 17 años cuentan sus hazañas y opinan sobre la rebaja de la edad penal". *(El País,* 8 de septiembre de 1996. Suplemento Domingo).

El reportaje va a contar diversos actos delictivos en boca de sus autores. Por eso quien escribió los titulares debió tener más cuidado con el empleo de la palabra "hazañas", porque se trata de uno de esos vocablos que se ponen a favor de lo que se cuenta, y a favor del protagonista. Seguramente habría bastado con escribir la palabra en cursiva; o entrecomillada, para atribuírsela así a los propios delincuentes; pero aún habría resultado más eficaz simplemente usar otra expresión (andanzas, fechorías, delitos, hechos, actividades...).

> "El Gobierno justifica la pensión que percibe Dorado Villalobos". "El ex guardia civil, en prisión por el 'caso Lasa y Zabala', recibe la máxima asignación por 'inutilidad psicofísica'". *(El Mundo,* 15 de septiembre de 1996. Titulares de la sección España).

En el caso precedente, la palabra "justifica" se pone a favor del Gobierno. "Justificar" significa "probar una cosa con razones convincentes, testigos o documentos". Por tanto, el titular admite que el Gobierno tenía razones convincentes para dar una pensión a un guardia civil cuya actuación profesional se había convertido cuando menos en sospechosa. Y no parece que el periódico quisiera decir eso, a tenor de su línea informativa y editorial sobre ese caso. Pero el redactor del titular no tuvo en cuenta ese valor meliorativo de la palabra.

> "Martín Prieto define a Cebrián como 'un pitiminí experto en vender burras', aunque reconoce que cuando ejercía era un buen periodista". *(El Mundo,* 21 de julio de 1996. Presentación de un artículo de Martín Prieto sobre Juan Luis Cebrián).

En este caso sucede lo contrario que en los anteriores. Se usa una palabra de efecto peyorativo: "reconoce". Y, al igual que en los ejemplos precedentes, sin ninguna habilidad; tal vocablo aparece en el contexto de forma inadecuada. "Reconocer" implica en este caso admitir algo a nuestro pesar, lo que sólo puede ir ligado a un hecho negativo. No podemos decir "reconozco que lo hice muy bien". Y si escribimos de alguien "le reconozco mucho valor" estamos dando a entender que se trata de algún rival, o de que el hecho reconocido en el fondo no nos agrada. Con ello, el autor deja desnudo su pensamiento ante el lector, puesto que "reconoce" que Cebrián era un buen periodista. Es decir, toma como negativo para él un hecho positivo en realidad. El redactor de esa presentación pudo haber empleado voces neutrales, como "señala", "declara", "apunta"...

Estamos hablando de que las connotaciones de las palabras no pueden pasarnos inadvertidas, puesto que a menudo conciernen a los fundamentos éticos de nuestro lenguaje y de nuestro estilo.

La omisión intencionada de datos. En el apartado relativo a Edición, hemos visto cómo el periodista debe cuidar de que en su texto figuren todos los datos necesarios, de modo que el lector no pueda plantearse ninguna pregunta que carezca de respuesta en la propia información. Ahora bien, también puede ocurrir que el informador decida suprimir de su noticia determinados detalles importantes, debido a cuestiones éticas. En estos casos, debe quedar muy evidente que se trata de una omisión intencionada, no de un despiste.

¿Cuándo debemos o podemos suprimir esos detalles? Por lo general, cuando de su inclusión en el texto resulte un castigo desproporcionado para alguien, a tenor de los datos de que disponemos. En un apartado anterior, hemos visto cómo un periódico suprimía el nombre de un cura acusado de pagar a una prostituta con dinero falso. Ciertamente, la omisión de ese dato no empequeñecía la noticia y alejaba la posibilidad de daño irreversible en caso de error. Veamos algún otro ejemplo:

"Expediente a una gran superficie por vender alcohol a menores".

"El Ayuntamiento de Elche ha abierto un expediente sancionador a una gran superficie del término municipal después de que la Policía Local detectara [*sic*] venta de alcohol a menores en ese establecimiento. Según la versión de la policía, en las cajas del centro no se comprueba la edad de los clientes jóvenes que compran alcohol, tal y como exige la ley [*sic*]. El descubrimiento se ha llevado a cabo después de incrementar las medidas de control contra la venta de alcohol a menores tras los excesos detectados hace un par de años.

La vigilancia se ha reactivado después de que una patrulla policial detectase [*sic*], el pasado fin de semana, a un menor con una intoxicación etílica aguda. El niño, de 12 años, estaba tumbado sobre la acera de una calle en estado de inconsciencia. La policía intentó trasladarlo hasta el Hospital General de Elche, pero el padre del menor lo impidió diciendo: 'Dejen de molestar; sólo tiene que dormir la mona'". *(El País,* 5 de junio de 1996. F. M. A.).

(En la noticia se emplea mal el verbo "detectar", que significa "observar algo por métodos químicos y físicos"; y la oración "tal y como exige la ley" debió escribirse de otro modo: "en contra de lo que exige la ley").

El corresponsal no ha acudido a la parte acusada para conocer su versión, con lo que ha incumplido su *Libro de estilo,* al menos en apariencia (tal vez el Ayuntamiento no facilitó el nombre del hipermercado, y por eso no pudo ponerse en contacto con él). Hace bien, entonces, en suprimir el nombre del establecimiento. Pero el hecho de que el Ayuntamiento le abra un expediente y de que la Policía Local haya hecho determinadas comprobaciones ya facultaban al periodista para escribir la noticia con todos los datos disponibles (y con todas las presunciones, pues se trata de un expediente, no de una sanción). No debemos considerar con el mismo valor una denuncia particular —un cliente insatisfecho, por ejemplo— que una acusación oficial. Eso sí, tras hablar con la empresa perjudicada para que pueda defenderse.

En otros muchos casos conviene omitir los nombres de quienes tienen un papel destacado en la noticia. Uno de los primeros párrafos del manual de *El País* expresa textualmente, por ejemplo, que "en los casos de violación, el nombre de la víctima se omitirá, y sólo podrán usarse las iniciales o datos genéricos (edad, profesión, nacionalidad) siempre que no la identifiquen". A veces vemos en otros periódicos cómo alguien que ha debido soportar la humillación de ese delito y ha tenido el valor de denunciarlo debe encontrarse a cambio con su nombre reflejado en la prensa, lo que no hace sino agravar su triste experiencia personal.

El uso de iniciales exclusivamente está previsto también para los casos de detenidos por la policía o los acusados formalmente de un delito que sean menores de edad. Se trata de que hechos que han podido cometer cuando aún no eran responsables penalmente no les puedan perseguir el resto de sus vidas porque quedara constancia de ellos en algún medio escrito.

En la práctica se restringe también el empleo del nombre completo en otros muchos casos. Casi siempre, cuando una persona es acusada por alguien —generalmente por un particular— y no tiene relevancia pública ni medios para defenderse en la prensa. En 1995 se celebró en Madrid un juicio contra una empleada de hogar dominicana acusada de haber asesinado a su hijo recién nacido. La mayoría de los periódicos tuvo la precaución de no citar nunca su nombre completo. En primer lugar, porque, al tratarse de una persona sin relevancia pública, eso no añadía nada a la información. Y en segundo lugar porque, caso de resultar absuelta, con la difusión de las sospechas se le habría hecho un daño injusto e irreparable. Finalmente así ocurrió: los jueces consideraron que la muerte de su hijo recién nacido se produjo por causas naturales, bien es verdad que con la imprudencia de la mujer, que no había acudido a reconocimiento médico alguno. *El País,* además, publicó durante el juicio una fotografía de la vista pública en la que no se veía el rostro de la acusada. Todas esas precauciones no impidieron que la abogada de esta trabajadora enviase a la Defensora del Lector del periódico, en aquel tiempo Soledad Gallego-Díaz, una indignada carta por el tratamiento dado y por la insistencia del redactor gráfico en obtener una instantánea con su imagen (que luego no se publicó).

La Defensora del Lector aprovechó aquella circunstancia para explicar sus criterios sobre estos conflictos, y venía a decir que los poderosos, los que tienen presencia habitual en los medios de comunicación, los que disfrutan del poder y sus resortes, no han de acogerse a los mismos derechos que el resto de los ciudadanos. Y comparaba el caso de esta mujer dominicana con el del financiero Javier de la Rosa, cuyos guardaespaldas intentaron impedir que un redactor gráfico de *El País* obtuviera una imagen suya cuando salía de un edificio oficial de la Generalitat de Cataluña tras celebrar allí una reunión cuya difusión no le interesaba. Al final, volvemos a la distinción entre la esfera de lo público —lo que afecta a los ciudadanos y a los contribuyentes— y la esfera de lo privado.

Otra autolimitación generalizada consiste en no publicar las falsas amenazas de bomba, "salvo que acarreen graves consecuencias de interés general. Estas informaciones", dice el *Libro de estilo* de *El*

País, "no hacen sino favorecer al delincuente y extender ese tipo de conductas".

Se dan ciertas similitudes entre esta cortapisa y la siguiente: los suicidios. El denominador común de ambas consiste en que la mera publicación de los hechos contribuye a su reproducción. "El periodista", dice el *Libro de estilo* de *El País,* "deberá ser especialmente prudente con las informaciones relativas a suicidios. En primer lugar, porque no siempre la apariencia coincide con la realidad, y también porque la psicología ha comprobado que estas noticias abocan a quitarse la vida a personas que ya eran propensas al suicidio y que sienten en ese momento un estímulo de imitación. Los suicidios deberán publicarse solamente cuando se trate de personas de relevancia o supongan un hecho social de interés general". (Los libros de estilo de *El Mundo* y *Abc* no contienen ninguna indicación al respecto).

En cierta ocasión se planteó en *El País* precisamente una duda sobre esto. Un hombre se colgó de una cuerda en lo alto de un edificio de Alcorcón, localidad de 180.000 habitantes situada al sur de Madrid, en su cinturón industrial. El cadáver permaneció a la vista del público durante cerca de una hora, que fue el tiempo empleado por los bomberos para rescatarlo. Además, eso ocurría a escasos metros de un colegio. ¿Era aquello un acto individual de quitarse la vida, o por el contrario se trataba de un hecho que afectaba a la tranquilidad social de un municipio? Finalmente, *El País* publicó una magnífica fotografía periodística —los bomberos rescataban el cuerpo— en una página par y en la parte inferior. Es decir, se dio la noticia con el menor relieve posible. Y la información no citaba la palabra "suicidio", simplemente se daba a entender lo que había ocurrido.

El insulto

Algunos periodistas incluyen el insulto en su propio estilo. A veces, de una manera directa mediante descalificaciones morales. En otras ocasiones, con palabras simplemente despectivas. El periodista radiofónico José María García ejerció como pionero en estas lides (incluso fue condenado a prisión por ello, pero le indultó el Gobierno de Felipe González). Y continúa utilizando expresiones como "calzonazos", "mindundi", "abrazafarolas", "chupóptero"... Su ejemplo lo han seguido otros periodistas, incluso en la prensa escrita:

"Cebrián no es consejero-delegado de Prisa, es la puta gastona y consentida de Polanco (...). Es muy listo pero bastante inculto". *(El Mundo,* 21 de julio de 1996. Martín Prieto).

"El sinvergüenza de Javier Pradera (...) vuelve a implicar a nuestro periódico en la teoría de la conspiración". *(El Mundo,* 16 de noviembre de 1995. Comienzo de un editorial).

"Lo que le pasa a Javier Tusell es que le falta pesquis, tiene el talento romo o nonato y se halla inmerso en una charca perenne de estupidez. Lo que le pasa a Haro Tecglen es que tiene mala sangre, no digo mala leche, porque la mala leche en dosis razonables es saludable, benéfica y divertida, sino mala sangre, sangre engangrenada y emponzoñada por un alacrán interior jamás aplastado". *(Abc,* 5 de marzo de 1997. Jaime Campmany).

"Después vino el festival *Fin de curso* que preparan, año tras año, los profesionales de TVE bajo el epígrafe *Telepasión*... A este respecto, pudimos comprobar que continúan cantando con el culo". *(El País,* 26 de diciembre de 1994. Fernando Martín).

La ética de cada cual le dictará si debe emplear estas armas en el debate político o periodístico. No obstante, el insulto suele desacreditar más a quien lo profiere que a quien lo recibe. Pero las posibilidades no se agotan ahí.

La descalificación del adversario se consigue también mediante otros métodos lingüísticos. El empleo del diminutivo desempeña esa función a menudo.

"Si para ser ministro hay que creer, pues se cree, y si hay que comulgar con ruedas de molino, pues se comulga, y tampoco es cosa de pedirle a don Eduardito que dé su palabra de honor". *(Abc,* 26 de agosto de 1996. Jaime Campmany, en un artículo sobre el ministro Eduardo Serra).

"Rosa Posada, la pobrecilla, padece complejo de inferioridad ante los socialistas". *(Abc,* 21 de septiembre de 1995. Las caras de la noticia).

"Hay ahora una campaña del pequeño Anson contra los programas que él llamó telebasura". *(El País,* 10 de marzo de 1997. Eduardo Haro Tecglen).

La ridiculización de personajes públicos —un ministro y una consejera en los dos primeros ejemplos anteriores— o de rivales ideológicos o periodísticos —como en el último caso— por el procedimiento de tratarles como si fueran niños o personas insignificantes aparece en los periódicos con cierta frecuencia. Se trata de un recurso poco original, pero al menos no cae en la descalificación que implica el insulto.

En la campaña electoral de 1996 —en realidad, desde mucho tiempo antes— el Partido Popular y los periodistas que apoyaban sus postulados hablaban siempre del presidente del Gobierno como "el señor González". En efecto, el mensaje subliminal que se va introduciendo en los lectores no surte el mismo efecto si se habla continuamente de "el señor González" o "el inquilino de la Moncloa" que si nos referimos con educación al "presidente del Gobierno". Una técnica similar emplearon algunos militares ultraderechistas que se oponían al teniente general Manuel Gutiérrez Mellado, vicepresidente del Gobierno en la época de UCD, cuando emprendió la reforma democrática del ejército. Le denominaban "el general Gutiérrez".

NUNCA HAY QUE DECIR MÁS DE LO QUE SE SABE

La mayoría de los mentís que han soportado los periodistas han partido de un error de base: fueron más allá de lo que realmente sabían. Con motivo de la Guerra del Golfo (enero de 1991), *El País* publicó una información donde señalaba que un buque español participaría en las operaciones bélicas. Pero el redactor que escribió la noticia sabía un poco menos: que un buque español estaba preparado para zarpar hacia la zona del conflicto y participar en las acciones bélicas. Y entre un hecho y otro median notables diferencias. El Gobierno admitió que tenía un buque preparado, por si fuera necesario, pero desmintió que hubiera autorizado su partida. Y nunca salió hacia el golfo Pérsico.

El 31 de agosto de 1995, todos los periódicos españoles daban la siguiente noticia: "Tres militares españoles, asesinados en Bosnia". El diario *Abc,* por ejemplo, titulaba así en su primera página:

> "España, en guerra en los Balcanes: un general, el jefe de la misión de los observadores de la UE y un comandante, muertos en Pale".

Con este texto:

> "La guerra de los Balcanes salpicó ayer a España con la muerte, en circunstancias no aclaradas, del general José Luis García Esponeda; del embajador y jefe de la misión de observadores de la UE, Fernando Sánchez Rau, y del comandante Luis Zenón Quintana. Además de los tres observadores españoles, también fallecieron uno irlandés y, al parecer, un intérprete y el chófer del vehículo en el que circulaban cerca de Pale, capital de los serbobosnios. Se desconoce si el vehículo fue alcanzado durante los bombardeos de la OTAN o si sus ocupantes fueron asesinados a sangre fría por los serbios, en represalia por los ataques. La muerte de los tres españoles fue confirmada a última hora de la tarde por la Unión Europea, mientras el Gobierno español mantenía reserva oficial sobre la noticia". *(Abc,* 31 de agosto de 1995. Primera página).

Esas reservas del Gobierno español y el hecho de que no se supiera dónde se encontraban los cadáveres —dato fundamental cuando se habla de fallecidos— hicieron desconfiar al director adjunto de *El País,* José María Izquierdo, que aquel día de agosto se encontraba al frente del periódico. Y por eso tituló así:

"Tres observadores españoles, dados por muertos en Bosnia". *(El País,* 31 de agosto de 1995. Primera página).

Al día siguiente, los tres "fallecidos" aparecieron con vida. Todos los periódicos dieron una información falsa, salvo el que contó sólo lo que realmente sabía: que se les había dado por muertos, no que lo estuvieran.

No siempre se mantienen las mismas cautelas. A veces, un mismo nivel de comprobación da lugar a dos resultados distintos. En estos casos, interviene sobre todo el olfato del periodista, su intuición personal. De cualquier forma, siempre que se quede en los datos seguros —sin aventurarse un paso más, ni siquiera con fórmulas como "al parecer" o "podría"— difícilmente se equivocará. Y no debe preocuparse si considera que ese comedimiento quita interés a su noticia. Su habilidad al escribir le puede proporcionar un grado de sugerencia suficiente como para que el lector entienda el problema.

DISTANCIA RESPECTO A LA FUENTE

En la vida política, económica, artística... en cualquier ámbito relacionado con los periodistas, algunos personajes tienen la habilidad de facilitar buena información. Se convierten así en fuentes privilegiadas, que hacen favores a los periódicos... y esperan recibirlos a cambio. El mejor periodista no sólo sabe captar información, preguntar en los lugares adecuados y trabar buenas relaciones con quienes disponen de datos interesantes. También ha de distanciarse de sus propios informadores personales, mantener educadamente la independencia respecto de las fuentes.

Un buen observador notará cómo algún periódico tiende a proteger a aquellos personajes que le suministran información, cómo en determinados escándalos alguien siempre queda por encima del bien y del mal, o cuyas acciones se disculpan y se enmarcan adecuadamente.

La ecuanimidad del periodista riñe con esa discriminación. Por ejemplo, si se aplica la presunción de inocencia a un personaje sometido a investigación judicial, ese criterio se debe mantener con otros en semejante situación. Y si se condena expresamente a presuntos culpables, a tenor de los datos que se van conociendo del sumario, igual actitud se debiera mostrar ante otros casos donde se presentan similares sospechas de responsabilidad.

A veces, por ejemplo, se aprecia un brutal contraste entre las condenas sin paliativos a quien "organizó los GAL" y los paños calientes y continuos condicionales respecto a un banquero acusado de estafa ("si se demuestra que metió mano en la caja, nosotros seremos los primeros en condenarlo").

"Que Felipe González esté sobreviviendo a la suma de todos ellos y vuelva a constituir una alternativa de gobierno, apalancado en la dirección del PSOE junto a personas que han robado y han ordenado asesinar, no puede atribuirse solamente a la falta de tradición democrática de la sociedad española". *(El Mundo,* 19 de enero de 1997. Pedro J. Ramírez, director).

"No es descabellado pensar que la crisis de Banesto ha podido ser instrumentalizada por el poder —y quién sabe si también por la oposición— para deshacerse de un personaje incómodo (Mario Conde) sobre el que pesa la sombra de ambiciones políticas que él siempre ha negado. La intervención de Banesto coincide significativamente con la debacle financiera de PSV, la cooperativa de UGT, que ha puesto contra las cuerdas a Nicolás Redondo, otro personaje que se ha distinguido por su crítica implacable a la política económica de Felipe González". *(El Mundo,* 29 de diciembre de 1993. Editorial).

"Personalmente nada deseo tanto como que las sospechas de corrupción que se levantan contra Mario Conde en los grandes despachos o en las páginas del *Wall Street Journal* terminen teniendo el mismo escaso fundamento que las acusaciones de haber desbordado espectacularmente los límites de autocartera del banco que hace un mes eran moneda de curso corriente y hoy parecen haberse diluido por completo". *(El Mundo,* 6 de febrero de 1994. Pedro J. Ramírez, director).

Manipulación fotográfica del diario *Abc*. La publicidad de Banesto ha desaparecido del casco y la camiseta de Miguel Induráin. (*Abc*, 5 de septiembre de 1996. Suplemento de televisión)

Manipulación fotográfica
del diario *El País.* A la izquierda, la escena en la que fue retratado el Rey. A la derecha, el montaje de ordenador en el que se le añaden como compañía cuatro personas con las que no estuvo jamás.
(El País, 4 de julio de 1993)

ABC

MADRID, JUEVES 7 DE JULIO DE 1988

LOS NAVARROS QUIEREN TENER LA FIESTA EN PAZ

Con el lanzamiento del tradicional «chupinazo» desde el balcón del Ayuntamiento y el grito unánime de «¡Viva San Fermín!» coreado por las miles de personas que llenaban la plaza, a mediodía de ayer comenzaron en Pamplona las fiestas en honor de su Santo Patrón, una de las más singulares de cuantas se celebran en España. La capital navarra, donde a primeras horas de esta mañana se celebrará el primer encierro, fue durante toda la jornada una explosión de alegría popular. Como en años anteriores, grupos minoritarios intentan manipular el significado de las fiestas e instrumentarlas para sus fines. Esta actitud se ha encontrado con el abucheo del pueblo navarro, que quiere que las fiestas de su Patrón transcurran en paz. (Información en páginas interiores)

Engaño montado por el diario *Abc* con motivo del chupinazo de las fiestas de San Fermín. En la foto de la izquierda que transmitió la agencia Efe aparecen 10 "ikurriñas". En la que publicó el periódico en su portada –con la misma foto– se suprimen cuatro de ellas mediante un corte por la parte superior. Otras dos, con la mancha que da fondo al texto. Y las tres restantes, con retoques directos en la imagen, de modo que parezcan banderas navarras.
(*Abc*, 7 de julio de 1988)

ABC

MADRID, JUEVES 2 DE NOVIEMBRE DE 1995

CON ESTE EJEMPLAR RECIBIRÁ LA REVISTA «ABC DEL OCIO»

OCIO

PAUL McCARTNEY

LA SEQUÍA AVANZA HACIA EL NORTE POR LA IMPREVISIÓN DEL GOBIERNO SOCIALISTA

La imprevisión del Gobierno socialista, que en trece años ha sido incapaz de llevar a cabo un Plan Hidrológico que permitiera el trasvase de agua desde donde sobra hasta donde falta, ha provocado que la sequía se extienda ahora hacia las provincias de la mitad norte. En Ávila, Salamanca, Pamplona y Huesca ya ha sonado la señal de alarma ante sus escasas reservas. Mientras en el sur, tras agotarse el agua embalsada, empiezan a esquilmarse también los recursos subterráneos, en algunas zonas del norte, de continuar la actual situación, podrían producirse por primera vez restricciones. (Editorial e información en páginas interiores)

A la izquierda, una foto falsa usada por *Abc*. En la imagen que muestra el embalse lleno, se añadió el agua mediante ordenador. Se puede apreciar que la superficie toma la misma inclinación del terreno, frente a las leyes físicas. (*Abc*, 2 de noviembre de 1995)

ABC

MADRID, VIERNES 19 DE ENERO DE 1996

LA «A» QUE OBSESIONA A FELIPE GONZÁLEZ, SOBRE EL CIELO DE MADRID

Los focos instalados en las torres de la Puerta de Europa proyectan sobre la noche de Madrid una «A» gigantesca. Sin duda, ello forma parte de la conspiración que viene denunciando González con insistencia. El mismo cielo se ha conjurado para dibujar la «A» de Aznar, que tiene obsesionado y contrito a Felipe González, hasta el punto de que en un reciente mitin llegó a afirmar: «Por ahí funciona la «Triple A»: Anson lanza la primera, Anguita la recoge y Aznar la completa». Hoy se inaugurará en Madrid, bajo la presidencia de Aznar, el Congreso del PP. (Editorial e información en páginas interiores)

El ordenador del diario *Abc* se "inventó" la línea horizontal de la supuesta "A", que no existe en la realidad.
(*Abc,* 19 de enero de 1996)

MADRID

JUEVES 3 DE AGOSTO DE 1995

La televisión local de San Sebastián de los Reyes gana un pleito a la americana CNN

• La emisora estadounidense alegó el año pasado que Canal Norte TV realizaba «competencia desleal» por la coincidencia de las siglas

GERARDO BONIQUE
CORRESPONSAL

SAN SEBASTIAN DE LOS REYES.— Era una lucha de David contra Goliat y ganó el más pequeño. El poderoso gigante estadounidense de la televisión CNN (Cable News Network) ha tenido que doblegarse y aceptar que la pequeña televisión municipal de San Sebastián de los Reyes, Canal Norte TV, tenga derecho a llevar con orgullo y sin temor sus siglas: CNTV.

Así lo ha decidido la Oficina de Patentes y Marcas al desestimar la alegación que la poderosa multinacional de televisión por cable había interpuesto el pasado año contra Canal Norte, manteniendo que ésta ejercía «competencia desleal».

Los americanos argumentaban que esta televisión local, que surgió como extensión de la Unidad de Imagen del Patrimonio Municipal de Servicios, intentaba aprovechar la similitud de las siglas para concurrir con más ventajas al mercado.

Por todo ello decidió oponerse a su registro como marca. Un despacho de agentes de la propiedad de Madrid presentó, por orden de la firma de abogados de Chicago Abelman Frayne Schawab, dos oposiciones al registro de las siglas (CNTV) y del logotipo de Canal Norte por «semejanza denominativa» y por «coincidencia de clases».

(Pasa a la página 4)

Una fiesta contra el racismo en Atocha termina con la expulsión de todos los músicos de color

«Jóvenes contra la Intolerancia» denuncia a los propietarios de la terraza

ELENA CLEMENTE

MADRID.— Una fiesta intercultural, en contra de la intolerancia que se celebró el pasado 27 de julio en la terraza «La Vieja Estación», terminó a palos. El concierto no tuvo nada de solidario. Terminó con una pelea entre los empleados y los músicos invitados al concierto.

A la fiesta asistieron, entre otros, los grupos Androsinfonía, Marina Deirbertis, Caster, «Pacho» Guimaraes y el cantante Fernando Birante.

La asociación «La Ruta de Babel», habló con la terraza, propiedad del Grupo Kapital, que aceptó la propuesta. Los propietarios consideraron interesante la idea. Incluso varias Organizaciones no gubernamentales (ONGs) asistieron a la fiesta, entre ellas «Jóvenes contra la Intolerancia».

La entrada, que formaba parte de la recaudación que recibiría «La Ruta de Babel», costaba 500 pesetas.

La fiesta se celebraba en un principio para concienciar a los madrileños de que el racismo y la intolerancia existen y hay que erradicarlos. Sin embargo, el concierto se vio interrumpido por un acto para nada solidario.

Según el director de la discoteca «Kapital», Fernando Porcal, «uno de los músicos estaba borracho. Una de las organizadoras del concierto me dijo que lo sacara de allí porque estaba dando el espectáculo. Pero insistió en que antes le dejáramos actuar porque tenía que cantar otra vez».

(Pasa a la página 2)

GAFEU

Poli Díaz besa a su madre, Antonia, mientras su padre, Nicolás, con quien no mantiene una buena relación, se mantiene en segundo plano.

DEPORTES

Poli Díaz: «Quiero lavar mi imagen, no he hecho nada malo»

[illegible] MAS

MADRID.— «Un día encontraré la paz. Pegadre mi casa en el lago y podré remar a gusto y plantar flores para regalárselas a mi mujer y [illegible] ... ser actor ...»

Policarpo Díaz tiene la cara [illegible], el pelo peinado con raya al medio y una espalda amplia. [illegible] ... Quiere regresar al ring, que todos vuelvan a hablar del «Potro de Vallecas» y echar tierra sobre su pasado.

Era una noche calurosa. El cielo estaba claro y lleno de estrellas. La madrugada del 28 de julio de 1991. La tele se veía con esa niebla que distorsiona las imágenes cuando llegan desde más allá del charco. Daba igual: en la pantalla estaba «Poli» con el pelo rapado, bailando y sufriendo golpe tras golpe sobre la lona del cuadrilátero de Norfolk, Estados Unidos.

(Pasa a la página 2)

SUBVENCION EUROPEA

Carabanchel recibirá 1.600 millones para mejorar el barrio

EL MUNDO

MADRID.— El programa «Urban» de la Unión Europea (UE), orientado a ayudar a las zonas urbanas más desfavorecidas, prevé una aportación de 1.600 millones para el distrito madrileño de Carabanchel hasta 1999.

Se trata de ayudas con cargo a los fondos estructurales FEDER y Fondo Social Europeo (FSE), que están orientados a favorecer «en especial a los barrios con graves problemas y con faltas de oportunidades económicas».

Las zonas beneficiadas son las de bajos niveles de renta, deterioro del equipamiento urbano con instalaciones en infraestructuras obsoletas, elevado índice de desempleo y, en general, malas condiciones de vida «que producen situaciones de delincuencia».

A la izquierda, la página de *El Mundo* que presenta la imagen de Poli Díaz y sus padres como si hubiese sido tomada el día anterior. A la derecha, la foto publicada un año antes. *(El Mundo,* 3 de agosto de 1995 y 23 de julio de 1996, *Magazine)*

adidas
adidas
5
10
5

En la foto de la izquierda aparecen los futbolistas Hagi (de amarillo) y Kiko. El jugador español muestra un sorprendente número 5 en su camiseta (es delantero). A la derecha, una foto de la misma página, donde el defensa Abelardo lleva también el número 5. La imagen de Hagi corresponde al partido Rumanía-España de la Eurocopa de 1996; pero Kiko fue "pegado" en esa foto, extraído de una instantánea que se tomó en un entrenamiento.

(*As*, 19 de junio de 1996)

Titular de *El País*

Un cura, denunciado por pagar con dinero falso a una prostituta en la Casa de Campo

Titular de *Diario 16*

Denunciado un cura de Las Rozas que pagó a una prostituta con dinero falso

Titular de *El Mundo*

Un cura, detenido por pagar a una prostituta con billetes fotocopiados

Titular de *Abc*

El párroco de La Visitación, víctima de un montaje

Cuatro formas de titular una misma información.

"El banquero gallego representó un soplo de aire fresco y un modelo para muchos jóvenes que ahora ven cómo se derrumba su antiguo ídolo. (...). Conde ha sido víctima de sus errores y de su ambición desmedida. Hoy sufre en prisión por todos estos errores. Pero sería injusto escribir sólo el epitafio de este personaje fascinante, que ha demostrado una enorme capacidad de superviviencia en las condiciones más adversas". *(El Mundo,* 22 de diciembre de 1994. Pedro J. Ramírez, director).

"Se inicia hoy en la Audiencia Nacional la vista del juicio sobre el llamado *caso Argentia Trust,* con el ex banquero Mario Conde en el banquillo. Asunto embrollado donde los haya. Un hecho sí está claro: que Banesto, por orden de Conde, pagó 600 millones a una empresa llamada Argentia Trust. ¿Por qué? No se sabe, a ciencia cierta". *(El Mundo,* 3 de marzo de 1997. Editorial).

El profesor de la Universidad de Salamanca José Javier Muñoz escribe en su obra *Redacción Periodística. Teoría y práctica:*

"Cada día más, y especialmente en temas de escándalos, las exclusivas no son tanto fruto de la sagacidad de los periodistas como de la codicia de determinadas fuentes que venden sus informaciones al mejor postor".

En efecto, el periodista honrado deberá andarse con tiento. No significa esto que rechace informaciones interesadas: a menudo éstas tienen gran interés también para los lectores (el *caso Filesa,* revelado por *El Mundo,* supuso una gran aportación informativa contra las corrupciones del PSOE, pese a proceder de un contable despedido y enfadado). Pero el redactor no puede dejarse sujetar por los suministradores de noticias, nunca admitirá negociar el contenido último de lo que aparezca en el periódico. De ello depende su propio estilo.

Los rumores no son noticia

Esta máxima causó gran conmoción en la prensa española cuando se presentó como uno de los pilares del *Libro de estilo* de *El País.*

Hasta entonces, los periodistas difundían con descaro supuestas noticias sin ninguna comprobación, con la única cautela de advertir de que se trataba de rumores. Si luego se confirmaban, siempre podían apuntarse el tanto. Si se desmentían, ellos ya habían advertido de que se trataba de un rumor. En la radio, aún hay quien sostiene —como entonces— que "el rumor es la antesala de la noticia" (José María García, Onda Cero), lo que le permite continuar con esa confusa técnica.

El informador debe tener especial cuidado con los rumores cuando afectan a personas o entidades, cuando pueden dañar su imagen. Una articulista del diario *El Mundo,* Beatriz Pottecher, reprodujo hace unos años el rumor de que el cantante Miguel Bosé estaba enfermo de sida y hospitalizado. La especie circulaba ya por toda España cuando se publicó. A raíz de ese comentario, el periodista de radio Iñaki Gabilondo reaccionó con la actitud más lógica de las posibles: telefoneó al lugar donde Bosé tenía programado rodar una película. Y allí se hallaba, se puso al teléfono y certificó su perfecto estado. El cantante y actor compareció días después en un programa de televisión de Antena 3 —dirigido por Mercedes Milà— para desmentirlo todo. Y la articulista, presente en el plató, alegó que un miembro de la sección de opinión no tiene por qué escribir con el mismo rigor que un redactor de noticias.

No podemos estar más en desacuerdo con esa afirmación. También el opinador debe mostrarse respetuoso con los derechos ajenos y jamás debe tomar como ciertos los hechos que no lo sean.

A veces, los rumores forman parte del juego político. Se difunden como arma arrojadiza para desacreditar a una persona. Así ocurrió en abril de 1989, cuando el concejal madrileño por el CDS Javier Soto decidió pasarse al Grupo Mixto y apoyar al PSOE. Desde las filas del centro-derecha (CDS y AP) se dirigieron hacia él, incluso en actos públicos, las más crueles acusaciones: presuntas relaciones sentimentales con una concejal del PSOE (supuesto motivo de su cambio ideológico), aceptación de 50 millones de pesetas por votar con los socialistas, compra irregular de una finca en Cáceres...

¿Qué podía hacer un periodista ante estos hechos? Reproducir las acusaciones —que carecían de prueba alguna— contribuía a arruinar la reputación personal del edil que legítimamente había decidido cambiar de partido (otra cosa es que se pueda criticar políticamente ese transfuguismo, pero esta cuestión merece un análisis específico y aparte). Y no reproducirlas significaba hurtar información a los lectores, puesto que formaban parte, lamentablemente, del debate político de aquellos días.

A raíz de aquel caso, el *Libro de estilo* de *El País* introdujo el siguiente apartado: "Cuando el rumor sea utilizado por alguna persona o grupo como arma arrojadiza contra otro, se podrá denunciar este hecho, pero sin citar las acusaciones difundidas mediante esa argucia".

Los anónimos

En términos parecidos podemos opinar sobre las denuncias anónimas que reciban un periodista u otras personas y su eventual traslado a las páginas de un periódico o a las antenas de un programa. La responsabilidad del periodista le ha de plantear siempre la más perversa de las hipótesis: alguien quiere perjudicar a una persona y se inventa una información sobre ella; si nosotros la reproducimos sin más, el desalmado logrará su objetivo de arrojar dudas o calumnias contra el afectado. Jamás se puede publicar un anónimo sin comprobar la veracidad de su contenido.

A veces se han cometido verdaderas tropelías contra el honor de las personas, incluso imputando bonitamente un asesinato a alguien por el mero hecho de que su nombre figurara en un papel enviado a un juez sin firma alguna. Como en este caso:

Título:

"Una nota anónima revela el nombre del guardia civil que mató a Urigoitia".

Antetítulo:

"Afirma que el agente Ramón Botana le disparó un tiro en la cabeza".

"Una nota anónima enviada al juez Javier Gómez de Liaño a finales de diciembre de 1996 aporta nuevos e importantes datos para el esclarecimiento del caso Urigoitia. El anónimo revela el nombre del guardia civil que presuntamente dio muerte a Lucía Urigoitia (al que identifica como Ramón Botana) y confirma el contenido de un documento interno del Cesid en el que se asegura que se fabricaron pruebas falsas sobre la muerte de la presunta militante de ETA que falleció, según la versión oficial, en un enfrentamiento con la Guardia Civil en julio de 1987.

El autor de la nota se identifica como miembro de la Unidad Especial de Intervención (UEI) de la Guardia Civil que participó en la operación de desarticulación del comando Donosti.

En el texto asegura que el guardia segundo 'Ramón Botana muy excitado, gritando y fuera de sí, se acercó a Lucía (la cual nos insultaba) que estaba en el suelo con grilletes puestos y la disparó un tiro en la cabeza. Así se desarrollaron las cosas y ésta es la realidad'.

Agentes policiales adscritos al juzgado que estudian el contenido del anónimo ya han adelantado al magistrado la fiabilidad de la nota.

Una copia del anónimo llegó a *El Mundo* por esas mismas fechas. Fuentes de la Guardia Civil también han confirmado a este diario que los datos que figuran en la nota son veraces. La publicación por *El Mundo,* en julio de 1995, de un documento secreto del Cesid en el que se afirmaba que la Guardia Civil había fabricado pruebas falsas sobre la muerte de Urigoitia, propició la reapertura del llamado *caso del tiro en la nuca.*

El anónimo fue remitido hace una semana por el juez de la Audiencia Nacional que instruye el caso Lasa y Zabala a su colega Justo Rodríguez, titular del Juzgado de Instrucción número 2 de San Sebastián que investiga la muerte de la presunta etarra". *(El Mundo,* 18 de febrero de 1997. Antonio Rubio / Manuel Cerdán).

A continuación, los autores reproducen algunos detalles del anónimo que relatan lo que supuestamente ocurrió en la detención de la etarra, y le dan valor al hecho de que eso coincida con el contenido de las investigaciones. No le resultaría difícil al eventual inventor de la acusación, puesto que tal relato se ha publicado reiteradamente en la prensa. Por otro lado, extraña que se conceda fiabilidad al anónimo y que, sin embargo, el juez o la policía no hayan ordenado detener a la persona citada en él (detención que no se produjo nunca).

¿Qué hacer en un caso así? Si el periodista considera relevante la existencia del anónimo, si cree que desentraña algunos misterios o que aporta indicios interesantes, puede contar todo eso sin temor. Ahora bien, el problema se plantea a la hora de dar el nombre de la persona acusada. No se trata de un detenido por las fuerzas de seguridad (se supone que en esos casos ha mediado una investigación policial, y luego una presunción de culpabilidad), o de alguien a quien ordena capturar un juez. Simplemente, tenemos una persona a quien otra, sin dar la cara siquiera, acusa de una atrocidad. Eso no constituye motivo suficiente para publicar su nombre en el periódico.

La ética del editorialista

Al contrario de lo que sostenía la colaboradora de *El Mundo* Beatriz Pottecher (como hemos comentado en el apartado anterior), el editorialista y quien escribe artículos de opinión debe someterse también a unas normas éticas. F. Fraser Bond (citado por Gutiérrez Palacio) escribió al respecto: "El que los editorialistas, considerados individual o colectivamente, cumplen con su obligación como formadores de la opinión pública lo demuestra el tono del Código de Ética compilado y aprobado por la Conferencia Nacional de Editorialistas. El preámbulo de ese código señala que 'el editorialista, al igual que el hombre de ciencia, debe buscar la Verdad, adondequiera que lleve, si quiere ser fiel a su profesión y a la sociedad'".

Los puntos fundamentales del código son éstos:

1. El editorialista debe presentar los hechos con honradez y sin omisiones.

2. Debe sacar conclusiones objetivas de los hechos expuestos, basándolas en el peso de la evidencia y en el concepto bien meditado del mayor bien.

3. Nunca debe estar motivado por un interés personal.

4. Debe comprender que no es infalible y debe permitir que se oiga la voz de aquellos que están en desacuerdo con él en la columna de las cartas del público y por otros medios apropiados.

5. Debe revisar sus propias conclusiones y corregirlas si encuentra que se basan en conceptos erróneos previos.

6. Debe tener el valor de sostener sus convicciones bien fundadas, y nunca escribir nada contrario a su conciencia. Cuando las páginas editoriales son el producto de más de un cerebro, se puede lograr un juicio colectivo firme sólo mediante juicios individuales ponderados. Por lo tanto, deben respetarse las opiniones individuales bien meditadas.

7. Debe apoyar a sus colegas cuando éstos defiendan las normas más altas de la integridad profesional.

LA ÉTICA EN EL PERIODISMO

Los estudiosos de los libros de estilo de los periódicos —un terreno que, por cierto, está muy poco analizado en el mundo y prácticamente nada en España— diferencian entre los que llaman "de primera generación" y los que califican "de segunda generación", según la definición aportada por el profesor José Luis Martínez Albertos. Y se llaman de "primera generación" aquellos que contienen solamente normas gramaticales y léxicas; mientras que se definen de "segunda generación" los que además incluyen criterios éticos, políticos o ideológicos.

El *Libro de estilo* de *El País*, por ejemplo, forma parte de estos últimos, y contiene en sus primeros capítulos los criterios que informan el resto de sus normas internas, y que se desmenuzan después en sus páginas. El *Manual del Español Urgente*, de la agencia Efe, se encuadra en los libros de estilo de carácter meramente lingüístico.

Joaquín Estefanía, que era director de *El País* en abril de 1990, cuando se publicó la versión muy ampliada y modificada del *Libro de estilo* —elaborado por vez primera en 1977 bajo la responsabilidad de Julio Alonso—, escribió en él un interesante prólogo donde reclama la autorregulación de los medios informativos. Estefanía denunciaba entonces un fenómeno incipiente que ahora ya ha logrado carta de naturaleza: decía el director de *El País:* "Se puede abusar del derecho a la información y del derecho a la libertad de expresión sin infringir la ley. De vez en cuando la prensa española ofrece ejemplos que demuestran cómo el periodista puede ser puesto al servicio de intereses ajenos a los lectores; cómo se desarrollan a la luz pública campañas de opinión que responden a oscuras pugnas financieras o mercantiles; cómo a veces la caza y captura de ciudadanos se disfraza de periodismo de investigación. Convertir los medios de comunicación en armas del tráfico de influencias al servicio de intereses que no se declaran es una práctica de abuso que crece a la sombra de la libertad. Por eso hemos procurado que las opiniones de *El País* —equivocadas o no— hayan sido siempre nítidas; sus dueños, conocidos; sus cuentas, auditadas desde el comienzo; y sus motivaciones, públicas".

Y concluye más adelante Joaquín Estefanía: "A veces ocurre que en la mención abusiva de la libertad de información y de expresión se escudan sus enemigos para negar las críticas legítimas y la labor de control del poder, incluido el de los propios periodistas".

La responsabilidad profesional. Un periodista no debe dejarse llevar nunca por sus enfados personales. Así, por ejemplo, los redactores del periódico no deben hacer el vacío a un personaje porque han tenido problemas con él para obtener determinada noticia. El derecho a la información es sobre todo del lector, no del periodista. "Si se encuentran trabas, se superan; si éstas añaden información, se cuentan; si no es así, se aguantan. Las columnas del periódico no están para que el redactor desahogue sus humores, por justificados que sean", según escribió Julio Alonso en el primer *Libro de estilo* de *El País.*

Ciertamente, es éste un vicio que va desapareciendo de la prensa, excepto en los espacios deportivos. En esas secciones o periódicos suele cobrar gran relevancia el hecho de que el seleccionador o el entrenador de turno hayan accedido o no a conceder una conferencia de prensa, permitan que los periodistas compartan hotel con los jugadores o estén dispuestos a hacer declaraciones desde el banquillo. Y a veces las dificultades del informador para cumplir con su trabajo resultan más presentes en la información que lo ocurrido en el deporte del que se trata.

No robemos a nuestros colegas. Otra cuestión ética capital consiste en no apropiarse de la paternidad de las noticias que corresponden a los demás periódicos o periodistas. La aparición en otro diario antes que en el propio de informaciones de importancia no es motivo para dejar de publicarlas o para negarles la valoración que merecen. Ahora bien, siempre debemos citar la procedencia.

El País ha caído alguna vez en este error. En torno al año 1987 se conoció el caso de un redactor —quien más tarde saldría del diario— que tenía por costumbre refritar informaciones de las revistas de información general, aderezándolas con algunos datos nuevos y presentándolas como propias. También se han producido otros casos, como el de un corresponsal que fue uno de los primeros afectados por la figura del Defensor del Lector, entonces Ismael López Muñoz. El corresponsal de aquel tiempo copió del diario *La Provincia,* de Las Palmas, y sin citar la procedencia, una información sobre la invasión de turistas alemanes que huían, con temor infundado, de la catástrofe de Chernóbil para instalarse cómodamente en las islas. López Muñoz explicó todo esto en su columna dominical de *El País* del 29 de junio de 1986.

En mayo de 1995, *El País* publicó un espeluznante documento que, pese a lo desagradable de su contenido, constituía un auténtico bombazo periodístico. Era lo que siempre soñó cualquier redactor de sucesos: tener el diario del asesino. Efectivamente, uno de los dos muchachos que apuñalaron a un hombre como parte de un "juego de rol" había descrito minuciosamente aquella barbaridad.

Voy a revelar aquí un pequeño secreto.

Sabedores de la repercusión que iba a tener aquel escrito, y de que probablemente sería plagiado por nuestros competidores sin citar su procedencia, introdujimos algunas modificaciones en el texto que no afectaran a su contenido. Así, por ejemplo, cuando el presunto asesino decía "comencé a darle puñaladas" nosotros escribimos "empecé a darle puñaladas". También cambiamos algunos signos de puntuación (guiones o rayas en lugar de paréntesis, por ejemplo). La primera edición, la que se distribuye a casi toda España y sale a los puntos de venta nocturnos de Madrid (quioscos de la zona centro, cadena de restaurantes VIPS y otros establecimientos abiertos a primeras horas de la madrugada), mostraba en exclusiva el texto. En la segunda edición, que se elabora cuando todos los medios han comprado ya el producto de la competencia en esos lugares, otros periódicos habían copiado algunos párrafos del escrito, por supuesto sin explicar que se trataba de una exclusiva de *El País.* Y, curiosamente, sus frases recogían fielmente las ligeras modificaciones que nosotros habíamos introducido. Incluso las involuntarias, porque un error de transcripción nos hizo escribir la frase "el animal siempre vuelve", cuando el presunto asesino había reflejado "el criminal siempre vuelve". Lo mismo ocurrió poco después con casi todas las emisoras de radio.

Días más tarde, el semanario *Interviú* publicaba íntegro aquel documento, sin las modificaciones que nosotros introdujimos, lo que demuestra que realmente lo tenía también, sin necesidad de copiarlo de un periódico. Por cierto, nosotros habíamos suprimido del relato, tras advertirlo en el primer párrafo, los pasajes más sangrientos y repugnantes, que a algunos redactores que revisaron el artículo les llevaron directos al cuarto de baño, mientras que *Interviú* publicaba el texto completo. Incluso lo "vendía" en su portada con ese reclamo, el de no haber mutilado un ápice la barbaridad del asesino.

¿Qué se puede hacer en España cuando se produce un robo de propiedad intelectual o de espionaje industrial como ése? Sencillamente, nada. Sólo una autorregulación sincera, como la que propone Joaquín Estefanía, puede acabar con estos abusos.

El truco empleado por nosotros en esa ocasión tenía un precedente. Entre 1978 y 1983, la agencia Efe, entonces dirigida por Luis María Anson, luego director de *Abc* y más tarde presidente de *La Razón,* copió literalmente las principales noticias emitidas por su competidor Europa Press. Se valía para ello de un desvío telefónico en una línea de teletipo que tenía contratada un periódico catalán, cuyas dependencias en Madrid se hallaban en un despacho alquilado a la agencia oficial española en su sede de la calle de Espronceda. Europa Press transmitía su servicio a las oficinas de la corresponsalía —que, lógicamente, pagaba por ello— y Efe "pinchaba" la línea para conocer el contenido de las informaciones. Cuando Europa Press transmitía una exclusiva, por ejemplo, sobre los pactos autonómicos UCD-PSOE y escribía intencionadamente el nombre del director general de Coordinación con las Haciendas Territoriales como "Jaime Treballe", en lugar de "Trebolle", la noticia que transmitía Efe a continuación contenía la misma errata. Uno de los redactores jefe de Europa Press coleccionó una buena serie de ejemplos. El ilegítimo sistema de Anson acabó al dejar éste la agencia Efe para hacerse cargo del diario *Abc*. Europa Press denunció todo cuando ya estaba resuelto por el nuevo equipo de Efe, el 2 de agosto de 1993. Antes no se había atrevido a hacerlo, por increíble que parezca.

En realidad, esta técnica de introducir modificaciones nimias en el texto para dar con los plagios fue inspirada a su vez por uno de los trucos que inventó Adolfo Suárez, quien cuando era presidente del Gobierno entregaba a sus ministros las copias de determinados proyectos de ley con algunas palabras cambiadas, diferentes en cada uno de ellos. Si el texto era publicado por un periódico, Suárez sabía inmediatamente quién lo había filtrado.

La ética de las fotografías. Las técnicas informáticas para tratar las fotografías ofrecen cada vez más posibilidades de manipulación. Generalmente, los libros de estilo de periódicos prestigiosos prohíben esas prácticas, incluso la costumbre de invertir un fotograma para que un personaje de perfil mire hacia la información a la que acompaña.

La falta de ética en el tratamiento de fotografías atañe también a los redactores de textos, puesto que siempre alguien debe escribir el pie de foto.

En el chupinazo de las fiestas de San Fermín de 1988, la plaza de la Diputación de Pamplona se llenó de *ikurriñas* (banderas vascas), como ocurre cada año. La primera página de *Abc* del 7 de julio de

1988 estaba dedicada por entero al comienzo de los sanfermines, con una fotografía de Efe en la que, en efecto, se veían decenas de banderas, pero extrañamente ninguna *ikurriña.* ¿Por qué? Pues porque todas y cada una de las que recogía la foto original habían sido retocadas para que parecieran banderas de Navarra. (El diario *Abc* sostiene que Navarra y País Vasco son dos comunidades diferentes, frente a las posiciones de los partidos nacionalistas vascos, partidarios de unirlas).

Yo entonces era jefe de Nacional de *El País* y le comenté al subdirector que aquel día tenía a su cargo el periódico, Paco Basterra, que se trataba de una manipulación gravísima y que deberíamos contarla. Él respondió con lo que había sido el argumento de la dirección en todos estos casos: que eso es un problema entre el *Abc* y sus lectores. Afortunadamente, el Partido Nacionalista Vasco hizo pública una protesta oficial, que ya no podíamos soslayar puesto que se trataba de una noticia, y eso nos permitió ilustrar la información con las dos imágenes: la original de Efe y la portada de *Abc* donde se podían apreciar con facilidad las banderas retocadas.

Al día siguiente, el periódico conservador ofrecía una explicación cuya lectura me pareció una ofensa a la inteligencia y un insulto a sus propios lectores: decía que se trataba de un fallo de transmisión en el aparato de telefotos, una máquina que, según se ve, disponía de una clarividencia especial para retocar solamente aquellos colores que tuvieran como fondo la tela agarrada a un palo.

Pero no es el único caso de manipulación de fotografías a cargo de ese periódico. A raíz de sus diversos problemas con Banesto, hace unos años, las fotografías de Miguel Induráin o de cualquier miembro del equipo ciclista Banesto fueron manipuladas sistemáticamente para borrar la publicidad de ese banco que figuraba en las camisetas y las viseras de los deportistas. Cuando arreciaron los comentarios al respecto, la medida se extendió a toda publicidad en la ropa deportiva que se asomara a la portada.

Una conocida manipulación fotográfica se produjo también a finales de los años ochenta, en un viaje de Felipe González, entonces presidente del Gobierno, y fue cometida por Efe. La foto que se transmitió mostraba a González y su séquito bajando unas escaleras. Se trataba de una imagen de la agencia UPI, cuyas fotos distribuía

Efe en España. La foto reproducida no tenía nada de particular. Porque había sido cortada de manera que se suprimía lo que ocurría en el ángulo inferior derecho de la imagen que captó el fotógrafo: allí aparecía la esposa del presidente, Carmen Romero, rodando por las escaleras. Los responsables de Efe, agencia propiedad del Estado, consideraron que no era una imagen muy decorosa y decidieron suprimirla. *El País* publicó días después las dos fotografías, denunciando así esa manipulación.

El 2 de noviembre de 1995, en plena sequía asoladora, el diario *Abc* dividía su primera página en dos fotos: una, con el pantano de Entrepeñas lleno: otra, con el mismo embalse vacío y con su fondo cuarteado. Y debajo, este título: "La sequía avanza hacia el norte por la imprevisión del Gobierno socialista". Pues bien, la imagen del embalse lleno reproducida en ese diario jamás existió: se trataba de una burda manipulación por ordenador. Burda, porque el infógrafo encargado de tan penosa misión no cayó en la cuenta de que la superficie del agua embalsada siempre dibuja un plano horizontal, y colocó una inclinación paralela al fondo del pantano retratado en la foto contigua. Además, cualquier fotógrafo sabe que resulta imposible repetir meses después una foto idéntica, con igual encuadre y la misma luz exactamente (sólo variaba el nivel del agua).

El viernes 19 de enero de 1996, el mismo diario hizo un chiste en su primera página. Tituló así: "La 'A' que obsesiona a Felipe González, sobre el cielo de Madrid". Evidentemente, se trataba de la "A" de Aznar, y la formaban supuestamente en el cielo de la capital los proyectores que iluminan las Torres de KIO, en la plaza de Castilla. Para redondear la gracia, alguien retocó los haces de luz de los dos edificios inclinados de modo que confluyeran efectivamente en un punto del cielo, y trazó un tercer haz, inexistente, que uniese las dos azoteas y terminase formando la "A" deseada. Pero no real.

El 19 de junio de 1996, un diario deportivo, *As*, necesitó juntar en una fotografía a Kiko, futbolista español, y a Hagi, jugador rumano, con motivo del partido de la Eurocopa entre sus respectivos países (el titular rezaba: "Kiko y Hagi, cerca de la genialidad"). Sin embargo, no se encontró ninguna imagen en la que ambos aparecieran disputándose un balón. Muy bien, asunto resuelto: se toma otra foto anterior de Kiko, obtenida en un entrenamiento, y se coloca junto a la estrella de la selección de Rumania. Pero los retocadores del ordenador olvidan cambiar el dorsal del cuerpo original (el *dorsal*, paradójicamente, aparece en el pecho y la pierna del jugador), y el resultado de la foto muestra a Kiko jugando con el número 5, el que llevaba Abelardo; quien, por cierto, sale en la misma página, en otra imagen, con idéntico número.

Otro diario deportivo, *Sport*, mostraba el pasado 7 de enero en su primera página una fotografía de Ronaldo cuya cabeza rasurada se había convertido en un balón de fútbol. El efecto se consiguió con tanta precisión que a Ronaldo se le veía divertido ante la broma y contento de haberse dejado pintar la cabeza. En páginas interiores, sin embargo, nos damos cuenta del truco, porque en otras imágenes del jugador la colocación de los rombos del balón no coincide con los de la foto de portada. Nuestra idea de que el delantero del Barcelona es un bonachón que se presta a cualquier juego tendremos que dejarla en cuarentena.

En otro caso, una revista femenina necesitaba reunir para una fotografía a tres actrices famosas que coinciden en una película. Pero no lo consigue. Tal vez por problemas de agenda, tal vez porque las relaciones entre ellas no andan muy cálidas últimamente, las tres ponen problemas para esa fotografía conjunta. Pero el contratiempo se arreglará gracias a la técnica: se toman fotografías de todas ellas por separado, se les pide que posen en determinadas posiciones y, por fin, las tres imágenes distintas se juntan en el ordenador para que parezca incluso que las unas se apoyan en las otras en buena camaradería.

Este truco se ha extendido preocupantemente. Incluso *El País* lo utilizó años atrás, en la portada de su suplemento dominical: colocó al Rey rodeado de unas cuantas personas con las que jamás había estado. Cierto que en páginas interiores se aclaraba cómo se *hizo* la fotografía, pero la portada engañó a miles de lectores. (Véase *El País Semanal* del 4 de julio de 1993).

Hemos llegado a un punto en que no importa tanto la realidad que se retrata como la realidad que se crea en el soporte papel. Una parte de la prensa ha empezado a creer que, más que hechos ciertos, más que situaciones que en un momento han sido verdad, debe trasladar a sus lectores un espectáculo, un escenario con decorados donde caben todos los trucos del cine. Y sin advertirlo: jugando con la inocencia del comprador que imagina real aquello que se le muestra, y que no suele detenerse el tiempo necesario en cada foto para adivinar sus trampas.

Hoy en día, un fotógrafo puede retocar en el ordenador cualquier defecto físico del actor o la actriz a quien haya retratado, puede suprimir unos centímetros de cintura, añadirlos en el busto o dar más intensidad al color de la piel. Julio Iglesias ya no precisará los rayos UVA para aparecer siempre moreno. Basta que imponga como condición para dejarse fotografiar que se acuda luego a la *utilidad* "bronceado" en la paleta del ordenador.

El peligro se presenta aún de mayor trascendencia con la implantación de las transmisiones digitales de televisión. Este sistema permite manipulaciones sencillas que en la televisión tradicional habrían resultado como mínimo más costosas, técnica y económicamente. Así, por ejemplo, un país que organice una gran carrera ciclista para promocionar el turismo en esa zona podría resolver rápidamente la dificultad de que el día de la carrera le saliera nublado: una pequeña modificación técnica, y la retransmisión podrá "contar" en imágenes que el clima de allí no se permite ni un pequeño fallo, porque en los receptores se ve un panorama soleado y cálido. Como últimamente se ha convertido en costumbre que los locutores comenten los acontecimientos deportivos desde sus estudios centrales, los periodistas darán por buenas las imágenes que les llegan de aquel país y elogiarán satisfechos la radiante jornada de ciclismo de la que van a disfrutar los espectadores.

Puede parecer una fantasía. Pero también en otro tiempo habría parecido un pronóstico aventurado que alguien imaginara el día de San Fermín sin *ikurriñas,* el retrato de un ciclista sin publicidad o un futbolista en el cuerpo de otro, o un embalse vacío que se representa lleno... Y, aún más, habría parecido increíble que, después de semejantes manipulaciones, nadie alzara la voz para denunciar tamaña desvergüenza. Y aún más: que ni siquiera nadie se enterara.

Pero los manejos de algunas publicaciones amenazan contaminar el crédito de todos los periódicos. ¿Cómo sabrá el lector cuáles de todos ellos se niegan a ese juego y cuáles lo usan como arma para cambiar la realidad que no les gusta (para mentir)?

Algunos libros de estilo —como el de *El País*—, prohíben la manipulación de las fotos. Pero otros —como los de *Abc* y *El Mundo,* tan curiosamente parecidos a aquél en algunas cuestiones técnicas— pasan de largo por ese problema en el capítulo correspondiente a la información gráfica.

El Mundo utiliza un truco similar el 3 de agosto de 1995. El padre del boxeador Poli Díaz había sido golpeado por éste y se había marchado de casa. Los periodistas de las secciones de Madrid buscan declaraciones y fotos del púgil vallecano y de sus padres. *El País,* tras agotadoras gestiones, logra reunir a Poli Díaz y a su madre, y publica una entrevista con ambos. *El Mundo,* para asombro de todos, inserta una imagen en la que se ve juntos al boxeador y su madre, y, en segundo plano, al padre, quien se había negado a ser retratado por el resto de los periódicos. Con este pie: "Poli Díaz besa a su madre, Antonia, mientras su padre, Nicolás, con quien no mantiene una buena relación, se mantiene [*sic*] en segundo plano". Las emisoras de radio locales comentan por la mañana el éxito de este periódico. Y los demás nos preguntábamos en nuestra Redacción cómo era posible que hubieran retratado al padre, si no había vuelto por la casa desde que recibió los puñetazos, según él mismo había declarado. Hallamos la respuesta en el departamento de Documentación: la foto de *El Mundo* correspondía a un reportaje publicado en el suplemento dominicial de ese diario el 23 de julio de 1995. Una foto de archivo se había presentado fraudulentamente como si fuera del día.

Las encuestas. Finalmente, otra de las más importantes normas éticas de hoy en día hace referencia a las encuestas. Cuando vaya a publicar alguna, un periodista honrado debe hacerse —y responderse— las siguientes preguntas: ¿Quién pagó la encuesta? ¿Cuándo fue realizada? ¿Cómo se obtuvieron las entrevistas? ¿Cómo fueron formuladas las preguntas? ¿Quiénes han sido encuestados, cómo fueron elegidos: partiendo de un censo, de una lista electoral, de una guía telefónica? ¿Cómo se realizó la selección desde esta base: al azar o con otro procedimiento? ¿Cuántas personas había en el grupo con el que se quería conectar? ¿Cuántas respondieron? ¿Cuál es el margen de error al proyectar los resultados a un grupo mayor?

Los institutos de opinión proliferan como setas de época y ofrecen sus análisis a los periódicos muchas veces sin cobrar a cambio nada, lo que hace sospechar de sus intenciones. Y hay medios que publican esos "resultados".

En los días en que reviso la séptima edición de esta obra, la cadena SER emite los lunes el Pulsómetro. Se trata de analizar, mediante sondeo del instituto Opina, las reacciones de la sociedad española ante determinados acontecimientos, la intención de voto y la evaluación de líderes políticos. Pero en ningún caso he escuchado con qué número de personas consultadas (la "muestra") se ha elaborado ese sondeo; y el diario *El País* ha reproducido siempre los datos del Pulsómetro (incumpliendo su *Libro de estilo)* sin atender a la obligación de facilitar las explicaciones técnicas de la encuesta.

CÓMO RECONOCER LOS ERRORES

Un periodista honrado debe ser el primero en comunicar su error, tanto a sus jefes como a sus lectores. Y sin tapujos. Los "duendes de la imprenta", tan socorridos para achacarles la falta de profesionalidad de los periodistas, sólo pertenecen ya, afortunadamente, al reino de los cuentos. El reconocimiento claro de las meteduras de pata no hace sino beneficiar al propio periódico, pues los lectores verán que antepone la verdad a su propio prestigio profesional (lo cual redundará... en su mejor prestigio profesional).

Cuando un redactor o un periódico reconozcan su equivocación deberán explicar claramente que el error ha existido. No vale con escribir una "fe de errores" falsa mediante la publicación de una noticia que diga lo contrario de lo que se contó el día anterior. Pero encontraremos muchos casos así, con mayor o menor disimulo:

> "Ruiz-Gallardón estudia una remodelación de su Gobierno ante la posible marcha de Villapalos".

"La salud de Gustavo Villapalos, sometido recientemente a una nueva operación de fístula, podría obligar al presidente de la Comunidad, Alberto Ruiz-Gallardón, a abrir su primera crisis de Gobierno. Según ha podido saber *Abc*, Villapalos podría estar estudiando una oferta para presidir una importante fundación. Su sustitución, probablemente en enero, tras la aprobación de los Presupuestos, acarrearía cambios en el equipo de Gobierno y sería aprovechada por Gallardón para separar las carteras de Cultura y Educación". (*Abc*, 27 de octubre de 1996. Mayte Alcaraz).

Dos días después, el mismo periódico publicaba como noticia:

"Villapalos, que se recupera de sus problemas de salud, continuará al frente de la Consejería de Educación y Cultura".

"Los médicos han dado ya el alta a Gustavo Villapalos (junto a estas líneas), que se recupera de las dolencias que sufría, lo que le permitirá continuar al frente de la Consejería de Educación y Cultura de la Comunidad de Madrid. De esta forma, queda descartada con carácter inmediato una remodelación en el Gobierno regional que preside Alberto Ruiz-Gallardón". (*Abc*, 29 de octubre de 1996. Actualidad gráfica).

Un famoso periodista-adivino que escribía hace años sus pronósticos de fútbol en las páginas deportivas de varios periódicos, Acisclo Karag (el "mago Karag"), sostenía que él nunca se equivocaba: se equivocaban los equipos. A veces los redactores incurren en la misma treta, o al menos siembran las dudas precisas para dar a entender que se han equivocado quienes no cumplen sus pronósticos:

"El Gobierno suprime la secretaría de Energía y desmantela el peso político de Industria". (*El País*, 9 de mayo de 1996. Sección Economía).

Al día siguiente, el mismo periódico:

"Piqué rectifica y crea una secretaría de Energía, que dirigirá Fernández Cuesta". (*El País,* 10 de mayo de 1996. Sección Economía). (Debió colocarse una coma después de "rectifica", para que la acción de este verbo no recaiga también sobre "una secretaría").

A este respecto, no obstante, el periodista deberá tener cuidado con los propios efectos de sus informaciones. A veces, ciertamente, su mera publicación cambia los acaecimientos posteriores. Puede ocurrir que el hecho de adelantarse a un acontecimiento que se va a producir anule la posibilidad de que tal suceso se produzca.

En junio de 1995, *El País* avanzó: "Ruiz-Gallardón nombra viceconsejero a un ex ultraderechista". Y, efectivamente, todo estaba previsto para que así ocurriera y fuera designado un senador del PP por León de pasado antidemocrático. Incluso los servicios de prensa de la Comunidad de Madrid tenían preparada la biografía profesional del nuevo alto cargo. Pero la publicación de la noticia en *El País* el mismo día en que se iba a producir el nombramiento echó atrás al presidente regional de Madrid, quien revocó la propuesta de su consejero de Presidencia, Jesús Pedroche. Y eso convirtió en falsa la noticia, aunque se basara en hechos ciertos.

Como ya hemos visto en un apartado anterior, el titular —del que fui autor— llegó más allá de lo que realmente sabíamos: no debí escribir "nombra" sino "prepara el nombramiento"; o, como mucho, "nombrará". La designación aún no estaba adoptada oficialmente, y aún cabía la posibilidad de que no se produjera.

Todos los periódicos tienen en sus archivos ejemplos propios de noticias publicadas sin las suficientes garantías. Somos humanos y fallamos. Ahora bien, entre mirar para otro lado y rectificar sin tapujos hay una diferencia que los lectores, creo, saben apreciar.

El País estableció en 1982 un precedente histórico a ese respecto. El entonces redactor jefe de Economía, José Antonio Martínez Soler, publicó, en la principal noticia del diario, abriendo la primera página, que había fracasado la primera emisión de deuda pública a cargo del Gobierno vasco. La noticia era falsa, puesto que el plazo para suscribirla aún no había comenzado (motivo por el cual nadie había acudido a cubrirla). Pues bien, el mismo periodista firmó al día siguiente un artículo, también abriendo la primera página, en el que decía, ya desde el titular, que la noticia publicada el día anterior era errónea y explicaba los motivos de su despiste.

Aquello no tenía precedentes ni ha encontrado repetición, salvo el caso del periodista Jesús Duva, que en 1988 publicó —pero en páginas interiores— que un condenado por corrupción de menores —el caso de la secta Edelweiss— había aprovechado un permiso carcelario para fugarse de España. La noticia también era falsa, y él mismo firmó el domingo siguiente —el día de mayor tirada— una rectificación pública en la que pedía perdón a los lectores. Igualmente, explicaba el cúmulo de casualidades que le habían llevado a equivocarse. Estos dos hechos, lejos de disminuir el prestigio de ambos periodistas, elevaron su rango profesional y humano.

Una rectificación semejante se pretendió cuando un periodista de la sección de Economía, Jesús Cacho, publicó en primera página del mismo diario en junio de 1988 que el grupo KIO, entonces lanzado a una feroz política financiera, había decidido retirarse ("vender su participación") de Cartera Central, sociedad en cuya propiedad figuraban también los empresarios Alberto Cortina y Alberto Alcocer, y propietaria a su vez de un 13% del capital social del Banco Central. La noticia, donde se hablaba de discrepancias estratégicas, conmocionó el mundo financiero y de la Bolsa. Su texto precisaba incluso que la fortaleza de Cartera Central estaba "a punto de resquebrajarse". Justamente aquel día —sábado 25 de junio— se celebraba la Junta de Accionistas del Banco Central, en cuyo Consejo de Administración esperaban obtener sendos puestos Cortina y Alcocer. Pero su eventual posición de fuerza en la Asamblea quedaba debilitada por esa información. Por la tarde, Javier de la Rosa, máximo representante de KIO en España, la desmiente oficialmente y protesta por no haber sido consultado al respecto.

El director de *El País,* entonces Juan Luis Cebrián, conminó al periodista autor de la noticia a revelar las fuentes porque éstas seguramente le habían engañado con la intención de lograr un objetivo financiero particular utilizando a un profesional del periódico y tomando el pelo a los lectores. Aquel compañero explicó al director quién le había dado la información —¡el propio Javier de la Rosa!— pero se negó a publicarlo. El director no supo entender —salvo imaginando connivencia— tanta fidelidad del periodista a una fuente que le había utilizado, y le comunicó más tarde que había perdido la confianza en él, por lo cual quedaba despedido (con la consiguiente indemnización, no obstante). La rectificación se publicó, bien es verdad que sin todos los detalles que el periódico habría deseado —se aportaron los justos para explicar la manipulación y su origen—, y el periodista en cuestión sigue trabajando como redactor de lujo en otras publicaciones.

Se recordará mucho tiempo el caso del ex campeón motociclista Andrés Pérez Rubio. Este hombre sufrió la amputación de los dos antebrazos en diciembre de 1993, al caer con su motocicleta en la carretera Madrid-Burgos y chocar fatalmente contra las medianas metálicas. El relato de lo sucedido y la impresionante frialdad del piloto al explicar a quienes le auxiliaron cómo debían recoger sus brazos del suelo e introducirlos en una bolsa, que a su vez debía ponerse en otra con hielo, constituyó una exclusiva periodística de *El País*. La impresión final de todo lo ocurrido convertía al motorista en un auténtico héroe.

Dos días después, el diario *El Mundo* publicaba una entrevista falsa con el ex campeón. Y además le hacía decir —en un texto inventado— que circulaba a 260 kilómetros por hora en el momento de la caída. Tal declaración era impensable por dos motivos: diciendo eso, Pérez Rubio perdía toda posibilidad de cobrar determinados seguros del accidente; y además, en aquellos momentos era imposible que concediera una entrevista puesto que se hallaba fuertemente sedado en la UVI del hospital tras haberse sometido nada menos que al injerto de sus dos antebrazos. La familia del piloto ha intentado repetidas veces que se rectificara aquella entrevista falsa. No lo ha conseguido. Pérez Rubio, en su primera conversación con los periodistas tras salir de la UVI, denunció aquella manipulación, sin que *El Mundo* se hiciera eco de ello.

El falso muerto. Siempre valoraré más al periodista que admite sus errores que al que los oculta o no los afronta. Asumir una equivocación da idea de honradez y, también, de seguridad en uno mismo. Eludir las responsabilidades genera la desconfianza de quienes nos dirigen. Infinidad de periodistas, sin embargo, no se dan cuenta de eso. Consideran que reconocer un error supone que se ha acabado su carrera. Antes al contrario, quienes cuentan en voz alta sus equivocaciones estarán más cerca de no recaer en ellas que quienes hacer ver que jamás se equivocan.

En el periódico donde comencé a trabajar, *La Voz de Castilla,* de Burgos, se contaba de un redactor jefe la siguiente anécdota, que ilustra muy bien sobre la pereza de los periodistas a rectificar sin tapujos. A decir con sinceridad "nos hemos equivocado" o "me equivoqué".

Un buen día, llegó a la Redacción un hombre que traía un problema: "Mire, ha salido mi nombre en las necrológicas, en la relación de fallecidos, y menudo disgusto se han llevado muchos amigos. No deja de llamar gente a mi casa, así que les agradecería que rectificasen, porque ya ven que estoy vivo, para quitar la pena a quienes se hayan creído que me he muerto".

"No se preocupe usted", le respondió el redactor jefe, "que esto lo arreglamos enseguida".

Al día siguiente, y para sorpresa de los redactores, aquel hombre volvió a presentarse en el periódico:

"Vine ayer por lo de las necrológicas, pero es que ustedes no han rectificado como me prometieron. Y como ven, yo sigo sin morirme".

Y el redactor jefe le contestó aparentemente molesto:

"¿Que no hemos rectificado? ¡Cómo que no! Mire aquí, en los natalicios".

Obras consultadas

AGENCIA EFE: *Manual del español urgente,* Cátedra.

—: *Vademécum del español urgente,* Cátedra.

ALARCOS, Emilio: *Gramática de la lengua española,* Espasa Calpe.

ALBERT ROBATTO, Matilde: *Redacción y estilo,* Editorial Marle, Puerto Rico.

ALVAR EZQUERRA, Manuel: *Diccionario de voces de uso actual,* Arco Libros.

CASADO VELARDE, Manuel: "Aspectos del lenguaje en los medios de comunicación social", lección inaugural del curso 1992-93 en la Universidade da Coruña.

CASTAÑÓN, Jesús: *Reflexiones lingüísticas sobre el deporte,* edición del autor.

CAZORLA, Luis María: *La oratoria parlamentaria,* Colección Austral, Espasa Calpe.

DÍAZ-PLAJA, Fernando: *Arte y oficio de hablar,* Ediciones Nobel.

FAGOAGA, Concha: *Periodismo Interpretativo. En análisis de la noticia,* Mitre.

FERNÁNDEZ SORIANO, Olga: *Los pronombres átonos,* Taurus Universitaria.

FERRAZ MARTÍNEZ, Antonio: *El lenguaje de la publicidad,* Arco Libros.

GARCÍA MATILLA, Eduardo: *Subliminal: escrito en el cerebro,* Bitácora.

HERNANDO, Bernardino M.: *Lenguaje de la prensa,* Eudema.

LAPESA, Rafael: *El español moderno y contemporáneo,* Crítica.

—: *Estudios de historia lingüística española,* Paraninfo.

LÁZARO CARRETER, Fernando: *El dardo en la palabra,* Galaxia Gutenberg.

Libro de estilo de *Abc,* Ariel.

Libro de estilo de *El Mundo,* Temas de hoy.

Libro de estilo de *El País,* Ediciones El País.

Manual de estilo, El Sol.

MARTÍNEZ ALBERTOS, J. L.: *Redacción periodística,* A.T.E.

MARTÍNEZ DE SOUSA, José: *Diccionario de redacción y estilo,* Pirámide.

Moreno de Alba, José G.: *Minucias del lenguaje,* Lengua y Estudios Literarios, México.

—: *Nuevas minucias del lenguaje,* Lengua y Estudios Literarios, México.

Mounin, Georges: *Claves para la lingüística,* Anagrama.

Muñoz, José Javier: *Redacción periodística. Teoría y práctica,* Librería Cervantes.

Parra, Eduardo: *Diccionario de publicidad y marketing,* Eresma Ediciones.

Penny, Ralph: *Gramática histórica del español,* Ariel Lingüística.

Perlado, José Julio: *Diálogos con la cultura,* Ed. Internacionales Universitarias.

Romero, María Victoria: *El español en los medios de comunicación,* Arco Libros.

Salinas, Pedro: *Defensa del lenguaje,* Amigos de la Real Academia.

Salvador, Gregorio: *Semántica y lexicología del español,* Paraninfo.

Santamaría, Luisa: *El comentario periodístico,* Paraninfo.

Sarmiento, Ramón: *Manual de estilo del lenguaje administrativo,* Ministerio para las Administraciones Públicas.

Sarmiento, Ramón, y Beaumont, José F.: *Libro de estilo* de *Telemadrid,* Ediciones Telemadrid.

Sorela, Pedro: *El otro García Márquez. Los años difíciles,* Mondadori.

Taller de escritura, Ediciones Salvat.

Toranzo, Gloria: *El estilo y sus secretos,* Eunsa, 1968.

VV. AA.: *El idioma español en el deporte,* Agencia Efe.

VV. AA.: *El idioma español en las agencias de prensa,* Fundación Germán Sánchez Ruipérez.

VV. AA.: *El neologismo necesario,* Agencia Efe.

VV. AA.: *La prensa libre en la nueva democracia española,* Fundación Friedrich Naumann.

Vigara, Ana María: *El chiste y la comunicación lúdica,* Ediciones Libertarias.

The Washington Post: *La página editorial,* Ediciones Gernika.

ÍNDICE POR PALABRAS*

* Se reproducen en cursiva las palabras referentes a capítulos o apartados.

Este libro
se terminó de imprimir
en los Talleres Gráficos de Palgraphic, S. A.,
Humanes, Madrid, España,
en el mes de abril de 2001